HISTORY OF
WESTERN CIVILIZATION
A HANDBOOK

西方文明史手册

［美］威廉·麦克尼尔　著

盛舒蕾 宣栋彪 董子云　译

浙江大学出版社

目　录

图表目录

地　图

表　格

图　片

文艺复兴艺术

现代世界的塑造者

前　言

这本《西方文明史手册》写于 1949 年，用于芝加哥大学的西方文明史课　xv
程。此后，本《西方文明史手册》分别于 1951 年、1953 年、1958 年、1969 年
与 1986 年进行了修订。

之所以写这本书，最初是因为当时的历史学教职员找不到满意的课本：既能
通盘处理西方文明的发展，又能言简意赅，让我们眼中能力足够的学生有时间阅
读筛选后的一手或二手材料。如果把我们的课程建立在一本课本的基础上，无论
这本课本多么优秀，似乎都会掩盖历史研习的存疑特质。我们还觉得这会消减乐
趣，这种乐趣可以，且应当由直接接触过去的记录而产生。然而，若仅以选读材
料作为课程基础，又无法避免内容的脱节与破碎。为学生提供这本《西方文明史
手册》，作为背景材料的基础，让学生在此之上建立对选读材料的理解，这就是
我们的解决方案。

作者在此向芝加哥大学的历史学教职员致谢，感谢他们提供的帮助：通读原
稿，在修订工作中为作者提供教学反馈。康斯坦丁·法索尔特（Constantin Fasolt）
先生更新了建议扩展阅读的书目。沃恩·格雷（Vaughn Gray）先生提供了地图。
我要感谢每一位帮助改进此书的人；但整个文本（包括任何存在的错误）都由作
者负全责。

W. H. 麦克尼尔
1985 年 6 月 12 日

致学生

xvii 这本书旨在以简便的形式提供信息，以帮助你（1）获得对西方历史的范围与连续性的认知，并且（2）提供背景材料，以便你更好地理解附带的阅读材料。

这是一本手册，而不是一部历史。我刻意将解释事件间联系的努力减至最少，阐释历史的意涵是留给你的任务。这本书仅提供这项任务的一部分原始材料，即一些信息。在课堂上，在附带的阅读材料里，你将会见识到关于历史发展的各式观点与视角，以及更多信息。毫无疑问，其他课程也会采用同样的方式。从纷杂的信息与观点中，我期望你为自己塑造出关于过去的信念模式，这一模式会助力于你的余生，无论你是否发现你的阐释多么可能或需要修正与扩充，也许还可能需要重塑。

谁也不会想象你们每个人都能达成历史观点的一致。如果你觉得修了一门历史课程后形成的观点必然且永久正确，就更加不切实际了。过去的历史学家抓不住这种真理，未来的历史学家也不见得可以做到。然而，人类力量有其局限性，却并不意味着阐明、改善你对过去的理解的努力毫无价值。日常生活中的决策与行动，在很大程度上就是对过往事件的观念的产物。以长远的视角考量当下事件，比较当下事件与之前事件，将它们置于历史阐释的整体框架中——这样的能力能使你置身于一种更为平衡、稳定的判断，判断那些争夺着你的注意力与支持的人物与观念。在政治与社会危机时期，这样的能力可以提供心智上的慰藉——

vxiii 其他人也曾经历过相似的灾难与失望。而另一方面，广博的历史观还可以激励你采取坚决的，甚至是英雄式的行动，因为人类最伟大的宗教与政治运动往往与历史观念相关，在某种意义上，历史观念激发了它们。

任何一种对过去的记载，都无法避免安排、选择材料的主观原则。此书也不例外。我选择的组织方式也是主观的，可以被其他的组织方式所代替。在这里你会发现三大阶段，分别是古代东方文明、古典文明与欧洲文明。可能的替代方案可以是更为传统的古代史、中世纪史、近现代史分段，或是古代东方、希腊、罗马、中世纪、近代早期、近现代。其他的原则常被用来组织对过去的知识。例如，神学信念可以将历史分为旧约时代与新约时代；人类历史的纪元也可根据技术的变化来划分（例如铁与木的时代），或者根据思想的变化（例如启蒙运动）。

在任何一种组织方式下集成的事实，都趋向于为读者提供某种特定的史观。因此，你必须意识到在阅读本书的过程中，已有一种人为的组织方式加诸连续发展的人类事务；作出这些划分的标准并非唯一。历史分期会或多或少造成扭曲，这不可避免；如果你允许历史分期这一手段遮蔽历史的整体性，或是掩盖阶段内部的分歧与相异，你就允许了一个机械的框架，这一框架将你与过去生动的多样性分离开来。

简而言之，你应当以你全部的智慧与洞察力来阅读此书，对此书的局限性有所认识，并且始终思考这个问题：如何将这些信息纳入我对过去的理解？亦即，这本书应当给你提供砖瓦，以此建起你自己的构架，而不是提供一种模式，让你把自己的理解套进去。

第一编

世界历史中的西方文明

3   过去的四个世纪中，西方欧洲文明经历了巨大规模的扩张，摧毁了许多比它弱小的社会，强有力地影响了其他文明。当今世界，没有哪一部分可以免于西方欧洲文明的影响。这本《手册》描述的是西方欧洲文明的发展历程，从古典时期的根源开始，直至当下。然而，早在希腊人入侵希腊之前，人类就已在这世界上生息，蓬勃发展出独立于古典传统与西方欧洲传统的社会与文明——这种情况一直维持到相对晚近的时代。为了形成公正合理的观点，我们必须对遥远的过去有所了解，至少要意识到其他文明的存在。

第一章 古典文明的背景

第一节 旧石器时代（约前 50 万—前 8000）

约 50 万年前，智人这一生物种的各个成员便开始在世界各地出现。在相距甚远的不同地区，都发现了或多或少具有人类特征的骸骨：爪哇、中国、非洲南部与东部、巴勒斯坦与德国。然而，仅仅根据目前所发现的少量骨骼残片，还不能回溯出清晰的人类进化历程或生物学关系。

尼安德特人是能让我们较准确地推测出其生活方式的最早人种，这个命名来源于最初发现其遗骸的德国河谷——尼安德特河谷。在欧洲的其他地区，同样发现了尼安德特人的骸骨与人工制品（artifacts）。近来在巴勒斯坦、南非，甚至是在遥远的爪哇，都有类似的发现。

尼安德特人的骨骼与现代人的并不相同。他们的骨头更沉重，眼眶与下颌更突出。他们住在洞穴中，以打制石器为狩猎武器，掌握了火的使用。他们埋葬死者时伴有仪式，以食物和器具为陪葬，这种习俗似乎体现出某种对死后生命的信仰。尼安德特人的社会自然非常原始，但依然需要技能与知识。这些技能与知识在我们知之甚少的更早、更原始的人类中就已出现，并在几千年的时光中慢慢积累起来。

在欧洲，尼安德特人生活在亚北极的气候条件下。随着大冰川的最后一波退去（1.2 万—2 万年前），作为现代人祖先的不同人种几乎同时出现在欧洲、非洲、中国和巴勒斯坦。现代人在刚出现时就分出了亚种：高大的克罗马农人、矮小的格里马尔迪人，等等。他们取代了尼安德特人，尽管也可能出现了两者之间的人种混合。

新来者比尼安德特人掌握了更多类型的工具、武器的制作和使用方法。世界各地出现了多种多样的制石器的新方法，有些情况下我们能辨别出石器的演替过程：一种器具让位给另一种通常更为精细的器具。这样的变化可以证明迁徙与征服，或新技艺的发明与传播。总体而言，随着时间推进，专用工具的数量增加，制作技艺也有所提高。

矛、箭头、用骨和象牙做成的鱼叉、掷矛器与弓等已经出现。用兽皮构架的，或是在地上挖出的栖息处能帮助人们追赶驯鹿、野牛，一直追到不存在自然栖息洞穴的冻原地带。在法国南部与西班牙北部发现的一些洞穴壁画，就以一种如今看来依然生动的美感来描绘各种被猎取的动物。其他的遗存，如贝壳制成的手镯、项链，还说明那时的人们已能欣赏并追求装饰效果。人们用简单的管乐器或哨子来演奏音乐。考古学家将他们的殡葬习俗、洞穴壁画、人与动物的小型雕像解释成宗教信仰存在的证据——例如，抚慰在狩猎中被杀的动物的灵魂，让它们安息。

第二节　新石器时代（约前 8000—前 3000）

需要强调的是，如果以一种严格按年代顺序的眼光来看，旧石器时代几乎涵盖了人类在地球上全部的活动。到了约 8000 年至 10000 年前，新石器时代与之后的人类社会的经济基础才开始出现——植物种植与动物驯养。这些巨大的进步首先在中东地区成为一种新的生活方式，也即高加索以南、地中海以东、波斯湾以北、兴都库什以西的地区。以中东为中心，食物生产经济在欧洲、亚洲与非洲广泛传播。以历史时期的发展历程来衡量，这种传播无疑是非常缓慢的，但与发生在旧石器时代的变化相比，已是十分迅速。

在中亚、俄罗斯南部、阿拉伯半岛北部的广阔草原上，人们过起游牧生活，以放牧牛羊为生。而在叙利亚、小亚细亚、波斯、阿富汗的高地地区，没有硬实的草皮阻挡，人们更倾向于发展农业。当田地因反复耕种而耗尽肥力变得贫瘠时，新石器时代的农民就弃之不用，另寻新的处女地来开垦。如果在附近找不到优良的土地，整个族群就会收拾东西迁移到土壤条件适宜的地方。那时的人们还没有掌握肥料的使用与庄稼的轮作技术，也不了解可以恢复或保持土地肥力的休耕技术。

新石器时代的农学家已经发现了现代的几乎所有重要粮食作物，尽管有些作物一直只在美洲种植，直到欧洲人发现新大陆，如玉米和马铃薯。与之类似，除了马和骆驼，在文明社会出现之前，人们就已经驯养了大部分重要的家畜。新石器时代的人们也掌握了其他的实用技术，如制陶、纺织、酿酒、烘焙，还有打磨石器以使边沿锋利的技术。农业与畜牧业增加了食物供应，人烟不再稀少。但尽管如此，村庄规模还是很小，彼此还被渺无人烟的森林或草原远远相隔。

女性小雕像与男性生殖器的象征标志似乎说明，新石器时代的人们会举行丰饶仪式。这种典礼可能与庄稼的生长周期有关。各式各样的坟墓与寺院被建造起来。在一些坟墓中发现了做工精美的墓中家具，表明它们的制作人相信人死后的生命。

据推测，新石器时代的村庄几乎是完全自给自足的，并且很可能由血缘家族组成。也有证据表明最初的分工与贸易已经出现，例如已发现的新石器时代的燧石矿，矿井深入地下好几英尺，到达含有燧石结核的矿层。海贝壳与其他可用于制作工具的坚硬岩石也被远距离运来送去，这可能也是贸易的结果。

在新石器时代遗址，考古学家们发现了多种工具和武器，与旧石器时代的同类遗存相比，不论数量还是种类，自然都远胜一筹。战争与征服的痕迹也显而易见。一些村庄做了防御建设，还有箭头残留在骨中的骸骨——古代战争的无声证明。

第三节　大河流域文明（约前 3000—前 1750）

在地球上的大部分地区，新石器时代的农业仍不足以使大量人口永久定居。只有在洪水年年泛滥，从而滋养了土地的大河流域，耕作才能年复一年继续下去。在农业最初发展起来的地区，有两大河谷满足以上条件：一是现今伊拉克境内底格里斯河与幼发拉底河的河谷，二是埃及的尼罗河河谷。但在充分开发这些地区之前，人们必须先建造起堤坝、运河与水库，因为这两大河谷都经常暴发洪水，而庄稼成熟时的几个月又几乎滴雨不下。除非能进行人工灌溉，否则夏日烈阳的炙烤会毁了谷物。

这些流域的其他地理特征有助于最初文明社会的发展。在底格里斯河－幼发拉底河流域，即人们常说的"美索不达米亚"（希腊语中的"河流之间的土地"），本地缺乏用来制造工具的石头，需要从远方运来；同时，两河及其流域为交流与运输提供了自然的通路。因此，进行贸易并与外界交流不仅方便，而且必要。一旦必不可少的水利工程完工，肥沃的土地促进了食物生产的富余，反之这样的富余又能促进贸易，供养各类专职人员——祭司、统治者、手工艺者与商人。

部分由于这些地理特征，美索不达米亚人与埃及人成为"城市革命"的先驱。随着城市的兴起，我们所认为的最早的文明社会出现了，首先在美索不达米亚，稍后在埃及。

一、美索不达米亚

约公元前 6000 年至前 3000 年间，一系列的社会变化与技术进步将两河流域的小型新石器时代聚居处转变为城市，例如乌尔、拉伽什、乌鲁克，它们都曾在美索不达米亚最早的文字记录中出现。在这个时期，最重要的技术进步是文字的出现、铜的冶炼铸造、由犁与有轮运载工具的发展带来的畜力的利用，以及帆船和陶轮的发明。

单凭这些技术进步还不足以引发城市革命，还需要进行社会改组，以协调大批人的工作。没有这样的协调，建立在分工基础上的技艺发展也将受限。更重要的是，唯有大规模的社会行动才能承担、维持灌溉工程，而若没有灌溉，底格里斯河－幼发拉底河流域的农业耕种无以实现。

新石器时代村庄的简单组成究竟如何发展成最早期城市的社会等级制度，目前还停留在推测阶段。到了公元前 3000 年，明显的社会阶层已然形成，包括奴隶、佃农（他们将一部分收成献给神，也就是献给寺院僧侣，作为一种地租或赋税）、各类手工艺者、商人、祭司，以及同时身兼统治者或国王身份的大祭司。政府以城市之神的名义进行统治：城市的土地由神所有，手工艺者（祭司给予他们实物报酬）为神工作，统治者是神的代理人，负责保卫神的财产，防止它们被敌人侵犯，并且通过保护精心修建的水利工程来防止洪水与干旱的侵害。

文字是作为一种为神记录收入的系统而发展起来的。人们在黏土制成的泥

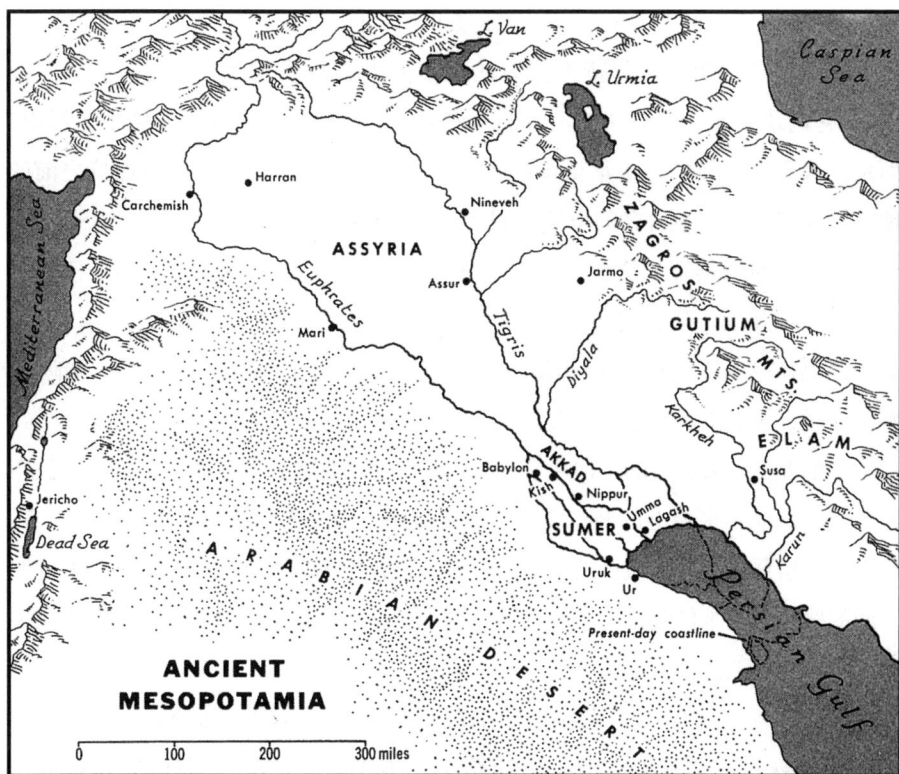

古代美索不达米亚

板上书写，以芦苇秆为笔，削成尖头，留下的字迹呈现出楔形。这种文字因此被称作"楔形文字"，名称来源于拉丁语中的"*cuneus*"，意为楔。到了公元前3000年左右，在底格里斯河－幼发拉底河流域的下游，人们开始使用一种将象形文字与音节文字、表意符号结合起来的文字系统——现代学者已能成功阅读这种苏美尔语记载的手稿。

最早的苏美尔语记载表明，邻近底格里斯河与幼发拉底河的肥沃土地由一些独立的城邦占据。争夺土地与水源所有权的争端乃至战争频繁发生，但平原上的富裕城邦受到游牧民族与其他蛮族入侵的威胁更多，他们来自南面、西面的沙漠，或是北面、东面的山脉。沙漠与城镇之间的敌对，可谓是美索不达米亚生活的某种持久特征。沙漠与山区的部落周期性地侵入平原，建立起自己的国家。在这些入侵者中，最著名的是来自南方的闪米特人。确实，从最早的可被我们了解的时代开始，闪米特元素就已在美索不达米亚显露出来，尤其是在苏美尔以北的阿卡德。

城市间的战争、对野蛮入侵者的抗争催生了一系列存在时间短暂的"帝国"，它们建立在一些成功统治者的入侵之上。这样的帝国并不实施中央行政，而是由各个被征服的城市承认征服者的宗主权并缴纳朝贡，并可以保持之前的地方政府与宗教。最著名的早期征服者是阿卡德的萨尔贡，在公元前2350年左右，他成功地将其统治从波斯湾扩张到地中海。然而，新的入侵与内战使萨尔贡的帝国在几代之后就走向毁灭，由新的帝国取代。萨尔贡的继承者中，最著名的是巴比伦的汉谟拉比（约前1800），他统治了整个两河流域及其边界地区。到了这时，原先的苏美尔人已尽湮没，且使用的主要语言也变为闪米特语。

早期苏美尔人创造的一般生活模式却出人意料地保存了下来。一波又一波野蛮入侵者接受了平原上的城市文明。他们借用楔形文字系统来书写自己的语言。他们继续崇拜古苏美尔城市的神，虽然在此过程中出现了新的神，以及新旧神明之间的融合。艺术传统得以继续发展，例如微型印章篆刻。金属的制造、精美的编织、制陶等工艺技术亦然。

长途贸易是美索不达米亚生活中重要而必不可少的一部分。金属、木材和其他原材料需要从叙利亚、塞浦路斯、小亚细亚甚至是更远的地方进口。在萨尔贡统治时期，远至黑海沿岸的地方都建立了交易站，人们剑拔弩张，以保卫或开辟新的贸易路线。以《汉谟拉比法典》为最知名代表的一批法典，表明当时的商业关系已有了精密细致的发展，确认了商人与其代理人之间、债务人与债权人之间、地主与佃农之间的各种契约。白银虽然尚未以钱币的形式出现，但已经被当成交换媒介和价值尺度。苏美尔人创造了六十进制的数字符号，能进行一般的算术运算。他们发展出一套使用小时、周、月的计时法——我们的计时法直接始源于此。他们还对恒星、行星进行了细心的天文观察，并由神庙来保存天体运动的记录。星辰影响人类活动的学说越发细致详尽，现代占星学即是由此发展而来。

古代美索不达米亚的宗教活动集中在有台阶的金字塔式大型塔庙。《圣经》上记载的巴别塔就是这样的一座塔庙。史诗描述世界的创造、诸神与英雄的事迹，体现了一套精妙的神话体系。一些美索不达米亚的神话与《旧约全书》中记载的故事相似，尤其是大洪水的故事。宗教崇拜包括献祭、游行、唱圣歌和其他仪式，由祭司阶层代表整个城市举行。大批神的名字也出现在历史记载上，其中有一些是大地、水、暴风雨等自然力量的人格化，也有另一些找不到自然界中的对应。

二、埃及

大约在苏美尔城市形成的时期，尼罗河流域下游也有着这样的居民：他们知道如何控制尼罗河的洪水并用之浇灌自己的土地，知道如何冶炼金属，知道如何用文字交流。在许多方面埃及的发展都与美索不达米亚相似，虽然两者之间长期以来都有一处重要差别：由于被几乎无法通行的沙漠所环绕，埃及受到的入侵相对较少。因此，蛮族入侵对埃及而言并非严重的问题，在文明史的最初几个世纪，战事在埃及并不像在美索不达米亚那样显眼。

考古学家已经发现了独立的埃及村社的痕迹。然而在公元前 3000 年之前，　10

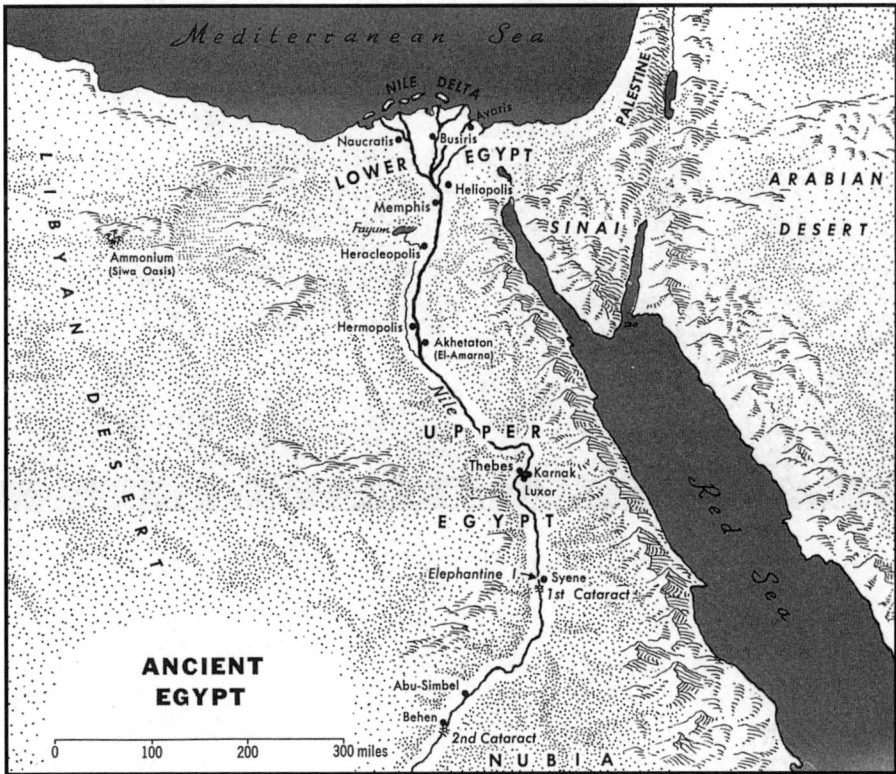

古代埃及

埃及建筑：金字塔与神庙

11   古王国时期的建筑遗迹反映了埃及人对死后生活的深切关注。马斯塔巴（*mastaba*）有着平顶与倾斜的墙面，尺寸适度，反映了埃及历史中的前王朝时期。左赛王的阶梯金字塔展现了过渡时期的形式，但很快被古王国时期标志性的简单几何体金字塔所取代。吉萨的大金字塔反映了法老手中权势的逐步稳固。数以万计的工人被征来完成艰巨任务：将巨石拖行至金字塔塔址，并把它们放置在恰当位置。中王国与新王国时期的标志，就是祭司集团掌握了主导权势。大量神庙的建造，表现了这种政治权势重心的转移。

马斯塔巴模型
（大都会博物馆）

这一剖面模型显示，在马斯塔巴的设计方案中，石头填补了通道，从而可以防止未经允许的人进入墓室。

左赛王的阶梯金字塔，塞加拉
建于第三王朝，公元前 2700 年左右
（慕尼黑希尔默出版社）

这座阶梯金字塔十分巨大，拥有嵌入式的阶梯，从宽阔的地基延伸到狭窄的顶部。它就像由一些逐个变小的马斯塔巴堆叠起来。

13　吉萨金字塔群
（慕尼黑希尔默出版社）

远观孟卡拉金字塔（约公元前 2525 年），哈夫拉金字塔（约公元前 2560 年）与胡夫金字塔（约公元前
2600 年）。胡夫金字塔（最右）拥有 756 英尺边长的底座，高 481 英尺，是世界上由人力堆积起来的最大的
石堆。巨大而牢固的金字塔群，传达出权力尽数属于法老的观念。

阿蒙－姆特－孔斯神庙，阿蒙霍特普三世的前厅
建于约公元前 1390 年
（慕尼黑希尔默出版社）

巨大尺寸的柱子与横梁依然保存了一种宏大感。然而，这座神庙为纪念伟大的阿蒙－拉神，以及侍奉他的祭司，而非法老。

埃及的土地被唯一的统治者法老掌管着。不像美索不达米亚的统治者，埃及法老被认为是神本身，而不仅仅是神在人间的代理人。他的神性授予了他巨大的权力。例如，法老拥有埃及所有的土地，仅仅将其租给占用者。这与美索不达米亚的法律恰恰相反，到了汉谟拉比时期，美索不达米亚的法律就已完全承认了土地的私有财产权，并允许土地的买卖和租赁。

从有文字记载开始（约前3000），埃及政府就由一个中央集权的官僚机构运行。政治控制与宗教指导几乎合二为一。所有被开垦的土地都需要向法老系统地纳税或交租，数十万人被集中组织起来参加大型工程建设，其中最著名的就是金字塔。埃及社会的这种整体协调倚赖于法老与他周围的祭司的宗教特权。

15 　　埃及的经济生活高度集中。大部分贸易被法老的代理人垄断，手工艺者主要为宫廷和寺庙服务。富裕而独立的商人阶级并未像在美索不达米亚那样发展起来。

宗教习俗、观念与态度在塑造埃及思想传统的过程中举足轻重——这样的观点并不为过。埃及人崇拜多神。一些神有着动物的形态，来源于宗族的动物崇拜。其他的神则是尼罗河、太阳或其他自然事物的人格化。从很早的时候开始，埃及人就关心死后的生命，建造大金字塔就是为了保证法老的不朽灵魂拥有安全舒适的居所。最开始似乎只有法老能凭借自己的能力、地位追求永生。后来，有权势的官员与祭司也可以获得永生，再后来连普通的民众也拥有了这样的能力，只要他们的身体被恰当地保存下来作为灵魂的居所（制成木乃伊），举行过仪式，并念过适当的咒语。

埃及的文字被称作圣书体，将象形文字符号与表音符号、字母符号相结合。与美索不达米亚人一样，埃及人也发展出了一套算术系统，并了解一些几何学原理。祭司测算并记录太阳、月亮、恒星与行星的运行。在公元前2776年左右，他们创设了一年365天的历法。在我们所了解的埃及医学中，咒语与巫术起了很大的作用。也许是由于制作木乃伊的习俗，埃及人比美索不达米亚人更了解人体解剖的细节。

埃及文明与美索不达米亚文明相比，最显著的差别体现在艺术与建筑上。在埃及，充裕的上等建筑石料使大金字塔（建于前2800—前2400）这样的纪念性建筑成为可能。从最早期开始，巨型石圆雕、技艺娴熟的壁画与浅浮雕就成了埃及艺术的特点。艺术惯例很早就已形成，例如一足在前、双臂在一边的雕塑造型，之后的人们也一直严格遵循这些惯例。坟墓经常按日常生活中的情景装饰，我们因此得以生动地了解古埃及文明的许多细节。

法老的神圣地位与绝对权威并不能一直遏制下属的反抗。随着官员制度成为世袭制,在所谓古王国(前3000—前2300)的开端就兴起的高度集权统治逐渐瓦解。法老王位的竞争开始了。事实上,在近300年间,埃及被分割为一系列互相竞争的小国。公元前2050年左右,上埃及(即埃及南部)底比斯的统治者成功实现了对霸权的渴望,开始了所谓的中王国时期(约前2050—前1800)。然16而,就像在美索不达米亚那样,经历过上述的以及之后的政治剧变后,在埃及历史开端就已出现的文明形态竟出人意料地一直被保存了下来。

第四节 城市文明的传播

几个世纪里,美索不达米亚与埃及分别发展出独特的文明模式,建立在农业、畜牧业基础上的新石器时代村庄生活也同时传播到更广的地域,沿着多瑙河流域渗透入欧洲,沿着非洲北部海岸传播至西班牙以及西欧的邻近地区。新石器时代的技术同样向东传播到印度与中国。但美洲并没有参与这种发展。很久之后,农业在中美和南美发展起来时,人们利用的动植物的种类(玉米、土豆、美洲驼)与欧亚大陆的、非洲的都不相同。

新石器时代的农民几乎无法从初期美索不达米亚文明、埃及文明借鉴什么,直到农业耕作方法改进,足以使人久居在只靠雨水浇灌的土地上。然而,在公元前的第四个千年里,中东地区的农民发现了如何通过轮作、休耕,以及使用粪肥、草灰、海贝壳等天然肥料来保持土壤的肥力。在围绕着这两个大河流域——城市革命的先驱——的边界地区,上述的改进意味着更大的食物产量,与更安定的生活方式。

一旦永久性村庄形成,城市便开始在贸易路线经过之处,或是在行政中心、宗教中心、部族中心所在地发展起来。因此,公元前3000年后不久,城市就开始出现在美索不达米亚北部、叙利亚、巴勒斯坦、小亚细亚与伊朗高原,在接下来的一千年中,这些地区遍布村庄与城镇。在这些地区,考古学家发现美索不达米亚的影响与埃及的影响以不同的方式混合在一起,也可观察出当地的特征与传统。

有两个地区值得特别关注。公元前 2500 年之前，印度河下游流域出现了一个文明社会，与埃及一样，它在本质上并未受到美索不达米亚影响，尽管印度河诸民族与底格里斯河－幼发拉底河流域保持着贸易联系。公元前 3000 年出现的克里特岛文明与埃及之间也存在着相似的关系。克里特人与埃及人通商，但是克里特文明（或米诺斯文明）在艺术风格、宗教礼拜、书写方式等方面都是独立发展的。

这两个文明几乎都没有留下战争遗迹。约公元前 1400 年，克里特文明遭遇17 毁灭，可能是由于来自希腊大陆的入侵者。在此之前约一个世纪，北方蛮族入侵下的印度河谷文明也已消失。

第五节　古代东方帝国（前 1750—前 323）

公元前 1750 年至公元前 1550 年，由于广泛的人口迁移、东方社会的军事化，以及长期战争、征服而带来的人口融合，以美索不达米亚、埃及文明中心为起点的文明传播进程加快。约公元前 1750 年，一支被称为喜克索斯人的蛮族胜利入侵，打破了埃及的相对隔离与安全状态。也几乎在同时，来自北方的山民侵扰了美索不达米亚，汉谟拉比帝国走到尽头。闪米特人从南方的草原再次侵入肥沃的农业地区；来自大草原的印欧人则侵袭了欧洲与印度的广大疆域，涉足西亚部分地区。

一、印欧人[1]

与其他民族有过广泛融合的印欧人将是之后古典文明、西方文明的主角。约

---

[1]　术语"印欧"（Indo-European）指的是一系列相关的语言，以及与此相关的说这些语言的民族。这个名字本身就能说明问题，使用这些语言的现代人居住在欧洲、印度以及它们之间的国家。印欧人有时被称作雅利安人，这个名字来自入侵印度的印欧语系部落。如果猜想在种族和语言之间存在任何一致性，那就太轻率了，甚至在古代亦是如此。在最近几个世纪中，种族与语言肯定没有密切关系。

之前提到过的闪米特语系也是一个类似的语系，由互相相关的语言组成，与现代阿拉伯语和希伯来语有关。

阿卡德帝国（约前 2350）　　　埃及帝国（前 1500）

1500 年里（前 2000—前 500），这种半游牧部落的人一波又一波，征服了几乎整个欧洲，也统治了不断变化的近东与印度地区。早期的军事胜利与印欧人驯马有关，他们将马用作惊人的战马。在许多地区，印欧征服者成了统治土著人口的军事贵族。在文明已然发展起来的地区，入侵者或是在较短的时间里被同化进原有文明中，或是被驱逐出去。然而在欧洲，高级文明形式还未出现，印欧人得以将自己的语言强加给任何从他们的征服中存活下来的早期人口。因此，现代欧洲语言中，除了匈牙利语、芬兰语和巴斯克语，其他几乎都属于印欧语系。

18

二、新帝国（前 1750—前 1250）

长期侵略战争之后，新的国家兴起于近东。南方的喀西特人与北方的米坦尼人分割了美索不达米亚。在小亚细亚中部与东部，赫梯人建立了庞大的王国。再往西，在希腊大陆与岛屿上，克里特人的势力让位给迈锡尼人的势力。这些新国家很可能都被印欧人统治，虽然社会底层民众——如农夫、伐木工、抽水工等人——都说着另一种语言。上述地区的统治者或多或少都接管了原本已建立起来的文明，并发展起自己的文明形态。

几乎在同时，又有来自南方的闪米特人侵入叙利亚和巴勒斯坦，同样建立起自己的统治，他们也就是《旧约》中的腓尼基人与迦南人。然而，这些人并没能立即建立起独立的国家，公元前16世纪，埃及征服了他们。当本土的埃及人成功地推翻了喜克索斯入侵者的统治时（约前1565），法老们对原有的疆界并不满意，转而实施在巴勒斯坦和叙利亚进行军事扩张的政策。在将近200年的时间里，埃及帝国，即新王国，在地中海东部地区享受着统治地位。不过，约公元前1400年，赫梯统治者开始挑战埃及对叙利亚的控制，随之而来的是漫长的战争，最终两败俱伤，以两个帝国的崩溃收尾（约前1150）。战争期间，米坦尼王国被摧毁，之后亚述王国接手了底格里斯河上游流域的统治。

三、新的侵略与随后出现的国家（前1250—前745）

随着埃及与赫梯王国的衰弱，诸民族再次流动。新一波印欧蛮族从北方入侵文明早期发展地区，多利安人闯进希腊，弗里吉亚人侵入小亚细亚，米底人与波斯人进犯伊朗。同时，新的闪米特入侵者从南方袭来：希伯来人（巴勒斯坦）、阿拉姆人（叙利亚）与迦勒底人（巴比伦王国）。这些动荡持续了约两百年，其中包括多次改朝换代，以及新老民族之间的集中融合。人们推测弗里吉亚人与多利安人的入侵迫使小亚细亚的土著居民移民，其中一部分沿着巴勒斯坦的海岸定居，被称为腓力斯丁人，另一部分则到达意大利中北部，被称为伊达拉里亚人。

一些较小的国家随着大动荡在近东兴起。在希腊与小亚细亚，入侵者摧毁了迈锡尼文明与赫梯文明，从而进入"黑暗时代"。直到约公元前800年，随着吕底亚王国在小亚细亚西部的兴起，以及古典文明在希腊的发端，这些地区才结束了"黑暗时代"。在叙利亚、巴勒斯坦和美索不达米亚这些离东方文明中心较近的地区，没有出现类似的深层断裂。在腓尼基，提尔、西顿、比布鲁斯这样的贸易城市进入政治独立、商业繁荣的阶段。再往南，经过漫长的斗争，希伯来人终于打败腓力斯丁人，建立起自己的王国。往东，阿拉姆的城市大马士革在叙利亚统治了规模可观的土地。巴比伦王国屈服于闪米特人的王朝，占据底格里斯河上游流域的亚述王国亦然。这些国家（以及许多未提及的国家）之间的战争旷日持

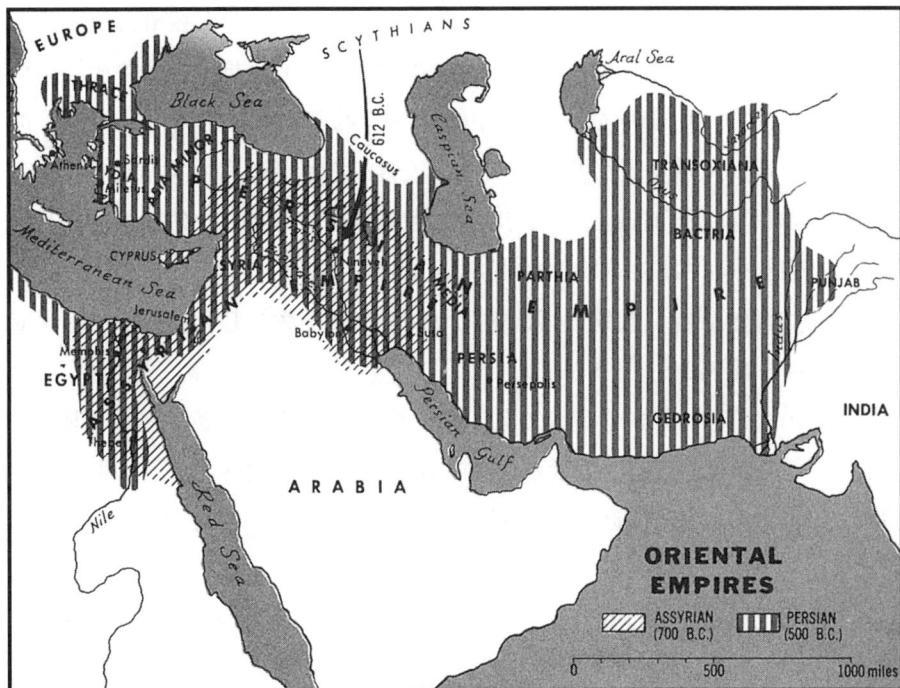

东方的帝国

久。亚述的军事力量逐渐超群，提格拉特帕拉沙尔三世（前745—前727）重新组织了亚述的行政机构，不仅仅会袭击邻国，更要统治它们。由此，近东的政治生活进入一个帝国建设的新阶段。

四、后期帝国（前745—前323）

通过一系列的长期征战，提格拉特帕拉沙尔三世及其继任者征服了近东几乎所有的文明地区。然而，公元前612年，亚述人遭到迦勒底人（Chaldeans）与米底人（Medes）联盟的进攻，帝国覆灭，首都尼尼微遭洗劫，亚述人惨遭杀戮。数年之前，埃及成功宣布了自己的独立。亚述帝国剩下的部分被米底人与迦勒底人瓜分。迦勒底王国——或称新巴比伦王国——最著名的统治者是尼布甲尼撒（前604—前562），他在《旧约》中地位突出。然而，米底王国、新巴比伦王国与埃及之间的权力分割并未持续很久，在亚述覆灭后不到60年的时间里，新的征服者兴起了——波斯王居鲁士（Cyrus）。波斯人在语言和文化上与米底人紧密相关，曾是米底人的臣民。在对米底王的反抗中，居鲁士轻而易举地取胜（前550），随后征服吕底亚（前546）与新巴比伦王国（前539）。他的儿子冈比西斯又征服了埃及（前525）。短暂的混乱期过后，大流士一世（前521—前484）征服了印度、中亚与欧洲的色雷斯，完成了巨大的帝国之业。而他的继任者——薛西斯，却在对希腊的征服中失败了（前480—前479）。从此波斯的势力渐渐衰弱，直到马其顿的亚历山大在一场辉煌胜利的战争中将其摧毁（前334—前323）。

亚历山大的征服带来了希腊文化向近东地区传播的强势潮流。尽管暂时被覆上了一层希腊文化的外衣，但近东文明根本的特征与态度并未消失。在罗马帝国后期，出现了"东方（即近东）复兴"的潮流。直至今日，在这片古老的文明发源、繁盛的土地上，依然存在着遥远的过去留下的深深印记，不仅仅表现为考古遗迹，还体现在现代人的思想观念与生活习惯上。这也不是说一切古代东方文明（有时为了与希腊、罗马文明对比，我们也称之为近东文明）对当代的影响都只局限在近东地区。且不论均在东方文明的框架中成形的犹太教与基督教，我们生活的基本节律——七日为一周——也来自巴比伦的概念与习俗，我们所用的时、分、秒的计时法亦然。

五、近东文明的特点

上述的长期战争与征服使得近东的不同民族互相融合，并在农业发展繁荣的各个地区创造出一种大体相同的城市与农村生活方式。当然也有地区差异存在，每个民族把共有元素按不同比例混合在一起。尽管如此，还是可以谈论一种近东文明。古代苏美尔人与埃及人创造了近东文明的主线，之后的征服者在很大程度上不过是进一步发展已有的观念与习俗。

1. 技术继续发展。金属武器与工具更为丰富，尤其是出现了精炼矿石的新方法，从而使得古代的铁匠能够利用铁。约公元前1200年至公元前1000年期间，这项技术进步得到普及。金属首次变得如此便宜，普通农民都可以在犁铧、镰刀或是别的工具上使用金属。而青铜，这种早期常用的金属，由于价格过于昂贵，一直专供贵族使用。

马与骆驼的引进加快了运输的速度。亚述与埃及的君主不仅修路，还保持着让信使轮换骑马来传递信息的方式，这些人在一天之内可以把消息传递到一百多英里以外。克里特人和其他民族发明了海船，海洋很快成为贸易与海盗行为的通路。吕底亚人带来铸造和使用货币的技术，促进了贸易与交换的发展。

最重要的发明也许是拼音文字。它显然是在约公元前 1400 年出现在南方西奈半岛与北方叙利亚之间的某地，以简化的埃及象形文字为基础，适应于一种闪米特语系中的语言。当下使用的所有字母系统皆源于此。我们的字母系统从最初的发明者传到腓尼基，之后从腓尼基传到希腊，又由希腊人传给罗马人。相对简易的书写方法的发明打破了祭司阶层对知识的垄断。商人与世俗官员也开始保存文字记录，甚至平民有时也能学习读写。

2. 贸易继续扩大规模，包围了整个地中海地区。人们寻找、发掘各种原材料的踪迹远至不列颠群岛，尤其是金属材料。约公元前 1250 年后，腓尼基城市提尔、西顿、比布鲁斯成为著名的商业中心，它们在地中海沿岸极其分散的各地建立起贸易站与殖民地。北非的迦太基就是腓尼基最著名、最强大的殖民地，建于约公元前 800 年。

3. 社会结构大体保持汉谟拉比时代的样子，不同的是，祭司阶层的权力与影响有被职业军人、行政官员群体削弱的趋势。土地由半自由民与奴隶阶层耕种，城镇工匠中普遍实行奴隶制。在腓尼基与巴比伦，富有商人的社会地位显赫，但在其他地区，商人作为一个分离出来的阶层却并不重要。

4. 政府管理技术有了很大进步，这尤其应归功于亚述人与波斯人。波斯人将帝国分为一系列省，叫作总督辖地（satrapy），总督由国王任命，大多是波斯贵族，负责将反叛遏止在萌芽中，征收贡物，通常还会执行中央政府的命令。整个帝国的统一，一靠前面提及的通信系统，二靠常备军，由波斯人与其他更为好战的异族臣民组成。军队被编制成不同的分队，如骑兵、弓箭手、长矛兵、围攻能手等。

5. 赫梯人、亚述人、波斯人发展出各自独特的艺术风格，此处无法尽述其妙。在埃及，古老的艺术传统生生不息。埃及帝国统治期间，一种体现于圆柱式神庙的纪念碑式艺术风格获得发展。公元前 14 世纪，在传统的宗教统治被推翻后的短时间内，埃及艺术家于壁画、雕塑领域显示出了优雅的自然主义才能。此后开始了复古风气，艺术家们有意识地模仿古代的艺术风格。

6. 在科学领域，古代东方民族在帝国时期一直未能获得大的进展，直到帝国时期即将结束才有所突破。当时古巴伦人在天文学领域达到细致、精确观测的新水平，他们测算出太阳年的长度，与现代测算结果相比只差数秒。他们还发现了岁差。

7. 最有趣，对后世历史影响也最为重大的，可能要数发生在宗教领域的创新。公元前14世纪的埃及，法老阿肯那吞试图推行对太阳神阿吞的一神崇拜。然而，这引发了祭司的仇视与敌意，他们在阿肯那吞死后不久就废止了这种崇拜。在美索不达米亚，巴比伦之神马尔杜克的地位越来越高，而古老的苏美尔神话与诸神依然被官方承认，虽然重要程度不复当年。

在波斯，有一位名叫琐罗亚斯德，或查拉图斯特拉（Zarathustra）的宗教改革家，他大致生活在公元前6世纪。他将波斯人的宗教塑造成一种新的形式。他教导教众：阿胡拉－马兹达（Ahura-Mazda）是至高无上的神，是世界与光明的创造者，是善、真理与人类的卫士，与邪恶、黑暗势力进行旷日持久的斗争。人可以自由选择归附善的一边或恶的一边，追随琐罗亚斯德、听从阿胡拉·马兹达

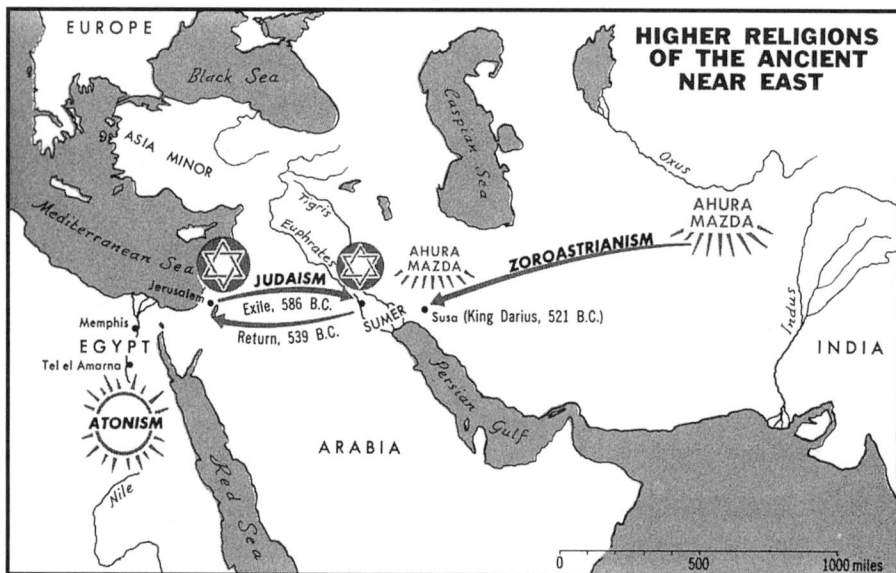

古代近东的高级宗教

的人将获得永生的希望。由于拒绝献祭、排斥偶像，琐罗亚斯德教不同于其他古代东方宗教。在古代，琐罗亚斯德教几乎只在波斯贵族阶层传播，而其注重武德、诚实的道德教义有助于塑造贵族的品性。如今，这种宗教依旧以改良形式存在于印度与波斯的部分地区。

对于后来西方世界的历史而言，更加重要的是希伯来人的宗教。由于他们的宗教与圣书——被基督教继承，成为基督教传统中的《旧约》——如此重要，所以我们需要对犹太国家与宗教的发展分别作出阐释。

六、希伯来人及其宗教（前 1400—前 331）

希伯来人是一支从阿拉伯半岛北部草原渗入近东定居区的闪米特人。公元前 14 世纪，他们开始向巴勒斯坦移居，其时埃及帝国即将失去对此地的控制。接下来的两百年里，希伯来人逐渐征服了迦南人，并吸收同化了其中一部分，同时也接受了许多来自先前居民的更为文明的生活方式。对抗腓力斯丁人的战争打响，原本松散的部落联盟在扫罗、大卫与所罗门的领导下统一成中央集权的君主政体（约前 1025—前 930）。希伯来王国的行政类似于在埃及帝国、赫梯帝国的遗迹上兴起的许多邻国。所罗门死后，王国被分为两部分：北方的以色列王国，定都撒马利亚；南方的犹大王国，更小、更贫穷，定都耶路撒冷。公元前 722 年，亚述人入侵以色列王国，王国覆灭，大批居民被驱逐、屠杀，北方王国的希伯来人失去了身份认同。公元前 586 年，新巴比伦王国的国王尼布甲尼撒征服了犹大王国，大部分人口被流放到巴比伦成为俘因。纵使身陷囚禁，犹大王国的子民依然坚守宗教信仰，没有被周围的异族同化。公元前 539 年，波斯人推翻新巴比伦王国，犹大王国的子民，或称犹太人，被准许回到巴勒斯坦。一些人重返巴勒斯坦，建立起半自治的神权国家，直到被罗马征服。

希伯来人的政治经验并不独特，相似于邻近民族。正是宗教给予了他们在历史上居高临下的地位。学者们集中研究犹太人的宗教，尽管在它如何发展的问题上并未达成一致。一些人认为一神论可追溯到摩西时代，另一些人则认为一神论直到更晚近的先知时代才出现。若要简单概括这些争论则未免武断，这里将要解释的只是希伯来宗教发展中的一些主要阶段。

约公元前 1200 年，摩西带领一群希伯来人走出埃及。摩西死后，这群人联合其他希伯来人部落入侵巴勒斯坦。根据传统说法，是摩西首次规定崇拜耶和华——早期希伯来人这样称呼他们的上帝。摩西教中最核心的信念是，上帝与以色列人订立了契约，它规定以色列人必须遵守神诫，尤其是要独尊耶和华。当希伯来人占领巴勒斯坦，开始务农为生时，摩西教不得不与当地的丰产之神竞争。

从约公元前 750 年至巴比伦之囚时代结束，在这期间许多伟大的先知提出异议，反对希伯来人的宗教崇拜，反对君主政治下复杂的分层社会所带来的社会不公正。先知们大大扩展、深化了摩西教的宗教概念。一方面，他们声称耶和华掌握所有人类，而不仅仅像摩西可能认为的那样只是希伯来人的主宰。另一方面，先知们将神诫解读为既适合个人，又适合希伯来国家的道德准则，他们认为希伯来王国的政治悲剧是上帝对不忠而邪恶的臣民的惩罚。一些先知希望通过受难，来使上帝的选民最终获得涤罪与净化，并期望弥赛亚在时机成熟时带来拯救。一些人认为弥赛亚是一个人，将重建已消逝的大卫的王国；另一些人则认为弥赛亚是超自然的存在，将在人间建立起上帝的王国。

祭司集团与先知一起详细阐述了希伯来人的宗教传统。他们收集、编辑、补充了圣书，也就是我们所知的《旧约》。特别是，他们制定出一部宗教仪式与法律的法典，强有力地约束犹太人，比其他任何事物都更能让犹太人区别于邻近民族的人。

先知传统与祭司传统结合起来，创造出了犹太教。直到第一批犹太人从巴比伦重返家园后的一个世纪，犹太教才最终形成。当时尼希米（约前 458）与以斯拉（约前 428）重新建立犹太国，成功劝服子民严格遵守《摩西五经》，和睦相处。

这个时期之后，宗教思想的发展并未停滞，不断出现新教派、新思想、新重点。最后被收入《旧约》的书最迟到公元前 2 世纪才完成。然而，犹太教独一无二的特征在尼希米与以斯拉的时代就获得了有力的巩固，并在犹太历史的盛衰变迁中幸存，直至今日。

相比几乎所有在古代近东发展起来的其他宗教，两大特点使得犹太教尤为特别。第一，犹太立法者、先知、祭司教导人们，上帝通过历史事件显示他自身的存在与力量，而不是通过闪电、春日草木复苏这样的自然现象。他们的宗教集中

26

于对历史的解释，正因如此，犹太人得以将宗教与地区分离开来，甚至得以将宗教与他们作为某个特定社会成员的身份区分开来，与隶属于某个特定国家的身份区分开来。这又构成了犹太教的第二大特点。当军事事件与经济压力一同驱使犹太人分散在世界上遥远的角落——甚至是在罗马人于公元 70 年摧毁了耶路撒冷的圣殿之后——犹太教依然可以，并且确实做到了继续蓬勃发展。在巴比伦之囚时期，犹太教就已成为了世界性宗教。

第二章　独立的文明传统

当今世界上存在着数百个社会，而在过去的时代中曾有上千社会存在过。不过，只有很少的一些社会符合我们所认为的文明标准：一定的规模与复杂程度、以技术控制环境的水平、艺术与思想的丰富程度等。这本《手册》无意描述在东方—古典—欧洲传统之外生发兴旺的文明，但至少有必要对它们的存在给予关注。

之前我们提到，新石器时代的游牧部落与村社在欧亚大陆、非洲缓慢扩展。随着文明社会在中东、印度与中国兴起，它们的影响向外辐射，相遇并互相重叠。事实上从很早的时候起，欧亚大陆上各个分离的文明社会间就存在着不规律的、间接的交叉促进。16世纪后，越洋航行的发展有力补充了陆上交流的不足。欧洲探险家航行至印度、中国与美洲的海岸，紧随其后的便是大批商人、军人、传教士和冒险家，他们不仅仅把欧洲的生活方式带到当地，还把在这遥远的海岸收集的植物、技术甚至思想带回欧洲。

在印度，约公元前1500年之后，印度河谷文明覆灭，随之而来的是几个世纪的文明倒退。然而，蛮族入侵者雅利安人及时再建了一个更为复杂的等级社会。尽管遭遇了之后的变故与再三反复的政治—军事剧变，这个社会依然延续至今日。

在印度历史上，宗教扮演了尤为突出的角色。印度次大陆的三大宗教中，印度教有着古老的新石器时代的根源与雅利安人的根源，现在它仍然被大多数印度人信奉。佛教恰恰相反，创立于公元前5世纪，有一位导师兼圣人名为释迦牟尼，佛教创立者即为其弟子。如同基督教，佛教并未在其源发地取得最大的成功，而是在异族人中大有收获，主要是在中国与东南亚。印度的第三大宗教是伊斯兰教，由11世纪首次深入印度腹地的北方穆斯林征服者带入印度。到16世纪，穆斯林统治者巩固了对几乎整个印度的控制，但当欧洲贸易者与军人开始在印度政治中扮演决定性角色时，穆斯林帝国就显现出崩溃的迹象。18世纪英国征服印度时，欧洲的介入程度达到了顶峰。在我们的时代，英国对印度的统治终结于1947年，宗教界限分割了半岛，一部分是信奉印度教的印度，一部分是信奉伊斯兰教的巴基斯坦。

在中国，一个足以称作文明社会的复杂社会在自身的新石器时代基础上发展起来。我们无法确定中国文明开始的确切日期。不过，到了约公元前1500年，中国就已经发展出城市以及相对复杂的政治体系。

中国政治史上，中央集权、帝国政府时代与内部混乱、地方割据时代交替出现。从位于中国大河流域的北方、西方大草原发起过一系列入侵，带来一批最强有力的统治者。最后一次入侵来自满族，最终建立起满族王朝，从1644年至1911年统治中国。1911年孙中山领导的革命建立起共和国，这个共和国饱经磨难，包括旷日持久的内战、长期抗日斗争（1937—1945），以及晚近的1949年中国共产党执政。

与印度相似，中国文明的特征受到宗教的深刻影响。在塑造儒家学说——与其说是一种神学—形而上学体系，不如说是一种道德准则——的过程中，由后人记录下来的圣贤孔子（前551—前479）的教导起到了决定性作用。之后，它就算不是中国的官方宗教，也是中国官员的宗教。佛教则是更大众化的宗教，披上魔法与迷信的重重外衣。

日本的文明社会出现得比中国晚，并深受中国文明影响。最显著的差异之一²⁸是，军国主义在日本获得了更大程度的发展，这样的差异可以追溯到相当早期。欧洲人最初在远东经商、传教时，日本人本来是欢迎他们的，然而当日本人发现他们的传统受到威胁时，就试图切断一切交往。最终事实证明这项政策不可行（海军上将佩里，1854年），日本人在吸收欧洲技术方面显示出卓越的天分，尤其是军事技术。结果，到了1894年，日本变得十分强大，强大到足以打败中国。1904年至1905年，日本又在一场短期的恶战中打败了俄国。凭借这种胜利，过了不久，日本就对它的太平洋大国地位提出要求。

中美与南美的文明发展远远落后于欧亚大陆。依赖于玉米种植的农业似乎起步很早，但类似苏美尔城市的祭祀中心兴起缓慢，直到约公元前500年，技术水平与分工水平才达到我们所认可的文明程度。文明生活的中心兴起于危地马拉、尤卡坦（玛雅人）、墨西哥中部（托尔特克人、阿兹特克人与其他民族）、秘鲁

（印加人及其祖先）。哥伦布抵达之前，这些地区的高等文化在北美、南美广泛传播，当白人出现在美洲时，主要的祭祀中心已开始在美国东南部兴起。尽管在中美、南美的许多地区存留着前哥伦布文明的重要痕迹，但西班牙对墨西哥、秘鲁的征服依然迅速改变了新大陆的发展进程。

第一编扩展阅读

The Cambridge Ancient History. Vols. 1–2. Rev. ed. Cambridge, 1970–75.

The Cambridge Ancient History. Volumes of Plates. Vol.1. Rev. ed. Cambridge, 1977.

Albright, W. F. *From the Stone Age to Christianity*. Rev. ed. Baltimore, 1962.

Baron, S. W. A *Social and Religious History of the Jews*. 18 vols. Rev. ed. New York, 1952–83.

Bewer, J. A. *The Literature of the Old Testament*. Rev. ed. New York, 1962.

Childe, V. G. *Man Makes Himself*. London, 1941.

Finegan, H. *Archaeology of the World Religions*. Princeton, 1952.

Frankfort, H. *The Birth of Civilization in the Near East*. Bloomington, 1951.

Frankfort, H.; Wilson, J. A.; Jacobsen, T.; and Irwin, W. A. *TheIntellectual Adventure of Ancient Man*. Chicago, 1946 (most of this book reprinted as *Before Philosophy*. Harmondsworth, 1949).

Fryre, R. N. *The Heritage of Persia*. Cleveland, 1963.

Gardiner, A. H. *Egypt of the Pharaohs*. Oxford, 1961.

Hawkes, J. *The First Great Civilizations*. New York, 1973.

Kramer, S. N. *The Sumerians: Their History, Culture, and Character*. Chicago, 1963.

Lloyd, S. *The Archaeology of Mesopotamia: From the Old Stone Age to the Persian Conquest*. London, 1978.

Lloyd, S. *Early Highland Peoples of Anatolia*. London, 1967.

Mellaert, J. *The Neolithic of the Near East*. New York, 1976.

Neugebauer, O. *The Exact Sciences in Antiquity*. Rev. ed. Providence, R. I., 1957.

Olmstead, A. T. A *History of Palestine and Syria to the Macedonian Conquest*. New York, 1931.

Olmstead, A. T. *History of the Persian Empire*. Chicago, 1948.

Oppenheim, A. L. *Ancient Mesopotamia: Portrait of a Dead Civilization*. Rev. ed. Chicago, 1977.

29

Piggott, S. *Ancient Europe from the Beginnings of Agriculture to Classical Antiquity: A Survey*. Chicago, 1965.

Postgate, N. *The First Empires*. Oxford, 1977.

Rostovtzeff, M. *A History of the Ancient World*. Vol. 1. Oxford, 1926.

Roux, G. *Ancient Iraq*. Cleveland, 1965.

Saggs, H. W. F. *Everyday Life in Babylonia andAssyria*. London, 1965.

Simpson, W. K., ed. *Literature ofAncient Egypt*. New Haven, 1973.

Stair, C. G. *Early Man: Prehistory and the Civilizations of the Ancient Near East*. New York, 1973.

Toynbee, A. J. A *Study of History* (abridged by D. C. Somerville). 2 vols. Oxford, 1947, 1957.

Wilson, J. A. *The Culture ofAncient Egypt*. Chicago, 1956.

Wiseman, D. J., ed. *People of Old Testament Times*. Oxford, 1973.

The World History of the Jewish People. Vols. 1−7. 1964−79.

小　说

Asch, Shalom. *Moses*. New York: 1951.

Asch, Shalom. *The Prophet*. New York: 1955.

Feuchtwanger, Lion. *Jephta and his Daughter*. New York: 1958.

Gautier, Theophile. *The Romance of a Mummy*. New York : 1886.

Lofts, Norah. *Esther*. New York: 1950.

London, Jack. *Before Adam*. New York: 1907.

Mann, Thomas. *Joseph and His Brothers*. New York: 1934.

Mann, Thomas. *Joseph in Egypt*. New York : 1938.

Mann, Thomas. *Joseph the Provider*. New York: 1944.

Mann, Thomas. *Young Joseph*. New York: 1946.

Schmitt, Gladys. *David the King*. New York: 1946.

Werfel, Franz. *Hearken unto the Voice*. New York: 1938.

第一编年表

（**注意：**约公元前 1500 年之前的所有日期都基于推测，可能会产生数百年的误差。下面列出的日期基于芝加哥大学东方研究所学者的意见。甚至较晚近的日期也可能有差不多10年的误差，因此，只能说亚述与波斯国王的统治期近似于下面给出的日期。在这张年表与之后将会出现的年表中，注上星号的日期值得熟记。）

公元前

500,000（?）—8000（?）	旧石器时代
18,000（?）	欧洲出现现代人，取代尼安德特人
8000（?）—3000	近东出现新石器文化，传播至欧洲、亚洲与非洲
*至3000	美索不达米亚与埃及出现文明社会
3000—2300	埃及的古王国时期
2800—2400	埃及出现金字塔
2500—1500	印度河谷文明
2500—1400	克里特岛的米诺斯文明
2350	阿卡德的萨尔贡征服美索不达米亚与叙利亚的大部分地区
2050—1800	埃及的中王国时期
1800	巴比伦的汉谟拉比统一美索不达米亚的大部分地区
*1750—1550	第一次民族大迁移：喜克索斯人入侵埃及；赫梯人入侵小亚细亚；喀西特人与米坦尼人入侵美索不达米亚；迈锡尼人入侵希腊；雅利安人入侵印度
1600—1100	迈锡尼文明
1565	喜克索斯人被驱逐出埃及；新王国（或称埃及帝国）建立
1500（?）	中国文明的开端
1400	发明字母文字
1400—1150	埃及人与赫梯人争夺叙利亚的统治权；争战削弱了彼此的帝国，最终崩溃
1375	埃及法老阿肯那吞试图推行阿吞教
*1250—1050	第二次民族大迁移，入侵文明中心：多利安人入侵希腊，进入"黑暗时代"；弗里吉亚人入侵小亚细亚；米底人与波斯人入侵伊朗；希伯来人入侵巴勒斯坦；

	迦勒底人入侵美索不达米亚；阿拉姆人入侵叙利亚
1025—930	扫罗、大卫与所罗门统一希伯来王国。所罗门死后，王国分裂成以色列王国与犹大王国
800	腓尼基城市提尔建立迦太基
750—539	希伯来先知时代
*745—612	亚述帝国称霸近东
745—727	亚述国王提格拉特帕拉沙尔三世，征服并组织了亚述王国
722	亚述征服以色列；以色列十个部落遭驱逐，消失
705—688	亚述国王辛那赫里布，对埃及与犹太的进攻失败
612	米底人与迦勒底人推翻亚述帝国
604—562	巴比伦国王尼布甲尼撒
586	尼布甲尼撒征服犹大王国；巴比伦之囚
*550—334	波斯帝国称霸近东
550—527	波斯国王居鲁士
550	居鲁士推翻米底帝国
546	居鲁士征服吕底亚（克罗伊斯）
539	居鲁士征服巴比伦；允许犹太人返回巴勒斯坦
527—521	波斯国王冈比西斯；征服埃及
521—484	波斯国王大流士大帝，征服印度河流域部分地区，中亚地区与欧洲的色雷斯
484—465	波斯国王薛西斯；未能征服希腊
458—28（?）	尼希米与以斯拉在耶路撒冷推行改革
*334—323	马其顿国王亚历山大大帝，征服波斯帝国全境

第二编

古典文明（约前900—900）

　　古典文明可以被定义为一种社会生活模式：它在希腊城邦兴起，在地中海盆地传播，在罗马帝国时期到达顶峰，在蛮族入侵阶段逐渐崩解。这样的定义未免过于武断。在约 1800 年的时间里，人类生活的方方面面都发生了意义深远的变化。查理曼麾下的法兰克士兵不会觉得荷马笔下的阿喀琉斯与他同属一个文明社会，这两个人也都不会觉得一个叫亚里士多德或者叫圣保罗的人与他们有什么密切联系。

　　若把这整个时代看成是某些类型的经济、政治组织的兴衰，整个时代就会显示出某种统一性。然而，若从思想与观念的角度看，基督教的兴起确实能够划分我们在这里一概而论的时代。许多历史学家以此为标准将古典文明时代一分为二，习惯上分别称为古代与中世纪早期。如果学生倾向于这种或是其他的断代法，他可以运用一点想象力，重新组合、利用这里提供的信息。

　　至于古典文明所经历的主要阶段，同样可以稍显武断地划分成希腊城邦、希腊化王国、罗马共和国、罗马帝国。罗马帝国崩溃后，三个不同的社会瓜分了罗马治下的疆域，即拜占庭、西方蛮族王国，以及阿拉伯帝国。这里简单介绍拜占庭与阿拉伯帝国，并非因为它们无趣且无足轻重，而是因为我们探讨的重点不是这两个文明本身，只是它们与古典文明的联系，及对西欧文明的影响。

第一章　希腊城邦（约前900—前336）

第一节　地理环境

希腊世界以爱琴海盆地为中心，其次是南意大利与西西里。正如东方文明模
式最初出现在近东的大河流域一样，这些古典文明模式最早出现的地区也具有相
似的气候与地形。

希腊为多山地形。只有河谷的小块土地、湖积平原与海岸平原适合耕种。荒
凉的山坡将平原互相隔开，陆上交往非常困难。结果，海洋成了主要的交通线，
并且一直如此。爱琴海海岸线凹陷，为小型船只提供了数不清的港口；爱琴海与
爱奥尼亚海的岛链使得航海相对方便安全。这些地理条件有助于解释为何希腊人
很早就以海盗、殖民者、贸易者的身份走向海洋。同样，肥沃平原互相隔绝，有
助于小型独立城邦的形成。荒凉群山提供了天然的分界线，使古希腊分成许多政
治单元。

以现代标准来看，希腊城邦规模很小。阿提卡是古希腊的大城邦，然而最大
范围也不过40空英里。整个半岛如此之小，晴日坐飞机时可以一眼从爱奥尼亚
海望到爱琴海。此外，古希腊的著名城市只是现代希腊的一部分。当雅典和斯巴
达正处于高峰期时，维奥蒂亚以北、以西的希腊大陆还处于半开化状态。古典希
腊文明与海岸紧密相关，并未深入内陆。而另一方面，古典希腊文明又沿着爱琴
海、黑海、地中海海岸广泛传播，远远超出了现代希腊的界线。

所谓的"殖民地"中，最重要的是小亚细亚海岸、西西里沿岸及南意大利沿
岸。爱琴海东海岸比希腊自身更适合居住。宽阔的河谷通向小亚细亚腹地，提供
了通往东方的天然贸易路线。多岩石的海岬将海湾互相分隔，使得海洋成为南北
交往的主要通道。南意大利——尤其是西西里——的平原比希腊本土更为宽广，
地形也较为平坦。古时这些地区生产大量粮食来供出口，以其农业财富而闻名。

爱琴海地区与南意大利的气候相对温和。然而，各个季节的气候却迥然相异。冬天，盛行西风带覆盖希腊与意大利，带来雨水，并偶尔降雪。夏天，信风从东北持续吹来，缓解了炎热，但信风非常干燥，导致4月至10月间很少降雨。在这期间，晴空朗朗，常可邀人外出活动，这种气候为希腊城邦的特点——频繁的户外公共会议——创造了条件。

农业耕种须与降雨相适应。秋日种植庄稼，初夏收获。只有深根系植物才能熬过夏日干旱。从而葡萄藤与橄榄树这两种深根系植物与庄稼一起成为希腊的主要农产品。而饲料作物需要更潮湿的夏天，因此，只有在夏天时有降雨的北方才能养马。在古典时代，拥有马匹常常是巨大财富的象征。牛与驴所吃饲料水分较少，是主要的役畜。人们在山坡上放牧绵羊与山羊，它们能提供肉、奶和毛皮。

古希腊的矿产资源并不丰富。古典时代有一些银矿、金矿，主要分布在阿提卡与色雷斯。大理石与优质陶土几乎遍地都是。然而，古希腊人仍须依靠进口以获得一些基本原材料。当地的铁与铜供应不足，需要靠进口来补充。木材、亚麻与谷物同样需进口，至少到人口增长、海运极为重要的公元前5世纪还是如此。

第二节 城邦的形成（至约前750）

希腊人直到约公元前700年才开始使用字母文字，且只有少量公元前600年之前的文字记录存留了下来。至于更早的时代，就只有考古遗迹与荷马史诗可供参考。克里特文明、迈锡尼文明的重新发现是考古学上的奇迹。然而，我们和罗马人口中的希腊人（Greeks）——他们自称为海伦人（Hellenes）——与这两个文明之间的联系仍处于争论状态。古典时代，希腊人自身分为三支：伊奥利亚人，爱奥尼亚人，多利安人。人们倾向于认为这三个分支分别对应于三次入侵浪潮，荷马史诗与考古发现的文字记录却无法为这简单的说法提供证明。使用希腊语的民族向爱琴海盆地的迁移似乎是一个复杂的过程，包括许多独立的征服与战争，以及不同民族之间的广泛融合。

米诺斯文明（前2500—前1400）从其在克里特岛的中心辐射至爱琴海中的小岛、希腊沿海地区与小亚细亚海岸，大大加速了希腊在新石器时代的发展。这

样的遗迹被称为希腊青铜时代遗迹（Helladic）。可能在约公元前 1800 年，希腊
战队出现在欧洲大陆，几乎同时，印欧民族出现在近东的北部边界。新来者似乎
已建立起自己的贵族统治，但从他们的新臣民那里学到不少更文明的生活方式。
征服者的尚武与克里特文明传统融合，塑造出新的文明，我们称之为迈锡尼文明
（约前 1600—前 1100）。

与米诺斯文明遗迹不同，迈锡尼文明遗迹显示出对战争资源的看重。巨石建
造的巨大堡垒矗立在迈锡尼、梯林斯与奥尔霍迈诺斯等地。后来希腊人将这样的
石造建筑归功于半神的存在——独眼巨人库克罗普斯——因为人类自己似乎并不
足以承担起这样的工程。许多希腊传说在某种程度上来源于迈锡尼时代的历史事
件：阿伽门农与克吕泰墨斯特拉的故事、俄狄浦斯、特洛伊战争，等等。这些故

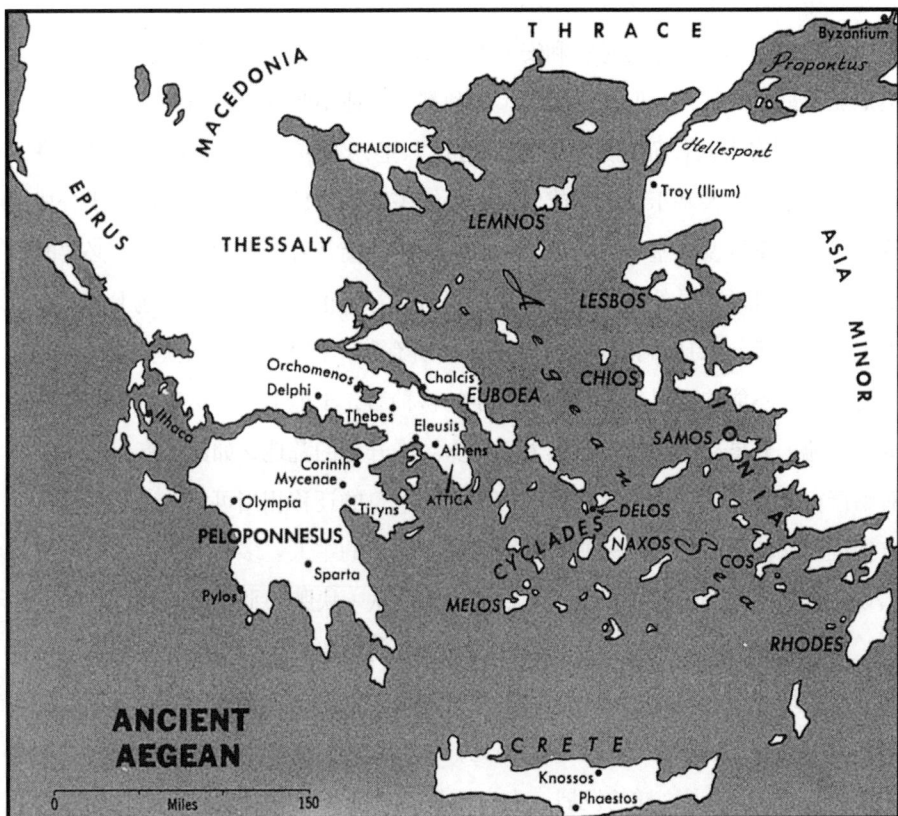

古代爱琴海

事之后成为荷马史诗与雅典剧作家创作悲剧的原材料。很难判断这些传说中哪些部分是事实，哪些部分是诗性的加工。令人惊讶的考古发现表明，特洛伊事实上可能是被希腊国王联盟围困并占领（约公元前 1184 年）。荷马所描绘的好战、半野蛮的社会在迈锡尼王阿伽门农领导下形成松散联盟的图景，大体上确实如此。

约公元前 1100 年，来自北方的新入侵者多利安人出现，摧毁了城堡，屠杀了近半数人口，迈锡尼时代的政治集权就此崩溃。然而，多利安人并未拥有整个希腊。历史上多利安人居住在伯罗奔尼撒半岛的大部分地区、克里特岛、小亚细亚的西南海岸，以及一些更小的爱琴海岛屿。伊奥利亚人占据了伯罗奔尼撒半岛的西北角，科林斯湾以北的希腊大陆，以及小亚细亚北部爱琴海海岸。爱奥尼亚人居于两者之间，沿小亚细亚的中部海岸居住（爱奥尼亚），占据大部分爱琴海小岛，并在阿提卡拥有大陆一角。多利安人、伊奥利亚人与爱奥尼亚人的区别主要建立在语言之上，三支人使用不同的希腊方言。伊奥利亚人在古典文明中所起的作用相对较小。斯巴达是多利安人的主要城邦，其次是科林斯。雅典则成为爱奥尼亚人最大的城邦，但在这之前，米利都与其他小亚细亚城邦更为重要。

随多利安人入侵而到来的"黑暗时代"里，希腊古典文明初现雏形。进入希腊时，多利安人基于真实的或假定的血缘关系结成部落。部落又进一步分成亲族、兄弟关系以及最基础的父系家庭。每一层级上，群体保护其成员，必要时诉诸武力，并且对成员的行为集体负责。当时的习俗很可能不承认土地上的固定个人财产。相反，亲族群体间实行某种集体所有制，把可耕种的土地分摊给成员。当时的土地不能连续耕种。经历了数年的耕种后，土地上杂草丛生，人们便遗弃老的土地，开垦新的土地。既然人烟稀少，未开垦的荒地又如此丰富，就不需要对财产权下任何确切的定义。这种情况下，人口的迁移相当可观。一个部落可以方便地从一块平原迁移到另一块，取代那里原先的主人。多利安人的入侵可能就出现在这一系列的迁移过程中，大量独立部落从一块肥沃平原迁移到另一块。

随着时间流逝，人口增长，农业技术也取得进步，人们可以也必须持续耕种同一块土地（人们犁地、休耕，而不是将土地丢荒。如果在适当的时节犁地，大多数杂草会在它们成熟之前死去。因此，第二年还可在土地上种植庄稼，还能指望有好收成）。有了这样的发展，人口迁移不再那样频繁，人们与所在地区的关联变得比亲属关系更为重要。部落组织并未因此消失，而是以宗教、政治单元的形式继续存在了很久，但一种新的政治单元在区域性部落联合的基础上出现了，即城市国家（city state），希腊人称之为城邦（polis）。高度发展的城邦的公民属同类人的观念从未完全匿迹。然而，在人们形成对城邦本身的区域性共同忠诚之前，以血缘关系作为社会组织基础的方式就已渐渐消失。例如，公元前5世纪的雅典，部落只以投票单元的形式存在，同一部落中人们的亲属关系几乎不复存在。

城邦是古典文明的细胞。甚至当更大的政治结构出现后，城邦依然是古典社会中大多数社会、经济活动的载体，也是许多政治活动的载体。因此，清楚理解城邦的内涵非常重要。

城邦包括一个城镇或城市及其周围乡村。早期，公民一般是农民；之后这种现象在一些活跃的重要城市中不复存在，然而古希腊人还一直认为，一位公民必须要拥有土地才足以成为共同体一员。城邦中由官方代表负责维持正义。部落社会中常见的世仇现象停止了，同样消失的还有随身携带武器的习惯，因为不再有面对陌生人时自卫的必要。军事力量由地方执政官控制，仅代表城邦进行防御或进攻。宗教仪式同样也被委托给城邦代表，以全体公民的名义举行。随着定居农业的普及，土地私有财产权得到普遍承认，但草场与矿藏依然属于共同财产。

随着部落的衰落、城邦的巩固，个人的高度忠诚对象转移到他们出生的城邦。城邦的共同利益常常需要公民牺牲时间、财富，必要时甚至是生命。每位公民对其城市抱有富于激情的热爱，从而使得更大范围的忠诚几乎被完全掩盖。

相比现代的区域性国家，古典时代的城邦在一个重要的方面与之不同：城邦往往是特权集体。并非生活在城邦领土的每个人都是公民。其中一些，如斯巴达，只有极少数人享受完整的公民权利。每个希腊城邦中，奴隶凭其地位不属于公民，而有时候奴隶数目巨大。此外，除非获得特许，外邦人也不属于公民。公民应当乐意战斗、乐意思考，但不应劳作谋生的贵族式观念深植于希腊传统，即使是在雅典这样的民主城邦也不例外。这样的理想却以奴隶阶层，或政治地位低下的劳动阶层的存在为前提。

我们只能猜测部落转变为城邦的过程。阿提卡的传说中提到了忒修斯的名字，他将原本分散的小村庄结合起来建成一个政权，将12个部落结合成一个政治共同体。在希腊的落后地区，部落政权在历史上保持了很久，也有少数关于这些地区的居民自发形成城邦的记载。也许，古典时代希腊的著名城邦——雅典、斯巴达、科林斯、底比斯、阿尔戈斯、墨伽拉等——形成过程相似。而另一方面，在爱奥尼亚，以城市为基础的政治组织可能是从迈锡尼时代完整过渡至古典时代的。

"黑暗时代"的希腊人既粗鲁又野蛮。加工石头的技术消失了，各地陶制品风格相异，从而证明希腊的不同地区之间并未产生广泛交流。制海权落到腓尼基人手中，航海技术也似乎有些黯然失色。另一方面，用于制作工具、武器的铁普遍取代了迈锡尼工匠、战士所用的青铜。铁器比青铜器便宜，在某些方面也要比青铜器好用。这种新型金属的相对廉价得以促进技术进步，其中最重要的也许是铁犁铧的使用。与之前仅由木头制成的犁铧相比，铁犁铧使得耕作更为高效，休耕亦成了一种可行措施。

在爱奥尼亚，文明的衰退在各方面都没有像欧洲的希腊地区那样严重。希腊"黑暗时代"中最伟大的文学成就正是来自爱奥尼亚：荷马史诗。现代学者就《伊利亚特》与《奥德赛》的作者、内容遇到了很多疑问。这两部史诗的背景都是迈锡尼时代，且荷马的许多描述都与考古学遗迹惊人的一致。不过也有些文字反映的是晚得多的时代。荷马史诗很可能利用了一种英雄诗体的传统，专职的吟游诗人背诵这些英雄诗，供国王、贵族娱乐，这种传统也许自阿伽门农时代起就未曾中断。随着时间流逝，精雕细琢的传统兴起——例如荷马史诗中的"固定修饰语"（fixed epithet），黎明总是"玫瑰色的手指"，海洋总是"像葡萄酒一样暗"——曾经各自独立的故事也围绕特定的英雄统一起来：《伊利亚特》中的阿喀琉斯，《奥德赛》中的奥德修斯。现代批评家在一些问题上从未达成一致，如这些史诗是否是荷马一人所作，《伊利亚特》与《奥德赛》是否出自不同诗人之手，这两部史诗是否都有编辑者修改过。然而，史诗所用方言的特点似乎表明，公元前 8 世纪的某个时候，荷马史诗在爱奥尼亚最终成形。

近三千年时光流逝，史诗的感染力却不曾衰减，读者甚至能透过译文感受其艺术魅力。荷马史诗已深深植入欧洲的文化传统中。它们为后世史诗提供了模板，对后来的希腊文化的影响更是不可估量。学习、记诵荷马史诗成为古典时代希腊教育的重要部分，不仅如此，《伊利亚特》与《奥德赛》所体现的宗教思想也成了希腊宗教、诗歌与艺术的某种标准。

荷马笔下的诸神显然是被赋予了永生的人，拥有奇妙却有限的力量。他们之

40

间的关系也正是人间政治关系的象征：宙斯，就像阿伽门农，领导着一群不守规矩的属下。诸神都任性而行，有时甚至反复无常。他们偶尔会被献祭与祈祷所诱惑，帮助人们实现计划，而神与神之间又容易产生怨恨，从不宽容。同样地，如果一个人获得一位神的支持与另一位神的反对，他在人间的命运就取决于这两位神之间的竞争。极其凶恶的罪行会被神怒所惩罚，但别指望诸神能奖善惩恶，他们都忙着我行我素，处理任何事都毫无规律。众神之上隐约存在着某种模糊的命运，众神只能部分地控制它，或预见到它。众神之下是无数的神灵，它们栖息在泉水、树林、高山、溪流之中。人类的灵魂不朽，但他们死后居住在阴暗无欢的地底世界，徒劳地渴望返回阳间。

这些荷马史诗中的宗教思想常被称为"奥林匹亚宗教"（Olympian religion），对于觉得人间生活艰难或为不公正所困扰的人而言，它几乎不能给予任何安慰。它既没有哲学思辨，也不具备形而上学的精妙。它只是通过神人同形同性的神话，解释了在这粗鲁的、半开化的时代中，人类生活的不可预知的起伏转折。

第三节　公元前 510 年之前的希腊扩张

一、经济发展

1. 人口

希腊城邦成形的数百年间，人口增长可能相当快，导致耕地短缺。显然，土地短缺并未同时成为每个城邦的难题，但到了公元前 700 年，它已是希腊某些地区的普遍问题，困扰着这些后来成为城邦文明中心的地区。通过以下几种方法可以缓解土地的人口压力：大规模殖民；改进农业技术；发展贸易与工业，作为生计的补充；有时也会从弱小城邦侵占邻近领土。此外，土地短缺加剧了社会阶层的分化，导致了广泛的贫富斗争。这些发展需要一一加以说明。

2. 殖民

约公元前 750 年，希腊开始大量派出殖民者。建立殖民地需要集体努力。一

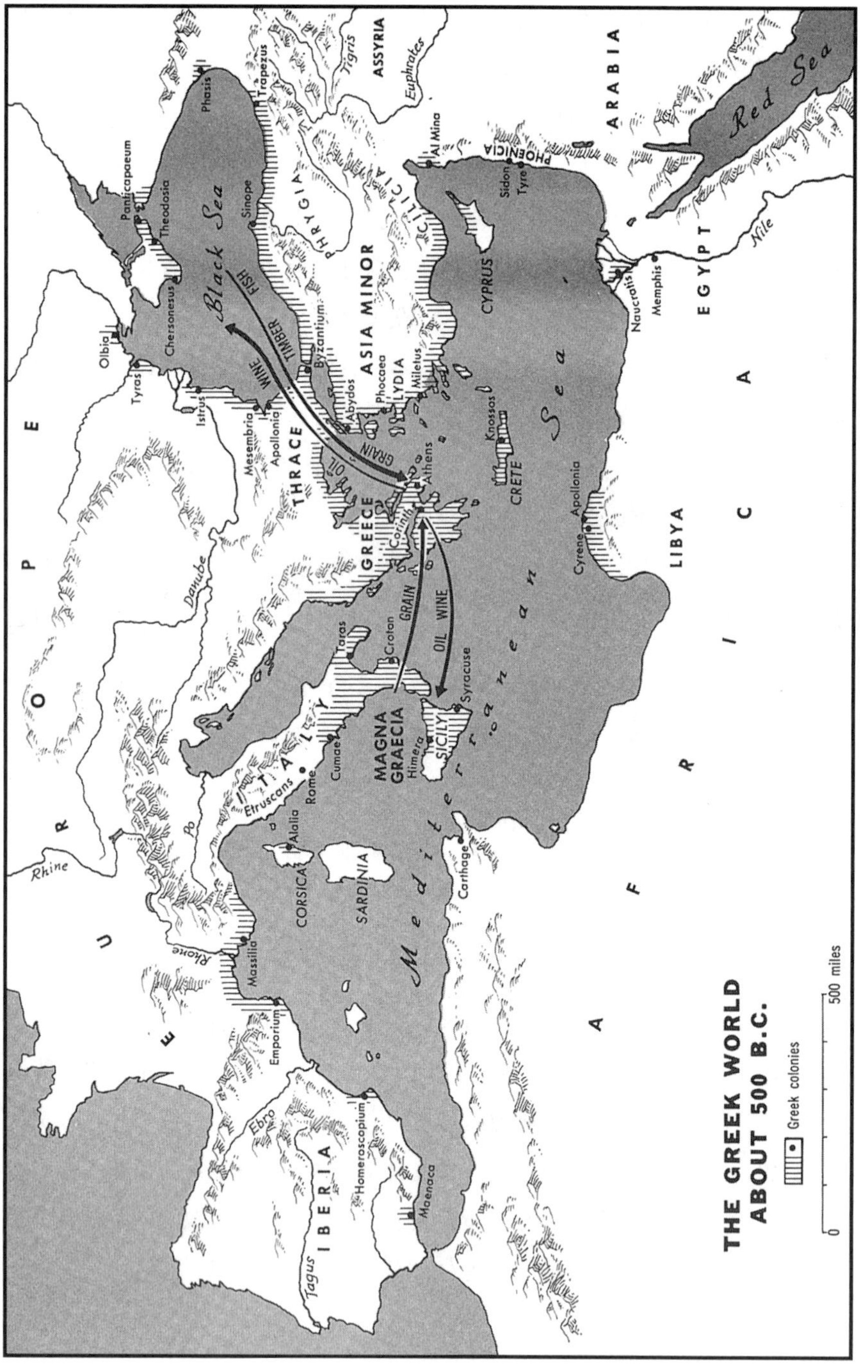
THE GREEK WORLD
ABOUT 500 B.C.
Greek colonies
0
500 miles
EUROPE
AFRICA
ARABIA
ASSYRIA
Euphrates
Tigris
Red Sea
Black Sea
Mediterranean Sea
EGYPT
Nile
Naucratis
Memphis
LIBYA
Cyrene
Apollonia
CRETE
Knossos
CYPRUS
PHOENICIA
Sidon
Tyre
Al Mina
CILICIA
PHRYGIA
ASIA MINOR
LYDIA
Miletus
Phocaea
Abydos
Byzantium
Sinope
Trapezus
Phasis
Panticapaeum
Theodosia
Chersonesus
Olbia
Tyras
Istrus
Mesembria
Apollonia
THRACE
GREECE
Athens
Corinth
FISH
TIMBER
WINE
GRAIN
OIL
GRAIN
OIL WINE
MAGNA GRAECIA
Taras
Croton
Syracuse
SICILY
Himera
ITALY
Cumae
Rome
Etruscans
Po
Danube
Rhine
Rhone
Massilia
Emporium
CORSICA
Alalia
SARDINIA
Carthage
IBERIA
Ebro
Tagus
Homeroscopium
Maenaca

希腊世界（约前500）

且发现其土地已无法承载人口，城邦便会组织远征，由殖民地开拓者（*oecist*）或创建人（*founder*）领导。选择移民或被地方执政官指派出去的人坐船驶向选好的地点，在那里建立自己的城邦。新城邦在政治上独立于母邦，与母邦只有松散的宗教与情感联系。这场运动并未造就殖民帝国，因为新城邦的公民与母邦的公民几乎隔断，没有往来。殖民进程中最活跃的城邦有米利都、哈尔基斯与科林斯，而其他城邦跟随它们进行了小规模殖民。

殖民者主要寻找两样东西：优良农田、泊船港口或滩地。只是后来实现了海运贸易后，建立战略贸易口岸才成为重要任务。希腊殖民地往往占据海岸，因此在地中海盆地的广大地区，希腊的殖民城邦成为文明的中转站，将文明成果传递给被它们驱逐进内陆的落后土著居民。

希腊殖民向三个方向扩张：向北至黑海沿岸、马尔马拉海、爱琴海北部；向西至意大利南部与西西里，分流至法国南部与西班牙东部；向南至利比亚。埃及的诺克拉提斯也建立了一个十分重要的殖民地，希腊人由此接触到埃及文明与技术，采撷诸多。在其他地中海沿海地区，怀有敌意的土著居民阻止了希腊殖民。腓尼基人将希腊人从叙利亚及其邻近海岸驱赶出去。在西方，迦太基人护卫阿尔及利亚与西西里的部分地区，使其免遭希腊入侵。伊达拉里亚人同样守住了意大利北部。

到了约公元前550年，大殖民时代走到尽头。这里有两大原因，缺乏肥沃的、未被完全控制的沿岸土地是其一；此外，希腊城邦的内部发展非常成功，在本土就可以吸收过剩的农村人口，这是第二个原因。

3. 贸易与工业的发展

虽然主要是对耕地的渴求激发了殖民运动，但在最初定居之前，海盗式商人必须先行探索，寻找土著居民组织松散，不足以抵抗希腊殖民的肥沃地区。

一开始，希腊贸易者主要充当东方文明发达中心与地中海盆地落后地区之间的中介，与早先垄断这一行业的腓尼基人竞争。尽管科林斯、哈尔基斯、埃雷特里亚在公元前8、前7世纪同样成为重要的贸易中心，但首先抓住这类贸易机会的是米利都与其他小亚细亚海岸城邦。吕底亚与埃及出口羊毛与各种手工制品，用来交换希腊海员从黑海海岸、意大利水域、西西里水域收集的金属、木材与其他原材料。

希腊工匠很快开始模仿起东方作坊的产品，学习如何制造精细陶器、羊毛织物、金属工具、武器以及装饰品。他们不仅自己使用这些产品，还将其出口到殖民地与欧洲蛮族居住区。与意大利伊达里亚人（Etruscans）、俄罗斯南部西徐亚人（Scytlians）的贸易尤为重要。约公元前650年，希腊人从吕底亚人那里引进造币术，促进了贸易的发展。银币成为国内外贸易的价值尺度，加速了希腊城邦内市场经济的发展与经济分工。

贸易与制造业的发展显然改变了希腊城邦的社会构成。然而，务农依然是公民的一般职业。农业进步至关重要，因为农业提供了支持着贸易与工业的最重要出口品——橄榄油与葡萄酒。

4. 农业的进步

在"黑暗时代"，种植谷物、饲养牲畜是主要的土地利用方式。随着土地渐趋稀少，肥沃的草场也被开垦，只剩下崎岖山坡作为牧场。只有适应力强的动物才能养在那里，也就是说，绵羊、山羊与驴变得比马、牛更重要，虽然原始希腊人与其他印欧人一样主要依靠马与牛生活。但就算所有适宜的土地都被用来耕种，许多城邦还是发现粮食不足以供应居民食用。许多城邦通过农业专门化来解决难题，尤其是爱奥尼亚、雅典和爱琴海诸岛。他们把大部分耕地用来种植葡萄与橄榄。橄榄油与葡萄酒可用于交换谷物，相比在橄榄园、葡萄园所占土地上种植谷物而收获的数量，交换得来的谷物数量更多。橄榄树、葡萄藤只能在气候温和的地区生长繁茂，这是希腊的优势所在，例如在黑海沿岸，冬天过于寒冷，就不适合它们生长。此外，种植这两种特殊农作物需要技术与耐心。在某些气候条件适宜它们生长的地区，如意大利南部与西西里，多年来居民都认为相比种植这两种植物，集中精力在本土种植谷物并进口葡萄酒、橄榄油更为方便。葡萄酒的用途显而易见；橄榄油则在古代经济中扮演着很难一下子弄清楚的角色。橄榄油是当时几乎唯一的食用油脂来源，能代替肥皂清洁身体，还可用作灯的燃料提供光明。多方面的用途使得橄榄油成为古代文明生活必不可少的东西，直至今日它依然是地中海生活的主要日用品。

橄榄的种植还带给希腊另一个好处。多石的山坡地几乎不能种植谷物，但可以很好地生长橄榄树。以实效而论，潜在的可种植土地面积因此大大增加。然而，这些农作物同样有着严重的缺点。首先，在种下橄榄树与葡萄藤后，需要经过数年才能迎来第一次收获，只有有些家底的人才等得起。其次，在海运不安全、不规律的时代，依靠进口而获得基本食物是非常冒险的举动。海盗、战争或是海难随时都可能对粮食的海外进口带来灾难性打击。

虽然如此，人口压力断绝了先前的自给自足经济继续存在的可能性，橄榄—葡萄种植业还是得到了推广。爱奥尼亚的城邦显然是这项发展的先驱，但农业专门化的顶峰却出现在公元前500年之后的阿提卡。在之后几个世纪里，橄榄—葡萄种植业传播到地中海世界的大部分地区。为市场提供油与葡萄酒的地区与提供粮食的地区进行交换，构建起古典世界的基础经济循环。

值得注意的是，这种经济类型与东方文明的主导经济模式不同。东方城市一般不会从海外获得食物，而是依靠邻近农田。只有腓尼基城市的经济模式可能与希腊古典经济模式相近，但尚不清楚腓尼基人是否进口大量谷物以补充当地的不足。

二、社会发展

1. 阶层

荷马时代的社会完全是贵族政治社会。贵族战士构成了上等阶层，国王也在其中，只不过在地位相同的人中居于首位。当希腊社会稳定平和下来后，本来就有高贵血统与个人本领的贵族，因土地所有权所带来的经济权力又进一步提高了地位。奴隶、无田地的人、佃农为贵族耕地。除了上述这些身份的人，还有无数小农，他们耕种自己的田地。然而经过几代人后，为数众多的子女再次分割这些小农场，将许多家庭带入危险的困境。货币的引入使情况变得更糟，收成不好的年份里，小农不得不借下外债，而只能将自己的田地或者自身当成担保。照这样，无法还债的农民可能会失去他们的土地，甚至沦为奴隶；而贵族和富人是最有条件放贷的人，这种情形有助于进一步扩大他们的庄园。这种环境下，在约公元前800年之后，贫富敌对便开始长期存在，越来越尖锐。

在一些最重要的城邦中，工匠与商人阶层的出现改变了希腊社会，但他们并未产生很大的政治影响，因为许多工匠是奴隶，而许多商人是外邦人，甚至不是希腊人。此外在希腊世界，贸易与工业大体上影响不大，为数众多且影响较大的工匠与商人只出现在一些重视贸易与工业的城邦。

2. 军事变革

在公元前 700 年至前 600 年间，军事战略的转变阻止了贵族通过经济手段进一步巩固权力。在荷马时代，战争主要依靠乘战车的战士。多利安人入侵后，骑兵的作用增强，但战争依然以混战为主，战士们在近身混战中证明自己的技能与力量。在这种战斗中，贵族是主角，因为只有他们才有足够财力来购买战斗所需的武器、马匹来武装自己。

然而，约公元前 650 年，一种崭新的、更强大的战斗形式发展起来：步兵方阵。步兵方阵能够抵御骑兵的分散进攻。骑兵的作用因此被降低为侦查，追击溃军，而最重要的任务是阻止敌方骑兵侵扰后方步兵方阵。战斗的主力是重装步兵，戴头盔，装备有剑与盾，密集排成八行方阵。方阵被训练成一个整体，以一种特殊的战歌——赞美歌——来保持步伐一致。希腊方阵从来不擅长转弯，尤其不能高效应对无法保持紧密队形的崎岖陡峭的斜坡。因此，直到被罗马征服之前，希腊的战争通常都在平原上进行，而且允许敌人在进入战斗前跑步部署其军队成为惯例。接下来就是挤撞与厮杀，一番混战直到其中某一方的方阵阵型大乱，士兵四处逃窜。丢弃沉重的盾牌后，败兵大多能成功逃脱，因为胜利者为了自身安全，会在一定程度上保持自己的队形不变。直到马其顿的腓力（卒于公元前 336 年）时代，希腊战争中才出现对败军的凶残追杀。

47　　步兵方阵发展起来，使得贵族的武艺与英勇不再如此重要。重装步兵方阵的纪律成为战争结果的决定性因素。拥有中等资产的人就可负担起一位重装步兵的装备，因此城邦军事上的优势从贵族手中转移到了更多公民手中，虽然这样的公民数量依然有限。

三、政治变革

1. 发展的大体路线

荷马时代的社会由国王统治，贵族武士组成议事会进行协助。紧急情况下召开公民大会，听取贵族的意见，或在贵族领导人的不同提议中作出选择。后来所有希腊城邦的政体都起源于此。随着"黑暗时代"的崩溃，阿伽门农这样的国王的最高权力消失了，但每个部落单元大致保存了某种小规模的荷马时代的政治系统。我们只能通过后来的政体实践推断，直到文字记录出现之前发生了怎样的政治变革，即使采用这种间接的方法，我们能获得的具体知识往往也只限于雅典城邦的发展。在雅典城邦形成时，某位部落首领成了整个城邦的国王，也许其他城邦的情况也大体如此。部落选民的领导人组成国王的议事会，公民大会可能只在紧急情况下要求必须召开时才举行。

约公元前 800 年，贵族开始夺取雅典国王的权力。王位不再世袭，变成了只能在固定期限内担任的职位。从贵族中选出的执政官也开始分享王权，行使审判权，并领导军队。后来，留给"国王"的职责大多在宗教方面，政治方面的职责已无关紧要。类似的变革也发生在其他希腊城邦，但我们并不了解详情。

成功削弱王权后，贵族的新地位也遭遇了挑战。就算没有贵族血统，新诞生的富有阶层也设法得到了有权有势的社会地位。这些人通过购买而非继承来获得土地，且通常出自成功商人或放债人。希腊的政治理论家把这种政体形式称为寡头政治。寡头政治中，财富以拥有的土地数量来计算，从而代替了家族关系或继承而来的宗教特权，成为参与公共事务的标准。

在上面描述过的军事变革之后，寡头政治发生了进一步变化。城邦的守卫者 48 显然有能力使他们的政治要求得到重视。他们不仅有武器，还有支持者。结果，"重装步兵选举权"普遍出现在希腊城邦中，选举地方执政官、决定重要政策的权力下降，落到那些有能力用矛、盾武装自己的中等富裕公民手中。

然而，还有许多公民没有财力负担重装步兵的装备。经济困难与沦为债奴的危险导致民怨重重，社会动荡不安，暴乱频发。

在许多城邦，公民抱怨自己受到裁决地方案件的执政官的压迫，法律因此成文化，使得人人知晓裁决原则。然而，仅有明确的法律还不足以解决使希腊城邦瓦解的社会矛盾。公元前 7、前 6 世纪期间，许多城邦中成功爆发了革命运动，尤其是在商业、工业发展上领先的城邦。这些革命的领袖被称为僭主，大多数情况下他们是贵族成员，但反对其他贵族，从而成为大众运动中的斗士，建立起个人统治，从工业、商业、贫穷的农民阶层获得支持。僭主们经常放逐或处决政治对手，有时还会夺去贵族的地产，将田地分给穷人。有些僭主还凭借其权力推动贸易，促进农业上向橄榄—葡萄种植业的转变。

但很少有僭主能长久统治。他们超出法律管辖的地位极易遭到攻击。许多情况下，僭主无法消除曾经推动他们上台的社会不满情绪，这些篡权者很快就失去了人心。到公元前 510 年，希腊大陆上所有的僭主统治都被推翻。而在小亚细亚、西西里、意大利南部，僭主依然活跃了很多年。

要想理解希腊城邦政治的进一步发展，我们有必要将目光转向斯巴达的崛起。

2. 斯巴达与伯罗奔尼撒同盟的形成

到公元前 500 年，斯巴达有了自己的政体，并形成了与其他希腊城邦不同的

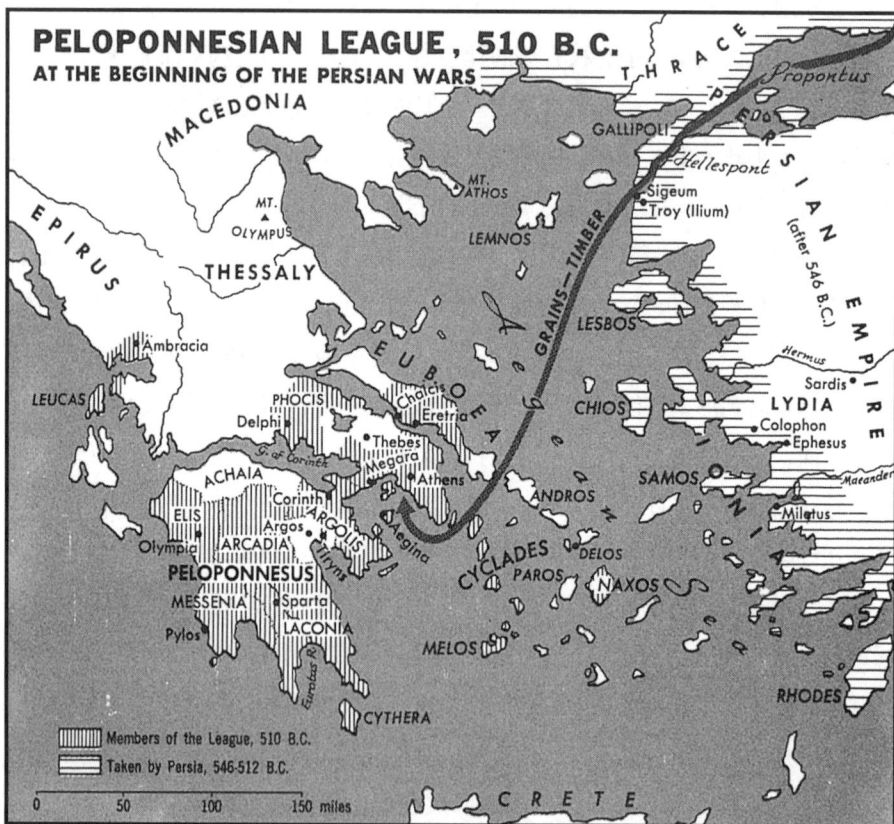

伯罗奔尼撒同盟：希波战争初期（前 510）

生活方式。这座多利安人的城邦坐落于欧罗塔斯河流域，在公元前 7 世纪早期并未显示与众不同之处，其时富有的贵族阶层统治着斯巴达，人们的生活方式也与邻近城邦相差无几。当人口增多需要更多土地时，斯巴达人没有采取殖民、扩大经济活动这些希腊式解决方法，转而侵占邻近城邦的土地。公元前 7 世纪早期，斯巴达人就入侵了邻近的麦西尼亚的富饶农业区，使麦西尼亚人沦为奴隶。约公元前 630 年，麦西尼亚人起义反抗，随之而来的是一场旷日持久的苦战。

这场战争对斯巴达的政体发展产生了决定性影响。战争期间，斯巴达人将军队编成方阵。为了使方阵高效作战并获胜，斯巴达人不得不制定严格的纪律。这种纪律一直延续到和平时期，甚至得到了进一步发挥，斯巴达城邦变得和军营一样，公民变成了护卫征服得来土地的常备军。毫无疑问，斯巴达人以如此激烈的方式改造他们的城邦，是因为惧怕反抗再次出现，像公元前 7 世纪末出现的那一次那样几乎将他们毁灭。

最终成形时，斯巴达政体是一种君主制、贵族制与民主制的奇特混合体。两个世袭的王族分割了王权，其中最重要的是军事领导权。此外，在 60 周岁以上的人中选出元老会，所有公民都可参加选举执政官、决定政策主要问题的公民大 会。城邦的日常管理交给一年一度选出的监察官（*ephors*），监察官权力极为广泛，可控制每个公民的日常生活。

所有公民都必须接受军事训练与兵营生活制度，这是斯巴达政体最为与众不同之处。每个男孩到了 7 岁就被带离家庭，接受严格的体能训练。年满 20 岁的年轻男子要被编入常备军，必须住在兵营里，年满 30 岁才能离开兵营与家人住在一起，而所有未满 60 岁的斯巴达公民都必须在军事食堂用餐。

奴隶为这种国防军提供经济支持。被征服的麦西尼亚人，连同多利安人入侵前的斯巴达居民的后代，不得不为斯巴达公民耕地。他们被称为希洛人（*helots*）。此外还有一类人名为庇里阿西人（*perioeci*），他们有人身自由，但没有政治权利。庇里阿西人可以有自己耕种的土地，也可以成为维持斯巴达方阵所需的工匠与商人。战争时期他们会被编成分遣队，甚至希洛人也会被征作轻装部队。

公元前 6 世纪抗击其他希腊城邦时，非凡的军事专业化给予了斯巴达巨大优势。实际上，这是职业军人与民兵的对抗。斯巴达很快拥有了战无不胜的名声。凭借军事优势，他们和伯罗奔尼撒半岛上的邻近城邦结成一系列同

希腊宫殿与神庙

　　我们如此习惯于古典希腊的建筑形式，以至于很难用毫无偏见的眼光考察现存遗迹的朴素与优雅。米诺斯的带柱大厅，以及阿伽门农令人望而却步的防御工事，都可在雅典卫城的建筑群里找到相称的继承。因为卫城本身就是个防御工事，在伯里克利时期被雄伟的城墙围绕，这些城墙连接起雅典与海洋，而海洋正是城邦财富的来源。

米诺斯宫殿，克里特岛克诺索斯
建于约公元前 1500 年
（慕尼黑希尔默出版社）

米诺斯的宫殿设置在克里特岛的山间，强调了防御工事的缺席。这种开放性反映了米诺斯社会的特质：依靠与各民族及整个地中海沿海地区的各个文化的贸易来发展，而非军事接触。

迈锡尼狮子门，希腊迈锡尼
建于约公元前 1500 年
（慕尼黑希尔默出版社）

迈锡尼的墙体常有 20 英尺厚，显示出对防御与战事的首要关切，与米诺斯的祭司领导下的商业主义形成鲜明对比。狮子门是阿伽门农堡垒的主要入口。注意，任何途经此处的人，都必须将自己未加防御的右侧身体暴露给墙上的守卫。

53 **帕特农神庙，雅典卫城**
建于公元前 447—前 432 年
（阿里纳利艺术资料机构）

帕特农神庙建于伯里克利时代，是雅典卫城的焦点。这座献给雅典娜——雅典的庇护神的神庙，是多利安式风格的例证。微妙的比例，平衡的水平线与垂直线，都未经过任何几何直线来实现，因为所有表面都是曲面，有时只是轻微弯曲。帕特农神庙的石块经过了精心安置，不需灰泥即可实现结构整合。

伊瑞克提翁神庙，雅典卫城
建于公元前 421—前 406 年
（阿里纳利艺术资料机构）

帕特农神庙建成后仅 11 年，伊瑞克提翁神庙的建造就开始了，并更为注重华丽与优雅，而非多利安式的朴素。这座神庙是献给埃瑞克透斯的，一位蛇形的神，同样也是神话中的雅典国王。修长的爱奥尼亚式柱身与修饰过的柱头缺乏帕特农神庙柱式的庄重肃穆，但伊瑞克提翁神庙因其装饰细节，为下至近现代的无数建筑提供了典范。

希腊宫殿与神庙

盟，实现了对希腊大陆大部分地区的有效统治。他们借其优势推翻其他希腊城邦的僭主，压迫那里的革命运动，因为斯巴达人一直惧怕这些运动会激发希洛人的骚乱。

这个同盟体系通常被称为伯罗奔尼撒同盟，但并未扩大到整个伯罗奔尼撒半岛。阿尔戈斯与大部分亚该亚（Achaia）城邦从未加入同盟。然而到了公元前510年，半岛的剩余部分在斯巴达领导下形成松散的联合，它主要是个军事同盟。战争时期，每个成员城邦提供军队，由斯巴达指挥官指挥作战；和平时期，地方事务则完全由城邦各自的官员掌控，不须向斯巴达交纳盟金。如果同盟成员间发生战争，在不直接牵涉斯巴达利益的情况下，这种战争偶尔会得到默许。总而言

55

之，同盟的政策保守：维护本邦的寡头统治，支持其他地方的寡头统治，除非被攻击的威胁极大，否则不会进犯同盟外的城邦。

四、文化发展

1. 宗教

希腊人的宗教在公元前700年至前500年成形，在此期间受到了荷马史诗中宗教信仰的强烈影响。然而，荷马的奥林匹亚宗教并不代表一切。各地的神殿、寺院与宗教仪式保留了其他的思想，与荷马史诗中的宗教概念几乎迥异。公元前7世纪期间，一场名为俄耳甫斯教的宗教运动在希腊广泛传播。这是一种神秘的宗教信仰，与对酒神狄奥尼索斯的崇拜有关。其宗教庆典往往十分疯狂，这种疯狂被解释为与神形成了神秘的联结。俄耳甫斯教的祭司宣称信教者死后有希望获得永恒的幸福。相似的是，阿提卡的厄琉息斯秘仪的仪式虽然不像俄耳甫斯教那样容易陷入疯狂，但同样给参加的人许诺死后的幸福生活。这种仪式意在庆祝冥后珀耳塞福涅的死亡与复活，以及其母亲——掌农业、丰产的女神得墨忒耳的悲伤与欢乐。

希腊宗教中另一种重要元素是泛希腊的神谕与宗教庆典。最著名的神谕是德尔斐神谕，据说那里的阿波罗的祭司们，包括皮提亚（Pythia），也就是女祭司，能传达神对崇拜者所提问题的回答。德尔斐神谕在调解城邦内纷争、审查道德品行方面的作用举足轻重。祭司所传达的神谕常常能制止暴力与凶残。

在各种泛希腊习俗中，每四年举行一次的奥林匹亚庆典仅次于德尔斐神谕。

体育竞赛、赛马与宗教仪式将全希腊各城邦的重要公民吸引到奥林匹克运动会中。城邦间的斗争常常在奥林匹亚节期间暂停。在科林斯、阿尔戈斯、德尔斐等地也会举行相似的庆典，虽然不那么有名。这些聚会与德尔斐神谕一起，构成在习俗上联结起全希腊的唯一的明确纽带。随着希腊文明的发展，希腊人愈发将自己与其他民族区别开来，并认为自己比被他们称作野蛮人的非希腊人优越。然而，泛希腊宗教习俗能加强这种由语言、文化形成统一体的感觉，但相比公民与其出生城邦的紧密联系，还是显得非常脆弱。

2. 文学

公元前 700 年之后，希腊人学会了书写。他们从腓尼基人那里借来了自己的字母系统，但同时也进行了重要的创新。希腊人改变了字母的形状，更重要的是，他们还改编了腓尼基语言中某些在希腊语里找不到对应音的字母，使其能代表希腊语中的元音。在闪米特语言的字母系统中没有元音，这些语言的结构使得人们在仅写下辅音时非常容易发音，但希腊语中有许多元音，除非标记辅音也标记元音，否则人们无法理解写下的词语。因而希腊人发明了元音符号，使得这套字母文字更易理解，从而要将这套改进后的系统应用于其他语言也变得相当容易。事实上，现代的欧洲字母系统都来源于希腊。

随着文字的传播，文学作品可以被记载下来，而不再仅依靠记忆保存。这为散文与更广泛的诗歌形式开拓了发展空间。希腊人很快就开创了新的可能性。赫西俄德（Hesiod，公元前 8 世纪）写出了描写农家生活的教诲性长诗《工作与时日》，在《神谱》中系统整理了希腊人传承下来的杂乱无章的神话。公元前 7 世纪，一些诗人发展出抒情诗、挽歌等诗歌形式，其中最著名的诗人有阿尔齐洛克斯（Archilochus）、阿尔开俄斯（Alcaeus）与女诗人萨福（Sappho），但只有少量作品留存了下来。这些作品不仅形式多样，还表达了浓重的个人情感。

3. 艺术

公元前 700 年后，希腊人开始学习石头建筑术与石雕技术。他们很可能从埃及人那里学到了石工的基本原理，但希腊人很快就从外国模式中脱离出来，随着技艺日渐成熟，他们形成了自己的艺术风格。

希腊的大型建筑仅限于寺庙。希腊神庙的风格以简单房屋形式为基础，这种房屋形式由希腊人的祖先从北方带来：有着四面墙和倾斜的屋顶。渐渐地这种样式得到了发展，加上了带柱的门廊，随后进一步出现了围绕建筑物的柱廊，由此形成了成熟的希腊风格。寺庙装饰着横向雕带，以及出现在屋顶、门的侧壁和其他地方的雕刻装饰物。三种独特的装饰风格发展出来：多利安式、爱奥尼亚式、科林斯式。更值得称道的是，这些建筑在比例处理与细节处理上极为精致优雅，使得希腊神庙成为一代代人艺术享受的典范与源泉。希腊建筑直到公元前 500 年后才达到完全和谐的境地，但在此之前就已牢牢确立了独特风格，到公元前 6 世纪末已树立起一些巨大的神庙，不仅位于希腊本土，有些还坐落在意大利与西西里。

57 同一时期，希腊雕塑的特质也开始浮现。现已发现的最早的希腊雕塑明显受到埃及雕塑的影响，但在公元前 6 世纪期间出现了一种独特的希腊风格，艺术史学家称之为古风式。最著名的古风式雕塑大概要数雅典卫城的那一批，公元前 480 年遭遇波斯入侵者的破坏，而后得到了修复。除了"古风式微笑"这种我们并不熟悉的艺术惯例，这些雕塑还拥有非凡的新意与魅力。早期希腊雕塑的另一大特点是对裸体的描绘，这种习惯可能源于赞颂优胜运动员，希腊各城邦为这些在奥林匹克运动会或其他比赛上获得胜利的运动员建起雕塑。由于运动员裸体参加比赛，他们的雕塑同样也是裸体的。

希腊人同样在陶器装饰艺术上取得了巨大成就。在"黑暗时代"，一种几何图形风格遍及希腊。随着文明复兴，陶器装饰工艺得到改进，有时还会高度因袭传统手法来表现人与动物。不过，东方式的、彩饰的、曲线的装饰风格，打断了这种发展路径。东方陶器使得爱奥尼亚和科林斯的陶工放弃几何图案，代之以陶瓶、陶罐上的动物与人的图案。与雕塑的发展相似，希腊人很快又放弃了东方风格，发展出独特的希腊风格。陶工通常描绘神话中的情景，无论是绘画还是构图都技巧熟练、富于魅力。不过，最完美的彩陶同样出现于公元前 500 年后。由于某种奇妙的偶然，我们得以知道许多希腊陶工的名字，因为他们习惯于在作品上署名。根据每个作坊所发展起来的不同风格，专家可以区别他们的产品。公元前 6 世纪期间，雅典陶工成为全希腊最优秀的陶工，在大部分的出口市场上，他们的产品取代了科林斯陶器与爱奥尼亚陶器。

4. 哲学与科学

与许多构成希腊文明的元素一样，希腊人是在与东方的交往中获得了思辨的原始动力。到公元前 7 世纪，希腊人已经学会了埃及人的几何学，以及巴比伦人的某些天文学知识。然而在希腊城邦，人们并不接受包含了东方科学知识（事实上几乎抑制了科学知识）的宗教神话与观念。希腊的传统宗教未曾清晰、一致地解释这个世界。希腊人传承下来的各种神话（其中一部分来自迈锡尼时代）与俄耳甫斯教、厄琉息斯秘仪所传达的新思想并不一致。当时并没有出现权威性的祭司来解读这些思想，并将它们结合成一致的整体。因此，个人可以产生疑问，并根据理性原则思考问题，而不受任何限制。希腊的思想家从一开始就脱离了古代近东式的权威性宗教传统，而能独立活动。

早期的思辨形式多样。爱奥尼亚兴起了一批散文家与编史家，他们致力于使有关过去的神话变得和谐又合理。此外，他们还通过记载外国奇观来研究地理和历史。希罗多德的前辈中，最杰出的要数米利都的赫卡泰奥斯（Hecataeus，约前500），他用一句话概括他们的方法："我只记录下我认为是真实的东西，因为希腊人的很多故事在我看来都是荒唐可笑的。"

在致力于解释宇宙现象的思想家身上，相似的理性主义观点也很典型。据传米利都的泰勒斯（约前636—前546）是第一个从事这类研究的思想家。作为工程师、数学家和天文学家，他假设万物皆由原始的水构成，试图以此来解释自然界。其他爱智者（*philosophoi*，希腊人这样称呼这些思想家）提出各种各样的假说，解释地球和天空的起源、结构与命运，较为著名的思想家有米利都的阿那克西曼德、阿那克西米尼，以弗所的赫拉克利特，科洛封的色诺芬尼，以及萨摩斯的毕达哥拉斯。他们都是爱奥尼亚人，虽然之后毕达哥拉斯曾移居意大利南部。在公元前 500 年后不久，爱奥尼亚就成了哲学发展的中心。

他们的思想只以残片或释义的形式保留了下来，但他们显然使用了理性主义的方法，理论成果十分大胆。例如色诺芬尼，他全盘反对有关诸神的神话，称之为诗人的凭空捏造，那些诗人仅仅根据人的形象塑造了神。

毕达哥拉斯学派与其他学派相去甚远。毕达哥拉斯在他选中的城市克罗托内建立起一个秘密团体，传授、阐释某种可能与俄耳甫斯教有关的半宗教性学说。毕达哥拉斯学派特别注重数学，赋予数字以神秘的特质，并认为数字是构成万物的基本成分。

第四节 公元前 5 世纪：雅典帝国的兴亡（前 510—前 404）

一、雅典城邦的早期发展

雅典历史上，能较为精确确定的最早年代是公元前 632 年，其时，一位名叫基伦（Cylon）的贵族试图成为雅典的僭主，但未能成功。在此之前，雅典已建立了执政官制度，世袭王权转变为执政官职位之一，主要行使宗教方面的职权。前任执政官们组成战神山议事会，对一般的政务具有并不明确但非常有效的权力。

基伦的阴谋毫无疑问反映了雅典的社会矛盾，但我们只能猜测这个事件的具体情况。在这次失败的政变发生 11 年后，德拉古制定了相关法律，规定由执政官负责审理案件，由此削弱贵族法官任意解释法律的权力。但这项措施并未能完全解决社会矛盾。一代人之后，雅典又面临着革命的威胁。负债累累的农民和失去田地的人要求重新分配地产，取消债务。军事上也出现了严重的问题：小农因无法还债而失去了田地，能补充雅典方阵的步兵数量减少，削弱了雅典的军事力量。这些问题促使雅典人在公元前 594 年任命梭伦为首席执政官，赋予其修改法律的巨大权力。

梭伦改革旨在缓和雅典社会矛盾。他取消了所有的债务，禁止再出现债务奴隶，由此减轻阿提卡的小农与佃户的困苦。他还进行币制改革，颁布禁奢令，禁止出口谷物，鼓励出口橄榄油。政治改革补充了这些经济改革措施。公民根据土地的实物收入被划分成不同等级，每个等级都明确规定了政治权利与军事义务。高级官职只限于最高的两个等级，但所有公民都可以参加公民大会，并有权成为陪审员，听取、裁决执政官已判案件的上诉。这项改革从根本上改变了雅典城邦的力量均势，梭伦时代之后，贵族执政官不再有未经上诉就作出判决的权力。向公民法庭上诉的惯例很快普遍开来，执政官判决完全丧失重要性，他们仅仅负责监督提交某个案件到公民陪审团之前的准备工作。公民陪审团还有另一项重要作

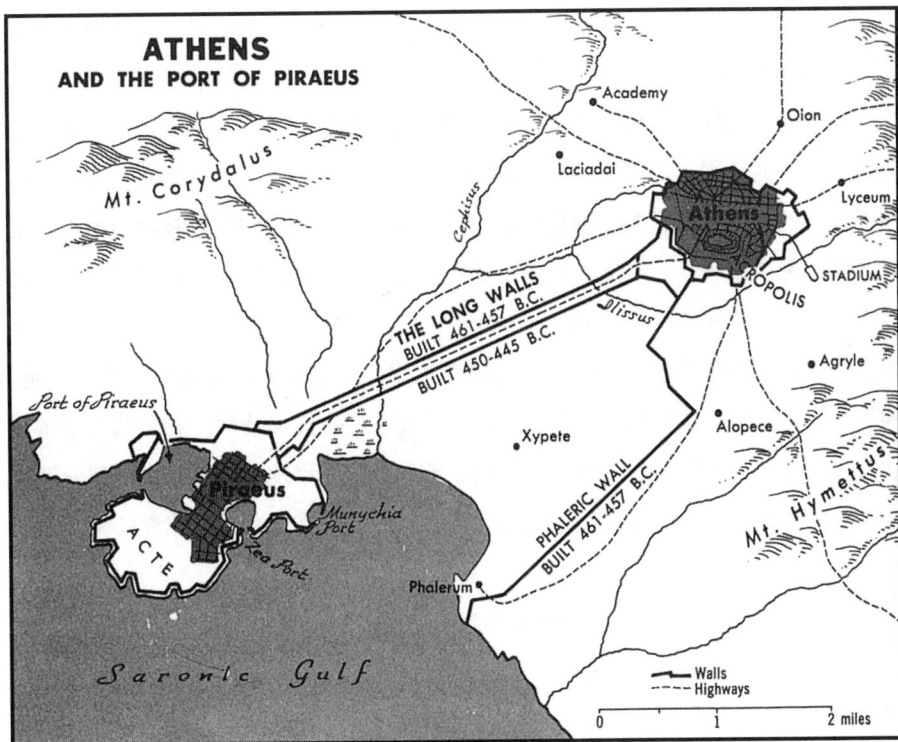

雅典与比雷埃夫斯港

用：每个执政官结束任期时，都必须接受一个特殊陪审团的检验。战神山议事会依然存在，并有权审判死刑案件。此外，梭伦建立起四百人会议，用以主持公民大会，准备大会议程。

显然，梭伦授予公民法庭以新权利，在公民大会实现民主构成，使得普通公民拥有比之前更大的权力，因为之前的法官只从富人和贵族中选出。因此，梭伦改革可谓是民主进程中的决定性步骤。

然而，梭伦未能给城邦带来和平。穷人感到失望，他们希望重新分配土地，同时，富人与贵族也对限制他们原有权力的举动怀恨在心。在之后 30 年中，不满情绪与偶尔发生的混乱始终折磨着城邦，形成相互对立的"山地派"、"平原派"与"海滨派"。为争夺萨拉米斯岛，雅典与墨伽拉之间的战争旷日持久，最终雅典取胜，最强有力的军事领导人庇西特拉图得以凭借其声望上台，在公元前

560 年建立起僭主统治。他曾两次被驱逐，但都能成功返回，第二次返回时还得到了雇佣军的帮助。

庇西特拉图保留梭伦政体的形式，自己则在幕后统治，有点像现代政治中的后台老板。他放逐了许多贵族政敌，查抄了他们的部分土地，并将其分给较贫困的群体。他还向种植橄榄、葡萄的农民发放贷款，帮助他们度过栽种与第一次丰收之间的无产年头。这些措施有助于雅典的农业改革。在庇西特拉图统治下，阿提卡变成了一个主要由小农场（平均面积可能是 15—25 英亩）组成的地区，农场主本人在家人的帮助下劳作，有时会用奴隶，或是雇来的自由民。事实证明，阿提卡的土壤与气候非常适合新种植的农作物——橄榄与葡萄，剩余的大量橄榄油与一些葡萄酒得以出口。雅典人从色雷斯和黑海沿岸地区进口谷物，部分解决了困扰阿提卡几代人的粮食短缺问题，庇西特拉图还在这些地区建立了外交联盟网络。

庇西特拉图时代，雅典贵族米太亚德前往加里波利半岛，成为那里的希腊人、色雷斯人混合城邦的领导人。雅典还在赫勒斯滂海峡亚洲一侧的西革翁建立了殖民地。庇西特拉图似乎想通过这些手段实现对海峡的战略控制，因为许多运到雅典的谷物都要通过赫勒斯滂海峡的狭窄水域。

在庇西特拉图及其子希庇亚斯统治下，雅典成了最重要的制陶中心，制陶业的发展与葡萄酒、橄榄油的出口密切相关，因为陶器可以作为这两种产品的容器。在雅典僭主的赞助下，城邦首次成为最重要的艺术中心。雅典开始建造大规模神庙，许多雕塑在卫城竖立起来，荷马史诗成为权威准则，之后被全体希腊人接受。此外，庇西特拉图还设立或发展了泛雅典娜节、大酒神节这样的民间节日。

庇西特拉图采取的措施，连同在他治下雅典的经济发展，确实缓解了公元前 6 世纪初非常突出的人口问题和社会矛盾。然而，僭主统治面对着强大的敌人，尤其是被放逐的贵族。庇西特拉图死后，他的长子希庇亚斯继续实行幕后独裁统治，但他缺乏父亲的策略。当反抗者密谋刺杀庇西特拉图家族成员，并最终杀害了希庇亚斯的一个兄弟时，希庇亚斯残酷镇压了所有可能的教唆者。这样的惩罚措施使得许多公民疏远了他。公元前 510 年，被雅典贵族说服的斯巴达人打着推翻僭主统治的旗号进攻雅典，并赢得很轻松。希庇亚斯逃亡西革翁，在那里承认了波斯的霸权地位，雅典则加入了以斯巴达为首的伯罗奔尼撒同盟。

贵族纷纷涌回雅典，但不久就发生了内讧。其中一位名叫克里斯提尼，来自阿尔刻迈翁家族，他发现自己的权力有被夺走的危险。通过致力于公共事业，他恢复了自己的地位。公元前508年，在平民的支持下，他得以重组雅典政体。他系统地削弱了其他贵族的政治地位，由此建立起贯穿公元前5世纪的雅典政体基础形式。

打破祖传的部落制度是克里斯提尼的基本改革。贵族的政治领导权很大程度上来自他们作为部落宗教—政治首领的特权地位。克里斯提尼采取彻底而激进的措施，剥夺了古老部落的政治功能，代之以新的地方单位——居民点（demes），接替地方政府职能，保存公民名册，检查军事训练与武器装备情况。相邻居民点组成三分部（trittys），三个从阿提卡不同地区选出的三分部组成一个新的地区部落，克里斯提尼将雅典公民划分成十个这样的部落。克里斯提尼时代之后，就由这些人为划分出来的单位处理政治事务。

克里斯提尼这样划分政治区域，将宗教、血缘联系与政治组织分离开来。与其说依靠贵族出身来获得政治领导权，不如说必须凭借在公民大会上的雄辩才能和战场上的军事才能。组成每个地区部落的三分部设置在阿提卡不同的地理区域，这种策略有力地打击了在公元前6世纪主导雅典政治的"山地派"、"海滨派"和"平原派"。

克里斯提尼对雅典政体的第二项重要改革是重组四百人会议。成员数增加至500人，每个新部落选50人。城邦的日常行政交给五百人会议的附属委员会，称为议事会执行委员会（prytaneis）。一年被分为十个相等的时期，每个时期里，五百人会议的50位成员，即一个部落的代表管理城邦事务，他们居住在议事会执行委员会会厅（Prytaneion），费用由公众承担。遇上重大情况时，五百人会议可能会召开全体会议，但会议的主要决策必须通过公民大会的批准。公民大会应五百人会议的要求召开，商议五百人会议提出的议题。

梭伦与克里斯提尼的改革剥夺了执政官的许多实际权力。当执政官的产生不再靠推选而是靠抽签时（约前487），他们的势力遭到进一步打击，因为抽签带来的是当选者平均水平的平庸。军事事务不能委托给这些官员，也不能交给一个臃肿的委员会。于是，一个新的将军委员会应运而生。委员会有 10 位成员，分别来自 10 个部落，公民大会每年选举产生担任成员的将军。这很快就成为雅典城邦最有势力的官职，无论在战争时期还是在和平时期。由于某人可以被无限次重复选举担任将军，政策的连续性也可通过这个职位获得保证。

至于陶片放逐法，如果不是由克里斯提尼采用，那就是出现在克里斯提尼时代后不久。根据法律，公民大会每年必须投票一次，决定城邦中是否有人应当被放逐。如果投票结果是肯定的，那么人们会在陶片上写下认为应予放逐的人的名字，获得票数最多的人必须离开城邦 10 年。由于总是少数派的政治领袖被放逐，这种方法和现代民主国家的大选功能相似，不同的是它的目的并不是选举某人担任官职，而是把最不受欢迎的候选人排除在政治生活外 10 年。

克里斯提尼的改革巩固了雅典政体的民主性，这种民主性在梭伦改革之后就已十分明显。这是一种直接民主制：不是由选举出的代表组成的机构，而是由全体公民自身来作出重大决策。更确切地说，由一部分有时间且愿意参加公民大会和法庭审判的公民作出。而在实践过程中，迫不得已生活在城市之外的农民无法定期参加大会。因此，城镇居民在城邦中占有不成比例的重要地位，而更为保守的农民却很少有机会提出自己的要求。

二、希波战争

1. 初期战役

公元前 546 年，波斯国王居鲁士大帝推翻了吕底亚国王克罗伊斯，将整个小亚细亚西部并入帝国版图。在此之前，小亚细亚沿岸的希腊城邦就已承认了吕底亚的宗主国地位，波斯帝国于是也吞并了这些城邦。波斯人任命希腊人统治各城邦，把地方事务也几乎全部交给他们处理。按照希腊人的观点，这样的统治者毫无疑问是僭主。他们一般不受欢迎。

公元前 512 年，大流士大帝率军进入欧洲，在色雷斯与多瑙河以北对抗西徐亚人。这次远征使得马尔马拉海沿岸、横跨博斯普鲁斯海峡与达达尼尔海峡的希腊城邦承认了波斯的统治地位，其中包括庇西特拉图曾帮助建立的两个雅典殖民地。波斯还把势力扩张到了色雷斯，这对雅典而言是个严重问题，因为雅典的谷物供应部分依赖于海峡的自由通航。克里斯提尼倾向于与波斯订立和平协约，但最终其他意见占了上风。

公元前499年，米利都与其他爱奥尼亚的希腊城邦起义反抗波斯，雅典同意派出一支远征队支援反抗者。波斯人猝不及防，爱奥尼亚人成功攻陷了吕底亚帝国的前都城萨第斯。色雷斯也加入了反抗，但在希腊本土，爱奥尼亚人几乎没有获得援助。除了雅典，优卑亚岛上的埃雷特里亚是唯一提供援助的城邦，而且雅典和埃雷特里亚的军队也很快就撤走了。波斯大军阻止了爱奥尼亚人扩大先前获得的胜利，这支军队足以逐一镇压反抗的城邦。米利都坚持得最久，当它最终被攻陷时（前494），遭到了彻底的掠夺。于公元前700年至前500年间引领希腊文明的爱奥尼亚诸城邦再也没有从这次打击中彻底恢复过来。希腊的文化中心西移，先到意大利和西西里，后来又向东回到了雅典。

就算是在再度占领米利都之后，大流士还是有些旧账要和希腊人清算。因此，在公元前492年，他派遣了一支远征军进入色雷斯，迫使色雷斯部落和沿岸的希腊城邦再次屈服。虽然波斯人在绕行阿索斯山时遇上风暴，损失了一些船只，但这次远征总体上还是成功的。两年后，又一支远征队出发，对付剩下的两个竟敢支援爱奥尼亚人的城邦——埃雷特里亚与雅典。波斯人抵达希腊后就兵分两路，其中一支包围并攻陷了埃雷特里亚，洗劫城邦后将幸存的居民驱逐到亚洲。另一路波斯军队在阿提卡北部海岸的马拉松登陆，大概是为了防止雅典支援埃雷特里亚。⁶⁵

与此同时，在雅典，互相竞争的政治领袖正忙于密谋，彼此倾轧。其中一个派倾向于投降波斯，但以米太亚德为首的主战派占了上风。这位米太亚德是在庇西特拉图时代成为加里波利半岛统治者的米太亚德的侄子和继承人，与他叔叔同名，曾参加爱奥尼亚人的反抗，在公元前492年逃到雅典避难。公元前490年，他被选进十将军委员会，成为马拉松战役的领导者。

波斯人开始在马拉松登陆时，雅典重装步兵出动迎战。此时埃雷特里亚依然坚持抵抗，波斯军与雅典军都按兵不动。波斯方面打算等到自己的兵力集中起来才开始进攻，而雅典方面则希望等到斯巴达援军到达，加强力量。然而，埃雷特里亚一陷落，雅典人就不得不冒险进攻，因为雅典城邦在军队后方，没有防御，如果攻陷了埃雷特里亚的波斯军队从海上进攻雅典，那么就将无计可施了。

因此，雅典人决定发起进攻。虽然以少敌多，但装备重武器的雅典人还是打败了波斯人，将他们赶回船上。波斯舰队随即绕行苏尼昂海角，却发现雅典军已跨越群山抵达了面前的城邦，于是波斯人不再冒险进行第二次战役，航行回到小亚细亚。

2. 大规模入侵

10 年后波斯人再度入侵。公元前 486 年，埃及人起义。在起义被镇压下去之前，大流士去世。他的儿子薛西斯继位，一到时机成熟便决定扩大父亲进攻希腊的计划，意图征服全希腊。因此，薛西斯花了数年时间精心准备，建造了横跨

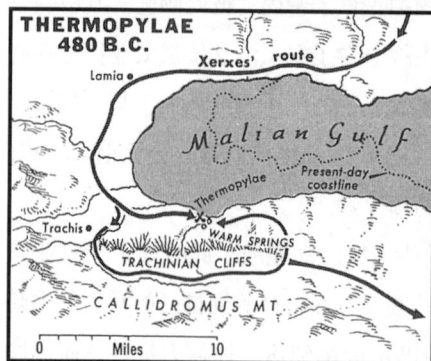

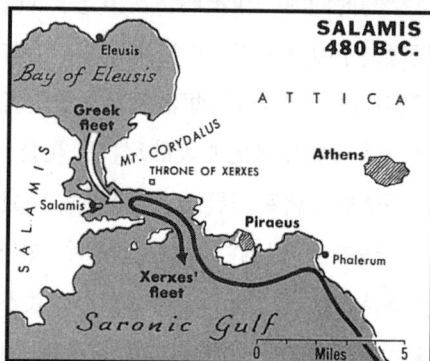

希波战争（前 494—前 479）

赫勒斯滂海峡的船桥，在公元前 492 年远征军遭遇海难的阿陀斯半岛挖掘运河，积聚供给，招募了一支庞大的军队。一切准备就绪，公元前 480 年，波斯人大举入侵希腊。

希腊人预先得知了波斯人的入侵计划与准备情况。当薛西斯的使者前去要求希腊城邦投降时，许多城邦屈服于这支看似不可抵挡的强大力量，甚至连德尔斐的祭司也开始传达反对抵抗的神谕。然而，雅典、斯巴达与其他伯罗奔尼撒同盟的城邦拒绝投降。这些城邦在公元前 481 年召开了同盟会议，制定出抵抗计划并 66 邀请其他城邦加入，但几乎没有城邦敢于加入抵抗者一方。

雅典进行了特殊的准备以对抗波斯的进攻。在新上任的领导者地米斯托克利的建议下，雅典动用开采公元前 483 年在拉夫里翁发现的银矿的收入，建立了一支大型舰队。事实证明，这支舰队在抵抗波斯入侵时起到了决定性作用，人们说是拉夫里翁的银矿为希腊人赢得了战争。

希腊人最初的计划是派一支军队到色萨利的坦佩谷，但那里缺少安全的锚地，无法满足用于阻止波斯军侧翼包抄的希腊舰队，这个计划并不可行。希腊人又选择了温泉关和阿提密西安的锚地。然而，当波斯军队到达温泉关时（前 67 480），只有一小部分斯巴达军和同盟国军队，在斯巴达国王列奥尼达指挥下进行抵抗。经过数次代价高昂但徒劳无功的正面攻击后，波斯人发现了一条能把他们带到希腊人后方的山路，前后夹击下打败了希腊人。与此同时，希腊舰队与波斯人之间发生了一系列没有结果的战斗，但温泉关失陷意味着已没有必要再防守优卑亚岛与大陆之间的海峡。因此，舰队撤退到萨拉米斯岛后方的厄琉息斯湾。

波斯人随即得以长驱直入阿提卡。雅典居民匆忙疏散至各个海岛与伯罗奔尼撒半岛，同时斯巴达军队也着手建立横穿科林斯地峡的护墙，来阻止波斯人入侵家园。薛西斯可能已经发现自己陷入了困境，因为阿提卡的土壤不够肥沃，不足以供养他庞大的军队，而本国基地又过于遥远。因此，波斯人急于打下决定性战役，当地米斯托克利秘密散布消息说希腊舰队即将逃向南方时，波斯人决定从海上进攻。

这场战役足以称得上是史诗。波斯舰队在试图驶过萨拉米斯海峡时挤在一起，而希腊舰队则凭借其船只非凡的可操纵性，而给予波斯舰队毁灭性的打击。其时已是9月，薛西斯决定撤退至土地较为肥沃的维奥蒂亚与色萨利过冬。于是波斯军队兵分两路，一部分留下作战，另一部分与国王一起返回亚洲。此举很可能是由于供给缺乏，希腊相对贫瘠的土地无法再供养波斯侵略军这样庞大的军队。

第二年春天（前479），波斯人再次入侵阿提卡，劫掠了乡村地区，企图将雅典人从希腊同盟中孤立出来。斯巴达人原本可能非常乐意躲在科林斯地峡的墙后静观事态发展，但雅典人多次发出紧急求助，并且还存在着雅典人可能开走舰队的威胁，毫无防备的海域将落入波斯人手中，这样一来斯巴达的长墙几乎毫无用处，因为波斯人可以在海上绕行，然后在伯罗奔尼撒半岛的任何地方登陆。最终，斯巴达与伯罗奔尼撒同盟各城邦同意出兵，全力向北进发。

波斯人撤退到维奥蒂亚，在小城普拉提亚附近、阿提卡与维奥蒂亚分界处的山坡上遭遇了希腊联军。双方都不想冒险进行正面进攻，相持了数天。然而，强大的波斯骑兵使得希腊军遭受了相当大的损失，希腊联军的指挥官、斯巴达王波桑尼阿斯决定向高处撤退。波斯人误解了这次撤退行动，而发动了全面进攻。装备重武器的希腊士兵又一次向波斯人展示出实力，打散了敌人的阵型，入侵希腊的波斯大军中只有小部分逃回了亚洲。

68

同年夏天（前479），应一些爱奥尼亚人的邀请，希腊舰队冒险渡过爱琴海。希腊人抵达时，波斯舰队指挥官命令舰队在米卡尔海角靠岸，爱奥尼亚人组成了大部分军队，但并未获得波斯人的信任。希腊人跟着他们上岸，猛攻击退了波斯人的防守，这场胜利激发了爱奥尼亚人发动大规模起义。

希腊人对抗强大敌人而获得了意想不到的伟大胜利，这引发了极大的心理反响。在此之前，东方的奇迹、财富与智慧深深影响着希腊人，希腊文化中的许多元素都来自对东方的模仿。然而，这次胜利却巩固了希腊人的某种优越感，不仅是在军事方面，而且还为他们在城邦框架下建立起的一整套生活方式感到优越。这场战争开始被看成是自由人与奴隶之间、自由与专制之间的冲突。这种观念构成了希罗多德书中的主题，作为战后第一代人，他着手记录"希腊人与野蛮人之间的伟大功业，使得两者都不至于失去应得的荣誉"。

三、雅典帝国霸权的兴起（前479—前431）

1. 提洛同盟与雅典帝国

（1）斯巴达退位（前479—前477）

爱奥尼亚诸城邦起义脱离波斯后，也得以加入以斯巴达为首、抗击波斯大举入侵的松散城邦联盟。然而，斯巴达人并不愿处理远距离事务，他们不仅担心城邦内的希洛人造反，还担心斯巴达公民因与外界接触过于广泛而产生腐败。指挥普拉提亚战役的波桑尼阿斯继续主动攻击波斯人，战争又持续了两年。他的傲慢与勾结波斯人的行为却很快使他在斯巴达人中树敌，且引发了其他希腊城邦的不满。结果，波桑尼阿斯被召回，斯巴达政府决定不再进一步参与反抗波斯的战争。从而雅典人毫不犹豫地从斯巴达手中接管了领导权，着手组织同盟，由于同盟会议在提洛岛召开，所以这个同盟被称为提洛同盟。

（2）雅典领导抗击波斯（前477—前466）

提洛同盟与斯巴达在公元前6世纪期间组织的伯罗奔尼撒同盟十分相似。爱琴海沿岸城邦与许多岛屿和雅典建立了同盟关系。每个城邦的代表定期到提洛岛参加会议，商议涉及共同利益的事务。最初几年的共同利益十分明确：为了抗击波斯人可能发起的反击，确保自身安全，同盟每年组建一支舰队，有计划地攻下依然被波斯控制的相邻地区。舰队往往由雅典人指挥。雅典人很快就发现了一位极富才能的军事领导人客蒙，他是马拉松战役的胜利者米太亚德的儿子。在客蒙的领导下，提洛同盟不断获得胜利，逐渐从波斯人手中收复爱琴海沿岸诸城。不过，直到公元前468年，在欧里梅敦河口大获全胜后，位于小亚细亚西南部分的卡里亚地区才被希腊控制。公元前466年，最后一批波斯驻军被赶出欧洲。

当波斯反击的危险紧迫时，许多城邦非常愿意派遣战船与士兵，但后来这些城邦厌倦了一年一度的战役，宁愿代之以交纳盟金。雅典人用各城邦交到同盟金库的钱制造战舰，配备雅典船员。雅典的海军力量因此愈发强大，很快就远超其他希腊城邦。脱离波斯控制的城邦也纷纷加入了同盟，加强了以盟金代替舰队的趋势。这些城邦之前就习惯于向波斯人纳贡，觉得继续向新主人雅典纳贡是很自然的事。

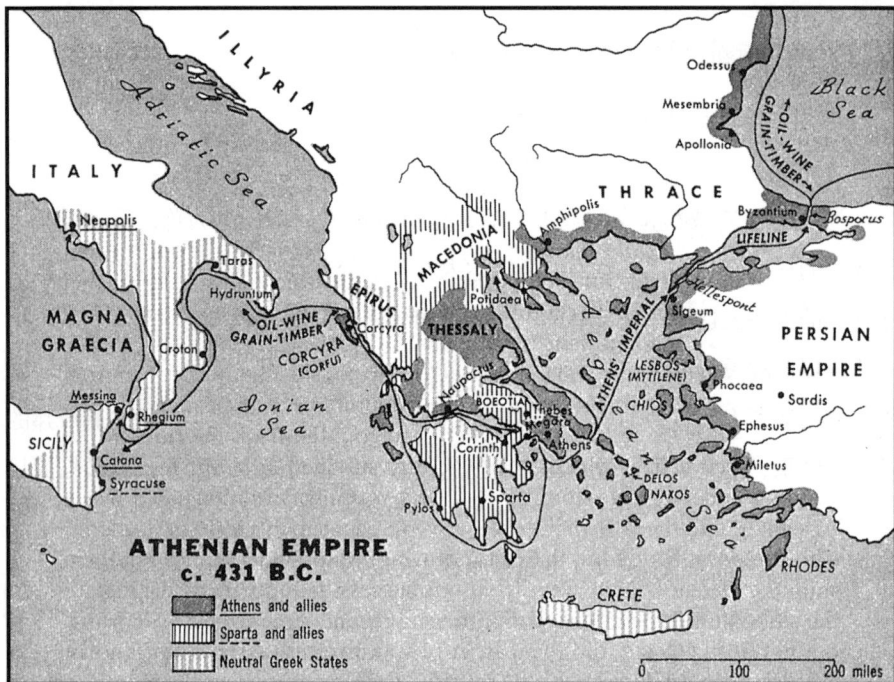

雅典帝国（约前 431）

（3）雅典帝国（前 466—前 448）

提洛同盟的其他成员并非没有意识到雅典势力的崛起，一些较大的城邦开始躁动。约公元前 467 年，纳克索斯岛试图退出同盟，拒绝再派遣每年都派的舰队。雅典与忠于雅典的城邦随即进攻了纳克索斯岛，强迫它留在同盟。不过，纳克索斯岛不再被要求提供船只和士兵，而是交纳盟金。之后又发生了几次反叛，70 雅典都以相同的方式处理解决。每次反叛都加强了雅典的优势，几十年间只剩下少许城邦继续给同盟提供船只与士兵。其他城邦交纳盟金，名义上是交给同盟，实际上是交给雅典。

与波斯的战争断断续续地进行着。公元前 460 年，埃及发生叛乱，雅典派出一支远征大军支援埃及。埃及的斗争持续了约 5 年，最后波斯人镇压了叛乱，雅典远征军几乎全军覆没。这次失败提供了关于安全的借口，将同盟金库从提洛岛移至雅典卫城（前 454）。这样一来，同盟成员定期召开会议的惯例渐渐消失，雅典与其说是同盟的领导人，不如说是帝国的统治者，它用同盟国交纳的盟金满足城邦的一般需求。

之后有一段时间，雅典的力量主要用来对付其他希腊城邦（见下段），这段插曲过后，公元前449年，雅典及其同盟再一次出海全力对抗波斯，在塞浦路斯岛获得胜利，波斯人不得不缔结和约，承认在亚洲的希腊城邦的独立，即《卡里亚斯和约》（前448）。此时距离爱奥尼亚人叛乱已有半个世纪多，波斯与希腊之间的战争终于宣告结束。

（4）第一次"伯罗奔尼撒"战争（前461—前445）

公元前477年至前462年间，雅典势力迅速崛起，引起了斯巴达人的不安。但由于公元前464年希洛人叛乱爆发，直到公元前456年才被完全镇压，斯巴达人暂时无力顾及雅典。公元前462年，斯巴达人迫不得已向伯罗奔尼撒同盟的盟邦求援。当时雅典大致保留着名义上的同盟成员身份。总之，在客蒙的劝说下，雅典派出一支小型的重装步兵支援斯巴达。

然而，当雅典军队到达时，斯巴达人就显示出了极大的不信任。而当雅典军队未能攻下一个希洛人固守的大要塞时，斯巴达人更是草率地将他们遣送回雅典。这看上去是对雅典的侮辱。雅典人随即陶片放逐了客蒙，并着手在希腊大陆推行积极的、反斯巴达的帝国主义政策。随后在雅典与其他希腊城邦间发生了一系列战争。在被雅典海军长时间包围后，埃依纳岛被迫加入雅典的同盟。公元前459年，地峡城市墨伽拉发生了内部革命，民主派上台，决定脱离伯罗奔尼撒同盟而与雅典结盟。当时雅典的主要力量都在埃及，能取得这些成功着实令人惊讶，这对斯巴达与伯罗奔尼撒同盟而言是严重的警告。

公元前457年，斯巴达派出一支军队北上，战胜雅典而归。然而，同一年晚些时候，雅典便入侵了维奥蒂亚，将维奥蒂亚诸城邦并入正在壮大的雅典帝国。随后雅典又获得了更多胜利。约公元前456年，科林斯湾北岸的劳巴克塔斯被雅典舰队占领，反叛的斯巴达希洛人后来在这里定居——斯巴达人发现自己已无力制服他们，便准许他们离开斯巴达领土。由于与墨伽拉和劳巴克塔斯结盟，雅典获得了一系列连接起雅典和西西里、意大利南部希腊城邦的军港，这条路线比那条绕过伯罗奔尼撒半岛的路线更短，也更安全。雅典人还发现，只要他们愿意，他们就可以切断商业竞争对手科林斯的西部贸易。

雅典能获得这些成功，与其说是依靠雅典的固有力量，不如说是凭借加入雅典同盟的各城邦的内部革命。雅典早已被认为是希腊各地民主派的领袖,当某地的民主派掌权时,一般都倾向于与雅典结盟。因此,雅典势力在希腊大陆的扩张,与维奥蒂亚、墨伽拉或其他城邦的各个民主政府一样,并不稳定可靠。

尽管如此,雅典当时依然算是取得了压倒性胜利,而斯巴达则被希洛人的叛乱削弱了力量,迫不得已于公元前451年签订了《五年和约》。然而,三年后,雅典的势力趋于崩溃,维奥蒂亚的一些城邦里爆发革命,寡头政治再起,雅典出兵干预却被击败(前447)。雅典的失败鼓舞了墨伽拉与优卑亚岛的反叛,斯巴达也出兵入侵阿提卡。

不过,斯巴达人很快就撤退了,雅典的力量集中起来对付优卑亚岛,当时岛上的反叛城邦数量也已减少。他们驱逐了一些居民,雅典定居者取而代之。

在埃及和其他地区遭受的损失还是削弱了雅典的力量,几乎无力战胜周围的敌人。收复墨伽拉与维奥蒂亚的努力也因此半途而废,公元前445年,双方签订《三十年和约》。雅典承认墨伽拉与维奥蒂亚的独立,斯巴达则承认雅典帝国的合法性,双方都同意互不干涉对方的同盟城邦,并通过仲裁来解决今后的争端。

2. 雅典的内部发展(前479—前433)

(1)经济发展

公元前480年与前479年波斯入侵造成的损失很快就得到弥补,随后的50年间,雅典进入经济繁荣时期。帝国的地位扩大了政府可支配的财富,拉夫里翁的银矿产银源源不断,这些银矿为雅典造币提供原料,雅典银币由于纯度高、分量足,在某种程度上成了国际货币。在黑海地区,雅典近乎垄断了与蛮族国家、希腊城邦的收益颇丰的贸易。同时,雅典还采取预防措施,保证城邦愈发依赖的谷物进口。甚至在科林斯占有传统优先地位和地理优势的西部,雅典的产品也颇有市场。埃及也有一部分处于雅典经济的影响范围内。

纵然在战争中损失惨重,雅典的人口仍然继续增长。不断发展的贸易与工业,以及帝国带来的行政、军事职位给许多雅典公民提供了生计。优卑亚岛上的殖民地和其他一些地区负责照料留在当地的剩余人口。沉重的贫困与尖锐的社会矛盾曾是公元前6世纪雅典的特征，而此时这些问题大部分都消失了。

（2）社会发展

在雅典，奴隶与外邦人的数量无疑也增加了。伯罗奔尼撒战争前夕，阿提卡的人口总数约在30万至40万，其中约10万奴隶，15万公民，其余是外邦人。在银矿劳作的奴隶扣着镣铐，受到非人的对待。而另一方面，成为仆人或工匠的奴隶可以像普通公民一样穿戴、生活。一些奴隶还获准从事自己的生意，有望集齐钱款为自己赎身。

居住在雅典的外邦人主要从事贸易与工业，雅典的大部分工业工人可能都不是公民。有些外邦人发财致富，与雅典贵族建立起友好联系。但他们没有政治权利，只有在非常特殊的情况下才能成为雅典公民。

雅典公民清晰地分成两部分，即相对保守的农民和不安分的城镇居民。后者中大部分人都依靠城邦生活，他们当舰队的桨手，在帕特农神庙这样的公共工程中充当工人，或者担任政府的小官员或职员，以此领取薪水。约公元前5世纪中叶，政府开始给在法律纠纷中充当法官的陪审员付报酬。接下来的数十年间，陪审员薪金成为某种形式的退休金，提供给无法再在舰队当桨手的公民。

（3）政治发展

整个公元前5世纪，雅典政治以两个派别为中心，庇西特拉图僭主政治被推翻后，这两个派别兴起。一方面，"品行优良且出身高贵"的人渴望由富有、有教养的人来统治城邦。这也就是抵制雅典政体民主改革的寡头派，一般主张忠实遵从传统做法。他们得到了富裕阶层的支持，可能还有一部分农民的支持。

另一方面是民主派。民主派反对寡头政治，基本上在整个公元前5世纪都占优势。雅典政体发生了数次改革，普通公民拥有更大权力。城市中较贫困阶层的要求尤为有效，他们发现无论是参加公民大会，还是在法庭当陪审员，都非常方便。尽管如此，直到公元前429年，民主派的领导人似乎依然还是贵族出身。

民主派得以保持影响力，一大原因就是它的成员来自较贫困阶层，舰队从此阶层招募桨手，而雅典的力量与财富显然取决于制海权。舰队成为民主的堡垒。

与之相反，重装步兵一般倾向于温和的寡头政治。

提洛同盟建立后的最初几年，两派联合起来支持海外行动。后来，防御波斯的需求不再那么紧迫，海上力量与民主政治的关系也日渐明朗，寡头派开始反对建立帝国的冒险行为。而另一方面，民主派却推行帝国主义、扩张主义的政策，只有这样才能保证较贫穷的公民都能不断得到工作、薪水与战利品。

雅典政治的主要变革可以被归纳为以下几点：

一是公元前480年至前479年波斯入侵危机期间，派别冲突暂停。地米斯托克利与竞争对手阿里斯提德联手抗击波斯人，两人的合作一直持续到战争结束后的最初几年。当地米斯托克利忙于处理国内事务时，阿里斯提德建立起提洛同盟。

二是约公元前471年，地米斯托克利被陶片放逐，客蒙凭借其打败波斯人的声望，领导寡头派进入统治时期。

三是公元前462年至前461年，埃菲阿尔特斯与伯里克利领导民主派，剥夺了战神山议事会的大部分司法权，削弱了这一保守势力大本营的力量，并陶片放逐了客蒙。客蒙曾带兵援助斯巴达镇压叛乱的希洛人，却遭到斯巴达回绝，这可能是他被放逐的原因（见上文）。之后几年中出现了给陪审员发放薪金的制度，执政官职位向公民开放，但不包括拥有财产最少的阶层的公民。这些改革促成了成熟的民主政治，公民大会至高无上，城邦政策得以充分体现普通公民的要求。在伯里克利领导下，雅典人推行对外侵略的帝国政策，导致与斯巴达的战争，并在维奥蒂亚暂时建立起陆上帝国（前457—前447）。

四是陆上帝国崩溃后，由美利西阿斯之子修昔底德（不是那个历史学家）领导的寡头派意图推翻伯里克利，但未能成功，最终导致修昔底德在公元前445年至前442年之间遭到陶片放逐。

五是伯罗奔尼撒战争爆发前几年，雅典民主派中似乎出现了更为激进的一支，他们主张进行更激烈的对外扩张，这种扩张超出了伯里克利的意愿。无论如何，伯里克利必须面对公民大会的激烈反对，保守派政敌指控他促成了伯罗奔尼撒战争，只为巩固自己对城邦的控制，来平息民主派中不安分的那一支。

75

四、斯巴达与其他希腊城邦（前 479—前 431）

当希腊人开始对波斯人采取攻势时，由于斯巴达政体与生活方式中存在着顽固的保守主义，加上希洛人造反带来的长期恐惧，斯巴达人放弃了对抗波斯的领导权。随后的几十年中，伯罗奔尼撒同盟不再扮演希腊政治中的积极角色。公元前 464 年至前 456 年的希洛人大起义严重削弱了斯巴达的力量，而雅典也打赢了公元前 457 年爆发的战争，进一步影响了斯巴达的声望。

然而，也正是由于雅典的势力，使得还未被雅典控制的希腊城邦紧密联合起来。科林斯尤其成为雅典人的眼中钉，它在很大程度上依赖与意大利、西西里的贸易，而雅典在劳巴克塔斯建立了军港，严重威胁了这种贸易。公元前 447 年，维奥蒂亚的寡头派推翻了亲雅典的民主派政权，维奥蒂亚也加入了雅典的敌对阵营。只要雅典势力依然如此强大，又如此靠近维奥蒂亚本土，新上台的政府就无法得到安宁。

结果，希腊被分为两个敌对的阵营。一方是雅典及其附属盟邦，希腊各地民主政府与民主派的捍卫者；另一方是以斯巴达为首的伯罗奔尼撒同盟，希腊各城邦寡头政府与寡头派的支持者。在这种情况下，公元前 445 年签署的《三十年和约》濒临破裂。唯有雅典国力已竭，或斯巴达及其盟邦无力招架雅典强大的海上势力，这个和约才可能得到保证。

五、伯罗奔尼撒战争

1. 战争的开端（前 433—前 431）

公元前 460 年至公元前 445 年的战争造成了严重损耗，但雅典的人力财力都开始恢复，公民大会开始采纳更具侵略性的政策。公元前 433 年，雅典与科林斯的殖民地科西拉结盟。在通向西方的路线上，这座岛屿是一个重要的中转站。雅典在此建立军港，科林斯的商业"生命线"面临更大的危险。

第二年，雅典公民大会投票决定，所有雅典控制的港口均不接纳墨伽拉的船只与货物，实行经济封锁。很可能是边界争端引发了这项措施，但也可能是为了让墨伽拉再次加入雅典的同盟，就像公元前 459 年至前 447 年那样。若与墨伽拉结盟，雅典可以得到一批通向西方的连续的军港——墨伽拉在科林斯湾的港口劳

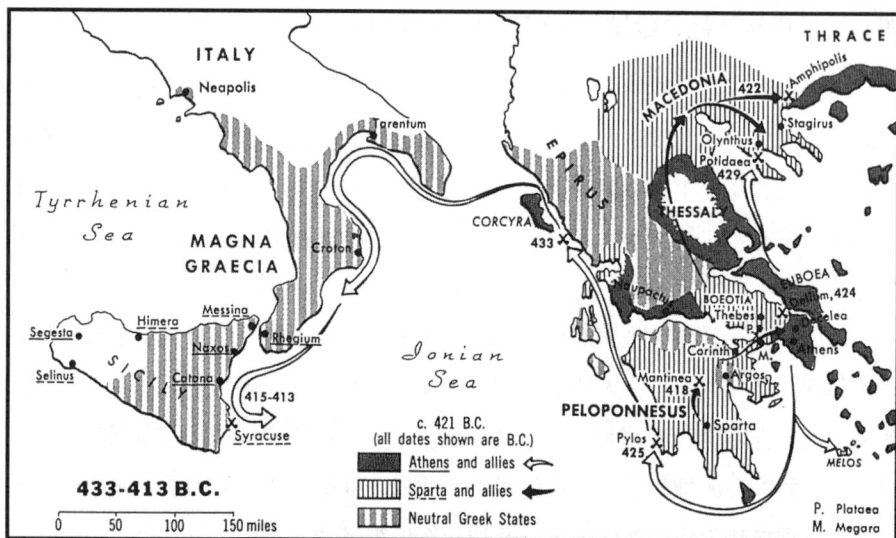

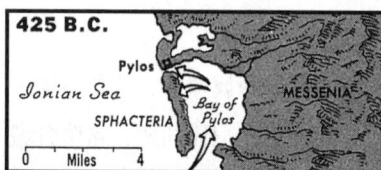

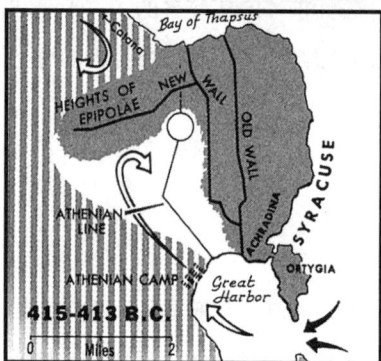

伯罗奔尼撒战争

巴克塔斯、科西拉。若要去往意大利、西西里进行贸易或征战，雅典船只不须再绕行伯罗奔尼撒半岛，从而避开敌对城邦的海岸。

而在东北，科林斯与雅典的冲突也到了紧要关头。科林斯的殖民地波提狄亚长期属于雅典帝国，尽管如此，波提狄亚习惯上还是会接受每年由科林斯派出的执政官。当这些官员开始计划爱琴海北部的反叛时，雅典禁止科林斯人进入波提狄亚，并要求拆除城墙。波提狄亚人拒绝接受，公元前432年，雅典军队包围了这座城市。

同年秋天，科林斯带头召集了伯罗奔尼撒同盟会议，强烈要求斯巴达对雅典宣战。随后则是一系列外交谈判，斯巴达要求雅典放逐伯里克利，取消对墨伽拉的封锁，解除对波提狄亚的包围，尊重所有希腊城邦的自由。雅典人却拒绝让步，于是在第二年春天，即公元前431年，全面战争爆发。

雅典历史学家修昔底德称这场战争为伯罗奔尼撒战争，这个名字也一直沿袭下来。在某种意义上，这是雅典与斯巴达之间的又一轮霸权争夺。然而，这场战争从公元前431年一直持续到公元前404年，无论规模还是时间都大大超过了以往的战争，希腊社会在此过程中发生了巨大的变化。大同盟的建立使得大多数城邦无法再保持中立，每个城邦不再独立，更重要的是，每个城邦的派别之争也变得异常激烈，往往会破坏人们的集体感。对派别的忠诚逐渐压倒了对城邦的集体热爱，而正是由于存在这种热爱，公元前5世纪早期的各个城邦才得以互相区别。雅典与斯巴达之间的"第二轮"争霸中，某些在公元前457年至前447年早期战争中缺少的，或仅仅处于萌芽状态的特点显现出来。

一般将伯罗奔尼撒战争分为三个阶段。第一阶段，公元前431年至前421年，双方可谓不分胜负；第二阶段，公元前421年至前416年，不稳定的和平期，间或出现小型的军事与外交冲突；第三阶段，公元前416年至前404年，全面战争卷土重来，雅典进攻叙拉古，波斯介入，雅典海军力量覆灭，雅典帝国最终瓦解。

2. 第一阶段（前431—前421）

战争初期，伯里克利劝服雅典人采用战略：承认陆军的劣势，完全依赖舰队在海上的主导地位。面对来自伯罗奔尼撒的入侵，阿提卡没有进行任何抵抗的准备，而是让农民撤入城内，同时出动舰队袭击伯罗奔尼撒半岛。一支海军分遣队部署在劳巴克塔斯，侵扰科林斯与西方的贸易，同时支援雅典在科林斯湾以北大陆上的次要军事行动。

面对这样的战略，伯罗奔尼撒同盟几乎无计可施。希腊军队缺少摧毁石头城墙的攻城工具，也无法以饥饿逼迫雅典人投降。雅典在海边建有城墙，粮食与补给就在强大敌军的眼皮底下运进雅典。诚然，伯罗奔尼撒联军有能力也确实劫掠了阿提卡的乡村地区，但由于缺少有序的补给系统，许多联军士兵也不得不回去耕作自己的土地，每个夏季联军都只能在阿提卡停留几周。

公元前430年，一场意外灾难沉重打击了雅典。来自东方的瘟疫蹂躏了城市。第二年，伯里克利死于瘟疫，克里昂成为雅典民主派的领导者。这个政治家本是富有的制革工人，富于才能，性格残暴，寡头派政敌对他恨之入骨。他主张积极参与战争，并说服雅典人放弃伯里克利的谨慎政策，发起大规模进攻。公元前426年，雅典计划同时从西部（阿卡纳尼亚）与阿提卡攻击维奥蒂亚。这个计划并未奏效，但一位名叫德摩斯梯尼的将军为雅典同盟攻下了希腊西北部。

第二年，雅典人取得了更大的胜利。德摩斯梯尼的一只小部队在伯罗奔尼撒半岛西海岸的皮洛斯半岛登陆。斯巴达人随即派遣一支陆军和舰队，却有失谋略，将一支小部队留在荒无人烟的小孤岛斯法克蒂里亚，雅典舰队得以孤立这支小部队。双方达成停战协议，斯巴达交出战船，但谈判破裂后雅典拒绝交还战船，接下来的12年中斯巴达都无法拥有舰队。克里昂率军支援德摩斯梯尼，成功进攻斯法克蒂里亚岛。共有292名幸存的斯巴达人投降，雅典人带着他们凯旋。

斯法克蒂里亚岛投降，严重打击了斯巴达的威望。更严重的是，只要斯巴达 79 的俘虏还留在雅典，斯巴达人就不敢贸然进攻阿提卡，因为他们担心雅典人会屠杀斯巴达俘虏，以报复斯巴达人在阿提卡土地上的破坏。克里昂在皮洛斯取胜，大大提高了他在雅典的声望。他所主张的积极进攻政策似乎有望成功。

然而，公元前424年，雅典的计划破产了。底比斯军队在代里昂（Delium）击败雅典人，雅典集中军力攻打维奥蒂亚的努力就此落空；分派到西西里的舰队失望而归；本想在墨伽拉民主派阴谋者的帮助下夺取墨伽拉，结果也未能成功。不过，墨伽拉的港口确实落入雅典手中。但伯拉西达指挥下的斯巴达分遣队到达了色雷斯，无疑是更严重的打击。伯拉西达挑动雅典的盟邦反叛，若干重要的色雷斯城邦十分欢迎他。历史学家修昔底德当时正在雅典舰队中担任指挥官，舰队部署于爱琴海北部，由于未能带领舰队及时赶到安菲波利斯阻止叛乱，雅典的公民大会放逐了他。此后的战争中，修昔底德忙于为他著名的史著搜集材料，并未返回雅典。

斯巴达急于解救在斯法克蒂里亚岛被俘的斯巴达人，而在雅典，主和派开始发声。主和派领袖是尼西阿斯，一个怀念伯里克利时代的老派政治家，总在尝试追求温和的政策。主和派获得了雅典寡头派的支持，但尼西阿斯的追随者大部分都来自民主派中更为保守的一支，这一分支在伯里克利时代就已存在。实际上，克里昂与尼西阿斯已将原先的民主派分裂成两部分：主张不惜一切代价打赢战争的过激分子追随克里昂，而尼西阿斯与温和派更愿意在可达成合理条约的情况下讲和。

雅典的战事开始倚赖城邦内部的政治状况。公元前 423 年，尼西阿斯及其支持者上台，与斯巴达达成休战协定。但第二年，克里昂被选为将军，带领一支远征队，意图在色雷斯重建雅典势力。安菲波利斯城外的一场战争中，伯拉西达与克里昂双双阵亡——阿里斯托芬称他们为战争的杵和臼——随后，雅典与斯巴达的主和派都占了上风。双方于公元前 421 年议和，缔结了《尼西阿斯和约》。

根据和约条款，斯巴达要回斯法克蒂里亚的战俘，双方都同意归还战争期间占领的土地。底比斯与科林斯均不是和约中的一方，但都和雅典签订了短期停战协定。但和约的条款并未起到实效。雅典确实释放了斯巴达战俘，但当斯巴达声称无法将安菲波利斯归还雅典时，雅典也拒绝放弃皮洛斯。

3. 第二阶段（前 421—前 416）

《尼西阿斯和约》签订后的 5 年内，雅典的政策一直摇摆不定。以尼西阿斯为首的主和派主张与斯巴达保持和平友谊。尼西阿斯甚至与斯巴达结成短期防守联盟，对付斯巴达昔日的盟邦科林斯与底比斯。然而，尼西阿斯与他的主和派从未获得雅典公民大会的明确拥护，无法像伯里克利那样凭借个人权势保持政策连续、稳定。尼西阿斯的势力还遭遇了激进民主派的挑战，他们更愿意实行进一步的帝国冒险。伯里克利的侄子、苏格拉底的同伴阿尔喀比亚德为之吸引，认为这样的冒险能充分实现他的雄心壮志。他成了那些帝国主义者的主要代言人，为获得雅典公众的支持而反对尼西阿斯。

不稳定的外交政策也反映出雅典内政的混乱。公元前 420 年，阿尔喀比亚德当选将军，随即与阿尔戈斯以及其他伯罗奔尼撒半岛的城邦结盟，反抗斯巴达。

但第二年他没有再次当选，新的十将军委员会拒绝贯彻阿尔喀比亚德的政策。结果，当斯巴达军队在曼提尼亚遭遇阿尔戈斯军队（前418）时，只有少数雅典重装步兵前去支援阿尔戈斯与其他盟邦。斯巴达在这场战争中获得了关键性的胜利，极大恢复了受损的声望。

随后一段时间里，尼西阿斯与阿尔喀比亚德进行了不稳定的合作。尼西阿斯征战色雷斯，意图收复那里的城邦，但徒劳无功；阿尔喀比亚德说服雅典人派出远征军进攻米洛斯岛，肆意袭击这个战争年间一直保持中立的城邦。居民不是被杀就是被卖为奴隶，雅典殖民者随后在此定居（前416）。

4. 最后阶段与雅典的战败（前416—前404）

同年，雅典公民大会收到了位于西西里的城邦塞吉斯塔的求援，此时这个城邦正与某个邻邦交战。尼西阿斯反对出兵干涉，阿尔喀比亚德却十分支持，公民大会站在了阿尔喀比亚德一边。雅典随后装备起一支远征大军，第二年出发（前415），由尼西阿斯、阿尔喀比亚德和一位不从政的军人拉马卡斯联合指挥。但当舰队还在路上时，留在城邦的阿尔喀比亚德的政敌就说服公民大会召回他，接受渎神的审判。阿尔喀比亚德没有回到雅典，而是逃往了斯巴达，强烈要求斯巴达人再次对雅典开战。斯巴达人接受了，并派了一名将军前往西西里领导军队对抗雅典，还在狄西里亚建立了阿提卡地区的永久驻防。后一项措施尤为挫伤雅典，因为在拉夫里翁银矿劳作的奴隶纷纷投靠斯巴达。银矿开采停止，雅典城邦收入的一大来源就此枯竭。在斯巴达驻防的眼皮底下，农业活动同样难以再续。

而在西西里，拖延与意见的分歧将雅典人拖进了灾难。尼西阿斯耽搁许久才抵达西西里，随后包围了岛上最强大的城邦叙拉古，但又无法完全分割城邦与其腹地。公元前413年，德摩斯梯尼指挥援军出战，却未能给雅典带来决定性胜利。同年秋天，在叙拉古的港口又损失了舰队，雅典军队开始了绝望凄凉的撤退，而撤退以幸存者的投降告终。

对于雅典而言，这次惨败的打击是巨大的，因为最好的战舰与士兵都参与了叙拉古远征。不过，这时的雅典依然能控制爱琴海。直到斯巴达在波斯的帮助下建立了自己的舰队，情势逆转，摧毁了雅典舰队，雅典才算真正一败涂地。在战

81

争的最后 8 年里，几乎全是海战。

公元前 412 年，一支小型斯巴达舰队出现在小亚细亚沿岸，同时大多数爱奥尼亚城邦背叛了雅典。斯巴达人与小亚细亚西北部的波斯总督订立条约，根据条约，波斯提供财力为斯巴达装备舰队，而作为报偿，小亚细亚的希腊城邦割让给波斯。这个条约的实施引发了不少争论，但尽管如此，它还是给斯巴达提供了装备一支舰队的途径，以在海上抗衡雅典。

与此同时，阿尔喀比亚德已逃离斯巴达，他曾引诱斯巴达国王亚基斯的妻子。公元前 412 年，他参与了波斯总督与雅典寡头派之间的复杂阴谋。他向雅典人保证，如果他们能让寡头政体接管雅典，他就能为雅典赢得波斯的支持。由于有望赢得波斯支持，又由于西西里和其他地方的失败带来对民主政体的不满与怀疑，公元前 411 年，雅典爆发寡头派革命。寡头派通过秘密组织数次暗杀威胁政敌，革命才显得风平浪静。寡头派领导人获胜，步调却并不一致，过激分子希望统治不受任何公民大会的限制；温和的一派则希望建立重装步兵选举权或类似的制度，以规范的政体形式进行统治。争论很快在两派之间爆发，过激派似乎已加入了斯巴达的阴谋，意图将城邦出卖给敌人，巩固自身的权力。在此期间，雅典政府由一个临时的四百人会议接管，成员包括了寡头派的两种势力。

发生革命的消息传到部署在萨摩斯的雅典舰队，海员拒绝承认新政权。他们组织起自己的政府，把阿尔喀比亚德召回来掌权，希望他能带来波斯的支持。阿尔喀比亚德接受了邀请，但未能获得波斯的支持。尽管如此，在他的领导下，雅典舰队还是在第二年取得了关键性胜利（库齐库斯，公元前 410 年），胜利归航并恢复了民主政体。斯巴达舰队被毁，提出基于现状议和，但雅典人得意忘形于意外的胜利，拒绝议和。

斯巴达与波斯再次结盟，又装备出一支舰队。斯巴达人还任命富于才华、精力旺盛的来山得（Lysander）为海军指挥官，这几乎与舰队同样重要。公元前 406 年，崭新的斯巴达舰队取得了一次小型胜利。出于失望，雅典人投票撤销了阿尔喀比亚德的职务。他离开雅典，定居色雷斯。公元前 404 年斯巴达最终获胜后，阿尔喀比亚德逃往波斯，但在时来运转之前，这位才华横溢的冒险家就遭到了暗杀。

尽管首战告捷，但仅仅一年后，由于斯巴达规定平民出身的指挥官不能连年任职，来山得不得不离职。失去了来山得的外交手段与军事才能，斯巴达舰队很快丧失战斗力。公元前406年秋的阿吉纽西战役中，雅典人又一次击败对手，尽管自身也损失惨重。负责舰队的雅典将军未能救起落水的战争幸存者，公民大会指控他们过失犯罪，处以死刑。斯巴达再一次提出议和，雅典则再一次拒绝。

第二年，来山得重返斯巴达舰队担任指挥官，在赫勒斯滂海峡的伊哥斯波塔米河与雅典决战（前405），在雅典舰队还停靠在岸边时就趁机出手，俘获绝大多数船员。没有了舰队，雅典无法供养人口，第二年不得不投降。根据终结伯罗奔尼撒战争的条约，雅典人放弃他们的帝国，同意撤除城邦的防御工事，成为斯巴达的盟邦。

83这场可怕的灾难降临雅典，为又一次政变（*coup d'état*）提供了机会。在来山得的扶持下，以克里提亚斯（Critias）为首的三十僭主受命改造政体。三十僭主随后实施恐怖统治，而没有采取任何措施扩大统治基础。高压暴政很快引发反抗。一群雅典人占领了一座边界上的堡垒，固守堡垒对抗三十僭主的攻击。第二年春（前403），起义者占领比雷埃夫斯，随后爆发了一场短期内战。斯巴达收到了三十僭主的求援，但在斯巴达本土，来山得的政敌掌握了政权，他们无意帮助来山得的雅典朋友。斯巴达与三十僭主断绝关系，颁布了大赦令。一个新的委员会受命再次改造政体，再三考虑后恢复了先前的民主政体。直到亚历山大大帝时代，恢复后的政体都始终有效，只发生了微小的变化。

六、公元前 5 世纪的希腊文化

1. 宗教

公元前 5 世纪，希腊的官方宗教略有改变。随着城邦财富增加，雅典的宗教仪式愈发繁复华丽，但荷马史诗对诸神的描述依然是每个希腊宗教的基本元素。然而，公元前 6 世纪，爱奥尼亚思想家发起了另一种思考，理性批判荷马或其他诗人作品中包含的神话，这种思考并非未显影响，至少在受过教育的阶层产生了回音。像希罗多德这样的人，若要将任何具体事件归结到某个特定的神身上，必会非常谨慎，尽管他也相信有神干涉人类活动。修昔底德比希罗多德晚一代，对宗教的怀疑更为深广，他在史著中完全没有提及众神与偶发事件的联系。

尽管如此，这不过是几位著作流传至今的思想家的态度，还不足以使我们判断希腊公众的态度，甚至不能判断雅典公众的态度。传统的虔诚的力量依然存在，阿尔喀比亚德的政敌能在公民大会上控告这位颇受欢迎的领袖渎神，就是很好的证明。普通人中无疑还有地方性的宗教信仰与迷信活动蔓延，至于城邦里的大型宗教节日，则依然是全体雅典人团结一致的由衷表现。

2. 艺术

公元前 5 世纪，希腊的雕塑与建筑达到工艺上的精美优雅之境，并在自然主义与传统方式之间找到了平衡，无论在古典世界还是我们的现代世界，都能让人为之倾倒。虽然仅有遗址、复制品与少数遭到损坏的原作得以流传至今，但也足以体现出其的高贵、和谐与优雅，这些特质构成了公元前 5 世纪希腊艺术的独特 美感。公元前 6 世纪，一些技术问题挑战着艺术家的独创力与技能，而到了公元前 5 世纪，这些问题都得到了有效解决，例如如何表现衣料与肌肉，装饰着神庙山形墙三角形区域的图形该如何构图。大理石代替了建造早期神庙所用的硬度较低、质地粗糙的石灰岩。石匠也掌握了准确切割建筑石料的方法。人们并未使用灰泥，但石块咬合准确，几乎看不见隙缝。柱与水平面都精确地营造了微妙的曲线，都有助于纠正几何直线凹陷的视错觉。

竖立在雅典卫城的建筑群可谓是目前最著名的建筑艺术作品，建于公元前 5 世纪后半叶。卫城的装饰艺术体现出雅典公民的自豪感。神庙、剧场这样的半宗教性建筑，是公元前 5 世纪的希腊人唯一能掌握的大型建筑。伯里克利甚至动用雅典帝国的附属城邦交纳的贡金，以资助建造这些建筑。

留存至今的雅典卫城建筑残缺不全。其中规模最大、最为精美的是献给雅典娜的神庙——帕特农神庙。它属于普通的多利安式建筑，与众不同的是，它富于雕刻装饰，且比例极为优美。神庙建于公元前 447 年至前 438 年之间。连续不断的雕带装饰着柱廊内的神庙墙，伦敦的大英博物馆陈列着许多雕带的残部。雕带描绘了泛雅典娜节的游行景象，游行献给雅典的守护神。帕特农神庙里还有其他雕塑，如今只留下了些许残片。

雅典卫城还有另一些主要建筑：伊瑞克提翁神庙，是爱奥尼亚式建筑的变形；规模较小的无翼胜利女神庙；卫城山门，卫城顶部圣地的巨大入口。卫城山门未完工；另外两座则是在伯罗奔尼撒战争期间完成的。

公元前5世纪最著名的雕塑家有米隆（Myron）、波利克里托斯（Polycleitus）和菲迪亚斯（Phidias）。若要了解他们的作品，只能通过一些多少有些不完美的后代复制品。米隆与波利克里托斯因运动员雕像闻名，菲迪亚斯则以神像著称。在雅典与奥林匹亚，菲迪亚斯用黄金与象牙建造了巨大的雅典娜、宙斯神像。除去这几位知名度高的，技艺精湛的雕塑家还有许多，只不过不那么有名。帕特农神庙的雕塑见证了这种高水平的技艺。尽管整个工程由菲迪亚斯设计并担任监督，但具体的雕刻工作却由多人共同完成，现代艺术批评家可以在现存的不同残部中发现不同的艺术风格。

希腊人也从事壁画艺术，但我们无法直接了解他们的作品。公元前5世纪后期，人们使用明暗法来表现厚度，绘画技艺获得了巨大进步。另一方面，古希腊瓶画在公元前5世纪早期就达到了艺术巅峰，后来却渐渐衰落了。

希腊艺术最富于活力的中心是雅典。其他城邦同样建造神庙、塑立雕像，但根本无法与雅典艺术相媲美。

3. 文学

底比斯人品达（前518—前442）继承了之前几个世纪的抒情诗传统，他歌颂奥林匹克运动会与其他竞技比赛的胜利者，这些颂诗是他唯一留存至今的作品。它们属于风格庄重的应景诗，缺少阿尔开俄斯、萨福作品中的个人印记。

公元前5世纪，在雅典发展出一种新的文学形式——悲剧。它起源于大酒神节上向众神表达敬意的合唱颂歌。整个公元前5世纪，悲剧演出都是公共宗教庆典的组成部分。所有公民都可免费观看演出，演出费用则由城邦指定的富有公民承担。

悲剧演出的宗教性质规定了悲剧的主题：神话中流传下来的神与人的事迹。我们必须记住，对于希腊人而言，他们的神话就相当于古代历史。至于近期的历史事件，悲剧作家只会偶尔提及，这类悲剧只有一部流传下来，即埃斯库罗斯的《波斯人》。

公元前5世纪的三大悲剧作家分别是埃斯库罗斯（前525—前456）、索福克勒斯（前496—前406）、欧里庇得斯（前480—前406）。他们的作品拥有诗意美妙、主题严肃重大的美誉。每位剧作家都形成了自己的诗体，对人之本性、神人关系的看法也互不相同。妄想用一句话来概括他们在各自作品中表达的态度与观念，无疑是愚蠢之举。我们只能这样说：每位剧作家都努力思考，思考着当时雅典出现的思想与潮流。如果伯里克利鼎盛时代的道德信心与公民团结出现在索福克勒斯的作品中，我们并不会因此大惊小怪。同样，如果欧里庇得斯在其怀疑更深、激情更厚的作品中，以文学形式反映出伯罗奔尼撒战争期间雅典的既定习俗、观念、制度的崩溃，只能说这也不足为奇。

喜剧同样起源于宗教庆典，起初与生育仪式有关。在后世学者所说的"旧喜剧"中，始终贯穿着与性有关的、放荡不羁的基调，对时事与人物进行幽默的、⁸⁶讽刺的或是粗俗下流的评论，毫不受限。阿里斯托芬（约前447—前380）的喜剧就展现了这样的风格。他的作品富于活力与锐气，将粗野淫秽与优美的抒情诗结合在一起。他是个顽固的保守派，戏弄苏格拉底、欧里庇得斯、克里昂这类人，嘲笑思想和政治上的革新。

在历史领域，希罗多德（约前484—约前425）与修昔底德（约前471—约前400）的著作完全可以媲美伟大的雅典剧作家的成就。希罗多德来自小亚细亚的小城哈利卡那索斯，他很可能在早年就以商人的身份走遍了大部分东方世界与希腊世界。他总有用不完的好奇心，每到一个地方便调查当地的传统、风俗与往事，希腊语中的 *historia* 即有"研究"、"探索"之意。希波战争促使他将调查成果整合成一本结构松散的书，记载希腊人的、蛮族的大事件。如果我们认为历史就是记载人类活动，目的是公正、准确地描述已发生的事件，那么希罗多德的著作就是世上第一部历史书。不过，在希罗多德的著作中依然存在很多史诗成分，不仅体现于他对世界与人类事务的概念，还体现于他的写作方式，因为他把很多不相干的东西和东拉西扯的描写编进叙述，却没有逐个考证那些精心收集的荒诞故事。希罗多德的文采很快为著作赢得了声名。即使从译文的角度看，在全世界的著作中，也几乎找不到第二个能与希罗多德比肩的叙述者。

修昔底德的著作具有同等艺术水平，但风格迥异。如果说希罗多德的文学风格与荷马史诗密切相关，那么修昔底德的文学风格就与希腊悲剧紧密联系。他的主角是雅典，他的史著叙述了雅典无法阻挡的衰亡。虽然修昔底德是雅典人，但却从不在叙述中直接表露个人情感。或许正是因为他仅仅严谨记录逐年发生的事，克制自身情感，他的著作才更富于戏剧感染力。不过，修昔底德会在关键的历史转折点插入冗长的演说辞，以戏剧形式表达那些思想与感情的交锋，正是它们驱使雅典人与他们的敌人进行之后的行动。此外，修昔底德以洞察历史因果关系、准确描述史实细节而著称。著作尚未完成，他就去世了，留下一部止于公元前411年的战争史。

4. 哲学

公元前5世纪，希腊哲学家扩展了前几代人关于自然界的思辨，世纪后半叶，人类社会、习俗与制度也进入了哲学思辨的范围，新的问题层出不穷，例如任何形式的知识如何成为可能。多种因素推动了哲学思辨的发展，各学派间的相互批判便是其一。例如，埃利亚学派的哲学家——其中最受尊敬的是巴门尼德与芝诺——批判赫拉克利特的万物均处于流变之中的观点，集中关注永恒与变化的问题。阿克拉伽斯的恩培多克勒试图通过一个理论来解决同一个问题，即存在着土、气、火、水这四种自身不变的元素，但若将这四种元素以不同的比例结合到一起，就能产生可变的事物。

恩培多克勒的观点反映了第二种促进哲学思辨发展的重要推动力：解释早期理论忽视的或没有深入探究的现象。因此，他也阐释了生物的起源与进化，将哲学的研究范围从早期思想家主要关注的无生命现象扩大出去。伯里克利的朋友阿那克萨戈拉继续研究埃利亚学派与恩培多克勒提出的问题，提出了他的心灵或理性的理论，他认为心灵通过万物的"种子"起作用，构成了万物。留基伯、德谟克利特这样的原子论者提出，世界是由极微小的、无法感觉到的原子构成。他们认为知识来自原子对我们感官的冲击，这就遇上了智者曾提出的认识论问题。

智者运动体现出第三个促进哲学思辨发展的因素：希腊社会与政治生活发生变革，推动形成了他们的许多学说。

在雅典和其他民主制希腊城邦，要想获得政治领导权就必须说服公民大会，于是人们开始需要特定的教师，教给他们获取政治成功的必备技巧。一批名为智者的教师应运而生。他们不仅教导人们如何有效地演讲，还传授道德与政治原则，让人们知道该说什么、如何说。智者最早出现在西西里，但雅典很快就成了智者活动的中心。莱昂蒂尼的高尔吉亚与阿布德拉的普罗泰戈拉在雅典当了半生的教师，一大群不如他们重要的智者也仿效他们的做法。

智者认为传统习俗与伦理准则须服从理性的检验，并提出了使后世哲学家大伤脑筋的问题——我们如何认识事物？在智者批判的眼光中，传统方式与沿袭的道德观念算不上什么。城邦内部的一致性本已遭到政治、社会变革的破坏，如今又因为他们的批判而进一步弱化。例如，高尔吉亚否定了人们认识任何事物的可能性，而因此闻名；普罗泰戈拉有如此名言："人是万物的尺度。"公元前 5 世纪的最后数十年，一些智者教师公开怀疑神的存在；智者还认为正义不过是共同约定，并将此学说教给在政治上雄心勃勃的雅典青年。一些智者以自然代替习俗，认为自然的法则是尖牙利爪的法则，只认强权，所谓正义，不过是强者利益的幌子。通过各位雅典代表人的演说辞，修昔底德生动地描绘了这些学说对雅典公共生活的影响。

诸如此类的智者学说构成了苏格拉底（前469—前399）思想的主要推动力。苏格拉底的个性独特而强大，擅长辩论，认为要用理性检验人生，并对其重要性深信不疑。他乐于驳斥受智者学说影响的自大青年与初露头角的雅典政治家，但自己却没有写下任何著作，显然也没有发展出一套思想体系。我们只能通过柏拉图的对话来大致了解苏格拉底，但无法完全确定，因为在某些对话中，柏拉图可能只是借了苏格拉底之口来表达自己的思想。我们很难说出苏格拉底到底传授了怎样的学说。

苏格拉底完全相信宇宙中存在着某种神圣力量，因为他有"守护神"——来自内心的声音，告诫他避免任何有害行为。他力求在某种认知的坚实基础上建立道德准则。然而他并不假装自己做到了，事实上他坚定地声称他的智慧只在于认识到自己的无知。他可能毕生都致力于使他人产生这样的认识：他们并不真的了解那些常常自称已经了解的事物。受到苏格拉底尖锐批评的人当然不会欢迎这些批评，而他对雅典民主的批评则更不受待见，他认为这种民主不过是由无知者实行，目的是迎合人的堕落欲望。在这种情况下，正义几乎无处容身，而苏格拉底依然相信正义是固定不变的，是唯一的正确的社会基础。给雅典民主造成最大破坏的两个人——阿尔喀比亚德与克里提亚斯——都与苏格拉底过从甚密。伯罗奔尼撒战争结束后，民主政体恢复，许多雅典人把他两位朋友的行为归罪于他。结果，公元前 399 年，一个民主派政治家和其他两个公民起诉苏格拉底，指控他渎神，腐蚀青年。法庭宣告苏格拉底有罪，判处死刑。

5. 科学

公元前 5 世纪，人们继续研究几何学与天文学，这两门学科日渐系统化，只是由于这个时期没有文字记载留存下来，我们对实际的成就知之甚少。不过在医学领域，科斯的希波克拉底（前 460—前 377）和他的学生发展出一套观察、治疗疾病的理性的系统，希波克拉底明确反对超自然地解释疾病，提出了"体液学说"。根据此学说，健康依赖于血液质、粘液质、黄胆质与黑胆质之间适当的平衡。医师的技术就在于为体液失调的病人恢复体液平衡。这一学说一直统治着欧洲的医学，直至 18 世纪。此外，希波克拉底学派还发展出许多外科技艺，并且创立了"希波克拉底誓言"，直至今日依然是医学伦理的典范。

第五节　公元前 4 世纪：马其顿的兴起（前 404—前 336）

一、经济变革

雅典与其他希腊城邦以惊人的速度从伯罗奔尼撒战争的破坏中恢复过来。虽然在公元前 4 世纪，大部分时间依然战火不断，贸易与制造业却稳步前行，银行业也开始在雅典和其他一些城邦发展起来，成为经济关系中的重要因素。农业逐渐让位于城市的专门职业，尽管如此，农业生产依然保持着高效率。

二、社会变革

希腊文化的影响传播到新的地区，但并不是新的殖民活动带来了文化传播，
而是因为蛮族人开始仿效希腊的生活方式。在意大利，罗马人与其他拉丁民族从希腊人那里学到了不少东西，其中最重要的是字母系统、一些宗教习俗（例如，库迈的西比尔就来自某个希腊城邦）以及军事方阵。希腊的习俗与观念也同样传播到巴尔干半岛的北部与西部，这些地区在公元前 5 世纪的大部分时期中尚未开化。马其顿王国的文化也经历了希腊化，逐渐发展成强大的国家。公元前 4 世纪中叶，马其顿国王征服邻近地区，将巴尔干半岛北部的一大片地区纳入统治。同

样，在小亚细亚，希腊开始影响半岛上的古老文明。例如，小亚细亚的波斯总督、来山得的朋友与赞助人小居鲁士，也热情地赞赏希腊的文明与军事威力。小居鲁士时代之后，波斯开始招募希腊雇佣兵，组成帝国军队。而在黑海沿岸，各位统治者也经历了希腊化过程。

然而，正当希腊的影响以这种方式辐射到地中海地区时，将希腊文明带上制高点的城邦却遭遇了严重的衰退。公民自发的团结一致曾在伯里克利时代构成雅典城邦的基础，但在伯罗奔尼撒战争的长期重压下日渐崩溃，再未能完全恢复。公民责任感与有关城邦的自我认同遭到削弱，相反，日渐增强的个人主义开始以不同的形式表现出来，例如建造宽敞的私人住房，苏格拉底所强调的个人道德自主性——纵然苏格拉底热爱城邦，他的行为准则还是超出了城邦的法律。

伯罗奔尼撒战争期间，阿提卡的独立小农损失惨重。在斯巴达占领狄西里亚期间，原先的农作物都被破坏了，战争结束后，有些小农将农场卖给有钱重新栽种葡萄与橄榄的大庄园主。其他希腊城邦的小农似乎也受伤不轻。相比以往，大庄园更为普遍，主要由奴隶耕作。随后几个世纪里，身为公民的农民数量持续减少，希腊文明变得越来越有城市文明的特征与前景。公元前4世纪，人们已可感知这种变化，但直到希腊化时代与罗马时代，这种变化才得以完成。城镇居民中也发生了类似的变化，相比公元前5世纪，贫富分化更为严重。

显然，希腊社会中发生了这些变化，早已存在的阶级斗争也愈加激烈起来。暴力血腥革命与反革命成为公元前4世纪希腊的特征。雅典虽然身处混乱之外，但从演说者的演讲中也能明显感到贫富间互不信任的暗流。

在公元前5世纪及之前若干世纪中，人口增长显著，但这时却明显放慢了速度，甚至停止增长。然而，由于奴隶代替自由劳动力从事农耕，许多公民被赶出家园，反复发生的革命也使得成千上万的公民无家可归，或逃亡，或被放逐。这些人为雇佣军提供了兵源，雇佣军逐渐代替了早先的公民军。

这种由无城可归的人组成的阶层削弱了城邦制。长途贸易的稳步发展也起到了相似的作用——弱化了商人、海员与他们出生地的联系。还有尖锐的阶级矛盾，人们对政治派别的忠诚超越了对城邦的忠诚。于是出现了这样的普遍现象：某个城邦的寡头派联合其他城邦的寡头派对抗自己城邦内的民主派，而民主派亦是如此。城邦之间的战争因此带有内战的性质，斯巴达总是扮演寡头统治拥护者的形象，而雅典，之后是底比斯，则支持民主制。当马其顿国王开始在希腊事务中起主导作用时，他成了寡头统治的支持者。

三、政治变革

德摩斯梯尼（不是那位参加伯罗奔尼撒战争的将军）与其他人的演讲让我们了解到公元前 4 世纪雅典内部的政治发展。关于其他希腊城邦的资料却几近空白，唯有在突然爆发的内部暴力事件引起某位史学家注意时，才能保留下来。在雅典，公元前 5 世纪的民主政体仍在运转，只经历了微小的变动，但它的实际作用已和以往大不相同。由于作战已成为职业军人的事，十将军委员会逐渐失去了政治上的支配地位，城邦的管理主要由职业演说家和行政官员控制，他们通常在政府中没有合法地位，不然就是在众多管理城邦收入与支出的财政委员会任职。

雅典的对外政策常常受到资金短缺的束缚。在伯里克利时代，城邦资源曾用于普通公民的福利事业，此时这种传统依然存在，穷人补助金的数量和种类也在增加。然而，当公民大会需要选择将资金用于军事行动，还是用于支付公民大会成员薪金，或是用于精心安排节庆与演出以娱乐公众时，他们往往反对军事开支。诚然，雅典的帝国主义在伯罗奔尼撒战争的灾难后复苏了一部分，尤其是因为雅典人一直想要再次统治博斯普鲁斯海峡与达达尼尔海峡——大部分小麦源源不断供应的渠道。不过，除了这个必要的行动，伯里克利时代的扩张性帝国主义确实已不复存在。城邦间政治中，雅典的地位上下起伏，但总体而言无足轻重。

公元前 4 世纪，外交错综复杂，战争几乎连续不断，可以分为三个主要时期：斯巴达霸权时期（前 404—前 371）；底比斯霸权时期（公元前 371—前 362）；马其顿霸权时期（公元前 338 年之后）。

1. 伯罗奔尼撒战争时期，斯巴达宣称支持每个城邦的政治独立原则，但当和平真的到来时，这个原则就显得不切实际。事实上，斯巴达人从雅典控制下解放了一些城邦，但并未采取行动恢复它们的独立。小亚细亚诸城邦被交还给波斯。希腊大陆的城邦起初被迫接受傀儡政府，斯巴达在战略据点驻防。这些行为很快引起了强烈的不满，当斯巴达与波斯爆发战争时，希腊各大城邦联合进攻斯巴达霸主。在这场战争中，雅典与科林斯、底比斯这样的昔日宿敌并肩作战，同盟在很大程度上依赖于波斯给予军队的补助。战争断断续续打了很久，直到公元前387年波斯国王出面调停。有了与波斯国王达成的和约，斯巴达在希腊稳占霸权。

2. 仅仅 8 年之后，公元前 379 年，斯巴达与底比斯再次爆发战争。在伊巴密浓达的军事领导下，底比斯人最终在留克特拉战役中大获全胜（前 371），伊巴密浓达随即入侵伯罗奔尼撒半岛，将麦西尼亚建成独立的城邦，而斯巴达则任其支配。此举夺去了斯巴达近半数的土地，解放了大部分希洛人。斯巴达从此一蹶不振。

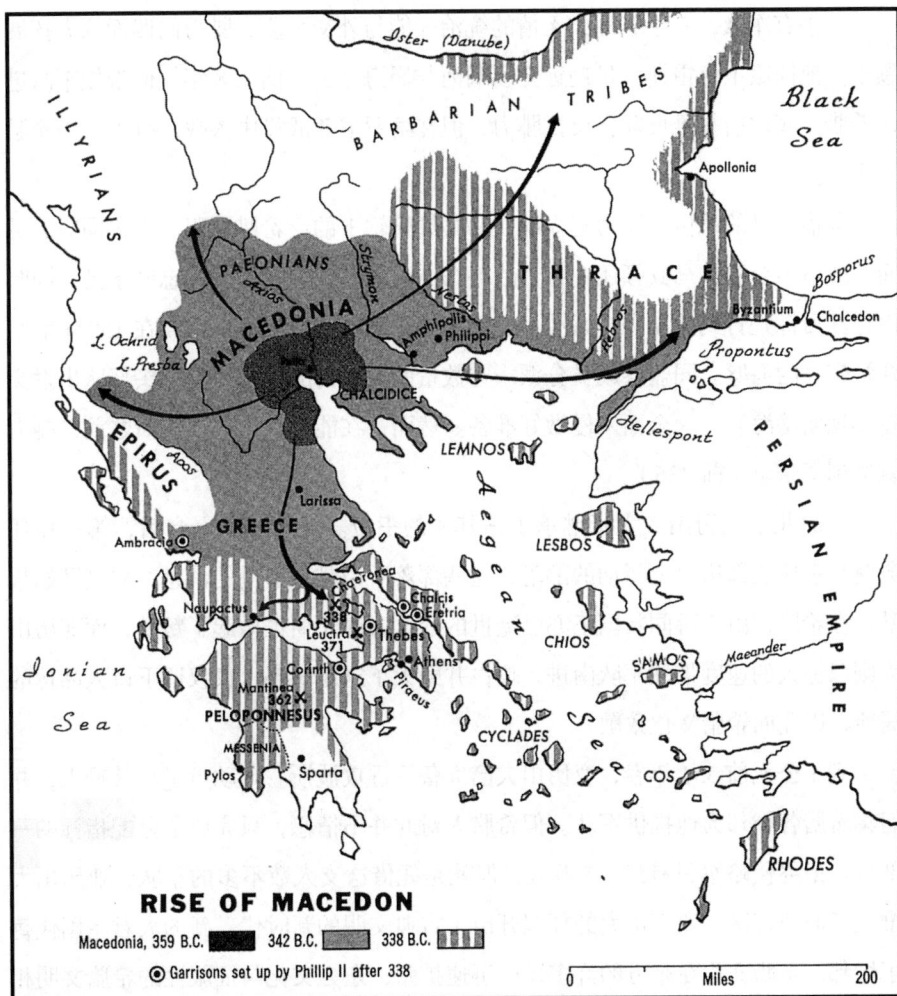

RISE OF MACEDON

Macedonia, 359 B.C. ▮ 342 B.C. ▮ 338 B.C. ▮

⊙ Garrisons set up by Phillip II after 338

0　　　　　Miles　　　　200

马其顿的崛起

然而，底比斯的霸权也只出现在伊巴密浓达指挥军队期间。公元前362年，伊巴密浓达在曼丁尼亚战役中阵亡，底比斯的势力迅速崩解，希腊陷入政治混乱中，没有哪个城邦能明确居于统治地位。这种形势为马其顿敞开了大门，在腓力二世（前359—前336）治下，马其顿已发展成一股强大的军事势力。

3. 腓力有能力组建一支常备军，付给士兵的军饷大多来自从安菲波利斯附近开采的金子。很早以前，腓力就已将安菲波利斯这个城邦纳入王国版图。他还改进了希腊的标准战术，将骑兵用作主要的进击部队，给步兵装备长矛，密集的长矛尖端能构成普通希腊方阵无法攻破的强大防线。

一手有军队，一手有冷酷无情的统治才能与外交手段，腓力向四面八方拓展领土。他征服了色雷斯，足迹远至多瑙河与黑海。公元前338年，他带领军队进入希腊。底比斯与雅典联合反抗腓力，但在喀罗尼亚战役中惨败，腓力成为希腊的主宰。

凭借自己的地位，腓力建立起在马其顿管辖下的泛希腊同盟。不仅同盟成员间的战争不合法，马其顿还在各个战略据点驻防，确保希腊城邦忠诚于己。同盟声称其目标是打到波斯去，解放小亚细亚的希腊城邦，报复薛西斯在150年前给众神带来的侮辱。同盟各成员分派一定数量的军队与战船，一支先头部队出发穿越赫勒斯滂海峡，为全面入侵做好准备。然而，在能够全力进攻波斯之前，腓力就遭到了暗杀（前336）。

他的儿子亚历山大大帝继承了马其顿的王位。亚历山大上台后，第一项任务就是镇压北部边界上骚动的部落，这些部落听说腓力逝世的消息，立刻开始叛乱。在希腊，由于听闻新国王亦已逝世的谣言，底比斯也掀起了叛乱，而亚历山大则以惊人的速度带领军队南进，攻占并毁灭了这座城邦，仅仅留下诗人品达的居所，以此向希腊文化致敬。

到了公元前334年春，亚历山大已准备好进攻波斯。他动员了马其顿人，并召集希腊各城邦为他提供军队。但希腊人对此并不情愿，只完成了分配指标的一部分。最终侵略军只有约3.5万人，但就是凭借这支人数不多的军队，亚历山大推翻了波斯帝国。亚历山大的征服开启了古典文明的新时代。新的大君主国代替了城邦；希腊文化在东方的许多地区迅速扩张；东方文化与征服性的希腊文明相互作用，赋予二者以新的形式。

四、公元前 4 世纪的文化发展

1. 宗教

希腊宗教观念与习俗的衰落始于公元前 5 世纪，持续了整个公元前 4 世纪。公共庆典依然存在，宗教崇拜的形式也未发生重要变化。在受过教育的知识阶层中，哲学理论代替了宗教神话，而在较低的阶层中，人们依然以迷信的形式固守旧信仰。上层与下层的宗教观点出现分歧，而这仅仅只是普遍的社会分化的一个方面，这种社会分化分裂了伯里克利时代的城邦内部一致性。

2. 艺术

希腊建筑的风格在公元前 4 世纪并未发生根本改变。人们建造石质剧院，以及其他有着世俗用处的大型建筑，还经常修改早期神庙所用的较为朴素、正规的设计方案，以适应不规则的地形或当地的其他特殊情况。相比多利安式，华丽的爱奥尼亚式与科林斯式建筑更受欢迎，不过人们还是一如既往地兼用这三种形式。相比公元前 5 世纪，私人住宅建造得更大、更富丽堂皇，但直到希腊化时代才普遍进行系统的城市规划与美化。

公元前 4 世纪的雕塑技艺继续保持着高水准。菲迪亚斯时代的宏伟庄严的风格已成为过去，取而代之的是轻巧优雅地描绘众神与英雄的风格，例如普拉克西特列斯（Praxiteles）的作品。斯科帕斯（Scopas）是公元前 4 世纪的另一位大雕塑家，他的作品表现出激烈的动作和强烈的感情，与公元前 5 世纪雕塑的平和宁静形成鲜明对比。写实肖像的风格逐渐普遍化，不再像早期那样塑造理想化的个人形象。留西波斯（Leucippus），公元前 4 世纪的第三大雕塑家，因其肖像雕塑与运动员雕塑而闻名。普拉克西特列斯、斯科帕斯、留西波斯这三位雕塑家都建立了学派，在希腊化时代的大部分时间里，后人的作品一直沿袭着大师的风格。

公元前 4 世纪末，画家阿佩莱斯（Apelles）将绘画艺术带上古典时代的发展顶峰。不过，我们只能从古代著作的描述中窥见其作品之妙。

3. 文学

公元前 4 世纪，新的文学形式蓬勃兴盛，其中最受欢迎的是雄辩术。在雅典，为法庭诉讼中的原告或被告撰写演说词，已成了一种固定的职业。这些请人撰写的演说要在公民陪审团面前发表，在古典时代后期，此类演说词成为口才与修辞技巧的典范。修辞学成为青年教育的重要组成部分。此外，只要雅典保持独立，雄辩术就始终是政治生涯的重要支柱。

雅典最著名的两位演说家，德摩斯梯尼（前384—前322）与伊索克拉底（前436—前338），致力于法律与政治的雄辩术。德摩斯梯尼在雅典政治中扮演着重要角色，是马其顿的腓力的大敌。他的演说驱使本就不情愿的雅典公众反抗马其顿国王，但反抗未能成功。伊索克拉底则是泛希腊统一的拥护者，并不像德摩斯梯尼那样憎恨腓力。他通过一系列编成演说词形式的政治小册子表达自己的观点，这些小册子是古代世界出现的最接近报章杂志的出版物。伊索克拉底自己并未积极参与雅典政治，但他通过自己建立的修辞学校对后世产生了广泛影响。在建立之后几个世纪里文学品鉴标准的过程中，这所学校与其他类似的学校贡献颇多。

欧里庇得斯逝世后，再没有重要的悲剧问世，到公元前4世纪末，雅典人开96 始重演古典戏剧，不再依赖新的剧本。此外，伟大的雅典戏剧被当成文学作品欣赏，从实际的戏剧演出中分离开来。喜剧则一直在发展。所谓的"中喜剧"摒弃了早期喜剧中的政治谩骂，偏爱类型化人物——财富、贫穷、德性、邪恶等的人格化。这类剧作只保存下来一部，即阿里斯托芬的后期作品《财神》。

在历史领域，后人模仿修昔底德，但终究不能与他相提并论。公元前4世纪的史家作品只有残篇留存，色诺芬（前431—前354）的作品除外。在《希腊史》中，色诺芬紧随修昔底德的战争史，继续编写公元前411年至前362年的历史。然而，这本续集逊色了不少，色诺芬是雅典人，却极其偏袒斯巴达。他的《长征记》就是很好的例子，生动记叙了一支希腊雇佣军在小居鲁士王子（来山得的朋友与赞助人）指挥下对抗波斯国王的经历。小居鲁士阵亡后，这支希腊雇佣军历经艰难回到了希腊。色诺芬可能还是某篇《苏格拉底的申辩》的作者，这篇文章描绘出苏格拉底的另一种模样，与柏拉图笔下的苏格拉底大不相同。

4. 哲学与科学

柏拉图（前429—前347）对先前几个世纪里的科学与哲学思想进行了整合

与改造。苏格拉底、毕达哥拉斯学派与埃利亚学派的哲学家对他的影响尤为深刻。这里并不打算介绍柏拉图的哲学，但也许值得提出两点：第一，柏拉图的思想与他所熟悉的雅典社会与政治情况紧密相关。他绝不是象牙塔里的哲学家，从未放弃在希腊政府与社会中进行改革的希望。有一次在叙拉古，他曾十分认真严肃地将他对美好社会的计划付诸实践。第二，柏拉图主义对后世思想的影响不可估量。源于柏拉图的观念被整合到后来的异教哲学与基督教中。柏拉图的成就超出任何人，他建立起哲学的语汇，定义了哲学的研究领域，使哲学成为一门独立的学科。他的对话创造了一种新的文学形式。作为高等学术的中心，他建立的学园持续繁荣了约900年，直到公元529年被拜占庭政权关闭。

斯塔吉拉（色雷斯的一个小城镇）的亚里士多德（前384—前322）在柏拉图的阿卡德米学园学习了19年。之后他担任亚历山大大帝的导师，直至公元前335年回到雅典，在雅典建立自己的吕克昂学园。亚里士多德是职业思想家、科学家与教师。他不像柏拉图那样重视道德与政治重建的问题，这些问题并未占据 97 他的全部思考。或许正因如此，他的爱好甚至比柏拉图的更为广泛。亚里士多德与他的学生涉猎许多领域，写了大量生物学、政制史、物理学、天文学、逻辑学、伦理学、政治学、形而上学等各个学科的论述，但只有小部分论述保留了下来。亚里士多德所写的对话无一留存，事实上，我们所知的亚里士多德的文集——也许是哲学家的讲义，原本并不打算出版——在他逝世后两个世纪里几乎无人阅读。

与柏拉图相比，亚里士多德在后世的影响显得更为断断续续。古典时代后期，他的哲学与科学成果遭到严重否定，但到了3、4世纪却重又引人注目，传播到阿拉伯国家，又从阿拉伯国家传到西欧。13世纪以前，西方人只知道他的《逻辑学》的一部分。

5. 雅典主义的传播

公元前4世纪见证了城邦制的持续衰落，不仅在政治上，也在文化上。雅典文学与思想在希腊世界占据主流，其他城邦的文化自主性逐渐消失。作为高等教育与贸易的手段，雅典方言在希腊更广大的地区传播。雅典主义也传播到周围的未开化地区，在那里，雅典文化几乎成了希腊文化的同义词。事实上对于我们而言，这两者的关系亦是如此。在此过程中，希腊世界的文化更为统一，到了公元前4世纪，希腊文化的表现形式差不多固定下来。之后几个世纪里，出现在公元前5、前4世纪的艺术、文学、哲学传统发生了变化，但很少出现创新。因此，雅典的文化霸权始终没有遭遇有力的挑战。虽然早已失去政治上与经济上的重要性，但雅典依然是伟大的教育与艺术中心。

第二编第一章扩展阅读

The Cambridge Ancient History. Vol. 3. Rev. ed. Cambridge, 1982ff.

The Cambridge Ancient History. Volumes of Plates. Vol. 3. Rev. ed. Cambridge, 1984.

The Oxford Classical Dictionary. Rev. ed. Oxford, 1970.

Andrewes, A. *The Greeks*. New York, 1967.

Austin, M. M., and Vidal-Naquet, P. *Economic and Social History of Ancient Greece: An Introduction*. Berkeley, 1977.

Burnet, J. *Greek Philosophy*. Pan 1 . *Thales to Plato*. London, 1914.

Bury, J. B., and Meiggs, R. *A History of Greece to the Death of Alexander the Great*. Rev. ed. New York, 1976.

Cary, M. *The Geographic Background of Greekand Roman History*. Oxford, 1949.

Castigliomi, A. *A History of Medicine*. New York, 1941.

Connor, W. R. *Thucydides*. Princeton, 1984.

De Ste. Croix, G. E. M. *The Class Struggle in the Ancient World: From the Archaic Age to the Arab Conquests*. Ithaca, N.Y., 1981.

Ehrenberg , V. *The People of Aristophanes*. Rev. ed. Oxford, 195 1.

Finley , M. I. *Ancient Slavery and Modern Ideology*, New York, 1980.

Finley, M. I. *The Ancient Economy*. Berkeley, 1973.

Finley , M. I. *Politics in the Ancient World*. Cambridge, 1983.

Finley , M. I. *The World of Odysseus*. Rev. ed. Harmondsworth, 1972.

Forrest, W. G. *Emergence of Greek Democracy, 800–400 B.C.* New York, 1966.

Fustel de Coulanges, N. D. *The Ancient City*. Rev. ed. Baltimore, 1980.

Glotz, G. *Ancient Greece at Work: An Economic History of Greece from the Homeric Period to the Roman Conquest*, Rev. ed. New York, 1967.

98

Guthrie, W. K. C. *A History of Greek Philosophy.* 6 vols. New York, 1962−78.

Hammond, N. G. L. *A History of Greece to 322 B.C.* New York, 1959.

Hooker, J. T. *Mycenaean Greece.* London, Boston, 1976.

Jaeger, W. W. *Paideia: The Ideals of Greek Culture.* 3 vols. New York, 193944.

Kirk, G. S.; Raven, E. J.; and Schofield, M., eds. *The Presocratic Philosophers: A Critical History with a Selection of Texts.* Rev. ed. Cambridge, 1983.

Lloyd, G. E. R. *Early Greek Science: Thales to Aristotle.* London, 1971 .

MacKendrick, P. *The Greek Stones Speak: The Story of Archaeology in Greek Lands.* New York, 1962.

Murray, G. *Five Stages of Greek Religion.* Oxford, 1925.

Murray, G. *The Literature of Ancient Greece.* Rev. ed. Chicago, 1956.

Nilsson, M. P. *Greek Piety.* Oxford, 1948.

Nilsson, M. P. *Greek Popular Religion.* New York, 1940.

Otto, W. F. *The Homeric Gods: The Spiritual Signijicance of Greek Religion.* New York, 1954.

Richter, G. *The Sculpture and Sculptors of the Greeks.* New Haven, 1930.

Santillana, G. de. *The Origins of Scientijic Thought: From Anaximander to Plotinus, 600 B. C. to A. D. 300.* Chicago, 1961.

Schroedinger, E. *Nature and the Greeks.* Cambridge, 1954.

Stan, C. G. *The Origins of Greek Civilization, 1100–450 B.C.* New York, 1961.

Vermeule, E. *Greece in the Bronze Age.* Chicago, 1964.

小　说

Atherton, Gertrude. *The Immortal Marriage.* New York: 1938.

Buchan, John. *The Lemnian.* 1912.

Erskine, John. *The Private Life of Helen of Troy.* New York: 1925.

Landor, W. Savage. *Pericles and Aspasia.* London : 1836.

Lytton, Edward Bulwer, 1st Baron. *Pausanias, the Spartan.* London : 1873.

Renault, Mary. *The King must Die.* New York: 1958.

Renault, Mary. *The Last of the Wine.* New York: 1956.

Renault, Mary. *The Bull from the Sea.* New York: 1962.

Renault, Mary. *The Mask of Apollo.* New York: 1966.

第二编第一章年表：希腊城邦

公元前

约 2500—1400	克里特岛、爱琴海岛屿与希腊大陆部分地区的米诺斯文明
约 1800	希腊出现战团
约 1600—1100	迈锡尼文明
1184—1174	围攻特洛伊的传统日期
约 1100—800	希腊 "黑暗时代"
8 世纪	荷马
*约750—550	殖民时代
约 700	希腊人引进字母文字
约 650	希腊人引进造币术
约 650	引进步兵方阵
约 632	基伦在雅典的阴谋
约 630	麦西尼亚人反抗斯巴达；可能建立了吕库古政体
约 621	德拉古制定雅典律法
*594—593	梭伦重组雅典政体
约 560—510	庇西特拉图实行僭主统治
546	波斯国王居鲁士征服吕底亚（克罗伊斯）
546	（？）米利都的泰勒斯去世
512	大流士大帝进攻色雷斯；波斯帝国扩张到欧洲
510	斯巴达人推翻雅典僭主希庇亚斯
*508	克里斯提尼重组雅典政体
499—479	**希波战争**
499—494	爱奥尼亚人反抗波斯人
499	埃斯库罗斯在雅典的戏剧生涯约在这时开始
492	波斯远征军进入色雷斯
*490	波斯远征军对抗埃雷特里亚与雅典；马拉松战役

第二章 希腊化王国（前334—前146）

第一节 政治变革

一、亚历山大大帝

公元前336年，马其顿的腓力遭到暗杀，他的儿子亚历山大年仅20岁。然而13年后亚历山大去世时，文明世界的政治与文化面貌已然彻底改变。亚历山大的个人品质、能力与功业改变了文明之间与民族之间的关系，深刻影响了古典文明与西方文明之后的发展，就此而言他也许超越了历史上的任何人。诚然，亚历山大能取得非凡的军事胜利，波斯的衰落、马其顿军队的强大、腓力一手培养的将帅的才能都必不可少。不过，如果说在激发他所继承的军队的全部潜能方面，他的个人才能并未起到决定性作用，就算没有他希腊文明也会像事实上那样深深渗入东方，就很难让人信服。

亚历山大常年征战。公元前334年，他开始入侵波斯，自称是报复波斯国王加给希腊人的伤害。在三次伟大的战役中（格拉尼库斯河战役，公元前334年；伊苏斯战役，公元前333年；高加米拉战役，公元前331年），他打败了波斯军，征服了小亚细亚的大部分地区、地中海东部沿海地区、埃及与美索不达米亚。高加米拉战役之后，波斯国王东逃，但被随从杀害。随后亚历山大就转变了角色，以波斯国王的合法继承者自居，常常对外代表东方王权，至少打过让自己至高无上的主意。从公元前330年开始，直至公元前323年逝世，他试图在民族上、文明上融合亚洲与希腊，保全自己的帝国。他把波斯人与其他东方民族的人招募进军队，以马其顿的方式训练他们。甚至他自己娶了一位名叫罗克珊娜（Roxane）的东方公主，并说服许多官员和几千位马其顿士兵效仿他。在新征服地区的管理方面，他定期雇用波斯人、马其顿人与希腊人，条件基本平等。通过这些举措，亚历山大明确摒弃了传统的希腊式观点：蛮族低人一等。一些学者认为他提出了

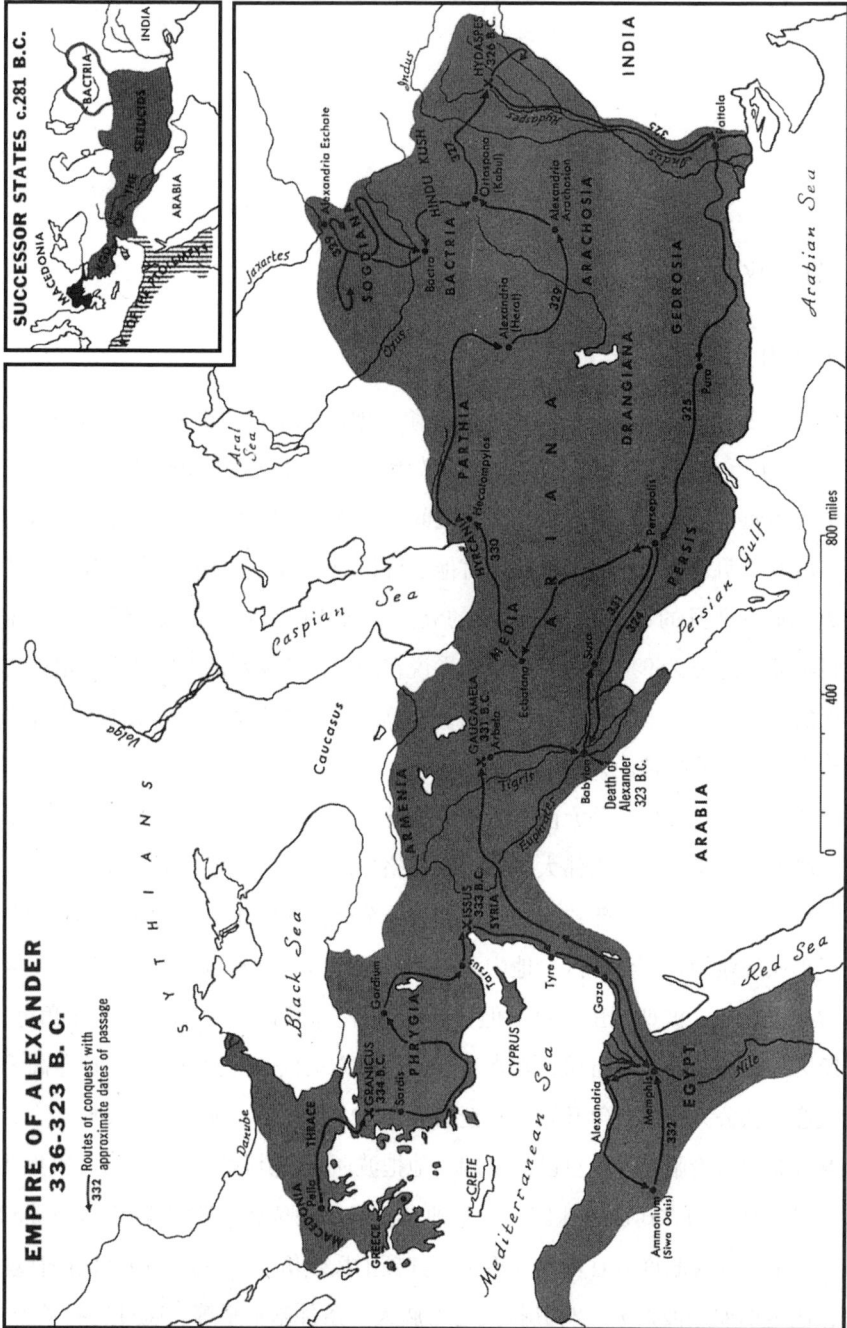

EMPIRE OF ALEXANDER
336-323 B.C.

→332 Routes of conquest with
approximate dates of passage

SUCCESSOR STATES c.281 B.C.

亚历山大帝国（前336—前323）

这样的理论：所有人本质上都是相似的，无论他们的种族与文化多么不同。

作为波斯国王的继承人，亚历山大出兵征服所有曾经属于波斯帝国的领土。他在中亚进行了 3 年的苦战，向东远至奥克苏斯河与锡尔河。随后又向南进发，入侵印度河流域。在那里他再次获胜，征服了旁遮普（Punjab）的大部分地区，沿印度河而下直至印度洋。公元前 325 年，他启程返回美索不达米亚。一支海军探险队从印度河口出发穿越印度洋，航行至波斯湾。与此同时，亚历山大与军队主力经由陆路穿越格德罗西亚沙漠，因为缺水和其他补给而历经艰难。106

亚历山大回归后，立刻就发现自己的帝国处于严重的混乱中。许多由他任命的总督显然以为他不可能再从远征中生还，早已开始滥用职权。于是他推行了激烈的改革，同时为进一步征战作准备。然而，公元前 323 年，当军队正准备出发时——可能是去进攻阿拉伯半岛——亚历山大染上热病，逝于巴比伦，年仅 33 岁。

亚历山大猝然去世，还未来得及巩固他的帝国。于是他所推行的使东方民族与希腊民族融合的政策在他生前就一直都遭到反对，他去世后，这项政策也就为人所废弃。但尽管如此，如亚历山大所愿，希腊文化与东方文化之间的踊跃互动还是在之后几个世纪得到持续。亚历山大在帝国各个战略据点建造了希腊城市，其中一些城市继续发展繁荣，成为希腊传统传播的中心，至少就近东城市的上层人而言是如此。亚洲人、希腊人、马其顿人之间的通婚变得非常普遍，因为无论在亚历山大生前还是死后，极少有妇女从希腊移居外地。在希腊化国家中，这种通婚产生的后代构成了一个富于影响力的重要阶层。

二、后继国家

亚历山大去世时还没有子嗣。罗克珊娜给他生下一个遗腹子，但孩子尚未成年，王族中没有人能有效控制马其顿的将军。帝国的集权很快失效，随后是混乱时期。许多将军曾被任命为帝国某些地区的总督，他们并不忌惮中央政府，试图建立起自己的势力，互相争斗，瓜分帝国。公元前 310 年，亚历山大的儿子被谋杀，此后人们甚至抛弃了维持中央集权的惺惺作态。偶尔会有人试图恢复帝国的统一，直到公元前 301 年，最后一次努力也失败了。随后又是混乱，直到 20 年后的公元前 281 年，一种基本稳定下来的国家模式出现了。

其时，最大的三个君主国分别是：托勒密王朝，以埃及为中心；塞琉古王朝，以美索不达米亚及叙利亚为中心；马其顿，由安提柯王朝统治。原本属于亚历山大帝国的很多外围地区已经分裂出去。一个多世纪里，希腊国王继续统治中亚与印度。小亚细亚分裂成许多相互对抗的小国，其中要数西北部的帕加马王国最为强盛。希腊本土虽获得了断断续续的独立，但并不稳定。

后继国家之间战争频繁。希腊是冲突的一个主要焦点。东方的希腊化君主国要想增强实力，保卫安全，很大程度上都得依赖希腊的雇佣兵与行政官员。尤其是马其顿与埃及，为了在希腊安置势力，多次争战，在如何对待希腊城邦的问题上，政策也在安抚与强制之间交替。埃及与塞琉古帝国之间也进行了相似的长期争斗，来争夺巴勒斯坦与叙利亚南部的控制权。

作为大国政治的玩物，即使在最好的情况下，希腊城邦也面临着艰难的处境。通过与某个大君主国结盟，许多城邦获得有利条件，试图至少保持有名无实的独立。城邦联盟的发展是一项重要的政体尝试。伯罗奔尼撒北部的亚该亚同盟，连同希腊西北部的埃托利亚同盟，成为希腊本土的主要势力。这些同盟的联邦政府有权征税，有权从成员城邦募兵，审议机构实行代表制。但尽管如此，希腊城邦中根深蒂固的排他主义终究还是阴魂不散，总的来说，希腊从未成功地团结起来抗击外敌。"希腊人的自由"，即每个城邦的独立自主，成为任何外来势力意图从城邦获得支持时使用的口号。事实证明这种自由不切实际。"解放者"往往转身成为希腊自由的压迫者。

战争持续不断，东方臣属民族或明或暗表示敌意，这些情况大幅削弱了希腊化国家。公元前200年后，当罗马开始将势力扩张到巴尔干半岛时，罗马军团仅仅遭遇了无效的抵抗。希腊的长期分裂局势有助于罗马对抗马其顿，而东方国家由于内在弱势，也很容易被罗马收入囊中。尽管如此，罗马势力的扩张依然缓慢渐进，直到公元前146年才完成了决定性的吞并。公元前30年，希腊化东方的最后一个地区——埃及才被并入罗马帝国，而在此之前超过一百年，罗马的外交手段与军事力量就已非常强大。

第二节　经济发展

一、人口

亚历山大征服东方，为希腊的贸易、军事与行政事业打开了东方的全部地区。人们开始大批大批地移民到这些更为富饶的土地上。成千上万的希腊人离开家园，定居在两百多个由亚历山大和他的继业者新建的希腊城市。其他人在相互对抗的希腊化国家的军队服役，或者担任政府官员。

公元前 4 世纪就已出现人口增长放缓的现象，这时依然如此，向东方移民很可能减少了希腊生活先前的中心地区的人口总数。到了公元前 2 世纪，一些经过耕种的土地变成了牧场，关于被遗弃的村庄的书面记载也开始增多。相比自由民人口，奴隶的数量很可能有所增长。而在马其顿，直到被罗马征服之后，农民的数量依然很多。在亚洲的某些地区，希腊人的管理方法与工程技术扩大了灌溉区域，改进了农耕技术。这种现象也出现在埃及，且尤为显著。虽然缺少直接资料的证明，但人口的增长大致与土地承载力的增加相当。

二、技术进步

希腊传统与东方传统的交流，带来了许多引人瞩目的技术进步。在军事领域，希腊化军队学会了针对筑有城墙的城镇的进攻方法，这是早期希腊军队从未做到的事。大型攻城机具和投石机出现，大象成为战兽，主要用来恐吓敌方骑兵的战马。船只规模增大，许多港口都建起了防波堤、灯塔这样的改进设施，航海的季节性特征不再那么显著。城市规划、水渠与下水道的建设、公共会议厅等，都给城市生活增添了舒适性。人们引进了水准仪、滑轮、提重物的起重机等机械发明，或进行大幅改进，尤其是在阿基米德将杠杆原理归纳成精确的数学表达之后。

社会上出现的新事物，如公债、银行和保险，促进了贸易和其他的经济活动。与之前相比，货币在社会上的使用无疑更加扩大。随着公共教育制度与私人资助学校的建立，读写能力在城市居民中普遍起来，这或许还是史上第一次读写能力的普及。书籍出版成为一种固定的行业，且主要依靠奴隶抄写员。人们在羊皮纸卷或纸莎草纸卷上书写，并建造了许多大型图书馆，在那里学者可以获得几乎所有希腊世界的著作遗产。雅典方言的某种简化形式成为通用语，传播遍及整个近东，促进了贸易与知识交流。不过，大多数情况下，文学作品只使用公元前5世纪与前4世纪的雅典方言，这种方言已是日益陈旧。由于大型希腊化城市的口头语言一直在变化发展，人们试图将文学语法与词汇固定下来，最终产生了一种特殊的文学语言，只有学者才能正确地书写。

三、经济组织

希腊化时期的经济最显著的特征，也许就是国家对生产与分配的全面控制。这种控制出现于托勒密王朝，塞琉古帝国也有，但程度较低。在埃及，行政官僚制定生产计划，许多产品的价格也都由政府规定。对于某些更有价值的商品，政府则强制实行垄断，以固定价格从生产者手中买进，再以高得多的价格在国内外卖出。这一制度使得托勒密成为当时最富有的统治者。埃及成为希腊城邦主要的粮仓，并且通过航运将粮食——更不必说大量制成品，主要是奢侈品——送到西方，远至罗马。

在塞琉古帝国，集中的经济控制从未像托勒密王朝实行得那样严格。享有特权的希腊城邦、神庙地产、王室产业，甚至部落地区，都有着不同的经济与政治生活方式，经年累月，这些方式早已成为习惯。但尽管如此，这个君主国还是积极参与贸易。王室收入的很大一部分都是实物，政府通过销售或出口将实物转换为货币。

与东方国家相比，马其顿与希腊远没有那么富裕。它们的优势主要在于劳动力。在希腊本土，只有科林斯依然还是活跃的贸易与工业中心。罗得岛城邦建立起一种重要的贸易，充当希腊与东方之间的货物集散地。后来，提洛岛取代罗得岛成为爱琴海的经济中心，而尤以奴隶市场著称。

四、贸易发展

印度与希腊化世界之间，与亚历山大征服有关的地理探索建立起两者间直接的商业关系。与中国的贸易也具有一定的重要性。相比先前，希腊化进程进一步渗透至非洲与欧洲的边远地区。

典型的希腊贸易模式——出口橄榄油、葡萄酒与制成品，换取小麦与原材料——某种程度上依然存在于希腊化城市，但许多城市都位于粮食盛产区，不需依靠长途运输来供应粮食。相比之前几个世纪，制成品的交换显得更为重要。许多城市拥有特色制成品，如科林斯以青铜制品著称，亚历山大里亚因莎草纸、玻璃、亚麻布与香水闻名，安条克则凭纺织品扬名。

希腊化时期很可能见证了古代世界中区域经济的相互依存与专门化的最高发展。罗马帝国治下，希腊化文明的经济模式进入西欧，但也相应出现了东方的利润缩水，因为罗马人从未统治美索不达米亚，更不要提伊朗高原。与塞琉古帝国时期相比，地中海世界和这些地区的贸易很可能已变得不再那么重要了。

第三节　社会结构

希腊化世界有一大特征，即在城市中，已完成希腊化的统治集团与周围的东方人之间界限分明。只有在小亚细亚的某些地区，希腊的习俗与文明才传到乡村。在其他地方，乡村人口与很大一部分城市劳动力都固守原有的语言、习俗与生活方式。但尽管如此，希腊化从未成为某种种族问题。而获得了财富，吸收了希腊生活方式的人，都能轻易跨入享有特权的统治阶层。

无疑，上层人与下层人之间普遍的文化差异扩大了两者的分歧。类似的差异似乎也出现在希腊，薪金水平未能与上涨的物价保持一致——亚历山大与紧随其后的继任者消耗了波斯代代积累起来的王室财富，极大增加了流通中贵重金属的数量，从而导致金属的价值降低，物价相应上涨。对于城镇的自由劳动力而言，薪金滞后意味着更大的困难。我们似能听到革命情绪的回音，主要来自小亚细亚，那儿的一些人幻想着能有一座所有人在财富与权利上平等的"太阳之城"。类似的运动在斯巴达曾成功掌权。公元前 3 世纪期间，地产集中在少数人手里，促使社会革命爆发，不过很快就有邻近国家出面干涉，镇压了革命。

总体而言，寡头政府支配着整个希腊化世界。在东方，希腊人与马其顿人构成了一个小型的特权阶层。他们的活动渐渐从较粗俗的（且更为多产的）经济活动转变为更加高雅的追求。他们趋向于放弃贸易而成为政府官员，要不然就凭地产收入或者其他形式的资本收入生活。东方各希腊城市的地方政府也往往由这些人掌控。一些城市由王室任命的人统治，另一些城市则实现了地方自治，成立了执政官委员会、议事会，偶尔也会参照希腊城邦成立公民大会。而在希腊本土，最初是马其顿人支持寡头政府的权益，后来是罗马人，就算在雅典，也已没有了民主传统的踪迹。

第四节　文化发展

一、宗教

整个希腊化时期，传统的希腊宗教习俗与信仰继续节节败退。某种更为个人化的宗教兴起，作为城邦的公共庆典的补充。尤其突出的是对盲目的女神——命运之神的崇拜，有时人们认为命运之神是某种人格化的神灵，看守着每个人的生活。

一项重要的宗教变革发生了，将人——尤其是统治者——崇拜为神。希腊化时期的国王往往自称为神，要求臣民崇拜他们。君权神授的东方观念与崇拜英雄的希腊习俗相结合，为这些统治者崇拜提供了基础与外在形式。我们甚至很难猜测，希腊人在神化希腊化时期的国王时会有多么虔诚。对统治者的崇拜带有某些现代爱国主义的特征，在国王的雕像前献祭是一种政治忠诚的表现。同时，国王的绝对权力将他们高高提升到凡人之上，他们的举动可以给个人或整个城市带来好运，也可以恰恰相反，因此在普通人看来，国王也许带有某种无法预言的神性。

当希腊宗教脱离了源发的城邦后，情感上的空缺相应产生，这就为新的个人化宗教的发展开辟了空间。在这些宗教中，大多数的仪式与信仰都借鉴了东方的原型。对伊西斯、塞拉皮斯、阿提斯与小亚细亚的大母神的崇拜出现了新的形式。这些狂热崇拜总称为"神秘宗教"，在许多方面都与早期的俄耳甫斯教、厄琉息斯秘仪相似。这些崇拜的中心思想是获得个人救赎，有时是神与崇拜者之间神秘的、象征性的联结。人们通过狂欢或其他仪式引发这种与神神秘联结的感觉，一旦成功，崇拜者就会相信与他们联结的神将守护他们，无论生前还是死后。

这种神秘宗教发展出权威性的祭司阶层与复杂精细的仪式，但几乎不传授任何伦理道德的教义。大部分信徒来自城市下层。对于受过教育的人而言，哲学成了行动的准则与宗教的代替品，在此之前，哲学从未变得如此重要。

二、艺术

希腊化时期的艺术在极大程度上继承了公元前4世纪由希腊发展出的传统。最著名的雕塑学校坐落在罗得岛和帕加马，《萨摩色雷斯的胜利女神》、《拉奥孔》、《垂死的高卢人》这样的雕塑就诞生在那里。风俗雕塑也发展起来，例如孩童、干瘪老妇、小天使、森林之神的雕塑，与早期英雄风格的希腊雕塑艺术形成鲜明对比。

传统的希腊建筑风格经过修改，广泛运用于世俗建筑上。人们建造精巧的柱廊，装饰城市的商业中心。防御工事的艺术发展水平前所未有。公民大会厅（长方形柱廊式会堂）与宫殿也矗立起来。在小型艺术方面，人们使用从埃及传来的马赛克艺术装饰地板与墙壁。

三、文学

希腊化时期产生了大量文学作品，但很少能留存至今。人们保留了原有的文学形式，但也有新的文学形式——传奇——受到了广泛欢迎。亚历山大的功业成为传奇文学的热门主题，他的名字周围很快簇拥了大量了不起的事迹与非凡的冒险经历。这个题材如此热门，亚历山大的传奇甚至成了一种独特的文学形式。

修辞学的研究为散文写作增添了浓墨重彩。演说早已不再扮演政治中的重要角色，但希腊人依然对修辞学保有浓厚兴趣。相比实质内容，写作风格似乎更受人关注。聆听事先准备好的演说是一种很受人欢迎的娱乐活动，为了尽情享受措辞的优雅与演说的风度。修辞学的传统深刻影响了文学品味，例如史书，人们主要按照书中的演说词与风格的优雅程度来确定其价值。

有三位作者值得特别注意：波利比奥斯（Polybius）、忒奥克里托斯（Theocritus）、米南德（Menander）。波利比奥斯（前200—前120）是亚该亚同盟的政治领袖，年轻时在罗马当了17年的人质。他写了一部通史，内容从公元

113

前246年跨至公元前146年，他在书中向希腊同胞描述了罗马崛起的原因与过程。但只有一部分史书保留了下来。他的著作证明，他是一个煞费苦心以求精准，具备完全自觉的历史学家，但缺乏修昔底德的情怀与希罗多德的优雅。忒奥克里托斯（约前305—前250）创作抒情诗，在诗中赞美牧羊人与牧羊女之间的爱情与悲伤。这种形式的诗歌被称为田园诗，曾经非常矫揉造作，而在忒奥克里托斯笔下却变得极为精致典雅。后来他的诗歌影响甚大，被罗马人甚至文艺复兴时期和近代早期的欧洲诗人模仿。米南德（约前340—前290）是所谓"新喜剧"最著名的作者。他的剧作均未能完整保存下来。在其作品中，合唱部分完全消失了。在一部风俗喜剧中，他描绘出一个轻浮无聊的上流社会。罗马的喜剧作家模仿过希腊的"新喜剧"，通过这些罗马作品，"新喜剧"中的许多传统传给了近代早期的剧作家。

四、科学

在希腊化时期，自然科学与哲学的区别相比之前更为明显。怀疑论者对哲学学说的批评起到了激励作用，可谓是一个原因。许多人致力于细心谨慎的测量、观察、计算自然现象。他们的一些研究成果在当代依然有惊人的影响，例如埃拉托斯特尼（Eratosthenes）计算出的地球周长，希罗（Hero）发明的"蒸汽机"。不过，除了极少数例外，这些科学家的理论与发明都未能转变成技术进步，而且大约两个世纪后，希腊人对物质世界的好奇心大部分都转移到了其他领域，尤其是星相学。主要的科学研究中心是亚历山大里亚的博物馆，它是第一任托勒密为学者建立的研究机构，并由国家资助。

1. 天文学

希腊化时期的科学家提出了两个普通天文学理论。约公元前280年，萨摩斯的阿里斯塔克斯（Aristarchus）提出日心说——地球与其他行星绕太阳旋转。但这个理论并未获得很多支持，因为单凭古代人所能获得的仪器无法观测到恒星视差。主要由喜帕恰斯（Hipparchus，约前185—前120）发展出的地心说更接近常识，并能解释天体的规则运动。根据这个理论，地球处于宇宙的中心，若干透明的球体绕着它旋转，其中有恒星、太阳、月亮和行星。行星的不规则运动可通过本轮（epicycles）来解释——从属的天体按照某个轴转动形成的小圆称为本轮，而本轮同时按照一个以地球为中心的大圆绕地球转动。通过假设适当数量的天体与本轮，就能自动解释，甚至预测天体的所有规律运动。当然，彗星与流星依然还是未解之谜。

2. 数学

约公元前 300 年，欧几里得整理编纂了希腊的几何学。他的著作《几何原本》至今都可算得上是经典教科书。欧几里得时代之后，人们探索发现了数学的新领域。佩尔格的阿波罗尼奥斯（Apollonius，约前 247—前 205）与叙拉古的阿基米德（前 287—前 212）研究出立体几何与正则曲线理论。天文学家喜帕恰斯与其他学者发展了三角学。

3. 物理学与工程学

希腊化时期，数学上的进步被应用于机械理论与实践中，在这方面阿基米德的贡献尤为突出。阿基米德发展了比重的概念，在数学上计算出与杠杆的古老用途相关的力的平衡。他还有许多实用发明，包括用于抽水的阿基米德螺旋泵、复合滑轮，以及多种战争机器，叙拉古人用它们对抗围攻的罗马军队。另一位希腊化时期的人物是亚历山大里亚的希罗，他可能生活在公元前 1 世纪。他发明了一种由逸出蒸汽推动的机械玩具，很像普通的由流水推动旋转的花园喷洒器。他在当时更重要的贡献是将力学系统化，区分出五种简单机械——杠杆、轮轴、滑轮、楔子、螺旋。这五种简单机械可以组成其他任何机械。

4. 地理学

希腊化时期，航海的发现，连同在远方新建的贸易关系，都增进了希腊对世界的了解。描述性地理学可追溯到赫卡泰奥斯，但在希腊化时期，地图的绘制与方位的计算中就已运用了测量与数学原理。人们普遍接受了地球是球体的观点，开始使用经纬度体系。埃拉托斯特尼（Eratosthenes，约前 276—前 196）仔细观察了埃及北部与南部正午太阳的高度，计算出地球的周长。他发现高度差为 7 度 12 分，并通过测量观察点之间的地表实际距离，成功计算出与今日人们接受的地球周长非常接近的结果。然而，随后的地理学家并不认可他的结论，且大大降低了对地球尺寸的估测。

5. 医学与生物学

希腊化时期，在深入了解解剖学与生理学方面，学者们取得了引人瞩目的成就，这在很大程度上要归功于系统的解剖学研究。医学药典里加进了许多新药。随着亚历山大时代的领土大幅扩张，关于动植物的资料涌入希腊世界。这些资料被按时记载进学术目录，其中最著名的目录由狄奥弗拉斯特（Theophrastus，约前 372—前 287）编写，他是亚里士多德的继任者，接管吕克昂学园。直到近代早期，他的《植物志》始终都是公认的权威性著作。

6. 文学与语言学的学术成就

由于要靠抄写员的反复抄写生产书本，文本的权威性问题便一直困扰着古代人。许多亚历山大里亚的学者开始编辑早期希腊作者的文本，我们所知的所有希腊古典著作都经过他们的修订才流传下来。传统的卷、章划分法也出自他们之手。语法的研究也开始系统化：区分出词类、格与变格，制定出语言纯洁性的标准。

五、哲学

希腊化时期，希腊哲学分出了明确的学派，其中最重要的有犬儒学派、怀疑论、伊壁鸠鲁学派与斯多亚学派。作为学术机构，柏拉图的阿卡德米学园与亚里士多德的吕克昂学园继续发展兴盛，但并未始终坚持自己与众不同的学说。阿卡德米学园后来转向了怀疑论，吕克昂学园则转向了折衷主义。所有学派的注意力都集中在伦理道德问题上，哲学也更加趋向于成为一种生活方式，一种事关行为举止的学问，而对更抽象、理论性更强的问题的兴趣则逐渐淡化，甚至消逝。

犬儒学派始于苏格拉底的学生安提西尼（Antisthenes，约公元前 450—前 366）。就像 20 世纪 60 年代的"嬉皮士"，他们拒绝传统准则，批判身边的社会腐败与欺诈，坚持某种"简朴生活"的理想。这种理想几乎成了某种苦行主义，至少对于某些犬儒派成员而言就是如此。据说第欧根尼（Diogenes，约前 412—前 332）住在木桶里，提着一盏灯走来走去，徒劳地寻找着诚实的人。当亚历山大问他想要什么时，他竟回答希望大帝不要再挡住他的阳光。不论这些故事是真是假，第欧根尼确实是犬儒派的集大成者。

怀疑论起源于皮浪（Pyrrho，约前360—前270），他认为人类无法了解真理，建议人们悬置判断，追求心灵宁静。大部分时间里，怀疑论者都在攻击其他学派的学说，试图说明那些学说是荒谬的，或者缺乏根基。

伊壁鸠鲁派的名称与哲学都来自伊壁鸠鲁（前342—前270）。他认为快乐是唯一的善，而精神乐总体上高于肉体快乐，因为精神快乐不会带来痛苦。伊壁鸠鲁接受德谟克利特的原子论，用它来反对神对人类事务的积极介入，以此来支持自己的伦理立场。

所有学派中影响最大的是斯多亚学派，由季蒂昂的芝诺（约前336—前264）建立，芝诺本人是塞浦路斯人。他主张宇宙是一个有机的整体，受理性支配。人们可以凭借自身具有的理性训诫自己，使得自己的生活符合宇宙的理性，面对命运的各种沉浮能发挥出勇敢、谨慎、正义、节制的德性。从这些基本原则中演绎出两个尤为重要的原则：一是全人类的手足情谊，二是自然道德法则的概念——人类的法律应该尽可能与之相符。在罗马帝国时代，这两条斯多亚学派的原则对罗马法的形成起到了重要作用，并通过罗马法基本进入了西方文明。

哲学学派之间争论不休，促使许多人进行调和的尝试，也就是折衷主义。折衷主义的哲学家所利用的不仅有他们的希腊前辈，还有巴比伦和其他地方的学术传统，特别是随着希腊化时期的发展，星相学越来越受欢迎。罗得岛的波希多尼（Posidonius，前135—前51）虽然常被认为属于斯多亚学派，但他的哲学已反映出这种折衷主义的趋势。在他的宇宙论体系中，依然为恶魔与幽灵、星体的影响、梦的意义、征兆与预言留有空间。

有了波希多尼这样的人，希腊的理性主义传统几近衰竭。这种变化可能也反映出东方心智传统的加强，摆脱了希腊文化的外衣——亚历山大的征服把这层外衣强加给东方。在西方，一些受过教育的罗马人接受了希腊哲学，抗拒东方宗教的神秘主义，这种抗拒持续了长达两个世纪。但在希腊化的东方，希腊化后期与罗马时代里，哲学与宗教融合到一起。这种发展预示着将要由基督教神父实现的新的融合。在基督教取得完全的胜利之前，个别的怀疑论者与理性主义者继续出没于希腊世界，思想的主流却与他们背道而驰。主流思想旨在寻求一种满足情感的生活方式，以及个人对宇宙的适应——这些都是在神秘学说与宗教教义中出现次数越来越多的价值观。

117 **第二编第二章扩展阅读**

The Cambridge Ancient History. Vol. 7. Rev. ed. Cambridge, 1984ff.

The Cambridge Ancient History. Volumes of Plates. Vol. 7. Rev. ed. Cambridge, 1984ff.

The Oxford Classical Dictionary. Rev. ed. Oxford, 1970.

Cary, M. *A History of the Greek World from 323 to 146 B.C.* Rev. ed. London, 1951.

Gruen, E. S. *The Hellenistic World and the Coming of Rome.* 2 vols. Berkeley, 1984.

Hammond, N. G. L. *Alexander the Great: King, Commander, and Statesman.* London, 1980.

Hammond, N. G. L., and Griffith, G. T. *A History of Macedonia. 2* vols. Oxford, 1972－79.

Jones, A. H. M. *The Greek City from Alexander to Justinian.* Rev. ed. Oxford, 1967.

Lloyd, G. E. R. *Greek Science after Aristotle.* New York, 1973.

Rostovtzeff, M. *Social and Economic History of the Hellenistic World.* 2 vols. Oxford, 1941.

Tam, W. W. *Alexander the Great.* Cambridge, 1948.

Tarn, W. W. *Hellenistic Civilization.* Rev. ed. London, 1952.

Walbank, F. W. *The Hellenistic World.* London, 1981.

小 说

Druon, Maurice. *Alexander the God.* New York: 1960.

Fast, Howard. *My Glorious Brothers.* Boston: 1948.

Fisher, Vardis. *Island of the Innocent.* New York: 1952.

Mitchison, Naomi. *The Corn King and the Spring Queen.* New York : 1931.

Payne, Robert. *Alexander the God.* New York: 1954.

第二编第二章年表：希腊化王国

公元前

*336—323	马其顿国王亚历山大大帝
334	亚历山大入侵波斯帝国；格拉尼库斯河战役

西方文明史手册

114

333	伊苏斯战役
332	（？）哲学家第欧根尼去世
331	高加米拉战役
330	大流士三世去世；亚历山大以波斯王位的合法继承人自居
323	亚历山大去世
310	亚历山大之子被谋杀
301	最后一次在亚历山大的帝国建立有效中央权力的努力失败
约 300	几何学家欧几里得的《几何原本》
290	（？）喜剧诗人米南德去世
287	（？）植物学家、继承亚里士多德管理吕克昂学园的狄奥弗拉斯特去世
281	后继国家相对稳定；托勒密帝国，塞琉古帝国，统治马其顿的安提柯王朝，小亚细亚的较小的国家，希腊的联盟与城邦
约 280	天文学家萨摩斯的阿里斯塔克斯提出日心说
270	（？）怀疑派哲学家皮浪去世；（？）哲学家伊壁鸠鲁去世
264	（？）斯多亚学派的创始人季蒂昂的芝诺去世
250	（？）诗人忒奥克里托斯去世
212	数学家、物理学家阿基米德去世
205	（？）数学家阿波罗尼奥斯去世
196	（？）地理学家埃拉托斯特尼去世
146	罗马兼并了希腊大部分地区
120	（？）历史学家波利比奥斯去世
51	（？）折衷主义哲学家罗得岛的波希多尼去世

118

希腊雕塑的演变与发展

在希腊人中，雕塑最初充当的是安抚超自然力量的工具。之后，这项技艺用来颂扬运动员，以及另外一些值得后人铭记其事迹的人物。约公元前400年后，采用一些新奇的手法而使观赏者惊叹，成了目标本身。然而，在罗马帝国后期，颂扬政治统治者的力量成为雕塑最主要的角色。

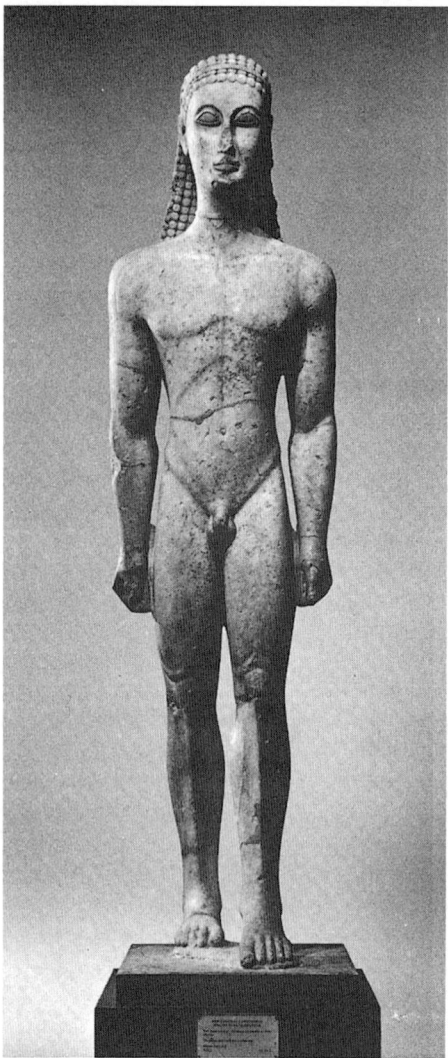

《少男雕塑》（前615—前600）
（大都会博物馆，弗莱彻基金，1932）

这尊裸体雕塑属于典型的古风时期风格。表情僵硬，姿态刻板，说明雕塑者对人体形态的复杂性所知甚少。尽管雕塑者未能达到模仿自然的准确性，但还是有效地表现了形态似人的天神，构想稚嫩却有力。

《倒下的持盾战士》（前 500—前 480）
慕尼黑古代雕塑展览馆藏
（慕尼黑希尔默出版社）

这尊雕塑属于晚期古风风格，曾位于埃吉纳的阿法亚神庙山形墙上，属于一群雕塑的一部分，表现了特洛伊战争的某一事件。相比少男雕塑，倒下的战士展现出对身体的自然主义处理方式，对肌肉表面的表现也更为逼真。不过，面部处理依然保留了古风时期的惯例。

《阿提密西安的波塞冬或宙斯》(前 460)
雅典国家博物馆藏
(慕尼黑希尔默出版社)

在这尊波塞冬雕像上，身体表面的僵硬与姿态的刻板已然消失。面部显示出成功的自然主义处理方式，与倒下
的战士形成对比。面部表面经过了细致的模仿，胡须的深深褶皱看上去也像真的毛发。然而，尽管有着模仿自
然的细节，但这尊波塞冬雕像还是表现出一种理想化的美的概念，不存在任何真实的人与之对应。这尊雕塑被
人从海里捞回，一次海难曾使它沉入海中。雕塑者已不为人知，但风格上的细节表明它的设计与铸造都在雅典
进行，那时大约是伯里克利在掌控城邦公共生活。

《赫尔墨斯与小酒神》（前350—前330）
作者普拉克西特列斯
奥林匹亚博物馆藏
（阿里纳利艺术资料机构）

公元前4世纪，技术越发精湛，希腊雕塑家得以创作更多现实主义风格的雕塑。普拉克西特列斯的这一作品就是一例。普拉克西特列斯是当时的著名雕塑家，采用在大理石表面精细模仿的方式，致力于宣扬人体的柔和。然而，对技艺的非凡把握需要付出代价。普拉克西特列斯的赫尔墨斯缺乏神应有的威严敬畏。相反，我们看到的是一位英俊的、害羞的年轻人。但在普拉克西特列斯的时代里，无论如何，希腊人都已丧失了对奥林匹斯众神的信仰。因此，这种将神圣性削减至纯粹的装饰层面的做法，正符合当时的精神风气。

123 《垂死的高卢人》(约前 240)
罗马卡比托利欧博物馆藏
（阿里纳利艺术资料机构）

希腊化时期的雕塑延续了人体形态的高度现实主义处理方式。然而，与之前的艺术家形成对比的是，希腊化时期的雕塑家常常在作品中引入戏剧化元素。例如，这尊雕塑强调了现实主义的细节，但雕塑家寻求更强烈的效果：描绘了一位被击败的、面临死亡的蛮族战士，试图凭借其仅剩的所有力气站起来，让双脚恢复功能，然而他的生命之血却从侧边的伤口流淌出来。由此，雕塑家牺牲了永恒与不朽，换来震动。尽管在公元前 3 世纪，这些野蛮入侵者曾短暂威胁到希腊城邦生活的安全，即使对他们表现出一阵同情，也必然会吓到希腊化时期略带疲惫的有教养者，而这类作品正是针对他们的品味设计的。

《伯里克利头像》（约前 440）
作者克勒西拉斯

（大英博物馆）

这尊胸像展现的是伯里克利的将军形象，后脑上戴着头盔。我们无法确定伯里克利本人是否真的像这尊头像。
尽管它在伯里克利生前塑成，雕塑家也可能描绘出理想化的形象，一位明智而富于远见的军事领袖与政治家，
而非描绘伯里克利的真实特征。

125　**亚历山大大帝**
　　　四德拉克马银币（前306—前281）
　　　（波士顿美术博物馆提供）

这枚钱币意在传达出亚历山大是统治者、是神的观念，而非个体人格。在他的卷发中可以看到号角，这是神圣力量与地位的象征。利西马科斯是国王死后争夺亚历山大帝国的将军之一，通过发行这种钱币，他提出了对马其顿征服者的合法继承权的要求。

尤利乌斯·恺撒
（《世界历史名人头像》，库尔特·朗格 作，慕尼黑皮佩出版社）

与尤利乌斯·恺撒的相似度令人信服，证明了罗马人对现实主义肖像的喜爱。

古
代
领
袖

《向军队演说的奥古斯都》（前15）
梵蒂冈城梵蒂冈博物馆藏
（安德森艺术资料机构）

这尊皇帝奥古斯都向军队演说的雕塑刻意且自觉地回到了从前。例如，胸甲上的细节就描绘了罗马的早期历史
事件，创作雕塑的艺术风格也模仿了5世纪的作品（距离奥古斯都时代已满400年），当时的希腊雕塑家已在
对天神的描绘中获得了高级的理想主义——超越混战。创作此雕塑的无名希腊人确实是个富于技巧的模仿者，
远胜过奥古斯都本人，奥古斯都为罗马政体重建了共和国的外观——但仅仅是个外观。

古代领袖

127 **《卡拉卡拉》**（约 215）
（普林斯顿大学艺术博物馆）

创作这尊皇帝卡拉卡拉像的雕塑家完全掌握了希腊化时期的技巧，能使观赏者震惊，传达出更强烈的、戏剧化的效果。奥古斯都时期的自觉约束与仿古作风已被拒之门外，就像在政治领域，卡拉卡动用自己在帝国的权位，放纵暴力的、迷醉感官的冲动。

《君士坦丁》（约313）
罗马卡比托利欧博物馆藏
（慕尼黑希尔默出版社）

在这里，石块生动地记叙了那些在3世纪打击了罗马帝国的灾难。雕塑家丧失了先前的高级技巧；现实主义、细节、工具的技巧掌控尽数消失。不过，创作者笨拙地将瞪眼凝视的紧张表情赋予皇帝君士坦丁，显示出对先验真理的争取——争取看到另一个更好的世界。在这种思想气氛中，基督教兴盛起来。

古代领袖

第三章 罗马共和国：地中海地区的政治统一

第一节 西欧民族

若论文明的发展，地中海西部地区远远落后于东部。到了约公元前3000年，西班牙、意大利和法国南部也已出现了新石器时代的定居点。约一千年后，来自多瑙河地区的一系列入侵给这些地区带来了各种金属与更为精湛的技术。约公元前1700年，印欧民族部落开始渗入意大利，约公元前1100年，使用铁器的民族也随印欧人到来。就像在希腊那样，这些活动似乎很复杂，涉及各民族的广泛融合、多次反复的迁移和征服。不过，到了公元前800年，意大利全境开始使用印欧语系的语言。畜牧业在经济上占有非常重要的地位。城市尚未出现。

约公元前800年，伊达拉里亚人登陆意大利的西海岸，他们可能来自小亚细亚或爱琴海岛屿。他们不使用印欧语系的语言，虽然他们懂得文字，但现代学者
仍然无法解读出他们留存下来的少许铭文。伊达拉里亚人把地中海东部地区的许多高级技术带入意大利，如石工技术、制造并驾驶较大船只的技术、精湛的金属加工技术、制陶技术，等等。他们在伊达拉里亚（今托斯卡纳）征服了当地的居民，建立起一系列城邦。公元前500年前不久，他们的势力就已扩张到大半个意大利，从南部的坎帕尼亚到北部的波河流域。

然而，伊达拉里亚人的扩张与我们所熟悉的一类人发生了冲突：早已沿着意大利南部海岸定居下来的希腊殖民者，他们的定居地向北远至那不勒斯。意大利均势中的第三种力量是迦太基，于公元前800年前不久由腓尼基人创建。在亚述人推翻腓尼基城邦的统治后，迦太基获得独立，并在北非建立了帝国。最初，迦太基人与希腊人在西西里发生冲突。当伊达拉里亚人和迦太基人发现他们对抗的是同一敌人后，就于约公元前535年结成同盟。该

同盟控制了地中海西部地区，阻止希腊进一步殖民，甚至还将希腊殖民者赶出科西嘉岛。

不过，约公元前500年后，均势开始有利于意大利原住民。意大利人已从更为文明的邻近地区学到不少战术，很快战果颇丰。拉丁民族的部落成功起义，反叛他们的伊达拉里亚君主，这可谓是一个决定性事件。如果罗马的传说可信，这次起义发生在公元前509年，希腊城邦库迈可能进行过煽动——库迈当时受到伊达拉里亚—迦太基同盟的严重威胁。不管怎样，一代人之后，即公元前474年，希腊人与他们在库迈附近的敌人进行了一场海战，伊达拉里亚舰队战败。这一结果巩固了拉丁姆的独立，伊达拉里亚人对坎帕尼亚，即拉丁姆以南地区的控制就此结束。

可能在约公元前400年之前不久，伊达拉里亚人的势力遭到了又一次打击。当时，高卢部落从北方入侵意大利，把他们赶出波河流域。这些入侵者是属于印欧人种的凯尔特人的某个旁系。约公元前1200年至公元前500年，凯尔特人逐渐控制了西欧的大部分地区。最早于公元前第二个千年的早期，凯尔特人出现在今日的奥地利和波希米亚地区，以此为中心一波接一波向外扩张，直至控制了法兰西（高卢）、不列颠、爱尔兰、意大利北部和西班牙的部分地区。此外，公元前3世纪，一批入侵者还袭击了马其顿。在蹂躏了这个国家和希腊的许多地区后，他们横渡至小亚细亚，并在中部高原的加拉太定居下来。在那里他们继续使用自己的凯尔特语，直到2世纪。

在遥远的北方，斯堪的纳维亚半岛南部以及波罗的海沿岸，日耳曼人就隐藏在森林与沼泽中。由于凯尔特人征服了越来越多的南方地区，日耳曼人就在凯尔特人背后向南、向西扩张。日耳曼人在公元前8世纪到达莱茵河下游地区，并于公元前4世纪将凯尔特人赶出德意志中部。

考古学家已经可以追溯出这些北欧、西欧民族物质文化持续发展的情况。总体而言，这些地区所取得的重要进步中，似乎大多数都来自与地中海东部地区更发达文明的接触，以及对这些文明的模仿。贸易关系很早就已存在。甚至在米诺斯文明时代，波罗的海沿岸生产的琥珀就曾到达克里特岛，腓尼基人用英格兰西部康沃尔生产的锡交换地中海东部地区的制造品。随着意大利的文明开化，拉丁人借鉴了不少希腊文明成果。高卢的凯尔特人的情况与拉丁人相似，通过与繁荣的希腊城邦马赛利亚（马赛）的交往，他们开始熟悉商品，也在较低程度上了解了希腊人的生活方式。更晚些时候，日耳曼人从罗马帝国各民族那里学到许多文明的技艺。因此，在四五世纪入侵罗马领土时，他们早已不是一千年前的那些原始的野蛮人了。

我们可以认为，文明先后以东方、爱琴海和意大利为中心向外传播至全欧洲。每个中心的文明特征都不尽相同，并且各自与北方蛮族文化中的固有成分相结合，这样的结合富于地方特色。来自阿拉伯与拜占庭的文化影响继续涌入西欧，直到 12 世纪。约 1500 年，文化的优势转移到西方，开始对其他地区产生影响，即从西欧流向地中海东部地区和东方——实际上流向世界各个角落。若能牢记这个流水的类比，将有助于你修正这本《手册》的纲目里强加于历史的人为隔离、割断。事实上，历史是一个生动而连续的整体。

第二节　罗马共和国：对意大利的征服（前 509—前 265）

约公元前 1000 年，人们首次在罗马城的位置定居，但罗马当时还只是个村庄，更确切地说是一群村庄。直到公元前 7 世纪，伊达拉里亚征服者在那里定居，才建立了城市。约公元前 6 世纪末，伊达拉里亚国王遭到驱逐，以两位执政官为首的贵族制共和政府建立起来。在以后的 250 年内，罗马与邻国战乱频繁，与此同时国内的贵族势力与民主势力（贵族与平民）之间也进行着旷日持久的斗争。罗马在这个动荡不安的年代兴起，到了公元前 265 年已能称霸意大利，而此时的罗马政体是个奇特的混合物，混合了贵族政治、寡头政治与民主政治的成分。

一、对外战争

早期的罗马共和国只是一个小城邦，处于敌对邻国施加的重压之下。约公元前 493 年，罗马人和其他拉丁民族为共同防卫而结盟，将近一个世纪的时间里，拉丁人与罗马人并肩战斗，保卫拉丁姆的富饶平原。公元前 396 年，罗马进行了第一次重要的征服：占领了邻近的伊达拉里亚城邦维爱（Veii），消灭了当地居民，罗马公民重新在此定居。然而六年之后，罗马的威望就遭到了严重打击。惯于劫掠的高卢部落打败了罗马军队，毁灭了城市，得到大量黄金后才撤离。

这一挫折激起罗马人采取强化行动。他们重建了罗马城，为防止再次遭受相似的劫难，他们还建起牢固的城墙。在一系列的战争中，拉丁人同盟遭到削弱，不得不依赖罗马。公元前4世纪期间，罗马的同盟体系向南扩展到坎帕尼亚。对于罗马后来的发展而言，罗马处理战败的敌对民族与城邦的方法极其重要。在很早就存在部落联盟与城邦联盟的意大利，希腊政治生活中极富特色的排他主义从未牢牢扎根。与雅典帝国相比，罗马在兼并过程中遇到的抵抗较少，罗马人自己也更加愿意把罗马公民身份所对应的义务和权利扩展到其他城邦。

罗马政府与各个盟邦之间的关系相当不同。在有些情况下，罗马兼并城邦，并把城邦的公民加进罗马公民名册，城邦的独立的政治生活就此结束。这种措施有时充当一种惩罚，加诸反叛与不忠诚的行为，由一位罗马官员领导的政府暂时取代地方自治。但是随着时间流逝，成为罗马公民被看成了一种特权。地方政府虽然得到恢复，但通常会模仿罗马政府。这样的共同体被称为自治市（*municipia*）。

此外，罗马在意大利的战略据点建立殖民地，增加罗马公民的数量。在这些殖民地，分配到土地的公民有时可以保留罗马公民的全部权利；但在其他大部分情况下，他们失去了选举权——不过并不算是巨大的损失，无论如何，遥远的路途往往会阻止他们前往罗马参加选举。

罗马的公民权并未扩展到意大利所有的城镇和民族。一些城镇获得允许，可以原样保留当地的制度，仅仅通过一个条约来对罗马负责，条约通常规定他们"视罗马人的朋友为朋友，视罗马人的敌人为敌人"，也就是取消了它们的外交独立。同盟条约中的其他条款依不同情形而不尽相同。同盟城镇的公民有时可得到罗马公民权中的非政治性权利，例如与罗马公民联姻的权利，在罗马法庭上获得公正判决的权利。

同盟和殖民地体制成为罗马国家的长期组成部分。虽然同盟成员应当在罗马人作战时提供兵力，但罗马并不要求它们纳贡。这个体制贯穿整个罗马历史，把原先的敌人转变成忠实的盟友，极大地加强、巩固了罗马的势力。

133

134

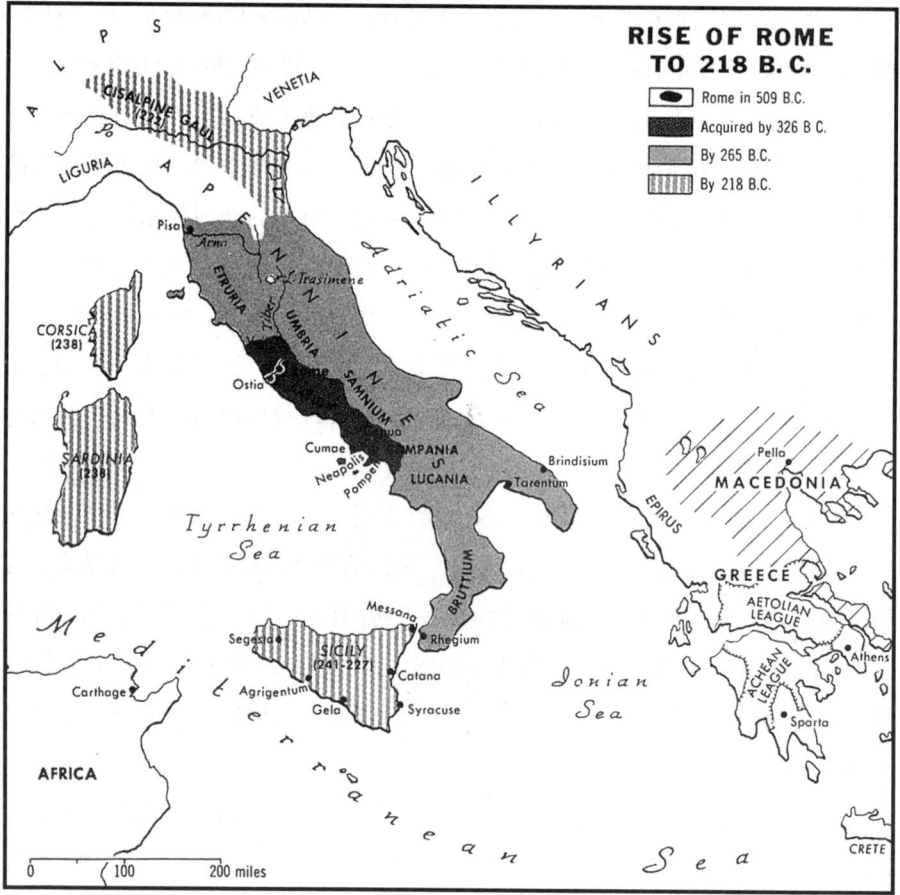

罗马的崛起（至前218年）

从拉丁姆与坎帕尼亚开始，罗马的政治控制迅速扩展到半岛的其他地区。公元前326年至公元前290年，罗马人与意大利南部的山岳民族萨莫奈人（Samnite）进行了一系列战争。可能就是在这些战争中，罗马军队进行了改组整顿。他们不再使用模仿希腊军队的方阵，代之以一种新的形式——步兵支队组成的军团。罗马人开始使用新式武器——短剑和短矛（pilum），或称标枪。军队分成许多作战团体，称为支队，可在战斗中自由调遣。这些改革使得罗马军队远比希腊、马其顿军队灵活机动。在平地，陈旧的方阵仍可占上风，但在崎岖地区，罗马军团常常能击破敌军方阵的前线。由于地中海周围大部分是山地，卓越的崎岖地势适应能力给予罗马军团极大的战术优势。

萨莫奈战争期间，其他的意大利民族——伊达拉里亚人、布鲁蒂伊人、卢卡尼亚人和翁布里亚人——曾干涉罗马势力的崛起，但都失败了。随后的若干年中，罗马人把同盟体制扩大到南部的希腊城邦。只有他林敦进行了抵抗，并向伊庇鲁斯王皮洛士求援。在与皮洛士的战斗中，罗马人第一次接触到充分改进过的马其顿作战方式。尽管罗马经历了两次败仗，但由于他们非凡的持久力和盟友的忠诚，皮洛士的胜利显得毫无价值。公元前 275 年，皮洛士放弃意大利。三年后他林敦投降。到公元前 265 年，亚平宁山脉以南的意大利全部统一在罗马的领导之下。罗马成为地中海地区最强大的国家之一。

二、国内发展

罗马的早期历史表现出许多在希腊城邦发展过程中也很常见的政体特点。基本制度——父系家族、部落组织、长老会议和基本的公民大会——来自印欧人的共同传统。主要由小农组成的城市所面对的问题都是相似的，这也可以解释其他的相似之处。不过，罗马人发展起来的独特政体贯穿着强烈的保守主义和妥协精神，而在希腊历史上并不曾出现这样的情况。

罗马政体的发展过程尚存疑问。为了描绘出共和国早期国内发展的情况，现代历史学家在很大程度上不得不依靠从较晚期实践中得出的推论，以及带有强烈爱国色彩的传统描述。因此，下面的概述充其量也是不确定的，部分还停留在猜测阶段。

推翻伊达拉里亚国王后，一个由贵族组成的封闭性集团控制了政府。前任行政长官和其他贵族出身的人组成元老院，行使强有力但并不明确的顾问权。行政管理和战争指挥权交给两位执政官，每年可能通过公民大会即库里亚大会（comitia curiata）来选举产生。罗马可能在公元前 5 世纪早期就引进了方阵，削弱了贵族势力。这时的有产阶级与梭伦时代的有产阶级相似，已成为基础兵源。而且军队开始成为第二种公民大会，即百人团会议（comitia centuriata）。很快这种体制就接管了选举的权力，并一直贯穿了整个共和国时期。新的公民大会并不按照人数投票，而是按照称为"百人团"的团体投票。由于较富裕阶层在公民大会中占多数，政治权力的基础从氏族—部落关系转变为某种类似希腊寡头政治的东西。

平民并不满意这种政治体制。公元前 5 世纪，他们多次"退出"。当时平民士兵可能仅是拒绝服从指挥官，退出了百人团，选出公然对抗合法行政长官的领袖。然而，这种原初阶段的革命形势并没有发展成内战。相反，这种退出却渐渐制度化，在罗马政体中出现了第三种公民大会——特里布斯会议（*comitia tributa*），成员由民主选举产生，由建立在地理居住地基础上的各个部落组织会议。特里布斯会议选举产生特殊的行政长官——十人保民官。保民官有责任保护平民，反对常规行政长官的专断行为，尤其是非正义的或过于苛刻的军事纪律。为此，保民官获得否决任何行政长官的行为的权力，也有权召集公民大会以提出申诉或通过决议。此外，他们的人身神圣不可侵犯。由于任意一位保民官都能否决其他人的行为，限制保民官权力的主要方法就是十个人必须意见一致。后来，元老院和贵族通常能够在保民官中为自己赢得一位支持者，他的否决权能阻止其他保民官充分使用有利于平民的权力。[1]

随着罗马的扩张，很有必要增加行政长官。财政事务交给财务官；市区的行政管理是市政官的责任；诉讼案件由司法官裁决。所有这些行政长官任期一年，坚持集体原则，即两个或更多的人拥有同等职权。然而，有些特别紧急的情况需要统一指挥，于是设立了独裁官的职位，但在早期，这一职位的任期总是很短，一般不超过几个月。还有一种特别的行政官职是监察官。大约每隔五年，人们就选出监察官来修订公民名册，将公民划分到合适的财产阶层。他们有权任免元老院议员，虽说到了后来，元老院的成员主要都是从前行政长官中自发产生的。此外，监察官还负责订立主要的国家承包契约，修建道路、沟渠和其他公共建设项目。

整个公元前 4 世纪和公元前 3 世纪，罗马朝着民主方向发展。公元前 367 年，平民也可以担任过去完全由贵族包揽的行政官职。公元前 287 年，特里布斯会议的决议具有法律效力，甚至不须经过元老院或百人团会议批准。从这时起直到罗马共和国时期结束，罗马从理论上讲是个民主国家，所有权力源于人民；实际上，由于元老院阶层的威望，贵族和富有阶层的影响总体上占主导地位。元老院的威望部分建立在宗教和家族关系的基础之上，宗教和家族关系则将个

---

[1] 罗马共和国时期还存在第四种公民大会——平民会议（*concilium plebis*）。现代学者无法完全理解这个组织与特里布斯会议之间最初的区别。后来，罗马人自己也混淆了这两个大会。

体平民束缚于特定的元老院议员。这种关系被称为保护关系（clientage）：为了换取政治支持，贵族会关注保护对象的经济和法律利益。通过迅速吸收新产生的平民领袖，贵族获得第二种支持。公元前367年之后，平民行政长官任职期满后，一般都获准进入元老院。在元老院，他们很快与原来的贵族集团合为一体，形成新的统治阶层。反对贵族统治的势力就此湮灭。只有到第二次布匿战争之后，元老院和行政官职才重演几乎不接纳新人的境况。

整个意大利扩张时期，罗马基本上还是农业社会。人口压力在希腊历史中扮演重要角色，同样也使罗马人苦恼，但罗马殖民者取得的军事胜利可以不断提供新的定居地。农民对土地的渴望显然构成了罗马扩张的驱动力之一。在几个关键点，平民促成了几场谨慎的元老院不愿发动的战争。平民持有如此态度，可能是因为渴望拥有新定居地。

与主要的希腊城邦不同，罗马并没有成为重要的商业或工业中心。虽然确实有一群商人出现，但从一开始就主要依赖于国家承包契约。公元前200年之前，他们在罗马社会中只扮演毫不重要的角色，对国家政策的影响小之又小，甚至完全不产生影响。

公元前265年前，罗马人在文学方面毫无成就，艺术方面的成果也微不足道。他们的宗教结合了印欧元素与伊达里亚元素。父亲代表全家崇拜神灵，而行政长官和特殊的祭司集团则代表整个国家向众神求情。罗马人的神和希腊的奥林匹斯众神大致相似，但早期罗马人并不了解在希腊宗教中扮演重要角色的神话。占卜是罗马宗教的独特组成部分，也显然源于伊达里亚人的习俗。进行任何军事或政治行动之前，行政长官都会观察鸟类的飞行、检查献祭动物的内脏，以此请示神灵。如何解释这些预兆是一门精细繁复的学问，由祭司集团的占卜官负责。

第三节　罗马对地中海盆地的征服（前265—前146）

与希腊化王国或迦太基相比，罗马在公元前3世纪还是一个落后的国家。但是，以众多公民和忠诚盟国为基础，罗马拥有无与伦比的军事力量。高于一切的爱国主义和社会团结的意识推动结构奇特的罗马政府运转，也正是由于爱国与团结，罗马才未遭到内乱的打击，希腊化国家和迦太基的力量却因内乱而大大削弱。差不多一个世纪的时间里，这些特质给罗马人带来了整个地中海地区的霸权。

一、第一次布匿战争（前 264—前 241）

公元前 264 年，罗马插手西西里，对迦太基发起了一场旷日持久的战争。战争期间，罗马人建起一支舰队，首次成为重要的海上力量。他们采用登船战术代替传统的撞击战术，在对抗迦太基海军时取得了惊人胜利。经过 23 年的战争，迦太基最终不得不与罗马议和，地中海西部地区的海军指挥权完全落入罗马人手中。迦太基人也放弃了整个西西里岛，让给罗马人统治。

然而，尽管事实证明同盟体系在意大利本土十分成功，但西西里却未被纳入其中。西西里政府由一位罗马行政长官管理，被迫向罗马纳贡以代替提供军队。这个议定最终于公元前 227 年达成，可能以叙拉古和迦太基的先例为基础。

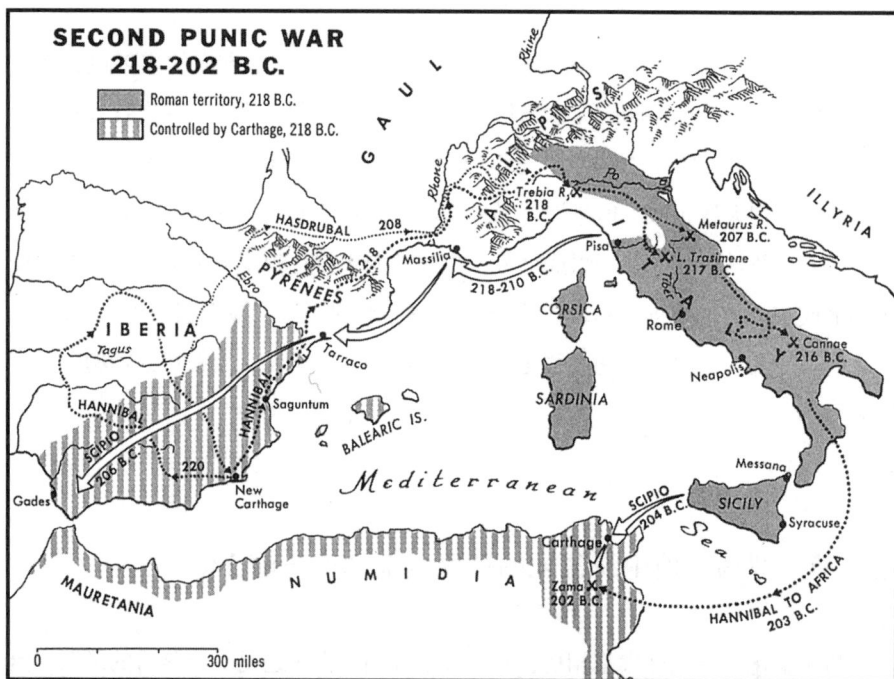

第二次布匿战争（前 218—前 202）

它创立了行省政府的模式，此后罗马人把这种模式应用到新征服的地区。

二、第二次布匿战争（前218—前201）

第一次布匿战争结束后不久，一次严重的雇佣军叛乱发生，迦太基的力量因此瘫痪了许多年。趁着这次危机，罗马从迦太基手中夺取了撒丁岛，并继续在本土推行强有力的扩张政策，征服了山南高卢（波河流域），平定了伊利里亚，甚至把同盟扩大到西班牙城市萨贡托。

这样的政策激起了迦太基人的恐惧与憎恨。但在盘算与罗马人进行第二轮交战之前，迦太基人必须重建自身的力量。雇佣军叛乱平息后（前238），迦太基开始控制西班牙，希望在那里找到人力和矿产，以补偿在西西里和撒丁岛遭受的损失。迦太基在西班牙的领导人是哈米尔卡（Hamilcar），还有他大名鼎鼎的儿子汉尼拔。他们组建了一支一流军队，士兵主要来自当地部落，军费则来自伊比利亚半岛的银矿和其他矿藏的收入。最重要的是，汉尼拔是一位天才的军事指挥官，一位战术大师，善于激发士兵甘于献身的忠诚。

公元前220年，汉尼拔围攻并占领罗马的新盟友萨贡托。罗马人提出抗议，迦太基的政府却拒绝放弃对汉尼拔的行为负责，战争就此启幕。罗马人原本计划入侵非洲，但最终不得不采取守势，因为汉尼拔已带兵穿越高卢南部和阿尔卑斯山，进入意大利本土。一支接一支罗马军队相继败北（特雷比亚河［Trebia］，前218；特拉西美诺［Trasimene］，前217；坎尼［Cannae］，前216），但罗马人仍坚持作战。他们转而依靠警惕的等待策略，尾随在半岛上来回行动的汉尼拔军队，总是避免激战。

这些战术造成了持久的僵局，对于罗马在意大利的盟国而言，这是对忠诚的关键性考验。有些城邦向汉尼拔敞开大门，但大部分盟国依然追随罗马，征募士兵以壮大罗马军队。来自盟国的力量与罗马的坚韧相结合，最终使得汉尼拔获取的一切胜利都毫无价值。

汉尼拔在战场上所向披靡，他的军队却日渐衰弱，很难得到兵员的补充。在此情形下，罗马人并非按兵不动，而是向西班牙派出一支远征军，作战数年后把迦太基卫戍军队赶出西班牙（前206）。这支迦太基军队的一部分向北撤退，成功进入意大利。但罗马人截获了他们给汉尼拔的一封信，因此得以集结兵力展开大战（梅陶罗河［Metaurus］，前207）。罗马人获胜，迦太基援军被打得七零八落。这次惨败后，汉尼拔在意大利的逗留仅仅成了时间问题。他无法再奢望大量援军，或是罗马盟国的大规模背叛。

然而，为罗马赢得西班牙的将军大西庇阿——后来被称为"征服非洲者"（Africanus）——并未坐等汉尼拔的大部分兵力逐步毁灭。前204年，他大胆入侵非洲，在北非的迦太基臣民中煽动大规模反叛，扭转了局势。汉尼拔被匆匆召回国内。在最后的决战中（扎马［Zama］，前202），这场战争中的两位伟大将军彼此较量。最终罗马获胜，迦太基投降。根据和约条款，迦太基人放弃他们的帝国，同意将来只有获得了罗马的同意才进行对外战争。在西班牙，罗马继承了迦太基的殖民地，不过直到奥古斯都时代，罗马才有效征服了所有的当地部落。一系列结盟和友好条约落实，北非和高卢南部各民族与罗马结合起来。凭借这些措施，罗马开始在整个地中海西部地区实行无可争议的霸权。

三、罗马在东方的扩张（前200—前133）

胜利对抗迦太基后，罗马跃升为整个地中海世界最强大的国家。此后不久，希腊化国家之间的争端导致罗马干预东方。第二次布匿战争期间，马其顿国王腓力五世与迦太基结盟，这使罗马和马其顿之间结下未解决的宿怨。而罗马元老院也很快接受了与爱琴海地区一些弱小国家的盟约，这些国家的统治者惧怕马其顿和塞琉古国王安条克三世的势力。外交活动渐渐发展成战争。公元前200年至公元前189年，罗马在希腊和小亚细亚进行了一系列征战，在此期间打败了腓力五世和安条克三世，成为东方事务的至高主宰。

但罗马人没有立即在东方兼并出新的行省，而是勒索大量赔款，并把战败国的领土奖励给友邦。这样的处理进行了若干次，但每次都很不稳定。罗马的行政长官不断被请来裁决所谓独立国家之间的争端。通过这个渐进的、逐步发生的过程，罗马的势力扩张到希腊化国家。直到公元前146年，马其顿才被兼并成行省。公元前133年，第二个东方行省——罗马人称之为亚细亚——被并入帝国，当时小亚细亚西北部的帕加马王国王室灭亡，末代国王在遗嘱中把王国赠予罗马。在地中海地区东部的其他地方，通过各种条约与罗马结合的被保护国和盟国继续享有半独立地位。

第二次布匿战争后，迦太基的经济复苏引人瞩目，但它的繁荣激起了罗马人的恐惧。公元前149年，元老院出面干预迦太基与努米底亚的邻国之间的争执。随后，罗马向迦太基宣战，经过不顾一切的围城战和艰难的巷战，罗马人占领并彻底摧毁了迦太基城（公元前146）。罗马人的报复，几乎到了不同寻常的程度。他们在土地上撒盐以阻止迦太基人恢复农业，并严肃庄重地诅咒任何胆敢在废墟上重建家园的人。

第四节　罗马国内的发展（前265—前133）

一、布匿战争对罗马社会的影响（前264—前201）

第一次布匿战争中，长期的远途作战，以及武装、维持舰队的花费，给罗马的农业社会带来巨大的压力。战后数年，主要针对国家土地的分配问题，较贫困的公民中爆发出强烈的不满。穷人要求把意大利北部已被征服的土地划分成小块，卖给他们。而另一方面，元老院议员则试图霸占这些土地为己所用，便向国家租用大片土地。我们无法重建这场争执中的细节，但很显然，总体而言平民战胜了元老院议员。

这样的胜利似乎巩固了罗马政府与社会中的民主倾向。然而，第二次布匿战争期间，罗马经受了甚至更为巨大的压力，这种压力妨碍了民主的发展，甚至逆转了发展方向。汉尼拔的军队蹂躏了意大利的大片地区；服役期间，罗马士兵不得不连续多年放弃耕作。因此，农田所受的伤害极为严重。许多退役老兵很可能已失去农村生活的习惯，几乎无意重拾辛苦费力的农民生活。有些人战后背上了债务，因为他们必须重新打理自己的农场，但却无力偿还债务。根据罗马法，无偿债能力的债务人必须向债权人交出土地或其他财产。

结果，意大利经历了一次重要的农业改革。众多大庄园取代了早期占优势的小农场。这些大庄园不是被用来放牧，就是由奴隶耕作，采用在希腊化世界，尤其是在迦太基世界发展出来的更高效的技术。这种大庄园的主要经济作物是橄榄和葡萄。

另外两项变化也促成了这次农业改革：（1）西西里和其他新征服的行省以谷

物的形式交纳一部分贡物，这批粮食在罗马市场上出售，抑制了罗马紧邻地区的粮价，也压低了陈旧的谷物耕作方式所带来的收益。（2）罗马人受希腊化和迦太基社会影响，养成较为奢侈的习惯，产生了对各种各样进口商品的需求，而这些商品只能用货币购买。原有的自给农业不可能支持这种生活。因此，贵族强烈希望在自己的农场上种植商品作物——橄榄和葡萄。不过，我们必须小心，不要夸大这一变化的速度或影响范围。整个共和国时期，农耕经济在意大利仍然十分普遍，独立的小型农场在任何时候都没有消失。新型的大规模商业性农业主要兴盛于意大利南部，汉尼拔给这一地区造成的破坏最为严重，而橄榄树在这里却生长得特别好。

由于元老院议员拥有许多这样的大庄园，这种新型农业为愈发排外的元老院贵族阶层势力提供了经济基础。此外，第二次布匿战争中发生的事件本身就破坏了公众事业，提高了元老院的威望。第二次布匿战争爆发时，掌控罗马的民主派领袖试图在战场上抗衡汉尼拔，却遭遇屈辱的失败。两位贵族拯救了罗马军队：费边·马克西姆斯（Fabius Maximus）和大西庇阿（Scipio Africanus）。他们都来自古老的元老院议员家族，凭借自己的威望倾力支持贵族势力，反对第二次布匿战争之前强大的民主趋势。结果，元老院恢复了最高地位，战后60多年中，这种至高无上从未受到挑战。

旧的政体形式并未瓦解。更确切地说，元老院议员的新经济势力让原有的保护关系恢复活力，因为富有的元老院议员可以为穷困的退伍兵提供许多帮助。渐渐地，在这种关系的基础上产生了一个由元老院议员操纵的政治机器，导致各种公民大会沦为元老院政策的被动工具。行贿成为元老院议员控制公民大会的基础。当罗马城的大部分选民都是城镇里竭力维持不安定生活的无地之人时，行贿极其有效。各个行省将谷物送到罗马作为贡物，随后这些谷物被廉价出售，把许多一无所有的农民吸引到首都。一到罗马，许多人不能或不愿从事生产性工作，由此产生的城市贫困人口很容易被贿赂影响，日益增加的财富则足以使元老院议员轻而易举地提供贿赂。

公元前1世纪，骑士阶层（*equites*）在罗马政治中扮演了重要角色。之前，这些较为富有的人在军队中担任骑兵，因此得名骑士。他们之所以日渐富有，是因为在布匿战争期间和之后得到了许多国家承包契约。随着罗马兼并一个个新的行省，他们得到了从事商业活动的新空间。骑士阶层也会参与一般的贸易，但主要忙于税款的包征，还有其他的国家承包契约。

因此，从第二次布匿战争起，罗马就不再是农民占主导地位的国家。阶层分化突出；奴隶制在经济生活中担当重任；非元老院家族出身的人几乎无法进入统治阶层；军事领袖的个人野心和士兵对战利品的渴望取代了对土地的渴望，成为之后军事征服的主要动机。在某种意义上，通过这些变化，罗马社会自身已被东方和希腊的模式同化了。但意大利农民的尚武精神并未立刻衰退。随后的两百年中，罗马军队主要从意大利征兵，对所有竞争者都始终保持明确的优势。这种优势使得罗马随后的扩张成为可能。

143

二、行省的管理

行省疆域广阔，要想有效管理，显然需要调整罗马城邦的政府制度。最初，罗马人每年增选司法官，担任西西里和西班牙的总督。不过，公元前146年之后行省数目增加，罗马人开始采用另一种体制。根据这种体制，行政长官在罗马的任职期满后，就会被指派为行省总督。元老院取得了指派总督的权力，这成了元老院权势的主要支柱之一。这种权力将行政长官有效地束缚在元老院的控制之下，因为他们未来的政治生涯在很大程度上取决于将被派去哪个行省。

理论上，每个行省的管理都依照一套基本法规，元老院的一个委员会在兼并时期制定这套法规。法规规定了行省中各个群体的地位，给予某些群体特权地位，也规定了征税的基本原则。此外还形成了每个总督就职后立刻颁布法令的惯例，他们在法令中宣布自己在职期间将实施的规定和原则。随着时间的推移，这些法令逐渐模式化，成为管理隶属于罗马的城市、国家之间关系的判例。基本一致的法律开始在帝国各地大量出现。与行省的发展相匹配，罗马城本身也出现了相似的发展。罗马的法庭经常需要解决外乡人之间、外乡人与罗马公民之间的争端。罗马的成文法并非总是适用于这样的案件，于是一批职业法理学家应运而生，在棘手案件中给法官提供建议。他们惯于求助法理学原理、公正原则和"国际法"，以此解决没有明确先例可循的案子。他们的意见有时被编纂成书，收录了这些原则。理性的、普遍的法的基础就这样被慢慢建立起来。

基本法规和新出现的法律原则并不能有效约束行省总督行使权力。每个总督的主要任务是护卫本行省，维持治安。为此，总督指挥着一支由罗马士兵组成的卫戍部队。平日里，总督的主要职责是审判，需要他解决的不仅涉及罗马公民的争端，还有行省内城市间或群体间的争执。任职期间，总督本人不可能受到控告，事实上他的权力几乎是绝对的。总督不缺贪污与勒索的机会，其中许多人利用自己的职权来补偿贿赂罗马选民时损失的个人财产。中央政府曾试图阻止这些总督的贪婪行为，但效果甚微。公元前149年，一个特殊法庭成立，审判任职期满的总督。但元老院议员操纵了这个法庭，彼此袒护，几乎不会认真对待来自行省的控告。

包税人负责收税。他们提前向罗马官员一次性付款，然后开始向无助的外省人收税，不但能收回之前的付款，还尽其所能榨取利润。如果包税商是本地人，这一制度的弊病通常并不明显。但到后来，罗马公民在包税竞标中占有特殊优势，收税就常常恶化成有组织的抢劫行为。来自行省的收入十分可观。公元前167年后，意大利的所有直接税收都被废止。从那时起就由行省供养罗马的军队和行政管理。

罗马人通常会保留行省的当地政府。在已建立城邦的地区，当地政府拥有非常广泛的自治权，当地选出的行政长官会参与处理诉讼、地方发展以及日常行政管理等事务。地方行政长官也会向包税人缴纳城邦的税款，有时自己直接包收税款，也就是直接向行省总督纳税。怎样评定税额、如何征税都与罗马人无关。在未建立城邦的较落后地区，罗马人以类似的方式对待部落或是其他已建立的政治单元。因此，城邦组织有扩大到新地区的趋势。这样的新城邦中，有一些作为罗马老兵的殖民地兴起，其他的一些出现在当地城镇周围，这些城镇拥有罗马当局授予的地方自治地位。不过，直到尤利乌斯·恺撒时代，地方自治组织才在西方大规模扩展。

三、文化

罗马人与希腊化文明的接触密切而持久，他们接受了大批希腊文化的成果。雕塑和绘画作品充当战利品被带回国内。希腊哲学家和作家来到这个新的世界中心，他们的智慧、雄辩和老于世故给罗马的贵族圈留下深刻印象。在东方兴起的各种宗教崇拜如洪水般涌入罗马，信徒主要来自罗马城下层，罗马贵族则广泛接受了希腊上层社会奢侈的习惯。

罗马人被这些文明成果激发，开始模仿希腊文化的某些方面。罗马文学发展起来，尤其是喜剧。普劳图斯（Plautus，约前254—前184）和泰伦提乌斯（Terence，死于公元前159年）的剧作以希腊新喜剧为模范。公元前2世纪出现了一些主要使用希腊语的史书。艺术方面，罗马人几乎完全依赖希腊工匠，但罗马的建筑和工程显示出较大的创造力，特别是道路、沟渠、桥梁之类的修建。

不过也不能认为罗马独一无二的特质已然消失。一群元老院议员坚决抵制外来的奢侈风气，努力保持罗马原有的品质与质朴的习惯。但这场运动阻碍了罗马获得文化成就，因为当时的罗马艺术几乎等同于这些顽固的保守派完全反对的希腊艺术。结果，直到公元前1世纪，罗马文明才有了属于自己的独特的新表现形式。

第五节　共和政体的衰落（前133—前30）

一、内乱与党争（前133—前79）

罗马迅速扩张，战利品与贡物涌入台伯河上的罗马城并带来新财富，罗马社会因此发生巨大的变化。社会组织中出现张力，最终在公元前133年爆发政治动乱。就在那一年，贵族出身的提比略·格拉古当选为保民官，试图利用职权重新分配公有土地。作为保民官，他公然反对元老院，复兴了沉寂休眠的民主制，并通过了在较贫困公民中分配罗马公有土地的土地法。由于所涉及的公有土地大部分都已租给元老院成员，这一措施遭到他们的强烈抵制，为了克服个别元老院议员策划的阻碍，提比略不得不采取一系列非法手段。这又反过来激怒了一些元老院议员，他们组织暴徒暗杀了提比略。几年后，国家土地的重新分配终止。

十年后，提比略的弟弟盖约·格拉古恢复了提比略的改革，他在公元前123

年当选为保民官。盖约不仅重新颁布了哥哥的土地法，还说服公民大会接受其他措施，以建立有力的反对派。他压低出售给城市公民的粮食价格，由此暂时瓦解了元老院的政治机器。他采取措施，使得在罗马本土也可征收新的亚细亚行省的赋税，凭此拉拢骑士阶层。这意味着在包税竞标中，罗马人与当地人相比具有极大的优势。事实上，盖约的法令把这一利润丰厚的生意的垄断权给予了罗马骑士。

然而，他对元老院权势的进攻失败了。他提出了一项不受欢迎的措施——把罗马公民权扩大到拉丁盟国——元老院便开始利用这一策略失误，争取大众支持。盖约的追随者离他而去。公元前 121 年，盖约也被其在元老院对手组织的暴徒杀害了。

元老院表面上的胜利并没有持续很久。同一代人中，一位名叫马略的卓有成就的将军向贵族统治发起了新的挑战。马略出身低下，与格拉古派的余党有来往。这个政治派别之后被称为平民派（Populares），而元老院的支持者则被称为贵族派（Optimates）。他们为控制共和国政府而争斗，最终导致共和国的倾覆。

公元前 108 年，马略当选为执政官，主要凭借他作为军人的声望。在和努米底亚国王朱古达进行的一次战争中，马略接管指挥，在此之前，元老院派的将军在这场战争中表现得十分糟糕。在为这次战斗招募士兵时，马略发起了一项极其重要的改革。他并没有遵循一贯做法，只招募有财产的公民并要求他们武装自己；相反，他召集无地者，并且用国家资金装备、训练他们。这项政策使罗马士兵从应征入伍者转变为长期服役的职业军人。新型的军队很快在战场上证明自己更有力量。职业军人不反对长期的远途战役，也更乐意接受严格的纪律和训练。马略时代之后，罗马军队成为既能建立又能维持帝国的工具，由公民组成的民兵却从未做到这一点。

军队改革也给罗马带来了其他结果。新的士兵不像从前的士兵，与当时的各类事务没有重大利害关系。退役后，他们没有农场可回，完全依赖于政府视情况而给予的补助金或赠地。由于元老院通常不愿或不能为退役兵提供钱和土地，所以士兵们只能把希望寄托在带领他们的将军身上。因此，一种针对元老院的强大的威胁出现了，并最终演变成决定性的威胁。凯旋的将军和他们的老兵之间产生

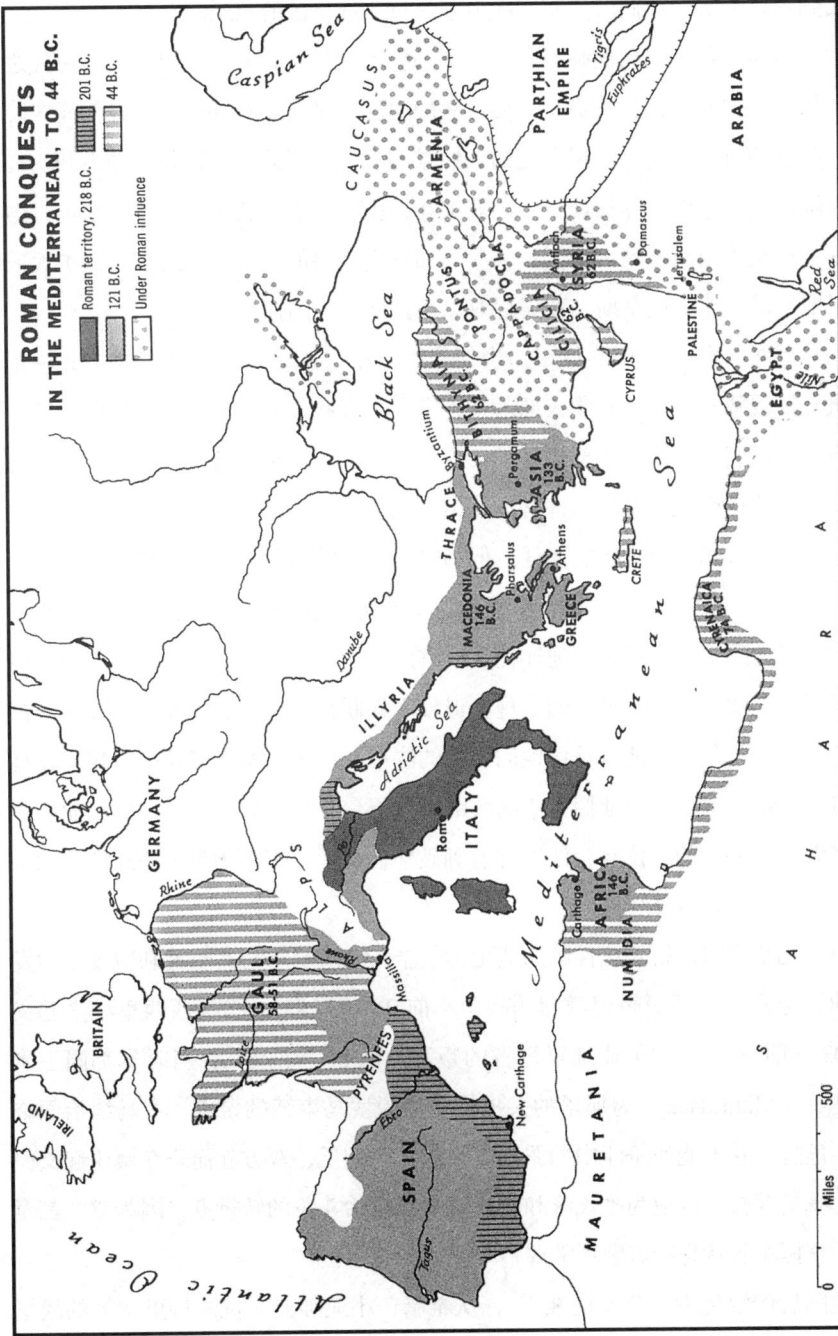

ROMAN CONQUESTS
IN THE MEDITERRANEAN, TO 44 B.C.

Roman territory, 218 B.C.　201 B.C.
121 B.C.　44 B.C.
Under Roman influence

罗马对地中海地区的征服（至前 44 年）

了共同利益，总是与元老院的利益相悖。由于残忍的暴力掌握在士兵手中，若事情发展到紧要关头，他们就能使用武力来强行实现自己的意愿。

罗马政府的稳定局面面临威胁，但罗马统治的扩张却并未受阻。马略时代之后，要想在国内获得权势，最为方便可靠的途径就是打赢对外战争。纵使元老院反对，凯旋的将军也能够实现自己的一切雄心壮志。因此，一种新的动力开始奏效：在随后七十年中，苏拉征服了小亚细亚；庞培攻下了叙利亚和巴勒斯坦；恺撒吞并了远至莱茵河的高卢地区；一些不如它们重要的战役也纷纷打响，扩大或恢复了罗马对北非、色雷斯、亚美尼亚以及其他地方的控制。

马略是第一位"新型"将军。当他战胜了朱古达，从非洲回国时，又一军事危机开始威胁罗马。日耳曼人部落中，辛布里人和条顿人正在阿尔卑斯山的另一边行军。他们在法兰西南部战胜了一支罗马军队，甚至威胁到意大利本土。马略是抗击这些蛮族人的军事指挥官的热门人选，于是在公元前104年，他当选执政官。尽管有法律禁止执政官连任，但马略还是在随后的四年中把持着执政官之位。在此期间，他招募并训练新的军队，并在两次激战中打败蛮族，俘虏数千人，把残存的敌人赶了回去。他连任执政官的行为对政体造成了恶劣的影响，但更为不祥的是他的士兵回国后的表现。退役士兵联合平民派的领袖夺取政府的控制权，并通过了分配土地以补偿他们服役的法律。但平民派未能长久掌权，在马略亲自出手推动下，使得他们主要的政治领袖下台。尽管如此，马略的功业代表着元老院至高无上的地位与合法性都遭到破坏。此后，军事力量——经常会稍加掩饰——掌握了罗马政治。

以下几个原因使得合法性的崩溃更为复杂：（1）罗马与其意大利盟友之间发生争执，导致了一场短暂但激烈的战争（前91—前88）；（2）西西里奴隶起义（前103—前101）；（3）亚细亚行省的叛乱（前88—前84），当时本都国王米特里达梯（Mithridates）为那里的人提供了挣脱罗马束缚的希望。罗马统治面临的这些危险，并未能使争斗中的派别团结起来，相反，双方起而争夺镇压起义民族的军事指挥权。这成为平民派和贵族派之间政治斗争的转折点，因为双方都意识到，掌握军队就意味着顺利掌握整个国家。

在随后的混乱中，公元前83年，从希腊、小亚细亚对抗米特里达梯的战场 凯旋的苏拉脱颖而出，并获得最高权力。他完全同情元老院的政策，利用自己军事指挥官的地位推翻平民派。他公布了 4000 余名政敌的名单，处死了他们，查抄了他们的产业，并让退役士兵在查抄得来的部分土地上重新定居。苏拉自任独裁官，并连续当了三年，而他拥有的改组政体的特殊权力，使其在这期间能尽其所能根除所有反对派。改组政体期间，他的指导原则是增强元老院的权力，制定旨在防止任何人仿效他本人获得至高权力的法令。公元前 79 年，苏拉退位，过了几个月就去世了。元老院似乎再一次获胜，但事实表明这次胜利不过是暂时的。马略和苏拉任意诉诸暴力和内战，摧毁了对法律的尊重。无产者军队的指挥权已经为雄心勃勃的将军开辟了获取权力的道路，苏拉专断的法令对此无能为力。

二、共和国的倾覆（前 79—前 30）

苏拉的政体改革未能长期抵挡后起之秀的野心。公元前 70 年，纵使元老院反对，庞培和克拉苏还是当选为执政官，并立即废止苏拉所立法令中的诸多细则。庞培是一位才能出众的军事统帅，凭借与西班牙的战争声名大噪。而克拉苏的政治影响主要依靠他巨大的私人财产，不过他也曾获得军事荣誉，镇压了意大利南部大规模的奴隶起义，这场起义由一位名叫斯巴达克斯的色雷斯角斗士领导。庞培和克拉苏都不想推翻共和国制度，但又都野心勃勃，对元老院意见和可能阻止他们实现野心的法律障碍毫无顾虑。

接下来的十年，庞培主宰罗马政治。为了对付严重阻碍地中海海运的海盗，他被授予广泛的军事指挥权，迅速镇压了那些妨害之人。然后他接管了东方的战场，远离罗马数年，这些年里他带军穿越叙利亚和巴勒斯坦，重组了地中海东部地区的罗马行省，并在小亚细亚吞并了新的地区。在这些战役中，罗马的势力首次与帕提亚帝国发生密切接触，这是一个约公元前 250 年兴起于伊朗的国家。帕提亚帝国以伊朗为中心，利用衰落的塞琉古王国的财力，将势力扩张到整个美索布达米亚。庞培时代之后的近三百年中，与帕提亚帝国的关系一直是罗马政府面前长期存在的问题。

当庞培还远在东方时，罗马遍地都有街头暴乱与革命阴谋。克拉苏和许多同盟者忙于密谋反对庞培，其中就包括尤利乌斯·恺撒。街头帮派被组织起来，进行各种暴力活动。西塞罗——一位"新人"（即非元老院家族出身）、杰出的雄辩家——试图使元老院和骑士阶层结成同盟，以此结束灾难性的党争。公元前 64

年，他成功当选执政官，并镇压了由放荡的罗马贵族喀提林主导的一次革命阴谋，以此扬名。不过，他无法终结平民派与贵族派之间的斗争。

公元前 62 年，庞培回到罗马，但元老院既不认可他的行为，又不犒赏他的士兵。庞培因此被迫与克拉苏、恺撒达成协议，而正是这两人在他远离罗马时竭尽全力破坏他的地位。公元前 60 年，三人组成"前三头同盟"，同意不顾元老院的反对，相互支持各自的计划。庞培的老兵成为前三头同盟力量的军事核心，但克拉苏和恺撒也很快为自己赢得了军事指挥权：恺撒在高卢，克拉苏在东方。庞培留在意大利，全面控制罗马，同时在本人不在场的情况下统治西班牙行省，这样就可以保留一支自己统领的军队。

尽管三人互相猜忌，但前三头同盟还是一直延续到公元前 53 年，当时克拉苏在对抗帕提亚人时兵败战死。此后，庞培和恺撒分权，彼此猜疑和敌意也不断增加，最终在公元前 49 年爆发公开战争。恺撒率领一支不久前征服了高卢（前58—前51）的久经沙场的军队入侵意大利，轻而易举把庞培及其支持者赶出了半岛。第二年，恺撒到达希腊，在法萨卢斯打败庞培的军队。之后，在埃及、北非和西班牙的进一步战役中，恺撒皆大胜，成为整个罗马无可争议的统治者（前45）。

遇刺前的短暂时期里，恺撒大规模改革罗马社会和政府。他僭取了独裁权力，他的政敌因此指控他妄图独裁统治。他的一些措施也不受欢迎，例如过分慷慨地给予外省人以罗马公民权的措施。他还似乎有意缩小意大利与行省之间的巨大差别，也许希望以此将行省提升为合作更充分的伙伴。恺撒试图直面罗马社会的一些基本弊病。他减少免费的粮食分配，着手把一部分城市无产者重新安置到殖民地，其他人则被他派去参与公共建设事业。他把大部分老兵安置在从意大利
151 反对者处查抄的土地上，有些则被安置在行省的殖民地。他还提议在意大利建立更统一的地方政府，改革历法，制定征服东方帕提亚人的计划。

这样的政策同样树敌，一些元老院议员开始密谋杀死恺撒，其中要数布鲁图斯和卡西乌斯最为活跃。公元前 44 年 3 月 15 日，密谋者在元老院议会厅暗杀了恺撒。他们显然期望共和国政府机构重新恢复运转，就像什么都没发生过。但这种国家构造早已衰落，无法如他们所愿。恺撒的部将安东尼，和恺撒的侄子兼养子、之后被称为"奥古斯都"的屋大维，展开了一场继承恺撒地位的竞争。屋大维其时虽然只有 18 岁，但通过向恺撒麾下那些安居意大利各个农村地区的老兵求

助，也建立起一支私人军队。凭借这支军队，他向安东尼和元老院提起了挑战。

安东尼和屋大维均声称自己是恺撒的正牌政治继承人。经过一系列复杂的谈判，他们与恺撒手下的另一位将军雷必达联合，结成"后三头同盟"。公元前42年，他们在腓立比（Philippi）打败布鲁图斯和卡西乌斯招募的军队。这次胜利后，他们着手瓜分罗马世界的统治权。屋大维负责管理意大利事务，那里紧迫的问题使这项任务显得毫无吸引力。老兵都需要被安置在没收来的土地上，罗马人和意大利人激烈的不满情绪也需要安抚。而安东尼独占了东方的行省，还通过部下统治高卢。他采纳了恺撒的计划，想要与帕提亚人大战一番，可能是期望建立自己的威望，就像恺撒凭借在高卢获得的胜利建立个人威望一样，以此在罗马获得不受质疑的至上地位。雷必达缺乏与安东尼、屋大维平等竞争的能力或个人威望，相比而言他的权力逐渐失色，只担任没有重要政治权力的荣誉职位，直至逝世。

安东尼的计划破产了。他未能组织好对帕提亚的战役。而屋大维虽然遇到许多困难，最初也不受欢迎，但之后却逐渐巩固了对意大利的个人统治。安东尼安排到高卢的总督去世后，屋大维悄悄地把这个行省纳入了他的势力范围。他展开了一次高明的政治宣传，把自己描绘成捍卫罗马生活方式与传统、与安东尼的君主野心抗争的守卫者。安东尼当时栽进了埃及女王克里奥帕特拉的圈套，女王的美貌连同东方式君主专制的梦想使得安东尼神魂颠倒，从而给屋大维的宣传帮了忙。

安东尼和屋大维的互不信任最终引发战争，此时的屋大维已能够动员起意大利人的希望与忠诚。在希腊西海岸的亚克兴角，安东尼被击败（前31），与克里奥帕特拉一同逃到埃及。屋大维随后有条不紊地攻占各个东方行省。公元前30年，屋大维到达埃及，正式兼并了这个国家。安东尼和克里奥帕特拉自杀，罗马世界再次处于一位统治者的手中。

152

第六节　罗马社会（前 130—前 30）

一、经济

随着罗马在整个地中海地区获得政治霸权，罗马城以贡物和战利品的形式聚敛了巨量财富。显而易见的奢侈浪费成为贵族和骑士的特点。罗马成为经济上的寄生虫。各行省提供粮食和制造品给罗马消费，而罗马人则为从税收和战利品中消费掉的东西埋单。然而，意大利并没有像罗马城那样享受到帝国式的优越地位。尽管时局并不安定，但在一些地方城镇，手工业和商业依然发展繁荣。

东方从罗马军队的蹂躏与收税人的掠夺下幸存，并取得了惊人的成就。在希腊，希腊化时代就开始的人口减少和经济衰退继续削弱这个古典文化最初的中心，但在小亚细亚、叙利亚和埃及，繁荣的希腊化城邦依然保持着希腊生活的传统。

二、社会阶层与群体

新的财富，连同与更文明民族的接触，削弱并几乎摧毁了罗马原有的家庭模式和平民生活方式。妇女几乎从父亲和丈夫的控制下完全解放出来，离婚变得很容易且稀松平常，荒淫行为也逐渐普遍化。共和国的最后数年间，贵族阶层自身未能传代，许多古老的元老院家族因此消亡，被骑士阶层出身的新来者取代。

罗马的贫困人口数量持续增加，开始依赖国家的施舍过活。公元前58年，生活在罗马城的公民开始有了免费的粮食分配。贿赂继续在政治中扮演重要角色，也给城市无产者提供了一项重要的收入来源。为博得他们的好感，行政长官养成了举行铺张浪费的演出的习惯。当时赢得公众支持的著名准则就是"面包与马戏"（*panem et circenses*）。

长期战争增加了奴隶的供给。贵族身边积聚了大量的奴隶家庭来照料他们的奢侈生活。奴隶种植园日益普遍，尤其在意大利南部。

153　　最重要的社会变革也许是罗马公民权广泛扩大的结果。公元前90年至公元前88年的起义后，几乎所有意大利人都获准得到了罗马公民权，他们也渐渐产生了对罗马的爱国之情。意大利的地方城镇中存在着较为简单健全的社会，奥古斯都能在公元前30年后建立自己的政府，很大程度上就是依靠意大利城镇居民的支持。整个罗马帝国早期，罗马城都是这个国家的一处溃烂的伤口。

三、文化

公元前1世纪，罗马的官方宗教迅速衰落。对各种救世主的崇拜在下层人中生根，这些崇拜来自希腊化的东方。有一群规模虽小、人数却不断增加的富有的罗马人，他们求助于不同的希腊化哲学学派，希望获得道德上的个人指导。但在共和国衰落期，大部分罗马贵族和骑士却又轻蔑希腊的学说，并以全然的贪婪、自私和野心指导自己的行为。只有在罗马帝国早期，哲学教育才在统治阶层中逐渐普遍，并改变了共和国后期存在的那种无耻的贪婪和麻木不仁。

罗马人最为重大的文化活动出现在文学领域。公元前1世纪，人们改良了拉丁语，使其适用于希腊世界的各种文学表达。罗马人自己没有发展出新的文学形式，但拉丁语和某些罗马民族的特征确实在文学创作中留下了独特的印记。罗马文学作品并非只是希腊模式的复制品。

西塞罗（Cicero，前106—前43）之类的人将雄辩术推崇为艺术。西塞罗曾利用自己的雄辩才能影响元老院，并处理法庭案件。他发表了许多演说词，其中一些甚至可充当政治小册子。此外，西塞罗还是位多产的书信作家。他死后有800多封书信发表，这些书信使人们得以对一位受过教育的、爱国的罗马人的心态进行独特的洞察。值得一提的是，我们可以从中窥见一个温和的人在面对党争与内战时感到的犹疑、苦恼和困惑，在他的一生中，正是这些党争与内战分裂了罗马。

西塞罗也在另一个著作领域取得了杰出成就。在政治隐退时期，他写了许多哲学论述，均表现为对话的形式。大部分论述根据希腊原著改编，不过在改编时，西塞罗扩展了拉丁语，以便适应希腊的哲学思想。新的词汇流传到后世，在中世纪和近代早期继续为欧洲人提供思想探讨的媒介。

重要的文学家还有卢克莱修（Lucretius，约前99—前55），他写了一部史诗154《物性论》（*De Rerum Natura*），在诗中热情洋溢地阐述了伊壁鸠鲁的哲学教义。还有卡图卢斯（Catullus，约前87—前54），一个放荡的罗马青年，创作充满激情的抒情诗。瓦罗（Varro，前116—前27）发展了历史学和古物研究学。恺撒还抽出时间创作了他在高卢的作战史，以及他与庞培、元老院的斗争史。恺撒的历史著作并非仅是某个派别的政治宣传，萨卢斯特（Sallust，前86—前35）对朱古达战争和喀提林阴谋的记述亦然。

第二编第三章扩展阅读

Cambridge Ancient History. Vols. 7–10. Cambridge, 1928–34.

Cambridge AncientHistory. Volumes of Plates. Vol. 4. Cambridge, 1934.

The Oxford Classical Dictionary. Rev. ed. Oxford, 1970.

Adcock, F. E. *The Roman Art of War under the Republic.* Cambridge, Mass., 1940.

Badian, E. *Publicans and Sinners: Private Enterprise in the Service of the Roman Republic.* Ithaca, N.Y., 1972.

Badian, E. *Roman Imperialism in the Late Republic.* Rev. ed. Oxford, 1968.

Brunt, P. A. *Social Conflicts in the Roman Republic.* London, 1971.

Cary, M., and Scullard, H. H. *A History of Rome Down to the Reign of Constantine.* Rev. ed. New York, 1975.

Christ, K. *The Romans: An Introduction to their History and Civilization.* Berkeley, 1984.

Frank, T. *An Economic Survey of Ancient Rome,* Vol.1. *Rome and Italy of the Republic.* Baltimore, 1933.

Harris, W. V. *War and Imperialism in Republican Rome,* 327−70 *B.C.* Oxford, 1979.

Jolowicz, H. F. *Historical Introduction to the Study of Roman Law.* Rev. ed. Cambridge, 1972.

Liebeschuetz, J. H. W. G. *Continuity and Change in Roman Religion.* Oxford, 1979.

Mommsen, T. *History of Rome.* 4 vols. Rev. ed. New York, 1895.

Nicolet, C. *The World of the Citizen in Republican Rome.* Berkeley, 1980.

Rostovtzeff, M. *A History of the Ancient World.* Vol. 2. Oxford, 1926.

Scullard, H. H. *A History of the Roman World, 753 to 146 B.C.* Rev. ed. London, 1980.

Scullard, H. H. *From the Gracchi to Nero: A History of Rome from 133 B. C.to A. D. 68.* Rev. ed. London, 1983.

Syme, R. *The Roman Revolution.* Oxford, 1939.

Toynbee, A. J. *Hannibal's Legacy: The Hannibalic War's Effects on Roman Life.* London, 1965.

155　小　说

Duggan, Alfred. *Winter Quarters.* New York: 1956.

Duggan, Alfred. *Three's Company.* New York: 1958.

Duggan, Alfred. *Children of the Wolf.* New York: 1959.

Radin, Max. *Epicuras My Master.* Chapel Hill, N.C.: 1949.

Warner, Rex. *The Young Caesar.* Boston: 1958.

Warner, Rex. *Imperial Caesar.* Boston: 1960.

Wilder, Thornton. *The Ides of March.* New York: 1948.

第二编第三章年表：罗马共和国

公元前

约 814	建立迦太基
*753	建立罗马的传统日期
约 535	伊达拉里亚人与迦太基人结盟，对抗意大利与西西里的希腊城邦
*509	驱逐伊达拉里亚国王、成立共和国的传统日期
493	（？）拉丁城邦联盟成立
474	（？）在库迈附近发生希腊舰队与伊达拉里亚—迦太基舰队的海战
396	罗马人占领维爱
390	高卢人洗劫罗马城
367	《李锡尼法》：允许平民担任地方行政长官
326—304	与意大利中南部的萨莫奈人争战
298—290	与萨莫奈人、其他联合起来的意大利民族争战：罗马人获胜
287	《霍腾西阿法》：承认平民大会的立法权
280—272	与他林敦、伊庇鲁斯国王皮洛士争战：罗马人获胜
*至 265	亚平宁山脉以南的意大利地区与罗马结盟
264—241	第一次布匿战争
约 250	帕提亚帝国在伊朗兴起
241	迦太基让出西西里给罗马人
238	迦太基的雇佣军叛乱期间，罗马夺取撒丁岛
237—219	在哈米尔卡与汉尼拔带领下，迦太基征服西班牙
227	西西里成为第一个罗马行省
222	罗马征服波河流域
220	汉尼拔攻击萨贡托
*218—201	第二次布匿战争：汉尼拔入侵意大利

218	罗马在特雷比亚河战败
217	罗马在特拉西美诺湖战败
216	罗马在坎尼战败
215—205	马其顿的腓力五世与迦太基结盟：第一次马其顿战争
210—206	征服非洲者大西庇阿征服迦太基人控制的西班牙
207	梅陶罗河战役：哈斯德鲁巴尔战败
204	大西庇阿入侵非洲；汉尼拔被召回，以保卫迦太基
202	大西庇阿在扎马战役中击败汉尼拔
201	迦太基帝国向罗马投降
200—197	第二次马其顿战争；马其顿领土缩减
197	西班牙被组织成两个行省
192—189	与塞琉古国王安条克三世争战；罗马军队首次渗入小亚细亚
184	（？）喜剧诗人普劳图斯去世
171—168	第三次马其顿战争：马其顿分成四个共和国
159	（？）喜剧诗人泰伦提乌斯去世
149—146	第三次布匿战争：迦太基覆灭
*146	希腊战争；科林斯覆灭；马其顿成为一个行省
*133	提比略·格拉古担任保民官
133	帕加马遗赠给罗马
123—122	盖约·格拉古担任保民官；组织平民派
121	盖约·格拉古去世
112—105	非洲的朱古达战争
108	马略首次当选执政官
104—100	马略连任执政官，击退辛布里人与条顿人
103—101	西西里奴隶起义
91—88	与意大利盟友争战：罗马公民权授予意大利人
88—84	第一次米特里达梯战争：苏拉镇压亚细亚行省的叛乱
86	马略去世；罗马陷入混乱

82—79	苏拉独裁；政体重组
73—71	意大利南部奴隶起义：斯巴达克斯
70	庞培与克拉苏当选执政官；废除了许多由苏拉制定的法律
67—62	庞培打击海盗；对抗米特里达梯；兼并小亚细亚的行省；在叙利亚与巴勒斯坦建立附属国
63	西塞罗当选执政官；喀提林阴谋
62	庞培返回罗马；元老院并不认可其在东方的行动
*60	前三头同盟：尽管元老院反对，庞培、恺撒与克拉苏还是有效地控制了国家
59	恺撒与克拉苏当选执政官
58—51	恺撒征服高卢
58	罗马城的粮食分配免费
53	克拉苏在对抗帕提亚人时兵败战死
55	（？）哲学诗人卢克莱修去世
54	（？）抒情诗人卡图卢斯去世
49	庞培与恺撒之战：恺撒渡过卢比孔河，将庞培赶出意大利
48	法萨卢斯战役：恺撒击败庞培，庞培逃往埃及，遭遇谋杀
47	恺撒在埃及；与克里奥帕特拉共治埃及
46	恺撒在北非对抗庞培的追随者
45	恺撒在西班牙对抗庞培余党；成为罗马世界无可争议的主人
*44	恺撒遇刺
43	后三头同盟：安东尼、屋大维与雷必达对抗刺杀恺撒者；扫除禁令；后三头派人刺杀西塞罗
42	腓立比战役：安东尼与屋大维战胜布鲁图斯与卡西乌斯；后三头瓜分了罗马世界
*31	屋大维与安东尼争战；亚克兴角战役；屋大维称霸
30	兼并埃及

第二编　古典文明（约前900—600）

第四章　罗马帝国（前30—410）

第一节　奥古斯都时代（前30—14）

一、政治处理

158　　推翻安东尼后，屋大维获得了无可争议的权力，统治了整个罗马帝国。罗马世界的命运很大程度上取决于他的决定。和平、安定、终结连续内战，几乎是当时所有人的愿望。此外，共和政体使罗马超越世界各国，罗马人对之感情深厚。屋大维有能力满足人民的这两种渴望：他给罗马带来了国内和平，"恢复了共和国"。

　　和平仰赖于对将军和军队的个人控制，屋大维为自己保留了这种控制权。恢复共和国意味着回归旧政体，但屋大维详细修改了罗马共和国的各种制度，所有关于国策的事务都服从于唯一的意志。因此，共和国的恢复未曾再次引发混乱。复活的共和制度从一开始就十分脆弱，之后的事实也表明，屋大维表面上恢复共和政体，实际上是在建立罗马帝国。

　　公元前27年，屋大维从与安东尼的战争中凯旋，把他的特殊权力正式让给元老院。共和国正式重建。出于感激，元老院授予他"奥古斯都"的敬称，之后他就一直被称为奥古斯都。此外，元老院还任命他为叙利亚、西班牙和高卢的地方总督，任期十年，这就确保了奥古斯都得以继续控制绝大部分罗马军队。只有在马其顿和阿非利加行省的两个军团不受奥古斯都的控制。不过，在公元前23年，屋大维被授予最高军事权，甚至包括了上述地区——也就是所谓的"统治大权"（*imperium proconsulare maius*）。因此，罗马军队的控制权有效集中159于一人之手，相应减少了相互竞争的军队和将军之间爆发内战的危险。

　　直到公元前23年，奥古斯都本人都连续担任执政官。这一年之后，除了特殊情况，他都拒绝再次当选。从那以后，他的合法权力就主要依靠两项特权：保民官的权力和军队的指挥权。公元前 13 年后，他从前的盟友、后三头同盟的雷必达逝世，由他担任最高的宗教职务——大祭司（*pontifex maximus*）。此外，奥古斯都还是元老院的首席议员（*princeps*），共和国的第一公民。这些职位均没有明确的权力，但从他首席议员的地位派生出人们对奥古斯都政府的称呼：元首制（principate）。

元首制保持了两个多世纪。这段较长的时期里，战争总体而言无关紧要，而且大部分战争都只涉及职业军人，并发生在帝国遥远的边境地区，几乎影响不到罗马世界普通居民的生活。我们必须先将奥古斯都政治处理的成功与之前的长期动乱进行比较，并与元首制带给罗马世界相对和平后发生的毁灭性战争进行比较，然后才能对此进行评价。

二、奥古斯都的社会与行政改革

奥古斯都能与安东尼作战，主要基础是迎合罗马人、意大利人的感情。获胜后进行社会与政府整顿时，他主要依靠的依然是意大利人民的支持与合作。行省并未与意大利建立任何形式的积极的伙伴关系，除非此行省的某些居民享有罗马公民权。他们的公民权不是来自早期的授予，就是继承自罗马殖民者。

内战遭遇全面禁止，大幅破坏了共和国后期的元老院阶层。奥古斯都重新设立元老院，将成员数目限制在 600 人，并从财产、道德两方面严格限定了成员资格。理论上，元老院保留了所有的早期权力。然而，在那些由奥古斯都行使地方总督权力的行省，元老院并不拥有实际控制权。不过，一些行省依然处于旧政体之下，它们通常被称为"元老院行省"，区别于奥古斯都个人控制下的"帝国行省"。总体而言，元老院行省是那些不需要重要的卫戍部队的行省。平定之后的个别行省从帝国控制转入元老院控制，驻防军团也可撤走。相反，如果某个元老院行省遭遇战争威胁，通常整个行省，或行省的一部分，将会转入帝国控制。罗马共和国原有的行政长官仍然由每年的选举产生，不过奥古斯都采用了推荐特定候选人的方法，他的推荐几乎与选举等同，因为没有人想要或敢于轻视他的意愿。此外，奥古斯都还定期任命元老院成员担任他权力范围内的首席军事指挥官和行省总督。他把大部分积极作战的指挥权交给自己的家族成员，以此使获胜将军反叛的危险最小化。

骑士同样受到吸引，前来为政府效劳。他们获得次要军事指挥权，帝国的地方行政长官也来自这一阶层。地方行政长官执行由元老院交给奥古斯都的各种政府职能，其中大部分人致力于向帝国行省收税，并接受元老院级别的官员的监督。然而，在某些较小的行省，骑士出身的地方行政长官处于最高统治地位，直接对奥古斯都负责。一些特殊的任务，如管理罗马城的粮食供应、指挥禁卫军（驻扎在意大利的一支有特权的军队）和城市警察（由奥古斯都首次创建）等，也由骑士负责。

事实证明，对骑士阶层开放的行政职位很吸引人，少有骑士愿意继续从事银行业、贸易或其他商业。包税已远远不像过去那样利润丰厚，因为奥古斯都不允许过去经常发生的那种强取豪夺再次出现。骑士阶层的社会角色很快改变。骑士过去是元老院的对手，支持反对派，此时却几乎成了一个由政府官员和土地所有者组成的群体，存在于罗马共和国后期的尖锐政治冲突因此消失。大部分商业和手工业都交给外地人经营，尤其是来自帝国东部的移民。

罗马城继续供养大量的无产者。保证首都这一大批穷困潦倒的公民的免费粮食供应始终是个问题。应元老院的要求，奥古斯都承担这项任务，更为系统地组织了粮食的供应，结果很少再现短缺，发生暴乱的机会也因此减少。整个奥古斯都时代，公民大会以残留的形式继续运转。他的继任者提比略夺走了人民选举行政长官的权利，交给了元老院，而选举已完全流于形式，甚至都没有人明确反对这一变化。

新的元老院阶层和骑士阶层的成员并非仅仅来自罗马城，而是来自整个意大利。共和国后期，几乎所有意大利地方城镇的居民都得到了完整的罗马公民权，因此，任何拥有足够财富，土生土长的意大利城镇居民都符合元老院议员或骑士的条件。事实上，奥古斯都的大部分元老院议员和骑士就来自这些城镇。意大利也为军队提供了主要的募兵地，因为罗马公民权是在军团服役的先决条件。一名按军衔逐级晋升为百夫长——大致相当于我们军队中的军士长——的普通士兵，若已结束服役，通常可以在出生的城镇或其他地方以骑士的身份安顿下来。如果他的儿子既有运气又有能力，就有可能获得更高的官职，甚至能晋升进入元老院。

财富严格地区分了各个阶层，但阶层绝不是排他性的社会群体。社会上层不断出现后继无人的情况，总是给非上层人留有空间。这样的体系能从意大利城镇

161

中挑选出最积极活跃、雄心勃勃的人，他们前往政府任职，政府则主要依赖于他们的忠诚和满足。既然罗马公民权已扩大到行省居民，行省居民同样可以分享这种晋升的途径，不过要到 2 世纪，各个行省才与意大利结成完全的伙伴关系。

三、财政整顿

内战折损了行省和意大利的财富，经济也只能逐步复苏。与共和国后期的一些战争不同，公元前 30 年后，奥古斯都的战争并未带来大量意外之财与战利品，这个特殊的财源因此中断。结果就是政府长期的资金匮乏，有许多次，奥古斯都必须用他的一部分个人财产来补充国库。事实上，奥古斯都积累了巨大的个人财产，他的个人收入都开始具有公款的某些特征。整个埃及行省都属于他。在帝国其他地区，他还通过遗赠和没收——主要是没收安东尼在东方的财产——获得了大量地产。

如何获得足够的现金支付士兵的军饷，尤其是如何积累足够的钱来支付老兵的退役费，是奥古斯都的财政管理所面临的中心问题。国家的一般收入并不能满足这种需要。经元老院同意，晚年奥古斯都设立了一些新的税收。从面向意大利的销售税开始，罗马公民应付的遗产税、解放奴隶所需交纳的税都上交到一个特殊的军事金库，老兵的退役费就由这个金库支付。

在行省，奥古斯都严格限制共和国时期日益猖獗的滥用收税权的行为。在元老院指派给他直接统治的行省，骑士出身的地方行政长官负责收税；在元老院行省，旧的包税制继续存在，但新规章与行省总督的可观薪俸减少了贪污与勒索。元首制下，包税不再是罗马公民财富的重要来源，包税合同也通常交给当地人。为了更公正地调整课税负担，一些行省（也可能是全部行省）进行了人口普查。公元 6 年后，帝国的地方行政长官甚至被指派到元老院行省，在那里为军事金库征税，管理由皇帝个人所有的庄园。数十年间，这些地方行政长官的职责不断扩大，直到原来的包税制完全终止。

奥古斯都治下，帝国的总人口数可能达到了 7 千万至 1 亿，不超过同一地区现今供养人口的三分之一。其中近 500 万是罗马公民。奥古斯都时代后，人口增长几近停滞，因为高卢、阿非利加所产的粮食被其他地区的歉收抵消了，例如意大利和希腊。到了公元 200 年，西方各行省的总人口很可能已大幅下降，主要是

ROMAN EMPIRE
TO A.D. 180

Roman Empire at the death of Caesar, 44 B.C.

Roman sphere of influence, 44 B.C.

Territory acquired by Augustus (14 B.C.)
and later emperors

Caspian Sea

PARTHIAN EMPIRE

CAUCASUS

ARMENIA

MESOPOTAMIA

Tigris

Euphrates

SARMATIANS

Black Sea

PONTUS

BITHYNIA

CAPPADOCIA

CILICIA

Antioch

SYRIA

Damascus

Jerusalem

JUDAEA

ARABIA
A.D.105

Red Sea

EGYPT
30 B.C.

CYPRUS

Memphis

Hermopolis

ASIA

Byzantium

THRACE

Philippi
42 B.C.

MOESIA

MACEDONIA

GREECE

Athens

CRETE

Alexandria

DACIA
A.D.107

Tisza

Mediterranean Sea

CYRENAICA

A F R I C A

ILLYRIA

PANNONIA
A.D. 9

NORICUM

Danube

Adriatic Sea

WESTERN EMPIRE

EASTERN EMPIRE

GERMANY
9 B.C.-
A.D. 9

BOHEMIA

Elbe

Rhine

ALPS

ITALY

Rome

Carthage

NUMIDIA

Rhône

Loire

GAUL

PYRENEES

Massilia

MAURETANIA
A.D. 42

SAHARA

WALL OF ANTONINUS

BRITAIN

A.D.
84

A.D. 51

IRELAND

Atlantic Ocean

New Carthage

Ebro

SPAIN

Tagus

0   500
Miles

罗马帝国（至180年）

由于一系列严重的流行性疾病，这些疾病到了 2 世纪变得尤为可怕。不过我们无法得出可靠的估计数字。

四、军事改革

奥古斯都的主要任务之一是改组军队，以杜绝军队拥护某个获胜将军，并挑战罗马中央集权的事件发生。内战结束后，他首先考虑的是缩减军队的规模，使其更易于管理。亚克兴角战役之后数年，近半数士兵退伍，这些士兵都得到了奥古斯都本人提供的土地或退役金。他保留了一支约 25 万人的军队，其中约一半属于罗马军团，另一半属于辅助军团。如前所述，罗马军团的士兵是罗马公民，主要从意大利招募。辅助军团的士兵则从较为好战的外省人中招募，通常保留他们本地的武器和战术阵型，但受罗马军官指挥。罗马军团士兵和辅助军团士兵都是志愿兵。对于贫困的罗马公民而言，在军队服役提供了提升社会地位的大道，退役时也有望得到慷慨给予的退役金。辅助军团的士兵也有望在服役结束后获得罗马公民权。罗马军团服役期为 20 年，辅助军团则为 25 年。尽管奥古斯都设立了各种特殊的税收，有时用于支付服役期满老兵的退役金的资金也会短缺，因此这些老兵经常被迫超期服役数年。这种做法自然会引起不满，奥古斯都去世后不久就发生了一次短暂的兵变。

164

五、对外政策

奥古斯都没有闲置这支军队。一长串战役扩展了帝国的边境，北至多瑙河。此外，奥古斯都首次征服了阿尔卑斯山区的部落，还平定了西班牙西北部。在东方，他放弃了克拉苏、恺撒和安东尼制定的征服帕提亚帝国的计划，而是采用外交手段，把幼发拉底河北部地区和阿拉伯沙漠并入罗马版图。公元前 12 年至公元前 6 年，莱茵河与易北河之间的地区也被罗马帝国征服。公元 6 年，奥古斯都的继子提比略发动战争，意图征服当时硕果仅存的日耳曼王国，它位于现今的波希米亚。然而在他的后方，多瑙河以南的潘诺尼亚发生了叛变，提比略不得不撤军。三年后，阿米尼乌斯领导下的日耳曼人联军沉重打击了罗马军队，罗马人放弃了莱茵河和易北河之间的土地。此后，奥古斯都放弃进一步的征服计划，罗马帝国的迅速扩张就此结束。

六、罗马帝国的地理与社会情况纵览

奥古斯都逝世时，罗马帝国已然成形，围绕着地中海，向北一直延伸到西欧与中欧。在东方，帝国只包括古代东方文明中心的一部分：小亚细亚、叙利亚、巴勒斯坦和埃及。在这些地区，古老的社会模式依然存在，融合了希腊化元素和东方元素。城市生活稳固地建立起来，人们也积极从事贸易和制造业。在东方，尽管普通人还使用各种各样的方言，尤其是在乡村地区，但希腊语才是贸易与文化的通用语言。罗马独特的观念或文化从未渗入这些地区。

在非洲，撒哈拉沙漠为南方提供了有效的天然边界。罗马的领土沿着地中海海岸伸展，只要巧妙的水利工程允许深入内地多远，领土就能深入多远。坐落在迦太基周围的阿非利加行省在很大程度上也发生了罗马化，尽管人们直到 5 世纪，甚至更晚的时候才不再使用布匿语。自治组织在远西地区（毛里塔尼亚）牢固确立，整个罗马时代，当地的部族政府自始至终都顽强地存留下来。阿非利加行省成为罗马城的一大粮仓，超过了西西里，与帝国的另一粮仓埃及不相上下。埃及一直是一块与众不同的土地，行政上延续着托勒密政府的模式，这整块土地也被视作皇帝的私人财产。在罗马治下，埃及的繁荣逐步衰退，而衰退原因依然是谜。

在欧洲，罗马帝国占有两大不同的地理区域，一为地中海地区，二为大陆地区。

1. 西班牙（中央高原除外）、意大利与希腊，法兰西南部与亚得里亚海的东海岸都位于地中海气候带。古典文明就在这个地区初升。公元前 200 年至公元 200 年期间，古典文明特有的社会模式就在欧洲的地中海地带建立起来。以城市为中心，人们开始组织经济生活与行政管理。在西部地区，罗马文明和拉丁语占主导地位，而在地中海地区的亚得里亚海以东，希腊语和希腊文化仍占上风。由此，罗马帝国在文化上分为两大部分：罗马化的西部与希腊化的东部。

在奥古斯都及其后继者的统治下，如果单论政治，可以认为这个帝国罗马化的那一半支配着东部地区，因为帝国的行政人员与军队主要从意大利、罗马化行省招募得来。不过，帝国东部在经济上更为活跃，尤其是东方文明地区。西部城市的商业、制造业从未发展到能与东部城市比肩的程度。西班牙、法兰西南部与意大利的城市统治阶级通常是地主，而不是商人或制造商。3世纪期间，东部再讨政治自主，优越的经济组织为其提供基础。在随后的一个世纪中，两大部分的分裂终至无可挽回。

2.恺撒征服了高卢的卢瓦尔河以北地区，奥古斯都的将军们将多瑙河地区纳入版图，罗马的疆界因此扩展到一个不同的气候与地理地带：欧洲大陆与西欧。这些地区降水充沛，全年有雨，土壤也更深厚、更肥沃。一到北方，地中海地区所采用的农业技术就没有了用武之地。森林和沼泽阻碍了土地的开垦，一些地中海地区特有的农作物在冬日严酷、天气阴沉的北方无法生长。

在罗马时代，北部的富饶平原与山谷的土地从未得到充分的开发。之后成为西方文明中心的那些地区，大部分在当时仍是森林和沼泽。仅有坡地、白垩土或黄土经过了开垦，这类土地通常都有天然的良好排水性能，茂密的森林无法自然生长于其上。人口依然不足，城市也较为稀少，除了那些有罗马驻防军队安营的边境地区。这些地区一直都是疆界区，无法完美地融入地中海社会与文明。

尽管如此，拉丁语还是广泛传播，尤其是在高卢与多瑙河地区的上层阶级中。随着拉丁语的四下扩散，罗马世界的各种文明方式也为人所知。地方自治区也组织起来，经常按照较为古老的部落分界线划分，而罗马驻军则是罗马化的强力动因。希腊语和文化并未深入渗透至大陆腹地，甚至在巴尔干半岛也是如此。古典文明以城市生活为根基，但在北方，始终只存在着较为脆弱的城市生活。3世纪，当地中海中心地区衰落，又逢蛮族入侵时，这些地区的城市与古典文明的表象很快就粉碎了。

七、奥古斯都时代的文化

在奥古斯都的统治时期，他曾有意复兴或修复罗马的旧宗教与旧道德。在文学和艺术领域，希腊的典范未遭排斥，但在维吉尔、贺拉斯、李维以及奥古斯都时代的建筑师与雕塑家的手中，一种明确的罗马精神通过希腊形式得到表现。

奥古斯都把宗教视作罗马的保障之一，利用自己的政治权力恢复各种仪式，重建在共和国后期衰败的神庙。他并不鼓励东方的行省将他本人崇敬为神，但还是容忍了这样的崇拜，不过依然坚持认为这种崇拜应该结合罗马的宗教。在意大利本土，奥古斯都不允许皇帝崇拜，因为这样的崇拜不符合罗马的特质。

奥古斯都时代是伟大的建筑时代之一。据称，奥古斯都曾自夸，说他所见到的罗马是一座砖城，而他所留下的罗马是一座大理石城。人们建造了为数众多的神庙、浴室、公共建筑、拱廊与沟渠，罗马的宏伟堪比希腊化东方的任何城市。雕塑将现实主义的肖像雕塑（在共和国时期发展出来的形式）与富于寓意的形象融为一体，有时还被当作一种政治宣传的工具，例如，在第一门的奥古斯都像的胸甲上就刻着他的功绩。

文学也为奥古斯都复兴罗马爱国主义的政策服务。奥古斯都有一位富有的朋友米西纳斯，他组织了一个卓越的文学圈子，其中最有名的成员要数维吉尔与贺拉斯。维吉尔（前70—前19）是山南高卢人，腓立比战役之后他的庄园被没收，但通过米西纳斯的赞助又获赠了一座庄园。维吉尔在他的诗作中表现奥古斯都的理想和希望，以此报答他的恩人，他这样做并非受命于人，而是因为奥古斯都主张的那些理想和罗马爱国主义，维吉尔本人同样也抱持着。他最早的诗作《牧歌》（*Eclogues*）模仿忒奥克里托斯的田园诗；《农事诗》（*Georgics*）描述了意大利小农的生活与劳作，无疑与赫西俄德的《工作与时日》相似；最伟大的作品《埃涅阿斯纪》（*Aeneid*）是一部史诗，讲的是神话中的罗马民族创始人的历程，有意识地模仿了荷马。尽管维吉尔的全部诗作无一不受到希腊的影响，但他还是凭借执着的意大利式情感与骄傲的罗马爱国主义独树一帜。他的诗作广受欢迎，尤其是《埃涅阿斯纪》，并在之后的数个世纪中大幅塑造了罗马人的各种态度。在"虔敬"（*pietas*）观念——或许最好的翻译是"虔诚的尽责"（reverent dutifulness）——的指导与统领之下，对埃涅阿斯的刻画似乎成了罗马人品性的标准理想型。更使人惊奇的是，维吉尔在他的《牧歌》第四首中预言了一个婴儿的降生，这个婴儿将使"黄金时代"重回。基督徒将这首诗视为基督诞生的预言，并因此把维吉尔看作异教的先知，到了中世纪他的诗依然颇有盛名。

贺拉斯（Horace，前65—前8）的父亲是个被解放的奴隶，在恺撒遇刺后，贺拉斯曾与奥古斯都和安东尼作对了一阵子。他也在米西纳斯的赞助下获得了一座庄园，并在维吉尔死后得到了一种与官方桂冠诗人类似的头衔。他创作出多种形式的抒情诗和说教诗——颂诗、长短句、讽刺诗和书信体诗。与他作为拉丁抒情诗人的主要竞争者卡图卢斯相比，他的风格更为自觉，更为正式。

另一种截然不同的精神体现在奥维德（Ovid，前43—17）的作品中。《爱的艺术》（Are of love）之类迎合轻浮的罗马贵族，而《变形记》则以诗的形式重新演绎了那些希腊神话。此时的奥古斯都力图重塑罗马的道德风尚，这样的诗作赢不来他的欢心。公元8年，奥维德被远逐帝国一角，客死他乡，确切的放逐原因依然是谜。

李维（livy，前59—17）的《罗马史》可谓诞生于奥古斯都时代的伟大散文著作。与维吉尔一样，李维也是山南高卢人。他的著作涵盖了罗马扩张的全过程，从罗马城的建立直到他自身所处的时代，但只有小部分完整的篇章留存下来，其余的不过是节录。李维对共和国的光辉岁月，对振兴了罗马的个人的、集体的美德，都怀有深厚的赞慕之情，这种感情激发了他的史著。他的历史观非常强调个人的品性，笔下的英雄——辛辛纳图斯、雷古鲁斯、大西庇阿——俨然展现出史诗人物的风范。不过，贯穿著作整体的感情，还是对已逝荣光与美德的深沉执着的怀念。出于根深蒂固的共和主义思想，李维在奥古斯都时代的元首政治中看不到真正复兴的希望。

确实，在元首制下的罗马著作中，怀旧处处可见。意味深长的是，最伟大的拉丁诗人维吉尔，正是从罗马最早期的历程中找到了首要的创作主题。造型艺术中也出现了类似的趋势，创作者有意模仿古风。奥古斯都试图恢复旧宗教，也有点守旧的情绪在里面。奥古斯都为饱受折磨的人民带来了和平，必然在许多人心中激起新希望，但却未能为古典世界的文化注入新生力量。

第二节　奥古斯都之后的元首制（14—180）

一、朱里亚－克劳狄王朝的皇帝（14—68）

提比略	14—37
卡里古拉	34—41
克劳狄一世	41—54
尼禄	54—67

第二编　古典文明（约前900—900）

尽管奥古斯都总喜欢将自己看成共和国的行政长官，事实上，他的权力已趋向于君主制，并且在去世前就安排好了继任者。奥古斯都几乎比他所有的血亲都长寿，因此只能将帝国的权力交给了继子提比略。提比略的家族——朱里亚－克劳狄家族——成员占据皇位，直至公元 68 年一场军事叛变推翻尼禄的统治为止。在这些年里，各个行省的政府相当公正，但在罗马城内部，一再发生的冲突与猜疑破坏了皇帝与元老院之间的关系，一些元老院成员依然坚持共和主义理想。皇帝的个人品性在其中至关重要。提比略、卡里古拉与尼禄，都与元老院不和，对待政敌时也随意诉诸审判与处决。皇族内部也由于阴谋诡计而产生裂隙，奥古斯都之后的四代继承人中，自然死亡的可能只有提比略和克劳狄一世。

克劳狄一世将公民权扩大到已经罗马化的西方行省居民，他的统治也以此著称。可能是为了寻求帝国政府中各行省的积极合作，他甚至将高卢人指派进元老院。在他治下，本属于元老院的职责相继转移到皇帝的权力之下，帝国的官僚机构也大幅扩张。克劳狄一世还发起征服不列颠的战争，兼并之前的保护国，从而将毛里塔尼亚与色雷斯纳入行省系统。

二、弗拉维王朝的皇帝（69—96）

韦斯巴芗	69—79
提图斯	79—81
图密善	81—96

就在禁卫军连同其他军队一起反叛尼禄骄横自为的统治时，尼禄自杀了。随后的一段时期充斥着内战与混乱。一年之内就出现了三位皇帝，但最终确立权势的是 T. 弗拉维乌斯·韦斯巴芗（T. Flavius Vespasianus）。韦斯巴芗出身于一个意大利城镇的下等阶层，凭借帝国的官僚制度走上发达之路。他设法恢复了和平与军纪，并在政府管理上十分谨慎节俭。

在他的次子图密善（Domitian）的统治下，意大利发生了严重的经济危机。酒价出现灾难性的暴跌，可能是由于葡萄栽培技术进入西方各个行省，尤其是高卢，意大利酒因此失去了外销市场。随着西方行省——至少是行省的地主阶级——愈显繁荣，意大利遭遇了经济衰退。因此，图密善禁止在意大利种植更多葡萄，还命令行省将各自的葡萄园毁掉一半，试图以此解决危机，但这样的命令却并未得到实行。不管怎样，繁荣之景终究还是没能重回意大利。意大利的人口似乎在减少，至少也是停止了增长。意大利的军队再也得不到充足的兵源，士兵与军官的补充越发依赖罗马化程度较高的西方行省。在奥古斯都与其他早期皇帝荫蔽下，意大利曾获得特权地位，而此时这种地位就快要丧失了。

170

危急的对外战争困扰着弗拉维王朝的皇帝。在犹太行省，经过艰辛的战斗，军队才镇压了一场犹太人起义（66—70）。帝国吞并了莱茵河上游与多瑙河上游之间的三角地区，经过一系列战斗，罗马在不列颠的势力也有所扩张。然而，就在多瑙河下游，达基亚人的猛烈攻击挫伤了图密善，这些达基亚人的居住地属于当今的罗马尼亚。同时，他还进行了许多战斗，对抗居住在匈牙利平原的蛮族，不过都毫无成果。

元老院内部一直淤积着反对皇帝的情绪。一些成员受斯多亚派哲学激发，发展出一套政府理论，主张世袭权力根本就是错误的。他们建议每位皇帝从元老

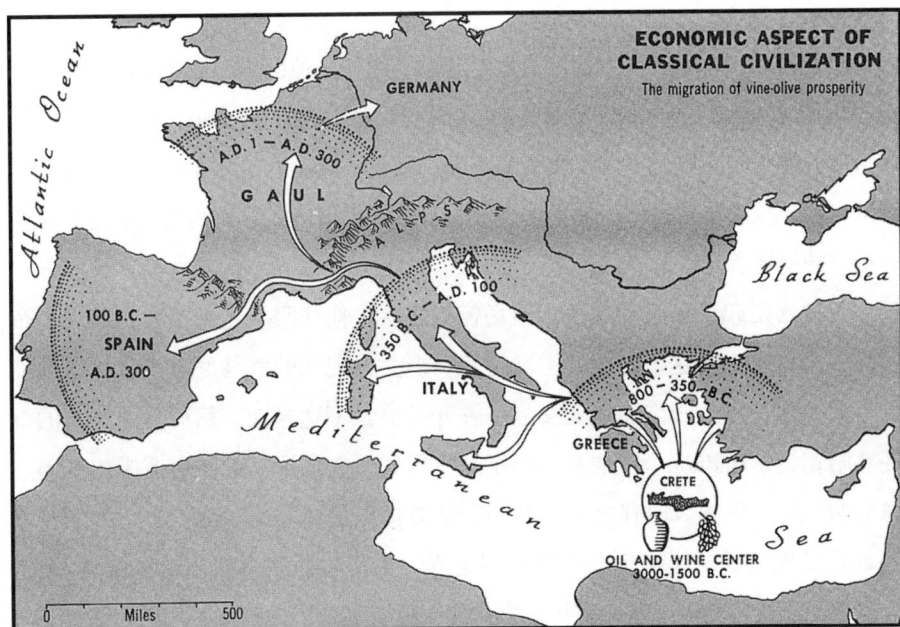

古典文明的经济形式：葡萄—橄榄繁荣的迁徙

院中选出最优秀的成员担当继任者。韦斯巴芗把权力传给了儿子提图斯（Titus），公然蔑视这套理论；提图斯死后，弟弟图密善执掌了最高权力。图密善的"篡夺"（usurpation）惹恼了元老院中的反对派，这种情绪也可能受到了意大利地主所面临的经济困难的影响。图密善随意处决了坚持反抗的元老院议员。不过，在某种意义上，元老院的反对派还是取得了一次胜利，因为在图密善于公元96年遇刺身亡后，罗马帝国由一系列"收养的"皇帝统治，皇位继承的世袭原则并未起作用。事实上，在马可·奥勒留（Marcus Aurelius）之前，"收养的"皇帝都碰巧没有子嗣，这无疑有助于抵制皇位世袭的理论付诸实践。

三、五贤帝（96—180）

涅尔瓦	96—98
图拉真	98—117
哈德良	117—138
安东尼·庇护	138—161
马可·奥勒留	161—180

图密善遇刺一事在许多地区引发了骚动。继任皇位的是一位年老的元老院议员涅尔瓦（Nerva），他将战功赫赫的军事指挥官图拉真（Trajan）收为养子，任命为皇位继承人，以此平息了民众的不满。图拉真具有西班牙血统，由这样的人继承皇位，反映出罗马政府发生的变化——不再仅仅依靠意大利人，而是依靠西方行省的土地所有者的忠诚。

图拉真发起了一系列战争。两场苦战之后，他征服了达基亚，将其设为帝国的一个行省。来这里定居的主要是罗马老兵，现代的罗马尼亚人自称是他们的后代。他在东方则与帕提亚交战，吞并了美索不达米亚。然而，图拉真的继任者哈德良（Hadrain）很快就放弃了这个行省，它在罗马的势力范围内也不过只有两三年。图拉真时代之后，罗马军队总体上退回守势。他们在不列颠和部分日耳曼地区修筑了墙垣，以便标明边界，更易拦截来自蛮族地区的袭击者。有时罗马士兵也会越过这些防御工事作战，但罗马帝国的扩张时代已然终结。

随着涅尔瓦与图拉真的上台，皇帝与元老院之间旷日持久的冲突也消失了。

由于图拉真无子，直接引发冲突的问题——世袭——未曾出现，每位继任皇帝的个人品质也都无可挑剔，元老院没理由不满意。

涅尔瓦采取措施遏制意大利的经济衰退，图拉真则接手了这项事业。为了安抚贫穷的小土地所有者，他设立了借贷资金；并将还款分配给意大利各个自治市，用以奖励大家庭的家长。然而，这些措施未能遏制意大利的人口减少，也未能阻止意大利农业的衰退。在2世纪，意大利与公元前3世纪的希腊如出一辙，经受着贫穷的重压与人口减少的折磨。

172

在哈德良及其继任者安东尼·庇护（Antoninus Pius）的统治下，除了一些边界上的小规模冲突与第二次犹太人起义（132—135），帝国继续享受着和平。犹太人起义遭遇残酷镇压，巴勒斯坦的犹太人近乎灭绝。哈德良积极关心行省的福利事业，因而颇享声誉，他花了许多时间遍游帝国。他还热情崇拜着希腊文化。

马可·奥勒留（161—180），一个斯多亚派的哲学家，是最后一位非世袭的皇帝。在他的统治下，东方发生了重大战事，多瑙河中游亦然，帝国的经济也出现了不祥的衰弱。为了给战争筹款，马可甚至要出售皇冠上的宝石。此外，在他统治期间，一场瘟疫扫荡了帝国，大约夺去了四分之一的人口。

显然，在和平与繁荣的表象下，罗马帝国正遭受着严重的祸患。一个充满活力的、不断成长的社会，可以从降临在马可·奥勒留时代的战争与疾病的打击中快速恢复过来，但罗马帝国未能做到。相反，人口减少，尤其是西方行省的土地所有者阶层。这个阶层增长缓慢，也不再那么情愿，或者不再那么能够保护帝国了，而帝国正是依赖着这群人。不论是什么原因，在面对下一个世纪的挑战时，罗马的社会结构显示出了它的脆弱。

四、社会与经济

1. 行省的自治市

随着罗马文明在西方行省的传播，通过模仿罗马城，地方自治市也相继组织起来。到了2世纪，罗马帝国可谓是各个城市的凝聚体，一块从属的乡村地区包围每座城市。当然也存在着地区差异，但政府与社会结构趋向一致的势头还是十分明显。选举出来的行政长官管理一个普通的行省自治市，他们不仅不拿俸禄，而且通常还要为公职带来的特权付钱。精美建筑装饰着行省城镇，其中大多数都是由私人营建，来充当赠予家乡的礼物。元老院常会辅助行政长官的工作，在西方，元老院成员被称为"元老"（*decuriones* 或 *curiales*），一般是地方土地所有者。一些城镇还有公民大会，但就像在罗马城一样，元首制下的这些公民大会大多沦落至微不足道，甚至彻底消失。

173 按照中央政府的观点，自治市最重要的功能是收税。此外，自治市在划分给它们的领土范围内执行审判，并且负责保养道路，运送帝国的官员与信件。

在罗马帝国的东部地区，城市生活的历史更久，自治市的组织类型也比帝国西部地区多。从事贸易与手工业的居民更多也更有影响力，有些情况下这些阶层还坚持召开公民大会，在地方政府中扮演积极角色。

2. 奴隶制的衰落

大规模战争结束，奴隶的供应也相应缩减。随之到来的是奴隶价格的上升，对于奴隶主而言，就很有必要作出安排让奴隶繁衍后代，也就是允许奴隶结婚、养家。此外，从 1 世纪末一直持续到整个 2 世纪，由于意大利的农业危机，奴隶种植园大体上无利可图，因为意大利市场上葡萄酒与橄榄油已经供大于求。为了渡过难关，土地所有者放弃了以市场为目标的大规模生产，并将庄园分割成小块土地，分给奴隶或自由民，收取实物地租、劳役地租与租金。这样的转变提高了农业活动中奴隶的地位，他们与普通农民之间无大区别。不过与此同时，自由而独立的农民（在意大利幸存的，或在西方行省曾存在过的）沦落到必须依附于大地主的境地。在西方行省，无论佃农是奴隶出身还是自由民出身，都被称为隶农（*coloni*）。变化是渐进发生的。2 世纪期间，变化只在一些地区出现，但后来就广泛蔓延开来。

3. 军队构成的变化

2 世纪的和平年代里，罗马军队的机动性大减。永久性的要塞在帝国边境的战略据点建立起来，城镇就围绕着它们建立、扩展。1 世纪后，意大利的募兵就变得无足轻重了。2 世纪，行省的城镇居民也不再涌入军团。取代他们的是隶农的子孙。在军营附近的地区征兵成为越来越普遍的做法。法律不允许士兵结婚，但许多士兵都结成了非正式婚姻关系，他们的后代则成为重要的新兵来源。军队的规模几乎保持不变，但毫无疑问，军事效率下降了。更重要的是，士兵与作为统治阶层的城镇土地所有者之间，以及不同的边境军队与中央政府之间所具有的心理上的联系，都遭到了削弱。出生在军营的士兵、从当地招募的士兵、很少走出过镇守地区的士兵，他们所抱有的观点，都不同于共和国时期和早期帝国时期来自意大利的士兵，后者期望在退役后回归故乡，以农民与小土地所有者的身份在平民社会安居乐业。这样的差异不可避免。相比其他任何因素，军队心理发生的变化更能促成3世纪时罗马帝国的内乱。

4. 经济

对于占了帝国人口绝大多数的隶农的生活，我们知之甚少。他们的生活无疑十分艰辛。城镇里也有城市无产者，西方较少，东方则多得多。他们生产在当地销售的商品，东方的无产者还会继续供应奢侈品市场与长途贸易。然而，随着西方的庄园纷纷从大规模市场生产转变为更加自给自足的经济，对奢侈品的需求也相应减少，这种情况不可避免。就连大地主的货币收入也有所下滑，不再负担得起大规模购买珍贵品的开销，而正是东方城市中技艺娴熟的工匠生产了这些商品。因此，长途贸易也遭遇了缩减。西方的地方贸易未能扩张，甚至随着庄园的自给自足倾向而开始收缩。换句话说，工匠从城镇中心迁移到大庄园，主要是为了获得实物报酬而工作。

我们很难估算2世纪期间，货币经济究竟退化到了什么程度。各地区的发展情况也不尽相同。因此，意大利早已开始忍受经济衰退的剧痛时，高卢与西班牙行省还在向着市场经济发展，军事物资成为主要销售品。直到2世纪末期之后，西方行省才开始回归地方自给自足的经济。值得强调的是，整个罗马时代里，相比西方，东方的城镇中心与周边农村之间的地方贸易规模更大，也更兴旺活跃。在古代文明地区，城市生活与工匠技艺更为根深蒂固。相比其他社会团体，拥有土地的贵族并不拥有什么政治与社会地位上的优势。帝国的官僚机构未从东方的土地所有者中吸收重要的成员，政府活动与公众活动也不怎么吸引他们。他们的地位不比同胞公民高多少，并不高到能使后者产生经济上与社会上的依赖，在这一点上有异于西方的土地所有者。

五、文化

在元首制后期，奥古斯都时代的文化盛景未能持续。不过，通常按照既成风格营建的大型建筑却能让人印象深刻。尤其是在西方行省，只要财力物力允许，自治市就会模仿罗马，造起建筑与城市设施。水道、浴室、圆形露天竞技场、公共建筑，以及寺院在数百个城镇建造起来，至于罗马，也经历了一番崭新、壮观建筑的修饰。弗拉维王朝统治下建造了罗马斗兽场；图拉真建起一个巨大的广场，并在广场中心竖立浮雕柱，在螺旋形雕带上记录他在达基亚取得的胜利。石制凯旋门也有不少，用以纪念不同皇帝的战功。人们还修建了许多奢华的公共浴室。罗马变成了一座宏伟壮观与贫民窟并存的城市。

维吉尔与贺拉斯的传统后继无人。马提亚尔（Martial，40—104）创作了尖锐的讽刺短诗；尤维纳利斯（Juvenal，约55—138）从事讽刺文学，攻击罗马社会的虚伪与腐败。散文作家中，塞涅卡（Seneca，1—65）创作了许多哲学作品，阐述斯多亚派的道德准则。他也曾尝试创作悲剧。老普林尼（23—79）编成了《自然史》一书，在其中整合了各种零散的资料；他的外甥小普林尼（约61—113）撰写演讲词与书信。普林尼的书信是为数不多的对早期基督徒的异教记录之一，他在小亚细亚管理一个行省时接触到这些基督徒。对于现代读者而言，最有意思的罗马后期作家大概是塔西佗（约54—120）。他在两本著作里记载了早期帝国的历史，一本是《编年史》，从奥古斯都去世写到尼禄被推翻，还有一本是《历史》，将《编年史》续写到图密善去世。这两本书只有残卷流传至今。此外，他还写作了《日耳曼尼亚志》，概述了日耳曼民族与风土人情。他也是岳父阿古利可拉的传记的作者，阿古利可拉在为罗马人打下不列颠时扮演过重要角色。塔西佗站在元老院反对派的立场上写作，绘出的皇族图景分外阴暗。他的风格有时简练精辟，有时又曲折隐晦。他是最后一位古典拉丁语大师。

公元前1世纪，希腊文学曾经黯然失色，但又在早期帝国复兴了——更准确地说，一些值得注意的作品在这个时期而不是之前的时期幸存下来。约2世纪初始，普鲁塔克（约46—120）创作了他声名卓著又广受欢迎的《希腊罗马名人传》。再早些时候，犹太人约瑟夫斯（37—100）在其编写的犹太史中使用了希腊语。2世纪，阿里安（约96—180）写了一部亚历山大大帝的传记，成为亚历山大的事业的主要现存资料。琉善（约120—180后）创作了许多讽刺对话与中短篇小说，在其中展示了一种怀疑又嘲讽的心态。盖伦（约130—200）与托勒密（2世纪）在作品中整理编纂了希腊化时代的医学与天文学成就。盖伦写过许多医学论文，在之后的岁月里，这些论文被阿拉伯世界与西方世界奉为圭臬。托勒密在一本著作中提出了天文学中的地心说，我们更为熟悉的是这本著作的阿拉伯语名字《天文学大成》（*Almagest*）。奴隶爱比克泰德（约60—140）与罗马皇帝马可·奥勒留（121—180）接手了希腊的哲学传统。他们都属于斯多亚派；马可可谓是罗马人中的罗马人，但在《沉思录》中却宁可使用希腊语。

六、宗教

1. 异教

奥古斯都复兴罗马宗教，很可能有助于巩固罗马社会与政府。罗马的官方宗教与皇帝一起成为对罗马表示忠诚的焦点与象征，与现代的爱国主义仪式异曲同工。不过，官方宗教缺乏情感上的吸引力，无法抚慰弥漫在帝国各处的个人的沮丧失意与徒劳感，甚至连上层人都抱有这种情绪。希腊化时代的神秘宗教给新的信徒提供拯救与永生，能在这时继续传播也就不足为奇了。新的崇拜遍布帝国，其中最值得注意的是对密特拉的崇拜。密特拉教（Mithraism）的一些要素来自古代波斯人的琐罗亚斯德教。密特拉赢得了不少信徒，尤其是在罗马帝国的士兵中，它几乎成了军队的官方宗教。

2. 犹太教

早在罗马人征服地中海东部地区之前，所有主要的希腊化城邦中就已存在犹太人群体。罗马帝国元首制时期，犹太人又在主要的西方城市定居下来。此外，罗马帝国的边界之外也还存在着重要的犹太人群体，尤其是在巴比伦。

在各个犹太人群体之间、犹太人与异教徒邻居之间，常常爆发冲突。偶尔还会出现反犹太人的暴乱，尤其是在东方。在巴勒斯坦，一场反抗罗马统治的起义爆发，最终导致公元70年耶路撒冷遭遇劫掠，圣殿被毁。持续不断的冲突在一场132年至135年的苦战中达到顶峰——消灭了犹太行省的农民。这些事件彻底改变了犹太教。随着圣殿被毁，犹太行省的农民遭遇清洗，由以斯拉与尼希米在公元前5世纪建立起的区域性祭司组织消失了。剩下的是罗马帝国与波斯帝国的各个城市中的犹太人群体，他们的宗教生活集中在犹太会堂（synagogue），由拉比（rabbi）——也就是教师——主持。因此，从2世纪开始，犹太教成了一种近乎排外的城市群体的宗教，这些人积极从事贸易与工业，并且遵守《摩西五经》中的礼仪规定，断然拒绝崇拜异教神，因此与周围人群截然不同。

圣殿被毁，掌管仪式、解释圣书的祭司团体遭难，犹太教权威典籍的根基随之转变。单独的拉比与拉比学派——其中最重要的要数罗马帝国之外巴比伦的那一群——致力于诠释律法书（Torah），也即基督徒口中《旧约》的前五卷。拉比的阐释逐渐整合进《塔木德》（Talmud），巴比伦的拉比在5世纪编定了它的权威版本。博学的拉比寻求在日常生活中体现上帝的意志，就像在宗教仪式与习俗中那样。他们辛勤工作，收获了一套详尽细密的律法体系，犹太人遵守这套体系，以此与其他群体区分开来。

3. 基督教

提比略统治期间，注定要彻底重塑古典文明的宗教诞生了。拿撒勒的耶稣（约前6—30）是许多犹太教师与传道者中的一位，但他的事业与个性却引发了一场运动，这场运动兴起于他的故乡加利利的农民与渔民之中，有着卑微的开端。然后波及地中海东部地区讲希腊语的城市无产者，接着逐渐深入西方，并触及社会上层。到了5世纪，几乎整个罗马社会的每个人都可称为基督徒，至少在名义上。而在罗马帝国边境之外，东方、南方与北方也都出现了基督教会。

《新约》记载了耶稣的教义与基督教的早期发展情况，但要想解释这些典籍却并不容易。古代的、中世纪的与近现代的作家都表达了许多相互矛盾的观点。唯一没有争议的是，深沉的信仰可以催发无穷的力量，这来源于耶稣的直接追随者，他们把耶稣视为古代先知所允诺的弥赛亚。巴勒斯坦的犹太人中最早出现皈依新宗教的人，而居住在希腊化东方城市的犹太人也很快受到这场运动影响，就连异教徒也转而皈依新宗教。这些皈依者讲希腊语，用

希腊词"基督"代替了希伯来词"弥赛亚"来描述耶稣的事业与角色，"基督"一词意味着"受膏者"（the anointed one）。随着异教皈依者增多，一个

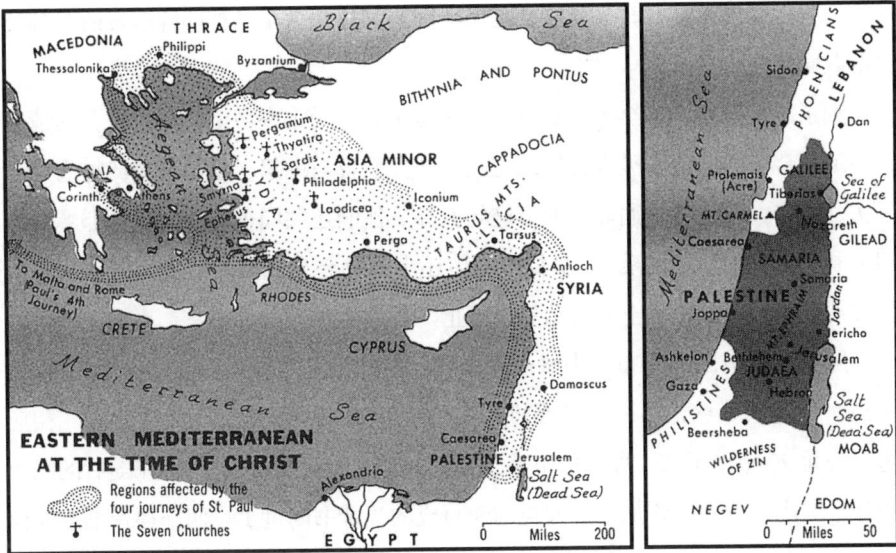

基督时代的东地中海地区

紧要的问题出现了：犹太教与基督信徒之间的关系。一些人认为《摩西律法》中的规定约束着基督徒，但其他人相信旧律法已经被上帝意志的新启示代替了，不应强迫异教皈依者遵循犹太礼仪，保罗是持这种观点的首要人物。最终第二种观点占了上风。

圣保罗（St. Paul，约3—64）是早期基督教发展的关键人物。他是个受过良好教育的犹太人，来自小亚细亚的希腊化城市塔尔索。年轻时他曾迫害过这一新宗派，但在前往大马士革的路途上经历了突然的转变，从此化身不知疲倦的新宗教传道士。之后汇编进《新约》的材料中，保罗的书信要数最早的文献。它们寄往小亚细亚与希腊的各种基督教团体，这些团体都是由保罗创建的。有一封信送到了罗马的基督徒手中。显然，写这些信是为了解决在新出现的"基督兄弟"之间浮现的具体问题，但在回应他们的诉求，告诫他们反对非基督教行为时，保罗不得不写下他所理解并传授的基督教教义。他强调耶稣的神性，耶稣以圣子的身份降临人世，给负罪的人们开启通向拯救与永生的新途。保罗教导人们，信仰耶稣可以改造人的灵魂，带来拯救。他的教义在异教徒中赢得了许多皈依者，但在犹太人中，基督教传教士所获甚少，事实上敌意已经出现。从此，两大宗教踏上殊途——犹太人视基督教为异端，基督徒则认为犹太教早已被耶稣基督的新神圣启示取而代之。

到了 2 世纪初，甚至可能更早，由一位主教指导某座城市的基督教会的情况就不足为奇了。其他各类人员辅助主教，比如监督与助祭。早期基督徒每周聚会一次，祷告、唱诗，吟诵耶稣的事迹与教导。他们还共同进餐，以纪念耶稣与其门徒共进的"最后的晚餐"。基督教团体还十分热心于成员间的爱心服务，也会稍加帮助异教徒。传教士的活动从未停止。

随着基督教团体遍布地中海世界，对于准确教义的疑惑不可避免地产生了。要想对付这些疑惑，第一步是要将口头传统转变为书面的、权威的形式。相应地，公元 70 年后不久，耶稣的事迹与言论都被写进《马可福音》。在随后的三十或四十年内，分别由路加、马太与约翰写成的福音书问世了。四部福音书连同保罗的书信与其他文献，与《旧约》一同成为新宗教的圣典。到了约公元 200 年，《新约》的正典最终确定下来，同时也渐渐为基督徒所接受。

不过，尽管人们对《新约》的文本没有异议，解释与学说之间的差异依旧存在。其中的诺斯替派否认《旧约》的神圣性，努力以寓言的、哲学的术语解释《新约》的教义。这样的初创举动引发了不少争议，正统神学于此初显。早期神学讨论的中心是埃及的亚历山大里亚，将近 2 世纪末，那里建起了一座培养教师与教士的学校。但正如所料，基督教高等教育中心的出现也未能阻止教义争论。新的宗派与异端相继出现，从而必然需要更加明确地对正统性进行定义。

早期基督徒数量增多也带来了第三大问题，也就是他们所信奉的宗教及其教会与罗马帝国的关系。一开始，基督徒拒绝崇拜偶像。这当然意味着他们拒绝崇拜罗马神龛，也拒绝崇拜皇帝。在异教徒眼里，这种拒绝表明基督徒意图谋逆帝国。只要基督徒还处于相对少数，而且几乎只出身于大城市的穷困阶层，罗马政府就不会将他们放在心上。尼禄治下，基督徒在罗马城曾遭遇短时间迫害，为一场几乎毁了大半个罗马城的大火替罪。不过，遍及全帝国的系统迫害要到 3 世纪才出现。不管怎样，异教徒中流传着谣言，谣传基督徒在进行宗教活动时有不道德的秘密举动，基督徒因此被指控，偶尔也会爆发武力暴乱。

由于教会还是个半秘密组织，而且成员拒绝供奉皇帝，这个组织就是非法的，可以以这种组织的成员身份为由起诉基督徒。2 世纪早期，正在一个小亚细亚行省担任统治者的小普林尼写信给皇帝图拉真，请示如何处理私人起诉者带来审理的基督徒。图拉真回复说，应该要求基督徒祭祀众神，如果他们拒绝，那他们就当受惩处；但不能有组织地搜寻他们。这样的政策可能带来的结果是，只有在需要将基督徒收入法网以平复私人怨恨时，基督徒才会被指控。

早期基督教有很重要的一面，在一个冷漠与模糊的悲观情绪弥漫的社会里，这个新宗教凭借明亮的、火焰般热烈的对神佑幸福来生的希望，震动了人们的头脑与心灵。在人间，基督教的希望将信徒联结成紧密的团体，成员互帮互助，乐于为他们的宗教作出巨大牺牲。基督教会的活力与生气胜过了罗马帝国的其他社会组织，不断成长，吸收新的皈依者。面对这样的坚定信念与凝聚力，帝国的力量最终不过徒劳。

第三节　军事专制与无政府状态（180—285）

一、政治

马可·奥勒留之子康茂德（Commodus，180—193）治国无方，最终导致自己死于暗杀，非世袭继承的原则再显抬头之势。然而，此时的军人再也不愿接受元老院任命的皇帝，除非可以得到自己要求的特权。于是，当康茂德的继任者试图惩戒禁卫军时，禁卫军谋杀了他，并且竟然将皇位拍卖给出价最高者。这种行为激起了行省军队的叛变。有三位将军分别被自己手下的军队拥立为皇帝。罗马军队的内战随之爆发，197年，L．塞普蒂米乌斯·塞维鲁（L. Septimus Severus）在内战中获胜。

塞维鲁（197—211）是阿非利加人，受罗马文化的影响很少。他说的拉丁语甚至还带有布匿口音。但他是位成功的将军，并且出于自己的意愿——大概也出于必要——只依靠最初拥立他为皇帝的士兵来实施统治。他故意轻视元老院，偏袒士兵，提高他们的薪水，承认他们的婚姻合法。他还自作主张夺取了立法权，没有像正常程序那样先确保元老院同意。为了支持军队，他增加了税收。这直接损害了城市的元老院议员，因为负责收税的正是他们。如果皇帝要求的税款超出了他们能在城市里以一般渠道榨取的数目，他们就不得不自掏腰包来补足差额。结果，城市元老院议员群体迅速地贫穷下去，人们不再把担当地方行政视作一种荣誉，追求参与行政，而是在力所能及时不择手段，避免被指派到那毫不舒适的招祸职位上。

直到 235 年，大多数皇帝都是塞维鲁家族成员。这些年里军纪松弛恶化，塞维鲁之后的每任皇帝都被暴动的军队杀害。由于征收税钱变得越发困难，士兵获赏小块土地，在战事不频繁的时期自己耕种。军团的规模因此变得与边境民兵相差无几。此外还成立新的编队，以满足机动作战的需要。编队成员一部分来自军团的特别分遣队，另一部分属于从罗马境内外招募的新兵。

塞维鲁王朝治下，罗马法经历了重大发展。一批法学家收集罗马法庭确认的判例，并按照案件类型分类，编制成书，同时阐明了法律判决背后的总则。6 世纪，查士丁尼将罗马法编成法典，所依靠的大部分就是这些法学家的著作。

212 年发布的一项宣告扩大了罗马法的实际意义，它宣布帝国的所有自由民都是罗马公民。这项宣告背后的动机可能与财政有关——让更多人有责任上缴罗马公民应交的遗产税。尽管如此，它在法律程序、法律关系标准化方面也分外重要。同时，它使东方行省在法律上享有与西方行省一样的地位，之前的皇帝早已在一二世纪的西方行省广泛扩展罗马公民权。将罗马公民权大规模扩展到东方行省的居民，可以为这些意图摆脱西方人控制的行省清扫道路，这又使得更富有的、讲希腊语的那一半帝国的政治自治得以复兴。

182

235 年至 285 年，罗马世界内部经历了一段时期的无政府状态。行省遭掠夺，城镇被摧毁，罗马军队自相残杀，蛮族入侵者踩踏乡村，中央权力似乎就要解体。十余年里，西方行省出现了一个新的国家，东方行省的情况也与此类似，来自沙漠城市巴尔米拉的王朝统治一个独立的王国。罗马皇帝不断遭遇叛乱兵变的威胁，这威胁来自名义上效忠他们的军队。此外，他们还得面对日耳曼蛮族战团的入侵，以及充满活力的新波斯帝国的攻击（建立于 227 年反叛帕提亚后，帕提亚帝国就此灭亡）。只有阿非利加行省逃过了战火，接下来一个世纪里，这一行省显然比罗马帝国其他地区繁荣。

一群高明而刚毅的将军登上皇位，拯救了濒临崩溃的罗马帝国。奥勒良（270—275）以前任皇帝的成果为基础，以一人之力再次统一整个帝国；十年后，戴克里先继位，二十年（285—305）的统治期间，稍许重建了帝国的和平与秩序。

二、社会与经济

3 世纪的无政府状态与入侵将罗马社会拉入贫穷，深度改变了社会结构。曾经担负帝国官僚机构，指挥罗马军队，控制行省自治市的土地所有者，被税收的重负压垮了。另一群人取代了他们的位置，越来越多的政府官员来自军队，这意味着他们对古典文化传统知之甚少，甚至谈不上尊重这些传统。货币税越来越难收，实物税开始成为军队与国家的主要支撑，而征收实物税却不遵循法律。收税简直等同于有组织的抢劫——士兵拿走能找到的所有东西，内部瓜分，或与高层军官瓜分，只要他们觉得合适。2 世纪的元老院阶层大幅遭毁，一同被毁的是罗马人独有的民治、法制的政治概念，军人—皇帝以赤裸裸的暴力取代了它。这些问题留待戴克里先与君士坦丁来解决，他们试图赋予皇位更有效的宗教制裁与权威。

农民与城镇居民也遭受了军队的掠夺，程度几乎与上层人相仿。饥荒与瘟疫夺走了许多人的生命，人力愈发稀缺。为了应对短缺，蛮族人，尤其是日耳曼人也被吸收进军队，其他蛮族人也获准以农民身份定居，在罗马境内耕种荒地。

三、文化

3 世纪期间，由希腊城邦塑造出来的古典文化实质上已走到了尽头。一种新的哲学——新柏拉图主义——将柏拉图哲学转变成一种神秘的、半宗教性质的学说，对基督教神学产生重大影响。普罗提诺（Plotinus，约 205—270）是最著名的新柏拉图主义哲学家。这是最后一个重要的异教哲学学派，反映出古典社会发生的变化：对无助的理性与这个世界深感失望，强烈希求与上帝进行神秘的联结。造型艺术中的技艺体现减少，而公共建筑方面，主要的关注点在于保护帝国城市的防御工事。

然而，基督教文化却在 3 世纪的社会崩溃中扩张、丰富了自己。东方的奥利金（Origen，约 182—251）与西方的德尔图良（Tertullian，约 150—225）这样的作家与基督教的异教批评者展开了激烈的论战。在抵抗哲学的攻击、捍卫基督教的过程中，奥利金将异教哲学的许多词汇与一些概念嫁接到基督教传统中。一种明显的基督教艺术传统出现了——这种传统融合了古典艺术的形式（尤其是罗马的巴西利卡［basilica］建筑）与城市较低阶层人群可以理解的更幼稚、随意的风格。

3世纪的罗马社会磨难重重，促使异教徒对越发壮大的基督徒团体愤怒不已。这些基督徒不仅拒绝在皇帝的雕像前献祭，还拒绝服役，拒绝担任公职。帝国政府组织了系统迫害基督徒的行动，意图扑灭这正在上升的宗教。不过这样的迫害并不经常发生，因为政府很少能有余力余暇来追随一种坚定有力的宗教政策。迫害行动当然震动了教会，因为许多基督徒都在折磨的威胁下宣布放弃信仰。但另有成千的基督徒有意完成了牺牲，坚信这样的牺牲能确保他们在天堂享受厚待。殉道者在基督徒中声誉卓著，许多人被追认为圣徒。总而言之，迫害行动可能帮助了基督教的成长，而非阻碍，它让虔诚者心中的信仰之火越烧越旺，并在异教徒中广泛传播了基督教，这些异教徒不得不动容于殉道者的自信与勇气。

第四节　专制帝国（285—410）

一、戴克里先与君士坦丁（285—337）

戴克里先于285年即位。他出身农民，是达尔马提亚人，通过军队崛起。他面对的问题是：如何在停止灾难性内战的基础上组织罗马的行政。他面临的问题其实是一个罗马历史上的老问题：需要确保士兵忠诚。戴克里先以东方式的浮华烘托自己，自封为神，试图以此确保士兵的服从。此外，为了实现平稳的皇位承继，他还使用了复杂的共治系统。另一位"奥古斯都"与他一起执政，他将帝国的行政一分为二，将西方行省交给另一位皇帝管理。每位奥古斯都都有一位"恺撒"辅政，恺撒顺次继承奥古斯都的位子，并选出另一位恺撒作为自己的继任者。实际上，戴克里先的统治才刚结束，这种人为的制度就瘫痪了。

为了防止叛乱再起，戴克里先将军队权力与民政权力区分开来，在帝国的每一部分都建起两个平行的官僚机构，一个为军事，一个为民政。原有的行省被细分为101个新行省，组成12个管区，12个又组成4个行政区。在塞维鲁王朝时期，元老院对行省的权力就已不复存在，这一令人敬畏的团体只残留于罗马的城市议会中。然而，元老院的地位还保持着，是给予帝国官僚机构顶级成员的高等特权。

军队分成两支互相独立的力量。在边境地区，民兵团在统帅（duces）——中世纪的公爵（duke）即是根源于此——的指挥下抵抗邻近蛮族的小规模袭击，重大战事则留给高度受训的机动军队，他们驻守在两位奥古斯都附近的战略要地。皇帝们的随从人员（comites）——也就是伯爵——担任这种军力的领导者。

戴克里先还进行了税收改革，几乎等同于将之前五十年无政府状态时期里不足为奇的强取豪夺合法化。税收按实物评定。一个十分复杂而又高度集中的官僚机构形成，负责确保税收，并分配收来的物资。货币税依然存在，但由于交换经济的衰退与帝国整体的穷困，货币税只能越来越难收。收税依然是一件富于压迫感且常常夹杂暴力的事情，尽管戴克里先曾努力让它换个模样。

305 年，戴克里先退位"种卷心菜"。执掌皇位的奥古斯都与恺撒之间的纷争对抗很快爆发，尽管多次收到希望他出面干涉的请求，他还是坚决拒绝出山。几年内，内战战火再燃。324 年，君士坦丁通过这些战斗压倒了其他人。直到337 年去世，他都一直保持着对整个帝国的掌控。

君士坦丁对罗马政府进行了一些重要的改革，他的法律为之后的晚期罗马社会定形，这种社会延续在拜占庭时期的东方。毫无疑问，他最重要的举动是使基督教合法，且给予厚待。君士坦丁说服自己，他在内战中的胜利要归功于基督徒的上帝。他因此皈依基督教，动用皇帝的权力，以自己能做到的任何方式厚待基督教。

君士坦丁似乎并不可能仅仅出于政治考虑而支持基督教，但他能够通过厚待基督教而获得崭新的、积极的、充满活力的力量支持帝国，事实也证明确实如此。君士坦丁与其他基督徒相信，皇帝的权力是全能的上帝授予的，这样的信念有助于稳固皇权。在他之前的皇帝将皇权依托在毫不伪装的武力上，然而，士兵能给予什么，也就能夺走什么。君士坦丁时代之后，神意支持皇权的观念获得广泛接受。军队依然拥有拥立、推翻皇帝的实际权力，但逐渐不再诉诸叛乱，政府得以慢慢稳固下来，至少在东方行省是如此。毫无疑问，基督教领袖的教义，连同基督教对精神的强大控制，能够帮助实现这种稳固。

185

186

因此，君士坦丁时代之后，世俗政府赤裸裸的权力逐渐披上外衣，把活跃的、强有力的宗教当成后盾。教会与国家紧密联系，互相支持。这种变化将要在后世引发巨大的影响，许多历史学家都将其标为古典时代的终结与中世纪的开始。

君士坦丁还颁布了一系列重要的法令，将罗马社会里逐渐发生的变革合法化。他将一个人逃避对国家的责任的行为定为非法，因此，隶农只得被绑在田地上，不得离开他们出生的庄园。相似地，负责收税的市元老院成员也必须留在出生的城镇，收齐要收的税。隶农与市元老院议员参军都是非法的，成为基督教神职人员亦然，军人与基督教神职人员都在社会新秩序中享有特权。罗马社会被强加了一种类似于世袭等级制的体系。这种立法背后的动机还是关于财政：国家需要税收，试图把纳税人约束在法律鞭长能及的范围内，以此保证常规收入。

两条发展的主线在君士坦丁时代就已十分明显，并最终毁灭西罗马帝国。第一条是在军队与政府官僚机构里逐步发生的蛮族化，这是由于日耳曼人与其他蛮族人也可以担任帝国职务。第二条是中央政府越来越难控制地方官员。

允许蛮族人在罗马境内定居来交换兵役，这已不是新鲜事。甚至在奥古斯都时期，罗马偶尔也会采取这种举措。不过，在3世纪与4世纪，人口减少的困境持续削弱帝国的力量，大片土地荒芜，这种应允也就大幅增加。新定居的蛮族人中，旧有的古典文化无甚进展。罗马常备军可以自由吸收蛮族志愿兵，许多日耳曼人还得以担任高阶军职。5世纪，在这个曾经制造出皇帝的团体里，几乎都是这样的蛮族探险者。对蛮族士兵、军事领袖的依赖日益增长，明显预示着罗马的未来不能长久。

君士坦丁及其继任者难于控制官员，尤其是高级官员，这是帝国政府的稳固所面临的第二种危险。由于货币不足，官员的酬劳大部分都是实物，有时会赐予土地，以土地上的收成代替其他形式的薪水。实物报酬难于预计、控制，在实践中，高级官员大体上可以随心所欲地要求占有公共物资作为私用，而不考虑政策规定或是中央政府的意愿，私人与公共之间的边界因此模糊。皇帝们为遏制滥用所做的最大努力都没能成功，纵然皇帝可以罢免作恶者，新官员上任后不久，整个体系就能把他们再次腐蚀掉。因此，中央政府的收入从来都不稳定，皇帝总是不能获得充足的货币与物资来供养自己的机动军队，而中央权力又仰赖这支军队的有效保护。

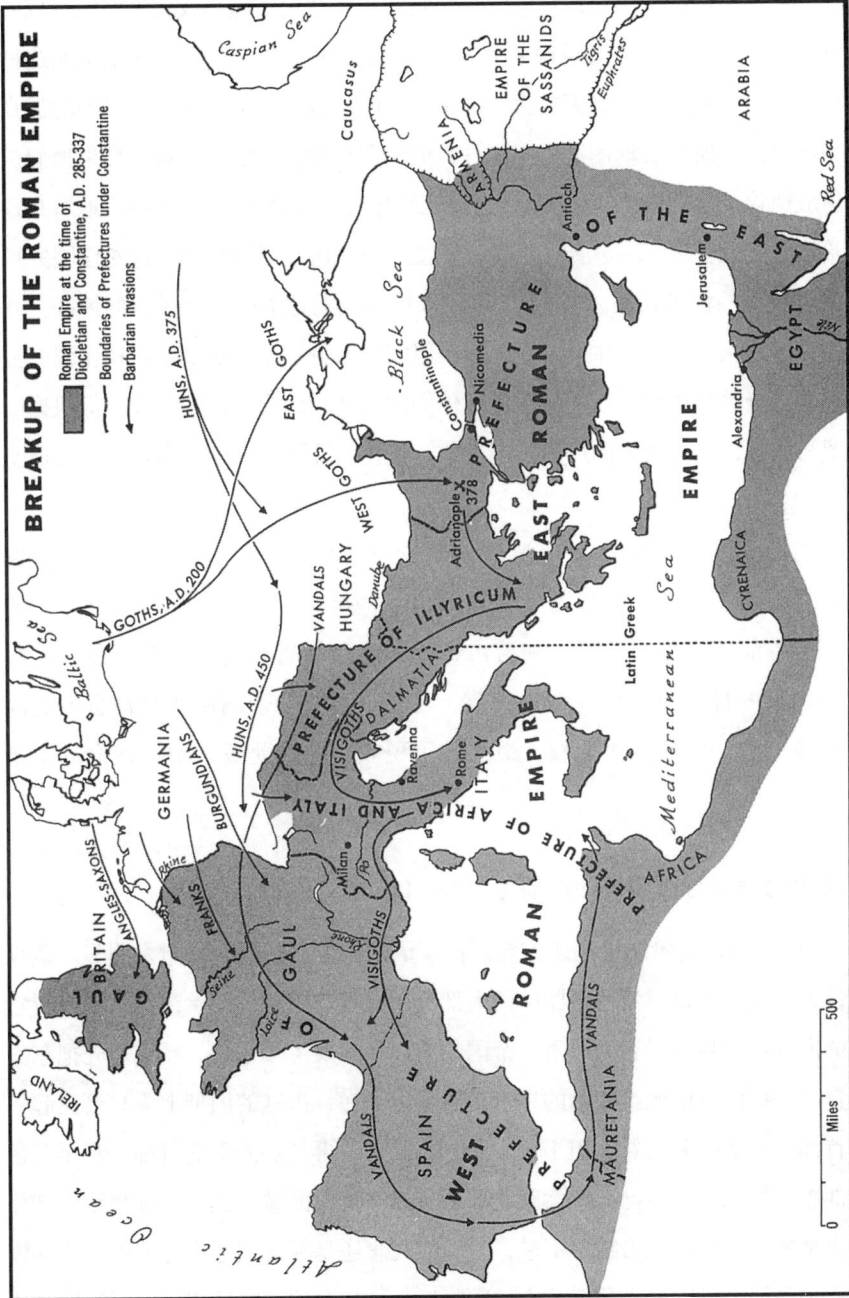

BREAKUP OF THE ROMAN EMPIRE

■ Roman Empire at the time of
Diocletian and Constantine, A.D. 285-337
——— Boundaries of Prefectures under Constantine
⟶ Barbarian invasions

Caspian Sea

Caucasus

EMPIRE
OF THE
SASSANIDS

Tigris

Euphrates

ARMENIA

ARABIA

Red Sea

HUNS, A.D. 375

EAST GOTHS

Black Sea

Constantinople

Nicomedia

PREFECTURE OF THE EAST

Antioch

Jerusalem

Alexandria

Nile

EGYPT

GOTHS

WEST GOTHS

GOTHS, A.D. 200

Baltic

Adrianople 378

VANDALS

HUNGARY

PREFECTURE OF ILLYRICUM

EAST ROMAN EMPIRE

CYRENAICA

Mediterranean Sea

Latin Greek

HUNS, A.D. 450

GERMANIA

BURGUNDIANS

DALMATIA

VISIGOTHS

Ravenna

Rome

ITALY

PREFECTURE OF AFRICA AND ITALY

ROMAN EMPIRE

AFRICA

Rhine

FRANKS

Milan

Po

GAUL

PREFECTURE OF GAUL

BRITAIN
ANGLES-SAXONS

Seine

Loire

Rhone

VISIGOTHS

WEST

IRELAND

Atlantic Ocean

VANDALS

SPAIN

WEST PREFECTURE

MAURETANIA

VANDALS

0   500
Miles

罗马帝国的分裂

君士坦丁时期出现了另一项发展，将在之后几十年里逐渐削弱中央政府：高级官员拥有或占用的庄园可以免除常规税收，这也适用于赢得或买来帝国特权的人。既然把庄园赐给官员充当薪水，这样的免税似乎足够合理，但事实证明这种惯例十分危险。免税庄园规模扩大，却由一般的交税土地支付代价。庄园的扩张中有一部分依靠所有者动用武力与诡计，但许多小地主与农民发现，如果他们与前者达成协议，之后就能继续拥有之前属于他们自己的财产，那么将土地所有权转让给这种"领主"——"委托"给"领主"——还是很划算的。这对庄园的扩张起到了极大的促进作用。"领主"可以保护小人物免遭帝国收税官的掠夺，并收取佃户的回报——从法律上讲是地租，但实际上更像是保护费。免税庄园的主人并不能完全逃脱税收。君士坦丁针对他们的土地设计出特殊的税收，但根据旧有的罗马体系，这些大庄园所负担的税收，按比例算要比依附于自治市的普通土地少。

直到西罗马的中央行政崩溃后，免税与委托的制度才获得了完全的发展。在君士坦丁时代，之后的发展只露出了些苗头。不过，在他的继任者治下，大地主的势力稳步增强。随着市镇收税官所能管辖的土地越来越少，负责常规税收的自治市组织也随之衰落。可见，西罗马帝国确实是被自己的高级官员毁掉的，他们滥用职权，最终毁了税收，并因此毁了中央政府的军事力量。

二、帝国的分裂与西罗马的崩溃（337—410）

3 世纪期间，讲希腊语的东方与讲拉丁语的西方之间的分歧愈发明显。戴克里先设置行政区体系，使得帝国的两大部分形成各自独特的政治组织。西方行省遭遇的内战打击与入侵更为严重，帝国的重心显然发生了东移。戴克里先把东方留给自己，将西方指派给共治的皇帝；君士坦丁在拜占庭的旧址上为自己建起一座新首都，重新命名为君士坦丁堡（330）。罗马不再是功能上的首都，甚至在帝国西部也是如此，因为已有意大利北部更有战略地位的城市充当西部皇帝的常住地，先是米兰，后是拉韦纳。不过，帝国的观念还是在人们心中扎着根，罗马依然是一种象征。可以说，尽管政府的实际运行已从台伯河畔迁走多时，但罗马依然是情感上的首都。

君士坦丁把帝国分给儿子们，儿子们很快陷入争执。但尽管如此，直到 363 年，都是君士坦丁家族的成员统治帝国。最后一位君士坦丁家族的皇帝是君士坦丁的侄子尤利安（361—363），他是个异教徒，试图建立教导人们爱国美德的异教教会，但这种努力最终还是破产了。

4 世纪后期，罗马政府很虚弱，尤其是在西方。中央权力常常不能让某些行省感知自己的意愿。建立两个或更多共治者的举措有时会导致政策不统一。东方对抗波斯人的战争与北方对抗日耳曼部落的战争都旷日持久，罗马军队总是只能处于守势。对抗觊觎王位者的战斗，或是帝国高官之间的争斗，都是常事。政治混乱与军事无序的表象之下，我们可以瞥见日渐加剧的穷困、强盗土匪的劫掠，以及违抗贪婪收税官的不顾一切的起义。

4 世纪的后半期，北方边境上的蛮族压力越发沉重。日耳曼部落发生了社会与政治变革，相比罗马军队在基督教纪元伊始面对的敌人，此时的他们更加令人丧胆。日耳曼人数量明显增多，对于他们而言农业也愈发重要了。原先的部落彼此结盟，形成更大的政治单元。历史上一些日耳曼人的名称可以显示出他们在部落联盟中的根源。例如，法兰克人意味着"自由"人，阿勒曼尼人的字面意思是"所有人"。人口更多，政治单元更大，为日耳曼人扩张领地提供了动力与手段。一场大致上向南、向东推进的运动开始了。哥特人在这场扩张中的作用尤为突出。2 世纪与 3 世纪，他们从瑞典南部，也可能是波罗的海海岸出发，征服了如今的俄罗斯南部与罗马尼亚。

与日耳曼人势力日渐增强相反，罗马人所能用于抵抗的，只有一支弱化的军队与一个衰退的社会。来自中亚的游牧民族生硬地打破了这种不稳定的平衡，这支游牧民族便是匈奴人。350 年至 375 年期间，匈奴人突然出现在俄罗斯南部的哥特人王国，征服了这个部落的东部分支，也就是历史上的东哥特人。为了逃脱类似的命运，西部分支，也就是西哥特人请求穿越多瑙河在罗马帝国定居，他们获得了应允。然而，罗马官员与哥特人首领之间爆发了争执。战争随后暴发，378 年，西哥特人在阿德里安堡附近打败罗马军队，杀死共治皇帝瓦伦斯。这场战役是罗马帝国崩解过程中的重要标志，帝国从此再没有在自己的土地上有效征服或是驱逐哥特人。相反，382 年，在哥特人蹂躏了几乎整个巴尔干半岛之后，双方达成了和约。根据和约的条款，皇帝同意为哥特人首领支付一笔补助金，以此交换哥特人士兵，将他们吸收进帝国军队里。

达成这次和解的皇帝是狄奥多西一世，有时也被称作狄奥多西大帝。他从379年开始统治东方，直到395年逝世，在生命的最后一年里重新统一罗马帝国。他是最后一位完成这项事业的皇帝。他死后不久，帝国就被两个儿子瓜分，霍诺里乌斯统治西方，阿卡狄奥斯掌管东方。从此往后，帝国的两大部分走上殊途，尽管在之后几个世纪里，统一罗马帝国的论调未曾销声匿迹，但罗马统一的现实却永远消失了。

霍诺里乌斯（395—423）无能，帝国西部的实际行政与防御事务都落入军事指挥官之手，一个叫作斯提里科的日耳曼人。斯提里科阻止新入侵的尝试都是徒劳。406年，一群又一群法兰克人、苏维汇人、汪达尔人与阿兰人穿越莱茵河边界，劫掠高卢。西哥特人的国王阿拉里克还在意大利发动了几次攻击。斯提里科答应付给阿拉里克一大笔赎金，才将其纳入霍诺里乌斯的统治之下，但皇帝不同意这些条款，并且杀害了斯提里科。阿拉里克随即畅通无阻深入意大利，于191 410年占领并洗劫了罗马城。这一事件有时被用来标记罗马的灭亡。另有一个日期，即476年，一个蛮族士兵奥多亚塞废黜了西罗马帝国的最后一位皇帝，并将帝国徽章送到了君士坦丁堡，这有时也被认为是西罗马帝国最终灭亡的标志。

不过，日耳曼入侵者并非蓄意推翻罗马帝国。他们是来享受罗马社会的财富与舒适的，而非将其毁灭。随着蛮族王国在罗马的土地上崛起，日耳曼国王给自己的名字加上罗马人的头衔，常常摆出一副合法的罗马官员管理罗马行省的样子，还经常尝试从君士坦丁堡的皇帝那里获得承认。理论上说，君士坦丁堡的皇帝继续统治整个帝国，476年徽章的移交并非标记了罗马帝国的灭亡，而是标记了一人之下的重新统一。

当然，事实并非如此。日耳曼国王与部落给西罗马社会注入新的血液，在他们的入侵影响下，并在随之到来的、永远搅扰了和平的混乱无序中，古典文明连同罗马生活的舒适安宁，都慢慢地消失了。这样的转变追溯不到特定的日期。就算在1世纪，罗马社会的衰弱就已可以为人感知，至少是在意大利。罗马文化与社会组织的残留未曾消失，成为现今我们自己文明的构成元素。我们只能说5世纪的第一个十年见证了日耳曼部落侵入西罗马帝国的中心，而阿拉里克在410年洗劫罗马则是这个过程的里程碑。

三、基督教会（285—410）

戴克里先在位时，曾对教会发起残酷的有组织的迫害。但教会又在这最后一次巨大的考验中幸存了下来。313年，君士坦丁使基督教合法，自己也成为基督徒。之后的皇帝几乎都是基督徒。393年，狄奥多西一世宣布异教非法，基督教成了帝国的官方宗教。就在君士坦丁皈依的时期，罗马人中还只有少数是基督徒。在他统治期间，皈依者的数量急剧增长。不过，数十年内甚至几个世纪里，异教依然在社会阶层的两个极端中普遍存在：一方面存在于上层人，另一方面存在于普通的农民。

君士坦丁时代及之后，基督教会发生了飞速变革。首先，尘世的利益都聚集在神职人员身上。君士坦丁动用国家资金建造教堂，免除教士的常规税收，允许他们在为教会出差时免费使用帝国的邮政。他视教会为合法的组织，更准确地说，他承认教会有权拥有赠予或遗赠的财产。因此，教会很快成了罗马世界的一大财产所有者。 192

只要帝国依然保持着敌意，在结成统一战线对付不友好的世界时，基督徒就会使内部的分歧与差异最小化。但当遭遇迫害的压力消失后，关于神学的以及其他方面的争论就会凸显，并很快将教会分裂成一个个小集团。君士坦丁多次出面干涉，只为带回所有基督徒之间的和睦与团结，但收效甚微。在阿非利加，帝国的力量未能将异端多纳图派压制下去。而在东方，关于三位一体中圣父与圣子之间关系的争论也分裂了教会。甚至在君士坦丁于尼西亚召开基督教主教大会（325）共同商讨时，尖锐的争执还是停不下来。在这场争论中，亚他那修捍卫的观点最终被接受为正统。而阿里乌提出反对意见，最终被认定为异端（因此有了阿里乌派异端）。整个4世纪，这场争论将基督教会分裂成互相敌对的阵营。君士坦丁的继任者中，有一些属于阿里乌派，动用帝国的权力迫害亚他那修派；而当亚他那修派掌权后，又会以同样的方式报复阿里乌派。

随着基督徒的数量增加，教会组织的复杂程度与规模也都相应扩大。教会的管理与国家的行政管理类似。每个自治市都必须有一个主教，这已经成了规定，而且每个行省都应该有更高级别的主教——称为都主教（metropolitan）或大主教（archbishop），在所在的行省拥有约束其他主教的权力。此外，尤为重要的城市，如米兰与君士坦丁堡，其主教在教会里的领导力要更为广泛，这主要是因为他们接近帝国权力。其他城市则在解决各种教义与教规的问题上尤为重要，因为它们是使徒时代的基地，以更纯正、更权威的形式保存着使徒的原始教义。到了5世纪早期，五教区（bishoprics）或称主教管区（patriarchate）——罗马、君士坦丁堡、安条克、耶路撒冷、亚历山大里亚——被公认为最超群的教区。但是这些教区的实际影响很大程度上依赖于主教的个人品行，而主教也不过是恰巧来到教区而已。重大问题一般会由皇帝召集的会议解决，所有主教都会收到会议邀请。

193　　　基督徒必须面对的另一个问题是教会与国家之间的关系。当基督教还是个受迫害的少数宗教时，理论上的困难并不严重，尽管实践基督教原则的过程可能会危机四伏，因为基督徒不能自觉参与异教的政府，或是遵守崇拜偶像的法律。但当政府本身也转向基督教后，双方必须寻求新的关系。掌权伊始，君士坦丁允许主教管理教会事务，内部解决争端。但他很快发现，争端中失败的一方不会遵守多数人的裁断，而是坚持向他求助。君士坦丁发现自己不可避免地陷入了教会斗争。统治后期，他积极参与制定信条的活动，并且利用国家的力量镇压异端。

　　不过，世俗力量对教会事务的干涉并非随处皆是，也有不被接受的时候。由于皇帝自己也是基督徒，那么就可以这么认为：他就像其他任何教会成员一样，服从于《圣经》提出的、由教士解释的上帝的道德准则与其他准则。4世纪末，米兰主教圣安布罗斯激烈主张上述观点，迫使皇帝狄奥多西一世为自己曾批准的一次大屠杀作公开忏悔。教会组织的问题很大程度上取决于皇帝与高级教士的个性，极少有主教敢于效仿安布罗斯。教会与国家的关系问题始终未能得到明确解决，直到中世纪依然属于主要的政治议题之一。

四、文化

　　3世纪的罗马社会中，承载着古典传统的各个阶层均遭到破坏。4世纪的贫穷与无序显然不利于古代文化的复兴，也不利于任何形式的文化成就。不过，基督教会还是出现了一些值得注意的作家与思想家。上文已经提及阿里乌与亚他那修之间激烈的神学争论就与其他的教义争论一同促成许多论战性质的写作，且主要集中在帝国东部。东方教会最伟大的传教士与教师是圣巴兹尔（330—379）与圣约翰·屈梭多模（约347—407）。最早编写基督教史的是该撒利亚的优西比乌（约 264—340），他是君士坦丁的朋友兼顾问。他编写了一本《教会史》，叙述了基督教的成长。另一本著作《编年史》中，他试图将异教的古典世界历史与《旧约》记载的神圣历史协调起来。

在西方，4 世纪见证了基督教特性的深刻变革。西方早期基督教团体的主要成员是讲希腊语的移民，除了拉丁基督教早已扎根的阿非利加行省。基督教超出移民与奴隶的圈子，吸收以拉丁语为母语的信徒，这是一个缓慢进行的过程。君士坦丁的皈依彻底改变了局面。成千上万的人接受了基督教，聚集在教会周围的人来自所有阶层。临近世纪末，教会地位的改变促成了拉丁基督教的发展。三个伟大的名字与此相连，也就是所谓的教会的拉丁圣师（Latin Doctors）：圣安布罗斯、圣哲罗姆、圣奥古斯丁。

安布罗斯（约 340—397）是罗马政府的高级官员，在担任米兰主教之前，接受的是彻底的拉丁古典传统教育。他的重要地位不仅在于他是一位教会政治家，甚至能让皇帝狄奥多西一世在他面前低声下气，还在于他是一位思想领袖。安布罗斯与奥古斯丁和拉丁教会之间的关系，就仿佛奥利金和希腊教会之间的关系：他们都使基督教在思想层面与异教教义平等，甚至超越异教教义。在他们之前，相比希腊东方的基督徒，西方的基督徒对哲学的怀疑与敌视要强烈得多。同时，相比东方基督徒的教义，在西方基督徒的教义中，对迫近的世界末日的预期也始终重要得多。安布罗斯与奥古斯丁丰富并扩展了西方教会的教义，一部分是通过借鉴希腊神学家的成果，一部分是通过独立的思想发展。安布罗斯把许多东方形成的仪式细节融入他在米兰主持的礼拜中，并将《圣经》的寓意解释介绍到拉丁语世界。这种阐释模式成了中世纪基督教所有阐释的基础。异教哲学家的智慧与学识得以与基督教传统融合，因为《圣经》中的词句被看作哲学与宗教真理的象征与标志，《圣经》的文本的表面含义就在暗示哲学与宗教的真理。

圣奥古斯丁（354—430）是非洲人，在皈依基督教之前是个前程光明的修辞学教师。值得回味的是，安布罗斯本人为他施了洗礼；事实上，奥古斯丁完成了安布罗斯开启的事业，让基督教神学适应于拉丁世界的特质。他写过许多论战性的著作与神学论文，雄辩地陈述了基督教教义。他最著名、最有影响力的著作要数《忏悔录》，其讲述了自己皈依基督教的故事。还有《上帝之城》，奥古斯丁写这本书是为了驳斥异教徒，这些异教徒把阿拉里克洗劫罗马视作罗马因抛弃异教神而遭受的惩罚。在这本书中，他发展了基督教历史哲学，从创世到最后审判，认为罗马遭洗劫不过是上帝为世界、为人类作出的计划里的一件小事。一千多年里，奥古斯丁的《上帝之城》给拉丁基督教徒提供了人类命运的图景，很少有人对此提出质疑。

拉丁教会的第三位圣师圣哲罗姆（约340—420）是卓越的学者。他的伟大成就是将《圣经》翻译成拉丁文，为此他研习了希伯来语和希腊语，仔细搜寻了所有他能获得的最佳原稿。现代罗马天主教会依然使用他的译本《拉丁文通俗译本圣经》（*Vulgate*）。

第二编第四章扩展阅读

The Cambridge Ancient History. Vols. 9−12. Cambridge, 1932−39.

The Cambridge Ancient History. Volumes of Plates. Vol. 5. Cambridge, 1939.

The Oxford Classical Dictionary. Rev. ed. Oxford, 1970.

Barnes, T. D. *Constantine and Eusebius.* Cambridge, Mass., 1981.

Brown, P. *Augustine of Hippo: A Biography.* Berkeley, 1967.

Brown, P. *The World of Late Antiquity, A.D. 150−750.* London, 1971.

Bultmann, R. *Primitive Christianity in Its Contemporary Setting.* London, 1956.

Burckhardt, J. *The Age of Constantine the Great.* New York, 1949.

Chadwick, H. *The Early Church.* Harmondsworth, 1967.

Cochrane, C. N. *Christianity and Classical Culture.* Oxford, 1940.

Fowler, H. N. *History ofRoman Literature.* Rev. ed. New York, 1923.

Frank, T., ed. *An Economic Survey of Ancient Rome.* Vols.2−5. Baltimore, 1936−40.

Frend, W. H. C. *Martyrdom and Persecution in the Early Church.* Oxford, 1965.

Garnsey, P., and Sailer, R. *The Early Principate: Augustus to Trajan.* Oxford, 1982.

Gibbon, E. *Decline and Fall of the Roman Empire.* Ed. by J . B. Bury. 7 vols. London, 1896−1900.

Goodspeed, E. J. *History of Early Christian Literature.* Rev. and enlarged by R. M. Grant. Chicago, 1966.

Grant, M. *Roman History from Coins.* Cambridge, 1958.

Grant, R. M. *Augustus to Constantine: The Thrust of the Christian Movement into the*

Roman World. New York, 1970.

Harnack, *A. The Expansion of Christianity in the First Three Centuries.* 2 vols. New York.
  1904－5.

Jones, A. H. M. *Augustus.* New York, 1970.

Jones, A. H. M. *The Later Roman Empire, 284－602: A Social, Economic, and Administrative Study.* 3 vols. Oxford, 1964.

Luttwak, E. N. *The Grand Strategy of the Roman Empire from the First Century A.D. to the Third.* Baltimore, 1976.

MacMullen, R. *Paganism in the Roman Empire.* New Haven, 1981.

MacMullen, R. *Roman Social Relations, 50 B.C. to A.D. 284.* New Haven, 1974.

Mattingly, H. *Roman Imperial Civilization.* London, 1957.

Meeks, W. A. *The First Urban Christians: The Social World of the Apostle Paul.* New Haven, 1983.

Millar, F. *The Emperor in the Roman World, 31 B.C.－A.D. 337.* Ithaca, N.Y., 1977.

Millar, F. *The Roman Empire and its Neighbors.* Rev. ed. New York, 1981.

Mommsen, T. *Provinces of the Roman Empire.* Rev. ed. Chicago, 1968.

Rostovtzeff, M. *Social and Economic History of the Roman Empire.* Rev. ed. Oxford, 1957.

Salway, P. *Roman Britain.* Oxford, 1981.

Schürer, E. *A History of the Jewish People in the Age of Jesus Christ (175 B.C.－A.D. 135).* Rev. ed. by G. Verities and F. Millar. Edinburgh, 1973.

Smallwood, E. M. *The Jews under Roman Rule: From Pompey to Diocletian.* Leiden, 1976.

Smith, M. *Jesus the Magician.* New York, 1978.

Starr, C. G. *The Roman Empire, 27 B.C.－A.D. 476:A Study in Survival.* New York, 1982.

小 说

Asch, Shalom. *The Apostle.* New York: 1943.

Asch, Shalom. *Mary.* New York: 1949.

Asch, Shalom. *The Nazarene.* New York: 1949.

Byrne, Don. *Brother Saul.* New York: 1927.

Duggan, Alfred. *Family Favorites.* New York: 1961.

Fast, Howard. *Spartacus.* New York: 1952.

Feuchtwanger, Lion. *Josephus.* New York: 1932.

Feuchtwanger, Lion. Jew *of Rome.* New York: 1936.

Feuchtwanger, Lion. *Josephus and the Emperor.* New York: 1942.

France, Anatole. *Thais*. London : 1891.

France, Anatole. *The Procurator of Judaea*. London: 1908.

Graves, Robert. *I, Claudius*. New York.

Lagerkvist, Par. *Barabas*. New York: 1951.

Lytton, Edward B., 1st Baron. *The Last Days of Pompeii*. London: 1834.

Macpherson, Annie W. *Roman Wall*. New York: 1954.

Pater, Walter. *Marius the Epicurean*. New York: 1885.

197 Schmitt, Gladys. *Confessors of the Name*. New York: 1952.

Sienkiewicz, Henry K. *Quo Vadis* ? Boston : 1896.

Treece, Henry. *The Dark Land*. New York: 1952.

Treece, Henry. *Red Queen, White Queen*. New York: 1952.

Wallace, Lew. *Ben Hur*. New York: 1880.

Waugh, Evelyn. *Helena*. Boston: 1950.

Yourcenar, Marguerite. *Memoirs of Hadrian*. New York: 1954.

第二编第四章年表：罗马帝国

* 前 27—180 元首制

公元前

*27	奥古斯都将至高权力让交给元老院，由此"恢复共和国"
23	奥古斯都转变权力基础；放弃每年的执政官权位
19	诗人维吉尔去世
12—6	征服德意志地区，直至易北河
8	诗人贺拉斯去世
6	（？）耶稣诞生

公元

6	在波希米亚对抗日耳曼部落的战争失败；奥古斯都采取不侵犯政策；罗马帝国的快速扩张进程停止

198

*313	米兰敕令；基督教成为合法宗教，君士坦丁在自己统治的帝国地区优待基督教
324	君士坦丁统治整个帝国
*325	君士坦丁召开尼西亚会议，解决基督徒之间的教义纷争
330	君士坦丁堡成为罗马帝国首都
337	君士坦丁去世
约340	该撒利亚主教、基督教历史学家优西比乌去世；圣安布罗斯与圣哲罗姆出生
354	圣奥古斯丁出生
361—363	罗马皇帝叛教者尤利安；试图恢复异教的官方宗教地位
376	西哥特人在罗马帝国境内作为蛮族盟友定居
*378	阿德里安堡战役；西哥特人打败罗马军队，杀死共治皇帝
379—395	东部皇帝狄奥多西；394—395年整个帝国在他治下再次统一；他去世后，东部帝国与西部帝国永久分裂
393	狄奥多西下令异教非法；基督教成为帝国官方宗教
395—423	西罗马帝国皇帝霍诺里乌斯
397	米兰主教圣安布罗斯去世
406	日耳曼人侵犯莱茵河边界
*410	阿拉里克带领西哥特人洗劫罗马
420	将《圣经》翻译成拉丁文的圣哲罗姆去世
*430	希波主教圣奥古斯丁去世
*476	奥多亚塞废黜罗慕洛·奥古斯都；西部帝国皇帝消失

200

第五章　拜占庭帝国与文明（410—1453）

第一节　引言

西罗马帝国于 5 世纪轰然崩解，东方的罗马政府却得以续延至 1204 年。直到 1453 年奥斯曼土耳其人征服君士坦丁堡，自成一体的恺撒、奥古斯都继任系统才从君士坦丁的首都永久消失。漫长岁月里，社会与政府逐渐变化，冠以"拜占庭文明"与"拜占庭帝国"之名以示与罗马古典文明的区别，当是恰当之举。当然，"拜占庭"之名源自首都的希腊语旧称，君士坦丁将这座城重建为君士坦丁堡。这个名字一针见血，反映出拜占庭社会与文化中居于本质的希腊特征。我们应当牢记，在约八百年中，拜占庭在东方支撑起了远比西方社会更为复杂、并更加开化的社会，东欧正是从拜占庭吸收到文明成果。在我们的时代，东方与西方的分野全面蔓延，其根源之一可在古代罗马世界的分叉中觅得，若能反思到这点，不失为明智。

第二节　政治幸存者

罗马帝国的东方行省苦于面对旷日持久的攻击，这些攻击既来自东方，又来自北方。君士坦丁堡不止一次遭遇东方人或蛮族的围攻。拜占庭得以幸存，原因之一当然是首都利于防御的地理位置，只有结合陆攻与海攻才能拿下它，而几乎所有敌手都无法实现这种结合。小亚细亚拥有战争人力的大量储备，这也帮助了拜占庭。不过，长期存在的货币经济也许是最具决定性的原因，政府得以征收货币税，用货币支付军人与官员的酬劳，而不是征收实物税，或以土地为酬劳。东方的皇帝得以保持至少一支忠诚顺从的核心军队，它直接听命于皇帝，而在西

拜占庭帝国

方，这支力量则十分短命。

    拜占庭的政治史同样蕴含着兴衰变迁，外来入侵常常显出推翻这个国家的势 202
头。然而，每一次帝国都能重整力量，把富于才能的将军推上皇位，大败敌军。
拜占庭势力长久根基于巴尔干半岛东部与小亚细亚西部，有好几次，拜占庭统治
者都能从根基向外扩张势力。5世纪，出于对策略、津贴与军力的综合考虑，日
耳曼人将主攻目标转为西方行省。6世纪查士丁尼（527—565）治下，拜占庭政
府成功夺回意大利、北非部分地区与西班牙东南部。然而这次西扩并不持久。甚
至在查士丁尼依然在位时，北方就出现了新的强敌，讲突厥语的游牧民族阿瓦
尔人入侵匈牙利平原，并再三袭击巴尔干半岛。身为阿瓦尔可汗的臣民与奴隶，

斯拉夫农民开始渗入巴尔干半岛，定居在当下的南斯拉夫与保加利亚。阿瓦尔势力消亡之后很久，斯拉夫民族依然居住在巴尔干半岛北部，有时独立，有时作为拜占庭或其他外来政府的臣民。不过，从 6 世纪开始，讲斯拉夫语的民族主宰了巴尔干半岛北部。罗马帝国统治下，拉丁文化与语言曾深刻影响多瑙河地区，而在此地却黯然失色，逐渐消退。

634 年，拜占庭势力面对的新危机出现了：阿拉伯人受穆罕默德的教义激励，从阿拉伯半岛的家园向外开始大规模扩张，随后十年中，阿拉伯人从拜占庭手中夺取了叙利亚、巴勒斯坦、埃及与小亚细亚部分地区。拜占庭帝国的势力从此局限在小亚细亚西部与巴尔干半岛。

随后数百年里，保加尔人与匈牙利人（或称马扎尔人）发动新进攻，他们是来自中亚的游牧民族；还有 9 世纪后期在基辅建都的罗斯人。罗斯人是来自斯堪的纳维亚的海盗，渗入俄罗斯水系，强行统治斯拉夫人，从而建立起第一个罗斯人的国家。11 世纪，来自中亚的另一个民族塞尔柱土耳其人进攻小亚细亚的拜占庭边境，几乎控制了整个半岛。过了这一时期，拜占庭帝国沦落到单腿独立的境地，根基地区丧失了一半。来自西方的十字军前来援助拜占庭对抗土耳其人，曾一度使巴勒斯坦与叙利亚部分地区脱离穆斯林统治；然而，西方人是危险的盟友，长远地看，拜占庭覆灭的原因里也有他们的份。

203 第三节　社会与经济

在很多方面，拜占庭社会都是后期罗马帝国严密的半等级制社会的延续。当然，6 世纪早期，将人们束缚于职业与出生地的一些规定就已作废；以流动人口为主干的城市生活继续存在，从一开始就缓和了这些规定。拜占庭社会中，城市与其工商阶层得以幸存是最重要的事实。政府正是从这群人中征收货币税，从而引发之前提及的深远影响。拜占庭的文化、观念与态度渗入欧洲的南部中心与东部，主要就是归功于贸易关系。

主要的农业生产方式是由农奴耕种的大庄园。某种类似西欧封建制度的制度出现，在被召集到帝国军队里作战时，大地主应当带上武装。然而，封建军队总是可以获得来自常备雇佣军的增补，皇帝直接控制常备雇佣军，因此获得独立于封建制度的权力。理论上讲，后期罗马政府的专制主义并未受到挑战，还获得了东正教会的有力支持，在多数事务上，教会已然屈居国家之下。

现代学者尚未仔细研究过拜占庭帝国的经济生活。但尽管如此，贸易与工业的大规模发展盛况依然十分清楚。有两项显著的技术进步值得注意：查士丁尼时期，从中国走私的蚕入境，闻名遐迩的丝绸业与出口贸易兴起于随后几个世纪；此外，人们探索出一种名为"希腊火"的化学制剂，用作战争中的强力燃烧剂，烧毁敌船，恐吓敌军。

第四节　文化

拜占庭人并未作出伟大的文化创新。古典希腊语依然是文学语言，另一种稍有不同的语言充当增补，也就是教会希腊语（ecclesiastical Greek）。坊间使用的普通语言与这两种文学语言都不同，因此，教育的重点就在于学习这些学术语言，学成之后则主要参与古代文本的注疏。

神学领域里，希腊式的对抽象论辩的嗜好引发此起彼伏的激烈论战，一系列异端相继出现——聂斯脱利派、一性论派、圣像破坏派，等等。对政府的反抗常常披上宗教的外衣，神学与政治议题不可避免地纠缠在一起。情感压倒了深奥的神学要义，引爆多处暴乱、迫害与反叛。

拜占庭人发展出一种独一无二的艺术风格。查士丁尼的大教堂——圣索菲亚大教堂（Hagia Sophia）——位于君士坦丁堡，创造出之后多数东正教堂纷纷效仿的风格。这种风格的主要特点是由帆拱与扶垛墙支撑的巨大穹顶。教堂的外观并不十分惹人注目，因为扶垛墙把表面分割得杂乱无序；但在教堂内部，巨大的穹顶，连同由马赛克镶嵌画装饰的墙面，始终象征着教会建筑的一大成就。各种绘画流派得以发展，几乎每个画派都在全心全意创作圣像；雕塑创作却由于过于接近偶像崇拜，遭到教会禁止，就此湮没。

查士丁尼下令编纂罗马法，从他的时代到现在，罗马法就意味着那时编成的法典，题为《民法大全》（Corpus Iuris Civilis）。《民法大全》包括四个部分；在罗马漫长历史中逐渐演化出来的法律原则，缩编为一本便于查找的《学说汇编》（*Digest*），而《法学阶梯》（*Institutes*）则作为补充，是一本记载了法律分类与法理学首要原理的教科书。此外，历代皇帝颁布的法令编入《法典》（*Codex*），此后颁布的法令则收进《新律》（*Novellae*）。这四部著作中，前两部在应用方面更为普遍，因而也更为重要，在之后的历史中扮演了强大的角色。中世纪教会的教会法极大地模仿了由《查士丁尼法典》保存下来的罗马法，近代早期的罗马法研究导致多数欧洲国家全面重建法律结构。只有在英国，一套独立的法律体系才能与罗马法抗衡。

第五节　拜占庭文明的影响

拜占庭文化持久影响着西欧，但最重要的借鉴活动要到 1200 年之后才开始，其时，西方自身也有发展，使得西方人更易于接受拜占庭学者保留下来的古典遗产。拜占庭的模式曾激发意大利文艺复兴时期的绘画灵感；13 世纪至 15 世纪，通过拜占庭与阿拉伯的中介，人们得以重新发现希腊古典遗产，这促进了西方中世纪盛期与文艺复兴时期的文化发展。同样，一些意大利城邦为意大利文艺复兴提供社会环境，而它们的大部分工商业技术都得归功于拜占庭与阿拉伯先驱。

对后世历史同样重要的事件莫过于拜占庭势力北扩，影响俄罗斯与东欧。与这些地区的贸易活动捎来了传教事业。9 世纪，巴尔干半岛的多数斯拉夫民族皈依希腊正教。西里尔与美多德是一对兄弟，他们将传教事业拓展到摩拉维亚，并将有关礼拜仪式的著作与其他希腊语著作翻译成古教会斯拉夫语，开启了斯拉夫民族最初的书面文化。希腊字母经过修改成为西里尔字母，以适应斯拉夫语。在俄罗斯、保加利亚和南斯拉夫部分地区，现代人仍使用这套字母，只作了些微修改。

在中欧，拜占庭基督教及其政治影响冲撞了拉丁基督教，以及日耳曼王国的政治势力。但在更为东方的俄罗斯，拜占庭的影响几乎不受挑战。10 世纪，俄罗斯的大公们皈依基督教；随后几代人中，拜占庭的政治观念与艺术传统紧随宗教而来，早期俄罗斯文化成为拜占庭文明与蛮族的结合体。

第六节　衰落与倾覆

1204 年，来自西方的十字军进犯君士坦丁堡。经过复杂的外交谈判，他们包围并攻陷了这座城市。此后在拜占庭的国土上建立起若干短命的拉丁国家，到了 1261 年，一位希腊皇帝再次统治君士坦丁堡。但尽管如此，拜占庭帝国再没能从这次打击中恢复。拜占庭仅仅收回了一部分先前的疆域，此外，帝国的商业活动逐渐落入意大利城邦之手，尤其是威尼斯与热那亚。它们的舰队逐渐控制了海域，在意大利诸城邦的商业帝国主义之下，拜占庭帝国不过是境地危险的抵押物。

14 世纪，一支新兴的民族——奥斯曼土耳其人——崛起于小亚细亚西北部的小公国，开始扩张势力。在围攻君士坦丁堡之前，他们就已拿下了巴尔干半岛的大部分地区。激烈的抵抗之后，这座城市最终于 1453 年落入敌手。随着君士坦丁堡陷落，拜占庭帝国走到了尽头。

第二编第五章扩展阅读

The Cambridge Medieval History. Vol. 4. *The Byzantine Empire*. New York, 1966–67.

Baynes, N. H., and Moss, M. St. L. B., eds. *Byzantium: An Introduction to East Roman Civilization*. Oxford, 1948.

Bury, J. B. *History of the Later Roman Empire*. 2 vols. London, 1923.

Diehl, C. *Byzantium*. New Brunswick, N.J., 1957.

Hussey, J. M. *The Byzantine World*. New York, 1957.

Jenkins, R. *Byzantium: The Imperial Centuries A.D. 610–1071*. New York, 1966.

Kaegi, W. *Byzantium and the Decline of Rome*. Princeton, 1968.

Krautheimer, R. *Early Christian and Byzantine Architecture*. Baltimore, 1975.

Mango, C. *Byzantium: The Empire of New Rome*. New York, 1980.

Nicol, D. M. *The Last Centuries of Byzantium, 1261–1453*. New York, 1972.

Ostrogorsky, G. *History of the Byzantine State*. Rev. ed. New Brunswick, N.J., 1969.

Runciman, S. *Byzantine Civilisation*. London, 1933.

Toynbee, A. J. *Constantine Porphyrogenitus and His World*. London, 1973.

第二编　古典文明（约前 960—900）

Vasiliev, A. A. *History of the Byzantine Empire, 324-1453*. Rev. ed. Madison, 1958.

小 说

Duggan, Alfred. *The Lady for Ransom*. New York: 1953.

Kingsley, Charles. *Hypatia*. New York : 1853.

Lamb, Harold. *Theodora and the Emperor: The Drama of Justinian*. New York: 1952.

Masefield, John. *Basilisea*. New York. 1940.

Masefield, John. *Conquer*. New York: 1941.

Phillpotts, Eden. *Eudocia*. New York. 1921.

第二编第五章年表：拜占庭帝国与文明

公元	
330	在拜占庭的旧址上再建了君士坦丁堡，作为东罗马帝国的首都
395	东部皇帝与西部皇帝分割罗马帝国；此后未能重建中央控制下的统一
527—565	东罗马皇帝查士丁尼；从蛮族人手中收回意大利、北非与西班牙部分地区；编纂罗马法
634—711	阿拉伯人侵犯东方行省；失去巴勒斯坦、叙利亚、埃及、非洲与西班牙
1054	罗马天主教会与希腊正教会最终分裂
1071	曼兹科特战役；小亚细亚大部分地区落入塞尔柱土耳其人手中
*1204	第四次十字军东征；西方人占领了君士坦丁堡，在黎凡特地区建立拉丁国家
1261	希腊皇帝重回拜占庭王位
*1453	奥斯曼土耳其人占领君士坦丁堡；拜占庭帝国最终覆灭

第六章　西方的后继王国

第一节　引言

410 年，阿拉里克洗劫罗马，随后的五个世纪里，一群群匈奴人、日耳曼人、阿拉伯人、匈牙利人与维京海盗入侵、征服、定居，穿行在西欧那些曾经属于罗马帝国的土地上。人口迁移与融合规模极大；各个王国兴崛又垂暮，速度之快令人困惑；罗马文明摇曳不定，在传统上称为"黑暗时代"的岁月里几近绝灭。我们可以把这些混乱的迁移看作三大波入侵浪潮：（1）5 至 6 世纪，日耳曼人入侵罗马行省；（2）8 世纪，阿拉伯人与奥斯特拉西亚人入侵罗马化程度更高的日耳曼王国；（3）9 至 10 世纪，匈牙利人与维京海盗入侵加洛林王朝。

经历一波波的攻击之后，西方行省各民族的经济繁荣降级为本地的自给自足，文化水准沦落为野蛮粗暴。然而，每次入侵过后，征服者的部落或集团都会建立较为强大的政权，吸收并丰富被征服者的文化，因此在每次入侵之后都会出现各式各样的重整恢复。阿拉伯人征服西班牙后，随之到来的复兴将西班牙纳入阿拉伯文明的影响，一直持续了数个世纪；匈牙利人与维京人入侵欧洲西北地区后，事实证明，随后的复兴开创了非常成功的欧洲或西方文明新类型，并一直延续至今。

因此，5 世纪至 10 世纪是灭亡与重生的时代。如何在古典文明与欧洲或西方文明之间分界，各有说法，并无定规。这里选取公元 900 年，主要是因为政治秩序与经济独立大约在那时步入低谷，紧随其后的便是诞生了欧洲文明。从另外的角度看，其他日期也可能更适合分界，从 313 年君士坦丁开启国家与教会的联合开始，到我们这里所选的日期，都可以作为选项。

第二节　第一次入侵浪潮（410—687）

一、新的民族与国家

　　5世纪，其他的一些日耳曼人效仿西哥特人，入侵罗马帝国的西方行省。战利品与更肥美的土地诱惑着渡过莱茵河的入侵者；来自中欧多瑙河流域的其他民族，在对匈奴人的恐惧驱使下到来。

　　5世纪前期，匈奴人以匈牙利平原[2]的草原为中心建立起广阔的帝国。约5世纪中叶，在可汗阿提拉（Attila）的带领下，四处劫掠的匈奴人蹂躏了高卢中部与意大利北部。然而，阿提拉于453年去世，匈奴的力量迅速瓦解。屈居匈奴人统治之下的日耳曼与斯拉夫部落起而反抗，把之前的主人向东驱赶到伏尔加河。

　　匈奴人从中欧消失了，4世纪后期至5世纪早期曾有大规模的民族迁徙，现在这种迁徙失去了最重要的动力之一。在曾经的罗马帝国西方行省的土地上，新出现的日耳曼王国扎根，一种更为稳定的政治格局逐步诞生了。

　　西班牙与法国南部落入西哥特人之手。著名的410年罗马洗劫之后，西哥
特人的首领再次与罗马政府达成协议，接受了西罗马政府的委托，前去西班牙驱逐汪达尔人与其他日耳曼劫掠者。他们大获全胜，建立起自己的王国，这个王国与罗马政府保持着一种正式的，但却只是名义上的臣属关系，直到查士丁尼时代。711年与718年之间，西哥特王国最终被阿拉伯人与摩尔人入侵者推翻。

　　然而，汪达尔人并未被西哥特人摧毁。他们被赶出西班牙，渡海到达北非，在先前罗马帝国的阿非利加行省定居下来。他们还建造了一支海盗船队，以此劫掠了地中海西部海岸，获得了如今还保留在英语单词里的名声——汪达尔主义（vandalism）。533年至534年，查士丁尼摧毁了汪达尔王国。此后，拜占庭在非洲的统治一直保持到7世纪末的阿拉伯人入侵前。

　　在意大利，一系列日耳曼冒险家像操纵木偶一样，操纵了几代皇帝，直至

---

　　[2]　此平原位于多瑙河中游，属于亚洲草原带扩展地带的最西部；不论在匈奴人时代之前还是之后，骑在马背上入侵欧洲的草原民族渗入那片平原，并就此定居。森林与山脉封锁了进一步向西前行的通道；在这些地区，要想为马匹找到全年的饲料并不容易。这种地理限制影响了来自中亚的牧马游牧民族的侵犯，在决定欧洲历史进程时举足轻重。一波又一波来自亚洲的入侵者出现在匈牙利，并继续向西侵犯，他们往往占有军事优势，但从未尝试在西欧树木丛生的国度里永久定居。

476 年。就在那一年，奥多亚塞结束了这场闹剧，开始以东罗马皇帝的"贵族"（patricius）的名义统治意大利。493 年轮到他被狄奥多里克推翻，狄奥多里克是东哥特王国的国王，受东罗马皇帝委托推翻奥多亚塞。狄奥多里克（Theodoric，493—526）随后建立起蛮族王国中力量最强、统治最稳的王国之一。然而，东哥特王国并未比他的建立者长寿多少，535 年至 554 年，在一系列旷日持久的战争中，查士丁尼收复了意大利的大部分领土。这些战争破坏性极大，相比之前所有的混乱，这些战争更能摧毁意大利的罗马文明。另一支日耳曼民族的出现加重了意大利的灾难——伦巴第人，于 568 年从多瑙河流域入侵。此后，伦巴第人与拜占庭人屡屡开战，导致意大利分裂成许多互相敌对的行省，一些属于拜占庭，一些属于伦巴第人。

在不列颠，约 420 年，罗马政府走到尽头。最后的罗马军队撤退，留下不列颠人尽自己全力对抗蛮族邻人的袭击。就在这一时期，亚瑟王与骑士的传说初具雏形，将在之后的中世纪文学中光辉显赫。然而，不列颠人无法长久护卫自己的土地。约 5 世纪中叶之后，朱特人与盎格鲁－撒克逊人从当今荷兰、德国西北部与丹麦海岸渡过北海而来，定居规模越来越大。入侵者并非一次到齐，也并非大批人马浩浩荡荡而来。他们建立起一些独立的王国，逐步将不列颠人向西驱赶到康沃尔与威尔士地区。

西罗马帝国最大、最富庶的地区是高卢，从比利牛斯山与地中海向北延伸到莱茵河。直到 5 世纪，发达的高卢中心地区还是处于罗马统治下。然而，210 486 年，萨利安法兰克人的国王克洛维击败了残余的罗马势力，随后将当今的法国北部并入他的王国。直到克洛维的时代，法兰克人依然是一支人口众多但相对落后的民族。其他侵入罗马帝国的日耳曼部落早已皈依基督教（盎格鲁－撒克逊人除外），但法兰克人依然还是异教徒。此外，法兰克人未能组织起一个统一的国家，许多较小的部落保持着分散状态，松散地联结成两大集团，一是萨利安（现今比利时与荷兰南部的沿海地区），一是利普里安（莱茵河中游地区）。凭借残酷无情的个性与军事上的成功，克洛维将法兰克部落联合成一个王国。在克洛维及其后代治下（481—561），法兰克人的势 211 力几乎涵盖了整个高卢地区，并远远延伸到德意志。在罗马帝国的土地上，勃艮第人与阿勒曼尼人建立了较小的日耳曼国家，后来这些国家都被法兰克

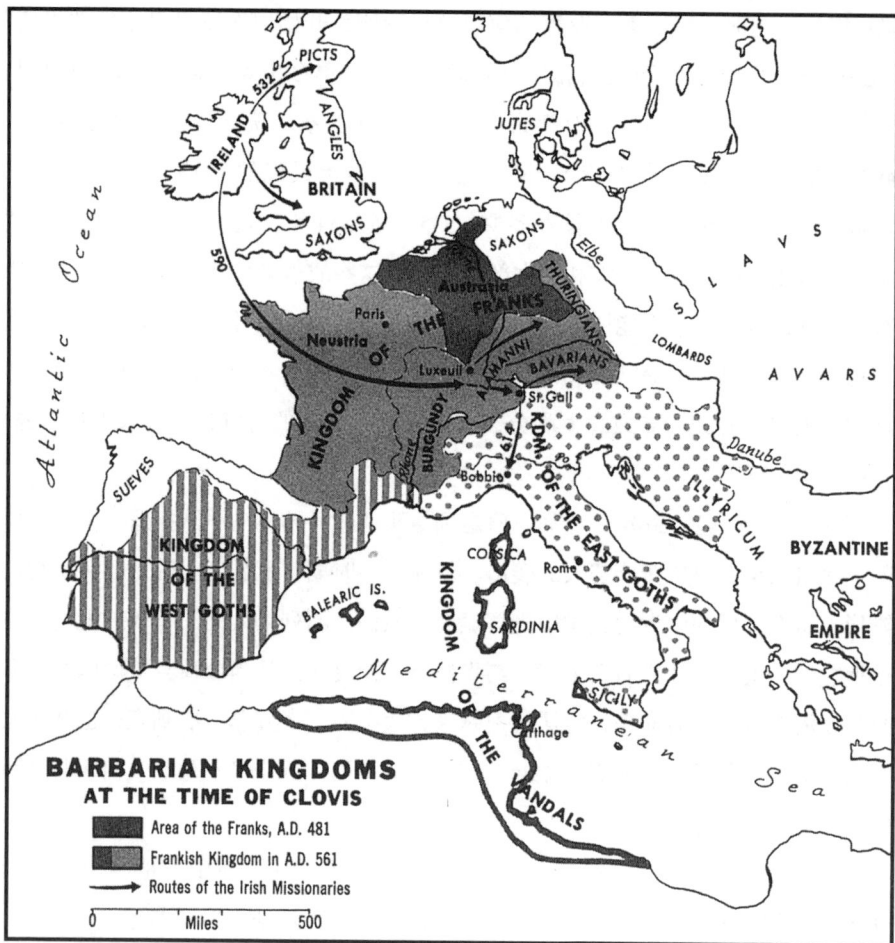

克洛维时代的蛮族王国

王国兼并，同时法兰克人还动用战争与狡猾的外交手段，将西哥特人赶出高卢南部。在德意志，法兰克人的势力延伸越过了旧日的罗马疆域。在东部，图林根人与巴伐利亚人的家园沦落至半独立的境地。只有东北的萨克森部落依然保持着完全的独立。

因此，到了6世纪中叶，法兰克王国就已成为日耳曼后继国中最强大、最辽阔的王国，也是唯一一个长久存在的王国，德国与法国这两个现代国家起源于此。

496年，克洛维与其臣民皈依天主教，这是法兰克人获得成功的一大原因。罗马帝国土地上的其他日耳曼民族大多是阿里乌派的信徒（信仰异教的盎格鲁-

撒克逊人除外），因为在 4 世纪，经由阿里乌教派传教士之手，多瑙河流域的日耳曼部落才皈依了基督教。在西罗马帝国的人们眼里，他们的日耳曼统治者都是邪恶的异端，许多人都欢迎皈依天主教的法兰克人，视法兰克人为帮助他们摆脱异端束缚的救星。正因如此，法兰克王国能集合日耳曼人与罗马人双方面的支持；并且西方的其他日耳曼王国将势力建立在小型的征服者集团基础上，而法兰克王国却不然。

法兰克人的习惯与法律不区分私人继承与公共继承。因此，克洛维和他的继任者一次次在男性后嗣中瓜分王国。法兰克王国的统一性维持得十分松散，屡屡爆发敌对兄弟与堂兄弟之间的战斗。克洛维的儿子全部去世后，561 年，王国明显分裂成两部分：纽斯特里亚（"新地"，大致相当于法国北部）与奥斯特拉西亚（"东地"，沿着莱茵河）。奥斯特拉西亚的人口几乎全是日耳曼人，与纽斯特里亚相比，文化上要逊色不少。在纽斯特里亚，罗马人与罗马风俗幸存，拉丁语在日常用语中保持着首要地位。

二、教会（410—687）

1. 教会组织：教宗权的兴起

西方行省的官僚行政崩溃，从而教会得以接手许多政府职能。作为罗马人的领袖，主教变身为重要的政治人物。此外，遇到需要读写能力的工作时，蛮族国王也经常依赖神职人员，若无这些神职人员，蛮族政府就无法运转。

教会的组织方式渐渐适应了社会生活的现状。最初的基督教团体集中在城镇，但随着城镇生活的衰落，且有农村人口皈依基督教，由主教管理的乡村教区开始组织起来。主教大多留在城镇，或是原先有城镇的地方。此外，由民众选举主教的方法衰落了，选举权被合法地委托给主教教区（用来称呼主教管辖的地区）的神职人员。然而，事实上，当地的富人与蛮族国王往往能操控主教选举。

后期罗马帝国的皇帝很少光顾罗马城，且从不在那里居住，罗马城的主教们因此得以享受广阔的活动天地。作为帝国的古都，罗马城享有无上荣耀，而根据早期传说，罗马教会是由十二使徒之首彼得创立的，这又增添了罗马城的光辉。

最迟到 4 世纪，罗马城的主教——人们通常称之为教宗——就公布了"彼得首位论"（Petrine supremacy）。此理论声称教宗是圣彼得的直接继承人，是基督教会各个分支机构的合法领袖。这一诉求以《马太福音》中耶稣的一段话为基础："我还告诉你，你是彼得，我要把我的教会建造在这磐石上，阴间的权柄不能胜过他。我要把天国的钥匙给你，凡你在地上所捆绑的，在天上也要捆绑；凡你在地上所释放的，在天上也要释放。"（《马太福音》16：18—19）

以对这段话的解释为基础，4、5世纪的教宗再三干预其他主教教区的宗教纷争与问题。尽管并没有明确定义教宗的权力范围，但西方的主教大多承认罗马城的至上地位。而在东方，教宗的诉求从未得到广泛接受。希腊正教从罗马天主教会中分离出来，原因之一就是关于教宗权力的争论。

在组织教宗君主制，塑造罗马天主教传统的过程中，有两位伟大的教宗值得一提。利奥一世（440—461）大力宣称教宗在教义问题上拥有最高权力，并使一次教会会议（卡尔西顿，451）接受他对基督神人二性的阐述。对于教宗权而言，这是一次巨大的精神胜利。他还曾在452年率代表团，劝说阿提拉放弃攻击罗马，这更增添了他的声誉。然而，希腊人并不满意利奥一世有关基督的理论；一代人之后，拜占庭皇帝试图改变利奥一世的定义，东西方教会之间出现第一次公开内讧。

213

这并非是永久的分裂。但从5世纪开始，两大教会就分别独立发展。教宗权力局限在拉丁基督教世界；东方的拜占庭皇帝强力控制着教会组织，在许多问题上，希腊正教会沦为国家政策的被动工具。查士丁尼时代之后，拜占庭皇帝收回罗马及周边地区的控制权，试图将教宗制削弱到相似的附属地位，但遭到了许多教宗的抵制。争端过后，教宗们转变成教会摆脱一切世俗控制的斗士。

590年至604年的教宗格里高利一世巩固了教宗制的独立性。在他的一生里，伦巴第军队与拜占庭军队瓜分了意大利。格里高利在两支世俗势力之间小心行事，挑拨离间。他成了罗马实际上的统治者，组织起针对一切外来者的防御，只在名义上附属于拜占庭。他的行动标志着教宗国形成的重要阶段，之后在意大利中部确实出现了教宗国。

格里高利有效地领导了西方的主教，发起在英格兰的盎格鲁－撒克逊人之中传教的事业，7世纪，英格兰进入拉丁基督教世界。

2. 修道制度

从早期基督教开始，寻求神圣生活的人惯于到巴勒斯坦、叙利亚，或是埃及的沙漠中隐居，成为孤独的苦行者或隐士。4 世纪，埃及的隐士已成为一种习惯，他们一起礼拜、读经和其他祷告活动都已成了固定流程。这种做法最早从埃及传到东方的其他地区，而后传到西方。欧洲的气候条件更为严苛，埃及修道士极端禁欲的生活行不通。所以，欧洲修道士不像埃及修道士那样住在洞穴或是孤零零的小屋，而是在特意建造的房子里群居，这些建筑物就是修道院。

直到 6 世纪，西方各地的修道制度差异不小。不过，约 529 年，在意大利的卡西诺山，努西亚的圣本笃（St. Benedict of Nursia）为一群聚集在他身边的修道士设计了一套规定。之后，其他修道院渐渐采纳了《圣本笃会规》。在推广本笃修道制度的过程中，格里高利一世的角色尤为突出，他利用教宗的声望，确保西方大部分地区都采纳这种制度。修道士按规则（拉丁语：regula）生活，他们因此被称为修院教士（regular clergy），区别于在俗教士（secular clergy）——主教、神父、助祭，等等。

214

确保修道士自身灵魂得到拯救，这是修道生活的中心目标。有鉴于此，《圣本笃会规》详尽细致，包括修道士的日常生活、衣着与行为，还有修道院的组织。修道士主要从事祈祷和礼拜，也安排了体力劳动与学习的时间。世人眼中的修道院极其神圣，那时大有战火纷飞，小有暴力不断，相比院外的世界，修道院的土地与建筑很少受破坏。修道院成了蛮族世界里的避难所，许多基督教与异教著作得以幸存，还得归功于修道院图书馆里保存的手抄本。博学会导致自负，因此修道院并不鼓励修道士学习；然而在黑暗时代，学习活动往往集中在修道院学校里。每所修道院的运转由修道院院长负责，院长应该由修道士选出，但实际上就像选举主教一样，经常由世俗的富人与统治者选出。

3. 爱尔兰基督教

432 年，不列颠人圣帕特里克（St.Patrick）开启了爱尔兰的皈依之业。数年之内，爱尔兰就成为基督教国度，但帕特里克建立的爱尔兰教会有许多特点，相异于基督教世界的其他地区。相比本笃修道院，埃及式的修道院才是主流的宗教机构。罗马天主教会里存在着在俗教士的等级制度，但在爱尔兰却无从觅得。

爱尔兰修道士在两个方面表现非凡：热心学习，热情传教。十分奇怪的是，那时希腊语的知识早已在西欧的其他地方销声匿迹，而爱尔兰的修道士却懂得希腊语，他们的拉丁语水平也足以傲视欧洲大陆居民。爱尔兰传教士首先到达苏格兰与威尔士，其次是英格兰与欧洲大陆。圣高隆邦（St.Columban，逝于 615 年）在欧洲大陆建立的著名修道院至少有三个：法国的吕克瑟伊修道院（Luxeuil），瑞士的圣加仑修道院（St. Gall）、意大利的博比奥修道院（Bobbio）。加洛林王朝时代，这些修道院，连同众多分支机构，在提升西方教会知识水平的过程中功不可没。

215 　　对于罗马天主教，爱尔兰教会另有一大贡献。爱尔兰修道士最早发展了个人忏悔的圣事，完善了中世纪教会建立的圣事系统。七大圣事——圣洗圣事、坚振圣事、婚配圣事、傅油圣事、圣体圣事、忏悔圣事、圣秩圣事（最后一项仅适于神职人员）——都是"内在恩典的外在标志"。圣事由按期任命的神职人员主持，为基督徒打开灵魂获救的道路；教会本身则是世人眼中的通道，将天主的救赎恩典传达至负罪的凡人。圣事系统的发展史引发了新教与罗马天主教学者之间的争论。有些元素在早期基督教就已存在，例如圣洗，但整个系统的权威定义要到13 世纪才出现。

4. 教会的蛮族化

　　尽管一些教宗、修道士和爱尔兰传教士曾付出努力，但 6 至 7 世纪，西欧教会还是经历了知识与道德的严重衰落。法兰克人与其他日耳曼民族保留着许多异教观念与习俗；受过教育的罗马人几乎绝迹。这种情况下，许多迷信习俗渗入基督教仪式，不少异教神以基督教圣人的面目重见天日。

　　主要通过遗赠，教会获得了广阔的土地与其他财富，这是教会衰败的一大原因。随着教会财富增加，高级神职吸引了不安分的贵族，贵族子弟担任圣职的情况屡见不鲜，为的是享受主教或修道院院长职位的特权。许多高级教士过着放纵暴力、纸醉金迷的生活，所作所为与世俗贵族相差无几。让这些人领导教会，虔诚信仰与传教事业就会无法避免地遭到破坏。

　　事实上，教宗制本身就成了地方罗马贵族之间争斗内讧的目标，在道德高度与知识水平上，许多教宗未必优于其他主教。相比而言，利奥一世与格里高利一世这样的人简直鹤立鸡群。

三、政府、社会与经济

入侵罗马帝国的日耳曼民族习俗各异，在踏上罗马帝国的土地之前，他们就已达到了不同的文化程度。总体而言，相比渡过莱茵河而来的民族，来自多瑙河地区的民族浸染了更多的文明成果。因此，最初定居罗马领土时，相比法兰克人，哥特人的社会内部分化更明显，政府系统也更明确。

日耳曼人的原始习俗与其他印欧民族相似。父权家庭、部落组织、战争首领 216（或多或少由选举产生）、贵族会议、自由武士大会，诸如此类的基本构成可能存在于所有日耳曼民族中。日耳曼人与罗马社会的接触日益密切，这些基本构成也发生了多种变化。通常情况下，武士大会遭到削弱，甚至完全消失，而首领的权力扩大，演变成王权——无论是战是和都具效力，且可以世袭。因此，克洛维和他在高卢的继承者享有不担责任的权力，只有无法无天的臣属才可对此稍有制约。

内部动乱长期困扰着法兰克王国的政府。私人争斗往往诉诸暴力；一队队人马全副武装穿梭乡间，一路抢掠，不分敌友。相比而言，意大利的东哥特王国政治有序，中央政权维持乡间和平的举措更为有效；然而，查士丁尼的征服带来漫长的战争，若论政治秩序，意大利倒退到与高卢相差无几。

日耳曼国王下令起草的许多法规，保留到了今天。它们主要处理犯罪问题，规定了对他人犯下各种罪行的人应缴纳的赔偿金（wergild）。通过不同的赔偿金，我们可以识别出日耳曼人之中存在的社会阶层，但是各种术语往往含义不明，人们对如何解释它们争论不休。似乎可以肯定的是，并非所有日耳曼人皆自由；要想完全融入部落集团，基本条件似乎是要拥有武装。此外还存在着专事战争的首领或"贵族"。他们以战利品为生，附属者耕种田地以供养他们，另外还有部落低等成员送来礼物，以答谢他们提供的保护。这类贵族视国王为同等人之首，而不是罗马式或东方式的统治者。辅佐国王的议会或法庭成员也从他们之中产生。

当定居罗马帝国行省时，日耳曼部落并未抛弃祖传的习俗，也未将罗马人纳入部落组织。国王一如既往地领导着日耳曼追随者，根据罗马法和惯例统治罗马人。日耳曼人仅仅给自己拨出了一部分土地。他们的首领取代了财产尽被剥夺的罗马人，以地主自居，并以这些土地的收入供养一群家臣。实际上，当时有两套法律体系、两个社会并存，国王是两者之间唯一的合法联系。当然，日耳曼人拥有武装，是占据统治地位的少数方。他们动乱不安，无法无天，私人争斗往往导致血案，并会袭击或多或少手无寸铁的罗马人，事后又获得赦免。

与其他蛮族王国不同，在法兰克王国，罗马人与日耳曼人的分离没有那么明显，一定程度上是因为没有宗教差异带来的障碍。罗马人与法兰克人一同担任公职，族间通婚时有发生。政府试图存续罗马的行政体制，以此管理罗马人。然而，税收系统很快崩溃，此一时期将近结束时，国王不得不依靠王室领地的收入，也就是国王私人地产上的耕者缴纳的地租。

有类官员名为伯爵，执掌特定地区的司法事务，按照规定，他们应当把法庭罚款的一部分上交给国王。然而，由于各种各样的地方土地所有者可以买来豁免权，游离于国王的司法之外，这套体系也崩溃了。主教尤其受惠于这种豁免权——可以买来，也可以由人授予。地方法庭由主教与当地富人掌管，因此趋于完全的自主司法。这种情况下，公共职能、权利与私人财产权混为一谈。也就是说，私人庄园也趋于成为政治单元，由"领主"统治。法律依然因人而异；也即，按法兰克人的法律审判法兰克人，按罗马法审判罗马人，按勃艮第人的法律审判勃艮第人，诸如此类。同时，各个庄园的当地习俗不尽相同，这些习俗逐渐获得法律效力，法律制度与程序的一致性消失了。

5—7世纪，在法兰克王国的纯日耳曼聚居区与英格兰，稳定的社会分层出现了，拥有土地的贵族也逐步发展。然而，配备武装的自由民依然为数众多，他们自耕自种，在国王召集下抵制入侵者，参与劫掠远征。就算他们早已从罗马化更彻底的南方日耳曼王国消失，但在奥斯特拉西亚与英格兰，他们依然保有影响力。

罗马时代晚期，由农奴耕种的大庄园已成为农业生产的一般形式。日耳曼人入侵未能改变这一系统。一些庄园过去属于罗马人，日耳曼武士—贵族原封不动地接手了它们，并遵循原先的管理方式。其他庄园仍归罗马人所有，未受损坏。在纯日耳曼聚居区，类似的庄园相继出现，尽管我们并不能利用现存的文献分析它们形成的过程，且只能推测发展的原因。

原先的罗马帝国领土上，战争、饥荒与疾病持续削减人口。大片开垦过的土地重新变成森林。然而，在纯日耳曼聚居区，人口很可能继续增长，新的田地被开垦出来，农业技术也获得改进，尤其是在采用铧式犁之后。而另一方面，罗马人聚居区的农业技术水平倒退：一些古罗马农业技术只存在于教会的土地上，尤其是修道院的土地。例如在高卢地区，种植葡萄成为修道院的专职；一些修道院出口葡萄酒，远至不列颠，甚至还能出口到拜占庭。

不过这样的贸易并不普遍，规模也不大。蛮族王国内部长期混乱，每个庄园自给自足，这些因素都阻碍了贸易与城市工业的发展。罗马时代后期幸存的少数城镇继续衰落；远距离贸易大多由小商小贩进行，其中很多都是叙利亚人或犹太人。

由此看来，社会趋于分成三大集团：底层是一大群耕种土地的农奴；他们之上有两种领主，一是教会的高级教士，一是武士。

四、文化

在蛮族王国，尽管生活环境乱成一团，但人们并未彻底停止耕耘知识与文学。一批教科书编者收集异教学问的断片，将他们编进初级读本。随后数个世纪里，修道院学校和主教学校都使用这种读本。世俗的学习可分为七艺（liberal arts）：语法、修辞、逻辑、算术、几何、天文、音乐。然而，在这些条目之下，不过幸存了一些异教学术的残编断简。

实际上，教育通常只能让人不尽完美地掌握拉丁语，此外仅有一些零碎的高级知识。民众使用的语言出现了自我简化，书面拉丁语成了学术语言，只会让普通人莫名其妙，甚至连古罗马行省的居民都无法读懂。从大众拉丁语（或通俗拉丁语）适时演变出各种罗曼语：法语、西班牙语、意大利语，等等。各地方言诞生，直到很久以后，新出现的语言才成为书面语言。

总体说来，知识生活与艺术生活都在走下坡路，尽管如此，还是数得上一些影响后世的作家。波爱修斯（Boethius，524 年去世）是东哥特人狄奥多里克的高级官员，将亚里士多德《工具论》的部分内容翻译成拉丁文，并在身陷囹圄等待处决时创作了《哲学的慰藉》（*Consolations of Philosophy*）。《哲学的慰藉》可谓佳作，似乎透着古代异教哲学的神韵。

对于后世而言，更重要的是教宗格里高利一世（约 540—604）的著作。他写作了《论教牧职守》（*Pastoral Care*），其中规定了主教的职责，并出版了布道文集，还有一本名为《道德论》（*Moralia*）的宗教故事集，主要形式是评注《约伯记》。这些著作在中世纪广受欢迎。在确定教堂布道的风格与内容方面，它们的影响尤为突出。格里高利的布道以诠释圣经文本为基础，经常引用趣闻轶事作例证。他的神学理论反映出当时的许多大众习俗与信仰。在他的著作中出现了炼狱（purgatory），这是早期教会的神父们未在著作中提及的理论。灵魂在死后立刻前往炼狱，为在人间犯下的罪行忍受苦难的惩罚。他还提出向圣人祈祷同样有效，相信天使与恶魔常常会插手人们的日常生活。他极其有力地影响了之后数个世纪，以致获得了与安布罗斯、哲罗姆、奥古斯丁相提并论的传统地位，并列教会四大拉丁圣师。

图尔的格里高利（约540—594）写下《法兰克人史》，描绘了5、6世纪的高卢生活，十分有趣生动。一个野蛮、残忍、迷信的社会浮现纸上。在格里高利的时代，他算是受过良好教育的人，但还是无法书写正确的古典拉丁文。不过，他至少部分摆脱了西塞罗式拉丁文严格的语法限制，风格更为热情鲜活。

艺术领域里收获甚少。除去意大利境内拜占庭工匠建造的几座拜占庭式教堂，石头建筑几近绝迹。爱尔兰修道士拥有高超的手抄本插画技艺，欧洲大陆在此方面也有所成就。通过吟诵经文、唱赞美诗、吟祈祷文等活动，音乐扩大了在教堂礼拜中的作用。这种歌吟具有固定的调式，出于某些我们不得而知的原因，教宗格里高利一世的名字与之相随——格里高利圣咏（Gregorian chant）。

第三节　加洛林时代早期（687—814）

一、第二次浪潮：阿拉伯人与奥斯特拉西亚人入侵

711年，阿拉伯人与摩尔人入侵者从非洲进入西班牙，随后七年里推翻了西哥特王国。720年，他们越过比利牛斯山继续前进，占据法兰西南部，向四面八方进攻。十三年后，在图尔附近，查理·马特率领的法兰克军队遭遇并击败了阿拉伯军队。从那时起，阿拉伯人的统治就逐渐向南方退缩。相比在陆地上取得的胜利，阿拉伯人在海上的胜利或许更为重要，因为他们夺取了地中海西部的统治权，得以在约三个世纪里随意袭击沿岸的基督教地区。他们的海上势力隔断了法兰克王国与拜占庭之间便利的往来通道，之前几个世纪里，法兰克地区与地中海东部保持着小规模远途贸易，如今这种贸易几乎全部停止。

几乎与阿拉伯人进犯欧洲同时，法兰克王国的罗马化行省屈服于另一场来自东方日耳曼地区的入侵。克洛维的孙子及其继任者们未能保持建国者的活力与残酷。相反，他们沦为有名无实的傀儡，大权旁落至宫相（Mayor of the Palace）手中。687 年，奥斯特拉西亚的宫相丕平在战争中大败纽斯特里亚的竞争对手，将纽斯特里亚纳入统治。克洛维家族的国王（即墨洛温王朝国王）依然有名无实，但加洛林时代也许就该从此时算起（丕平的家族被称为加洛林家族，命名来自其最著名的成员查理大帝，或称查理曼）。丕平的儿子查理·马特（Martel 意为"锤子"）继承父业，在其治下（714—741）日耳曼人第二次入侵纽斯特里亚。查理着手恢复克洛维时代以来分裂成众多独立地区的法兰克王国。为了确保拥有一支军队与忠诚的追随者，查理征用了大片纽斯特里亚的土地，将其赐予奥斯特拉西亚的战士，以此交换战士的军役。他还从教会手中夺取了大量财产，尽管并没有采用直接没收的方式：通过合法的"采邑"（*beneficium*）途径，所有者（这种情况下是教堂或修道院）将土地赠予居住者，以换取各种服务（这种情况下是保护）。这种采邑不过勉强伪装了没收，查理期望获得采邑的人在他的军队里定期服役，他的期望也的确实现了。

军事战略的重大转变与查理·马特的举措有关。在他的时代之前，奥斯特拉西亚军队主干是自由民，是以剑与盾武装起来的步兵。查理下令，凡是接受他赠予的地产与采邑的人，都应当自备马匹，以重装骑兵的身份服役。正因如此，733 年，查理才得以在图尔附近击败阿拉伯人；有了这支军队的帮助，他继续进发，重又统治脱离法兰克王国的巴伐利亚人与阿勒曼尼人。就这样，他将整个法兰克王国统一在克洛维时代以来最强大的政府之下。墨洛温时代晚期，权力分散的趋势就已十分明显，此时查理·马特的政治与军事改革暂时遏止了这种趋势，法兰克王国进入第二个快速扩张、军事征服时期。

二、加洛林君主制与帝国（751—814）

查理的儿子矮子丕平继承了父亲的宫相地位，成为法兰克王国实质上的（*de facto*）统治者。751 年，经过教宗同意与法兰克主教主持的仪式，他成了法兰克人的国王。墨洛温王朝的末代国王遭废黜，被送到修道院里度过余生。

丕平的国王头衔并不合法，这促使他祈求教宗的恩典，教宗的认可有助于粉饰他的篡位行为，让这场篡位显得既高尚又正当。教宗同样急需丕平的援助。从名义上讲，罗马及其周边地区仍是拜占庭帝国的一部分，但在教堂礼拜的圣像问题上，教宗与拜占庭统治者争论不休，绝不会期望拜占庭对罗马实行有效的军事控制。此外，伦巴第人大费心血，意图征服意大利全境，严重威胁罗马帝国的旧都。

在这种情况下，丕平与教宗足以互惠互利。754年，教宗去往高卢，在那里根据古希伯来人的登基礼为丕平正式加冕，并宣布丕平是罗马人的"贵族"。作为回报，丕平将一支法兰克军队领进意大利，打败了伦巴第人。两年后法兰克人再次入侵意大利，将意大利中部的大块土地献给教宗，由教宗实行世俗统治（756）。教宗国由此建立起来，成为意大利的众多公国之一，一直持续

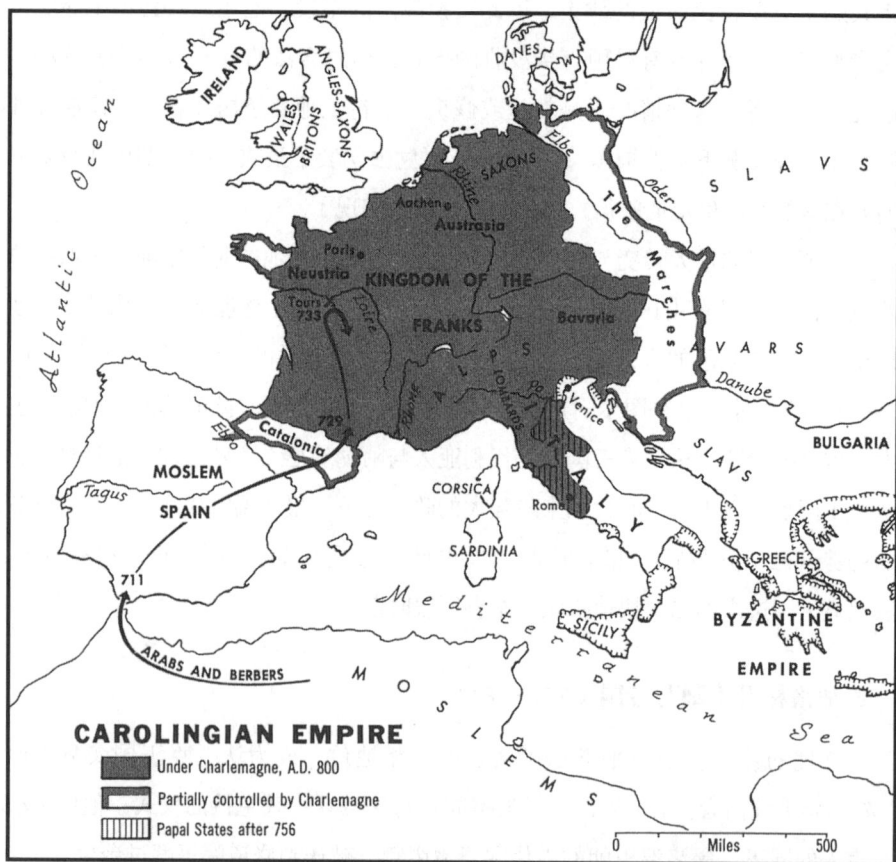

CAROLINGIAN EMPIRE

Under Charlemagne, A.D. 800

Partially controlled by Charlemagne

Papal States after 756

加洛林帝国

到 1870 年。

丕平去世（768），他的两个儿子瓜分了王国，不过三年后小儿子就逝世了，查理大帝——或称查理曼——将王国再次统一在自己手中。查理曼沿用了父亲与祖父的政策。通过一系列战争，他征服了伦巴第人，戴上了伦巴第的铁王冠（774）。随后他的注意力转向东方，独立的萨克森人依然居住在威悉河与易北河流域，他们信仰异教。萨克森部落屈服于旷日持久的苦战，被迫接受基督教。 进一步的战争巩固了查理曼对巴伐利亚人的控制，巴伐利亚人先前曾在法兰克王国中享有半自主的地位。这些战事把罗马—日耳曼世界统一在一个国王之下（英格兰的盎格鲁-撒克逊人与斯堪的纳维亚人除外）；东部边境大致沿着易北河，查理曼在东部边境发起一系列战争，将日耳曼势力向东远远拓展到斯拉夫地区。就像先前的匈奴人一样，阿瓦尔人在匈牙利平原建起汗国，而在 796 年，阿瓦尔人遭遇毁灭。在南方，法兰克势力穿越比利牛斯山，侵入加泰罗尼亚。

由此看来，到 800 年，法兰克人的王国就已威风凛凛，至少就地域面积而言是如此。即将成为西方文明中心的地区几乎全在版图里。就在那一年，查理曼光顾了罗马。800 年的圣诞日，他参加了圣彼得教堂里的弥撒，当他虔诚地跪下时，教宗利奥三世为他加冕，成为罗马人的皇帝。与此同时，聚集的人群为这位恺撒、奥古斯都与君士坦丁的继承人欢呼。在他的余生中，查理曼致力于让拜占庭承认他的新皇位。他于 814 年，去世前不久，拜占庭皇帝同意确认教宗的加冕，以此交换亚得里亚海北部的领土。

三、加洛林王朝政府

查理曼的帝国疆域辽阔，基本沿用先前的政府形式。伯爵有权代表帝国管理地方事务，边境事务则由专职官员负责，名为边疆伯爵（margrave），拥有更广泛的管辖权，权力更大，以保护王国免受入侵。然而，加洛林王朝统治者富于实力与活力，相比墨洛温王朝后期的统治者，他们更能确保伯爵谨慎尽忠。皇家巡回特使负责检查伯爵的行为，一旦发现伯爵玩忽职守，就会剥夺伯爵的权力。司法制度也发生了改革，由地方地主组成的陪审团进行判决——后世陪审制度的萌芽。

军队有两个来源：征来的自由民及接受过国王赐土的骑兵。骑兵的战斗力远超未受训练的农民士兵；查理曼经常远征，专业士兵越发重要。这样的发展预示着封建体系的出现。直到查理曼时代之后，骑兵才开始大规模篡夺国王的权利，建立起史学家所说的封建制度。

国王自己依赖于地产的收入。征战间隙，查理曼带着随从周游各处庄园，因为任何一处庄园都无法长期满足宫廷的经济需要。战利品（主要来自阿瓦尔人，他们通过劫掠积累了大量钱财）可以补贴王室收入，部分司法罚款也可作为补充。

四、教会

教宗与加洛林王朝的联盟带来了教会的大复兴。来自英格兰的传教士是推动复兴的主要人物。在英格兰，爱尔兰传教士已树立了榜样，他们拔高了知识水平与虔诚程度，并远超欧洲大陆。圣博尼法斯（680—753）生于英格兰，一生都致力于促使德意志中部的巴伐利亚人与图林根人皈依基督教。他在德意志中部建立教会组织，建立或改良了修道院，使其成为宗教崇拜与知识的重要中心。查理曼接手基督教的传教事业，强迫萨克森人皈依。

在位期间，查理曼密切关注教会事务。他任命主教，操控修道院院长的选举；甚至连教宗都得时不时低声下气地接受他的指示。他的政府非常依赖主教，经常任命主教为巡回检查官。此外，他还授予主教大量的王室特权，尤其是在不久前才皈依基督教的德意志地区。德意志的主教因此成为大片领地上的小君主，不是自设宫廷，就是充当中央政府的代理人。

五、社会与经济

加洛林时代并未出现经济复兴。阿拉伯人有效切断了西方与文明更发达的东方之间的贸易；城镇生活依然陷于衰败。经济完全依靠农业。在大庄园——我们现在可以称之为封地——农奴耕种土地，将一部分劳动成果交给庄园主。此外，农奴还遭到强迫，不得不在地主直接控制、经营的领地上劳作。

拥有土地的小农长期忍受着加洛林政府的兵役。一些人提升为职业军人，自己当起地主；另一些人则沦落至依附境地，向地主交地租与劳力。就这样，德意志社会逐渐趋同于罗马人地区的社会；但在更为偏远落后的地区，尤其是在边疆地区，自由民很少被征入伍参加远征，因为他们需要保护自己的家园免受入侵。在这些地区，原有的日耳曼社会形式一直持续到加洛林时代之后。

早期基督教艺术

　　基督教艺术承担着向未受教育的基督徒传授教义的功能。此外，对于整个 225
教会而言，艺术象征着基督与使徒的光辉，以及圣徒的神圣。若统治者成为基督
徒，他们的权力与光辉也会成为基督教艺术的适宜主题。

《基督教使徒》，罗马多米蒂拉墓窟
4 世纪中期
（慕尼黑希尔默出版社）

早期基督徒随时期待着基督再临。这幅湿壁画描绘了使徒等待主的归来，以裁决生者与死者的情景。

226 **《查士丁尼皇帝与随从》，拉韦纳圣维塔教堂**
约 547 年
（慕尼黑希尔默出版社）

然而，两百年后，得胜的基督并未归来，查士丁尼填补了空缺。在这里由人来裁决人，但目光依然紧锁于超凡的目标与超验的真实。镶嵌画技术成为拜占庭艺术的特征，但从未在西方拉丁世界扎下深根。

拜占庭艺术

《秃头查理加冕》
雷根斯堡的圣埃默兰（St. Emmeran of Ratisbon）的《金装饰经》（*Codex Aureus*）细部
完成于 870 年，慕尼黑国立图书馆藏
（慕尼黑希尔默出版社）

在这幅加洛林时期的手抄本装饰图中，秃头查理坐于王位，天主之手出现在他的头上方。他的两位尘世的拥护者各占一侧，各自拥有对应的天使保护人，悬在天穹之上。这样的组合提供了一种中世纪政治理论与宇宙论的视觉表达，明晰而简洁。

228 《凯尔经》的首字母页"XPI"
8 世纪晚期，都柏林三一学院图书馆藏
（都柏林三一学院董事会）

这些经过泥金装饰的首字母来自《凯尔经》，绘于一座爱尔兰修道院。曲线的模式丰富了装饰的几何风格，经由草原民族以及后裔，这种风格在欧洲与亚洲广泛传播。然而，论精细度与复杂度，其他地方的作品都不能与这一页相提并论。就其本身而言，它恰当地象征了这一点：爱尔兰基督教文化建立在蛮族凯尔特人的根源之上，已早早臻于精致。

六、文化

加洛林时代的教会改革包括提升文化素养，鼓励神职人员学习。查理曼创立了一个宫廷学校，由英格兰人阿尔昆（Alcuin，逝于 804 年）管理，学校成员忙于从事教学，收集资料，抄写手抄本，自己也著书立说。但大部分作品都并不出色：《圣经》注解、关于七艺的对话、各式各样的百科全书，等等。助祭保罗（Paul the Deacon，逝于约 797 年）写下《伦巴第史》，书中充满了教化故事与奇迹故事；艾因哈德（Einhard，逝于 840 年）是查理曼父子的朋友，仿照苏维托尼乌斯的《罗马十二帝王传》为查理曼撰写传记。哲学领域里出现了一个显赫的人物：约翰内斯·司各特·爱留根纳（John the Scot[Scotus Erigena]，逝于约 877 年），著有《论自然的区分》（*On the Division of Nature*），试图调和基督教教义与新柏拉图主义。约翰是爱尔兰人，在查理曼去世后不久来到高卢，以熟练使用希腊语而著称。然而，他的学术成果并未流传给后人，9、10 世纪的维京海盗摧毁了爱尔兰修道院，希腊语的知识就此从西欧消失，直到文艺复兴才重见天日。

这场学术复兴有时被称为加洛林"文艺复兴"，其中有一方面尤为令人瞩目：我们如今仍在使用的字体的发展。罗马时代的著作使用我们所说的大写字母，但在罗马时代后期出现了各种各样的小写字体。加洛林时代，一种特别清晰易辨的字体出现，广受欢迎。现代的印刷字体就源于这种"加洛林小写字体"。

七、英格兰的发展

5 世纪的入侵之后，盎格鲁－撒克逊王国纷纷崛起，独立于欧洲大陆的总体发展。6 世纪末，基督教与少许文明成果从爱尔兰传入盎格鲁－撒克逊地区。几乎同时，597 年，格里高利一世从罗马派遣的传教士到达肯特，带来了意大利的宗教与文明。爱尔兰人的大本营位于北方的诺森布里亚王国，罗马天主教则以南方为据点。数十年间双方争端频发，直到 664 年惠特比宗教会议召开，决定在两种互相竞争的基督教中择一。会议选择了罗马天主教，此后，爱尔兰人退回苏格兰与爱尔兰。

然而，爱尔兰人持久影响着英格兰教会。相比墨洛温高卢的同行，英格兰神职人员的学识要深厚得多。同样，推动加洛林时代教会改革的传教士与学者大多来自英格兰。比德（Bede，逝于735年）是英格兰教会最著名的人物之一，是个学识渊博的修道士，著有许多《圣经》注解。他还写了有关年代学的著作，首次普及了始于基督纪元的纪年系统，当代仍在使用这个系统。此外，他还著有许多初等教育、天文学与其他学科的论述。而他最有名的著作要数《英吉利教会史》，非常严谨细致，在12世纪之前，没有第二个人能掌握这么精确的古典拉丁语。

第四节　入侵新浪潮与加洛林帝国的崩溃（814—900）

甚至在查理曼去世之前，新一轮蛮族入侵就从斯堪的纳维亚袭来，开始威胁西方基督教世界的安全。这群斯堪的纳维亚劫掠者通常被称作维京人，在语言与种族上十分接近日耳曼部落。由于远居北方，他们始终未曾浸染基督教；但在7世纪与8世纪，斯堪的纳维亚社会发生了微妙的变化，随后几个世纪里，人口大量外流。人口过剩可能是刺激维京人扩张的一大原因。毫无疑问，另一原因是造船技术，造船技术带来经得起大海考验的船舶，维京海盗得以大胆航行于北欧海域与俄罗斯河流，甚至进入地中海。他们的船只机动性很强，在欧洲民族眼中，维京人的进攻令人畏惧。无论何地，这群袭击者都能轻而易举地集结不可阻挡的力量，登陆、蹂躏周边国家——只有在防御军队开近时才会撤退。面对这种战术，加洛林王朝的军事系统几乎束手无策；进攻后的维京海盗几乎毫发无伤，以火与剑摧毁所到之地。

维京海盗的劫掠是爱尔兰文明的灾难。爱尔兰的大型修道院尽遭毁坏，求知与虔敬的传统被连根拔起。大量斯堪的纳维亚人定居爱尔兰与苏格兰，但很快就被当地的凯尔特部族同化。

在英格兰，维京海盗的侵袭带来了相似的后果。比德与共事学者居住过的诺森布里亚遭遇劫掠；南方的韦塞克斯王国逃过一劫，并在阿尔弗雷德大帝（871—899）领导下组织起有效的军事抵抗。下一世纪里，韦塞克斯王国成功统一英格兰全境。

在欧洲大陆，威风凛凛的加洛林帝国竟无力抵御维京海盗。查理曼的继承

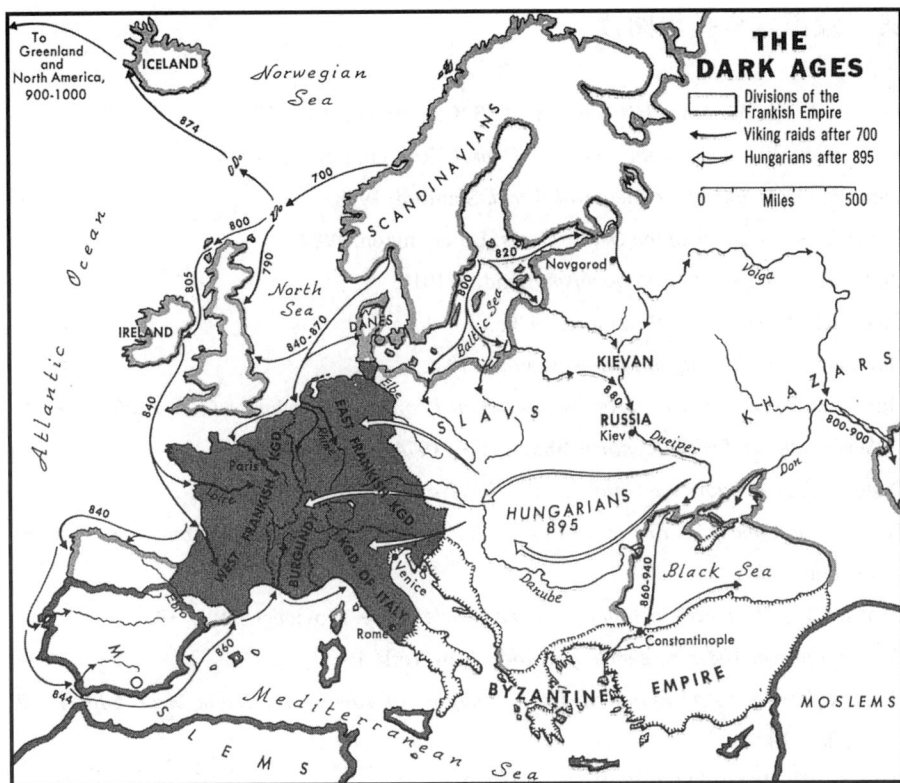

THE
DARK AGES

☐ Divisions of the Frankish Empire
← Viking raids after 700
⇐ Hungarians after 895

0   Miles   500

黑暗时代

者破坏了帝国的统一，他的儿子虔诚者路易（814—840）遵从法兰克人的古老习俗，将帝国分给儿子们。忙于自相残杀的人们无暇关注外来的威胁，到了9世纪末，又有匈牙利骑兵进犯。匈牙利人已接替阿瓦尔人统治多瑙河中游平原。与匈奴人、阿瓦尔人一样，他们来自中亚草原。匈牙利人最早于899年出现在中欧，随后数十年里蹂躏了法兰克王国的东方边疆，远远深入莱茵河流域与意大利北部。

    在这种进攻下，查理曼的继承者无力维持强有力的中央政权。地方伯爵与富人尽其所能自卫自保；由于他们的努力，一套多少更为有效的地方防御体系诞生了——封建体系。封建制度得以发展，维京人与匈牙利人的进犯也逐渐停止，欧洲社会开始了一场持久而缓慢的复兴，现代欧洲文明的一些特质显现出来。不过，到了1000年，中世纪欧洲文明肯定早已开始形成；11世纪，西方基督教世界由守转攻，进击相邻的阿拉伯、希腊、斯拉夫世界，入侵浪潮与军事扩张倒转了方向。

第二编第六章扩展阅读

The Cambridge Medieval History. Vols. 1−3. Cambridge, 1911−22.

The Oxford Dictionary of the Christian Church. Rev. ed. London, 1974.

Bark, W. C. *Origins of the Medieval World.* Stanford, 1958.

Burns, T. S. *A History of the Ostro‑Goths.* Bloomington, 1984.

Butler, E. C. *Benedictine Monachism.* London, 1919.

Chadwick, N. *The Celts.* Baltimore, 1970.

Dawson, C. *The Making of Europe.* London, 1932.

Duby, G. *The Early Growth of the European Economy: Warriors and Peasants from the Seventh to the Twelfth Century.* Ithaca, N.Y., 1974.

Dudden, F. H. *Gregory the Great.* 2 vols. New York, 1905.

Folz, R. *The Concept of Empire in Western Europe from the Fifth to the Fourteenth Century.* London, 1969.

Ganshof, F. L. *Frankish Institutions under Charlemagne.* Providence, R.I., 1968.

Hay, D. *Europe: The Emergence of an Idea.* New York, 1957.

Hodges, R. *Dark Age Economics: The Origins of Towns and Trade, A.D. 600−1000.* London, 1982.

Horn, W. *The Plan of St. Gall.* Berkeley, 1979.

Laistner, M. *Thought and Letters in Western Europe, A.D. 500−900.* Rev. ed. Ithaca, N.Y., 1957.

Leyser, K. J. *Rule and Conflict in an Early Medieval Society: Ottonian Saxony.* Bloomington, Ill., 1979.

Lllewellyn, P. *Rome in the Dark Ages.* New York, 1970.

Loyn, H. R. *The Governance of Anglo−Saxon England, 500−1087.* Stanford, 1984.

McKitterick, R. *The Frankish Kingdoms under the Carolingians, 751−987.* New York, 1983.

Morrison, K. F. *Tradition and Authority in the Western Church, 300−1140.* Princeton, 1969.

Pirenne, H. *Mohammed and Charlemagne.* New York, 1955.

Pounds, J. G. N. *An Historical Geography of Europe, 450 B.C.−A.D. 1330.* Cambridge, 1973.

Riché, P. *Education and Culture in the Barbarian West.* Columbia, S.C., 1976.

Sawyer, P. H. *Kings and Vikings: Scandinavia and Europe, A. D. 700−1100.* New York, 1982.

Schutz, H. *The Prehistory of Germanic Europe.* New Haven, 1983.

Thompson, E. A. *The Goths in Spain.* Oxford, 1969.

Tierney, B., and Painter, S. *Western Europe in the Middle Ages, 300－1475.* Rev. ed. New York, 1983.

Ullmann, W. *The Individual and Society in the Middle Ages.* Baltimore, 1966.

Wallace－Hadrill, J. M. *The Frankish Church.* New York, 1983.

小 说

DuBois, Theodora M. *Emerald Crown.* New York: 1955.

Duggan, Alfred. *Conscience of the King.* New York: 1952.

Duggan, Alfred. *The Little Emperors.* New York : 1953.

Fisher, Vardis. *Darkness and the Deep.* New York : 1943.

Jensen, Johannes V. *Fire and Ice.* New York: 1923.

Macpherson, Annie W. *Ruan.* New York: 1960.

Treece, Henry. *The Great Captains.* New York: 1956.

White, Terence H. *The Sword in the Stone.* New York: 1939.

第二编第六章年表：西方的后继王国

公元

406	日耳曼人入侵高卢
*410	阿拉里克领导西哥特人洗劫罗马
411—532	罗讷河上游流域的勃艮第王国
412—415	西哥特人在高卢南部
415—419	西哥特人入侵西班牙，驱逐汪达尔人，在西班牙与高卢南部建立王国
约 420	罗马在不列颠的统治终结
429—439	汪达尔人征服北非
430	圣奥古斯丁去世
432	圣帕特里克到爱尔兰传教

440—461	教宗利奥一世
约450	盎格鲁－撒克逊人开始入侵英格兰
451	卡尔西顿公会议；利奥一世确保了他的基督论为人接受
451	匈奴人阿提拉被高卢的罗马人与西哥特人击败——沙隆战役
452	匈奴人入侵意大利；在教宗利奥率团议和后从罗马城撤退
453	阿提拉去世；匈奴帝国崩溃
455	汪达尔人洗劫罗马
461	圣帕特里克去世
*476	西罗马帝国末代皇帝罗慕洛·奥古斯都被废黜
*481—511	法兰克人国王克洛维建立墨洛温王朝
486	克洛维击败高卢北部的罗马统治者；将此地区并入法兰克王国
493—526	东哥特人狄奥多里克在意大利建立东哥特王国
496	在赢得对抗阿勒曼尼人的战役后，克洛维与法兰克人皈依天主教
500	克洛维击败勃艮第人，勃艮第王国成为进贡国
507	克洛维击败西哥特人，兼并了高卢南部部分地区
524	哲学家波爱修斯去世
527—565	东罗马皇帝查士丁尼
约529	圣本笃制定《圣本笃会规》
533—534	查士丁尼收复阿非利加；毁灭汪达尔王国
535—554	拜占庭与东哥特人长期作战；东哥特王国覆灭，东罗马帝国兼并意大利大部分地区
561	克洛维最后一个儿子去世；法兰克王国分裂为纽斯特里亚与奥斯特拉西亚，边缘地区脱离王国
568	伦巴第人入侵意大利；与拜占庭势力长期争斗
*590—604	教宗格里高利一世
594	法兰克人的历史学家图尔的格里高利去世

597	圣奥古斯丁（并非希波主教）到英格兰传教
615	来到欧洲大陆的爱尔兰传教士圣高隆邦去世
632	穆罕默德去世；阿拉伯开始快速扩张
664	英格兰的惠特比宗教会议决定选择罗马天主教，而非爱尔兰天主教
687	奥斯特拉西亚宫相赫斯塔尔的丕平击败纽斯特里亚势力，开始再次统一法兰克帝国
711—718	阿拉伯人征服西班牙；西哥特王国覆灭
714—741	法兰克宫相查理·马特重建法兰克王国的统一控制：奥斯特拉西亚入侵
*733	图尔战役：查理·马特击败阿拉伯人
735	学者比德去世
741	矮子丕平继承父亲查理·马特成为宫相
751	丕平加冕为法兰克人国王；墨洛温国王被废黜
753	"日耳曼使徒"圣博尼法斯去世
*754	教宗为丕平加冕；教宗与法兰克王国结盟
756	在两场与伦巴第人的战争后，丕平在意大利中部建立教宗国
768	丕平去世；查理曼继位
772—804	查理曼对抗萨克森人；在苦战后征服了萨克森人，并使他们皈依基督教
774	查理曼征服伦巴第人；夺取伦巴第的铁王冠
796	法兰克军队击溃阿瓦尔人势力
*800	教宗利奥三世为查理曼加冕；理论上，西方又出现了罗马帝国
804	学者、查理曼宫廷学校的领导者阿尔昆去世
*814	查理曼去世
814—840	皇帝虔诚者路易
840	查理曼的传记作者艾因哈德去世

第七章　阿拉伯世界

第一节　引言

632 年至 732 年的一百年间，阿拉伯人征服了地球表面的大片土地。阿拉伯帝国从法国南部与西班牙向东延伸，沿着北非海岸到达近东，远及中亚与印度河。古罗马帝国的一半土地落入阿拉伯人之手，古代近东文明的全部地区再次统一。阿拉伯人未曾摧毁，也未曾严重损害这些地区的社会与文化，而是进行了改造。阿拉伯语成为阿拉伯人征服地区的书面媒介，很快代替了其他语言，成为北非大部分地区与近东地区的日常用语。思想与学术活动繁荣起来；贸易与工业兴旺发达；辉煌典雅的文明冉冉兴起，相形之下，西欧可谓尚未开化，连拜占庭都黯然失色。公元 1000 年后，文明开始复兴，西方人在西班牙与西西里岛接触阿拉伯人，为西方文明提供了强大的激励。然而，我们不太可能在这里公平对待阿拉伯人的成就，只能作出一些概括。

第二节　伊斯兰教

新的宗教出现，为阿拉伯人的扩张提供了直接动力。穆罕默德（约 570—632）是麦加人，年轻时为谋生而赶过骆驼，做过小生意，在旅途中零零碎碎听闻了犹太教与基督教的思想。他相信阿拉伯同胞信仰的多神教并不正确，上帝只有一个，就是犹太人与基督徒崇拜的上帝。他认为《旧约》里的先知与拿撒勒的耶稣都是先知使命的先驱。他们已为人类揭示了上帝的旨意，但随着时间流逝，误解与腐败悄悄混了进来。穆罕默德明确声明要矫正并恢复上帝的启示。他利用诗歌形式进行口头讲道。穆罕默德去世后，人们在《古兰经》中记载他的教义，

《古兰经》成为伊斯兰教的圣书。

这句话总结了穆罕默德的中心教义："万物非主，唯有安拉，穆罕默德是安拉的使者。"虔诚的信徒有望进入极乐天国，传教活动富于热情，这些都是这一新宗教的重要特点。穆斯林教堂从未出现，穆斯林中也不存在与基督教神职人员相似的成员。清真寺成为礼拜与听训的场所，寺里有管理者、讲道者，以及带领公众祈祷的人。神职人员等级制与独立的宗教组织未曾出现。穆罕默德之后，一代代穆斯林的日常生活都严格遵循《古兰经》——真主之语——的教导。在此基础上出现了精密的法律系统，根据《古兰经》与先知行为的传说，为虔诚的穆斯林规定了一生中大部分境遇下的行为准则。伊斯兰（意为"服从"）教成为个人虔诚与法律学识的宗教，在政治与组织方面与基督教迥异。伊斯兰教的官员很少挑战国家主权；事实上，对于正统穆斯林而言，世俗统治者就是至高无上的宗教领袖。

第三节　政治扩张

一开始，穆罕默德的讲道并没有吸引多少皈依者。然而，622 年，邻近城市麦地那向他和他的追随者发出邀请。这就是"希吉拉"（*Hegira*），标志着新宗教迅速成功的开端。穆罕默德的时代从这一年开始。穆罕默德迅速成为麦地那实际上的统治者；到他去世的时候，他已控制了家乡麦加，几乎整个阿拉伯半岛都统一在新宗教的旗帜下。

239　　632 年穆罕默德去世，扩张仍在快速进行。一群哈里发（Caliphs）——即先知的继任者——联合各个阿拉伯部落，大举进击叙利亚与美索不达米亚。他们从拜占庭帝国夺走东方行省，征服了整个波斯帝国，耗时之短令人惊奇。随后几代人的时间里，在各地皈依者的支援下，阿拉伯军队抵达非洲的大西洋沿岸，渡海进入西班牙，最远深入到法国中部，于 733 年被查理·马特的军队打败。在东方，阿拉伯人的扩张同样十分迅速，进入印度与中亚的绿洲。750 年后，阿拉伯人定都于美索不达米亚的巴格达；然而，宗教差异很快变得非常尖锐，外围地区开始脱离中央政权的控制，整个阿拉伯世界里陆续出现了一系列独立的敌对国家，有

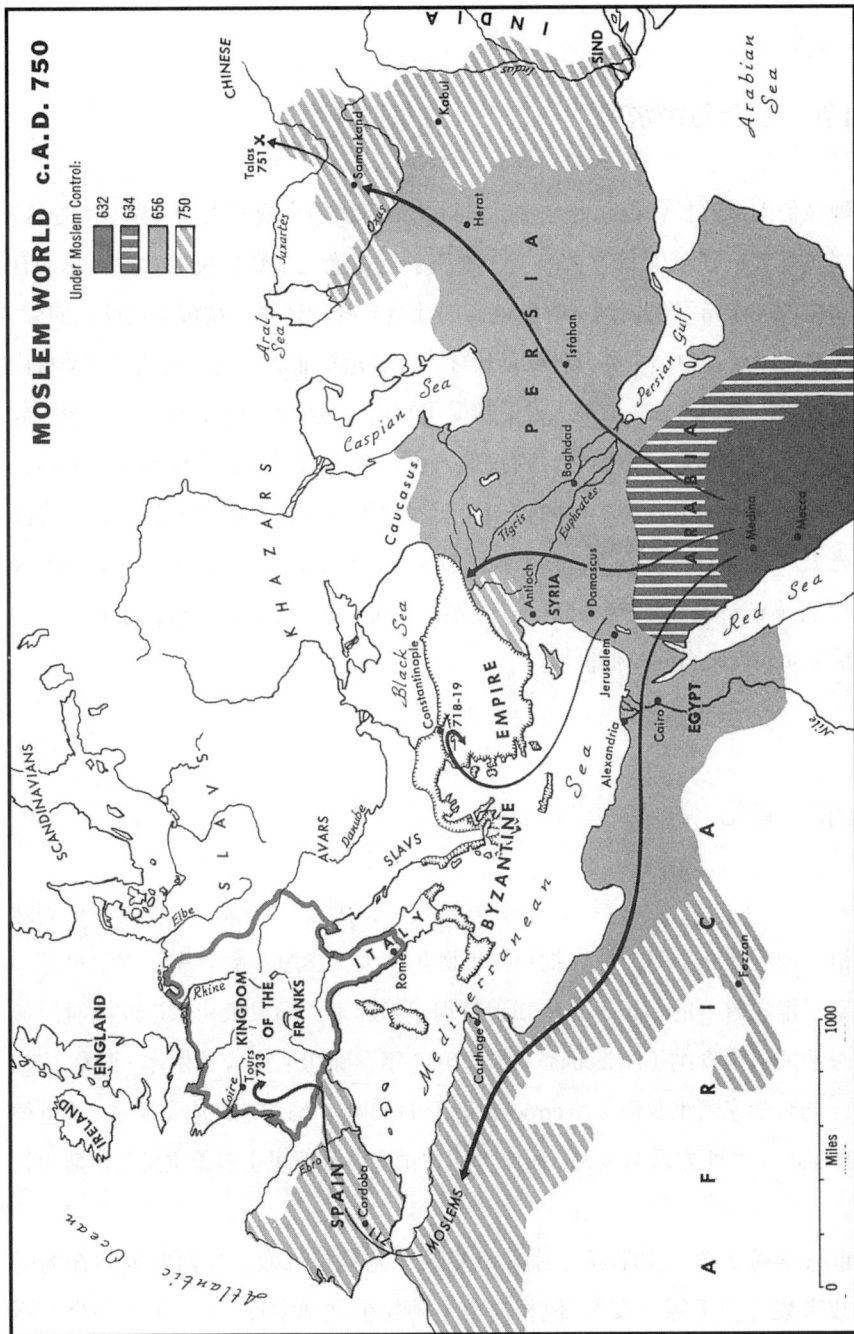

MOSLEM WORLD c.A.D. 750

Under Moslem Control:

632
634
656
750

CHINESE

INDIA

SIND

Arabian Sea

Talas 751 ✕

Kabul

Samarkand

Oxus

Herat

Jaxartes

PERSIA

Aral Sea

Caspian Sea

Isfahan

Boghdad

Persian Gulf

ARABIA

KHAZARS

Caucasus

Tigris

Euphrates

Medina

Mecca

Black Sea

Constantinople

Antioch

SYRIA

Damascus

Red Sea

718-19

EMPIRE

Jerusalem

SCANDINAVIANS

S L A V S

BYZANTINE

Alexandria

Cairo

EGYPT

Nile

AVARS

Danube

SLAVS

Mediterranean Sea

A F R I C A

Elbe

ITALY

Fezzan

Rome

ENGLAND

Rhine

KINGDOM OF THE FRANKS

IRELAND

Loire

Tours 733

Carthage

SPAIN

Ebro

Cordoba

MOSLEMS

Atlantic Ocean

Miles

0   1000

伊斯兰世界（约 750）

时正是激烈的宗教分歧造成了分裂。

第四节 社会与经济

阿拉伯人能够扩张得如此之快，只对统治阶级做小规模改动可谓一大原因。他们对被征服的民族实行宽大政策，收获了近东绝大多数居民的欢迎。总而言之，阿拉伯人保留了他们到来之前就有的社会与政府体系。城市生活欣欣向荣。贸易网络从印度、中国一路延伸到西班牙，向南远抵非洲。新一轮贸易活动将许多重要发明传播到西方，欧洲人及时接受了它们。这些发明中，最重要的要数起源于印度的阿拉伯数字。此外，阿拉伯人也掌握了指南针、木板印刷与火药技术，可能是从中国借鉴而来。阿拉伯工匠保留了古代世界的工业传统，并将其发扬光大。在我们的英语里，有平纹细棉布（muslin）、大马士革钢（damascene steel）、杏（apricots）、关税（tariffs）、代数（algebra）等各式各样的事物，它们的名称表明它们来自阿拉伯世界。

第五节 文化

9 世纪，人们忙于翻译哲学与科学著作，从希腊语、波斯语、梵语翻译到阿拉伯语。随后 200 年间，一大批阿拉伯医生、天文学家、数学家、哲学家进一步丰富了祖先留下的知识，并将知识整理编纂起来，形成最初传进欧洲时的形式。医学家阿维森纳（Avicenna，逝于 1037 年，确切地说应是伊本·西拿［Ibn Sina］）与哲学家阿维罗伊（Averroes，逝于 1198 年，确切地说应是伊本·鲁世德［Ibn Rushd］）对西方影响最大，阿维罗伊曾试图调和亚里士多德主义与伊斯兰教教义。

世人崇尚文学，文学界一片繁荣盛景，尤其是诗歌。如西方人熟知的阿拉伯故事集《一千零一夜》；但相比整个阿拉伯文学宝库，《一千零一夜》不过沧海一粟。

伊斯兰教禁止表现人或动物的形态，艺术形式因此受限。故而，阿拉伯装饰艺术集中表现繁复的几何图形与植物图样。在建筑方面，阿拉伯人结合了拜占庭元素与波斯元素，创造出自己的风格，尖拱、马蹄拱、穹顶与尖塔都是阿拉伯建筑的特征。

第六节　阿拉伯世界的后期历史

10世纪一过，阿拉伯的政治鼎盛也走到尽头。此后，阿拉伯国家苦于内乱，中亚草原的游牧民族也来进犯，尤其是突厥人与蒙古人。16世纪，奥斯曼土耳其人几乎完全统一了先前的阿拉伯领土，并一度威胁中欧。不过，这回又轮到奥斯曼帝国日落西山，就在19世纪与20世纪，帝国在欧洲重压下崩溃，分裂成如今的近东国家。

第二编第七章扩展阅读

The Cambridge History of Islam. 2 vols. Cambridge, 1970.

Arberry , A. J. *The Holy Koran: An Introduction with Selections.* New York, 1953.

Arnold, T. W., and Guillaume, A., eds. *The Legacy of Islam.* Oxford, 1931.

Donner, F. M. *The Early Islamic Conquests.* Princeton, 1981.

Gibb, H. A. R. *Mohammedanism: An Historical Survey.* New York, 1953.

Hitti, P. K. *History of the Arabs from the Earliest Times to the Present.* Rev. ed. New York, 1970.

Lewis, B. *The Arabs in History.* New York, 1957.

Morony, M.G. *Iraq after the Muslim Conquest.* Princeton, 1984.

Mottahedeh, R. P. *Loyalty and Leadership in an Early Islamic Society.* Princeton, 1980.

Von Grunebaum, G. E. *Medieval Islam.* Rev. ed. Chicago, 1953.

Watt, W. M. *Muhammadat Mecca.* New York, 1953.

Watt, W. M. *Muhammad at Medina.* New York, 1956.

第二编第七章年表：阿拉伯世界

公元

约 570	穆罕默德出生
*622	前往麦地那的"希吉拉"
632	穆罕默德去世
636	征服拜占庭帝国治下的巴勒斯坦与叙利亚
640—642	征服拜占庭帝国治下的埃及
641	推翻新波斯帝国
661—750	倭马亚哈里发：定都大马士革；扩张到印度，穿越北非进入西班牙
711—718	阿拉伯人入侵西班牙；西哥特王国覆灭
717—718	阿拉伯人围攻君士坦丁堡：穆斯林初受重大挫折
733	图尔战役：法兰克人在高卢中部击败阿拉伯入侵者
750	建立阿巴斯哈里发王国；定都巴格达
1037	阿维森纳去世
1198	阿维罗伊去世
1258	蒙古人占领巴格达；哈里发王国覆灭

第三编

欧洲文明（约公元900年至今）

243　　　研究我们自己文明的历史，比起研究年代更为遥远，我们所知和可知甚少的时代，在诸多方面是更为困难的事。一批民族国家在欧洲形成，使得欧洲社会分解为若干对立的群体，而在这过程中一国的变迁并不严格地与其他的国家平行。所以，根据人类活动的某个领域对它们进行划分，并不一定符合其他国家的发展，所以说将欧洲文明当作一个整体来描述通常是困难的。很大程度上，书写欧洲文明的历史时，我们知之甚多的事实，反而给历史学家造成困扰。古典历史相对的简洁性，主要是虚构的产物，因为雅典和罗马在我们眼中的重要地位，是我们对古典世界存在的许多其他国家所知甚少的结果。

　　　另一个困扰现当代历史学者的大难题是——缺乏时间视角。有关后续历史的知识，总是使历史学家能够更容易地完成任务。有了这种知识，他便可以将注意力集中到一个时代的某些方面，因为它们与先前那个时期的发展具有某种联系。这种实践当然简化和扭曲了过去各个时代复杂、不同的实际状况；但若是没有这种引导，注意力会不幸地被分散，任何历史叙事的一致性也很有可能受损。

　　　所以，这段历史的组织和侧重面，也就是这本《西方文明史手册》的结论部分，其武断的性质比以往更为凸显。另一方面，西方历史有着更为古远的历史所不具备的直接性与活力。不论它有多不完善，它讨论的是在我们之间仍然存在的制度、观念和心态，它描述的是密切而深刻地影响我们生活的人与事件。

244　　　欧洲文明的发端，可以上溯到古希腊人、希伯来人乃至更早，这应当已经是明确的了。古典和犹太—基督教传统，对于塑造欧洲文明的历史有着不可估量的重要性；此外，罗马帝国的政治制度，罗马法中涵盖的法律关系，日耳曼习惯所确立的社会心态，无不根本性地融入到了欧洲传统当中。事实上，古典和现代世界之间的连续性没有断裂。不仅如此，古代世界的智慧，一直以来在每个世代都是一股有生力量，并影响着那些研读圣经或者希腊语和拉丁语古典著作的人们。

不过，区分历史的阶段，将不同的生活方式称为"文明"有其便利之处。选择哪个日期作为文明之间的分界线，而这条分界线又以什么样的标准绘制，必然是人的喜好问题。在这本《手册》里，我们把公元900年当作是一条分界线，划分所依据的标准大体上是从经济和政治角度出发。从这个日期开始，西欧的经济组织变得越来越复杂，尽管这个趋势在不少地方和时期曾有逆转。同样，在过去一千年间，欧洲国家（以及16世纪以降欧洲之外的欧洲类型国家）趋向于发展成为更巨大、更紧密结合、更强大的单位；尽管在这方面，我们再次看到，即使是这一如此普遍的发展，也不时有挫折和崩溃。

从其他角度来看，公元900年也许并非那么好的选择。欧洲的思想和艺术生活经历了两次深刻的变迁：一次发生在4世纪，基督教成了支配性的宗教；另一次发生在14世纪和15世纪，有关异教的古典时代的知识，以及对它的推崇，在受过教育的人们当中广泛传播开来。历史学家通常用这两个日期划分出一个称为中世纪的时期。可是，在400—1400年的这一千年间，智识和艺术的历史同样体现了两种截然不同的片段：一个衰落的时期，和一个复兴的时期。的确，智识和艺术生活确凿无疑的复兴发生在经济和政治复兴的一个世纪之后，但这样一个时间差的存在也许合乎情理。

因此，即便我们认识到任何此类分界线的人为性，我们似乎仍有可能讨论，在公元900年左右的西欧所出现的人类经历新样式；这种样式以多种曲折的、出人意料的方式发展至今，我们不妨出于便利将之称为欧洲文明。

第一章　欧洲文明的地理设定

第一节　文明中心的转移

美索不达米亚以及埃及的河谷，是两块毗邻的肥沃土壤。近东文明同时在这两地生发并发达鼎盛。它渗透到了地中海盆地的部分地区，触及如希腊、北非乃至意大利（伊达拉里亚人）这些突出的区域；但它在那些地区从未扎下根基。古典文明主要是在地中海沿岸生发和繁盛。它渗透到欧洲大陆——有数个世纪，英国南部、法国北部、德国南部和多瑙河沿岸都是罗马帝国的一部分。不过，这些地区，虽然在后来成为欧洲文明的中心，但在罗马时代仍很野蛮、落后。值得我们注意的是，经过东方向古典，然后从古典向欧洲文明的历次转移，文明的重心是如何移向旧社会的边缘的。

罗马帝国统一起来的领土，在7世纪之后被划分为三个不同的文明：西班牙、北非和东地中海的阿拉伯人，小亚细亚、巴尔干半岛和南意大利的拜占庭人，以及西欧的拉丁和日耳曼诸民族。为便利起见，我们不妨根据宗教进行划分：伊斯兰教定义了阿拉伯世界，东正教定义了拜占庭世界，而拉丁基督教定义了西方。

欧洲文明的地理范围在各个世纪曾有显著的变动。10世纪，拉丁基督教世界没有跨过德国易北河以东；南面则受到南意大利的拜占庭领地，和西班牙的阿拉伯领地的限制。遥远的部分，诸如爱尔兰和苏格兰，还维持着独立的凯尔特传统，尚未融入拉丁基督教世界。同样，异教的斯堪的纳维亚仍还是一个独立的世界。此后的历史有一个稳定的特征，即西方的这些边界向所有方向扩张，直到16世纪以后，欧洲的影响几乎遍及世界。

欧洲文明最初的家园内存在着显著的地理多样性。北面是广阔的滨海平原，从比利牛斯山脉沿大西洋和波罗的海沿岸延伸至俄国。平原的内陆崛起了一系列丘陵和山脉，在北方与南方地中海地区之间形成了不规则的障碍。山的阻隔，加上北欧与地中海欧洲之间重大的气候差异，使欧洲文明分为两个截然不同的地理部分。我们很容易想见，罗马的制度、农业方法，以及社会组织形式，在地中海地区比在北方维持得更为强劲，经历的剧烈调整也更少。而在北方，日耳曼人的影响更为普遍，不同的地理基础迫使或者鼓励人们脱离地中海模式的土地利用。这些地理和社会上的差异，使居住在北欧的民族与那些生活在南欧的民族，有可能进行持续且通常富有成果的交流。

246

第二节　交通与交流

北方平原十分广袤，许多条将之贯穿的河流相对缓慢地流向海洋。这些河流大多数可以航行，航段占到了它们总长中的大部分；所以，它们成了运输沉重商品的重要渠道。河道在莱茵河口汇聚在一起，这一点尤为重要。处于莱茵河口两岸的低地国家的显赫经济，一直以来都是欧洲历史中一个醒目的事实；它们财富的积累正是依赖于河道支流使它们得以轻易地向广阔的内陆运输商品。

欧洲的西北海岸线，由于地质下沉的缘故，展现出崎岖不平的面貌。这导致诸多港口的形成。大陆架远远地向外延伸进入大西洋；并且由此形成的相对较浅的水域中，鱼类大量繁殖，构成了可贵的食物来源。地理形势因此鼓励了航海。但是，北面的海洋多有风暴，欧洲海岸的许多部分往往受到大浪冲刷，这对早期航海者，尤其是那些习惯了地中海相对风平浪静的水域的人来说是可怕的障碍。这就是为什么罗马人从未能轻松地穿越北方的海洋，而且一直要到造船术有许多技术进步以后——比如发明了龙骨取代方向桨——船只才能够放心地航行。维京海盗大力改进了造船技术，在他们停止战争般的劫掠以后，贸易船和渔船仍继续在他们最先探索熟悉的海洋中往返。

分隔北欧与南欧的山脉——比利牛斯山脉、赛文山脉以及阿尔卑斯山脉——并不难穿越。中世纪的驮畜队还有军队，可以十分容易地谈好向导，穿越其中最高的阿尔卑斯山脉。罗讷河谷也不失为通往地中海的另一条通道，即便罗讷河的湍流削减了这条河流本身的运输用途。再往西面，赛文山脉与比利牛斯山脉之间

第三编　欧洲文明（约公元900年至今）

留下了一片广阔的地带，帮助塑造了中世纪图卢兹地区的命运。残存下来的罗马
大道促进了陆上交通，帮助北欧与地中海保持联系。

第三节　气候与植被

　　欧洲西北部的气候，远比地中海盆地潮湿。由于它处在西风区，夏天与冬天
从大西洋都有西风吹来，造成这片区域常年下雨。另一方面这也缓和了温差，因
为大洋相比陆地，夏天较为凉爽，冬天较为温暖。穿越北大西洋，浸润欧洲海岸
的湾流强化了海洋的这种缓和效应，使得相对应的纬度上，欧洲比对岸北美海岸
要温暖得多（例如，拉布拉多和英伦诸岛处在同一纬度）。

　　越往东走，大西洋的影响越为减弱。冬天变得寒冷起来，夏天也更为炎
热，降水量减少，直至产生了多瑙河下游河谷和俄罗斯南部的草原环境。德
国在易北河以东的部分，是温和的西欧与剧烈的东欧气候的过渡区域。德国
东部的土壤以沙土为主，没有西部肥沃的黏土那么有生产力，加之气候更为
恶劣，致使易北河以外的地区在中世纪鲜有开发。只有在若干世纪以后，随
着人们开发出了更为高效的农业方法和新品种，这些区域才得以追赶条件更
好的西欧地区。

　　在气候与地形的共同作用下，使得在人们开始改造地貌之前，浓密的森
林覆盖了西北欧的大部分地区。海岸平原的大片地区几近低平，由此产生了
许多洼地和沼泽地带。如果没有某种人工改善的排水系统，这片平原上有很
大一部分地区，在春天并不能及时变得干燥，庄稼也就不能赶在秋天的雨水
和霜冻将它们摧毁之前成熟。

　　在古罗马以及更早时期，这些情况严重阻碍了在北方肥沃的土地进行农业开
发。通常而言，农业局限于排水特别好（比如山顶、白垩土或黄土）、没有自然
长成浓密的森林的那些具备特殊条件的地区。平原地带的开发是一个漫长而缓慢
的过程，花费了许多个世纪。在欧洲大部分地区，广阔的低地森林在 14 世纪末
已经被砍伐得支离破碎，但开垦的进程从未完全停止过。

　　北欧的气候条件导致中世纪时那里的农民所确立的农业体系，与古老得多的

247

地中海体系相比，有许多显著的差异。相对丰富的雨水，使得草地在一年的大多数时间里都鲜嫩多汁，所以家畜中马和牛扮演了最为重要的角色，而不同于地中海地区的特点——如驴、绵羊和山羊。浓密的橡树林出产的橡树果为猪提供了食物，所以猪群在北欧十分重要，而不同于大部分森林在古典时期已经被破坏的南欧。

橄榄当然不能经受住北欧冬天的寒流，所以可食用脂肪的来源——黄油和动物脂肪——替代了橄榄这一地中海生活的必需品。而葡萄成功地适应了北欧很多地方，尤其是上莱茵河谷，但葡萄种植从未像地中海地区那样具有根本的重要性；而早期贸易的核心，实际上就是用南方的葡萄酒交换各种北方的物产。在谷类植物当中，小麦在北欧一直十分重要。不过，在某些地区，人们不能完全依赖小麦，因为潮湿寒冷的气候使歉收时有发生。在这样的地方，种植的是黑麦和燕麦这样更为耐寒的谷物，而不是小麦，尽管它们每英亩的产量少于后者。

第四节　矿产资源

北欧拥有丰富多样的矿藏。比如说，后来欧洲的工业发展，就是通过开发铁矿和煤矿才得以实现的。这两种主要的矿产，大部分储藏在一条从大不列颠列岛中部向东延伸至比利时、法国北部和莱茵河流域中部的矿脉之中。西里西亚和其他一些地方也有许多次要的矿藏。这条矿脉的存在影响深远，乃至于决定了近两百年中欧洲的经济发展历程。但是，远在工业革命以前，采矿与冶金便是重要的经济活动，为欧洲人的战争和工作供应了大部分的武器和工具。

第二章　西方基督教世界（900—1500）

第一节　文明的复兴（900—1050）

一、经济基础：庄园农业

1. 农业技术

在近东和地中海气候下，人们需要在秋天播种，在春天夏季干旱刚刚降临的时候收获。不过，在北欧，夏天并非持续干燥，因此不论秋天还是春天都可以播种，并连续在夏天和初秋收获由此产出的庄稼。这也就使得一年中的农活更为平均，所以一人的劳动力能够用到范围更广阔的土地上。比如，中世纪英格兰，人们通常把 30 英亩看作是一个农民的可耕种土地的正常规模，而在古希腊，一般一个雅典人可以耕作的农场，也许只有三分之一左右的面积。之所以出现这种差异，是因为在希腊，耕种和收获的季节有限且短暂，而当地特产的作物，如橄榄和葡萄，需要长期的、耗费劳动的锄地栽培。因此，北欧的气候条件使人们得以成功地种植冬季与春季作物，从而抵消了黑麦和燕麦相比地中海的支柱小麦和大麦较低的产出。

但是，春天没有迅速干燥的土地，无论是冬天还是春天，都无法用于耕种。因此，在北欧的平原能够具有大规模农业上的生产力之前，人们必须发明可以改善自然排水的方法。为满足这一需要，人们使用一种重型的"铧式"（mould board）犁，将土壤破开，并人为地堆出许许多多圆形的土堆（垄），中间由贯穿田地平行的一条条浅沟（baulks）隔开。这种浅沟促进积水在春天排干，使人们可以较早地开始种植。

铧式犁发明于德意志，也许在四五世纪的大迁徙之前很早的时候既已有之。但日耳曼人的半游牧习惯和对农业劳动的轻视，也许使这一新发明的重要性大打折扣，并延缓了清除森林开展农耕的进程。不过，恺撒和塔西陀两人的描述存在的差异，说明日耳曼人在公元前50年到公元100年之间，有向定居农业发展的显著趋势；贯穿墨洛温和加洛林时代，土地开垦和犁耕的缓慢进程，在莱茵河和易北河之间的纯日耳曼地区持续。

在罗马化地区，采用铧式犁最初有着难以逾越的社会阻碍。铧式犁的条件与罗马的土地和动产私有制的观念有所冲突。最主要的问题在于：很少有个体农户有实力拥有足够数量的牲口来拉动沉重的犁。铧式犁需要有很大的力量才能穿透土地，在中世纪的时候，人们常常套住好几只动物一起拖拉。这导致的一个结果是，犁和队伍要掉头会十分笨拙；因此也就形成了以直长的图案犁田的习惯——所谓的条状或长亩田（long-acrefield）。为了高效地利用土地，人们有必要改变罗马农学家在各地制定的方形田地样式，从而缓解犁掉头的困难。所以，一直要到蛮族入侵之后，以铧式犁为基础的农业才在法国北部、意大利的波河河谷以及英国普遍确立下来。这种新型农业在卢瓦尔河以南从未普遍推广；在某些偏远的地方——比如爱尔兰——铧式犁一直要很久之后才传入。在山区地带，地形使人们不可能使用重型犁。但在北欧平原的各个地区，铧式犁农业到10世纪时已经十分普遍。

在南欧，农业技术则并没有出现类似的变迁。罗马人的方法和作物仍在使用，尽管耕作的技术和精心程度，比如与公元前1世纪相比，倒退了一大截。

2. 针对新农业技术的社会调整

拉动一架普通的铧式犁，在中世纪时需要6到8头小牛。为了聚集起这样一支犁田队伍，欧洲的农民想到联合他们的资源，建立合作性耕种的机制。中世纪农业最具特色的一些特征，就源于这一资源联合、创建犁田队伍的需求。

到10世纪时，北欧大部分地区，被划分成称作庄园（manor）的农业单位。有些庄园的前身是villa estates，在罗马时代就已存在；另外一些起源于日耳曼村落。罗马和日耳曼习俗混杂在一起，创造了中世纪的庄园，学者们一直以来也对这两种因素各自的影响在学术上争论不休。不论怎样，在这个迁徙以及军事贵族阶级（骑士同时也是一个或多个庄园的领主）崛起的漫长时期，采用新的农业技术，倾向于在使用铧式犁的地区建立起一定程度的统一性。

一个庄园总是包括四个部分：可耕种区域、草场、废弃土地和村庄区域本

中世纪庄园示意图

条块代表一个农民家庭租种的土地

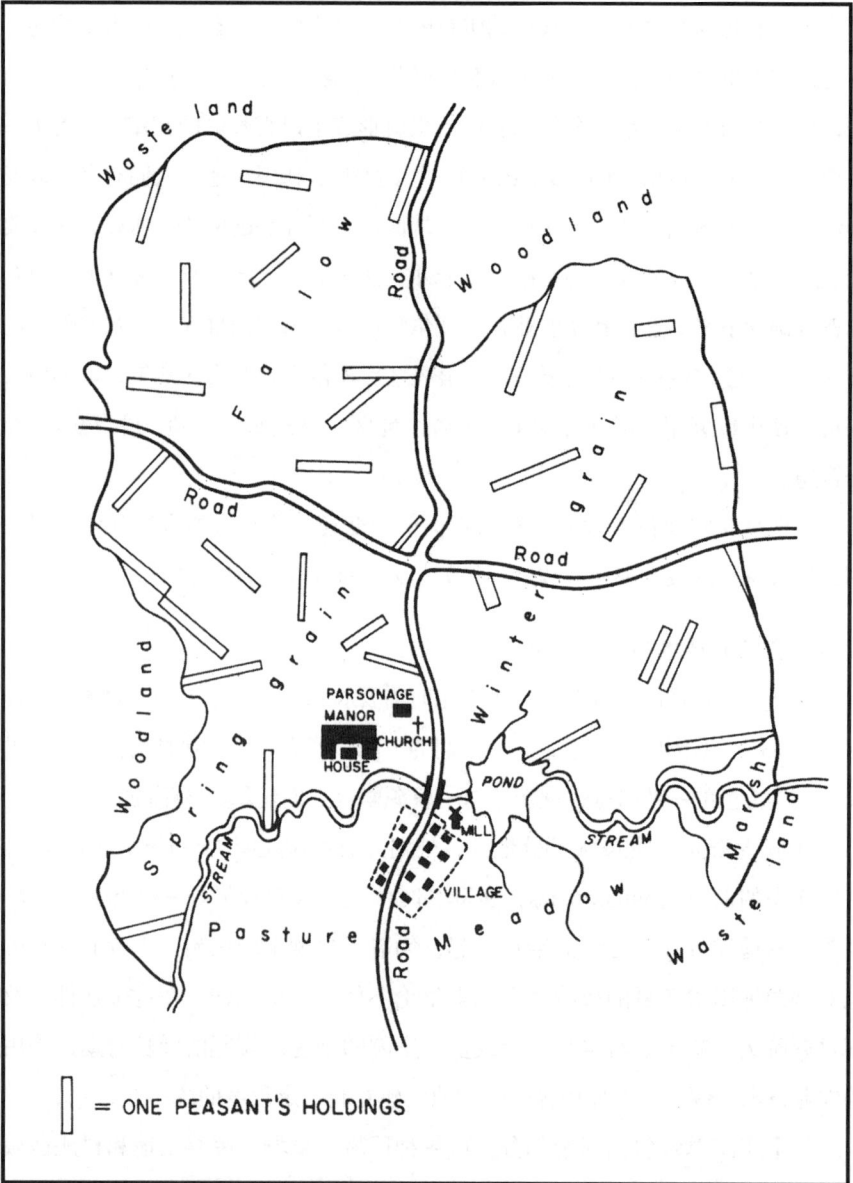

= ONE PEASANT'S HOLDINGS

身。可耕种区域当然就是种植作物，养活庄园居民的土地。为了保持土壤肥沃，减少杂草，每年耕种的土地必须有一部分休耕。因此，将可耕种区域划分为三大块是很常见的（不过并非普遍现象）。一块土地种植冬季谷物，一块种春季谷物，还有一块休耕；遵循这种轮转，每三年是一个周期。由于休耕的田地一年中需要犁两次来减少杂草，其他两块田地需要犁一次，这使得耕田队伍的工作几乎延伸到了全年。耕种只有在所有人手都去收获，或是土地过于潮湿，不利于耕种，或是结冰的时候才会停止。庄园能够聚集起来的犁和犁田队伍的数量，基本上就固定了可以耕种的土地的数量；而且官方档案有时候就是根据庄园拥有的犁的数量来评估其财富与价值。

三大块田地是开放的，没有篱笆，但划分为若干小条（面积通常为1英亩，即一天的耕作量），由个体农民"所有"。每个人所拥有的条块分散在三块田地的不同部分，这也许是为了确保每个农民都可以错开时间，在可耕种土地中肥沃和不肥沃的土地耕种。

习惯严格地约束了个人对其土地的权利。习惯规定了耕田和播种的时间，每个农民都要遵守，因为他耕种自己的条块时需要邻人的帮助，而他们也同样需要他的帮助。统一收割也势在必行，因为在给定某个日子，村庄的牲畜会在收获完毕后上田吃草；此时如果某个人种植的作物比他邻人的较晚成熟，他就没有办法防止饥饿的动物们进入自己的田地。而如果他的作物成熟过早，收割就不得不践踏到邻人的田地。除此之外，人们很少有创新的想法：他们根据习惯规定的去做，协助耕种，收货时也有一定程度的合作。许许多多代人都未曾想要尝试去改变。

草场在村庄经济中与可耕种土地几乎有着相同的重要性。草场产出的干草得以让牲畜御寒过冬。中世纪的人们从未想到可以专门播种干草；所以他们不得不单单依赖于自然的草场。这使得在许多庄园，冬天缺乏耕种队伍所需的草料一直都是个危险。通常人们会从摘树叶和用收获谷物所剩下的稻草来喂牛；可是，尽管有这些给养，牲畜在冬天还是经常濒临饿死。有些时候，人们不得不将牛从冬天过冬的牛棚拉到春天的草地，等待它们的体能恢复才能够开始耕种。因此，在不少庄园，草场甚至比田地更金贵，划分的条块也要小得多（宽度通常是一把镰刀那么长）。[1]

　　荒地成了夏季牧场，饲养庄园的各种动物——猪、鹅、牛和绵羊。整个庄园的动物通常在一起吃草，一些年轻孩子或者其他的帮手紧紧地盯着它们，免得它们跑得太远，并且要在晚上把它们赶回村庄。用于燃烧或建筑的木材，也是来源于荒地。不仅如此，抛荒地还可以提供坚果、野莓、蜂蜜和兔子之类的食物，以补充食物的供应。在中世纪早期，庄园往往毗邻大片森林和荒地。如果鸟瞰一下 10 世纪的西欧，我们会看到大片大片的森林，夹杂着各地的耕地（比如在河边）。到 1400 年时，我们会看到森林和荒地围绕或处在耕地之间，成了十分单薄的网络。随着新的庄园建立，旧的耕地扩大，人们必须画出多多少少较为明确的边界，规定属于各个庄园的荒地。

　　庄园的第四个部分是村庄本身。它往往坐落于耕地中央离饮用水源不远处，也有可能在通往外部世界的道路或小道边上。中世纪农民的住所极为简陋，通常仅有一间房屋，地面是裸土，屋顶覆盖茅草。在每个村舍周边一般都会有一个小花园，种植各种蔬菜，有时候也有果树。在村庄的街上，鸡、鸭和狗过着不安宁的生活。

　　庄园农业在欧洲历史中的重要性值得我们强调。迟至 19 世纪，欧洲大部分
254　人口都靠土地过活，协作耕种。直到大约一百年以前，欧洲全部人口所需的食物还完全来自农民垦殖的田地。当然，随着时间的推移，庄园农业的方法有所改变；在欧洲某些地区——尤其像在荷兰和英国——协作耕种的模式在 16 至 18 世纪之间崩溃。但北欧大体上讲，在 19 世纪中叶以前，协作农业仍然是最为常见的耕种形式。

　　所以说，以铧式犁为基础的协作农业，对于北欧的意义，就好比葡萄—橄榄—谷物复合体之于地中海地区：它是根据特殊地理条件，而在农业上做的根本性的、独特的调整。正是这一调整，使得北欧平原这块罗马时代鲜有人烟的边境

_____

[1]　童谣里还有趣地保留着庄园农业的痕迹：

　　　　忧郁的小孩快来吹号角

　　　　羊在吃草啦，牛在吃谷啦。

对于不了解这段历史的人，草场似乎正是羊群所归属的地方；在中世纪庄园却并非如此，可耕种土地的谷物和草场的干草，都需要保存好，供人畜各自在冬天使用。

地带，转型成为农业生产的中心，从而能够与地中海地区匹敌并最终超越了它。

3. 庄园内的社会阶级

自从有记载以来，大地上所生存的人与人之间，就有即精巧有时又令人费解的社会和法律差别。我们后面会用更大篇幅描述，在8、9、10世纪的西欧，崛起了一个贵族阶级，他们向农民收取地租和服务，以此从庄园获取自己的经济支持。贵族阶级的一员可能拥有多个庄园，但也有可能只有一个；有时候，单个农业运作单位为两个或更多"领主"所共有，不过这种细分也许随着封建制度的巩固而日渐罕见。于是，最为根本的社会地位差别，变成了耕田者和"庄园主"之间的差别，庄园主由于自己的地位，有权享有多种收益。庄园社群中的不同成员之间的地位则实际上是根据自己对庄园主的义务来决定的。这种义务究竟是什么，我们不可能给出精确的概括。它们根据庄园的习惯而多种多样，往往每个人乃至每块土地，都有自己特殊的义务。

在中世纪早期，庄园主对某些部分耕地的产出保有权利是很常见的。领主的田地有时候集中在一处（一块"围地"），有时候则散布于农民的条块中间。不论是哪一种情况，作为对领主义务的种植劳动，是由社群中身份较低的成员进行的。所以，领主直接开发的土地被称为"领田"（demesne farm），他常常会指派庄头（bailiff）来看管自己的利益，并督促农民履行劳动服务的义务。

除了领田的收入外，庄园领主几乎总会从农民那儿直接征收收入。因此，税金要在每年的某个时间支付——形式如一捆最好的谷物、一只鸡、一头乳猪或者其他珍肴。每户家庭所要支付的税金各不相同，但以习惯为依据。领主有时候享有一项非常加重农民负担的权利，即他有权在一家户主去世时占有这户农家最好的动物。领主有时候也会要求用货币支付，不过这种做法要到十一二世纪城镇生活复兴以后才常见起来。还有两种收入来源对领主十分重要：使用磨坊、葡萄压榨机、烤箱等的费用，以及他的庄园法庭开处罚金的收入。

领主对他庄园上的农民的关系，与单纯的地主不同。他同样是他们的政治统治者，让他们免受外界攻击的保护者。因此，领主常常开设法庭，处理地方纠纷，惩罚违背习惯的行径。不论是实物还是货币罚金，都归领主所有，他的决定（或者其庄头的决定）不得上诉。

255

官方记录，如测查了英国庄园的征服者威廉的《末日审判书》(*Domesday Book*)，列举了庄园住户中的不同身份，其数量令人吃惊。有些人被归为自由民，他们对领主的义务仅限于一些固定的税金。另外一些人被算作是隶农（villein）或者农奴，不仅要支付实物税，还要提供劳动服务。第三个阶级是雇农（cotter）或佃农（bordar），他们显然是土地租用者，对于庄园的耕地没有任何权利，但却生活在小村舍中，应该依靠劳动工资存活。但这些宽泛的差别又包括了许多不同的程度，相互之间很容易混同。尤其是到中世纪后期，农奴可能持有"自由"地，而自由民可能占有"农奴"地，需要为之提供劳动服务。换言之，判断一人具体的义务或者权利，依据的是他占有的特定条块田地，而不论其个人的身份。这便导致了只有律师才能辨别的混淆。

教会是庄园社群当中的第三个要素。并非每个庄园都有常驻神父或者教堂建筑；但农民们往往需要支付什一税，即将他们收获的十分之一用来支援教会。有些时候，什一税直接支付给神父或者主教的代理人；有些时候，庄园主代为收取这笔税，但他不一定会把它转交给教会。

中世纪时的农民生活极其贫困与艰难。饥馑和疾病是萦绕不去的危险；而在 256 战争时期，农民几乎不可避免地受到征用、劫掠和强制劳动所造成的最直接、最严酷的影响。不过，虽然农民向领主支付的税金，以及领主对他们的权力看似是过分的，但我们必须认识到，领主与他的农民确实有共同的利益：若是没有了农民，他的土地便一文不值。所以，庄园主并不想过分地压迫他的农民，免得他们饿死或者因为绝望而跑掉。庄园习惯是对领主和农民双方都具有一种强有力，甚至是绑定的效果；而领主法庭实施的法律正是以这种习惯为基础。在饥荒时期，领主可能向农民分发谷物或种子，帮助他们渡过难关。领主也经常会组织开垦新田，这是几个农民在没有援助的情况下不可能做到的；在有些案例中，领主或者他的庄头会引进改良的农业方法，这种情况在修道院拥有的领地上尤为常见。

从农民的观点来看，领主能够给予他们的保护是十分值得的，因为随着军事技术的发展，普通的农民发现自己根本无法有效地保护自己。因此，庄园是农民和领主都受益的制度，尽管彼此受益的程度可能有所不同。庄园习惯体现的是一种非常稳定的生活方式，它历经了中世纪直到现代的多种变迁和动荡，竟也能够存活下来。

二、政治上的重组

1. 地方自卫

封建制的发展。查理曼的军队主要由步兵组成，装备有剑和盾牌；这些人大多数时候务农或放牧，战争是他们的一项副业。骑兵的出现增强了这股力量，他们装备更为精良，战争和与战争相关的任务是他们的全职工作。我们不妨回顾一下查理·马特，也就是查理曼的祖父，是他引入或者说大大扩展了向这些人授予地产，换取他们的军事服务的做法。随着这一原则的普及，诞生了一类强大的军事贵族——中世纪的骑士阶层。骑士是职业武士，作战时骑战马，装备有长矛、剑和战斧，全身有重甲保护。要驾驭如此沉重的装备并非易事，要练成一名真正强力的骑士，需要长年累月的训练和长期的练习。但这群人，有了充分的训练和装备后，在战斗力方面就远远优于没有经验的步兵，而且有能力应对和驱逐维京人和匈牙利人侵入者可怕的攻击。要知道，加洛林王朝的集权结构，很大程度上就是被这些劫掠者摧毁的。

必然，由于地方的维持能力有限，骑士数量极少。所以，为了防范萨拉森人、维京人或者匈牙利人的突袭，就需要建造堡垒，使骑士们（也许是在地方农民的协助之下）能够至少暂时守住他们的攻势，等待别处聚集起更多的骑士力量，发起反击。因此，在9世纪后半段和整个10世纪，加洛林王朝各地都建立起了城堡。堡垒在一开始十分简陋——只不过是围了木栅栏的小土堆；它中央也许会有个木塔用于观察、储藏；而如果外围的城墙被攻破，它是最后的防线。从如此简单的构造发端，中世纪的城堡在接下来的三个世纪中不断发展。

我们对庄园农业的讨论，已经表明了骑士与农民之间的关系，因为庄园主通常是骑士阶层的一员。而骑士之间的关系则构成了通常所说的封建体系或者封建制。

根据干练的法学家在后世创制的理论，封建关系是一种相对简单明了的体系。在顶端有君主，受上帝的恩惠而拥有他王国的所有土地。君主然后将土地分为许多块，也就是我们所说的封地，然后将之分封给他的各个忠诚的追随者（或者称为封臣）。这些主要的封臣进而将他们从君主那里取得的土地分为更小块的封地，分封给他们自己的封臣。封地如此下分，直到最后的联系——自己底下没有封臣，但上面有各级大封臣和封君的骑士。我们不妨将整个系列关系看成是君主居于顶端的金字塔。人们用头衔来区分封建金字塔上的不同等级：公爵、伯爵（count, earl, graf）、子爵、男爵、侯爵等，各国有各自不同的称呼。

授予和接受封地系封君与封臣之间的契约，它界定了各自对于对方的权利和义务。封臣向封君宣誓效忠，以此确认并使这一契约生效；一旦任何一方过世，继承人需要重新进行宣誓。封建契约的基本要素，是用（封君给予的）土地权利交换（封臣给予的）军事和其他忠实的服务。封臣依据他所接受的封地大小，承诺向他的封君提供较多或较少数量的骑士，他们必须作战装备齐全，随时应征参战（有时候，封臣及其骑士的参战时间，以及他们能够作战的地方都有所限制）。由于封君和封臣之间契约的具体条款很少会书写下来，所以双方常常会因为各自所负的具体义务而争执。

封臣对封君的义务并不严格局限于军事服务。封臣发誓自己是封君的"人"；即，他忠诚于封君，并在任何可能发生的争执中支持他。在封君方面，他要拥护封臣的事业，捍卫他们不受非法的侵害。通常而言，封臣也要在特殊的情况向封君缴纳一些金钱，比如封君的长女结婚或其长子受封骑士等。领主和封臣之间还有一个重要的纽带，即封臣有义务在一年中的特定时间造访领主的宫廷。在这种聚会上，宴会与欢庆的同时，封君也会向封臣咨询各类事务，以及处理司法事务。如果封君的两个封臣起了争执，封君会参考其他封臣的意见裁断他们的纠纷。同样，如果封君与封臣之间有了争议，所有封臣都会聚集到封君的宫廷进行调停，意在解决纠纷。

封地，尤其是较大的封地，往往从政府公职起源。封地也是官职的观念，从未完全消失过。这个观念导致的一个结果就是，长子继承制作为继承模式而普遍确立下来，因为虽然财产可以容易地分割，但官职本质上不可能分割。所以，不分割封地而将之传给长子成了封建习惯的普遍特征。他可以根据他认为合适的方式向他的弟弟们授予封地。不难想象，这极易产生不满，并导致了许许多多家族内部的争端。

不过，仅仅阐述封建关系的理论会是错误的。在实践当中，人们为了抗击萨拉森人、维京人、匈牙利人的劫掠，同时面对内部几近无政府的状态，而组织了地方自卫，他们采用的权宜之计是封建等级制的源起。在 9、10 世纪呈现出普遍

258

的政治乱象，此时强壮的身躯、好斗的性格和行事果断比法律权利更受到人们的依赖。有时候，查理曼或者他的继承者们所指派的官员干脆出手掌控各项事务，尽他们的力量组织地方的防御安排，雇佣、训练或者册封他们能够吸引和支持的尽可能多的得力骑士。像佛兰德斯和阿基坦公爵领地都是通过这种方式诞生的。259在其他案例中，官员则是隐蔽行事，首先是让自己成为一个区域的主人，在事后再去获取某种法律上对他们权力的承认。最为著名的例子，就是塞纳河下游沿岸诺曼底公爵领地的建立。911 年法国国王授予维京人头目赫罗尔夫（Hrolf）以诺曼底封地，虽然在此之前他就已经在这里建立了自己巩固的权力。这一册封相当于是宿敌之间的和平条约，虽然具有法律形式，但这法律并没有给法国国王对诺

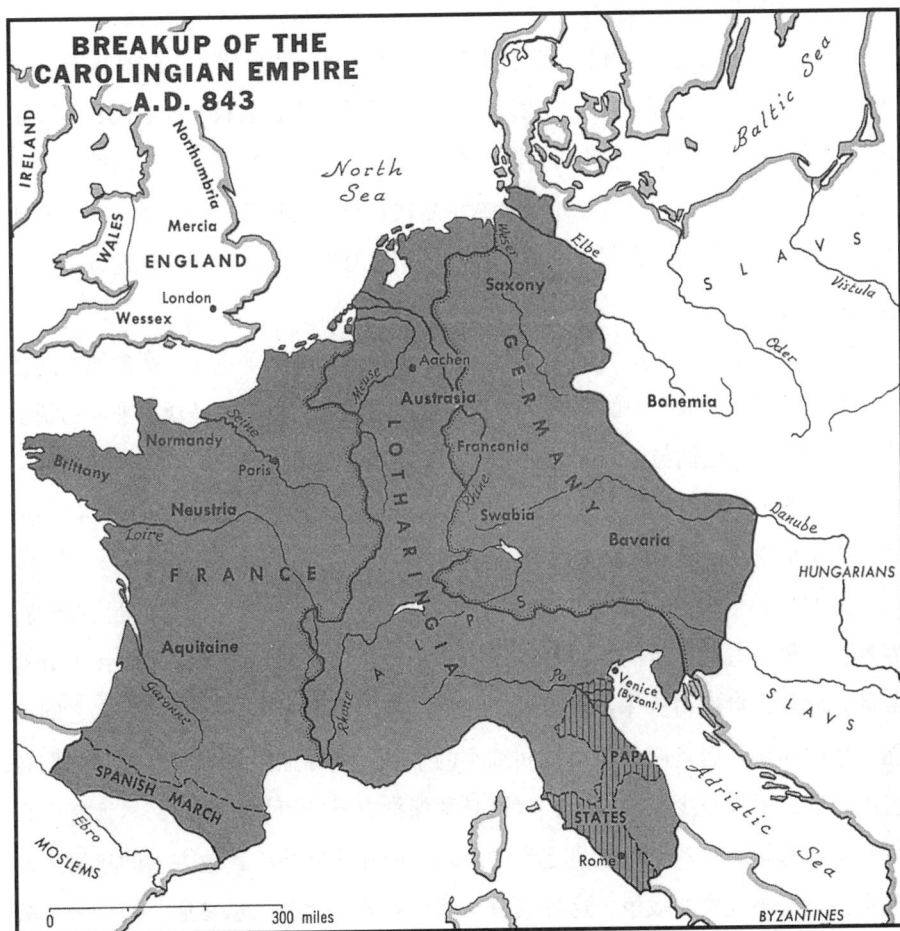

加洛林帝国的解体（843）

曼底公爵的任何实际权力。

中央政府以及公共权威的权力在查理曼死后的那个世纪几近消失。通过宣誓效忠建立起来的封建制，还模糊地拟构了一个中央权力，但却无济于其实际的重建。有效主权的真实所在，在各地有显著不同。比如在诺曼底，公爵可以控制公爵领内建造的所有城堡，甚至维持着一种公共行政机关的雏形。于是，在诺曼底的边界以内，公爵的意志至高无上。在其他地方，权力转移还要更为深远。比如在法兰西岛，小封地的持有者常常敢于忤逆他们的封建上级，也就是法国国王的意志；他们开展抢劫活动，危害道路安全，他们这种做法一直延续到12世纪初。这就导致了诺曼底公爵（还有其他六七个封建诸侯）的权力比他们名义上的君主——法国国王——要大得多。

在古罗马和最近的时代，私有财产和公共权利泾渭分明，但这种区分在封建制下坍塌了。封建领主在他的封地内，将自己的私人占有权（向农民收取"租金"）与管理司法之类的公共权利混合在一起。占有土地的领主尽自己的实力和胆量，抵制外部权威对这片土地或者封地居民宣称控制权的一切尝试。在某些地方，公共法庭仍旧与私人封建法庭有重叠的司法管辖；而在欧洲其他地方，公共法庭几乎完全消失了。

在职业武士阶层的所有成员之间存在着一种粗糙的平等主义。衡量他们的是一项共同的考验：战斗中的武勇。国王和其他统治者，也不过是众多平等的骑士中为首的几个，他们与他们的封臣一样，需要遵守封建誓言的约束。这种精神与晚期罗马法中颂扬君主权力的特征相去甚远；今日我们所熟悉的代议制政府的形式，正是从这种封建制度演变而来。

可我们再度发现，理论与实际有很普遍的差异。一方面，有的封君严苛、专横；而另一方面，有的封臣暴虐、不守法纪，这些都是整个封建时代十分普遍的。此外，封建司法体系没有规定如何迅速解决两个不同封君的封臣之间可能产生的纠纷；而且两个封臣之间细小的争吵，实际上很有可能牵扯到他们各自的封君，因为至少在理论上，封君必须保护自己的臣属。因此，尽管有一系列封建法庭解决封建贵族成员之间的纠纷，而在实际当中，地方上的权贵之间经常会爆发小规模的战争。这种战争往往只有若干武装人员参加，但十来个骑士其实就可以对其敌人土地上的农民造成巨大损害，而且他们经常这样做。尤其是在蛮族攻击的危险过后，私斗盛行使得封建体系大失声誉。

尽管没有和平与秩序，但我们不能因此忘记，最先发展于北部的法国，然后由此扩展到毗邻的欧洲其他地区的封建制，确实创造了一支强大的军事力量，装备精良且训练有素，能够在短时间内介入任何类型的地方骚乱。西欧的骑士驱逐了一度要将拉丁基督教世界完全吞没的蛮族攻击，并在令人吃惊的很短时间内，证明了自己有能力对他们所有邻邦开展成功的攻击行动。

2. 帝国的复兴

对于封建制和骑士制的发展，法兰西人有着尤其重要的建树。在德意志发生的是一种多少有些不同的演变。古老的日耳曼部落，虽然被纳入到查理曼的帝国之中，但在加洛林王朝草创的官僚制度统治下，成功地维持了他们共同存在的某些意义；而随着查理曼继承者治下的中央政府效率减弱，新的政治单位，依据旧的部落路线而开始成型。于是就出现了四个部族（德语：Stämme）或者说部落公国：萨克森、弗兰科尼亚，斯瓦比亚（阿勒曼尼人之地）以及巴伐利亚。

德意志的最后一位加洛林统治者于911年去世，至此法律以及实际的权力传到了部落公国的公爵手中。他们从自己当中选择一位做德意志的国王，但对于这样选举出来的君主，他们仅奉以名义上的服从。萨克森公爵奥托大帝（936—973）继承其父亨利为王之后，情况发生了改变。奥托并不满足于仅仅做个有名无实的统治者，把实际的权力留给自己公国外的其他公爵。经过一系列斗争，他得以重新确立其旧时加洛林王朝的原则，即公爵是王国官员，服从于国王控制。奥托在各个公爵官职上安排了自己的亲近，以此试图巩固他的权威。但即便如此，他们并不总是忠诚，在他整个统治时期不断叛乱。但尽管如此，奥托成功地攻击了东面的斯拉夫部落，将日耳曼的权力扩张到了易北河以东，远至奥德河。波西米亚沦为附庸国，被迫认可奥托的霸主地位；955年，他又抗击匈牙利人而取得了重大的、决定性的胜利，这成了仍然处于野蛮状态的民族对德意志进行的最后一次大规模劫掠。与此同时，奥托和他父亲在北海沿岸建造的一系列堡垒，有效地制约了维京人的入侵。而且，奥托实际上逆转了局面，劫掠了丹麦南部的部分地区。然后，他追随查理曼的脚步，入侵意大利，攫取了该国国王的头衔，并于962年在罗马加冕为皇帝。

至此，为了认可一位半蛮族国王成功的国家构建，罗马帝国的魂灵被再次召唤出来。奥托 962 年恢复的皇帝头衔一直延续到 1806 年。它几乎必然与德意志262在政治上的领导地位相联系，同时也相当模糊地宣称了其对所有拉丁基督教国家的政治领导权。但是，法兰西和英格兰王国从未承认它们依附于日耳曼皇帝；而且即便在德意志他也没有把握能够一直掌控实权。在数个世纪中，德意志国王只在受教宗加冕后才接受皇帝头衔成了惯例。这个惯例遵循的是查理曼和奥托大帝的先例，教宗加冕礼要一直到 14 世纪才被免除。

在德意志和意大利，后代皇帝发现确保臣属忠诚和顺从的服务极为困难，这使基于罗马先例推行的皇帝权利大体上失去了效力。不过，相比法国，十一二世纪的德意志所保留的中央权力要有效得多；而且在西欧诸统治者之中，奥托和他的直接继承者拥有极为显赫的地位。

奥托的统治标志着西方基督教世界与其东面和北面的蛮族邻居的关系发生了决定性的转折。他在军事上成功地压制了这些蛮族，铺好了文化渗透的道路，使斯拉夫人、斯堪的纳维亚人和匈牙利人在随后的两百多年中纳入到欧洲文明的范

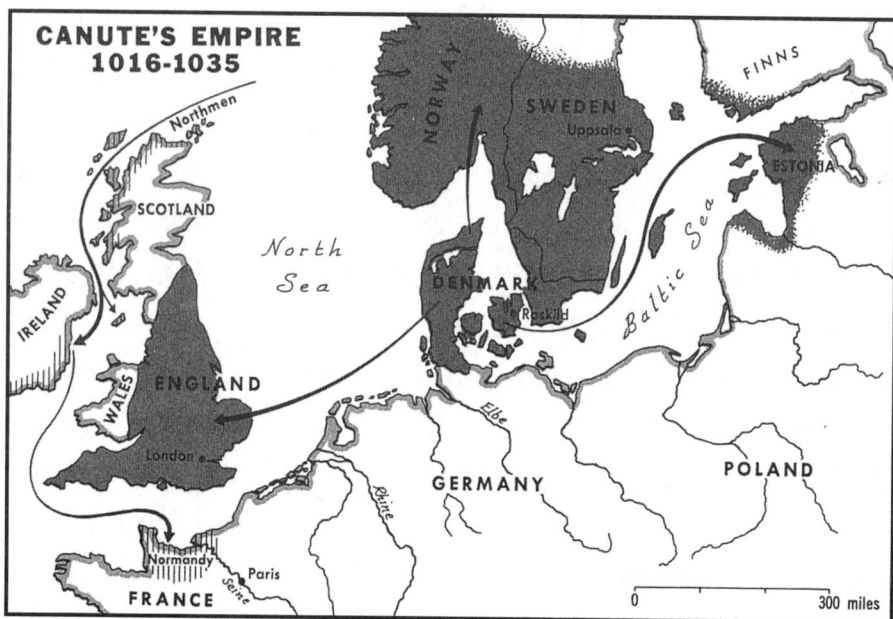

卡努特帝国（1016—1035）

围。奥托的成就可以与封建制在法国的发展相比，因为两者有着相同的路线，即驱逐蛮族攻击，并开启欧洲扩张的历程。

3. 英国

从 5 世纪中叶盎格鲁－撒克逊人入侵起，英国的社会沿着一条独特的路线发展。盎格鲁－撒克逊诸王国中，只有威塞克斯一个有足够强大的实力抵御维京海盗，而且它也总是显得摇摇欲坠。丹麦国王卡努特（1016—1035）其实统治过英国一时。他成功地缔造了一个名副其实的北方帝国，将挪威、瑞典和爱沙尼亚部分地区，还有丹麦和英国一并置于他的独立统治之下。不过，他的去世致使帝国解体。英国人立本土的忏悔者爱德华为王。

后期盎格鲁－撒克逊人国王开始将法国的改革嫁接到英国本土，这个渐进的过程很好地体现了封建制度的力量。不过，英国的封建化才刚开始不久，诺曼人征服（1066）便打断了英国的发展，将发展成熟的封建体系强加给这个国家。

4. 教会与封建社会

中央政府的崩溃同时也使得它对教会不再有集权化的控制。教宗职位成了罗马和意大利贵族派系的竞争目标，敌对的教宗争夺者之间发生战争的事情屡见不鲜。如此推选出来的教宗，既没有威信，也没有手段控制广阔的西方基督教世界疆土上的宗教事务。

修道院和主教占有了广泛、众多的土地。在 9、10 世纪的动荡中，这些土地成了诱惑强者和贪婪者的猎物；而由于和平与秩序缺乏有效的公共保障，修道院长和主教不得不尽他们所能保护自己的领地。当然，这意味着寻找骑士，授予他们封地来换取他们保卫教会领地的服务。于是，教会实现了彻底的封建化，而实际当中，修道院长和主教最通常也是从封建贵族的诸次子当中选出。公爵或者伯爵的一个次子如果当上了修道院长或者主教，便可以拥有大片土地，和与他身份相称的收入；这些神职人员还不时会找到机会让他们所接受的骑士教育派上用场，率领他们的骑士攻击周边与他们发生争执的领主。不过，罗马的法律和行政传统确实从未完全被遗忘，而且在神职人员之中延续得最为强势。

由于神职人员法律上不能结婚，所以他们的地位无法轻易继承。因此，任命主教和修道院长的权力十分重要。不论是谁，只要能够控制对神职人员的任命，就能够期望从他任命的人那里获取政治和军事支持，而且也许还能够大大增加自己的收益，因为迫切的候选人往往会报答他的帮助。

在德意志，奥托和他的继承者们宣称自己有权任命神职，帝国的统治事实上也主要依赖于教会人士，因为所有大庄园主中，只有他们的地位完全依赖于皇帝。神职人员至少熟悉那些与主权权威以及公共行政的尊严相关的罗马概念，这一点尤其得到皇帝的看重，因为任何皇帝权力的主张，都可以轻而易举地在罗马法中找到先例。而且，神职人员几乎垄断了文化，即便是半蛮族的政府也要有能够读写的人来处理公务。

在法国，各地区的做法不尽相同。诺曼底公爵掌控了其领内的神职任命，其他封建诸侯也在自己的领地内实施类似的权力。不过，有些主教和修道院长职位，一直以来都是周边野心勃勃的贵族家庭争夺的对象，而另一些主教职位，比如兰斯主教，则受到法国王室的影响。

地方宗教义务当然全权委派给了教区神父。这些人通常由他们供职的庄园的领主任命，其中不乏缺乏或者未受过教育的人。虽说如此，在10、11世纪期间，教会仍能够不断在扩大教区数量，以及打击农民中的异教活动方面稳步推进。

不难想见，封建特征使教会道德败坏的事情并不罕见。就其行为举止而言，许多主教和修道院长与他们的贵族同侪没有显著分别。大多数教区神父不顾教会禁令而结婚。虔诚的人们对这些或那些问题感到不满，努力想要予以纠正。这种努力当中最为重要的一次举动要数910年，法国南部的阿基坦公爵在克吕尼创建了一家修道院。根据其特许状的规定，明确免除克吕尼修道院的一切世俗控制。僧侣依照《圣本笃会规》选举自己的修道院长，不受任何外界干扰，而只服从于罗马教宗。这个修道院不久就成了教会改革运动的中心。其他修道院也纷纷效仿克吕尼，采用它的院规，接受克吕尼修道院院长指派给他们的院长。到最后，出现了300多家克吕尼式修道院，遍布西欧各地；由于克吕尼式修道院迅速树立起了虔诚、神圣的名声，改革后的修道院迅速吸引到了虔诚的或者忏悔的信徒的捐赠，这些人觉得需要有僧侣为他们祈祷。这些修道院的联合，被称为克吕尼修道会，它至此取得了大量的财富和广泛的影响。

克吕尼僧侣利用他们的地位批判封建化了的教会滥用职权，并不遗余力地批判买卖教职和俗人授任权（lay investiture）这对孪生罪恶（买卖教职即违背教会法购买教会职务；俗人授任权指的是教会职位和地产通过俗人来任命）。克吕尼的改革者们还大力倡导神职人员单身。

只要教宗一直还是罗马城那帮小贵族的玩具，克吕尼改革运动就只能局限于修道院事务。一些克吕尼修道院训练出来的僧侣当上了主教，试图把他们的原则推广到教会的世俗分支；但他们的尝试并不十分成功，因为只有出奇虔诚的俗人才愿意放弃通过控制教职任命而带给他们的权力和收入。因此，要等到11世纪后半叶教宗重组和复兴以后，克吕尼改革在修道院墙外才取得了大幅进展。

教宗重掌大权的肇始，大体是德意志皇帝干预的结果。奥托大帝像他之前的查理曼一样，曾在一位教宗受到渎职指控时以他自己作为此事的法官。而事实上，他其实是废除了一位教宗，而以他自己的亲信取而代之。日后的德意志皇帝也曾几番如法炮制，但他们对教宗的控制，如同他们大体上对意大利的控制一样，仅仅是零星的几段时期，而且是靠派遣临时的远征军南下才得以实现的。尽管如此，仍不可否认的是，德意志皇帝指派的教宗，大多具备一些道德和人格的品质。其中最著名的一位是西尔维斯特二世（999—1003），即欧里亚克的热贝尔（Gerbert of Aurillac），在当教宗之前是一位闻名遐迩的学者。不过，教宗之职依然陷于意大利和罗马政治的钩心斗角当中；11世纪中叶以前，个别几个改革派教宗的努力，大多也总是因为其他那些由某个罗马贵族派系提名的教宗的行为而功亏一篑。那些阻碍改革的教宗上台后，主要做的是利用职权为帮他们上位的那些道德败坏之徒牟利而被抵消。

三、文化复兴的开端

在公元1000年之前，西欧文化复兴并没有多少显著确切的迹象，但11世纪前半叶人们对教育、建筑和音乐的兴趣与实践预示了后两个世纪将会有更为充分的发展。

不过，10世纪并非完全贫瘠。公元1000年的时候，传教士已经成功让斯堪的纳维亚的统治者们皈依基督教，匈牙利的传教活动也取得了相似的成功。教会同样也维持着教育制度，保留了古典学术的一股细流。在较早的时期十分显著的修道院学校，逐渐让位给主教们所组织的学校，也就是我们所说的大教堂学校（cathedral school）。欧里亚克的热贝尔（后来的教宗西尔维斯特二世）于972—982年曾主持兰斯大教堂学校，使其成为西方基督教世界最为进步的一个研究中心。年轻时的热贝尔曾在西班牙学习，在那里接触到了阿拉伯学术。他精通了其中一部分，并将其带回兰斯；他还懂得算盘，拥有一台浑天仪（即托勒密宇宙的模型），这便足以让他赢得魔法师的名声。

石头建筑重新出现是文化复兴一个最早的表现。发展石材加工技术，首要目的是建造更精致安全的堡垒。在11世纪，结实的石头壁垒基本取代了土墙和栅栏；有时候，如果有溪水可引，城堡的四周还会开掘一条护城河。由于封建贵族的权力和安全，往往取决于他是否能够在遭到更强势力攻击时固守这样一座城堡，封建贵族的每一个成员都急于为自己建造一个固若金汤的避难所。这也就导致在11世纪早期，有几百座石头城堡拔地而起。

石头建筑也用于建造标志性的教堂。将近1050年时，一种新的、称为罗马式的建筑风格开始发展起来。罗马式建筑，就如其名所示，使用的是罗马建筑学的建造方法，尤其是半圆拱。早期的罗马式教堂建造有圆形拱，建造教堂顶的方法（当它不是木制的时候）只是简单地将一个拱拓宽，变成我们所说的穹顶（barrel vault）。罗马式教堂的平面图源于罗马的长方形会堂，再加上一个耳堂，使整个教堂呈十字型。不过我们应该强调，罗马式风格要等到这里讨论的时期好几十年之后才完全成熟。

修道院和教堂起到引领作用的另一个活动是发展了复调和标准化的音乐。赞美诗与圣咏无疑在基督教仪式中起着重要的作用。在先前几个世纪，各个声部和声唱颂。复调一开始是用固定的时间间隔（五度、四度或者八度）分出声部；创新者随后开始改变不同声部的旋律，以此产生变化多样的和声。为了使声音保持一致，需要有某种测量音符的体系，由此发展出了乐谱。这种类型的复调音乐于10世纪开始发展，不过它后来发生了更广、更充分的变化。

900年到1050年是文学活动的低谷。不过此一时期留存下来许多圣徒故事，以及若干部编年史。毫无疑问，一种十分强劲的口述史诗传统在封建贵族和维京人的后裔当中非常活跃，但这种诗歌的书面范例都出现在12世纪或之后。

第二节　中世纪盛期（1050—1270）

一、导论

11—13世纪，西欧从先前时代的粗鄙、无知和贫穷当中兴起了一个崭新而灿烂的文明。该文明最为独特的特征，是教会在几乎各个方面都拥有显赫的地位。教会统治者的政策强有力地影响到了欧洲各个国家的政治发展。可以说，教会本身也成了一个政府，教宗对之实行集中统制。教会和宗教也同样主导了文化表达。教堂、教育以及经院神学都是教会和宗教支配人们心智的反映。经　268

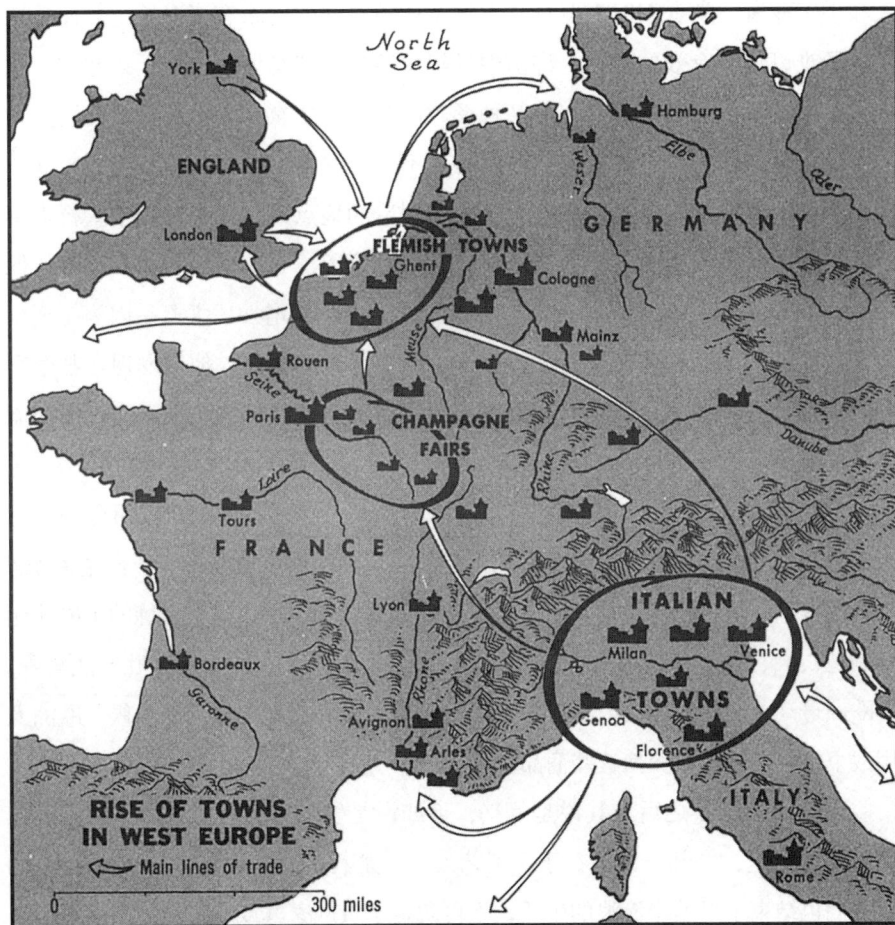

西欧城镇的兴起

济生活方面最为突出的，是贸易和生产城镇迅速增多，这为早先的农业社会注入了全新的、强大的动能。中世纪盛期的历史，也许可以归结为研究两个方面影响的互动，一方面是城镇和城市市民，另一方面是教会，尤其是教宗。这两个因素相互作用——一个是经济因素，另一个是宗教因素——促使中世纪社会转型，将其水平从半野蛮状态提升到一种蓬勃发展的文明。

二、经济变革

1. 城镇生活的复兴

从 1050 年起，西欧成了城镇迅速发展的舞台。居住和统治这些城镇的是商人和手工业者。学者们对古罗马与中世纪城镇之间的联系有诸多争论，而且这个问题难以进行有效的概括。许多中世纪城镇是在罗马城镇旧址上兴起的，这种城市中有不少无疑一直存在着某种形式的定居。主教或者伯爵延续使用罗马的防御工事，作为避难所或者行政中心。不过，这种"城镇"并不起到与这个词相联系的经济功能。它们并不是交易和制造的地点，除了有时候某些行走不定的小贩、商人或者手工业者恰巧在此做短暂停留，寻求城墙和稳固权威的保护。到 11 世纪，中世纪城镇的商业和手工业人口不断增加，大概是因为（至少在北部欧洲）行商和劳动者在城里定居。随着生意的拓展，他们发现在某个有利的地点建立长期的总部具有可行性，而这个地点必然拥有市场所提供的交流与城墙所提供的安全。

贸易从未曾在西欧消失。它从新石器时代既已存在；早期西欧历史中的庄园从未实现完全的自给自足。犁头和工具需要用到的铁、盐以及水磨石这些必需品，通常都要从庄园外进口。骑士阶层所需的武器和铠甲，只有熟练的工匠才能够制造；酒、珠宝和精细的布料之类奢侈品，以及猎犬、猎鹰和强壮的战马等，在欧洲最动荡、最贫弱的时期也一直都有需求。没有其他出口品的时候，欧洲人用战争中俘虏的奴隶交换这些商品。

因此，1050 年之后与其说是复兴，不如说是贸易迅速扩张。城市的扩大之所以如此迅速，一部分原因在于手工艺人——尤其是铁匠和金工——定居下来。商人们也结束了早前半流浪的生活，不再游走于贵族家庭或者集市之间。城市有了贸易中心的功能之后，其他类型的手工业者找到了相比于某些庄园"百事通"

269

粗糙的制造工艺，更倾向于购买职业织工、木匠、鞋匠等的专门产品的主顾。于是，市镇逐渐成了地方商品服务交换的聚点，而庄园也随之变得越来越不自给自足。

但是，远距离商品交换同样很重要，甚至可以产生更多的利润。8、9世纪时，这种贸易一度近于断流，不过在11世纪经历了非常迅速的扩张。西欧开始从拜占庭和阿拉伯地区进口各种精致的制成品，并以出口原材料和半成品（如橡胶、毛皮、鱼、呢绒、铁及其他金属）为交换。

显然，对于这种贸易而言，意大利占据了中间人的位置。这一点极具战略意义。城市生活在意大利的复苏比在其他西欧地区都要强劲，而且早在10世纪，处于亚得里亚海顶端的威尼斯就在与拜占庭的贸易当中占有领导地位。大约11世纪初，意大利西海岸的热那亚、比萨和阿马尔菲成功地挑战了阿拉伯的海权，很快就开始与威尼斯人竞争。最开始意大利人主要是扮演中间人的角色。不过，很快意大利的工匠就开始模仿东方精致的产品。比如，威尼斯在12世纪以其玻璃而闻名；佛罗伦萨也在差不多时候成了精致衣料的制造中心。于是，许多东方的手工业技艺传入西方，并逐渐从意大利向北传播。

佛兰德斯是紧接着意大利的第二个经济中心。它处在从意大利出发的陆上贸易通道与北海、波罗的海沿岸贸易交汇的位置。数条河流哺育了这一贸易：塞纳河、马斯河、泰晤士河、汉伯河、莱茵河、威悉河、易北河即其他河流的航程覆盖了西欧非常可观的一大部分。所以，意大利和北方贸易通道在佛兰德斯交汇，形成了集中的交易中心。佛兰德斯的城镇成了巨大的仓库；但它们的繁荣同样应归因于布料贸易的发展。佛兰德斯的织工将英国和其他地方运来的羊毛编织成布料，然后将他们的手工品出口到欧洲各地。一些布料被意大利商人带回意大利去"最后加工"。除了长于布料制造外，佛兰德斯的城镇也包含若干其他行业，最为重要的一个是做熏鱼干，因为北海的浅水中可以捕捞到大量的鱼。

布鲁日、根特、伊珀尔和康布雷都是佛兰德斯的大城市。北欧其他地区，大城市相对少见，但像伦敦、巴黎、鲁昂和科隆这样的城镇在12世纪期间就成了重要的商业和制造业中心；更小的城镇数以百计。不过我们一定不能夸大了中世纪城镇的规模；在12世纪的欧洲，拥有25000城市人口就已经非常出类拔萃了。

2. 城镇对中世纪社会的影响

虽然城镇的总量和人口并不多，但它们却能够对先前存在的社会关系产生重要影响。一个显而易见的结果便是货币经济覆盖到了更为广泛的人类关系领域。邻近新兴城镇的庄园农民可以为他们剩余的谷物找到市场，也可以购买布料、铁和盐等物件作为交换。在欧洲的一些地区，商业农业崭露头角——例如，英格兰北部养了大量的羊来供应佛兰德斯忙碌的织布机。封建贵族有了对东方精致产品的需求，因而开始觉得需要有一笔货币收入来让自己能够购买这些商品。所以，封建领主把庄园上的农奴欠他的一部分乃至全部赋役转换为货币支付，把封地出租而不是为了自己的消费去耕种它。这样的做法已不稀奇。这种安排既确保了领主的货币收入，又免除了农奴们沉重的负担。

城镇的兴起，为那些有经商头脑或者不满现状的农民，打开了一条新的营生途径。他可以逃离自己所出生的庄园，到城镇定居，这样便有可能逃离领主的控制；又由于城镇最初的人口当中，正是这种脱逃者占到了显著的部分，所以城市民（townspeople）尽可能地保护这些人。在某个城镇居住一年零一天即得自由，成了一条普遍的规则，超过这一时间，城市民甚至根本不会考虑封建领主的要求。于是，庄园领主越来越有必要让他的农民尽可能地高兴。这导致了到1300年时，在欧洲经济上更为活跃的地方，农奴制的赋役大体上被废除或者用货币支付代替。

在政治领域，城镇兴起最为直接的后果是在这些城镇当中出现了一种新的、非封建类型的政府。即便是行商也聚集到一起，相互支持与保护；随着永久定居的人们越来越多，这种联合开始有了地方政府的特征。庄园法庭的规则显然不适合商人的生活；所以发展出了新的商法形式，来处理有争议的契约。他们也要与城镇兴起所在辖区的领主达成某种协议。在北欧，城镇很少能够取得对封建上级的完全独立。更通常的是达成妥协，领主同意尊重城市市民的某些特殊自由权，而作为交换，他有权收取各种形式的收益——租金、一部分市场税、城镇法院收取罚金他也有一份，等等。实际上，封建贵族很快发觉城镇是非常有价值的资产，善于经营的封建统治者常常建立起新的城镇，希望蓬勃的商人和手工业者团体会给他们带来额外的收入。他们为这种新城镇授予特许状，规定了市民（burgher）的诸项自由权。其他自发生长而成的城镇，往往也通过它们所在土地的封建持有者的购买或者同意，而取得了类似的特许状。

这种特许状授予市民的特殊自由权各有不同。一般而言，市民们被授予免受庄园课税的人身自由，他们得以自由地在城镇的界线内购买、出售或者遗赠土地（只需要支付一笔免役税），并且在周边特定地区拥有商业垄断权。在法国和英国，国王很早就是许多市镇特权的授予者，王室力量与市民可以说形成了同盟，因为他们的利益大体上都与封建贵族对立。这一同盟成了巩固法兰西和英格兰民族君主制的核心要素，而且在政治上产生了一个间接的后果，即市镇的兴起。这一点具有根本的重要性。

不过，在德意志和意大利，市镇的经济、军事实力并没有扮演类似的支持中央帝国政府的角色。相反的是，某些市镇实际上成功地组建起他们自己的主权政府；其他一些城镇则仍受一位地方封君的统治。贵族地主常常到城镇生活，他们自己也成了城市公民。这样的事实使意大利的城镇与欧洲其他的地方区别开来。但它的结果并不总是令人高兴，一种长期的家族仇恨频频蔓延到城墙之内，而贵族之间也常常竞相争夺城镇政府的控制权。与此不同的是，在北欧，封建贵族一直疏离于新的市民阶级，继续生活在农村。

随着城镇人口日益增多，就需要有城镇政府和行会组织主持内部事务。不难想见，这种政府和组织有多种多样的形式。最早的记录表明有单独一个组织——商人行会——处理所有城市市民的共同事务。逐渐，各种手工业者——鞋匠、织工、小贩，等等——分别组织起来。此举的目的在于保护他们特殊的职业利益。城镇政府最初与商人行会相差无几；后来，随着商人行会分裂为各个行业的行会，全体城市市民将他们的普遍关切托付给选举产生的官员。这些长官管理市民之间的司法事务，征收市场税，维护城墙、街道和其他公共设施，并代表城镇进行对外交涉，包括对封君和国王。不过，我们千万不能以为中世纪的城镇政府推行民主制。只有一些居民参加城镇官员的选举，在大多数情况下，政府受一个相对较小的寡头统治所控制。

建立行会是为了保护其成员免受各种危险和动荡的威胁。行会设计阻碍非成员与之竞争的规则几乎是普遍现象；它们也频繁地实施价格和质量管制，作为制约不公平竞争的手段。尽管普通的行会会员更为关注的很有可能是确保自己有稳定的生活，但有时候在这种管制中也有保护消费者的因素。许多行会都尝试尽可

272

273

第三编 欧洲文明（约公元900年至今）

能地让所有成员保持均等，并采取了意在防止某个会员取得比他人更多财富的管制措施。不过，行会并不仅仅是经济组织。在行会这一框架内还进行着多种类别的社会和宗教活动。

13世纪时，用于确保行会的地方垄断的规制，十分普遍地导致某些个人或多或少被永久性地排除在行会之外，即使他们也许是技艺精湛的工匠。行会以固定的工资雇用这些被称为日工（journeymen）的人；他们自己有时候也会组织起来保护自己的特殊利益。发展成熟的行会体系中还有第三种身份，也就是学徒。学徒在一固定年限内依附于行会会员，学习这门行当。过了学徒期以后，较为幸运的几个（通常是能够支付接纳费的几个期满学徒）成了行会会员或者师傅；其他的则终生只能当日工。

中世纪城镇中的不同行会还出现了另一个区别。打比方说，显然金匠（他们常常是兼职银行家）一般比小贩更富裕也更有影响力。城镇政府中各手工业行会所居职位往往反映了行会的财富与声望；但各城镇之间有很大的地方差异，因而难以描述城镇政府的一般模式。

不同行会会员或者同个行当里师傅和日工之间的矛盾屡见不鲜，有时候还会导致内部问题。而在意大利，由于需要所有城市市民出于共同利益联合起来反抗的封建上级的缺失，所以这些冲突最为严重。城市市民们经常能够团结起来对付外来者。城镇所在土地的封建所有者和市民之间的冲突十分常见。后者常常能够以购买新的权利和豁免权的手段解决纠纷，因而逐步增进他们所拥有的主权。不过，13世纪时，法王和英王成功地侵犯了城镇的某些自由权，开始向它们征收各类税金。

教会的组织和态度并未很快针对城镇的情况作出调整。神职人员迟至13世纪初才为城镇生活摆在旧宗教体系面前的问题找到实际的解答。许多基督教思想家认为以超过成本的价格出售产品是欺诈的一种形式；更为关键的是，基督教长期以来的教诲都谴责高利贷，即借钱生息。可是，商人和手工业者的商业关系，很大程度上都以高于成本的价格，以及有息借贷为基础。此外，教会在主教管区和教区的组织成立于欧洲还几乎完全是农业社会的时期，新人口中心的发展没有立即引发教区重组。这也就导致许多中世纪城镇神父数量不足。直到13世纪初方济各会和道明会成立才弥补了神父缺乏的状况。

许多教士十分不满的态度、各地民众与境外地区的往来，以及商业生活带来的新理念，致使 12 世纪西欧出现了若干基督教异端。我们几乎从一开始就能辨别出，许多城市民分别持有两种对立的宗教态度。有些人形成了世俗的、或多或少非宗教（或至少是反神职人员）的观点；其他人则对妥协不以为然，试图恢复一种更为强劲、纯正的宗教，不断试图用基督和使徒们的生活直接塑造他们自身。整个中世纪盛期都存在着这些反对城镇生活的反应，而且分别预示着后来的文艺复兴以及宗教改革运动。

12 世纪和 13 世纪最为重要的异端群体是清洁派（或称阿尔比派）。这场运动在法国南部得到了最为强劲的支持。清洁派（他们的名字"Cathari"意思是"得到净化的人"）推崇的理念来自东方，很有可能源于摩尼教，不过经历了许多世纪的变化和改动。其他的团体则期望回归到使徒时代的基督教，他们因为反对教会的各种做法而被认定为异端。瓦尔多派和卑微派便是 12 世纪晚期的这样两个教派。这些运动最忠实的信众无一例外来自城市市民；但它们的发展由于 13 世纪初教会强硬的反对措施而终止。

想到 13 世纪的哥特式教堂和大学同是城市的产物，我们便能看出城镇对于艺术和思想的影响。因此，城镇的成长不仅仅在经济方面，而且在政治和文化领域都引入了具有深远意义的新的刺激。12 世纪至今，城镇居住者引领了欧洲文明几乎所有方面。

三、新的政治形式

1. 欧洲的扩张

1050 年以降，欧洲的战士和殖民者开始侵犯四面八方的毗邻民族。在欧洲东北，一些日耳曼封君对生活在易北河和奥德河之间的异教斯拉夫部落发动侵略战争。殖民者有组织地从德意志西部涌入，在新的庄园定居。14 世纪斯拉夫人自己建立起强大的王国（波兰、波西米亚）才制约了日耳曼人东扩。为了生存，这些国家效仿了西方政治组织的许多特征。类似的文化适应的过程，使匈牙利在 11 世纪及此后几个世纪当中成为拉丁基督教世界的一员。

在西班牙南部也发生了类似的扩张。尽管伊比利亚半岛的摩尔人统治者在文化上具有显著的优越性，但基督教骑士却能稳固地让伊斯兰统治的疆界后退。这

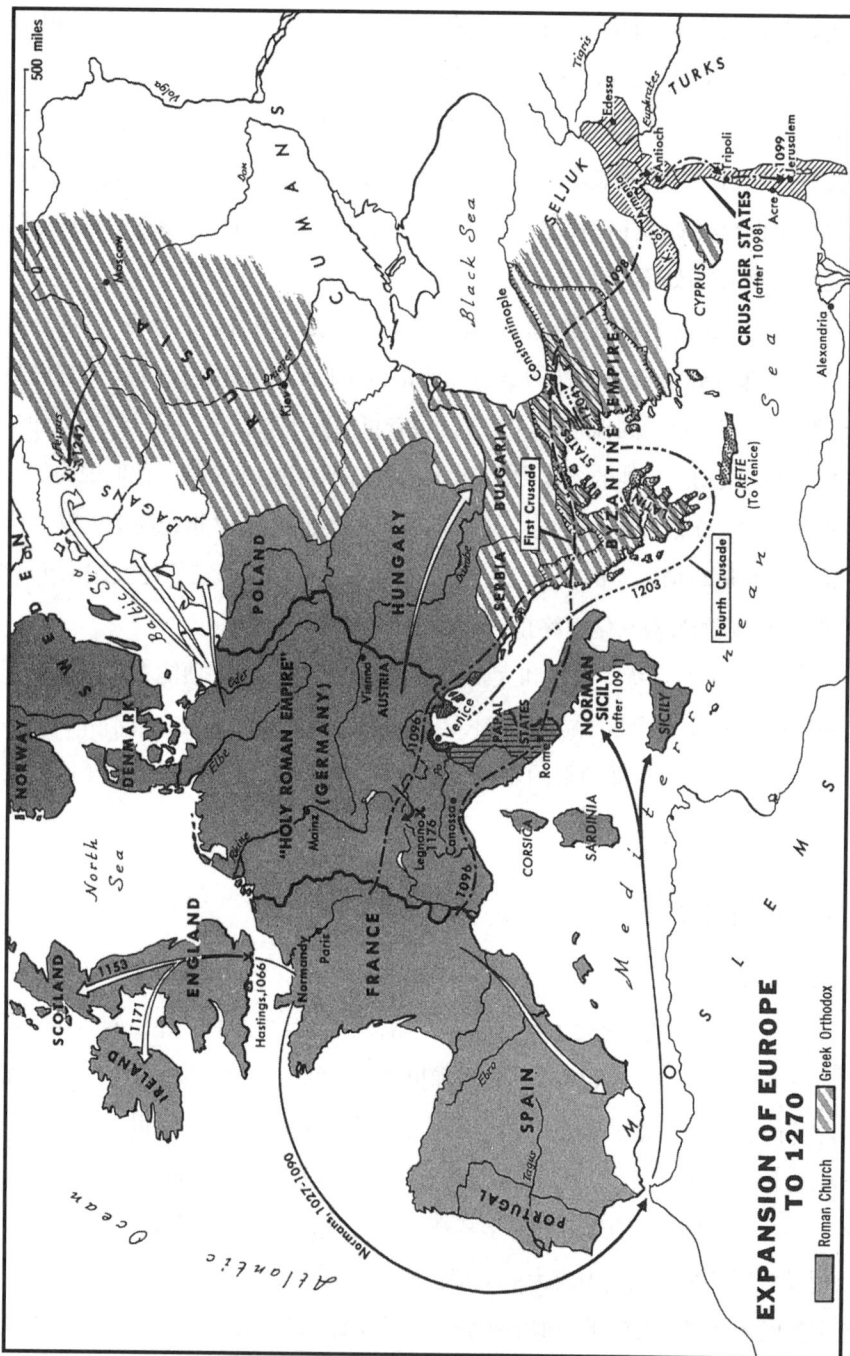

EXPANSION OF EUROPE TO 1270

欧洲的扩张（至 1270 年）

Roman Church

Greek Orthodox

500 miles

Map labels:

Atlantic Ocean

North Sea

Baltic Sea

Black Sea

Mediterranean Sea

NORWAY

SWEDEN

DENMARK

SCOTLAND

IRELAND

ENGLAND

FRANCE

SPAIN

PORTUGAL

"HOLY ROMAN EMPIRE" (GERMANY)

POLAND

HUNGARY

AUSTRIA

SERBIA

BULGARIA

RUSSIA

CUMANS

PAGANS

BYZANTINE EMPIRE

SELJUK TURKS

CRUSADER STATES (after 1098)

NORMAN SICILY (after 109)

SICILY

SARDINIA

CORSICA

CYPRUS

CRETE (To Venice)

MOSLEMS

Moscow

Vienna

Venice

Paris

Rome

Constantinople

Alexandria

Antioch

Tripoli

Edessa

Acre

Jerusalem

Hastings, 1066

Legnano, 1176

Canossa

Normandy

First Crusade

Fourth Crusade

1203

1096

1153

1171

1099

Normans, 1027-1090

Tigris

Euphrates

Volga

Don

Elbe

Ebro

Tagus

个过程在 1492 年摩尔人最后一个堡垒被攻占时才大功告成；但在此之前，西班牙大部分地区已经回归西方基督教世界的怀抱。

诺曼人尤为积极地促进了欧洲的扩张。1066 年，诺曼底公爵威廉率领一支大约 5000 骑士的军队穿越英吉利海峡征服了英格兰。诺曼征服的效应是将英格兰与西欧紧密地联系到一起，因而终结了其文化孤立的状态。还有一场甚至更为精彩的征服：在罗伯特·吉斯卡尔（Robert Guiscard）和他的弟弟罗杰·德·奥特维尔（Roger de Hauteville）的率领下，非正规的诺曼匪帮拿下了意大利南部和西西里。征服花费了数十年时间，于 1091 年完成。在此之前，西西里由穆斯林统治，意大利南部由伦巴第人和拜占庭人分治。德·奥特维尔家族干练的诺曼人统治者缔造了一个强大、统一的国家。得益于其地理位置，以及阿拉伯、希腊、伦巴第和意大利人混合的人口，这个国家成了阿拉伯和拜占庭文明的艺术和观念传播到西欧的一个首要渠道。这个诺曼人的国度也将在意大利政治中扮演重要角色。

欧洲扩张最为壮观的一步，是第一次十字军东征（1096—1099）征服了地中海东海岸。这场宗教战争由教宗乌尔班二世发起。一支杂牌封建军队响应了他的号召。欧洲各地的骑士与封君（主要来自法国）参加了这次东征。虽说这些骑士对于地形所知甚少，而且管理不善，但他们成功攻占了耶路撒冷，在那儿以欧洲为模型建立了一个封建国家。除了耶路撒冷之外，一系列类似的十字军国家还占据了整个地中海东岸。也许顺便值得一提的是，第一次十字军东征的成功不仅得益于基督教世界的骑士，而且还有意大利商人的功劳。他们在十字军围困安条克城这个至关紧要的关头，为他们带去了补给。为了回报他们的帮助，意大利诸城邦在十字军所占领的地区取得了大量贸易特权。

驱使十字军展开冒险的动机有多种。其中教宗和众多神父煽动起来的宗教热情起到了决定性的作用。十字军东征的目的是让圣地不受穆斯林统治，而且教会承诺十字军战士的罪过会因为他们的服务而得到赦免。宗教之外当然还有其他动机：冒险精神、建立新产业和公国的期望（这一点尤其吸引了封建贵族的次子们，根据长子继承制，这些人大多无法继承家业）、拜占庭皇帝的外交（他们需要军事援助对抗土耳其人），以及在一定程度上少数意大利城镇的商业野心都推动了第一次十字军东征。不过，即便我们给予这些次要动机应有的承认，我们仍可以放心地将第一次十字军东征视为教会权力，以及基督教理想激发军事和政治行动的鲜明例证。

要评价第一次以及后面几次东征甚至更为棘手。许多骑士、朝圣者、海员和商人接触到了各种东方的奇观，他们回来时无疑都带回了新的品位和理念。第一次十字军东征的胜利大大提升了教宗在西欧的声望。它吸引了较为不安分的骑士，因此也许还有助于农村的平静。历次东征强化了基督教的骑士精神的理想，它逐渐柔化了欧洲武士的暴力和凶残，用精致的骑士荣誉规范将他们框住。东征肯定也推动了意大利城邦的兴起，增进了它们的繁荣，因为是它们的船只将补给、朝圣者和增援运送到圣地。不过，认为仅仅东征就导致欧洲各种发展和扩张的表现未免有所夸张。

能够最清楚地体现商业、军事和宗教扩张的联系的，是第四次十字军东征（1202—1204）这段历史。开始十字军的目的地是耶路撒冷，但在威尼斯的推动下转向君士坦丁堡。十字军成功占领了拜占庭的首都，这是以前的袭击者都未能实现的壮举。与一个世纪前在巴勒斯坦一样，他们在拜占庭先前的领土上建立起封建国家，威尼斯则收获到商业垄断和治外法权的丰厚回报。

第四次十字军东征到头来把矛头指向基督教国家而不是穆斯林，这个出人意料的结果标志着十字军东征理想走向堕落。后来，教宗发动的若干十字军征伐，不仅针对异教徒，而且也针对欧洲内部教宗的政敌。十字军理念逐渐失去效力，但在民族国家以及爱国主义的兴起取代了基督教世界的统一感以及教宗对于基督教世界的领导权以前，这个理念并没有完全消失。

2. 教宗上升至显赫的政治地位

基督教教会与世俗统治者之间的关系，几乎从基督教历史之初就在争论。1050 年到 1250 年这两百年间，此事以一种新的形式出现：数位强硬的教宗，在虔诚的神职人员和俗人的共同支持下，成功地掌控了欧洲几乎所有地方的宗教和政治生活。教宗声明自己掌控政治权力的途径有若干种，因情境和教宗个性而异。每位教宗都力图确保自己能有效地控制教会组织。在一个主教和修道院长掌控了西欧很大部分土地的时代，这样做为教宗带来了巨大的政治和经济实力。有些教宗甚至提出了更为野心勃勃的声明，称教宗是所有基督徒的合法主君。但并非所有中世纪教宗都向往这种极高的政治地位，而且也没有教宗能够完全将理想转化为实践；不过，让所有欧洲统治者都有基督徒的服从的这一希望，激发了最伟大、最活跃的几位中世纪教宗的行动，燃起了他们的想象。朝这个方向的努力使教宗直接跳入了中世纪盛期政治和战争的旋涡。

（1）教宗与帝国

从查理曼和奥托大帝的时代以来，有西欧的皇帝认为自己是古代罗马帝国合法的政治继承者。无疑，皇帝直接统治的领地既不包括西面的法兰西和英格兰王国，北面的丹麦、挪威和瑞典王国，也不包括东面的匈牙利和波兰王国；不过有一大片领地都在某种程度上承认皇帝的统治，这些地区不仅包括德意志、意大利北部和中部，而且还包括现代的波西米亚、奥地利、瑞士、比利时、荷兰，以及今日法国东部的很大一片地区。因此显而易见，教宗声称西方基督教世界的政治领导权，最直接的挑战就是这继承皇帝头衔的人。

其实，11世纪教宗权威第一次成功宣称此权力时，这个运动带有一点革命的性质。在查理曼和奥托的时代，皇帝理所应当地像任命、罢黜或承认其他强大的主教一样，任命、罢黜或承认教宗。不过，这种过程与教会法格格不入。教会法规定，空缺主教职位应当由主教教区的神职人员选举补缺；在10世纪和11世纪，许多虔诚之人（既有神职人员也有俗人）相信，只要俗人有指派高级教士的权力，尤其是俗人将这些职位出售给不善之辈，教会盛行的腐败和堕落就无法医治。后面这种做法被叫作买卖圣职，而俗人授任权，尤其是在克吕尼修道院的僧侣们看来，是教会改革和净化的首要阻碍。

279

不过，从帝国的角度看，这样的改革难以与传统的权力和行政方式相调和。主教和修道院长持有大量土地，任命这些职位的权利为帝国宫廷带来了显著的财富和影响力。更为根本的事实是，帝国政府很大程度上依赖于神职人员的行政服务：换一种方式表述的话，就是为了回报忠诚的仆人，皇帝可以指派他们担任教会职务，因为他们没有易得或者显见的替代收入来源来维持一个忠诚的行政机构。教宗改革如若完全实现，也许会改善教会的精神品质，但它同时也肯定会破坏皇权的现有基础。教宗和帝国、教会与国家至此有了产生剧烈碰撞的基础。

在教会改革者还未能有效挑战现有实践之前，他们首先必须确保教宗本身独立于皇帝的控制。1059 年的两项变革实现了第一步。是年，一次宗教会议阐明了教会选举教宗的章程。该会议组建了一个红衣主教团，其成员有权选举新教宗。其中大部分人都属于支持改革、反对帝国的一派。这确保了未来的教宗不会是皇帝的仆从或者傀儡。相反，教宗将会拥护教会独立于俗人掌控的要求。

同年，教宗与新晋的意大利南部的诺曼人统治者缔结盟约。罗伯特·吉斯卡尔，这位诺曼冒险家，初到意大利南部时还只是一名骑士。但通过军事、欺骗，以及个人的勇敢和好运，他于 1059 年摇身一变，成了意大利南部一个强大而精致的国家的实际统治者。不过，吉斯卡尔需要合法性，而教宗正需要军队支援。因此他们达成了互利的协议，采取了教宗赐予封建领地的形式：即这位诺曼冒险家正式承认教宗是他的封君，宣誓做他忠诚的封臣；教宗则反过来正式授予吉斯卡尔权利统治他已经用剑征服的国家。这个安排确保了教宗在未来与皇帝的冲突中拥有有力的军事支持；加之其新近取得的声望，教宗得以迅速挑战和破坏帝国在意大利北部，乃至德意志本土的权威。

冲突在 1073 年达到顶峰。是年，一位托斯卡纳农民的儿子希尔德布兰成为教宗，称格里高利七世。希尔德布兰在其当选教宗之前近 25 年间一直都是教宗政策的精神领袖。此人脾气暴躁，完全倾注于改革计划，坚信教宗是所有基督教国家正当的统治者，也是上帝在人世间的直接代表。作为教宗，格里高利骑士倾尽全力实现自己对教宗权力的设想。第一步是让德意志的高级教师和皇帝亨利四世服从于他。于是在 1075 年，格里高利召集了一次宗教会议，讨论德意志的混乱状态。这次会议禁止俗人任命神职人员，亨利的大量顾问和支持者将遭到绝罚的威胁，如果他们不迅速服从教宗，并放弃他们以前罪恶的做法。

皇帝可没这个心情接受教宗的计划，断然拒绝了合作。作为回应，格里高利正式宣布罢黜亨利，免除其所有封臣的效忠宣誓。这导致德意志普遍出现了反对皇帝的叛乱。亨利无力镇压，权宜之计就是请求与教宗和解。严冬腊月，大雪纷飞，亨利穿过阿尔卑斯山，抵达意大利小城卡诺莎。他赤脚站在雪中，卑躬屈膝地悔过，三日之后教宗最终屈尊迎接了他，赦了他的罪。卡诺莎发生的这次事件成了教宗掌握声望和权力的象征。不过，这还难以说是一场胜利，因为一旦格里高利赦免亨利，恢复他皇帝头衔，在教宗挑唆下反叛的德意志封建领主就不得不面对亨利的愤怒。尽管格里高利出手相助，但亨利终究还是在 1080 年重新将他的权威昭告于几乎整个德意志。

安定了本土，这位皇帝把注意转向意大利。首先，一次德意志高级教士（他们都由亨利特意挑选出来）的集会宣布罢黜格里高利。然后在 1081 年，亨利入侵意大利，意在任命一位新的教宗，并在意大利半岛重新确立皇权。随后他在意大利征战三年。1084 年他一度占据罗马数月，将格里高利逐出城外；但吉斯卡尔从南方率领诺曼人的军队赶到，逆转了势头，迫使皇帝撤退。但诺曼人在罗马城烧杀抢掠引起了罗马市民的愤怒，以至于诺曼人离开之后，格里高利没敢留在罗马，而是撤到萨勒诺，并于次年（1085）在该城去世。 281

尽管亨利四世比他的敌人格里高利教宗多活了 20 多年，但他增强皇权的计划最终壮志未酬。他在意大利征战时，德意志却后院起火，使的意大利征服半途而废，不得不快马加鞭赶回本土。一直到他去世的 1106 年，帝国一直受到零星的战事侵扰，亨利在意大利的权力近乎消失。诸位继任的教宗都曾支持德意志的叛军，亨利死时还受着教宗的绝罚。

继任的教宗和皇帝们继续拉锯，最终在 1122 年达成妥协，签订了《沃尔姆斯协议》（Concordat of Worms）。协议条款称，德意志的主教选举当根据教会法执行，但须有皇帝或其代表在场。此外，它授权皇帝授予新晋主教 regalia（即其职位的土地和世俗权力，有资格的教会高级教士则授予他 spiritualia［宗教权力］）。

教宗与帝国的这一轮冲突至此名副其实以教宗胜利结束。教宗任命方面先前君主所拥有的不受质疑的控制遭到减弱；教宗——还有意大利——至少在眼下不受皇帝控制；在德意志，教宗给予各封建领主和贵族强大的援助，而这些人一直力图损害皇帝来扩张自己的权力。

《沃尔姆斯协议》签署以后，教宗与皇帝之间有一段相对平静的时期。皇帝的直系在 1125 年断绝。多个家族为帝位争执了好几十年：一方面是霍亨施陶芬（或者韦布林）家族，与之角逐的是韦尔夫家族。德意志开始分裂为类似于两个敌对的党派，各自设计了一套政治合法性的学说来支持自己的事业。霍亨施陶芬家族称自己为普世皇权的继承人，这皇权未曾中断地从罗马人继承而来，由上帝直接授予，而不经任何教宗的中介。与之相对立的韦尔夫家族则采用并推崇教宗的声明。事实上，霍亨施陶芬诸皇帝与他们的前任一样，一直只能算是德意志的国王，

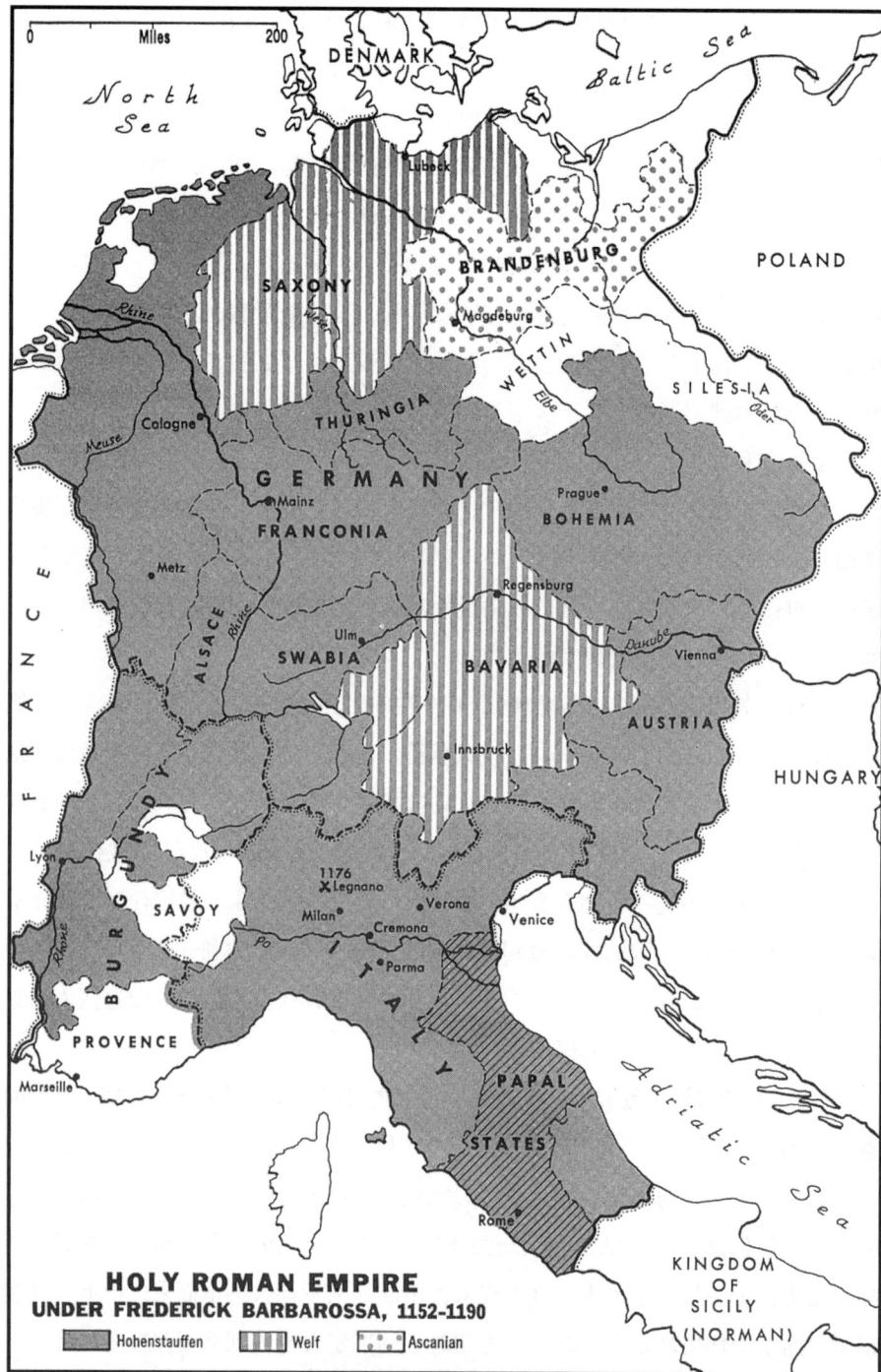

HOLE ROMAN EMPIRE
UNDER FREDERICK BARBAROSSA, 1152–1190

弗雷德里克·巴巴罗萨统治下的神圣罗马帝国（1152—1190）

他们声称对"神圣罗马帝国"（他们的这个国家不久就被如是称呼）拥有的普世权力只不过是梦想。但这些梦想激发了行动；而一位"罗马"皇帝确保了其在本土权力之后，第一个目标就是控制罗马和意大利。就这样，德意志封建家族的权力之争转变为整个德意志和意大利之争。在意大利，韦尔夫和韦布林被转译为 Guelf 和 Ghibelline，地方派系根据自己依附教宗还是皇帝那方而选用正确的标签。

到 1152 年霍亨施陶芬的弗雷德里克·巴巴罗萨（红胡子）赢得皇位宝座选举时，这场争吵似乎暂时告一段落，因为他母亲那一方与韦尔夫家族有亲缘关系，他在掌权之初就与这个家族修睦。停止了德意志的争吵，他就有机会为了真正降服意大利而大动干戈——他这个计划必然遭到教宗的殊死反抗。教宗现在拥有两个强大的盟友，南方的诺曼人以及北方伦巴第的新兴城市。许多伦巴第城镇成功推翻了封建上级的统治，正处在成为主权城邦的道路上。在皇帝弗雷德里克·巴巴罗萨看来，这些群体是反叛的暴发户。1158 年他为了让他们及教宗屈服，大举入侵意大利。

随后的 18 年间，教宗亚历山大三世与弗雷德里克·巴巴罗萨之间发生了一场痛苦的斗争。皇帝赢得了数场军事胜利，但从未能牢牢掌控意大利。而且，亚历山大能够搅起德国韦尔夫—霍亨施陶芬争端的余烬，因此损害巴巴罗萨在自己本土的势力。1176 年在莱尼亚诺打响了一场决定性的战役。伦巴第城市的军队（他们在教宗的支持下组建了同盟）与德意志皇帝的军队遭遇并将其击溃。这场战斗在军事史上有重大意义。在莱尼亚诺，装备长枪和十字弓、训练有素的步兵第一次证明其有能力战胜重装骑士的冲击。巴巴罗萨的封建骑兵徒劳地冲击长枪方阵，后者则将长枪的柄牢牢插在地上，岿然不动。就是这样，莱尼亚诺之役标志着马上骑士在战场上横行一时的优势终结了——尽管骑士军团完全失去影响力还要等到若干个世纪以后。是役也使得帝国与教宗之间的斗争发生了决定性的转折。战败之后，弗雷德里克放弃了完全掌控意大利的野心。他在 1177 年与教宗进行和谈，并与其他意大利敌人停火——伦巴第同盟和西西里的诺曼人。1183 年他与伦巴第诸城签订和约（《康斯坦斯和约》），授予意大利北部这些城镇广泛的自治权。三年后，弗雷德里克也与诺曼人达成协议。而且，他让自己的儿子与西西里王国（这是现在这个诺曼人国家的称呼）的女继承人结婚，看似很有可能逆转意大利的整个势力均衡。

不过，皇帝没有在意大利再兴波浪。他也许更倾向于等待他儿子继承诺曼人王国的资源，以之壮大帝国权力。但 1189 年，弗雷德里克·巴巴罗萨，作为欧洲名副其实的领袖和未来的主君，把自己放到了第三次十字军东征的风口浪尖。穆斯林在埃及统治者萨拉丁的有力领导下，业已推翻了第一次十字军东征在巴勒斯坦及周边地区建立的基督教国家。这一失利催生了一次联合军事行动，弗雷德里克、英王狮心理查、法王腓力·奥古斯都共同率领十字军攻击异教徒。弗雷德里克本人未能抵达圣地（1190）就在小亚细亚的一条小河中溺水身亡。尽管这次东征相比第一次来说规模更为庞大，更兼有狮心王理查的骁勇善战，但这次的穆斯林团结一致，并有一位能征善战的军事领袖指挥，故而十字军未能占领耶路撒冷。1192 年双方休战。根据协定，基督教徒除了能够自由进入圣城之外，并没有取得其他任何利益。

第三次东征不太体面的结果对于帝国和教宗的斗争影响不大。巴巴罗萨之子亨利六世（1190—1197）继位即成功控制了诺曼王国，虽然他此举招致广泛的外交和军事同盟的反对。一时间，巴巴罗萨及其子亨利六世的努力也许可能造就一个强大的、中央集权的国家；但亨利于 1197 年暴卒，这中断了帝国的势力扩张。亨利六世的继承人是一个年仅 4 岁的孩子弗雷德里克（后来的皇帝弗雷德里克二世），他先成了西西里国王，但没有立即继承皇帝头衔。由于这样的情形，集权的倾向被逆转，德意志再次陷入两派之争，每派都推选出自己的皇帝。新当选的教宗英诺森三世（1198—1216）发觉可以联合一位君主来打击另一位，以此来轮番向两派索要各种承诺和让步。

在 12 世纪，德意志帝国的行政发生了显著变革。如我们先前所见，1075 年授任权之争爆发之前，皇帝大量依赖于主教、修道院长及其他神职人员的服务来管理帝国。格里高利七世以后，皇帝不再能放心地倚靠德意志的神职人员，因此就必须为行政管理寻找新的基础。霍亨施陶芬诸帝因此推行了一项将小地产奖赏给平民（大多数是士兵）的政策。这些所谓的附庸骑士不经过任何封建中间级，直接为皇帝服务。此外，支领薪水的官僚制度有了雏形，其人员一部分是附庸骑士，也有一部分是受过罗马法训练的法官。

弗雷德里克·巴巴罗萨及其子亨利六世统治时期，这个体系运作较为良好；

但亨利死后，不论是世俗还是教会的大封建贵族，都可以与霍亨施陶芬诸帝方才建立起来的这台稚嫩的行政机器分庭抗礼。附庸骑士的继承人成了"帝国骑士"，他们唯一的政治上级是一位他们已经并不总是需要费心效忠的皇帝。在这些情形下，霍亨施陶芬诸帝看似可圈可点的政绩迅速崩坏，德意志成了大大小小的教会和世俗国家的聚集体。城镇在法兰西和英格兰为中央政府提供税收和道德支持，是王室力量的骨干，而在德意志，它们或是落入某个地方封君的掌控，或是宣称自己作为自由的帝国城市，行使实际的主权。因此，在教宗反对、帝国政策以及地方封君、地主和城市的野心等因素的共同作用下，德意志的中央权力在13世纪之初几乎完全瓦解。

皇帝弗雷德里克二世（1211—1250，亨利六世之子）甚至根本没想过要收拾这个烂摊子。弗雷德里克先后于1220年和1231年向世俗及教会的封建领主授予"特权"，使他们一个个成了小皇帝。这一举措轻易地就抛弃了先前诸帝一直坚守的几乎所有皇帝权利。从此以往，德意志不再是单个国家，而是许多国家的集合。它们名义上通过共同效忠于皇帝而联系在一起，但事实很少如此。

弗雷德里克并非因为他本人的软弱或是无能而出此下策。相反，他很关注他的诺曼王国遗产，希望在其作为西西里国王的权力的基础上建立一个强大而统一的意大利国家。放弃德意志对于他而言只不过是放弃了本就难以执行的权益，况且如果要专注于在意大利建立自己的权力，鱼与熊掌是不可兼得的。

不过，弗雷德里克的意大利计划再次引发了教宗的强烈敌意。英诺森三世1216年去世时弗雷德里克的野心尚未显露（或者尚未酿成）；但继任的几位教宗都鼓吹英诺森三世费尽心机使之成为现实的教宗至上、高于所有基督教世界统治者的这一理想。他们强硬地抵制弗雷德里克巩固意大利王国的每一个举动。这里难以详述这漫长的争端。最诡异的事件是弗雷德里克是在教宗绝罚（1228—1229）之下成功地进行东征。他通过外交手段和炫耀自己的实力，说服萨拉森人统治者将耶路撒冷、拿撒勒和伯利恒让给他，就这样重新让基督徒掌控了圣地。

弗雷德里克二世和教宗之间的争斗，在若干重要方面异于帝国和教宗先前几次冲突。弗雷德里克这次主要依赖于支取薪水的雇佣兵，而不是封建军队；教宗同样用雇佣军与之对阵，也急于寻求英法两个日渐壮大的君主国的支持。弗雷德里克生前打了不少胜仗。不过，他的继承者面对教宗的敌对节节败退。1266年，

286

他最后一位继承人被一支法兰西远征军赶出西西里；法王之弟安茹的夏尔成为西西里国王。

至此，教宗与帝国的冲突最终告一段落。帝国已经被摧毁，不再是一个有实权的政府。在一段时期里，帝国甚至没有名义上的皇帝，直到1273年，一位小贵族哈布斯堡的鲁道夫被选上帝位。他沿袭了弗雷德里克的做法，没有尝试再度建立中央控制，而是使用他的皇帝头衔，在巴伐利亚东马克（或大家更熟悉的称呼——奥地利）的领主去世无嗣之际，继承了一笔可观的私人财产。

（2）法兰西和英格兰王国的兴起

在推翻霍亨施陶芬皇帝一事上，教宗似乎取得了伟大的胜利。已经不再有人敢挑战教宗所声称的对基督教世界的普世领导权；但正如皇帝的权力在看似最安全的时候却不堪一击，教宗的普世权力与英法民族君主国发生碰撞时也未能幸免。皇帝和教宗鹬蚌相争时，这两个王国都正在逐渐巩固自己的实力。

法兰西王国起源于查理曼的孙子瓜分加洛林帝国，其中一位继承了法兰克人国家最西边的部分，但他仍继续以法兰西亚（即法兰克人的土地，后来又写为法兰西）国王自居。9、10世纪的混乱状态使法王丧失了对除法兰西岛这块家族遗产外王国的所有地区的权力。

12世纪初，法兰西王国逐渐走出低谷，开始了缓慢的复苏。法国国王最终在整个王国上下成功建立起了一个较为强劲的中央政府，这与德意志的命运成了鲜明对比。之所以出现这一相反的方向有若干个理由。其中一个原因是，法国国王恰巧到1328年之前一直有合法的继承人。987年，于格·卡佩被选为国王时，法国的君主制与德意志一样具有选举性质。不过，德意志国王和皇帝从未能牢固确立继承制原则，这在很大程度上当归咎于每每过了几代一个王朝就绝后了。相反，卡佩王朝的国王则都长寿，死后继承人也已成熟（也许可以推断这反映了为什么早期卡佩王朝的野心颇有节制。在意大利去世的德意志国王和皇帝人数惊人，南方不同的气候和疾病早早夺走了他们的生命，他们的继承人不是尚未出生就是远未成年）。卡佩家族长期有成熟的继承人继承，这一点牢固确立了继承制原则——这个事实之重要意义在于，依照权利继承王位的国王，不需要为了赢取封臣在选举中的支持而向他们作出让步。

另一个因素也给了卡佩王朝的国王以一臂之力，即他们拥有一块位于法国中

部的小巧的领地——法兰西岛。这是一块从塞纳河上的巴黎到卢瓦尔河上的奥尔
良的一块不规则领地。它位置接近王国的中央，并掌控着往来的重要航线；随着

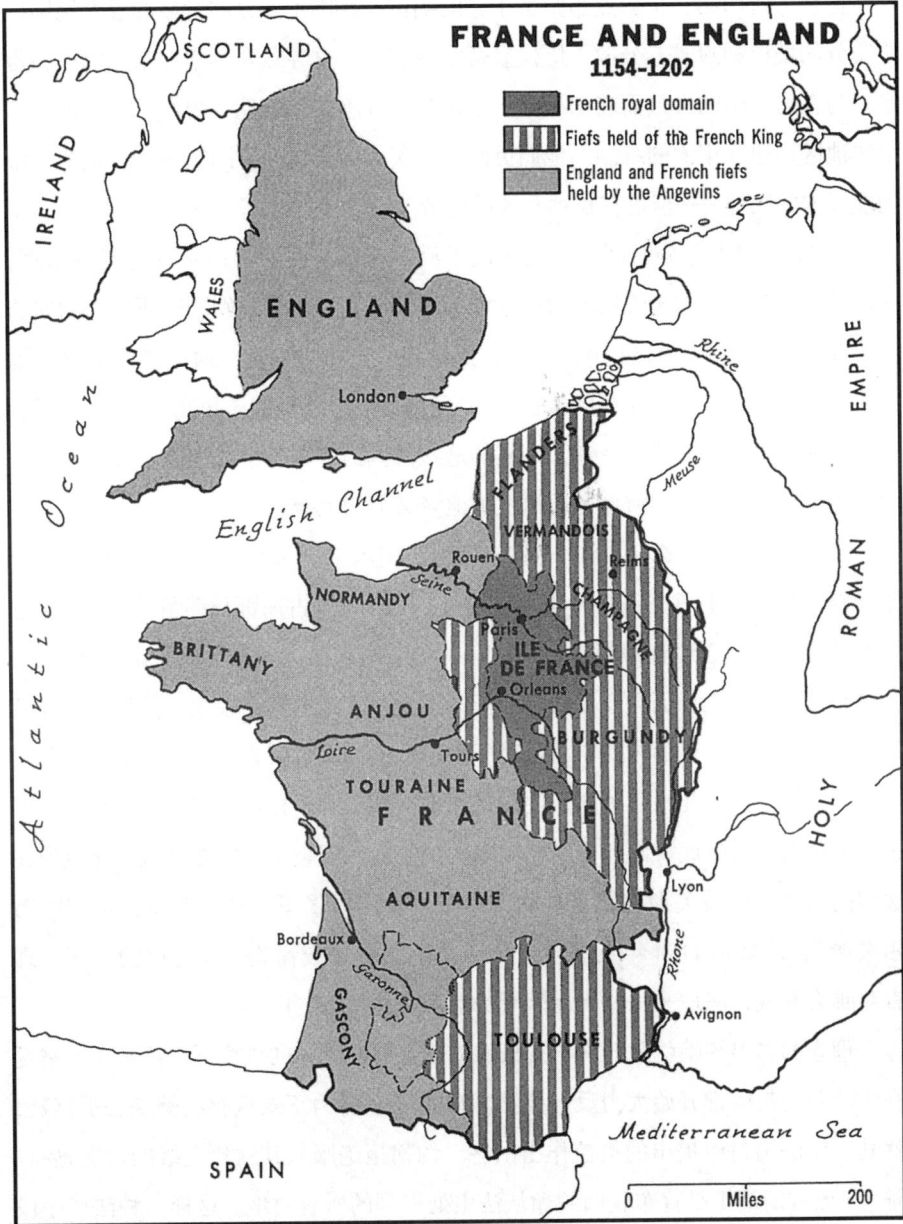

法兰西与英格兰（1154—1202）

贸易的发展，这将会是国王的一笔重要收入来源。相反，德意志皇帝则没有一块领地有着牢固的个人统治。他们把家族遗产拱手送人，枉然希望以此形成地方的政治支持者。

德意志帝国第三个弱点当归咎于它的幅员。德国不安分的贵族和意大利同样不安分的城市和封君，分散了历代皇帝的注意力，这导致在其中一个国家取胜常常因为在另一国的失败而前功尽弃。诸位皇帝并不关注长期、耐心、持续地经营某块地区，建立牢固的统制。他们更倾向于宏大的尝试，意图统治整个包括在帝国疆界内的领地——但这在长远看纯属徒劳。

在 12 世纪大部分时间里，法国国王满足于在法兰西岛内巩固他们的治理。在该世纪中叶，法国国王所取得的这种小小的胜利，由于婚姻同盟所形成的安茹帝国而受到了威胁。1154 年，一位法国贵族，安茹的亨利，通过婚姻不仅继承或取得了英格兰王国（在英国他被称为亨利二世），还坐拥诺曼底、安茹、都兰、布列塔尼和阿基坦。法律上讲，亨利的这些法国封地都是由法国国王授予；但实际上他的领地、权力和财富远远超过了他名义上的上级。

在腓力·奥古斯都（1180—1223 年为法国国王）统治时期，安茹家族和卡佩家族的均势发生了决定性转变。1189 年，腓力·奥古斯都与弗雷德里克·巴巴罗萨还有英王狮心理查一同参加了第三次十字军东征。理查与他父亲亨利一样，不仅是英格兰国王，而且还是法兰西王国一大半土地的封建领主；但他无心经营政事，不愿照料自己的领地，而热衷于去圣地追寻军事荣耀。腓力则不然。他只在巴勒斯坦逗留了几个月时间，便快马加鞭回到法国，打点王国事务。乘理查不在时他攻击了诺曼底。而即使第三次东征结束后，理查也没能即刻返程保卫他在法国的封地。他被关押在霍亨施陶芬皇帝的一座城堡里（理查曾支持德国的韦尔夫派系），直到 1194 年英国支付了一大笔赎金才被释放。在之后的五年，理查对腓力开战，赢取了一些无足轻重的胜利后于 1199 年去世。

理查的弟弟约翰就此继承了安茹的遗产。但在腓力的挑拨下，约翰在英格兰和法兰西的封臣都开始大力反对英王。1202 年，腓力正式宣召约翰到法王宫廷，就其一位法国封臣提出的指控作出回答。约翰拒绝服从其封建上级的这次宣召，腓力·奥古斯都于是宣布收回约翰从法王处得到的所有封地。这样一种法律手段本身算不上什么重大时刻，关键是腓力成功召集了一支军队并占领了布列塔尼、安茹、缅因和诺曼底，将这些富饶多产的土地加入王室领地。

约翰此时无依无靠。1205 年他在选举坎特伯雷大主教一事上与教宗交恶；1208 年，英诺森三世对全英格兰发布教会禁令（即禁止开展一切教会服务、葬礼和圣礼），正式宣布英格兰的贵族对约翰的宣誓效忠无效。教宗英诺森甚至批准腓力·奥古斯都组织一场十字军征讨约翰，并承认腓力之子是英格兰的合法国王。1213 年约翰不得不屈服。他同意了英诺森提出的有关教会在英国之自由权的所有要求，正式将英国交给教宗，然后作为封地接受英诺森教宗的封赐。作为教宗的封臣，约翰承诺每年向教廷支付贡金。

约翰与教宗英诺森和解瞬间改变了法国的势力均衡。腓力·奥古斯都不得不放弃他对约翰的圣战，而且还发现自己反而处于守势，因为约翰和德意志的韦尔夫派系组织了一支军队正向法国进发。1214 年腓力的布汶大捷解除了对法兰西王国新近建立起来的势力的威胁。约翰在大陆的战败反过来又在 1215 年激起了英国贵族的叛乱。约翰的实力难以与他们抗衡，被迫签署了《大宪章》，承诺尊重男爵们的权利与特权，停止数项他和之前的国王引入英国作为创收手段的举措。

十分讽刺的是，前几年还在挑唆男爵反对约翰的英诺森三世，现在却在保护他的这位新封臣，他免除了约翰所做的遵守《大宪章》中条款的誓言。英国贵族和腓力·奥古斯都一度试图无视教宗的政策，腓力之子路易王子甚至于 1216 年抵达伦敦，被叛变的英国贵族奉为他们的国王。但约翰在当年去世，男爵们的愤怒于是成了无的之矢；而约翰之子亨利三世恢复了他父亲遵守《大宪章》的誓言，使得贵族叛乱平息下来。

安茹和卡佩王朝统治者一直到 1259 年才订立和约。是年，英国的亨利三世与法国的路易九世（圣路易）签署一项协议：亨利放弃索要他父亲输给腓力·奥古斯都的封地。根据这一决定，法国南部的阿基坦是英王尚且持有的唯一一片法国封地。

在 30 多年前，腓力·奥古斯都之子、他的继承人路易八世（1223—1226）以一种新的方式推进了法兰西王国的兴起。正当腓力忙于对付约翰之时，教宗挑起了一场针对阿尔比派异端的圣战。这一异端的信众在南方图卢兹郡尤为众多。1209 年，一支来自四面八方的法国贵族军团袭击了图卢兹，开始了一场血腥的、破坏性的战争。十字军战士中，有一位名为西蒙·德·蒙福尔（Simon de

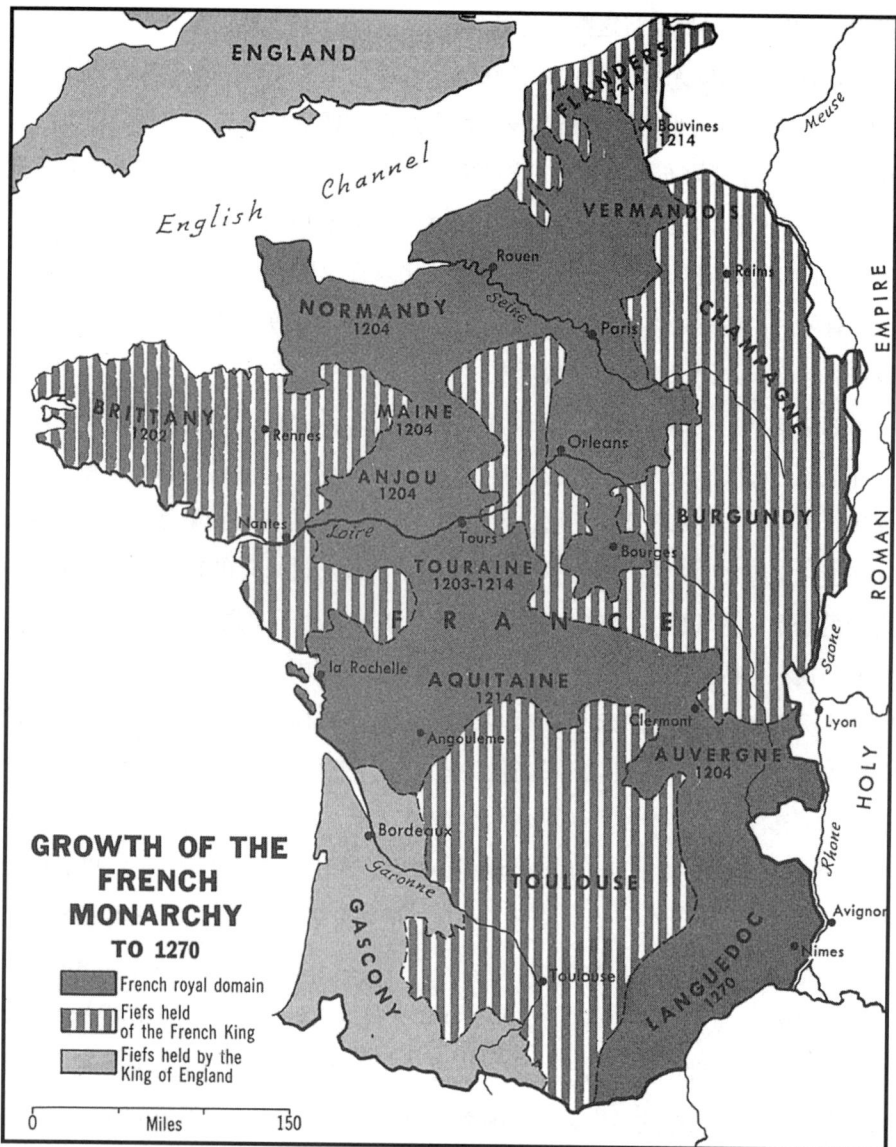

GROWTH OF THE FRENCH MONARCHY TO 1270

- French royal domain
- Fiefs held of the French King
- Fiefs held by the King of England

0 — Miles — 150

法兰西王国的发展（至 1270 年）

Montfort）的冒险家，教宗承认他为图卢兹伯爵，取代原先的世袭统治者；但十字军内部争执爆发，他却未能维持自己的权力。这导致阿尔比派异端卷土重来。路易八世在教宗的祝福下抓住了这个机会出手干预，在他死前成功兼并了图卢兹的大部分领土；他的继承人圣路易（1226—1270 年在位）保留了对他父亲所征服的这片地区的控制，并且在 1272 年通过一场联姻，将图卢兹郡的残余领地也纳入到王室地盘。

就这样，在 30 年的时间里，从 1202 年腓力·奥古斯都宣布收回约翰王的封地，到 1229 年图卢兹伯爵与圣路易停战，法王所直接控制的领地扩大了大约 8 倍。法王的性格、教宗在关键时刻的支持、对手的失误以及封建法的巧妙利用都促成了法国这一惊人的变革——从各个独立封建领的集合变成了一个强大的王国，借助其民众的实力、财富和文化得以成为中世纪欧洲的领军者。与此同时，英王损失了大部分大陆领地，在其利益和外表上成了更为名副其实的英国国王。这就是两个不同的民族国家的发端，它们的统治者和民众逐渐认为自己是法国人或者英国人，而不是基督徒或者诺曼人，也不会认为自己是某个庄园、城镇或者贵族家庭的成员。

由于英法两国是以不同的方式建立起来的，这深刻地影响了法国和英国政治制度的内部发展。1066 年诺曼底的威廉征服英国时，他能够按照自己认为合适的方式重组这个王国。他让英国成为一个完全封建不过也十分集权的国家。威廉公开宣称他对其新王国所有土地的所有权，对于授予每个封臣的封地，他采用了将其分散在全国各地的政策。从而防止了封臣建立根基，成为独立的势力。作为防范封建失序的额外屏障，威廉要求所有背后封臣（rear vassal，即他封臣的封臣）直接向他本人宣誓效忠。

诺曼征服者保留了一些可以增进国王权力的盎格鲁－撒克逊人的制度。比如威廉保留了反抗丹麦人过程中出现的地方政府郡县制。他将这些郡委任给他所指派的官员，即郡治安官。他们主持郡法院，有责任征收其司法辖区下各种形式的王室收益，而且还需要维持地方治安。

在此之后的两个世纪里，英国的制度经历了若干显著的变革。征服者威廉赐予封地的只有大约 5000 名骑士。这样一支封建军队只够在威尔士和苏格兰进行边界战争。对法作战需要长期服役的职业军队，所以国王很早就开始推行用支付盾牌金替代服役的做法。于是，英格兰国王主要依靠的是一支雇佣兵，不过由于资金紧缺国王们常常难以固定地维持这样一支军队。

教宗努力对教会人员和财产宣称控制权频繁地干扰到王国与教会之间的关系。1107 年坎特伯雷大主教安瑟伦与国王亨利一世的协定暂时解决了俗人授任权的纠纷。这份协定与《沃尔姆斯协定》类似，而且实际上是为后者提供了范本。在安茹家族的亨利二世（1154—1189）统治时期，由于坎特伯雷大主教托马斯·贝克特拒绝接受亨利起草的一份界定教会权利的谕令，两者发生了激烈的争执。贝克特被迫暂时离开英国，而回国后他在坎特伯雷大教堂被亨利的三名骑士谋杀。贝克特被谋杀一事成了一大丑闻，也让这位不逊的主教成了圣徒。教宗接起了贝克特的事业，于是1170年英国国王发觉必须与教宗亚历山大三世和谈。根据这次决议，只有教会有权审判被指责犯罪的神职人员，而且神职人员有权上诉至罗马。约翰王与教宗的纠葛最终使英国成为教宗封地，这一系列事件我们已有大致叙述。迟至1365年，英王一直都官方地承认教宗的宗主地位。

这一时期最为显要的发展也许是国王司法体系的扩张。从这个方面来看，亨利二世在位期间尤为重要，因为他开始任命巡回法官，让他们在英格兰各地巡回，根据一批先例处理各种类型的法律纠纷。这样一个先例的体系，由于其通用于整个王国，所以被称为普通法。如果纠纷需要借助于地方信息（比如谁的祖父曾拥有某块土地），习惯上会召集一个由地方民众组成的陪审团（也就是一个宣293誓过的团体）来宣告案件的状况。后来发展形成的陪审团审判即出自这一习惯。英王及其官员最初推动普通法和王室司法体系的发展与扩张，主要是为了增加收入，因为在开庭审案之前他们会向原告收取费用，并且对被判有罪的那方收取罚金。尽管如此，王室司法体系的发展还是使得王国中所有自由人都拥有了十分可靠的手段来纠正地方封建领主以及其他强大的敌人对他们的侵犯。而且普通法不经意间通过建立一个统一的、全国的法律体系而将整个国家紧密联系在一起。

法兰西王国在行政制度和法律的统一性上从未能达到英国的程度。卡佩家族取得领地的方式造成了他们几乎不可能实现这种统一性。相反，法国保留了各伯爵领地或公爵领地被兼并前的地方制度，只加以少许变动。法王仅仅是夺取了地方伯爵或公爵先前享有的权利和收入。

不过，与英国一样，法国的王室政府一直处于缺钱状态，因此发明了诸多举措用来增加国王的收入。腓力·奥古斯都最早开始任命有薪水的官员来征收某个地区的王室收入。此外，这些官员有权根据自己的良好裁断和地方先例处理法律纠纷。从各地的地方法院上诉到国王司法的案件，由一批职业法官组成我们所说的高等法院（parlement）予以审理。这种法官团体有好几个，其中巴黎的高等法院最具分量。

封建制发源于法国，并在法国有最高程度的发展。所以，法王制止私斗的努力远没有英王那么成功。与这一情况类似，法国的王室军队从封建向以雇佣兵为基础的转变也没有英国那么迅速。之所以出现这种现象，至少有一部分原因在于封建军队在法国王室发动的大多数战役中颇为有效——即领土周边作战而非海外作战。

腓力·奥古斯都授予城镇各种特权，有时候也有军事服务，以此换取货币回报。他也为道路配置警备，保护商人不受封建攻击或盘剥。巴黎正是在他治下开始发展成为法国最重要的城市，也是他通常的居住地。圣路易对于城镇的政策相比之下没有那么优厚，因为他并不那么迫切需要他们的支持。他强迫城镇接受国王指派的市长，要求他们承认国王官员对城内的司法管辖权。

教宗与法国国王的关系我们已作阐述。在腓力·奥古斯都之前，王权十分衰弱，以至于两者之间很少会出现摩擦。腓力·奥古斯都从他的敌人、英国的约翰与教宗的争执中获利颇丰；他的继承人从十字军征伐阿尔比派异端当中取得了几乎同样可观的利益。圣路易在位期间，法兰西王国与教宗也保持了较好的关系。教宗在其与弗雷德里克二世的激烈斗争中向法国求援，而且 1266 年侵入西西里并最终让霍亨施陶芬家族走向毁灭的，正是一位法国王子、圣路易的弟弟。 294

（3）教宗作为国际政府的首脑

之前我们概述了 12 世纪和 13 世纪教宗的政治活动，从中我们显然可以看到，教宗业已成为一个强大的政府的首脑，它不仅关注人的灵魂，而且也关注所有西方基督教国家的世俗事务。其组织和活动渐次成长，一部分是遵循罗马晚期的先例，一部分来源于对《圣经》的新解释，以及历代教宗的谕令和历次宗教会议的决议。

《君士坦丁的赠赐》（*Donation of Constantine*）和双剑论在理论上为教宗要求在政治上领导基督教世界正名。《君士坦丁的赠赐》这份文书大意是说，君士坦丁迁都君士坦丁堡时将他在西罗马帝国的皇帝权威托付给了教宗。它是教宗枢密院在 8 世纪时伪造的；但 15 世纪以前怀疑其真实性的人不多。双剑论是对《路加福音》当中一个圣经段落的解释："耶稣说，但如今有钱囊的可以带着，有口袋的也可以带着。没有剑的要卖衣服买剑……他们说，主阿，请看，这里有两把剑。耶稣说，够了。"（22: 36，38）门徒们拥有的这两把剑，被中世纪的评

THE
MEDIEVAL CHURCH
ABOUT 1300

Principal centers
of the Cluniac Order
Principal centers
of the Cistercian Order
Seats of archbishoprics
Universities in 1300

POLAND
Gnesen
Oder
Danube
Elbe
Hamburg
Magdeburg
Bremen
GERMANY
HOLY
ROMAN
EMPIRE
Altenkamp
Altenberg
Eberbach
Himmerod
Mainz
Rhine
Trier
Clairvoux
Morimond
Besançon
Meuse
Reims
Sens
Molesme 1075
Cîteaux 1098
Cluny 1910
Vienne
Embrun
Avignon
Aix
Arles
Tarentaise
Vercelli
Milan
Placenza
Reggio
Bologna
Vicenza
Padua
Aquileia
Grado
Venice
Ravenna
Forfa
Arezzo
Siena
Pisa
Genoa
Po
ITALY
PAPAL
STATES
Rome
Monte Cassino
Naples
Salerno
Zora
ENGLAND
Canterbury
Cambridge
Oxford
London
Lewes
WALES
IRELAND
Dublin
Cashel
Rouen
Paris
Orleans
Fleury
Pontigny
La Charité
La Ferté
Souvigny
Bourges
Marmoutier
Angers
Tours
Loire
FRANCE
Bordeaux
Saxillanges
Aurillac
Moissac
Auch
Montpellier
Toulouse
St. Pons
Narbonne
Lerida
Tarragon
ARAGON
S. Juan
NAVARRE
Ebro
Oña
Cardeña
Silos
Carrion
Sahagun
Palencia
Salamanca
SPAIN
Santiago
Braga
PORTUGAL

中世纪宗教（约 1300）

注者解释为现世和精神权力的象征；他们又认为，既然这两把剑都在使徒的手中，所以它们也属于使徒的继承人，即教会所任命的主教，以及他们的领袖——教宗。

教会的组织机构使这种理论上对现世权力的要求变成现实。它被分为两个部分：世俗神职人员管理人们的日常生活，固定（即修道院）的神职人员为自己的神圣和拯救献身。世俗神职人员以等级体系组织起来。西欧被划分为一系列大主教领地；这些区块进一步划分为主教辖区或主教教区。主教教区又分为多个教区。在选择和任命大主教及主教上，教宗能够施加不同程度，但通常十分重要的影响。主教是教会主要的管理者。他们任命、监督神父；控制教育制度，以及主教教区内的一些修道院。最为重要的是，主教通常是拥有大量地产的封建领主，是贵族阶级中富有势力的成员。

主教大多数从贵族的幼子中招募。不过，也有一些人出身卑微，但节节高升，得享主教之职的权势与高贵。的确，在 11 世纪和 12 世纪，教会职业很大程度上向任何有才华的人开放。教会职业事实上几乎是雄心勃勃而且能力出众的平民取得权力和影响力的唯一途径。格里高利七世是农民之子；托马斯·贝克特是市民出身；而他们的生平只是众多例子中的两个。当世俗政府开始向出身卑微的人提供类似职业，而且不再完全依赖于世袭封建贵族的服务时，教宗政府的一些活力也注入了新兴的民族君主国；先前本会去做神职人员的人，许多转而做了律师和官僚。14 世纪教宗的政治影响减弱无疑与这一变迁有关。

主教、大主教和教宗的事务由一个内廷（court，或者拉丁语中的 *curia*）协助处理。它由各类掌控着下属主教教区人员和财产的教会官员组成，兼理司法事务。教区神父相比之下地位非常卑微，从自由民阶级中招募，薪水来自什一税。当地的地主一般掌控了他们的任命，但主教通常有权否决空缺教区的提名。

固定神职人员以修道院为组织。一些修道院受当地主教的全面监督；其他诸如克吕尼修道会的成员则只承认教宗为它们的上级。11 世纪和 12 世纪间，涌现出许多新的修道会，大多是对旧组织的堕落的反动。修道会一开始一般都有严格、全力以赴的努力来过神圣的生活，但他们的成功导致俗人向他们捐赠大批礼物，以此换来他们的祷告；随着这些修道院日渐富庶，僧侣们大多陷入更为放纵、懒散的生活方式。西多会就是这样的例子。1098 年建立之初，西多会士寻找

荒僻的地点建造修道院。在明谷的圣伯纳（1090—1153）率领下，他们因严格和
圣洁赢得了高尚的声望。不过，就在此后还不到一个世纪的时间里，西多会士变
得极为富裕，而且由于从事商人和商业农民这样精明的活动而变得尤为出名。

教宗对于教会等级制的各个层级的权力，有一部分靠教宗特使（即教宗指派
去执行某特定计划的人）维持。比如第一次十字军东征就受到一位教宗特使的监
督，后来的阿尔比十字军也是如此。教宗还有另一个重要的机制来确认自己的控
制，也就是频繁召集主教和其他高级神职参会。在这种大会或者地方会议上，教
宗可以向到会的神职人员提出自己的想法和指示，惩罚那些没有遵守教会规则的
人员。教宗权力的第三个支柱是教宗有权裁断教会法庭所有层级上的案件。这常
常给了教宗机会去强迫地方主教和大主教执行自己政策的机会；而且对于一些尤
为重要的案件，教宗法庭是一审法庭。

要维持教宗法庭和大量为教宗服务的行政官员，就必须有大笔收入。事实
上，教宗所拥有的收入在13世纪也许比其他任何政府都要多得多。它的收入来
源多种多样。教宗作为意大利教宗国的统治者，享受世俗君主的收入。像英国这
样变成了教宗封地的国家也向教宗金库纳贡，作为他们从属于教宗的标志。主教
和其他官员需要将他们任职第一年的一部分收入上交给教宗，以换取教宗对他们
当权的认可。教宗对神职人员所课的固定税收用于特殊的项目，比如为一场十字
军提供资金。前来罗马的朝圣者和赎罪者是收入的另一个重要来源；还有教宗法
庭进行司法活动而得来的罚金和费用。不过，与所有中世纪政府一样，教宗也一
直处于缺钱状态。它习惯性地向意大利银行家借钱，以至于后者成了在全欧洲征
收教宗收入的代理人。许多意大利银行家族的财富，就是以他们代表教宗从事活
动为基础的。

12世纪晚期及整个13世纪城镇生活的迅猛发展对于中世纪教会而言是一个
严峻挑战。如前所述，教会最初对于市民的活动少有同情，因为在12世纪晚期，
市民之间是滋生异端的肥沃土壤。在教会眼中，这是一个严峻的威胁。应对的
办法有两个：新宗教修会——修道士——的狂热，以及建立宗教裁判所。

方济各会和道明会是其中两大修会，分别以其创始人圣方济各（1182—
1226）和圣道明（1170—1221）命名。亚西西的圣方济各是商人之子，他厌恶
了平庸的俗世生活，故而开始模仿基督的生平，去传播福音、赤贫地生活以及供

给穷人和病人之所需。他毕生都只是一位平信徒，总是公开宣扬自己对神父们的莫大尊重，即便是那些远没有他圣洁的神父。圣方济各的人格格外吸引人，将无私、愉悦、神秘主义、爱德和谦卑结合成了一个奇特、富有磁性的整体。他吸引了大批弟子，这些人被称为修道士。

教宗英诺森三世略经犹豫还是于 1210 年认可了这个新组织。但很快就出了问题，因为圣方济各是个毫不折中的理想主义者，他拒绝用形式上的组织和纪律来管理修道士，而总是在刺激和追求一种对神秘的对上帝的爱。财产问题是摩擦尤为激烈的一点。圣方济各希望他的修道士——不仅是作为个人，而且作为修会这个集体——放弃所有财产。这样完全地抛弃现世的财富暗中也是对世俗的、富裕的教会高级神职的有力指责。1220 年，教会说服圣方济各放弃他对方济各修道士的领导权。在教宗的监督下，修会起草了新的规则，使这个新的修会有了正式的组织。圣方济各去世后，他反对集体拥有财产的禁令遭到废除。他的许多追随者感到这背叛了方济各真正的理想。于是他们追思他的生平，编织了传说，将之作为他们的典范。事实上，到 1266 年，教会官员似乎十分憎恶这样的传说，以至于打压了所有先前有关他的生平和活动的叙述，把该修会的首脑圣伯纳文图拉所写的圣徒生平定为官方版本。

圣道明的个性与圣方济各十分不同。他建立道明会的目的在于训练能言善辩、学识渊博的神父，让他们能够反驳和改变异端信徒的信仰，而令教会苦恼的正是城镇中异端信徒人数众多。道明会士因而强调学习的重要性，并且在新成立的各所大学中成了一流的神学家和哲学家。圣道明设想的管理修会的组织形式十分有趣，因为它包含有代表的观念。每个修会会所（chapter house）每年都选出 2 名代表参加该省的"分会会议"；这些代表有义务选出一名省修会会长，以及指派 4 名行政管理人员，在下一次分会会议前负责照看本省事务。与此类似，各个省的代表组成总会，他们选举修会领袖并监督日常行政。方济各会在圣方济各去世后也接受了类似的组织形式。

修道会士的活动为基督教实践注入了新的热情和理想主义。快速发展的城镇从一开始就是他们工作的主要舞台。修道会士建立医院照顾病患和穷人；此外，他们讲经布道（常常在城市街头），而且引领教育。在方济各会士的带领下，西欧的城镇居民第一次接触到强有力的基督教理想主义，而怀疑论者和异端遭到极富学识的道明会士精致、有力的驳斥。但很快大家感到论辩还不足以对付顽固的异端。1233 年，教宗批准组建宗教法庭（Holy Office，这是宗教裁判所的官方名称），其职责是找到并检查被控异端之人，将拒绝悔改的人交送世俗政府惩罚。裁判员大多由道明会士担当。他们用的是当时普遍的方法：审问和（1244 年以后）刑讯。在裁判所发挥作用的地区，整体上看压制异见十分成功。宗教裁判与修道会士讲经布道、积极活动相结合，成功制止了异端，重新建立起一个几乎同一的天主教信仰。

当然，政府的通常特征当中，其中有一个是教会并不具备的：它并不直接拥有军事或者警察力量。教会的政治力量，根基在于它掌控了人们的心智和心灵。人们相信教会是圣恩的渠道，罪恶的人们借之希求拯救。遭到绝罚因此意味着遭到诅咒；而且许多人，尤其是临终前，总会被地狱中各种折磨的想象所笼罩。遇到政治争端，教宗有时候诉诸禁令（interdict），禁止某个地区某些或者所有的教会活动。统治者的臣民常常会因此反叛，因为他们认为统治者与教宗争斗危害到了他们的灵魂。

除了管理教堂礼拜以外，教会主要有两种方式介入日常人的生活。1215 年第四次拉特兰会议宣布所有基督徒必须每年至少向一位神父忏悔一次，按照神父所说的赎罪方法去做，然后吃圣餐。私人忏悔和赎罪的习惯逐渐在教会中形成，在 1215 年之前很长一段时间即已较为常见。它成了惩戒平信徒的基本方式，使教会对平信徒产生更全面的影响。[2]

300　　教会法是教会触及日常生活的第二个主要手段。教会法是（现在仍是）教会所执行的法律。它以圣经为基础，以大公会议和教宗谕令的决定为补充。但它不只适用于神职人员。异端、背教和买卖圣职都是教会法下的犯罪；此外，管理圣礼或者宣誓方面产生的争执也属于教会法范畴。因此，婚姻、通奸、嫁妆、合法性、遗嘱和契约等有宣誓仪式的案件，都受到教会法庭的司法管辖。这样的纠纷由神职人员处理，而且总是可以上诉至罗马的教宗法庭。教会因此处理了大量的司法事务。教会法庭的司法管辖的具体范围因时因地不同。世俗统治者普遍会尝

---

[2]　第四次拉特兰会议也正式提出了变体论（transubstantiation）学说。这一学说先前曾受到争议，后来也是新教神学家批判的一点。该学说将弥撒定义为一场神迹。它认为神父说了仪式语之后，面包和酒的质就转变成了基督的肉身和血，尽管它们的外表并没有改变。

试限制教会法庭的活动，他们有时成功，有时失败。

教会实力的另一支柱是控制了教育。当然会有一些世俗的学校，旨在教育欣欣向荣的商人如何写字与记账；但相比于教会的教育制度，这些世俗学校是无足轻重的。高等教育在大学进行。大学源于教师行会，在某些案例中也由学生行会发展而来。教师全都是神职人员，大部分学生也都是教士。由于他们的神职身份，教授因此处于教会的规范之下；此外，整座大学通常依附于当地的某位主教，有的还受到教宗的直接管辖。

就这样，教会用多种方式引导人的思想与心灵，得以无须诉诸政府所惯用的军事和警察力量。不过，告诫、布道、教育、绝罚和禁令有时难以获取服从的话，教宗依靠"世俗臂膀"的暴力强制也并不罕见。13世纪起，教宗的雇佣兵在意大利的权力均衡中即是常态；主教通常也控制一支小规模的军队，这在德意志尤其多见；世俗君主则经常同意代表教会使用自己麾下的军力。

四、文化发展

12世纪和13世纪见证了欧洲文化非常迅速、丰富和多样的发展。艺术、文学和哲学发展出了新的形式，实现了高水平的成就。所有文化活动都极具宗教色彩，而宗教本身在这段时期也经历了某些重要的转变。

1. 宗教

西欧城市中竖起的一座座恢宏壮丽的教堂使礼拜越发壮丽。音乐、图像艺术、香、华丽的教袍等，无不增加了庆祝弥撒的感染力。现代戏剧就发源于重现圣经历史和圣徒生活场景的奇迹剧（miracle play）。这种演出发生在教会的特定节日，地点通常是教堂建筑的台阶上。

大众信仰更多地围绕着崇拜圣徒和圣物，以及礼拜圣母玛利亚，而不是中世纪神学家建构的哲学框架。在12世纪，教宗宣布自己有权确定新的圣徒，并制定了一个法律程序来检测圣徒品位。人们相信圣物可以创造奇迹，有治愈能力，故而竞相寻找圣物。但大众宗教最为特殊的发展是圣母崇拜的大范围扩张。人们认为她是自己与上帝的调解人，比一般的圣徒更强大，而且具有无限的慈悲。人们的祷告也越来越希望得到她的注意。

骑士基督教化是中世纪时期宗教力量之盛的一个值得注意的例子。10世纪时粗俗暴力的武士逐步被改造成"文雅的、完美的骑士"，行侠仗义保护穷人和弱者，致力于促进宗教的福利以及捍卫教会。或者，这种理想表现在无数的传奇故事（如圣杯的故事）中，受封骑士的仪式中也象征了这一理想。虽然现实总是与此相去甚远，但我们不能因此轻视教会和宗教情感在消减基督教世界内部战争的力量。在很多时候，教会人士试图用宣布上帝和平的办法减少私斗的危害，在上帝和平的这段时间里，不允许基督徒之间的任何争斗。这种宣告当然得不到普遍遵守，但依然改善了欧洲乡野的公共秩序。

2. 艺术

建造大教堂是 12、13 世纪艺术的重要表达。大教堂不仅仅是宏伟的建筑；人们还采用了雕塑、绘画及其他小型艺术来装点它们。尤其值得注意的是有色玻璃制造艺术的发展。这种艺术以类似马赛克的手法，描绘圣经和其他宗教场景。

罗马式风格的教堂建筑从 11 世纪早期开始发展，逐渐细化并演变为哥特式建筑。发展完全的哥特式教堂从早期罗马式建筑牢靠的石工术中进化、发展成熟之前，在此之前需要先解决许多技术问题。根本问题在于如何在支撑石顶的同时确保教堂透光。拱形顶的发展满足了这一需要，这种建筑方式将屋顶的重量转移到教堂墙壁的特定点上，然后由柱子和拱壁将重量转移到地面。柱子之间留给墙壁的位置因此可以安上巨大的窗户。与这一发展同时的是尖拱取代了圆拱，这一变化是在方形区域建造拱形顶所需（设计为不同跨度的圆拱会在不同的高度上交叉，使得拱形圆顶显得笨拙）。

尖拱和拱形圆顶使人们有可能建造高耸的教堂顶；各个城镇开始竞赛，各自努力建造比它邻居所建更大、更高的教堂。在有些例子中，市民、工匠、农民与职业石匠协同进行建设工作，奉献自己的劳力，用他们的运输工具运送石料。

中世纪雕塑与古典时期的区别在于它大多附在建筑物上。他们设计圣徒和使徒的雕塑，摆放在教堂的壁龛里；而一些特殊的地方，如教堂门上的半圆定音鼓，上面也被画上各个完整的宗教故事。在教堂结构中，坟墓通常以死者肖像为装饰——这一时期最接近于肖像雕塑的做法。

绘画也是装饰大教堂的一些部分，比如圣坛屏上有了用武之地；艺术家有时候也用他们的技艺来装饰白粉墙和屋顶。不过，大部分哥特式建筑内部都是裸露

中世纪建筑

中世纪建筑生动地展现了基督教教会的主导地位。中世纪教堂式样繁多，折
射出欧洲的政治多样性。不过它们都努力表现出人期望最终与上帝同在，这也展
现了基督教世界有限但又真实的一致性。

加洛林时代之后的经济困难时期，唯独教会有足够的财富建造标志性建筑。
这些教堂以罗马式风格建造，通常是大型修道院综合体的一部分。体积庞大的罗
马式教堂是一座座堡垒，抵制一个威胁到精神生活的世界。

12、13世纪的特点是繁荣程度不断提升，与中东地区的商业和文化往来让
欧洲富裕起来。在这个时期教堂建设的规模增加，而赞助建造的人，从修道院转
变为城市或者世俗君主。欧洲在这两个世纪间发展出了一种新的建筑风格——哥
特式建筑。它不断强调高度和垂直性，表达了建造者的精神渴望。

— 304 **普瓦捷圣母大教堂（1135—1140）**
(Ampliaciones y Reproducciones MAS)

重复使用半圆拱是普瓦捷这座罗马式教堂的突出特点。尽管它采用了雕塑装饰，但它的门面依然十分厚重。为数众多的雕塑，目的在于教育和训导没有受过教育的群众。中间层次展示的是十二使徒以及圣徒马丁和希拉里，而他们下面是圣母一生中的几个场景。

亚眠圣母大教堂
主体始建于 1220 年
（James Austin 摄）

亚眠大教堂虽然没有完工（因为顶上的箭塔一直没有竖立起来），但依然是哥特式建筑的那种垂直性的完美范例。没有一条水平的直线能够延伸很长而不中断。门面的精微加强了它垂直向上的感觉。比如可以注意一下几排圣徒雕塑，他们四周几乎是空的，而普瓦捷圣母大教堂上，壁龛背后的平面让每个人物都紧密连接在支撑墙上。这一门面之所以能如此凹凸有致、虚虚实实，当然是因为墙体没有承受建筑的重量，而是依靠各个独立的大型立柱。

—— 306 亚眠圣母大教堂
唱经楼拱璧和俯瞰的南耳堂
(Clarence Ward 摄)

这张图用不同寻常的视角拍摄了飞翔的拱璧。这种设计使哥特式建筑师可以主要用玻璃来建造教堂墙壁。这些拱璧支撑了教堂顶的重量；而这反过来又使顶部的高度可以大大超过石料墙承重的设计，因为要支撑更高的尖顶而不至于坍塌，就必须使得这些墙体不断加厚。

亚眠圣母大教堂
南耳堂玫瑰窗细部
（James Austin 摄）

哥特式窗户采用有色玻璃。日光通过这种窗户照入，营造出一种内部氛围，与日常生活经验（不论是室内还是室外）有鲜明、令人印象深刻的反差。在这样一个场景下，一种特别的虔敬和宗教期待油然而生，对于建造这些令人叹为观止的建筑的中世纪欧洲人来说，他们应该也有同样的感受。

308　亚眠圣母大教堂
西面的正门细部，展现了拱圈与拉梁之间的弧度部分
（James Austin 摄）

亚眠大教堂主入口上面这幅拥挤的场景描绘的是末日审判。在中间，登上王位的基督审判活人与死人，两侧是圣徒与天使。在下面一栏，人的灵魂正在被分为受祝福的和要下地狱的。前面这群人面朝天堂之门（最左边），而后面这群人正被魔鬼驱赶到地狱张开的血盆大口（最右边）。再下面的场景展现的是天使吹响最终号筒，宣布审判之日的降临，死人从他们棺材中升起。

可见，通过这幅简单的雕塑，教会的一个根本教义以生动难忘的形式呈现出来。

亚眠圣母大教堂
内景，唱经楼和后殿圆拱
建成于 1269 年
（Clarence Ward 摄）

这张照片的拍摄角度既展现了也夸大了亚眠大教堂内部的高耸程度。圆拱、支撑肋和拱壁拨弄着膜拜者头上遥远的顶部流淌下来的光线，就好比是预先感受一下天堂的欢愉。

埃里大教堂
西塔
始建于 1081 年
（Harold Allen 摄）

法国的哥特式建筑不论在当时还是当今都备受景仰，周边的人们都迫切地借鉴哥特式风格，建造自己的教堂。就此而言，借鉴者并非死板地复制法国的模式。由此得出的"哥特式"建筑新旧合一，式样混杂。比如在英国，哥特式教堂使用拱门和其他法国元素来实现十分不同的装饰效果，埃里这座大教堂即展示了这一点。

乌尔姆明斯特教堂
建于 1377—1492 年
（Deutscher Kunstverlag 摄）

德国的哥特式教堂原型直接源于法国。高塔和尖顶的上面部分迟至 19 世纪建成。遵照最初的计划，它高达 529 英尺（约合 161.24 米），因此使乌尔姆成为基督教世界最高的教堂。

哥特式风格的辐射

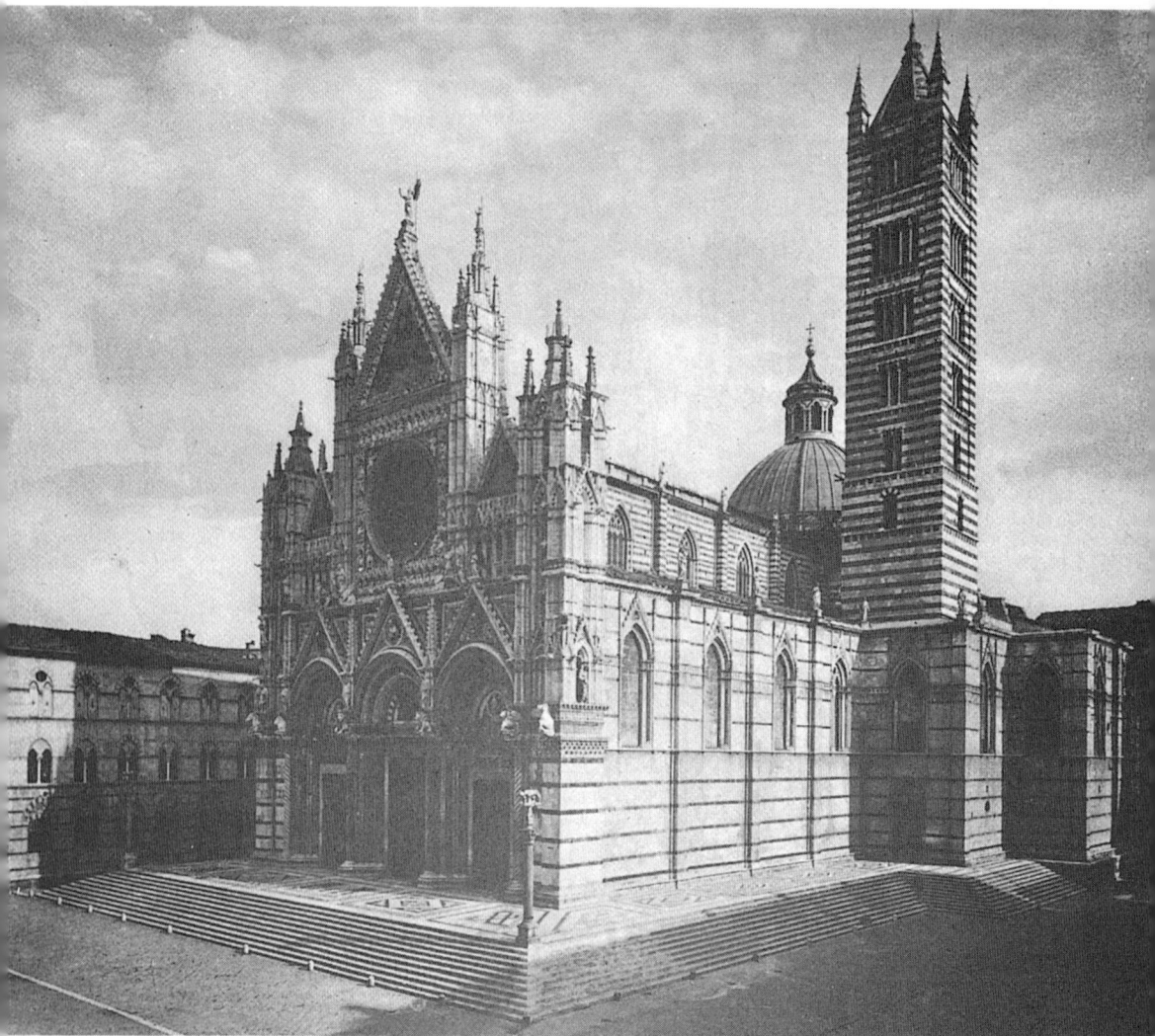

312 锡耶纳大教堂
正门和中殿
始建于 13 世纪，1226—1380 年
（阿里纳利艺术图书馆 [Alinari Art Reference Bureau]）

哥特式风格的辐射

在意大利，法国哥特式建筑与罗马古典式传统的纪念性建筑设计展开了竞争。比如锡耶纳的这座大教堂，西侧的门面用了哥特式的细节，但没有使用飞扬的拱壁解放两侧的墙壁，按照法国的式样用有色玻璃窗装点。此外，交叉处上方的穹顶直接取法于古典建筑技巧，与阿尔卑斯山以北的哥特式建筑没有任何雷同。

博格斯大教堂，西班牙
建于 1229—1457 年
（Ampliaciones y Reproducciones MAS）

博格斯大教堂门面有强劲的垂直上刺，让人想到亚眠大教堂。丰富地运用装饰（尤其在教堂交叉口上的塔和小尖塔）是西班牙教堂的特色，是受到摩尔人影响的缘故。

314 **白塔，伦敦塔**
始建于 1097 年
（伦敦国家博物馆）

伦敦塔最初是遭受袭击时的一个堡垒和避难所。虽然它的设计不足以抵挡重型火器，但普通的骑士或者其他
轻装部队完全无法对这种简单的结构造成任何损害。窗是 17 世纪才开在墙上的。在此之前，塔的内部幽暗潮
湿——无疑非常不舒适，以至于伦敦塔以前主要是用于关押对于国王尤为危险的敌人（通常出身较高）。

卡尔卡松
（ Ampliaciones Y Reproduciones MAS –ND Giraudon ）

拥有城堡的卡尔卡松城坐落在罗马时代建设的防御工事的遗址上。当前看到的样子很大程度上是 13、14 世纪的建设成果。这座令人印象深刻的建筑物最大程度上利用了古罗马的遗址。堡垒工事的主线分为内墙和外墙，每一段间隔都有圆形塔楼加强防卫。在大炮到来之前，这样一座城市几乎是难以攻破，固若金汤的。

世俗建筑

316 **老宫（Palazzo Vecchio），佛罗伦萨**
建于 1298—1314 年
（阿里纳利艺术图书馆）

老宫始建于 1298 年，根据阿诺尔夫·迪·坎比奥（Arnolfo di Cambio）的计划，它的用途是这座城市的市政厅。直至今日，它仍在发挥着这个作用。老宫保留了大致类似城堡的式样，与这座时不时就因为内部政治而分裂的城市十分贴切。在修长的塔上挂有召集佛罗伦萨市民保卫城市的大钟。

威尼斯总督宫
建于 1309—1424 年
（阿里纳利艺术图书馆 [Alinari Art Reference Bureau] ）

这座宫殿依据乔万尼和巴尔托洛梅奥·博恩（Bartolomeo Buon）的设计建造，是威尼斯作为一个伟大的贸易共同体的骄傲地位的宏伟见证。它的贸易有其强大的海军保护。圆柱状尖锐的拱廊支撑起水平的窗饰带，有图案的砖门是威尼斯式地改造了中东的装饰主题。

318 布鲁瓦城堡
由路易十二建造的一翼，完工于 1503 年
（Wayne Andrews 摄）

到了 15 世纪末，攻城火器使城堡失去用武之地。统治者们因此有钱去建造更舒适、开放的住宅，不再依靠坚固的堡垒而靠士兵和枪炮来保护自己。这座优雅的法国王室城堡就是其中一个产物；内部的木质壁板和多个壁炉使冬季的严寒不那么难熬。

的石头；但大的彩色玻璃窗为绘画提供了最为有效的替代品。木雕之类的次要艺术也自由地运用于装饰大教堂陈设的细节。

12、13世纪付诸实践的纪念性建筑的另一种形式是建造城堡。筑城术有了很大的发展，尤其是十字军东征期间西方武士见识了东方的城堡以后。城堡变得庞大而精致，包含一系列同心的防御圈，四周围上护城河、棱堡、雉堞和其他精巧建筑，让防御者能够相对安全地打击攻击者。攻城技术也有了改善，但整体上讲守城者保留了他们先前就享有的那种优势。所以说，如果没有里应外合，攻占一座城堡唯一可行的办法就是将之围困到开城。

城里的私人住宅通常用木材或者木材和灰泥建造。人们建起了多层的房屋，因为他们要让城墙周长尽可能小，从而使防卫更为牢靠。

3. 文学

文学表达的形式多种多样。在12世纪，拉丁语经典的研究热火朝天地开展，³¹⁹许多作者开始以古代作者的风格和语法塑造他们自己的创作。索尔兹伯里的约翰（逝世于1180年）也许是古典学方面最为渊博的学者。在接下去的几个世纪中，文学研究被逻辑学和哲学研究所遮蔽。以新的热情回归拉丁语文学经典要等到14世纪及以后的人文主义者。

中世纪教会进行圣事和行政时使用拉丁语，但此拉丁语与西塞罗所说的拉丁语并不是同一种语言。语法简化和大量的词汇转义让它保持活语言的状态。拉丁语是唯一学术语言，每个受过教育的人都有能力写和说拉丁语，即他们的第二语言。无论是宗教还是世俗诗歌都用中世纪拉丁语写作。今日仍在教堂中奏唱的许多伟大的圣咏，都是在这一时期谱就，其中最主要的是《圣母悼歌》(*Stabat Mater*)和《末日经》(*Dies Irae*)。与此成鲜明对比的是世俗的拉丁语诗歌（通常被称作哥利亚诗歌［Goliardic］），它们庆祝美酒、女人和歌谣的愉悦，有时候具有相当的异教精神。

当然，拉丁语并不是西欧人日常使用的语言。在法国、西班牙和意大利，通俗语言从古典拉丁语演变而来。在德意志、斯堪的纳维亚和英国，通俗语言发源于更早的日耳曼语言。在中世纪的情境下，出现了无数种地方方言，而新的文学语言的形成是一个渐进的过程。13世纪之后还需要很长一段时间，现代欧洲诸语言才成型。而直至今日，大部分欧洲国家仍然盛行着各种地方方言。

丰富的俗语文学从中世纪保留至今，大致可以分为四类：史诗、抒情诗、传奇和发笑故事（fabliaux）。史诗源自异教日耳曼传统。可以想象，在中世纪的宴会大厅朗诵诸神和英雄的事迹比我们目前拥有的文字版故事要早得多。盎格鲁－撒克逊人的史诗《贝奥武夫》（10世纪），北欧的《萨迦》（12世纪）和冰岛的《艾达》（*Eddas*，13世纪），虽然都在基督教时代写成，但无不保留了强烈的异教色彩。《尼伯龙根之歌》、《罗兰之歌》和《熙德史诗》分别用德语、法语和西班牙语写作。它们属于相同的大传统，但生发于基督教化程度加深以后的历史背景。这三部作品，就我们所掌握的版本来看，都写于12世纪晚期或者13世纪早期。

普罗旺斯的游吟诗人创造了一种十分不同的文学传统。这些作者用优雅的诗歌赞颂美好的妇女。大约11世纪末，游吟诗人在法国南部的贵族宫廷中出现，他们的诗歌备受推崇。而一位贵族要是能够自己写一首这样的诗歌，绝对算得上是一种成就。游吟诗人的诗歌有高度精致的韵律和押韵习惯。诗歌的创作是为了在鲁特琴或者其他弦乐器伴奏下演唱，而这种艺术有可能（不过并不确定）是模仿周边西班牙存在的阿拉伯范例而来。13世纪早期的阿尔比十字军征伐将游吟诗人打散到欧洲各地，他们的作诗技艺因此得到广泛模仿，并刺激起新形式的产生。所有现代欧洲文学的诗歌传统，大部分都起源于普罗旺斯。

第三种非常流行的俗语文学形式是传奇。以亚瑟王和他的骑士的传说为基础，艺人们绘声绘色地讲述了整套整套的传奇，供贵族家族娱乐。其他的题材则围绕着查理曼和亚历山大大帝这样的人物。这些传奇体现了骑士准则和基督教骑士精神，这些也都出自普罗旺斯的宫廷骑士爱情传统。

上述三种文学形式主要是为了取悦贵族。而市民阶层中出现了一种十分不同的文学——发笑故事。这些故事有的以诗句，有的以散文形式，通常带有讽刺之意。《列那狐的故事》在一定程度上可以算是一种滑稽的骑士传奇，也正出自这一题材。

13世纪及更早之前很少有农民文学的痕迹流传下来。无疑，民间故事在农民之间口口相传，但一直到很后来才有文字记录。

有两部重要的史书采用俗语写作。法国贵族若弗鲁瓦·德·维尔阿杜安（Geoffroy de Villehardouin，约1150—1212）对第四次十字军东征和攻占君士坦丁堡有生动（也许也是相当率真）的讲述。他本人即是他所记录的时间的领头人。另一位法国贵族让·德·儒安维尔（Jean de Joinville，1224—1317）则写了他有关圣君路易九世的回忆录，因为他是法国国王圣路易的亲密朋友和随从。他的回忆录近距离地讲述了路易的统治，国王和儒安维尔两人可亲可爱的形象跃然纸上。

4. 音乐

在12世纪和13世纪之间，音乐不断发展，形成了一套日益复杂的复调形式。游吟诗人也同样是音乐家，他们对于他们演唱的乐器伴奏有深入讨论。宗教音乐有时候用风琴为演唱伴奏；但道德家频频反对在教堂中使用器乐。乐器一直都相对简单，真正的器乐要到若干个世纪以后才被创造出来。

5. 教育

中世纪早期学术内容贫乏，但在12世纪和13世纪早期有显著改善。这主要得益于多种希腊文和阿拉伯文书籍被翻译成拉丁文。犹太人学者和翻译者在向西方打开阿拉伯世界学术方面起到了重要作用。犹太人的家庭、宗教和贸易联系通常超越于穆斯林—基督徒边界，他们有能力做两大文明之间的中介。12世纪的大部分时期，西西里的诺曼宫廷就进行着系统性的翻译工作。西班牙同样成了一大批翻译者的聚集地。就这样，许多希腊哲学著作在13世纪初得以为西方学者阅读。此外，许多阿拉伯著作，其中既有原创的，也有对希腊文本的评注，也翻译成了拉丁文。不过，中世纪的翻译者忽视了大多数的古典"美文"（*belles lettres*）。它们深刻的异教气息至少是促使他们这样选择的部分原因。希腊与阿拉伯学术对于西方产生了极大影响，直接刺激了13世纪的思想成就。

七艺构成了中世纪的教育体系，相当于现代的初级和中级教育。语法即掌握拉丁语书写；修辞学主要由信件书写习惯归纳而来；但亚里士多德《工具论》（*Organon*）中所包含的逻辑学，以及阿拉伯人和基督教徒对它的评注得到了仔细、透彻的研究。实际上，逻辑学有吞噬和掩盖其他研究分支的倾向，尤其是在13世纪，逻辑学成为进一步学习法律和神学课程之前的必修。

四艺也经历了类似的扩张。借助于阿拉伯数字，人们开始研究算数——阿拉伯数字大大改善了笨拙的古罗马计数系统。几何学方面，欧几里得的《几何原本》是标准教科书；天文学方面，则有托勒密的《天文学大成》。音乐并不是指歌唱或者器乐表演，而是对和声和比例的研究，被认为是数学的一个分支。奥古斯特的《论音乐》（*De Musica*）常被用作这方面研究的教材。

在掌握了七艺以后，中世纪的学生要为更高级的职业研究作准备。有三大学科：法律、医学和神学。法律有两个分支：罗马法研究（以《查士丁尼法典》为主）和教会法研究。大约 1140 年，一位名为格兰西的僧侣将教会法编纂成书（官方的书名为《教会法汇编》），很快就成了标准教材。教会法的变动写入了后来的若干部法典中，皆系历任教宗模仿查士丁尼的罗马法法典所作。罗马法和教会法训练对于从政事业是极为有用的准备，因为国王和教宗都发现受过法律训练的人对他们很有用，而且极为重要的一条原因是律师可以使用罗马法的绝对原则为王权扩张提供正当性。

医学是通过盖伦和伊斯兰教徒阿维森纳的著作译本展开研究的。医学从没有获得法律或者神学一样的地位或者重要性，中世纪的医生也没有提出什么新论或者新的技术。

神学在中世纪教育体系中享有至上的荣誉，被奉为科学的王后。亚里士多德的哲学著作被翻译引入后（13 世纪初），开展神学研究大多采用这位哲学家的术语和方法，而"哲学家"也正是中世纪的学者们对亚里士多德的尊称。神学家大多致力于用理性论证基督教信仰的信条；如果这看似不大可能实现，那至少也要证明理性与信仰并不矛盾。神学因此成了基督教信条的强大支撑，神学研究是进入宗教生涯，成为神父和教师，以及——较小程度上——成为教会管理人员的准备。

6. 哲学与神学

中世纪神学哲学或者哲学神学（因为这两者密不可分）的发展始于有少数人开始尝试理性地考察教会的神学学说。比如图尔的贝伦加尔（Berengar of Tours，998—1088）就曾说过："用辩证法看待所有事物是一种勇气，因为遵循辩证法就是遵循理性，而且人若不运用理性也就放弃了他主要的荣耀，因为以上帝形象造人依凭的就是理性。"不过，贝伦加尔的理性导致他怀疑圣餐礼，后来不得不收回自己的看法。

早期的争议关注的是共相的真实（实在论）或者非真实性（唯名论）问

题——即诸如人、教会、罪的概念是否有脱离于个体例案的存在。贡比涅的罗瑟兰（Roscellin of Compiègne，约 1121 年逝世）也许是唯名论立场最突出的捍卫者；他主要的论敌是贝克的安瑟伦（Anselm of Bee，1033—1109）。后者勇敢地尝试用理性证明基督教的一些关键真理，比如赎罪。

早期神学家中最著名、最有影响力的是彼得·阿伯拉尔（Peter Abélard，1079—1142）。我们对于他个人生平的了解超过了其他任何中世纪的人，因为他的自传，以及他写给爱洛伊斯（Héloise）的信件保留了下来。爱洛伊斯是一位虔诚、美丽的女性，阿伯拉尔与她有一场激烈（而且是灾难性）的爱情。阿伯拉尔有出色的教学生涯。他对刚刚诞生的巴黎大学就坐上欧洲神学研究的头把交椅的贡献不亚于其他任何人。他在一本叫作《是与否》（Sic et Non）的书中，全面收集了基督教著作中相互矛盾的说法。他以此证明了用理性来协调相互冲突的基督教权威的必要性。阿伯拉尔的一位学生彼得·伦巴德（Peter Lombard，约 1100—1160）在 12 世纪中叶进行了这样的一项工作。他的《名言集》（Sentences）成为多数后世神学著作的范本。在这本书中，他先是收集教义方面基督教权威有冲突的论述，然后用逻辑的界定来调和它们，得出一个有权威的、可辩护的结论。

12 世纪后半叶，重新发现的完整的亚里士多德著作，以及穆斯林对亚里士多德著作的评注对西方神学家产生了极大的影响。一开始，教会权威试图禁止亚里士多德研究，害怕他的异教思想会腐化学者的思维。但这一努力是徒劳的。与教会所期望的相反，一大批学者都开始了将亚里士多德和其他希腊、阿拉伯学术整合到基督教框架中的任务。他们的努力诞生了经院哲学，这样称呼它的原因在于其提出和研究的场所是学校——即各所大学。

大阿尔伯特（Albertus Magnus，1193—1280）和他的学生托马斯·阿奎那（Thomas Aquinas，1225—1274）是投身于这项运动中首要的两位学者。两人同是道明会士，在巴黎大学执教。大阿尔伯特写了大量关于亚里士多德著作的评注，覆盖了中世纪学术几乎所有方面。他将自然真理与启示真理区别开来，成功地调和了亚里士多德思想与基督教教义。在自然真理领域，他接受亚里士多德的方法和大多数结论，而他又论证到，在自然真理的领域之外，有更高层的启示真理，它与自然理性并不冲突，但关注的是自然理性所无法得知的问题。

圣托马斯·阿奎那接受和发展了这一区分。他的著作并没有局限于评注亚里士多德。他使用亚里士多德的术语和逻辑，系统性地安排并细致入微地讨论了基督教神学和伦理学的一切主要问题。他最伟大的作品《神学大全》(*Summa Theologiae*)首先在每个问题下考量了权威意见中的难点和显见的矛盾，然后提出谨慎推理后的正确教义的陈述，并在最后作适当的辨别、反驳或者避开最初列举的那些难点。《神学大全》成功地解决了几乎所有基督教神学家曾提起讨论的

问题，很快就成了与彼得·伦巴德的《名言集》分庭抗礼的标准神学教科书；而且在 1878 年，罗马天主教会认定它为最权威的教义表述。

大阿尔伯特和阿奎那对于启示和自然真理的区分标志着神学和哲学开始分家。在自然真理的范围内，他们认为人类理性是主宰，是好的、可靠的引导。就这样，人类知识和探究的很大一部分从启示中分离出来，就此打开了哲学和科学相对独立的发展之路。

不过，亚里士多德派理性主义传统并非 13 世纪唯一的思想源流。以柏拉图式神秘主义和新柏拉图主义著作为基础的神秘主义也繁盛起来，在方济各会中有其主要的思想捍卫者。与阿奎那同时代的巴黎大学教师圣伯纳文图拉（St. Bonaventura，1221—1274）也许是最著名的神秘主义者。英国牛津大学的罗伯特·格罗塞特斯特（Robert Grosseteste，绰号"大头"，1253 年逝世）及其学生、方济各会修士罗杰·培根（Roger Bacon，约 1214—1294）都属于这一传统，但都将注意力转向数学，以及我们今天归类为科学的问题，试图通过这种研究更完整地理解上帝的创作以及通往神性之路。

7. 自然科学

在 12 世纪和 13 世纪，科学并不是一门独立于神学和哲学的思想学科。而且，大多数哲学家主要都关注神学问题，在如何理解物理世界方面，他们满足于亚里士多德和其他希腊、阿拉伯作者的权威。这个时代许多技术发明——诸如风车、舵、机械钟、窗玻璃、马项圈，等等——都是对于学术理论知之甚少的工匠。这些发明中有几个具有根本性的意义：比如风车和马项圈极为显著地扩大了可资西方人利用的能量资源。[3]

---

[3]　马的速度比牛快，所以能够在一定时间内犁更大面积的田地或者将车拉得更远。12 世纪马项圈普遍引入，人们第一次得以有效利用马匹的生产动力，它们逐渐取代耕牛成为首要的耕作动物。

尽管如此，欧洲的学人并非对于物理世界完全无知。罗杰·培根写过一篇光学的论文，而且知道镜片的放大效应。他也尝试化学，有可能是他发明了一种与火药相似或者相同的爆炸性混合物。另一位对自然世界颇感兴趣的重要人物是德意志皇帝弗雷德里克二世。他与教宗的纠葛，以及他对阿拉伯和拜占庭文化的熟悉（因为他居住在西西里）让他对于宗教问题有一种独特的怀疑态度。他在自己的宫廷聚集了一批杰出的学者，他本人也曾写过一本养鹰术的书，其中他讨论了鸟如何飞行的问题，证明了他对鸟类解剖学有精确的知识。

炼金术与占星术都从阿拉伯人那里传来。尽管它们受到教会反对，并被视为接近黑暗魔法的危险活动，但人们对此仍热切地进行探究。虽然这些研究的迷信外壳使其大部分理论没有意义，但这两者都有助于人们熟悉范围不断增广的自然现象。

第三节　中世纪的秋天（1270—1500）

一、绪论

13世纪末到16世纪是欧洲遍布混乱的一段时期。12、13世纪存在的地方和中央政治制度的均衡被日益兴盛的民族君主制的权力所打破；不过，各个国王还没有足够的实力将教宗权力和封建贵族的权力全部扫除。14世纪初，教宗在整个基督教世界建立普世统治的希望已经被十分决定性地摧毁，而且也没有统一的政治势力在欧洲崛起，取代教宗遗留下来的位置。相反，法国和英国从1338年起开始了一场漫长的战争，吸引了这两个最为强大的王国的注意力，直至1453年百年战争终结。正因为如此，欧洲其他地方出现了类似于权力真空的状况。意大利的城市国家，以及德意志的各种君主、教会和城市国家开始了一系列极为复杂的政治谋划。先前，教宗的活动为政治史提供了主线。但现在由于许许多多欧洲国家个体全神贯注于地方争端和问题，这条主线便随即消失了。

与欧洲政治的分化相同步的是看似矛盾的经济趋势。一方面，欧洲最为发达的地方，城镇的快速发展已经告一段落，增长微乎其微。在较为悠久的城市中心，14、15世纪出现了阶级分化，并出现了一定规模的无产阶级，他们通常陷于无助的贫困当中。不过，我们还必须考虑到技术的持续改善（以印刷术、火枪和火药以及较大型海船这些基本的发明为标志），以及较大规模的资本主义的兴起。后者能够扩展经济生产，利用新的技术。

即便是欧洲的扩张也显示出自相矛盾的趋势。在东方，奥斯曼土耳其人征服了巴尔干半岛，占领了君士坦丁堡，驱逐了意大利城邦（如威尼斯）在黎凡特大部分地区的政治统治。另一方面，人们发现了非洲大西洋沿岸，因此在 16 世纪末瓦斯科·达·伽马得以开辟到印度的航路（1497—1498）。而在这条新航路开辟的五年前，哥伦布发现了美洲，这在后来甚至成了比新航路开辟更为著名的事件。

327 欧洲文化发展也普遍存在着相似的矛盾性。在意大利，我们所说的文艺复兴运动于 14 世纪中叶开始。意大利城市在艺术、文学和思想上的光辉成就惊艳了全欧洲的人们。但同时也有一种基督教神秘主义传统蓬勃发展，它在许多方面与意大利文艺复兴中的那种异教态度截然对立。

这段时期也许可以被看作是从 12、13 世纪地方主义与普世主义相混合向 16 世纪浮现出来的民族国家和文化的时代转型。将这样一个时代视作是中世纪的秋天也同样不为过，本节内容就采用了这个题目。或者也可以像其他人经常会说的那样，称之为近代的黎明。

二、经济变迁

1. 农业

在 14 世纪和 15 世纪，农业的庄园组织形式仍在欧洲占据主导地位，农业技术也少有变革。随着地主逐渐将传统的劳役转为收取货币支付，西欧的农奴制不断衰亡。但在欧洲有些地方，尤其是德意志东部，领主利用有利的政治条件和罗马法中的财产概念，牺牲农民来延伸自己的土地权利。在极端的案例中，领主能够让之前的自由农沦为雇佣劳动者，在资本主义组织形式的地产上劳作。德意志东部农民权利的衰败尤为突出，因为这一地区用于出口的大规模谷物种植不断发展。因此在 14 世纪和之后的几个世纪中，农民先前曾享有特殊权益的德意志东部的各个地区成了尤为具有压迫性的农奴制的大本营。

在欧洲许多地方有十分明确的农民叛乱迹象。14 世纪爆发了一系列农民起义，其中有些非常暴力，而它们甚至被更为暴力的手段所镇压。肆虐欧洲大部分地区的黑死病（1346—1348）夺走了大约四分之一的人口，使所有经济关系都暂时错位。在此后的若干年里，劳动力稀缺，工资上涨，有利于城镇和乡下的穷人；但这一优势是暂时性的。

2. 城镇生活

尽管行会设定了各种规范使所有成员都处在几乎平等的平面上，但有些商人和企业家在 14 世纪和 15 世纪还是成功地取得了比其他人多得多的财富。尤其像有些职业促进了这种分化。比如采矿业，没有大笔的基础开支是不可能进行的。所以，它成了资本主义经营最早的聚集地之一。与此相类似的是长途贸易，它也需要有资本购置船只和货物；而成功的贸易又同样带来巨大的利润。因此地区间贸易也为拥有大笔资本的人所专享。

尽管有些人发了财，但其他人发现城镇生活日益艰辛。西欧的许多城镇在大约 1300 年以后停止增长或者只有缓慢增长；而在这个世纪中叶，黑死病又几乎让所有城市中心都损失了大量人口。学徒跻身手艺主行列已经不再是那么容易的事情。一人靠做日工得到的工资来攒够行会的入会费也日益困难。因此就形成了一个城市无产阶级——他们一生都为行会的师傅们工作，以此赚取工资。

而在某些情形下，尤其是在纺织品贸易方面，行会师傅自身也沦落到了依附性的地位。大规模资本家采用了向纺纱工人、织工或者漂洗工提供工作资本（即羊毛或者麻布），给他们发放计件工资的做法。不过，在某些城镇，这些做法遭到行会规范禁止；而为了规避这种限制，资本家雇用乡下的工人日益常见，因为在乡下行会没有管辖权。这种做法叫作家庭式（domestic）或者外包式（putting-out）的行业生产体系。家庭式体系的不断发展可以部分地解释诸如佛兰德斯等区域城镇发展减缓的原因。工业生产不再集中于城镇，而是迁移到乡下，由相对大规模的商人和资本家管理。应当注意到的是，资本主义工业的发展主要局限于进入地区间贸易的商品。单个织工或者纺纱工无法对付遥远市场的不确定性，而需要一个拥有较大资本资源的企业家。因此，此类贸易的资本主义组织形式有利于它们的稳定和扩张——即便个体工人无疑经常受到剥削，也从不会期望升到高位。

资本主义发展的另一个领域是银行业。银行业部分起源于地区间收支清

算 [4]，与政府打交道也是一部分原因。意大利银行家率先发家，代表教宗进行金融活动，收益不可谓不丰。银行家作为现金的来源，对于大多数欧洲统治者而言都不可或缺。向政府放贷，代表政府收税，从政府处取得采矿和其他行业的特许权，这些都使银行家财源滚滚。大的银行业家族，如佛罗伦萨的美第奇家族，或者奥格斯堡的福格尔家族（the Fuggers），将工业和商业贷款与代表欧洲各国政府进行的大规模活动合二为一。

329 尽管欧洲大多数发达地区的城镇不再快速增长，14、15 世纪在国境上有一些城镇兴起、繁盛。比如，在德意志北部和东部有许多城镇成了新贵——汉堡、吕贝克、施特拉尔松德，等等。它们一起结成汉萨（即同盟）。这个组织随后控制了波罗的海，并成功击退了试图控制波罗的海入海口海峡的丹麦海军。在德意志中部，奥格斯堡和纽伦堡这样的城镇进入了一个空前繁荣的时期；再往东，布拉格、克拉科夫、维也纳、布达佩斯和其他城市也变成了欣欣向荣的商业、工业和思想中心。

随着地区间贸易规模的扩大，以及各个地区经济关系的加强，类似于现代繁荣与萧条的现象开始出现。比如 14 世纪意大利银行业的破产（由于英国国王废除了自己的债务）在整个欧洲造成了反应，使基督教世界的每个国家都发生了金融恐慌和信贷紧张。

3. 技术

技术发明继续大步迈进。人们发明了许多种风力或者水力驱动的机器，采用了齿轮、凸轮和传送轴。纺车采用皮带驱动的纺锤大约是 14 世纪的发展；而一旦人们认识到这项技术的用途，使用皮带让动能传输更为高效，之前使用的纺锤是由木头驱动，相比之下就显得十分累赘。

1300 年之后，人们首先使用指南针帮助他们的航海事业。确定大致纬度的仪器也被发明出来，其所依照的原理是测量某些钟星（clock star）的高度，并绘制出一些表格。不过，精确测量精度在 18 世纪以前都还不是航海家的能力所及，

---

[4] 布鲁日商人 A 欠佛罗伦萨商人 B；同时，佛罗伦萨商人 C 欠布鲁日商人 D。为了减少货币的航运，通常采用取消一对一的债务关系，而是由商人 A 付商人 D，商人 C 付商人 B。这种交易由银行业者来安排并收取一定佣金。

因为这需要造出高精度的时钟。造船技术稳步发展。人们建造了更大、更适于航海的船只，它们拥有闭式甲板、防御用的"城堡"和前后部分的生活区。各种改善的结果就是船只可以航行到离陆地很远的地方。水手们不再害怕去远海探险，14 世纪，他们在大西洋的一系列探索发现了加纳利（Canary）群岛和亚速尔群岛，15 世纪则发现了通往印度和美洲的航路。

军事技术同样有迅猛发展。铠甲的不断改良把骑士严密包裹在设计精妙的铠甲内。但这种铠甲在某种意义上是弄巧成拙，因为它严重降低了骑士的灵活性，没有战马便丧失了威力，甚至连脚也无法抬起。不过面对改良的发射武器（尤其是意大利和英国步兵分别使用的十字弩和长弓，他们依靠这两样武器取得了许多胜仗），重甲成为必需。14 世纪火药和大炮的引入并没有立即引发军事技术的决定性变革。因为最初的火药可靠性不高，更多的是通过惊吓战马来制造伤害。不过，大炮在攻城战中有些作用，尽管 17 世纪以前，投石机也仍在使用。1500 年，人们已经发明了火枪，但要到一百年以后，装备这种枪支的步兵才成为战场上的一个决定性因素。

在军事和其他方面越来越多地使用到金属，这导致采矿和冶金有了一系列改进。尤其是在德意志，矿山排水和通风技术发展起来，使人们能够在更深处采矿。矿石熔炉体积增大，并使用风箱（有时候由水力带动）提高火焰温度。采煤（尤其在英国）变得常见，但煤主要是用于居住取暖，因为此时的煤炭还有各种化学杂质，不适合融化铁矿。

活字印刷和造纸术无疑是中世纪晚期最为重要的两大发明。造纸术引入欧洲大约是在 13 世纪，但到后来才普及。造纸术借鉴自阿拉伯人，而阿拉伯人又是从中国学来这门技术。印刷术也同样可能是受到有关中国印刷业的报道的刺激；但更确切地讲，活字这项决定性发明似乎应当归功于美因茨（Mainz）的众多工匠，其中约翰·古登堡（John Gutenberg）是最为重要的一位。1456 年左右，古登堡印刷了一本《圣经》，被认为是最早的排版印刷书籍。印刷术与造纸术非常重要。相比以前一部手抄本的成本顶得上一块农田，如今书籍变得相对廉价，更多人负担得起学习的费用。思想领袖与民众的差距可以因此缩小，而且新思想和技术的传播速度也相应地提升。使用木刻版印刷图示和地图对于医学、植物学、地理学和工程学也有同等的重要性，因为对于这些学科，精确印制的图片胜过千言万语，让意思一目了然。

15 世纪，欧洲在技术领域无疑超越了古典世界。欧洲人展示出了他们的机械发明能力，这将是其文明的一个特殊标志。欧洲人在技术发明上的成功，一方面是受与遥远的中国和印度不断扩大交流的刺激。而另一方面，我们应当认识到，技术领域并不像古典文明的其他方面那样有非常显著的退化。因此，继承了大量技术成就的西方，比古希腊人和古罗马人有更高的起点。

三、欧洲的扩张

技术发展既是欧洲扩张的原因，也是它的结果。新的技术使运输和探索更为便利；与此同时，与外界新的接触也刺激欧洲人采用和调整新技术和新发明。13 世纪的政治事件使欧洲能够更便捷地与中国交流。在成吉思汗（约 1162—1227）的率领下，蒙古人征服了亚洲大片疆域。而在其继任者的开拓下，一个强大的、中央集权的政府，从中国的太平洋沿岸一直延伸到西方基督教世界的边界波兰。蒙古帝国内部保持着有效的往来。所以来自西方的外国人要得到有关遥远的亚洲的信息比以前容易得多。大约在 13 世纪中叶，传教士外交官拜访了蒙古可汗的宫廷；1260 年和 1295 年之间，威尼斯的一个显赫的商人家族——波罗家族——事实上抵达了中国。回欧洲后马可·波罗记述了自己的游历。他不仅去了中国，还去了印度。他写的书呈现了一个激动人心的故事，亚洲人民的奇观、财富和奇怪的异教习俗让人印象深刻。与马可·波罗同时代的许多人并不相信他讲述的故事，但现代学者认为他的书整体是真实的。蒙古帝国逐渐瓦解以及帖木儿（1405 年去世）对中亚贸易城市的破坏使中国与欧洲的贸易联系在 14、15 世纪变得日益艰难；但正是因为这些障碍激发西方人寻找海路前往传说中的东方——瓦斯科·达·伽马和哥伦布的航海背后都是这一希望在支撑。

葡萄牙在航海探险方面捷足先登。在葡萄牙国王的赞助下，多支远征军在 15 世纪期间探索了非洲沿岸。与非洲中部（几内亚海岸）的奴隶、黄金和象牙贸易让葡萄牙人获利颇丰，但他们不断前进，希望抵达印度。1482 年发现了刚果河口；1486 年巴特罗缪·迪亚士环行好望角；1497 年瓦斯科·达·伽马抵达印度，开启了利润丰厚的香料、咖喱和其他东方产品的贸易。1500 年，向印度航行的葡萄牙航船意外地发现了巴西海岸；但打着西班牙旗帜的克里斯多夫·哥伦

SEA EXPLORATIONS
IN THE LATE 15th CENTURY

World as known to Europeans in 1400

15 世纪末的海上探险

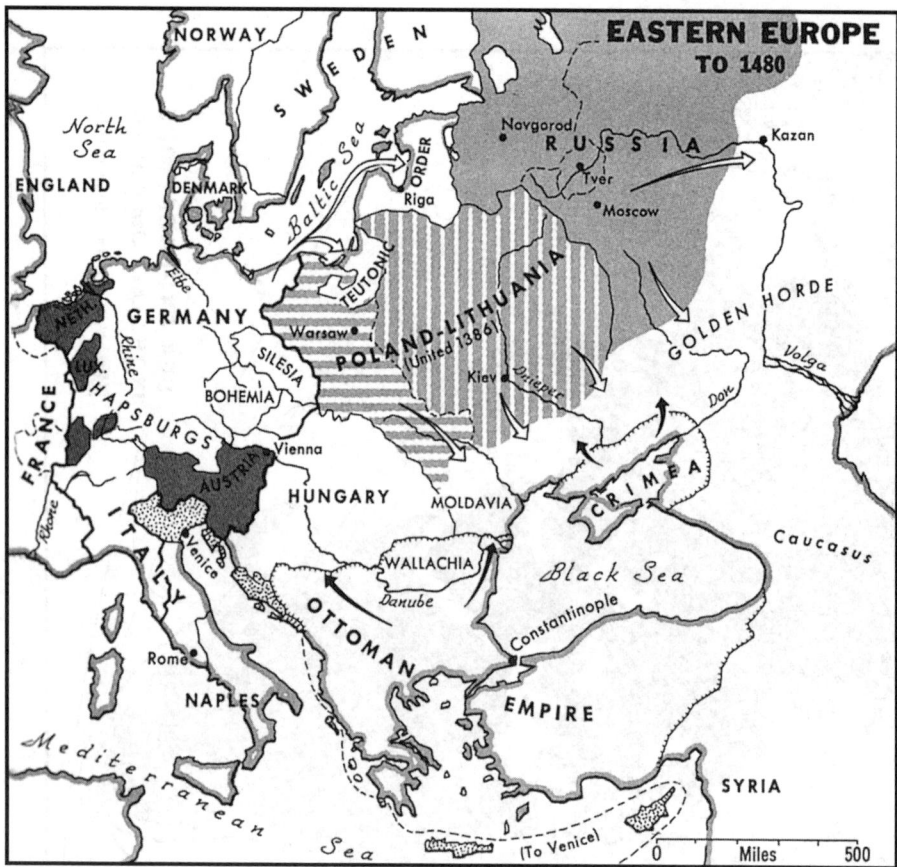

东欧（至 1480 年）

布比这更早发现了新大陆，他于 1492 年发现了加勒比海上的一些群岛。由于他相信这里离亚洲海岸不远，所以将它们命名为印度群岛。

德意志的东扩也没有停止。1229 年，正在进行十字军东征的条顿骑士团，在被逐出圣地后，开始侵犯波罗的海地区残存的少数异教部落——普鲁士人。五十年的战争到最后几乎使普鲁士人灭绝，日耳曼殖民者开始在普鲁士定居。波罗的海沿岸再往东和往北，其他操德语的骑士团征服了拉脱维亚和爱沙尼亚，将土著变成农奴。条顿骑士领导下的德意志的军事和殖民扩张在 15 世纪宣告结束。1410 年波兰和立陶宛在一位他们共同的国王领导下于坦能堡（Tannenberg）攻击并击败了德意志人。随后在这个世纪，波兰人成功地将条顿骑士在普鲁士占有的土地的地位降低为波兰的一块封地。不过波兰成为一个实际的民族国家还是依靠模仿德意志的制度才得以实现。大批德意志人，尤其是德意志化的犹太人在波兰和立陶宛定居，在那里构成了资产阶级的支柱，并得到波兰国王授予的特权。于是，15世纪以后，波兰成为欧洲犹太人最大的聚居中心。

334

四、政治变迁

1. 教宗在政治上被推翻

法王圣路易（1270）和英王亨利三世（1272）相继去世。这两位国王，出于自己对教宗的虔诚与尊重，在13世纪大部分时期至少表面上维护了教宗普世权力的网络。但他们的继承者就没有那么谨慎了。英国的爱德华一世（1272—1307）不顾教宗反对，开始向神职人员征税，并且禁止教会取得更多的土地。法国的腓力四世（1285—1314）同样开始对神职人员征税。教宗博尼法斯八世（1294—1303）曾尝试制止王国的这种侵越，保护教会的权利与豁免权。他于1296年颁布谕令《教士不纳俗税》（*Clericis laicos*），禁止神职人员向世俗统治者交税。这一下子就引发了他与爱德华还有腓力两人的矛盾。不到一年，教宗就被迫调整他的声明，因为法王腓力停止了法国向教宗贡献的金钱，严重减少了教宗的收入。

博尼法斯五年后再度挑起争端，禁止俗世法庭审判神职人员，而且再次声明神职人员对王国税收有豁免权。这些举措主要是针对法王腓力。他为了报复，于1302年召集了一次法国国内神职、贵族和城市民的大会。他向他们历陈此事原委，要求并得到了他们的支持（这次会议恰巧是三级会议第一次召开的场合。法国的三级会议相当于英国的议会）。

博尼法斯对此的回应是颁布了另一教宗谕令《至一至圣》（*Unam sanctam*，1302），宣布教宗在俗世和精神事务中的绝对权威。这道谕令以一句著名的话结尾："因此我们说、宣布和认可，要获得拯救，每个人都服从于罗马主教是完全必须的。"

但事情很快就展现了真实的权力掌握在哪一方手中。法国政府组织了一次针对博尼法斯的诽谤活动，要求他在教会大会前接受审判。一位并不满足于口水仗的法国官员，在教宗的一批意大利敌人的协助下，于1303年在意大利小镇阿纳尼逮捕了博尼法斯。阿纳尼的这次事件标志着中世纪教宗政治权力的衰败，就如卡诺莎事件标志了其兴起一样。教宗被逮捕一事成了一个巨大的丑闻，几天之后博尼法斯即被释放，但此时已是遍体鳞伤。他在不久之后便离开人世，普世教宗君主国的美梦也随之离去。

1305 年，博尼法斯去世两年后，一位法国人当选为教宗。他没有去罗马，反而住在阿维尼翁，一座位于罗讷河畔出法国边境不远的城市（1309）。而且，新教宗赦免了腓力攻击博尼法斯所受的所有指责。他从法国的神职人员中选任红衣主教，而教宗实际上成为法国政府的俘虏。事实上，阿维尼翁的教宗与法国和英国国王达成协议，相互支持他们共同的任务，即向主教和低层神职人员征收不断增多的税收和其他款项。

其后七十多年间，教宗都居住在阿维尼翁，远离他们的主教区罗马。在虔诚的基督徒眼中，这本身就是一桩严重的丑闻，将会使教宗丧失作为罗马普世传统的继承人的声望。新的异端出现，影响到教会的统一，而国家或者地方政府并不总乐意与教宗的专员合作镇压这种运动。

教会是否有权拥有财产的问题成了一个炙手可热的议题。此时，方济各会中的一个团体——精神派（the Spirituals）——重申并延伸了圣方济各的贫困理论。阿维尼翁历任教宗宣布使徒贫困论——即基督和使徒不曾拥有财产——为异端学说；有些拒绝接受教宗裁定的精神派方济各会士遭到了迫害。在英国，这场争议的余音刺激了一位牛津教授约翰·威克里夫（John Wiclif，1384 年去世），他提出了许多激进的观点。他质疑教会拥有财产的正当性，也挑战了伯多禄至上（Petrine supremacy）和变体论等学说。他赞助了圣经最早的英译，强调圣经的权威高于教会和神职。1377 年，教宗宣布威克里夫为异端。尽管有教宗反对，他仍然吸引了众多追随者，他们被称为罗拉德派；但王国政府的迫害渐次将这个运动镇压下去。

不过，威克里夫的思想从英国经由在牛津学习的捷克学生传播到了波西米亚。口若悬河的布道士约翰·胡斯（John Hus，1415 年去世）赞同威克里夫的学说，且在普通民众中获得了大批追随者。胡斯派运动部分可以归因于捷克民族反对德意志人占据教会和政府职位的反应，这一事实使得这场运动空前强大。

阿维尼翁教宗的财政政策遭到受过教育的虔诚人士的普遍批判。出售圣职变成十分公开的行为，教宗出于紧迫的财政需要，引入了各种针对低层神职人员征收的新的税费。出售赎罪券（人们相信它可以代替做工赎罪，但不能赦免罪恶本身）也是阿维尼翁教宗为了补充自己的收入所做的发明。这些以及其他相似的做法冒犯了许多虔诚的基督徒，越来越多的人要求教会改革。

大多数改革者相信，教宗改过自新的唯一办法就是召集教会公会议。他们更进一步认为，教宗事实上攫取了教会主权，而主教和其他高级教士齐聚的公会议才是教会主权的合法所有者。

教宗在 14 世纪最后二十多年里的命运使这种理念颇为得势。1377 年，教宗格里高利十一世最终离开阿维尼翁，回到罗马，次年在罗马逝世。随后的教宗选举波澜起伏。罗马民众要求推举一位意大利教宗，枢机主教们勉强妥协，选举出了乌尔班六世。但他们旋即后悔，在法国政府的支持下再次开会，宣布先前的选举无效，并选举了另外一名法国人教宗。大分裂由此爆发。乌尔班六世着手任命了一个新的红衣主教团，在罗马定居。而法国教宗居住在阿维尼翁。两位教宗各自都将对手开除教籍；他们之后，各自的继承者也维持了这一破裂局面。欧洲各地根据地方政府对法国是否友善或者敌视来区分阵营。

协商出一份协议选举出一个教宗的努力终告未果；1409 年，两个教宗阵营中的一些红衣主教聚到一起，在比萨召集了一次大会，期望能解决争端。但会议的成果是选出了第三位教宗。这个荒谬的结果促使主教们第二次采用会议手段终结教会分裂。这次的大公会议由第三位教宗和德意志皇帝西吉斯蒙德共同召集。1414 年它在康斯坦斯召开会议，但迅速与教宗争执不下；教宗离席之后，大公会议仍旧作为教会的主权体进行活动，背后则是皇帝的世俗权力支持。

康斯坦斯会议主要面对三大问题：制止异端、改革教会以及选举一位能够得到广泛支持、终止分裂的新教宗。为了对付异端，会议谴责了威克里夫的观点，判约翰·胡斯火刑。教会改革方面成就甚少。但教会颁布了谕令，推荐各种改革措施，并为定期的大公会议集会做准备。不过，宗教大公会议成功让三位教宗中的两位退位，并夺取了第三位教宗的全部政治支持，使他可以被放心地忽视掉。然后选出了新的教宗（1417），赢得了所有西方基督教国家的支持。

不过，康斯坦斯会议并没有解决教会所面临的所有重大问题。尤其是处决约翰·胡斯并没能终结波西米亚的异端。教宗和皇帝试图发起十字军来镇压胡斯派，但波西米亚的异端信徒成功击退了攻击者。此次败绩很大程度上为第二次重要会议——巴塞尔会议（1431—1449）奠定了基调。巴塞尔会议几乎从一开始就在与教宗争执，但能够不顾教宗反对实现自己的领导权，尤其是在与胡斯派运动中的温和派达成外交和解的问题上。但当痛苦的教会改革问题再度提起，会议又陷入多个争执不休的团体，温和派逐渐聚拢到教宗旗下，后者 1438 年在佛罗伦萨召集了一个对立的大公会议。巴塞尔会议剩下的那些改革派也选出了对立的教宗。但他们此举是个失误，因为大分裂的回音难以得到支持，从此之后巴塞尔大公会声望尽失。虽然它形式上直到 1449 年才宣告解散，但是大公会议主义的原则在很早就失去了信任，教宗取得胜利，回到了教会领导的地位（大公会议理论的概述，请参照第 364 页 *）。

教宗的这次胜利很大程度上使得早先几年的改革努力前功尽弃。其各种举动继续伤害着虔诚信徒的感情；但教会的等级制对于这种感受反应迟缓，直到宗教改革爆发才不得不寻找对策。教宗陷入意大利政治的纠葛当中，有些教宗因为他们支持艺术和文化而闻名。他们对欧洲的宗教领导权因为有些时候教宗个人的丑闻，以及他们采用宗教武器推进教宗的世俗利益的做法而减弱。

教宗在 14 世纪和 15 世纪初经历的动荡，导致了中世纪教宗曾赢得的政治支配地位在整个西方基督教世界逐步丧失，而在先前被认为是纯粹教会事务的问题上，教宗的控制力也受到严重打击。越来越多的神职人员受制于地方世俗政府的政治和经济控制。此外，尤其在法国，普世教会框架下的国家教会的理念开始出现。

2. 法国与英国

法国和英国民族国家的巩固进程，由于 14、15 世纪百年战争（1338—1453）的爆发，以及一系列叛乱（先在法国，随后在英国爆发）和内战而受到阻碍。百年战争很多时候都是雇佣兵作战，在战役没有进展时，这些雇佣兵就在法国农村烧杀抢掠。因此，虽然有组织的战斗时断时续，中间有长期的休战和停顿，但这场战争依然对法国造成了巨大破坏。

1328 年卡佩家族的直系无后，瓦卢瓦家族登上法国王位，而此时英王爱德

338

---

* 此页码以及本书正文中出现的页码均为英文原书页码，即本书边码。——编者注

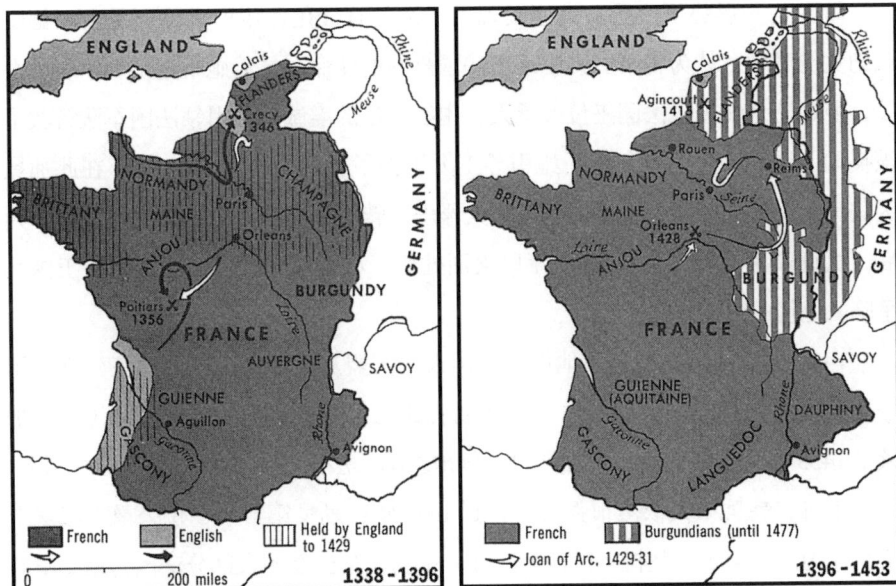

英法百年战争（1338—1453）

华三世宣称通过自己母亲一系，他才是血缘最近的继承人。10 年之后的 1338 年，一场有关佛兰德斯的争执让爱德华旧事重提，并在随后几年中派出一系列英国远征军入侵法国。英国长弓手在克雷西（1346）和普瓦捷（1356）对阵法国骑士的战役中取得了辉煌胜利，依靠他们的力量，英国人得以占领法国大部分领土。不过，到 1380 年，法兰西王国不断收复失地，几乎要将英国人逐出法国；但法国的贵族派系最终无法忍受疯疯癫癫的国王夏尔六世（1380—1422）的漫长统治，引发了一场内战，使得法国前功尽弃。这也招致英国人再度出兵干预。于是，1415 年，英国的亨利五世再度入侵法国，在阿金库尔为英国军队赢得了第三场著名的胜利。

与此同时，婚姻和继承的巧合创造出了一个强大的勃艮第王国，其一部分位于法国，另一部分位于神圣罗马帝国。它由法国王室家族的一支统治，但勃艮第的公爵们并不乐意一直做他们邻居的封臣。相反，他们梦想在法国和德意志之间建立第三个王国，疆域从低地国家延伸到莱茵河西岸的汝拉山脉。1415 年到 1435 年之间，勃艮第人与英国人合作，成功地让英王亨利五世入主巴黎，奉他为法国合法的统治者。

就在这一形势下，圣女贞德展现出了她具有催化作用的人格。圣女贞德受到幻觉的激发，认为将英国人驱逐出法国是她的使命。虽然她不过是一个农民女孩，但她还是觐见了法国王位继承人，用她十足的虔诚信心引领法国军队解救了被英国人围困的奥尔良。然后她引导王太子去了兰斯，后者于1429年在此加冕为法王。之后那一年，贞德被勃艮第人俘虏，转交给英国人。在宗教裁判所审判后，贞德被判为异端，于1431年以火刑处死。尽管如此，贞德在法兰西王国几乎陷入绝境的时候拯救了它。

1435年勃艮第人抛弃了他们与英国人的同盟。逐渐地，法国国王建立起了一支强大而且相对有效率的军队，在之后的几年中将英国人赶出法国（除了加莱）。1453年，英国最后一块加斯科的领地失陷，法国再次统一在单一君主制下。

不过，勃艮第人依然很强大，直到1477年，勃艮第最后一位公爵在战场上身亡才为法王提供了契机，使他如愿攫取了勃艮第公爵的大部分法国封地。哈布斯堡家族通过与最后一位公爵的女继承人联姻而取得了其余勃艮第领地，包括富裕的低地国家。

百年战争给法国造成了深刻的影响。多年来士兵的劫掠以及普遍混乱的状态促使三级议会将税收权交给王国政府（1439）。这也就为法国发展成为绝对君主制铺垫了道路，因为有了不可置疑的征税权后，国王就可以维持一支常备军，这是地方反对力量所无法对抗的。这场战争也激起了更为明确的民族意识，法国人变得恐惧和厌恶外来的英国人。百年战争和勃艮第国家的崩溃的第三个结果，即整个法国凝聚到了法王的统治之下。有些大封地（尤其是340 布列塔尼）仍保留了一定的独立性，由王室家族的旁支统治。但它们在未来几代人的时间里，也被再次并入王国，接受一个不断扩大的中央官僚制度的管理。

英国的国内发展与法国有鲜明反差。在法国因为战争需要而受到损害的代议制度，也正在这一时期的英国取得了权力。造成这种差异的一部分原因，在于英国议会的出现早于法国的三级会议。议会起源于定期召集王室封臣（男爵）、商讨政事并解决王室封臣之间或者国王与封臣之间的纠纷的封建习惯。在13世纪，男爵们频频与国王作对，不断试图抵抗国王权力对他们旧有权利的侵越。《大宪章》就是男爵反对国王最显赫的丰碑。他们与国王时常就这部宪章的适用而展开争执，也就在它签署后的这个世纪，发生了数次男爵叛乱。

13 世纪中叶前后，有一次叛乱的领袖是与其父同名的阿尔比十字军骑士西蒙·德·蒙福尔（Simon de Montfort）。他召集了城市和各郡小地主的代表与男爵共同议事。爱德华一世（1272—1307）接受了这个先例，并在 1295 年召开了所谓的模范议会（Model Parliament）。除了男爵和上层教士外，每个自治市（即每个有王室特许状的城镇）派出两位代表，每个郡派出两位骑士（即小地主）参加议会。

召集这些较低层人士代表参会的主要理由是国王一直需要筹集资金。把城镇和小地主召集到一起，国王就能够与他们协商，希望能够征收特别的税项。而且一般而言，他也会尝试取得这些人对王国政府的各种举措的支持。漫长的对法战争必然使国王频繁要求增税；骑士和市民在下议院会面，而各男爵组成上议院的习惯也逐渐确立下来。由于下议院的议员代表了大多数纳税人，他们在税收事务上的权力逐渐被认为是最重要的。征税权有一定时限或者特定目的，所以王国政府就必须不断召开新的议会会议。1399 年，兰开斯特家族篡位，根基未稳的兰开斯特朝诸国王尤其小心，不敢冒犯议会。

英国王室并不完全依赖于议会的授权，这是因为国王有自己的私人产业，并享受其中的收益。另外，王室法庭收取的费用、出口品的各种关税、出售特许状等都是国王的收入来源。从国王的角度看，议会授权只不过是增加王室收入的一个简便的方式。国王有时候也会进行特别征收和财政操纵，但一般而言这样做会造成比征收一项议会同意的税更多的麻烦，激起更多的反对。

1455 年，敌对的兰开斯特家族和约克家族之间爆发了时断时续的内战，使英国政府制度的发展一度受到严重阻碍。在战争当中，许多旧的男爵家族蒙受灭顶之灾，所以待到 1485 年玫瑰战争（这场争斗的称呼）终结，英国的封建组织已经大体上崩溃。议会也在这些年间成为各敌对派系的傀儡，其权力和组织严重缩减。最终，都铎王朝的第一位国王亨利七世（1485—1509）建立起了十分接近于绝对君主制的制度。议会虽然没有消失，但也变成了多少被动服从于国王意志的工具。

在 14、15 世纪间，英国的行政和司法机器经历了显著的扩张。庄园、封建和教会法庭丧失了大部分司法管辖权，而推行普通法的王室法庭体系不断发展。王国征服放弃了旧的税收形式（如盾牌金），而用新的形式取而代之，尤其像是出口和进口关税。

英国管理的地域也有所扩张。爱德华一世征服了威尔士，并短暂地控制了苏格兰大部分地区，但他的继任者未能掌控苏格兰。14世纪前半叶苏格兰人反抗英国人统治造就了一个苏格兰王国，它的制度和文化仿照了欧洲和英国的形式。爱尔兰的一部分也从亨利二世时期承认了英国的主权。

3. 德意志

1273 年，一位小贵族、哈布斯堡的鲁道夫当选神圣罗马帝国皇帝，但他省去了去罗马加冕的麻烦。他也无意在全德意志推行实际的王权，而是通过取得奥地利让哈布斯堡家族有了立足之本。1918 年以前，他的后世一直控制着奥地利。鲁道夫以后，德意志王权并没有一直留在哈布斯堡家族手中。德意志君主们极力避免选出一位强大的统治者做国王，频繁将国王头衔在各个家族之间转移。

每一次选举，各君主就会取得新的权利，他们在各自的国家稳步建立起了

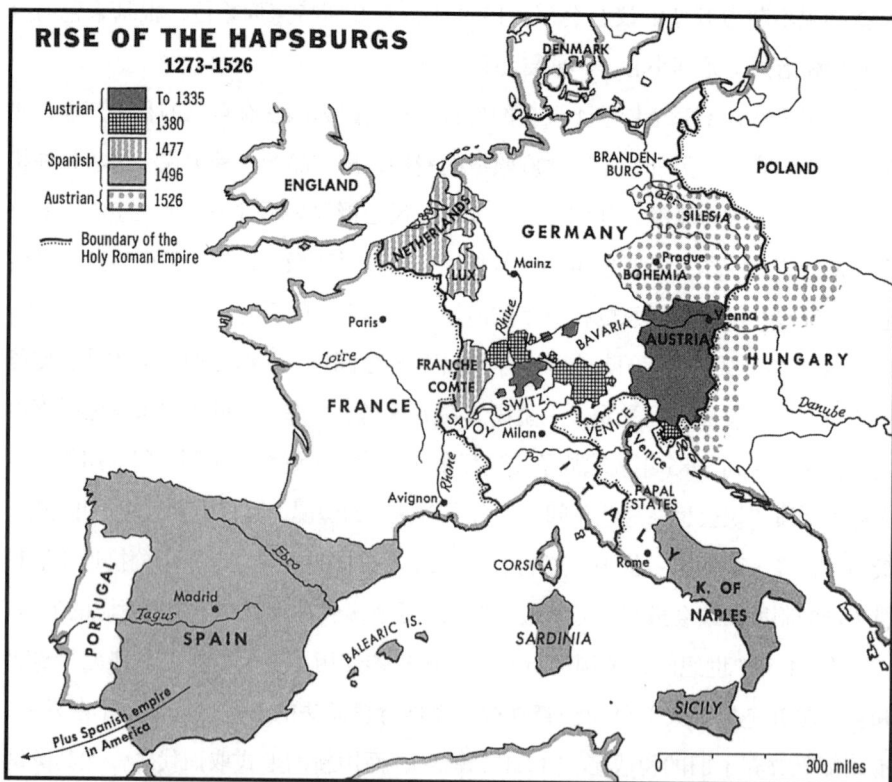

哈布斯堡家族的崛起（1273—1526）

一个越来越绝对的权力。所谓的《金玺诏书》（Golden Bull）明确说明了 1356 年的选帝程序。它规定了七位选帝侯——三名大主教和四名世俗君主，他们从德意志最为强大的统治者中选出。较小的君主、自由市的代表，甚至单个"帝国骑士"都在帝国议会（Imperial Diet）列席，时不时会面商讨一般性问题；但帝国议会没有明确的权力，也没有对所有德意志君主和国家执行其决定的手段。

个别德意志国王在大的欧洲舞台上有所作为，1414 年召集康斯坦斯会议、结束大分裂的正是德意志皇帝西吉斯蒙德。但整体上讲，德意志国王或皇帝的权力很少超过他的私人领地赋予他的那些。

1438 年，哈布斯堡家族在德意志跃升到一种领导性地位，很大程度上当归功于一系列幸运的联姻。哈布斯堡家族的势力之大，已经可以确保当选皇帝；而从此之后直到 1806 年，皇帝几乎总是从哈布斯堡家族选出。1477 年，与勃艮第家族的联姻让哈布斯堡家族取得了低地国家；1496 年，另一场与西班牙女继承人的婚姻为西班牙成为哈布斯堡家族的遗产做了准备，而且随之而来的是它对新世界的主权。

哈布斯堡家族领土大幅扩张也是有得有失。1291 年，瑞士的一些州联合起来抵制哈布斯堡统治。之后的两个世纪里，瑞士和哈布斯堡家族成了宿敌。这一局面要到 1499 年德意志皇帝承认瑞士独立才告一段落。不过，欧洲其他国家承认瑞士为主权国家是迟至 1648 年的事了。

4. 意大利

14 世纪和 15 世纪皇帝的暗弱，使意大利的小城市国家有了实现完全主权的可能。意大利半岛北部分裂为许多相互竞争的城市，其中以威尼斯、米兰和佛罗伦萨最为强大。频繁的战争中，雇佣兵是主力，他们更关注的是活着来日再战，而不是为他们的雇主赢一场压倒性的胜利。个别雇佣兵队长有时候能占据雇佣他们的城市；因此小型的专制统治较为常见。专制君主的统治不断面临着暗杀、投毒或者革命的危险，极不稳固。

佛罗伦萨一直保留了一个动荡的共和政府，直到 1434 年美第奇家族实际掌控了这座城市。美第奇家族维持了共和的形式，但他们在幕后通过其财富和一架驯服的政治机器有效地掌控了佛罗伦萨。威尼斯的政府也同样保留了中世纪的形式——富裕的商人家族的寡头统治。威尼斯的势力不仅出现在意大利，而且也覆盖了整个亚得里亚海和黎凡特地区。在教宗久居阿维尼翁的那段时间（1304—1378），意大利中部的教宗国成了众多地方冒险家的猎物，教宗统治

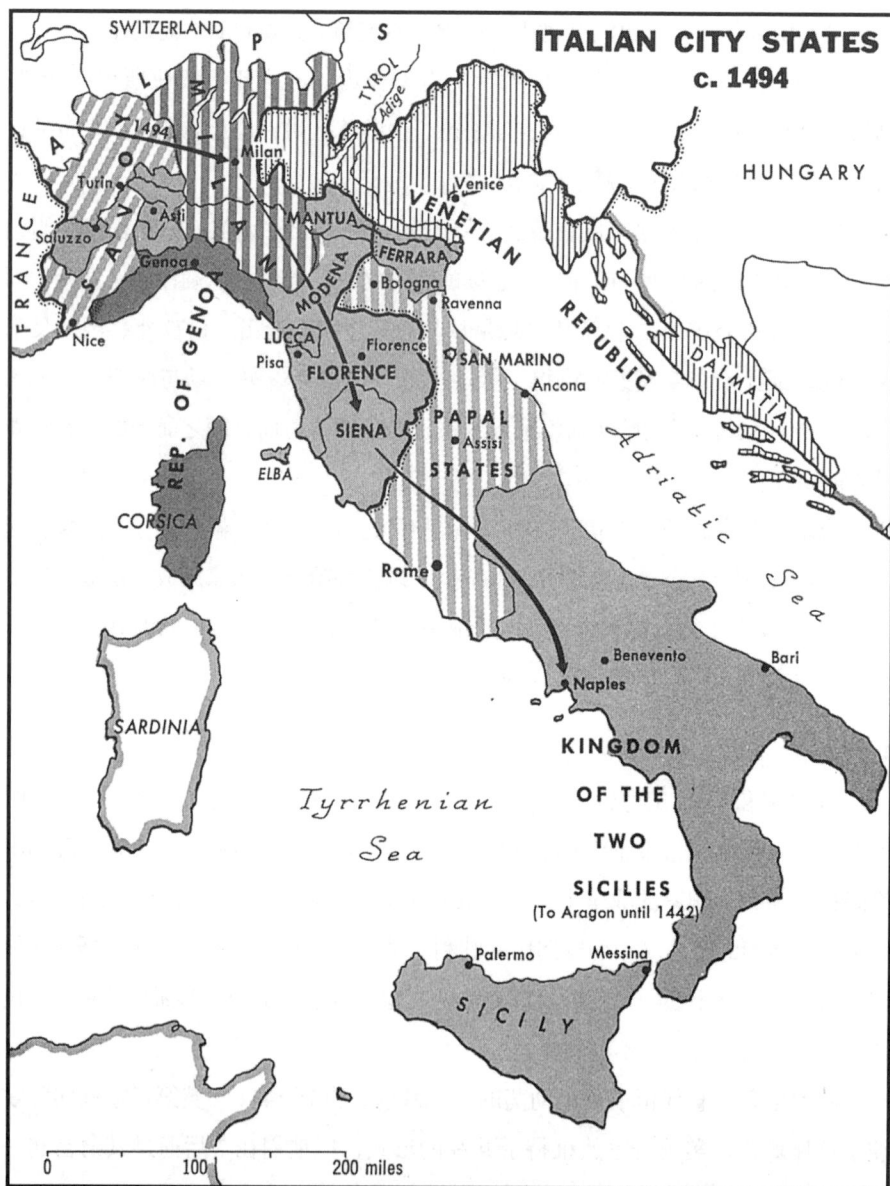

意大利城市国家（约1494）

要到 15 世纪末在教宗亚历山大六世（1492—1503）的私生子、臭名昭著的恺撒·博尔吉亚（Cesare Borgia）的手腕下才得以重掌实权。再往南，原来的西西里诺曼王国在安茹的夏尔继位（1266）后便江河日下。1282 年，西西里岛反叛他的严酷统治，一支阿拉贡人的统治家族攫取了权力。从此以后就有了两个西西里王国，一个在意大利南部的大陆上，另一个在西西里本岛。诺曼王国出众的财富和文化逐渐衰退，这两个西西里王国也成了欧洲生活的荒僻之处。

意大利城市国家的财富、它们之间的仇恨和各自内部的社会矛盾招致了 15 世纪期间在法国和西班牙形成的较大的民族国家的干预。1494 年，法国的夏尔八世入侵意大利，轻易地击败了零散的军事抵抗。这场侵略标志着意大利诸城市国家的主权实际上已不复存在。从此以后，意大利成为法国、西班牙和奥地利统治者竞相觊觎的猎物；各个意大利国家，包括教宗国在内，都成了大势力的玩偶。这种政治结构上的变迁，是法国、西班牙和英国相继形成强大、稳固的民族国家的结果，被许多历史学家视为是近代的开端。

5. 欧洲其他部分

14 世纪末，西方基督教世界在欧洲大陆的扩张几近完毕。斯堪的纳维亚、波罗的海国家、波兰、立陶宛和匈牙利构成了其在北面和东面的边界。再往外是东北面的俄国，它仍处于蒙古人的统治之下，东南面是新近成立的奥斯曼帝国。这些国家很大程度上都是继承了拜占庭帝国，他们的宗教、习惯、政治制度以及文化都让他们有别于西方文明。只有在 18 世纪和 19 世纪，西方欧洲文明才开始渗透入这些地区。

不过，欧洲在西南面的扩张一直持续到 1492 年，摩尔人在西班牙南部最后一个要塞被攻拔。西班牙半岛上的各个基督教国家经过征服和联姻逐渐整合，到 15 世纪末只剩下两个国家：葡萄牙和西班牙。葡萄牙引领了欧洲海外扩张，但它在欧洲有限的领土制约了它崛起成为欧洲大陆一流大国。不过，西班牙几乎从其 1479 年因阿拉贡的费迪南和卡斯蒂尔的伊莎贝拉两人的婚姻而成立那一刻起，便在欧洲各国中取得了领导性的地位。它在之后一个世纪里从美洲的金银矿获取了巨额财富，显著提升了其内部实力。于是，在几乎整个 16 世纪，西班牙都是欧洲最强大的国家。

五、文化发展

1. 意大利文艺复兴

整个 14 和 15 世纪，意大利诸城是艺术和思想生活蓬勃发展的舞台。从 14 世纪中叶起，许多人对古典世界的文学作品有了一种新的热情；然后，他们又从景仰古典文学过渡为赞美古典时期的艺术与建筑，甚至有一些热衷者的宗教信仰也受此感染。时人认为，再度发现古典世界的伟大，是走出哥特式蒙昧主义和经院派烦冗哲学漫漫长夜的一大步，是在回归到真正的文明世界。最近，历史学家则尽力缩减意大利文艺复兴的文化与中世纪成就之间的反差。他们已不再将意大利的文艺复兴称为唯一的文艺复兴，而开始讨论自查理大帝以来的一系列文艺复兴。但意大利是 14 和 15 世纪欧洲的文化领袖，文学、艺术与哲学创新的舞台仍不失为事实；它在异教古典典范的刺激下，很大程度上脱离了早前几个世纪的基督教传统。

（1）文学

但丁·阿利吉耶里（1265—1321）既用文学总结了 13 世纪思想生活，又引领了新的文学潮流。但丁在文学意大利语标准化上独树一帜，使佛罗伦萨方言成为日后意大利作家的标准。他最为伟大的著作《神曲》，讲述的是但丁在地狱、炼狱与天堂中的想象之旅。在旅行途中，但丁遇见了历史上的知名人物，从他们那儿得知了整个宇宙的奥秘。此外，他还遇见了他自己那个时代的一些大人物，以此表达了他对当时社会和事件的评价，言辞常直言不讳（比如但丁预测教宗博尼法斯八世会早早下地狱）。由于《神曲》在表达中世纪世界观上的全面性，人们常常将这部诗作与圣托马斯·阿奎那的《神学大全》作比。

《神曲》以外，但丁还写了献给贝雅特丽齐的十四行诗。贝雅特丽齐是一位但丁深爱并且在文学创作中理想化的佛罗伦萨淑妇，不过两人只有过一次交谈。普罗旺斯诗歌明显影响了其诗句的形式与主题；不过，但丁在他的十四行诗中融入了宗教神秘主义和象征主义，这有别于欢快的普罗旺斯诗人。

但丁也写了许多拉丁语散文著作。有一篇是为文学创作使用俗语辩护；但最为著名的是他为帝国辩护，反对教宗的文章《论君主制》（*De Monarchia*）。但丁写这篇论文有一部分原因是他一生中的政治经历并不愉快。年轻时但丁在他

西方文明史手册

332

故乡佛罗伦萨开始了政治生涯，但 1302 年的派系斗争将他流放外地，并最终客死他乡。他属于反对教宗的派系，也从未能原谅那些导致他被流放的教宗。

彼特拉克（1304—1374）是另一位在流放中度过余生的佛罗伦萨人。与但丁一样，他也写下了一系列十四行诗，赞美一位他几乎不认识的、名叫劳拉的淑女。他的十四行诗给人以更多的美感，而且，他虽然是神职人员，他的作品的宗教色彩却比但丁的更少。也许正是这些原因，我们能够更简单地理解和欣赏他的十四行诗。这些诗作为后世诗人广泛模仿，并且将十四行诗确立为一种长期流行的文学形式。彼特拉克晚年宣布自己对俗语的鄙夷，专注研究和批判异教拉丁语作者的文学作品。他因此成了一位最早期的人文主义者，即喜欢研究人类事务甚于神圣事务，研究文学甚于神学的人。在他诸多拉丁语著作中，彼特拉克尝试以西塞罗和塞内加的风格为范本。随着他人也在这方面跟随他的脚步，中世纪拉丁语这门活语言逐渐声名狼藉，拉丁语也成了今天这样的死语言，受到严格语法规则约束，词汇也十分有限。

彼特拉克总是受到一种强烈成名欲的驱动，对于自己的个性有深切的认识——这两个特点是他与意大利文艺复兴之后的那些人物所共有的。不过与此同时他从未能完全抛弃对于谦逊和无私这两种基督教德行的信仰。他时常责备自己有罪、有缺点。因此我们也许可以认为他是中世纪和文艺复兴观点之间的过渡人物。乔万尼·薄伽丘（1313—1375）也是如此。虽然薄伽丘靠《十日谈》（不带什么宗教色彩但十分有趣，常常也有点下流的故事集）一举成名，但他也因为自己对基督教的矛盾态度而受到困扰，老年时还曾严肃地考虑去修道院出家。

后来的意大利诗人在俗语创作上无法与但丁和彼特拉克比肩；不过，人文主义研究吸引了越来越多的热衷者。人们开始激情澎湃地搜寻古典作家的手稿。大约 15 世纪中叶以后，意大利学者普遍掌握了希腊语。不久之后，新一代学者得以像之前重新发现拉丁语文学一样，重新发掘希腊语的文学作品。

许多意大利城镇设立了新的人文主义文学研究学校；而且接受过好的人文主义教育不仅仅成了在城市政府（如佛罗伦萨）效劳的前提条件，甚至在教廷做事也是必须的。富裕的商人和君主为学者提供丰厚的资助和极高的荣誉。许多人文主义者就依靠这些人的奖金生活。有些教宗也在赞助学者、诗人和艺术家方面名声赫赫，即便这些人的作品大多不具有宗教性质。

赞颂异教文学作品减弱了众多人文主义者的基督教情怀。他们当中有些人模仿维吉尔和荷马，在写作中祈求异教诸神。少数则完全抛弃了基督教信仰，公开自己反宗教立场，严苛地批判教会及其官员。与基督教传统决裂的人文主义者中，洛伦佐·瓦拉（Lorenzo Valla，1405—1457）是最为著名的一位。他学术性地批判了《君士坦丁的赠赐》，证明这份诏书系伪造。他也否认《使徒信经》（Apostles' Creed）是耶稣的使徒所写，并且认为《圣经》纯粹是凡人书写的作品。

尼可洛·马基雅维利（Niccoló Machiavelli，1469—1527）的著作中也体现了类似的批判的、世俗的精神。他受过良好的人文主义教育，而且与但丁一样，在佛罗伦萨开启了政治生涯。但是一场革命让他丢了职位，被迫退休。在其余生，马基雅维利全心研读拉丁语经典，思考意大利政治时局。他的反思成果体现在《论李维》以及更为著名的《君主论》。这两本书以外，他还写了《佛罗伦萨史》，以及一本小书《战争的艺术》。马基雅维利的政治思考与文艺复兴艺术家的努力有些许神似：如实描述人，而不是写他们应该如何。不过马基雅维利是不屈不挠的意大利爱国者，他希望见到意大利走向强盛和统一，能够与法国和西班牙平起平坐。

（2）艺术

基督教态度和情怀的减弱，不仅从意大利文学发展中可以发现，也在艺术史上有所反映。14世纪初，乔托（Giotto，约1276—1336）用非凡的技艺所绘制的作品仍然充满了基督教精神。不到两个世纪之后，出于对古典艺术和文学的赞赏，以及对周边世界更富观感的兴趣，桑德罗·波提切利（Alessandro Botticelli，1444—1510）创作了著名的《维纳斯诞生》。任何人只要先看到了乔托各种描绘基督生平的壁画，然后再看波提切利的大作，都不会忽视在这一时期意大利人的思维所发生的转变。

绘画记忆在文艺复兴期间进步迅速。总的来说，文艺复兴画家将绘画的精确性放在首位。乔托标志着这方面努力的一个阶段，因为他所画的人物比先前画家笔下的更贴近生活。托马佐·圭迪·马萨乔（Tommaso Guidi Masaccio，1401—1428）采用明暗法来表示人物的三维性；大约1435年，莱昂·巴蒂斯塔·阿尔

文艺复兴艺术

1300 年到 1500 年间，意大利（尤其是在佛罗伦萨）艺术家们所发展的绘画技艺，奠定了之后四百年间欧洲或者西方的艺术风格。他们最为关键的创新是发现了几何学上精确的线性透视。这个技法让二维平面看上去就像是一扇对折三维空间打开的玻璃窗。它所带来的视觉体验的幻觉满足了人们对现实主义或者光学准确性的追求（20 世纪的画家才抛弃了这一理想），将近代绘画与中世纪绘画区分开来。

《七德》
系列中的"信德"（约 1306）
作者乔托
阿雷纳礼拜堂帕多瓦藏
（阿里纳利艺术图书馆）

乔托是第一位打破中世纪常规的著名意大利画家。利用阴影画法，他赋予人物以一种立体的、三维的外观，这幅画作就是很好的体现，"信德"仿佛要从背景中走出来一般。不过，绘画的核心内容是将抽象的基督教德行拟人化，这仍然完全属于中世纪。

意大利绘画

350 圣彼得生平的一幅场景，描绘了他正在向穷人分发钱财的情景（1422—1427）
作者马萨乔
佛罗伦萨圣母教堂，布兰卡奇礼拜堂藏
（阿里纳利艺术图书馆）

在乔托活跃于画坛的一个世纪以后，佛罗伦萨画家们着手绘制更为雄心勃勃的作品，使远处近处的人物与场景，在单个虚幻空间（illusory space）中多多少少较为一致地相互关联。不过如果仔细检查的话，我们会看到这幅画的透视线（perspective line）还未完全汇聚于单个消失点（disappearing point）上。这也就使得画中的建筑物背景在我们习惯于看照片的眼睛看来有些"问题"。

《圣史蒂芬的葬礼》（约1450）
作者菲利波·利比修士
普拉托大教堂藏
（阿里纳利艺术图书馆 [Alinari Art Reference Bureau]）

仅仅过了一代人，意大利艺术家就掌握了几何透视的规则。他们现在能够准确无误地将广阔的虚拟空间和人物组织到单个视角一致的三维场景当中。此外，细节描绘（尤其是面部表情）上的现实主义使这样的作品成为热门话题，因为佛罗伦萨人可以从菲利波·利比修士（Filippo Lippi）的笔法中认出自己或者他们的朋友。

352 《维纳斯诞生》（1480）
作者桑德罗·波提切利
佛罗伦萨乌菲兹美术馆藏
（阿里纳利艺术图书馆）

波提切利没有使用基督教主题，这体现了与中世纪艺术惯例的另一种决裂。异教风格的裸体像让很多人震惊，
而这幅画本身也说明波提切利急于尽快将维纳斯的裸体遮住。

《战神与维纳斯相恋》（约 1580）
作者保罗·委罗内塞
（Metropolitan Museum of Art，Kennedy Fund，1910）

波提切利揭开他的维纳斯后的一个世纪，意大利画家已经完全熟悉人体裸体。像这幅画一样带有寓意的场景越发明确地表现出了感官上的愉悦。富裕而有文化的意大利绅士家庭是这种作品的主顾。在公共场合展示这种作品仍然会让更为单纯的下层民众感到惊讶。

354 《阿尔诺菲尼的婚礼》（1434）
作者扬·凡·艾克
（National Gallery，London）
右图为左图中镜子中的细节

阿尔卑斯山以北的欧洲作家掌握线性透视画法较为缓慢。比如扬·凡·艾克就犯了"错误"，将这幅内景中的地板排成一列。不过，绘画的现实主义，用于体现毛皮、布料和人体的不同纹路的技巧，以及光线透入窗户的虚幻场景，都体现出这位佛兰德斯画家与他这个时代意大利画家的共性。而另一方面，其细节描绘之细致（见镜子的反射，已放大）在意大利也无人能比。

《亚当和夏娃》（1504），雕版画
作者阿尔布雷特·丢勒
（Courtesy，Museum of Fine Arts，Boston，Stephen Bullard Memorial Fund）

年轻时游历意大利的经历让丢勒成为使发展完备的意大利透视画法获得阿尔卑斯山以北艺术家注意的第一人。不过，这幅作品展现的是他在另一方面的成就。首先，这是一幅雕版画，印了多个副本，利用了印刷术的发明为艺术家们提供的新的技术可能性。其次，就主题和风格而言，这幅雕版画也许可以称为是用异教内容描绘圣经场景。神圣与世俗之见紧密结合在意大利并不罕见，宗教绘画在教堂中受公众瞻仰，异教的感官刺激为私家所享。

356 《儿童的游戏》(1560)
作者老彼得·勃鲁盖尔
(Kunsthistorisches Museum, Vienna)

勃鲁盖尔在这幅画中为我们精确地记录了 16 世纪佛兰德斯儿童所做的游戏。他是第一位描绘平凡物件和日常事物的
欧洲画家;而且,他建立了一个学派,推崇绘画这种场景,一反先前画家通常选取的宗教、古典和历史人物主题。

《洛伦佐·德·美第奇》(1488)
作者安德烈·德尔·韦罗基奥
(National Gallery of Art, Washington, D.C. Samuel H. Kress Collection)

这幅特别的洛伦佐·德·美第奇肖像布满了直截的现实主义。紧闭的双唇和尖锐的目光传达出此人野心勃勃、冷酷无情的性格。

意大利雕塑

358 《大卫》（1430—1433）
作者多纳泰罗
佛罗伦萨国家博物馆藏
（阿里纳利艺术图书馆 [Alinari Art Reference Bureau]）

由于古典时期没有绘画流传下来，意大利文艺复兴画家得以免于陈规的制约。但雕塑家就没那么自由了。有文化的上层阶级流行着崇拜古典的风气，许多留存下来的罗马雕塑为他们的艺术设立了标准和范例。

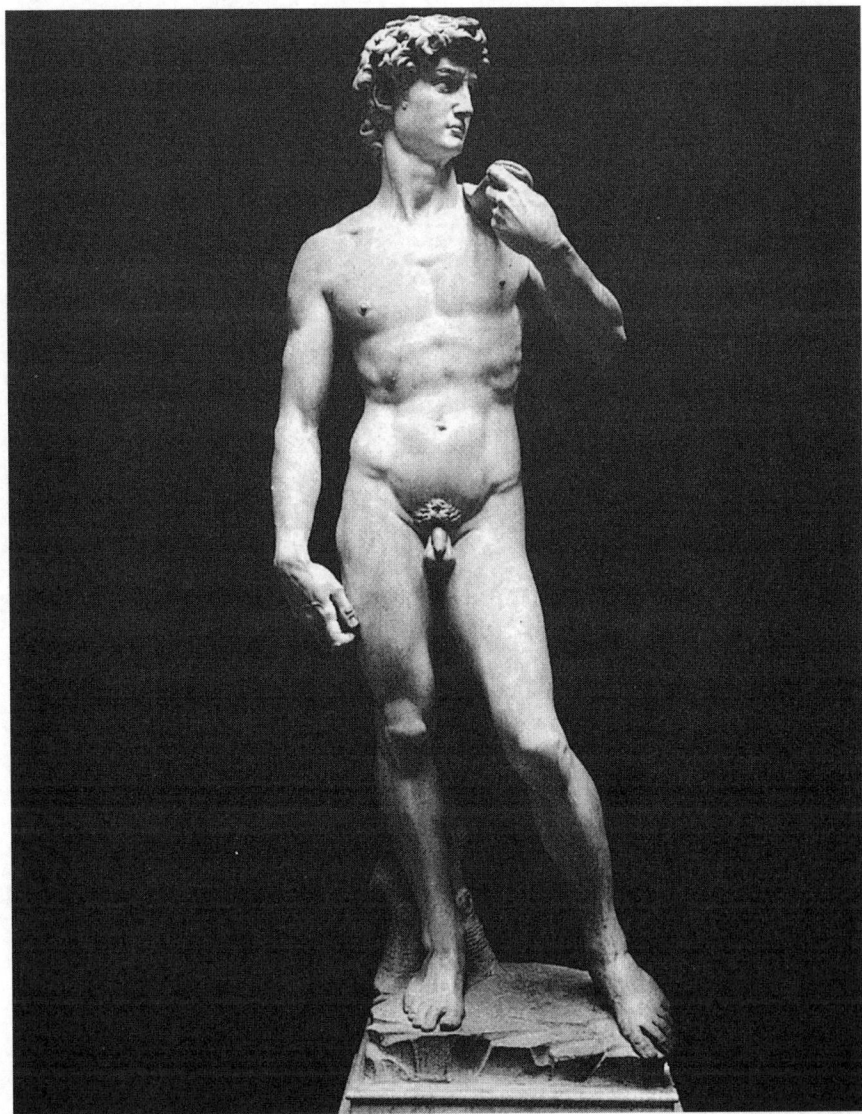

《大卫》（1501—1503）
作者米开朗琪罗
佛罗伦萨艺术学院藏
（Brogi Art Reference Bureau）

多纳泰罗和米开朗琪罗创作的这两座大卫雕塑只相隔 70 年，可以反映雕塑家多么成功地模仿了古典范型，尤其是在重新发现描绘准确解剖学细节的技巧以后。

360 《祈祷中的基督》（1499—1505）
作者提尔·里门施奈德罗腾堡
（Bildarchiv Foto Marburg Art Reference Bureau）

罗马雕塑影响北欧是很晚的事。所以正当米开朗琪罗在创作《大卫》时，里门施奈德（Till Riemenschneider）雕刻的这块版画仍工于中世纪教堂雕塑风格。里门施奈德专注于小细节的处理，这一点与当时北欧画家的作品极其相似。

伯蒂（Leon Battista Alberti，1404—1472）讲述了一种用数学计算透视的方法。至此之后，用新的技巧来构图成为可能。后来的画家狂热地用线性透视做大量绘画实验，也研究了空间透视——即使用颜色差别、阴影以及模糊来描绘距离。为了增加绘画的精确度，有些艺术家研究了解剖学、植物学和物理学。列奥纳多·达·芬奇（1452—1519）便是这种艺术家兼科学家中最为著名的人物。他的《笔记》除了讨论与绘画联系更为紧密的问题以外，还包含众多技术发明和科学实验的建议和想法。

意大利文艺复兴时期，艺术家与人文主义学者一样受到很高的尊敬。富有的主人资助他们，城市、教堂、修道院聘请他们做特别的项目。罗马教宗和佛罗伦萨的美第奇家族是当时最慷慨、最典雅的艺术赞助者。

应当指出的是，意大利文艺复兴绘画的巅峰在 15 世纪末和 16 世纪，也就是达·芬奇、拉斐尔（1483—1520），米开朗琪罗（1475—1564）和提香（1477—1576）活跃的时代。这个方面与其他一些领域一样，并不十分符合本《手册》采用的历史分期。

361

虽然绘画也许是文艺复兴艺术中最为耀眼的一支，但雕塑和建筑也发展出了新的风格。安德里亚·皮萨诺（Andrea Pisano，约 1270—1348）和洛伦佐·吉贝尔蒂（Lorenzo Ghiberti，1378—1455）两人为佛罗伦萨洗礼堂建造了设计精致的青铜大门。他们的作品很难看出是直接模仿古代设计。不过，多纳泰罗（1386—1466）在一个独立于建筑背景的基座上复兴了古典的雕塑理念。他在后来的作品中明确模仿了罗马范式，甚至于用罗马人的铠甲装点在意大利雇佣兵身上。古典的影响也体现在晚期文艺复兴雕塑家的作品里，其中米开朗琪罗是最为伟大的一位。

文艺复兴建筑家根据罗马式的主题发展出一种新的风格。建造富丽堂皇的私人住宅。教会和公共建筑，也都用上了古典的廊柱和壁柱。使用穹顶成了文艺复兴时期的公共建筑尤为鲜明的特色。佛罗伦萨大教堂的穹顶是最早的例子，由菲利波·布鲁内列斯基（Filippo Brunelleschi，1377—1446）设计；最为庞大宏伟的，是罗马的圣彼得大教堂，它的设计者是拉扎里·布拉曼特（Lazzari Bramante，约1444—1514）和米开朗琪罗。

（3）科学与哲学

我们已经提及列奥纳多·达·芬奇思想中艺术与自然科学的密切联系。艺术

第三编 欧洲文明（约公元 900 年至今）

347

家强调直接的、细微的观察无疑有助于人们的探索思维从过度崇敬文字权威中解放出来；不过，大体而言，意大利人在文艺复兴过了高潮以前未曾使科学理论有大的进步。

在哲学方面，许多学者热切地支持柏拉图主义和新柏拉图主义。这样做至少有一部分原因在于对抗亚里士多德主义在中世纪学界的地位。佛罗伦萨是哲学研究的中心，美第奇家族在此模仿柏拉图的学园，建立了佛罗伦萨学园。

（4）文艺复兴理想

伴随意大利文艺复兴，人们也有意识地定义了一种新的理想，也就是人的完善。旧的基督教美德——谦逊、容忍、关爱——被抛在一旁。人们开始重视俗世的生活，期望在其中取得荣耀。个人的名望和荣誉成了人人追求的目标，也许高于其他一切；人们培育自己在各个方面的才能，追求思想和身体上的优雅，而认为专业化逊于人的完满尊严。这个理想需要有闲暇时间才能实现，所以是贵族的理想。不过这里的贵族不来自于出身，而更多地来自于才干和金钱。

巴尔达萨雷·卡斯蒂利奥内（Baldassare Castiglione，1478—1529）的《廷臣》（*The Courtier*）概括了大部分的文艺复兴理想。这是一本教授礼节的书，描述了一个文化人应当具备的才能与成就。卡斯蒂利奥内强调了诸多才能的价值，例如人文主义教育、机智、强壮而优雅的身体，以及外交官式、明白在合适的时间与合适的人说合适的话的口才。类似于艾米莉·博斯特（Emily Post）的名作，这本书以及其他的一些相似作品，推动了之后若干世纪里意大利和欧洲其他国家宫廷生活及宫廷礼节的塑造。

2. 北部欧洲的文化

到 15 世纪末，意大利在文化领域的领先地位得到了全欧洲人的承认。而在此之前，意大利只产生了零星的影响。不过，即便是在意大利文艺复兴影响最大的时期，欧洲其他国家的文化仍多少保留了各自不同的特点。阿尔卑斯山以北，古典文化的复兴从未像意大利那样有如此充分的渗透；从先前时代继承下来的基督教的印记，以及宗教方面的兴趣，相应地保持了较强的地位。

（1）文学

14 世纪同时是标志着英语和法语发展成为文学语言的关键阶段。直到 14 世纪以前，英国的封建阶级仍普遍说诺曼法语，而地位较低的人讲从盎格鲁－撒克逊人的日耳曼语演变而来的各种方言。随着时间的推移，法语和日耳曼语逐渐融合，直至形成了一种新的语言——英语。不过，取决于地方特点和社会阶级，英国各地仍存在着广泛的语言差异。

14世纪两位著名作家就能反映这一差异。生平未明的威廉·兰格伦（1332—1400）以梦境隐喻的形式写下了《农夫皮尔斯》。这部文学作品同情农民的艰苦命运，在中世纪与众不同。《农夫皮尔斯》的语言也同样有趣。它的诗句采用盎格鲁－撒克逊人的头韵模式，措辞上法语和拉丁语的影响也较小。

而另一方面，杰弗雷·乔叟（约1340—1400）在其语法和措辞上就清楚地体现出了法语、拉丁语和盎格鲁－撒克逊成分的交融。乔叟是伦敦人，富裕的酒商之子，王国政府中的一个小人物。在任上他前往法国、低地国家和意大利执行外交使命。因此他熟悉了这些国家的文化，并将许多法国和意大利文学作品翻译成英语。他的代表作《坎特伯雷故事集》包含的诗歌故事中，有许多借用（或改写）自薄伽丘或其他欧洲大陆作家，反映出乔叟广泛吸收了各国文化。乔叟的语言鲜明有力，对身边的光明世界表达了明显的喜悦，加之他"序言"中前往坎特伯雷朝圣的圣徒跃然纸上令人过目难忘，都使得他的这部诗集成为英语文学中的一部伟大作品。

约翰·威克里夫（见第335页）资助下翻译成英文的圣经预示了后来国王詹姆斯钦定本的庄重与力度，而后者事实上部分地参照了威克里夫圣经。

在法国并没有出现可与兰格伦和乔叟相比的作者。尽管如此，巴黎地区的方言逐渐确立了自己作为文学语言的地位。抒情诗人弗朗索瓦·维庸（Françdis Villon，1431—约1489）是巴黎最早的一批流浪汉。他时而幽默时而哀愁的笔调讲述了他勇敢而激烈的一生。他的诗歌让人回想起早先几个世纪里的哥利亚诗歌，但他用法语而不是拉丁语写作的事实，可以用来说明俗语的进展。

14世纪的德意志和其他欧洲国家都没有出现一流的文学人物。不过，在15世纪，人文主义从意大利渗透到北部欧洲，在德意志莱茵兰各城市和低地国家找到了尤为肥沃的土壤。

（2）艺术

哥特式建筑风格仍在北部欧洲日臻完善。许多最为伟大的大教堂，始建于

12、13世纪，但要到14世纪或15世纪才终告落成。另外，人们在繁荣的城镇（如布鲁日和根特）建造市政大厅和类似建筑物时调整了哥特式风格，将之用于建造宏伟的世俗建筑。

与意大利一样，绘画在艺术创作中占有主要地位；尤其是在佛兰德斯，休伯特兄弟（约1370—1426）和扬·凡·艾克（约1385—1440）细致入微、引人入胜地关注细节。罗吉尔·凡·德尔·维登（Rogier van der Weyden，约1400—1464）和汉斯·梅姆林（Hans Memling，约1430—1494）延续了凡·艾克的传统，在肖像画和室内场景的绘画方面尤为成功。这个世纪的意大利绘画中体现出来的基督教信仰减弱在佛兰德斯画家的作品中难以发觉；而事实上意大利绘画影响佛兰德斯是16世纪以后的事情。

（3）思想

经院主义并没有随着13世纪而终结。虽然意大利人文主义者早就以经院哲学烦冗的逻辑为笑柄，但神学和法学研究仍然是大学教育的支柱，也是宗教生涯的必要条件。英国的两位方济各会士，邓斯·司各脱（约1270—1308）与奥卡姆的威廉（约1300—1349）是新经院哲学的两大领袖人物，他们挑战阿奎那的理性主义，质疑智力触及阿奎那所说的"自然神学"的能力。一方面是神学，另一方面是科学和哲学，阿奎那已有指出两者之间的差异，而从此以后，差异也因此不断扩大。奥卡姆的威廉也是反对教宗拥有政治权力的突出人物，帮助推动了大公会议运动。

（4）宗教

教廷在14世纪的堕落，以及基督教会腐败盛行显然为严肃而虔诚的信徒制造了新的问题。三场主要的思想运动以不同方式对这些条件作出反应：大公会议主义、神秘主义和基督教人文主义。

之前已经简述了大公会议主义在政治上的失败（第337页）；不过，虽然这场运动未能改革教会，却也激发出许多重要的政治学理论著作。我们先前提到了但丁和奥卡姆的威廉的反教宗政治著作。另一对值得我们注意的人物是帕多瓦的马西利乌斯（1270—1342）和詹顿的约翰（1328年去世）。这两人都曾是巴黎大学的教授，一起写作了《和平捍卫者》（*Defensor Pacis*）。这本书作为代议制政府理论最早的全面论述之一而闻名。这两位作者认为，只有大众选举的代表让予权力给某位统治者，才能出现合法的主权。不过他们的这个理论不能算是民主制理论，因为他们认为民众的代表是根据他们较高的出身和财富而自然指派的。

这种论述既反映也支持了民族代议制度的发展。不过应当指出，只有英国议会作为政治生活中的一个重要元素长期延续了下来，但它的根源更多地来自于封建和税收关系，而不是书本上的理论。拘泥于理论确实是整个大公会议运动的一个严重弱点。当理论与实际的政治发生碰撞（比如在康斯坦斯和巴塞尔会议上），大学教授虽然起了引领作用，但从长期看未能产生大的影响。他们之中最为著名的当属让·热尔松（Jean Gerson，1362—1428），巴黎大学校长，康斯坦斯会议当中的灵魂人物。

神秘主义也在 14 和 15 世纪崛起，尤其是在德意志和低地国家。迈斯特·艾克哈特（Meister Eckhardt，约 1260—1327）、托马斯·肯培（Thomas à Kempis，约 1380—1471）和其他许多虔诚的基督徒力图通过冥想来与上帝交流。对于这些人而言，教会的腐败状况，再怎么可鄙，也是可以忽视的。他们认为每个信徒都有一条直接的、个人的通往上帝的途径，而不需要教士为中介。这对于时代弊病的反应赢得了广泛的回应。托马斯·肯培编写了有关私人虔信与冥想的《效仿基督》（*The Imitation of Christ*）。这本书曾经是，而且现在仍然是最为流行 ₃₆₅ 的宗教书籍之一。各种著作将神秘主义理念广泛传播到教士和俗人当中。14 世纪的低地国家还建立了一个半修道院式的修会——共同生活弟兄派（the Brethren of the Common Life）。通过他们的学派和强化宗教体验的努力，这个兄弟会在一个大范围内（尤其在荷兰各省）大力传播神秘主义信仰和人文主义学问。

大公会议主义推动教会改革失败之后，个体学者取代大学开始引领思想。这些学者大多深受意大利人文主义影响。雅克·勒菲弗·戴塔普勒（Jacques LeFèvre d'Etaples，约 1450—1537）、约翰内斯·罗伊希林（John Reuchlin，1455—1522）、托马斯·摩尔（Thomas More，1478—1535）以及他们当中最为著名的德西德里乌斯·伊拉斯谟（Desiderius Erasunus，约 1466—1536）都是热切的古典学学者；不过他们一直关注宗教，这是与许多意大利人文主义者的不同之处。印刷机使他们的著作广为流传。他们批判教会周围滋长起来的疯狂、迷信和邪行。伊拉斯谟仔细校勘了古希腊语《新约》。他的成果导致人们开始怀疑圣哲罗姆的《圣经》

（通俗本）拉丁语译本的准确性，而哲罗姆的翻译一直以来都是神学和教会法的基础。伊拉斯谟为文本作了学术注释，煞费苦心地批判了许多处他认为错误的中世纪经文解释。

大公会议主义、神秘主义和基督教人文主义三者都以各自不同的方式推动了新教的宗教改革：大公会议主义攻击了教宗君主制，强调俗人和神职人员在教会政府事务中的积极角色；神秘主义强调了个人不经过教士而直接接触上帝的可能性；而人文主义则理性地、常常也是尖锐地批判了教会持续不断的歪风邪气。对教会不满的浪潮无疑非常盛行；再度统一的教宗回到罗马，却卷入意大利政治而未能严肃推行改革，这也就为路德使隐蔽的不满翻滚起来铺好了道路。

（5）自然科学

伴随着人们不断探寻远方世界的，是不断增长的地理学、植物学和动物学知识。制图学取得了非常显著的进步，所以就出现了十分精确的地中海地图，还有其他人们经常航行海域的地图。早在哥伦布之前，人们就已经承认地球是圆的；不过大多数人相信的地球大小相比真实情况要小得多。

366　　　人们也在不断研究天文学和炼金术，测量、定位、操控以及描述天体和化学元素的技术持续改良。在巴黎大学，一批物理学家调整了亚里士多德有关运动和空间的学说。但巴黎没有一位博士比得上库萨的尼古拉（Nicholas of Cusa，1401—1464）的名望和不可思议的天才。尼古拉预示了将在后来几个世纪中开花结果的新的数学、物理学和天文学概念。他强调观察者和被观察者的相对性，以及对立物达到无限时会矛盾地结合；但是，尽管我们可以认为尼古拉的一些观点是哥白尼宇宙观的铺垫，但他本人并没有具体、明确地将他的一般（主要是数学和形而上学）原理用于物理世界。

第三编第二章扩展阅读

The Cambridge Economic History of Europe. Vols. 1–3. Rev. ed. Cambridge, 1966ff.

The Cambridge Medieval History. Vols. 5–8. Cambridge, 1926–36.

The Oxford Dictionary of the Christian Church. Rev. ed. London, 1974.

Baron, S. W. *A Social and Economic History of the Jews.* Vols. 3–18. Rev.ed. New York, 1957–83.

Barraclough, G. *The Medieval Papacy.* London, 1968.

Benson, R. L., and Constable, G., eds. *Renaissance and Renewal in the Twelfth Century.* Cambridge, Mass., 1982.

Bloch, M. *Feudal Society.* Chicago, 1961.

Bloch, M. *Land and Work in Medieval Europe.* Berkeley, 1967.

Blum, J. *Lord and Peasant in Russia from the Ninth to the Nineteenth Century.* Princeton, 1961.

Cipolla, C. M., ed. *The Fontana Economic History of Europe.* Vol.1 .London, 1972.

Copleston, F. C. *A History of Medieval Philosophy.* New York, 1972.

Coulton, G. G. *The Medieval Scene: An Informal Introduction to the Middle Ages.* Cambridge, 1930.

Douglas, D. C. *William the Conqueror.* Berkeley, 1964.

Duby, G. *The Chivalrous Society.* Berkeley, 1977.

Ennen, E. *The Medieval Town.* New York, 1979.

Gilson, E. *The Christian Philosophy of Thomas Aquinas.* New York, 1956.

Gottfried, R. S. *The Black Death.* New York, 1983.

Hampe, K. *The German Empire under the Salian and Hohenstaufen Emperors.* Oxford, 1973.

Haskins, C. H. *The Renaissance of the Twelfth Century.* Cambridge, Mass.,1927.

Huizinga, J. *The Waning of the Middle Ages.* London, 1924.

Lambert, M. *Medieval Heresy.* New York, 1977.

Lea, H. C. *History of the Inquisition.* 3 vols. New York, 1888.

Leclercq, J.; Vandenbroucke, J.; and Bouyer, L. *The Spirituality of theMiddle Ages.* New York, 1982.

Leff, G. *Paris and Oxford Universities in the Thirteenth and Fourteenth Centuries: An Institutional and Intellectual History.* New York, 1968.

Le Goff, J. *Time, Work, and Culture in the Middle Ages.* Chicago, 1980.

Le Roy Ladurie, E. *Montaillou: The Promised Land of Error.* New York,1978.

Lindberg, D. C., ed. *Science in the Middle Ages.* Chicago, 1978.

Lopez, R. S. *The Commercial Revolution of the Middle Ages, 950–1350.* New York, 1976.

Mcllwain, C. H. *The Growth of Political Thought in the West.* New York, 1932.

Moore, R. I. *The Origins of European Dissent.* London, 1977.

Morison, S. E. *The European Discovery of America: The Northern Voyages, A. D. 500–1600.* New York, 1971.

第三编　欧洲文明（约公元900年至今）

Murray, A. *Reason and Society in the Middle Ages.* Oxford, 1978.

Oakley, F. *The Western Church in the Later Middle Ages.* Ithaca, N. Y., 1979.

Oberman, H. *The Harvest of Medieval Theology.* Cambridge, Mass., 1963.

Oman, C. W. C. *The Art of War in the Middle Ages.* Rev. ed. London, 1924.

Panofsky, E. *Gothic Architecture and Scholasticism.* Latrobe, 1951.

Partner, P. *The Lands of St. Peter.* London, 1972.

Pirenne, H. *Economic and Social History of Medieval Europe.* London, 1936.

Runciman, S. *A History of the Crusades.* 3 vols. Cambridge, 1951 − 54.

Setton, K. M., ed. *A History of the Crusades.* 4 vols. Rev. ed. Madison, 1969 − 77.

Southern, R. W. *The Making of the Middle Ages.* New Haven, 1953.

Strayer, J. R. *On the Medieval Origins of the Modern State.* Princeton, 1970.

Tiemey, B. *Religion, Law, and the Growth of Constitutional Thought, 1150–1650.* Cambridge, 1982.

Tierney, B., and Painter, S. *Western Europe in the Middle Ages, 300–1475.* Rev. ed. New York, 1983.

Ullmann, W. *A History of Political Thought: The Middle Ages.* Rev. ed. Harmondsworth, 1970.

Warren, W. L. *Henry II.* Berkeley, 1973.

小　说

Bowen, Marjorie. *The Leopard and the Lily.* New York: 1909.

Doyle, Sir Arthur. The *White Company.* New York: 1890.

368　Doyle, Sir Arthur. *Sir Nigel.* New York: 1906.

Druon, Maurice. *The Iron King.* New York: 1956.

Druon, Maurice. *The Poisoned Crown.* New York: 1957.

Druon, Maurice. *The Strangled Queen.* New York: 1957.

Druon, Maurice. *The Royal Succession.* New York: 1958.

Druon, Maurice. *The She− Wolf of France.* New York: 1961.

Duggan, Alfred. *Knight with Armour.* New York: 1951.

Duggan, Alfred. *Leopards and Lilies.* New York: 1954.

Duggan, Alfred. *Devils' Brood.* New York : 1957.

Duggan, Alfred. *The Cunning of the Dove.* New York: 1960.

Eliot, George. *Romola.* London: 1863.

Feuchtwanger, Lion. *The Ugly Duchess.* New York: 1928.

Hugo, Victor. *The Hunchback of Notre Dame.* London: 1833.

Johnston, Mary. *Admiral of the Ocean Sea.* Boston: 1922.

Lamb, Harold. *Durandal.* New York: 1931.

Lang, Andrew. *A Monk of Fife.* London: 1895.

Llewellyn, Richard. *Warden of the Smoke and Bells.* New York: 1956.

Lofts, Norak. *The Lute Player.* New York: 1951.

Lofts, Norah. *Town House.* New York: 1959.

Macpherson, Annie W. *The Fourteenth of October.* New York: 1952.

Myers, Henry. *Our Lives have just Begun.* New York: 1939.

Oldenbourg, Zoe. *The World is not Enough.* New York: 1948.

Oldenbourg, Zoe. *The Cornerstone.* New York : 1955.

Pargeter, Edith. *Heaven Tree.* New York: 1960.

Peacock, Thomas L. *Maid Marian.* New York: 1905.

Rolfe, Frederick W. *Don Tarquinio.* London: 1905.

Scott, Sir Walter. *Ivanhoe.* London : 1821.

Scott, Sir Walter. *The Betrothed.* London: 1885.

Shelley, Mary. *The Fortunes of Perkin Warbeck.* London: 1830.

Trease, Geoffrey. *Snared Nightingale.* New York : 1958.

Undset, Sigrid. *Kristin Lavransdatter.* New York: 1929.

Vidal, Gore. *Search for the King.* New York: 1950.

Waddell, Helen J. *Peter Abelard.* New York: 1933.

Warner, Sylvia T. *The Corner that held Them.* New York: 1948.

第三编第二章年表：西方基督教世界

文明的复兴

910	克吕尼修道院成立
911	加洛林王朝在德国统治终结
911	诺曼底被授予赫罗尔夫领导下的诺曼人
919—1024	德意志萨克森王朝
936—973	奥托一世，德意志国王。
955	奥托在莱希费尔德击败匈牙利人。

*962	奥托一世加冕罗马皇帝。
987	加洛林王朝在法国终结；于格·卡佩，卡佩王朝（987—1328）第一位国王。
1016—1035	丹麦和英国国王克努特。
1024—1125	德意志萨利王朝。

中世纪盛期

1056—1106	亨利四世，德意志国王和皇帝。
1059	拉特兰宗教会议；红衣主教团成立。
1059	教宗与阿普利亚和卡拉布里亚的诺曼人结盟。
*1066	黑斯汀斯之战；诺曼人征服英国。
1073—1085	教宗格里高利七世（希尔德布兰）。
*1077	亨利四世在卡诺莎忏悔。
1091	诺曼人完全征服西西里。
*1096—1099	第一次十字军东征。
1122	《沃尔姆斯条约》。
1138—1254	德意志霍亨施陶芬王朝。
1142	阿伯拉尔去世（生于1079年）。
1147—1149	第二次十字军东征。
1152—1190	腓特烈·巴巴罗萨，德意志国王和皇帝。
1153	明谷的伯纳去世（生于1090年）。
1154—1399	英国金雀花（Angevin）王朝。
1154—1189	亨利二世，英国国王。
1162—1227	成吉思汗，蒙古大汗。
1170	托马斯·贝克特之死。
1176	莱尼亚诺之战。
1180—1223	腓力·奥古斯都，法国国王。
1183	腓特烈·巴巴罗萨与伦巴第诸城签订《康斯坦斯和约》
1189—1199	理查一世，狮心王，英国国王。

1189—1192	第三次十字军东征（腓特烈·巴巴罗萨、理查一世、腓力·奥古斯都）。
1190—1197	亨利五世，德意志国王和皇帝。
*1198—1216	教宗英诺森三世。
1199—1216	约翰，英国国王。
1202—1204	第四次十字军东征。
1204—1261	君士坦丁堡的拉丁帝国。
1209—1213	阿尔比十字军征伐。
1211—1250	腓特烈二世，德意志国王和皇帝。
1214	布汶之战。
1215	《大宪章》。
*1215	第四次拉特兰会议。
1221	圣道明去世（生于 1170 年）。
1226	圣方济各去世（生于 1182 年）。
1226—1270	路易九世（圣路易），法国国王。
1228—1229	第六次十字军东征（腓特烈二世）。
1229	条顿骑士开始征服东普鲁士。
1231	沃尔姆斯特权（王权转让给诸德意志选帝侯）。
1241	（西里西亚的）利格尼兹之战；蒙古人攻入欧洲的最远处。

370

中世纪的秋天

1272—1307	爱德华一世，英国国王。
1273—1291	哈布斯堡的鲁道夫，德意志国王和皇帝。
1274	圣伯纳文图拉去世（生于 1221 年）。
1274	圣托马斯·阿奎那去世（生于 1225 年）。
1285—1314	美男腓力四世，法国国王。
1291	阿克雷陷落（十字军在圣地的最后一个要塞）
1291	瑞士邦联成立。
*1294—1303	教宗博尼法斯八世

1295	模范议会。
1296	《教士不纳俗税》教令。
1302	《至一至圣》教令。
1305—1378	阿维尼翁诸教宗。
1314	班诺克本之战：苏格兰确保自治。
1321	但丁·阿利吉耶里去世（生于 1265 年）。
1328	法国卡佩王朝终结；瓦卢瓦王朝 1328—1589。
1336	乔托去世（生于约 1276 年）。
*1338—1453	百年战争。
1346	克雷西之战。
1347—1349	欧洲爆发黑死病。
1354	奥斯曼土耳其人第一次侵略欧洲。
1356	《金玺诏书》确立了帝国的选帝制度。
1356	普瓦捷之战。
1374	彼特拉克去世（生于 1304 年）。
1378—1415	大分裂；阿维尼翁和罗马教宗分庭抗礼。
1381	英国农民起义。
1384	约翰·威克里夫去世。
1399—1460	英国兰开斯特王朝。
1400	乔叟去世（生于约 1340 年）。
1405	帖木儿去世（生于 1369 年）。
1410	坦能堡之战；波兰人击败条顿骑士。
1414—1417	康斯坦斯会议；重建罗马教宗。
1415	胡斯被处以火刑。
1415	阿金库尔之战。
1431	圣女贞德被处以火刑。
1431—1449	巴塞尔会议。
1434	柯西莫·德·美第奇掌控佛罗伦萨。
1438	奥地利、波西米亚和匈牙利首次统一在一个哈布斯堡君

371

主之下。

*1453	奥斯曼土耳其人征服君士坦丁堡。
1455—1485	玫瑰战争。
1456	古登堡印刷的圣经。
1461—1485	英国约克王朝。
1462—1505	俄国伊万三世大帝；推翻蒙古统治，1480 年。
1477	法国、奥地利划分勃艮第领地。
1479	斐迪南和伊莎贝拉统一阿拉贡和卡斯提尔。
1485—1603	英国都铎王朝。
1486	葡萄牙探险家环行好望角。
1492—1503	教宗亚历山大六世。
1492	格拉纳达陷落，摩尔人在西班牙的最后一个要塞。
*1492	哥伦布发现美洲。
1494	法国夏尔八世入侵意大利。
1497	瓦斯科·达·伽马抵达印度。
1500	葡萄牙人发现巴西海岸。
1519	列奥纳多·达·芬奇去世（生于 1452 年）。
1520	拉斐尔去世（生于 1483 年）。
1527	马基雅维利去世（生于 1469 年）。
1535	托马斯·摩尔去世（生于 1478 年）。
1536	伊拉斯谟去世（生于约 1466 年）。
1564	米开朗琪罗去世（生于 1475 年）。
1576	提香去世（生于 1477 年）。

372

第三章　1500年至今的现代世界

　　地理大发现、印刷术的传播、民族国家的兴起，以及西方基督教世界宗教统一的打破，造就了欧洲在经济、政治和知识生活上的巨大变化。在大多数历史学家看来，这些变化证明了中世纪与现代欧洲历史之间的区别。为了标识出这一转变，人们提出了种种的日期：比如1453年，这一年君士坦丁堡被土耳其人占领，同年百年战争结束；1492年，哥伦布发现美洲；1494年，法国入侵意大利，同时开启与西班牙之间争夺半岛控制权的漫长战争；1517年，这是路德将他的《九十五条论纲》钉在维滕堡（Wittenberg）教堂大门上的一年；等等。当然，绝对的分割点是不存在的，这点我们无须再强调；诸如文艺复兴、宗教改革、资本主义和民族国家兴起等伟大运动，早在1500年以前便已有了相当长的历史，而且在1500年以后的很长时间里仍然继续作为有生力量起着作用。选取任何一个日期肯定都是武断的，而取1500年这个整数似乎是个不错的选择。

第一节　宗教改革与宗教战争（1500—1660）

373　一、欧洲的扩张

　　追随着瓦斯科·达·伽马和克里斯托弗·哥伦布远航的脚步，欧洲的水手和士兵马不停蹄地勘探了那些突然出现在他们眼前的新土地。在美洲，瓦斯科·努涅斯·德·巴尔博亚（Vasco Núñez de Balboa）于1513年穿越巴拿马地峡，发现了太平洋；1519年到1522年，费尔南多·麦哲伦率领的船队从西班牙起航，绕过合恩角，穿越太平洋和印度洋后回到西班牙，第一次完成了环球航行。紧随着地理发现而来的是对这些地区的征服。1518年到1521年，在赫尔南多·科尔特斯（Hernando Cortez）率领下，一小队西班牙士兵征服了墨西哥的阿兹特克帝国；

11 年后，弗朗西斯科·皮萨罗（Francisco Pizarro）如法炮制，征服了秘鲁的印加帝国。[6]

在哥伦布从美洲返航后，葡萄牙与西班牙之间爆发了一场争执，起因是葡萄牙人认为哥伦布侵犯了本属于他们的特权。事情最后摆到教宗面前，教宗提议由两大国分割这个世界；1494 年，西班牙与葡萄牙签订协议，规定以佛得角群岛以西 370 里格*的子午线为界划分它们各自的半球。这一安排将整个美洲大陆（除了巴西的一部分）置于西班牙之下，葡萄牙则分得了远东地区。其他欧洲国家被排除在这种特权之外，同时，西班牙和葡萄牙则努力强化它们的这种垄断。

和西班牙人在新世界中一样，葡萄牙人在远东也表现活跃。他们在印度建立贸易据点；向东进入到香料（东印度）群岛和太平洋，并在菲律宾（由麦哲伦发现）和西班牙人相遇。1513 年，第一位葡萄牙探险者到达中国；到 1557 年，葡萄牙商人已说服当地中国官员授权他们进行定期的贸易，并允许他们在广州附近的一个半岛——澳门——居住。16 世纪早期，人们到达澳大利亚的北部，1542 年，葡萄牙的船只也首次造访日本。

374

其他欧洲国家被这些发现带给西班牙和葡萄牙贸易者与探险家的惊人财富所吸引，也试图从中分一杯羹。1497 年，一支英国船队发现了布雷顿角岛（Cape Breton Island），1543 年，雅克·卡蒂埃（Jacques Cartier）代表法国发现了圣劳伦斯湾（Gulf of St. Lawrence）。但这些北方的岛屿并没有什么吸引力。在这里找不到黄金，很长的时间里，英国人感兴趣的只是找到一条经由加拿大北部的北极圈地区到达远东的航线。直到 1607 年，英国人才在弗吉尼亚第一次成功地建立了殖民地，法国紧随其后，也开始在加拿大建立定居点。这些渐渐取得成功的殖民地（特别是法国殖民地）开创了一种新的欧洲扩张模式。不同于西班牙人和葡萄牙人，英国人和法国人不剥削土著居民，他们以土著社会的逐渐灭亡为代价，在新世界建立起了改进后的欧洲社会的翻版。

荷兰登上帝国主义舞台的时间也相对较迟，但在 17 世纪上半叶，他们开拓了去往远东的航线，并在最有利可图的贸易区将葡萄牙人拉下马。荷兰在新世界（纽约）和加勒比地区的活动也很活跃。他们与英国海盗、贩奴者和私掠船一

---

* 里格，长度单位，约等于 3 英里。——译者注

第三编　欧洲文明（约公元 900 年至今）

起，对西班牙的贸易构成了巨大威胁，还迫使西班牙人加固和保卫自己的美洲海岸线。

因此，欧洲人得以用极短的时间踏上了世界上的大多数地区，欧洲人在这些他们之前不能或者不愿建立政治统治的地方为自己争取着贸易特权。欧洲人在航海和军事技术上取得的进步使这种快速扩张成为可能。扩张也需要一种大胆的忍耐和不计后果的冒险精神，事实证明欧洲人并不缺这种精神。他们的成功，开启了欧洲文明和世界其他文明和文化的互动，这也一直是现代历史的标志之一。

二、经济的发展

1. 地理大发现的经济影响

16 世纪早期的地理发现和征服给欧洲带来的一个后果，是贵金属的大量流入。欧洲人从阿兹特克和印加掠夺了数量巨大的黄金和白银；此外西班牙人也迅速组织起了一大批采矿企业，以保证贵金属的流动。流通中贵金属数量的突然增长导致欧洲金银的贬值。价格则相应地上升。

由此产生的通货膨胀严重扭曲了既定的和传统的经济关系。随着价格的上升，那些某种程度上收入是固定的人不可避免地遭受了损失；而土地贵族则是受此影响最为严重的阶级。在早先的几个世纪中，大多数的租金和年贡已改为用固定的货币进行支付；而现在，土地贵族发现自己收入的购买力正在大量降低。以工资为生的人同样遭受了损失，和往常一样，工资的增长总是赶不上价格的上升。从中受益最多的是从事贸易和制造的资本家。得益于价格的上升、市场的扩大以及欧洲人对热带和美洲商品（比如茶叶和烟草）的新需求，他们的财富得到了巨大增长。因此，地理大发现在总体上提升了资产阶级，特别是上层资产阶级的地位。资产阶级的获利意味着封建阶级的损失；封建贵族经济实力的衰退为大多数欧洲国家建立绝对君主制铺平了道路。

此外，海外贸易的发展也使欧洲的经济中心发生了转移。之前的几个世纪中，意大利城市占据着西方和东方之间中间人的战略位置，而现在却被隔绝在主要贸易线路之外。葡萄牙人（以及之后的荷兰人）开辟了与印度、中国和香料群岛的贸易线路，因此也切断了从波斯湾或红海到地中海东岸的古老陆上贸易通道。结果是，虽然意大利银行家凭借早年间积累的资本继续保持了一段时间的影响力，但意大利的城市在经济上还是变得相对衰落了。

西班牙和葡萄牙并不像人们可能预期的那样，是新的财富的主要受益者。的确，里斯本、加迪斯（Cadiz）和其他伊比利亚半岛上的港口城市成了全世界重要的贸易中心；但是将东方和美洲的商品运到欧洲大陆的，却是荷兰——其次是英国和法国——商人。而支持帝国新的冒险所需要的，以及用来与政治上独立的中国和印度等地进行贸易的欧洲商品，也大多由北部欧洲生产。

实际上，从长远来看，大量涌入西班牙的黄金和白银对经济是有害的。在西班牙，价格的上升比其他任何地方都要剧烈；而且这些贵金属中的一大部分都流到了政府手中，用来支持主要在西班牙以外执行任务的舰队和陆军。对新世界的掠夺和控制所带来的巨大机遇，加上为欧洲的君主国军队提供雇佣兵服务，促使西班牙将精力从追求商业和工业利润上转移开来。西班牙以宗教的名义驱逐犹太人和摩里斯科人（Moriscos，改宗基督教的西班牙穆斯林及其后裔），这也大大削弱了这个国家的工匠和商人阶层。因此，西班牙在工业发展上变得落后于欧洲其他地区，又因为黄金的缘故，西班牙的生产力也逐渐变得相对低下，在财富上也无法与经济上更加活跃的北部欧洲社会相比。

2. 资本主义的发展

海外贸易的新机遇只属于那些有足够财力装备远洋船只的人。因此想充分发掘新的经济前景，就需要数量相对较大的资本。一些财力雄厚的个体商人能够凭借一己之力参与其中；但其他人还是更倾向于遵循中世纪以来的一种传统，即由一些合伙人共同注资，毕竟当发生海难或者航行损失惨重时，将自己的资本分投到二十艘船上总不至于像只将这些钱投到一艘船上那样导致血本无归。起先，合伙关系经常只存在于一次航行中，航行结束时，合伙关系就宣告终结；但之后合作变得更具永久性，直至股份公司兴起并迅速统治了海外贸易。

和私人冒险以及合伙制相比，股份公司有若干优势。股份公司经常能够从本国政府那里获得特殊的权利，而政府将某一地区的贸易垄断权授予这一目的而成立的公司也是家常便饭。因此在16、17世纪的英国，与俄国（莫斯科公司）、东地中海（勒凡特公司）、远东（印度公司）、美洲（弗吉尼亚公司）以及其他地区的贸易都在各自领域得到了王室授予的垄断权。

还有必要提一下股份公司的另外两个优势。第一，通过可转让的股票这种机制，可以将大量个人储蓄集中到海外商业冒险活动上来。原先冒险所需的资本只是由那些拥有远洋贸易知识和相关技能的人自己提供，而现在这种机制的引入，意味着欧洲在世界遥远角落里的活动规模被提升到一个更高的水平。第二，由于具有法律上的稳定性，股份公司可以实施大规模和长时间的计划来促进贸易发展。1602 年成立的荷兰东印度公司便是这方面的排头兵。它迅速兴盛，并且在东印度群岛履行着许多政府职能。17 世纪早期，东印度公司派出的总督、武装商船，甚至是军队在远东的大部分地区取代了葡萄牙人。

在经济活动的其他领域，资本主义就没有这么多自由了。中世纪的行会组织仍旧存在于几乎所有的城镇中，为了防止行业被一些人集中控制而设计的行会规章阻碍了资本主义工业的自由发展。但是，富裕的个人经常打入市场；国内工业体系也越来越普遍；其中一些分支，特别是采矿业（需要大量的资本用于矿井的建造和维护）也扩大了资本主义组织的规模。

农业是旧的经济秩序的堡垒。在欧洲大部分地区，庄园组织仍旧保持着几个世纪以来的面貌。虽然东部地区也有农奴，但农奴制主要还是存在于欧洲西部。农民须向地主支付名目繁多，有时甚至是极为繁重的费用，这一古老义务的遗迹仍存于各地。而在欧洲东部，农奴制依旧一成未变；在诸如俄国和罗马尼亚等国，与欧洲西部类似（尽管不是完全相同）的农奴制在 16、17 世纪实际上得到了扩展和巩固。

但即使是在农业领域，资本主义事业还是取得了一些进展。比如在英国，一些地主将自己的土地封闭起来，亦即为了牧羊而建起栅栏，并把农民从土地上赶了出去。他们之所以这么做，是因为羊毛需求的急剧上升导致的畜养绵羊比种植粮食和其他作物更有利可图的现实。在欧洲其他一些地区也发生了类似变化，但规模比较小。18 世纪以前，即便是在英国，圈地也只是影响到了一小部分耕地。

银行业在重要性和业务规模上继续发展。意大利的银行家逐渐失去了主导地位，到 17 世纪中期，荷兰取代之前的意大利成为主要的银行业中心。商业和工业贷款吸引了越来越多的资本，与此同时，提供给政府和国王（中世纪时这一业务吸收了很大一部分的银行资本）的贷款则变得相对不那么重要。这意味着，实际中对资本在经济上的生产性应用变得越来越广泛。伴随这种转变，中世纪时被视作社会污点的赚取利息行为，在经济事实面前也失去了存在基础。资本主义逐渐成为财富扩张和增长的动力。

欧洲的国家与资本家之间的关系变得非常紧密。政府依赖银行家为其提供贷款；同时政府也将优惠、垄断和特权授予许多贸易和商业企业。但国家并非总是对资产阶级存在好感。比如在英国，伊丽莎白女王政府颁布了《济贫法》，要求地方上的堂区向资本家征税用以支持穷人。另外一部法令则对工资进行了规定，政府的用意是想在社会阶级之间维持一种类似的平衡。

378

尽管如此，商人和资本家仍是从政府政策中获益最多的人。大多数欧洲国家通过扶植贸易和航运，努力增加国家的财富。他们采取措施以确保良好的贸易平衡，这样金银块就可以在国内积累起来，作为支持战争和其他事业的流动资本。真正的财富和占有黄金两者经常被混淆，政府也频繁地设计出一些规章，以保证贵金属的最大积累。

渐渐地，对经济活动的管制从地方的城市政府转移到了王室的全国性政府手中。这使有效的经济单位得到扩大，废除或者绕开了大量来自中世纪行会与城镇的限制性条例。这一变化也扮演了壮大全国政府的角色，王室的官员与大批民众建立了亲密而重要的联系。与此类似，国家的管制也给了资本家以更大的视野，他们比之前更为自觉地成了王室权力积极的支持者。只有在英国，当这里所探讨的这段时期行将结束时，资产阶级和王室政府之间的冲突才自己凸显了出来；而欧洲其他君主国则在商业和资产阶级的道义和金融支持下，建立起了绝对主义的统治。

全国性政府对经济的管制所依据的原则，在这里被称作重商主义。随着时间的推移，管制在数量和复杂性上都得到了提升，但有时候不是帮助，而是阻碍了经济的发展。但这一现象到了18世纪才显现出来。

3. 技术

1500年到1660年，科学理论和技术实践之间富于成果的互动的开端开始显露出来。举例来说，杰拉德·墨卡托（Gerard Mercator，1512—1594）发明了一套计算地图投影的数学系统，将环绕的海上航线以直线的方式呈现出来——这给导航员提供了很大的便利；一位自称阿格里科拉（Agricola，1490—1550）的德意志学者对采矿和冶金知识进行了系统性整理；光学透镜和光学理论都取得了巨大进展，发明诸如显微镜和望远镜等工具成为可能。

在军事技术领域，枪和火药进入了发展全盛时期。海军战略开始依赖于炮击以及如何实现炮击效果的最大化。在陆地上，齐射的火枪作为一种有效的军事武器，由瑞典国王古斯塔夫斯·阿道弗斯（Gustavus Adolphus）在三十年战争中（1618—1648）引入使用。造船和航海技术也得到改进，出现了更为精确的新地图和对海浪和盛行风的研究，以及更大且吃水更深的船只。荷兰人设计出了大规模生产类似船只的技术，他们使用标准的零部件和诸如用风力来驱动锯子的机械装置来建造船只。采矿技术得到进一步改进，矿井的深度和规模也不断扩大。煤炭开采（特别是在木材严重缺乏的17世纪英国）变得重要起来，但这也仅限于那些靠近可航行水域的地区，因为煤炭的体量巨大，在陆地上运输超过几英里也很困难。同样，冶金业的生产规模也上了一个新的台阶。在可以成功铸造重达数吨大炮的地区，人们还设计了锻造车间。

三、政治与宗教

1. 查理五世帝国

到1500年，强大的民族国家已经在欧洲西部的一部分地区建立起来，也就是西班牙、法国和英国。随着世纪的推移，这些民族国家政府的权力不断增大，此外，一个新的民族国家荷兰也作为一股主要的政治和经济力量出现在人们视野中。但欧洲大部分地区还没有建立起民族国家。神圣罗马帝国的广大领土被分成数百个小邦国；意大利半岛则由超过12个完全独立的国家组成。1500年到1648年这段时期的政治史可以被视作是一段民族国家的力量不断增强的历史，其代价则是牺牲那些还未建立起民族国家的欧洲地区。

16世纪早期，欧洲政治的主要轴心是法国的瓦卢瓦王朝和领土包括分散的奥地利、低地国家、撒丁尼亚、西西里和西班牙的哈布斯堡家族之间的竞争。1519年，查理五世继承了这一丰厚的遗产，他将自己在位的大多数时间都花在与法国作战上。对于哈布斯堡家族来说，战争的主要威胁是意大利，在那里法

EMPIRE OF CHARLES V
1517-1555

■ Hapsburg Territory

OTTOMAN EMP.

HOLY ROMAN EMPIRE

K. THE TWO SICILIES

NETHER-LANDS

FRANCE

IRELAND

ENGLAND

PORTUGAL

SPAIN

MOROCCO

A F R I C A

MADEIRA (Port.)

CANARY IS. (Sp.)

AZORES (Port.)

C. VERDE IS. (Port.)

GOLD — SILVER

A t l a n t i c

O c e a n

Line of Tordesillas 1494

Cartier (Fr.) 1534-35

Cabot (Br.) 1497-98

N O R T H

A M E R I C A

CUBA

HISPANIOLA

Cortez, 1519

MAYAS

Caribbean Sea

Mexico Cth.

AZTECS

ISTHMUS OF PANAMA

Balboa, 1513

Pizarro, 1526

INCAS

P a c i f i c   O c e a n

S O U T H

A M E R I C A

SPANISH PORTUGUESE

BRAZIL

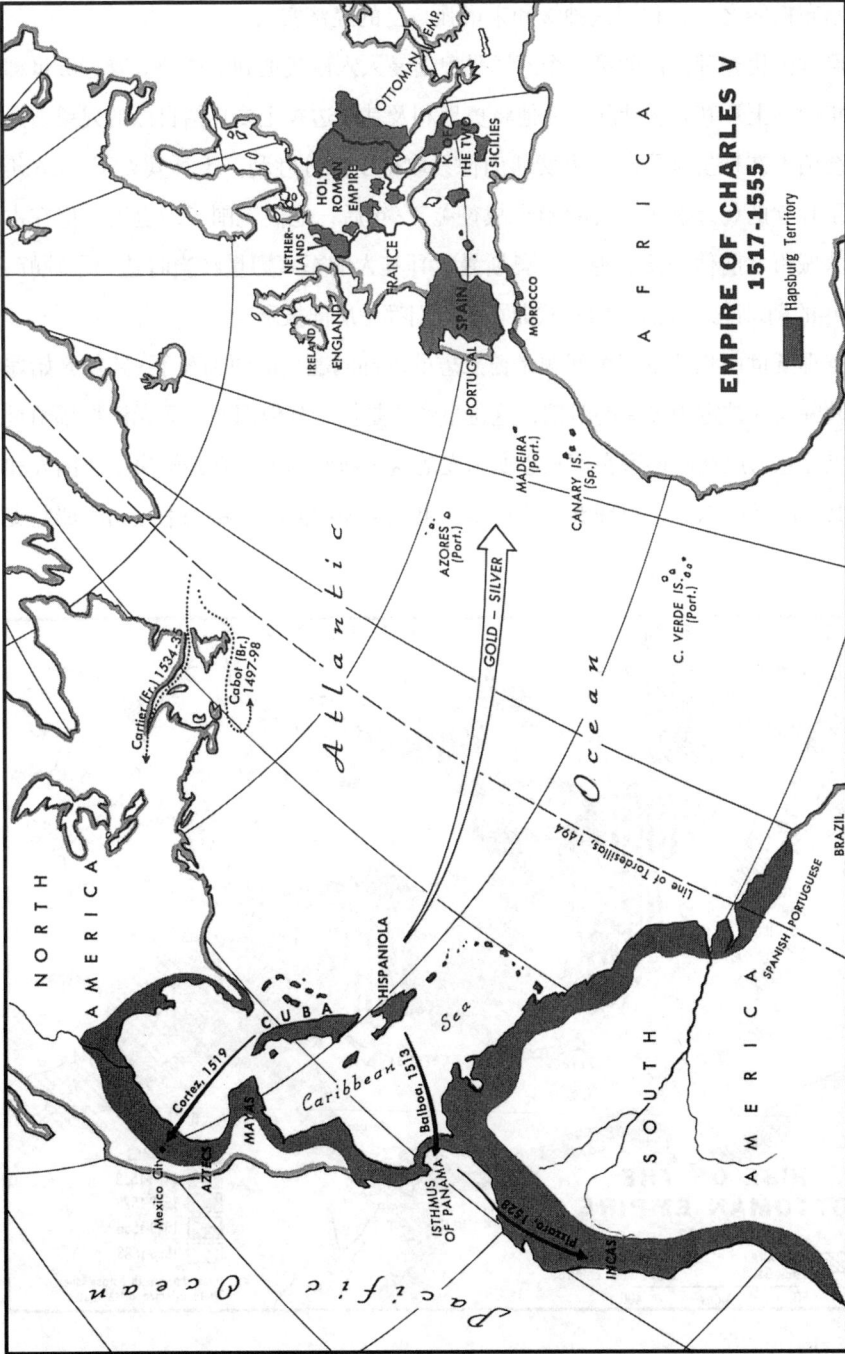

查理五世帝国（1517—1555）

国可以组织起狡诈的盟友对抗哈布斯堡家族的权力。英国则打算远离这场瓦卢瓦—哈布斯堡之争，利用这种缓和来增强自己的经济实力。

381 经常困扰查理五世的第二个问题是奥斯曼人入侵奥地利的威胁。查理五世即位两年后，土耳其人的威胁促成他将奥地利及其周边领土委托给自己的兄弟费迪南德统治。在抵抗土耳其人上费迪南德只取得了部分胜利。土耳其人于 1526 年灭掉了独立的匈牙利王国（莫哈奇战役）。三年后，他们包围了维也纳，但在占领这座城市之前他们便撤退了。奥斯曼土耳其人的军事力量在当时达到了顶峰，1571 年的勒班陀之战前，面对欧洲军队他们都是所向披靡。

查理五世面临的第三个问题是德意志的内部问题。即便到马丁·路德开始煽动宗教骚动并被定为异端的时期，这位皇帝还是忙于其他问题，而无法将哪怕是一丁点注意力放在路德宗在德意志所引发的这个新问题上。直到解决了法国人和土耳其人的问题以后，查理五世才得以严肃地考虑如何应付路德宗运动和那些支

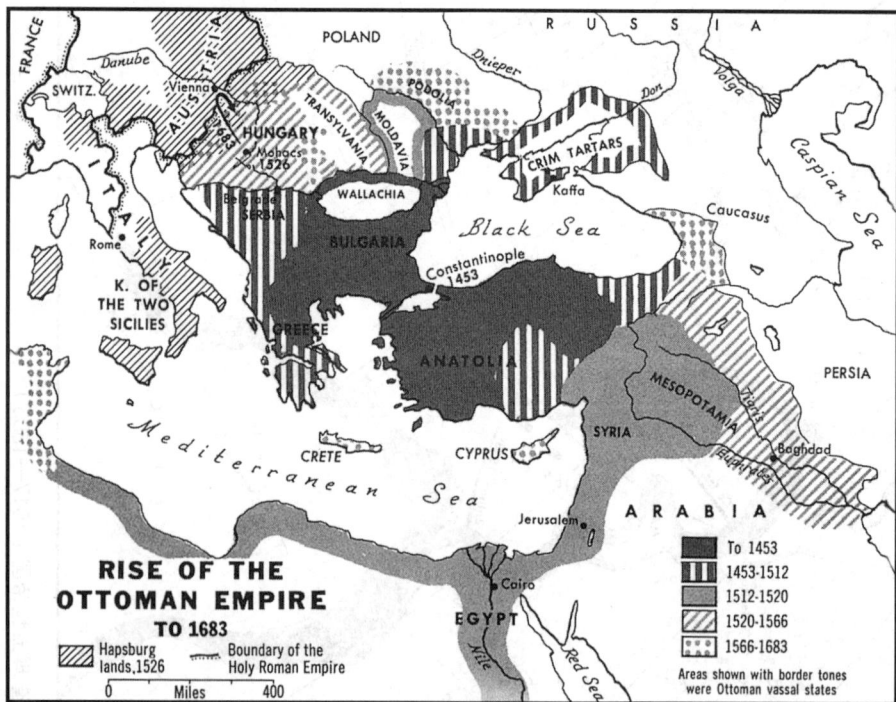

奥斯曼帝国（至 1683 年）

持这一运动的德意志诸侯。事实上，直到路德宗在众多德意志邦国中确立起了稳固的地位后，查理五世才开始采取措施。

但回顾这段历史，我们可以发现，1517 年路德发起的这个运动至少与哈布斯堡—瓦卢瓦在意大利争夺霸权的竞争具有同等的重要性。在接下来的一百年和更长的时间里，宗教问题将政治变得极为复杂化。在王朝和民族国家间的竞争中，还加入了宗教仇恨这一要素；欧洲也分裂成了罗马天主教国家和新教国家两个阵营。查理五世经常因为其他事务而分散对德意志内部问题和宗教事务的注意力和精力，宗教改革早年间在政治上的胜利，很大程度上正是得益于此；另外也依赖于神圣罗马帝国特殊的政治体制，正是这种体制使众多地方诸侯和统治者各自掌握了几乎完整的主权。当一个人试图理解新教运动的早期历史时，这些政治上的事实应当被铭记。

382

2. 宗教改革

（1）导论

对教会改革的鼓吹几乎和基督教本身一样古老。在谴责神职人员的胡作非为和唯利是图的问题上，教会的虔诚子民与异端教派之间的斗争贯穿了整个中世纪。在 14、15 世纪和 16 世纪早期，批评的潮流变得异常强劲；但对这些由诸如威克里夫的异端或者像伊拉斯谟这样的基督教人文主义者所提出的针对自己的攻击，官方教会却没有作出回应。因此，当来自德意志一所名不见经传的大学的一位教授马丁·路德勇敢地质疑教会的一些行为的正当性时，郁积的不满找到了自己的爆发口。路德很快便扩大了自己的攻击视野，他使自己和许多其他人相信，教会需要一次彻底的改革，这将使教会恢复使徒时代最初的纯洁。路德所引起的宗教骚动刺激了其他人，他们在自己所倡导和实践的改革的激进程度上比路德走得更远。

但在将近一代人的时间里，人们仍努力弥合着西方基督教世界中出现的裂痕。早期的改革者仍坚持一个天主（catholic，意思是"普世"）教会的观念；在罗马教会内部，一群热心的人站了出来，他们希望通过外交，一方面对教会进行改革，另一方面也能将新教徒重新争取过来。当这一尝试失败时，一股更加激进、更加反新教的改革思潮在罗马天主教会中流行开来，这股思潮与新教徒的不

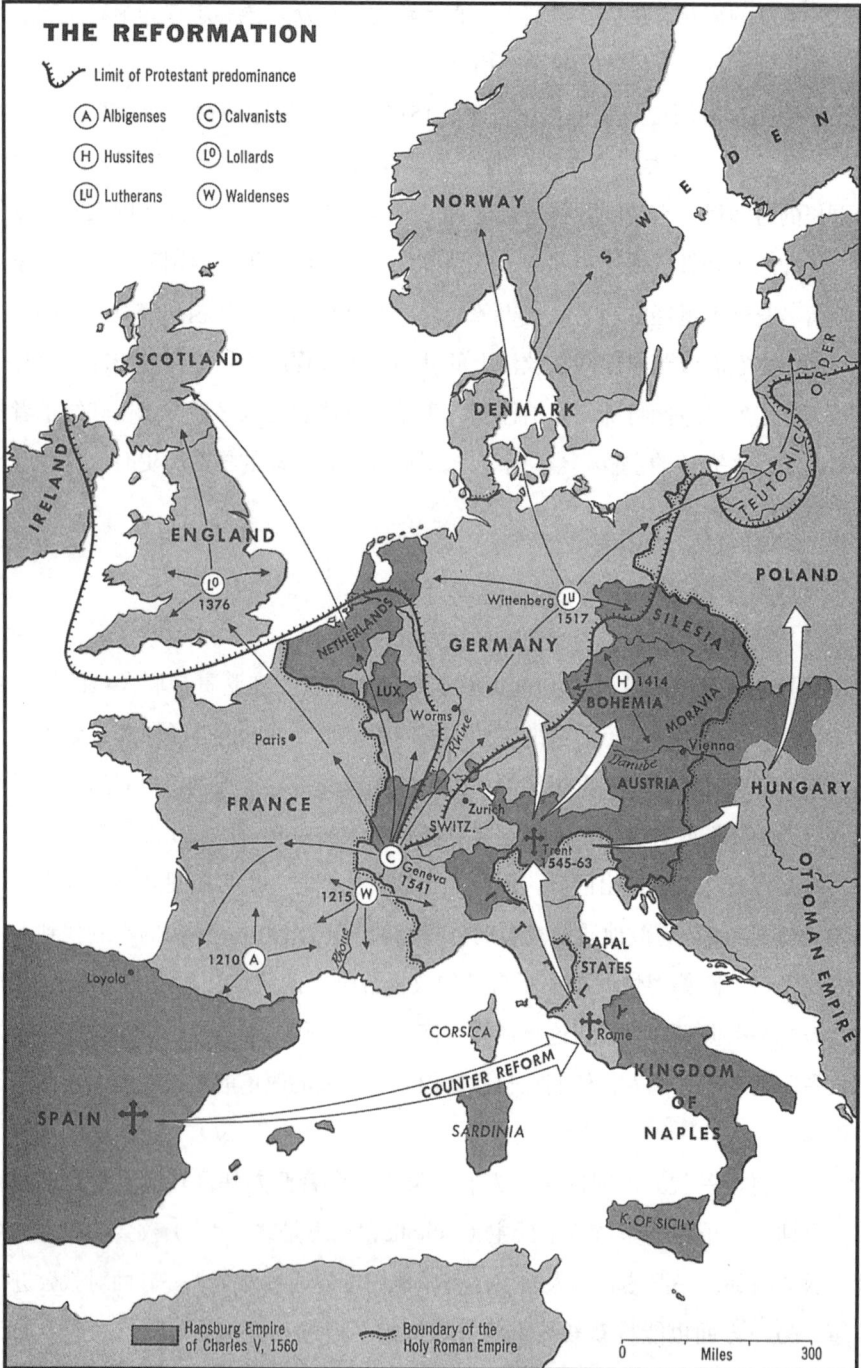

THE REFORMATION

Limit of Protestant predominance

(A) Albigenses   (C) Calvanists

(H) Hussites   (LO) Lollards

(LU) Lutherans   (W) Waldenses

NORWAY

SWEDEN

SCOTLAND

IRELAND

DENMARK

ENGLAND

(LO) 1376

NETHERLANDS

LUX

Wittenberg (LU) 1517

GERMANY

SILESIA

(H) 1414

BOHEMIA

MORAVIA

Worms

Rhine

Paris

Danube

Vienna

AUSTRIA

POLAND

HUNGARY

FRANCE

Zurich

SWITZ.

(C) Geneva 1541

1215 (W)

1210 (A)

Loyola

Rhone

Trent 1545-63

TEUTONIC ORDER

PAPAL STATES

Rome

OTTOMAN EMPIRE

CORSICA

COUNTER REFORM

SPAIN

SARDINIA

KINGDOM OF NAPLES

K. OF SICILY

Hapsburg Empire of Charles V, 1560

Boundary of the Holy Roman Empire

0   Miles   300

宗教改革

妥协精神发生冲突，导致了一长串的宗教战争，发生在德意志的三十年战争则是其顶点。

（2）路德宗

路德的父亲希望路德成为一名律师；但在埃尔夫特大学（University of Erfurt）期间，年轻的马丁·路德（1483—1546）突然改变了他的计划，他进了一个修道院，并成了一名神父。1508 年他被转至维腾堡，在维腾堡新成立的大学里担任神学教授。尽管表面上平静，并且在学术上事业有成，但在接下来的几年里，路德却生活在精神的痛苦之中。他无法使自己相信自己值得被救赎。他越进行苦修、越寻求善行，就越发强烈地感觉到，在上帝的眼中，自己的罪超过自己的功德。接着，在 1515 年他得到了一次巨大的安慰。在阅读圣保罗的《罗马书》（*Epistle to the Romans*）时，路德突然受到了一句话的启发："义人必因信得生。"路德从圣保罗的话里找到了曾经困扰自己的问题的答案，他将这些话的意思解释为，救赎不依赖于善行，也不依赖于个人的功德，相反，它是上帝的一份免费礼物，上帝将它赐予那些信仰他的人。总结起来就是，救赎（或者像路德一般所称的那样：释罪）依赖于，并且只依赖于信仰。

384

这一教义解决了路德的个人问题：因为信仰（而且他确实有信仰），他获得了救赎。但这也存在一些逻辑上的后果。按照这种观点，斋戒、典礼甚至是教会的圣礼对于拯救而言都是没有必要的，如果人们依靠于这些而不是通过追寻信仰，那这一切甚至可能是有害的。作为人和上帝中介的神职人员，其地位也退居其次，因为在圣经的神启，以及其他真诚的基督教徒的帮助和指引下，基督教徒个人就可以追寻并找到信仰。这样一来，经历了追寻自我救赎的斗争，路德发现自己正在倡导这种毁灭了中世纪教会的整个结构的教义。

对于路德来说，这些教义中关于革命的暗示也是渐渐才明晰起来的。1517年，一个兜售赎罪券的神父来到维腾堡附近的一个镇子，宣称用钱可以买到苦修，不管这个人是在现世还是在炼狱，只要他愿意就可以买到。刚刚受到自己"因信称义"观点鼓舞的路德，感到这种对罪的惩罚的非法交易是对真正的基督教徒行为的讽刺。于是他将《九十五条论纲》贴到了维腾堡教堂的大门上，向整个赎罪券理论提出了挑战。

路德的论纲立即引发了巨大的公众反响。有许多德意志人对兜售赎罪券感到

第三编 欧洲文明（约公元 900 年至今）

不满（赎罪券确实被完全商品化了），他们感到需要对教会的整个体系进行改革。一系列的公共辩论迫使路德在接下来的两年里对自己因信仰而得拯救的教义做了更为激进的阐释。到 1520 年，路德已承认自己的神学观点与罗马教会之间存在罅隙，在一系列的册子中（其中最著名的三本是《致德意志基督教贵族书》、《教会的巴比伦之囚》和《一个基督徒的自由》），他阐述了自己关于教会改革、圣礼体系的适当地位，以及因信仰而得救的观点。这些小册子以及路德的其他活动在德意志引发广泛的争议。大批不满现状的人带着各自迥异的观点，聚集到了路德的旗帜之下。

　　1521 年，在沃尔姆斯（Worms）召开的帝国会议上，路德出现在皇帝查理五世和教宗的代表面前。路德被指控为异端，但他拒绝公开认错，并因此被宣布为异端和罪人。皇帝和教宗对路德的定罪并没有给德意志的诸侯们造成限制。萨克森选帝侯将这位改革者置于自己的保护之下，他是德意志最有权势的统治者之一，也是路德最直接的政治靠山。路德在选帝侯的一座城堡里躲了一年时间，在此期间，他将《新约》翻译成了德文。几年后，在一些同事的帮助下，路德又完成了《旧约》的翻译。路德的圣经对德语所作出的贡献，与但丁的诗歌对意大利语作出的贡献一样：为未来的世代确立了语言媒介。由于路德在圣经的权威上向教宗提出了挑战，因此，阅读和思考圣经就他的追随者而言便至关重要。

　　在接下来的几年中，原来团结在路德周围的一些团体开始一个接一个地分裂出去。比如像伊拉斯谟那样的人文主义者无法认同路德的鲁莽和教条。当路德开始根据自己对圣经的理解对公共礼拜和教义进行修正时，许多激进主义者感到路德已止步不前，于是他们脱离了路德的事业。当时，在这些团体中存在着众多的观点分歧，其中以所谓的再洗礼派（Anabaptists）影响最大。他们的主要追随者是城镇和农村中的穷人。一些情况下，他们也支持平等主义的和其他社会革命的教义。1525 年是一个决定性的转折。1524 年到 1525 年，一部分是受到路德的宗教鼓动，大批德意志中部和南部的农民发起了对地主的叛乱。路德震惊地发现，自己曾经宣扬的基督徒的自由被这些农民阐释成同样适用于经济和社会生活，路德在愤怒中撰写了一部措辞严厉的小册子，督促政府毫不留情地对他们实施镇压。

路德之所以愤怒，一部分原因在于害怕由于农民的叛乱，德意志诸侯和上层阶级会对自己的宗教运动失去信任。由于他对叛乱的否定，这种情况没有出现；的确，皇帝的反对以及路德的事业在 1521 年到 1526 年间遭遇的背叛，一同导致了路德宗对地方诸侯和德意志城镇中上层支持的很大程度上的依赖。诸侯从中渔利甚多，因为当路德号召他们改革教会时，实际上为他们打开了没收教会大多数财产的大门，另外他们也建立起了世俗统治者对非世俗政府的长远的控制。城镇资产阶级则发现路德关于个人直接与上帝对话的主张很有吸引力；和路德一样，他们也抱有德意志民族主义的情感，也对意大利教士榨取轻信的德意志人的钱财感到愤怒；此外，路德倾向于在普通的日常生活中实现自律和献身的理想，而反对苦行，这也得到了资产阶级的同情。

在他与罗马教宗的裂痕变得明显之后，路德面临着一个问题，即建立一个与自己对圣经的阐释相符的教会。大体而言，路德保留了中世纪教会中他认为没有与圣经冲突的所有要素。因此，他废除了强制性的忏悔、教士独身、僧侣等级和圣徒崇拜，此外他还对圣餐做了重新的解释，否认赋予履行此项职能的神父以奇迹般的职权。在大多数但不是全部的路德宗教会里，主教一职也被废除。

在路德有生之年，他发起的运动传遍了大约半个德意志，但主要是在北部。诸侯宣称有权决定自己臣民的宗教，所以，一个德意志诸侯改宗也就意味着他的国家内的居民改宗。同一时期，路德宗传播到了德意志以外的斯堪的纳维亚地区，但没有在欧洲其他地方找到立足之地。

路德宗在德意志的传播令查理五世感到不安，但在 1546 年之前，由于与法国和土耳其人的战争，查理五世无法将太多注意力放到改宗新教的德意志诸侯身上。而到了 1546 年，他发现新的宗教已经确立起了牢固的地位，已经无法用自己麾下的武力将其根除。结果在 1555 年，查理五世与诸侯达成和解（《奥格斯堡和约》），承认每一个德意志诸侯都有权选择信仰路德宗还是信仰罗马天主教，且有权让自己的臣民与自己信仰同一种宗教。

（3）加尔文与改革后的教会

德意志宗教大动荡的回声传遍了整个欧洲，路德的教义也在许多国家中获得了响应。在瑞士，胡尔德莱斯·慈运理（Huldreich Zwingli，1484—1531）在自己的宗教经验和路德宗运动的成功的激励下，开始了对苏黎世教会的改革。慈运理争取到了城市议会中的大多数，开启了整个瑞士的宗教改革。他的原则与路德的不同之处，主要在关于圣餐的教义上，慈运理认为圣餐是对最后的晚餐的纪念，而路德则相信圣餐中的面包和红酒确实代表了基督的肉与血。

慈运理的改革从苏黎世扩展到了邻近的瑞士城镇，还渗透到与之相毗邻的法国和德意志的部分地区。但并非所有瑞士人都对宗教创新表示欢迎，"森林州"（Forest cantons）就立刻宣称坚持自己旧的信仰。战争爆发了，1531年慈运理在战斗中被杀害。之后不久，双方达成了和平协议，根据协议，各个瑞士州都有保持宗教现状的自由。

387

通过慈运理以及其他众多热心的改革者的活动，其中最杰出的、最具影响力的当属法国人约翰·加尔文（John Calvin，1509—1564），一些"改革后"的教会在欧洲多个地区建立起来。加尔文的神学理论被这些教会广泛接受，他们也因此经常被称为加尔文派。这些改革后的教会组成了欧洲大陆新教中的第二大分支。他们在一些教义观点和教会组织的问题上与路德宗存在分歧。

约翰·加尔文接受过高等教育，熟悉经典，并接受过法律训练。但在完成自己的法学教育后不久，他便通过研究圣经和许多宗教作家的作品，确信罗马天主教会正在犯错。由于担心自己被作为异端遭到迫害，加尔文随即离开了法国，定居在瑞士城镇巴塞尔。在那里，加尔文完成了他的第一版《基督教要义》（*Institutes of Christian Religion*，1536）的写作，在这本关于神学的书中，加尔文以清晰而有条理的方式陈述了自己的教义。在以后的版本中，这本书得到了极大的扩展，它对新教神学体系进行了最全面、最系统的阐述。在生命的后期，加尔文确立了对瑞士宗教改革运动强大的精神上的支配地位，另外还将自己的影响力从1541年后定居的瑞士城镇日内瓦扩展到了整个欧洲。

加尔文接受了许多路德关于改革和纯洁教会的观点，但仍旧存在一些分歧。加尔文对圣餐的教义的理解略有不同；另外，他也比路德更强调上帝的预定论（predestination）。路德当然也接受了预定论的教义——即根据上帝的神秘意志，一些人将被拯救，而其他人则将受到诅咒；但这个问题对于路德来说似乎不像加尔文所认为的那样至关重要。的确，加尔文神学的首要主题是上帝的伟大、庄严和荣耀，以及人类的软弱、有罪和无助。他主张，只有通过信仰才有可能得到救赎；但就像一个人不可能避免犯罪一样，他同样无力通过自己的努力来获得信仰。因此，作为奖励，上帝赐予一些人获救的信仰，而将另一些罪有应得的人抛入地狱中接受永恒的苦难。

这一预定论的教义看上去似乎鼓励了一些人接受消极的宿命论；但事实恰恰相反。加尔文主义在道德上极为虔诚，他们努力通过自己这一少数群体的榜样，以及他们获得政治权力后所掌控的法律强制力建立起神圣的道德。在加尔文的领导下，日内瓦成了一个组织严密的神权政体。异议受到严厉的镇压。教会中的牧师和长老掌控公共和私人道德，并依靠城市政府，对那些固执地反对他们的伦理法典和神学原则的冒犯者实施惩罚。

在教会组织和举行宗教仪式上，加尔文比路德要激进得多。加尔文教的教会根据加尔文认为的圣经中的先例进行组织，教会中没有主教。取而代之的是牧师和年长者组成的委员会（或称其为长老，这个委员会也就是长老会），由他们对信众所组成的各个地方教会进行管理。大的问题则由牧师和平民共同积极参与的代表大会来决定。在加尔文教的宗教仪式中，圣经的先例里找不到的东西都被清除。因此，在中世纪教会的七项圣礼中，只有洗礼和圣餐得以保留；中世纪教会中的仪式被更为简单的讲道、阅读圣经和唱赞美诗所取代。

在法国、英国和莱茵兰，加尔文派争取到了大量的城镇居民；但在这些国家中，加尔文主义者经常只占人口总数的一小部分。但在 16 世纪的荷兰，加尔文派取得了统治性的地位；在苏格兰，政治上的偶然，加上约翰·诺克斯（John Knox，1505—1572）热情洋溢的布道，给这个王国带来了加尔文教改革。在东欧，加尔文教也取得暂时性的胜利，特别是在匈牙利和波兰；但罗马天主教在 16 世纪末和 17 世纪初的反击使这些国家又改宗天主教；剩下的只有匈牙利东部的一部分地区，直到今天，加尔文教在这一地区仍保持着强势地位。加尔文教对其他新教教会的影响也很大，特别是对英国国教。

（4）英国国教

在英国，新教的宗教骚动的发展是缓慢的。英国政府和罗马的断交，不是因为一种信念的流行，也不是因为强有力的布道，而是王室的意愿和高层政治。英王亨利八世（Henry VIII，1509—1547）娶了西班牙公主——阿拉贡的凯瑟琳（Katherine of Aragon）；但过了 18 年，亨利八世还是没有男性继承人，他决定取消这次婚姻。他向教宗申请授权，理由是凯瑟琳曾是自己兄长的遗孀，按照教会法的规定两人是不能结婚的。教宗发现自己处在一个尴尬的位置上。亨利的这次婚姻起初是经过教宗的特别豁免才实现的，教宗并不希望取消他的前任所作出的裁决。不仅如此，哈布斯堡皇帝查理五世也给教宗施压，防止其取消婚姻（阿拉贡的凯瑟琳是他的姑妈）。在这种情况下，教宗对决定的宣布一再拖延，直到亨利八世不耐烦地让议会宣布自己为英国教会首领，并且宣布自己废除这次婚姻的行为免受克莱默大主教（Arch-bishop Cranmer）的宗教裁决。

亨利八世的行动最终（1538）导致教宗将其逐出教会；与此几乎同时，在1534年，亨利八世也成功说服议会通过了《至尊法》。这一法案断绝了与教宗的所有关系，将英国教会置于国王一人统治之下。在其在位的后几年中，亨利八世没收了英国修道院所拥有的土地，并将其中大部分卖给了自己政治上的支持者、新近富起来的商人和城镇居民。但在教义和教会组织的问题上，直到1547年去世，亨利八世都保持着彻底的保守态度。

亨利八世之所以能这么轻松地与罗马断绝关系，很大一部分原因在于英国人对教宗的许多做法的普遍不满。在英国，从14世纪威克里夫改革以来，这些与大陆上的改革者所提出的相类似的宗教观点便已很流行。1534年以后，对新教观点的同情也不断加深。爱德华六世在位期间（1547—1553），描绘礼拜仪式的祈祷书修改了两次；1552年，祈祷书被明确地以新教的形式确定下来。当玛丽女王（1553—1558）即位时，她尝试在英国恢复罗马天主教，但她支持西班牙的政策（她是阿拉贡的凯瑟琳之女，同时也是西班牙的腓力二世的妻子）普遍不受欢迎。在她的继任者伊丽莎白女王（1558—1603）的统治下，英国的爱国主义和新教主义紧密联系在了一起。

伊丽莎白不仅恢复了祈祷书的新教形式，而且还确立了英国国教的教义——《三十九条信纲》，议会于1563年通过此法。政府宣布，这三十九项条款对王国中所有神职人员都具有约束力；但在关键问题上，这些条款却措辞暧昧，留给人大量的发挥空间。结果，意见相异的新教团体得以在英国国教的框架内继续存在下去。但激进的改革者对这一妥协并不满意。到伊丽莎白统治末期，兴起了有组织的不循常规者（也就是不遵循英国国教的人）的团体。他们中的大多数人受加尔文教的影响很大，他们也成了反抗伊丽莎白之后的斯图亚特王朝的原动力。

（5）激进的新教教派

改革者所激发的宗教热情，带来了小册子传播和传教士活动的兴盛，这些传教士建立了大量不同的教派。这些教派（像路德宗和加尔文派）建立的目的是回归到原始的、廉洁的基督教中去。但在原始的基督教是什么的问题上，它们的观点产生了巨大的分歧。总的来说，这些教派都注重圣经和情感体验。它们对所有建立系统的教会及其规章制度的企图都持不信任的态度，有些时候，它们也会作出社会革命的暗示。它们也因此受到新教和罗马天主教当局的双重迫害。

再洗礼派（当代的洗礼派是他们的间接继承人）已经在上文中提到了。其 ³⁹⁰他延续至今的团体还包括：荷兰的门诺派（Mennonites），他们奉行激进的和平主义；英国的公理宗（Congregationalists），他们在神学上是绝对的加尔文派，但拒绝加尔文教会中的长老制；还有苏西尼神体一位论派（Socinian Unitarians），他们否认三位一体论。在 16、17 世纪，上述以及其他教派的追随者虽然相对较少，但它们的观点却常常在数量多于自己的新教徒中具有影响力。

（6）罗马天主教改革

起初，新教运动并没有在罗马天主教会的领导人中引起很大的反响。历任教宗都陷入国际政治之中，他们不但没有协助查理五世皇帝镇压路德宗，相反还与查理五世对着干。然而，越来越多有影响力的罗马天主教徒开始迫切要求改革，以使其符合自己对宗教的标准，同时制约新教。1534 年，当保罗三世继承教宗职位时，这些改革者获得了对教宗相当大的影响力；但保罗三世并非全心全意站在他们这边，原因是一些改革者重拾 14 世纪时的诉求，希望恢复教会大公会议的高于教宗的权威。不仅如此，新教徒与罗马天主教会内部改革派之间起初也没有明确的界限，双方都希望看到整个教会能变得纯洁，并重新团结在一起。

但渐渐地，罗马天主教和新教在教会和神学体系上的分离变得越来越明显，弥合两者之间裂缝的希望也破灭了。伴随这一过程，罗马天主教会内部的改革运动也发生了转型。改革者采取了一种激进而不妥协的态度努力强化和净化罗马天主教会，目的是为了抗衡新教的传播，并让新教徒重新宗奉旧的教义。

教宗保罗三世在自己任期即将结束前召开了特伦特会议（Council of Trent），前述的新态度在这次会议上得到了清晰的展现。会议在 1545 年到 1563 年之间召开了一些小会，中间则被长时间的休会期所打断。会议明确承认了教宗的无上权威。由此，教会中一个长期以来的问题得到了解决。从此以后，教宗对罗马天主教会的最高权威便再没有受到挑战。在改革的问题上，会议禁止了教会官职的买卖，并由教宗对高级神职人员的行为进行监督，以保证他们更加忠实地履行自己的宗教职能。在保罗三世及其继任者统治之下，教会中的职位被委派给了那些更为忠诚和虔信的人，慢慢地，教会在道德和知识上的品质也得到了显著提高。

在教义问题上，面对新教的挑战，特伦特会议再次肯定了之前受到改革者质疑的大量神学原则。新教徒最有力的一个观点是，中世纪教会的很多行动缺乏圣经上的权威。针对这一批评，特伦特会议坚持认为，作为仪式和教义的基础，教会的传统拥有和圣经相同的权威。

特伦特会议的决策由教宗贯彻实施。在实施教会改革、反击新教的布道和教义的过程中，教宗发现其中最有效的工具是一种新的宗教团体——耶稣会士，

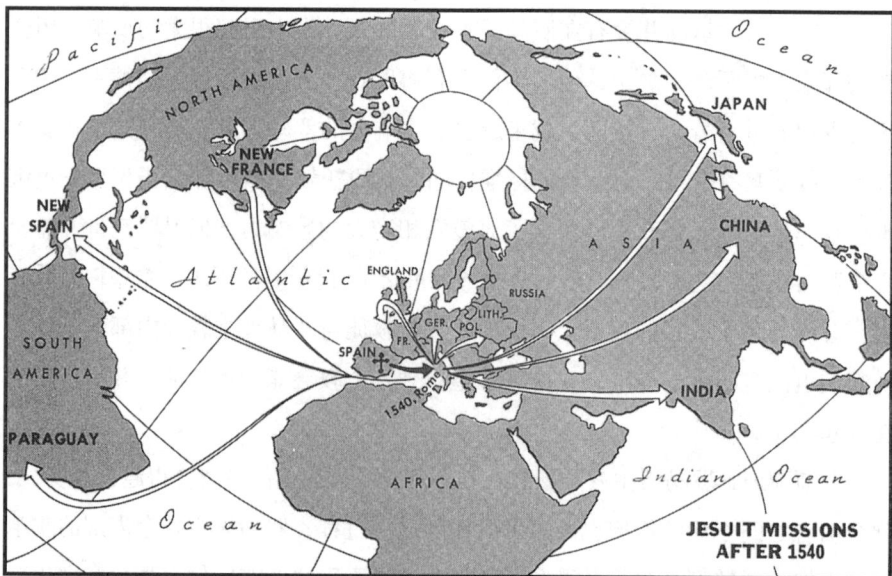

1540 年后的耶稣会传教士

或者更准确地说是耶稣会。耶稣会由西班牙人圣伊纳爵·罗耀拉（St. Ignatius of Loyola，1491—1556）建立。罗耀拉年轻时混迹行伍，在一次养伤过程中，他经历了一次宗教上的转变，决心在自己的余生中做一名教会的卫士。在巴黎大学求学期间，罗耀拉在自己周围召集了一批和自己想法类似的人，1540年，教宗授权罗耀拉把他们组织起来成立耶稣会。耶稣会的成员须许下特殊的誓言服从教宗，并进行军事化的组织，必须完全服从上级的决定。耶稣会成员数量增长迅速，经过严格的训练，他们事实上成了教宗控制下的一支突击部队。

耶稣会传教士在欧洲表现活跃，他们成功地让波兰和其他欧洲东部地区重新信仰天主教，另外在阻止新教在德意志和其他地区的进一步扩张上，耶稣会士也发挥了巨大作用。与此同时，耶稣会士也开始在远东和美洲印第安人中进行大规模的传教活动。当时最为优秀的学校，就是那些在欧洲许多地方建立起来的耶稣会学校；而耶稣会士在高层政治中也很活跃，他们为欧洲的天主教诸侯担当顾问和告解者。作为教宗特权热切而有力的拥护者，这个新成立教派的成员在特伦特会议的磋商中扮演了重要角色。

其他的大量改革也帮助罗马天主教会保住了教众对自己的信仰和忠诚。教会出版了一些教理问答，并向孩子们传授，使他们对教会的教义有一个更清楚的认识。不仅如此，教会还恢复了宗教裁判所（Inquistion），在宗奉天主教的统治者的帮助下，异端受到抓捕和惩罚。宗教裁判所主要活跃在西班牙和意大利，它几乎根除了所有异端。还有一项措施就是建立禁书目录，这一措施由特伦特会议最先提出，随后便得到执行。被判定为异端文本的书被列入目录，并在与教宗进行合作的世俗政府治下的国家里禁止这些书的出版和传播。在没有特殊许可的情况下，天主教徒不能阅读这些书。

这些变化加在一起，使罗马天主教会变得比以往几个世纪都更有活力、更强大。新教早期的扩张停止了，的确，到了16世纪末，新教徒发现自己转入了守势。但是为了取得这些成果，罗马天主教会也向天主教国家的政府作出了一些让步。法国和西班牙国王在各自国家的主教任命、向教会征税等问题上，得以将自己的权势伸入教会内部。事实上，天主教改革所取得的成功，很大程度上是通过忠于教宗的世俗统治者才得以实现的。

3. 宗教与王朝战争

新教改革和天主教反改革对欧洲政治产生了重大影响。16世纪时，宗教宽容的思想在欧洲政治家中毫无立锥之地。每个政府都对异见者进行迫害，所不同的只是彻底的程度。每个统治者都试图确保自己的臣民在宗教上的一致性，对宗教的异议被等同为叛国。因此在欧洲的国际关系中，出现了新教和天主教阵营之间一种类似于意识形态分野的东西。在存在宗教少数派的民族国家里，天主教徒倾向于向天主教大国西班牙寻求精神和行动上的支持；同样，新教徒也倾向于向海外的英国、荷兰或者瑞典寻求帮助。

但严格意义上的宗教因素对国际政治的影响力很容易被夸大。16世纪早期，为了对付信仰天主教的皇帝查理五世，教宗以及对天主教最为忠诚的法国国王便与土耳其的穆斯林结成了联盟；一个世纪以后，红衣主教黎塞留（Cardinal Richelieu）治下的法国政府成为信奉新教的德意志诸侯在与信奉天主教的德意志皇帝的斗争中最强有力的盟友。然而在16世纪下半叶的几十年中，随着天主教改革运动达到顶峰，以及西班牙成为欧洲最强大的国家，宗教因素确实在决定欧洲国家的战争和结盟中凸显出来。

1500年到1660年的欧洲政治史围绕着哈布斯堡家族展开。这段历史可以分成三个时期。一是1500年到1559年。这一时期法国瓦卢瓦王朝与哈布斯堡王朝为了争夺对意大利的控制权展开了长时期的斗争。经历了零星的战争和曲折的外交后，斗争以1559年的《卡托-康布雷齐协定》（treaty of Cateau-Cambresis）的签署而告终结，根据协定，法国政府放弃了对意大利的企图。二是第一个时期结束后的四十年。法国已不再是一个强国，内部新教徒与天主教徒之间的战争使政府瘫痪。哈布斯堡家族的领土则分裂成西班牙和奥地利两个分支，其中前者在欧洲国际政治中占据了领导地位。英国与荷兰成为西班牙哈布斯堡家族的主要对手，并在与西班牙海军和陆军的作战中取得了一系列重大胜利。1598年法国实现宗教和平，标志着第三个时期的开始。这一时期，君主制的法国再次作为哈布斯堡家族在欧洲的主要对手崛起。1618年，在德意志爆发了天主教徒与新教徒之间的战争，战争逐渐扩展到几乎整个大陆。到1648年和平最终降临在德意志时，法国已经毫无疑问地取代西班牙成为欧洲最强大的国家，而法国与西班牙1659年达成的和解也确立起了新的欧洲秩序。

EMPIRE OF PHILIP II

- ▨ Hapsburg lands inherited by Philip II, 1556
- ▨ Austrian lands under Ferdinand
- ☆ Areas of revolt
- ▨ "Price revolution"

Black Sea

MOLDAVIA

WALLACHIA

Danube

Constantinople

OTTOMAN EMPIRE

Alliance with France after 1536

CRETE (To Venice)

COURLAND

PRUSSIA

Vistula

POLAND

HUNGARY ☆

SILESIA

MORAVIA

AUSTRIA

SWEDEN

Baltic Sea

DENMARK

BRANDEN BURG

BOHEMIA

SAXONY

Vienna

Danube

TYROL

VENETIAN REP.

PAPAL STATES

Venice

Rome

K. OF NAPLES

Naples

SICILY

GERMANY

Elbe

Rhine

SWITZERLAND

Geneva

Milan

ITALY

CORSICA

SARDINIA

Mediterranean Sea

North Sea

DUTCH REP.(1579) Rebellion against Spain, 1568

NETHERLANDS

LUX.

FRANCHE COMTE

Paris

Seine

FRANCE

Alliance with Turkey after 1536

Religious rebellion 1560–1593 ☆

Loire

Nantes

BALEARIC IS.

SCOTLAND

IRELAND

ENGLAND

Break with Rome, 1534–58

London

Mary Tudor marries Philip II, 1554

65 ships, 10,000 men

Ebro

SPAIN

Madrid

Tagus

PORTUGAL (To Spain, 1580–1640)

Lisbon

Cadiz

130 ships, 30,000 men

Route of the Armada May–Sept. 1588

GOLD — SILVER FROM AMERICAS

Atlantic Ocean

300 miles

0

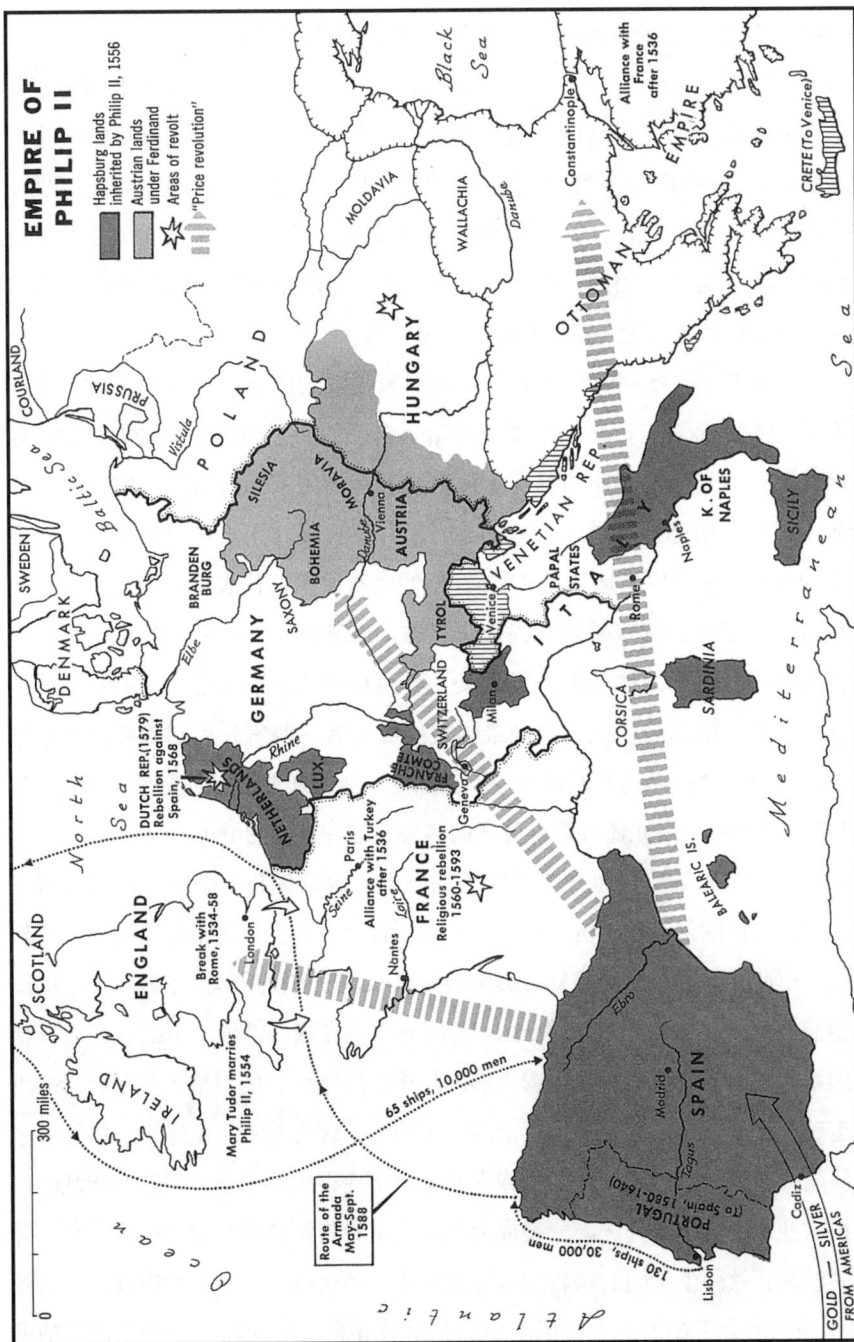

腓力二世帝国

（1）三个时期中的第一个时期已经在上文中有所提及。这里需要说明的是，1559 年哈布斯堡家族的胜利使其确立起在意大利的优势地位，这种优势地位一直持续到 19 世纪中期之后。在西班牙和奥地利的先后统治下，意大利遭遇了经济、政治和文化上的衰退。15 世纪上半叶的漫长战争，以及贸易线路的转变极大地破坏了意大利的财富；意大利内部的城市国家在抵御欧洲君主国时的无助使得许多意大利人丧失自信；而天主教改革则抑制或压抑了文艺复兴时期文化的许多有特色的表达方式。因此，意大利逐渐丧失了自己早年间的领先地位，到 17 世纪末，在文化和政治上，意大利已经沦为二流。

（2）西班牙是 1559 年到 1598 年间欧洲最强大的国家。当查理五世皇帝于 1556 年退位时，他将自己广阔的领土分给了自己的儿子西班牙的腓力二世，以及自己的弟弟费迪南德。腓力继承了西班牙、低地国家和哈布斯堡家族在意大利的领土；费迪南德则继承了帝国的称号，并正式接过了哈布斯堡家族对德意志领土的主权——这块土地从 1522 年开始便由费迪南德代表自己的兄长进行统治。在这次分割中，哈布斯堡家族在德意志（或奥地利）的分支分得的领土显然是比较小的。帝国的称号失去了意义，奥地利也几乎不再是一流的强国。但腓力却继承自己的父亲，成为欧洲最强大的统治者。西班牙控制着新世界中浩瀚的帝国，达到了自己实力的顶峰。不仅如此，腓力还迎娶了英国女王玛丽·都铎（1553—1558），因此还可以对英国的事务施加一定的影响力。

君主制的法国的衰弱也扩大了腓力在欧洲的政治优势。新教在法国获得了重大的进展，特别是在城镇资产阶级中得到了传播，他们中的很多人被加尔文教所吸引。由此兴起了一个富裕且有影响力的、以宗教理由反对天主教君主国的团体。他们被称为胡格诺派（Huguenots）。同时出现在这一情境之下的，还有其他两个因素。法国的王位由一群体弱多病的兄弟先后继承，他们留下直系后裔的可能性也越来越小。这引起了继承权上的一个问题，因为与王室血缘最近的波旁家族是属胡格诺派的。最终，法国贵族在君主制下变得焦躁不安，甚至对叛乱的出现抱持欢迎态度。结果，法国分裂成为两个均由贵族领导的互相对抗的阵营，并由天主教和新教两个不同的宗教加以区别开来。随后爆发了一系列内战，一直到 1593 年法国波旁王朝的第一位国王亨利四世放弃自己的新教徒身份以保证他的大多数臣民效忠于自己时，内战才得以结束。五年后的 1598 年，亨利四世颁布

《南特赦令》（Edict of Nantes），在国内给予胡格诺派以有限的宽容。得益于这一宗教上的安排，法国确立了一个相对和平的国内环境，法国政府则再一次以强国的姿态出现在国际舞台上。

然而，法国的衰落并没有导致欧洲其他地方对西班牙的反抗的消失。腓力二世自己是一个虔诚到狂热地步的天主教徒，他的国际政策一部分也着眼于根除异端。这种政策，再加上对低地国家的富裕商人征收新税的企图，导致1568年荷兰北部省份爆发了反对西班牙的叛乱。紧随其后的是漫长而又惨烈的战斗，然而尽管西班牙士兵尽了最大的努力，却没能重新征服叛乱的省份，1579年，这些省份组成了一个同盟，也就是人们所知的荷兰共和国。在和西班牙的漫长的战争过程中，加尔文教在荷兰得到了扎实的推进，并最终成为宗教上的多数派。因此，这场战争也具有宗教战争的一些特质，而荷兰人的最终胜利也被视作是新教的胜利。1609年的停战协议实际上确立了荷兰共和国的独立；但直到1648年，这个新的国家才得到欧洲国家的正式承认。

腓力与英国之间也存在纠纷。在其妻子玛丽·都铎担任女王期间，英国恢复了与教宗的沟通；玛丽死后没有留下后裔，1558年，她的同父异母妹妹伊丽莎白登上王位，在那以后英国又一次断绝了与罗马的关系，这么做也使英国站在了西班牙的对立面上。伊丽莎白在英国宗教问题的处理上多多少少还令人满意；并且她的政府在国内也保持了强势。但是在国外，伊丽莎白不得不面对一个复杂的境况。她没有结婚，因此也就没有直系后裔。与她血缘关系最近的，是苏格兰女王玛丽·斯图亚特；但玛丽·斯图亚特是天主教徒。结果，西班牙的腓力和法国的天主教势力策划了让玛丽继承英国王位的行动，这也是他们所愿意看到的。

除了继位问题外，腓力和伊丽莎白之间还存在其他的冲突点。西班牙人支持信仰天主教的爱尔兰人反抗英国人（英国自亨利二世以来宣称对爱尔兰享有主权，但并未真正行使过主权）。经过长时期的作战，英国军队征服了整个爱尔兰，并且第一次将这个岛屿置于英国王室的完全控制之下。在公海上，英国海盗在英国政府的默许下攻击了西班牙商船；不仅如此，在荷兰反抗腓力统治的战争中，英国还为其提供了援助。

因此，当苏格兰的玛丽从民怨沸腾的苏格兰逃到英国避难时（1568），并没有受到热情的接纳。反而遭到伊丽莎白的囚禁；最终，当让苏格兰的玛丽登上英国王位的阴谋威胁到自己的生命时，伊丽莎白处死了玛丽。腓力随即向英国宣战，1588 年，他派出了一支强大的舰队（西班牙无敌舰队）入侵英格兰。在恶劣的天气和英国人的航海技术面前，西班牙舰队几乎全军覆没。在接下来的几年中，英国人占据了海上的主动，并不断侵扰西班牙海（也就是加勒比地区），甚

三十年战争（1618—1648）

现代世界的塑造者

但丁
17 世纪的铜板雕刻
作者约翰·斯特拉丹乌斯（John Stradanus）
（贝特曼档案）

但丁以及他对于地球、地狱以及天堂的观念。

莎士比亚
（贝特曼档案）

1623 年在伦敦印刷的第一部莎士比亚戏剧集的封面。

尼古拉斯·哥白尼（1473—1543）
（贝特曼档案）

鹿特丹的伊拉斯谟（1523）
作者小汉斯·霍尔拜因（Hans Holbein the Younger）
（巴塞尔艺术博物馆阿米尔·巴赫收藏室 1622 年收藏）

英王亨利八世（1491—1547）
作者汉斯·霍尔拜因
（贝特曼档案）

查理五世
作者弗朗索瓦·克鲁埃（Francois Clouet）
（贝特曼档案）

加尔文
（贝特曼档案）

马丁·路德
作者卢卡斯·克拉纳赫（Lucas Cranach）
（阿里纳利艺术图书馆）

统治者与改革者

勒内·笛卡儿
作者弗朗茨·哈尔斯（Franz Hals）
（贝特曼档案）

伽利略
作者苏斯特曼斯（Sustermans）
（贝特曼档案）

奥利弗·克伦威尔
作者塞缪尔·库珀（Samuel Cooper）
（贝特曼档案）

伊萨克·牛顿爵士
作者赖利（Riley）
（贝特曼档案）

17世纪的宗教与理性

至在腓力死前两年劫掠了西班牙大港加的斯。一直到 1604 年苏格兰的玛丽之子，新的英国国王詹姆斯一世（James I）与西班牙达成和解，战争才宣告结束。

（3）尽管腓力二世在荷兰和英国遭遇失败，但在世纪之交，西班牙仍旧是毫无争议的欧洲最强国。一直要到三十年战争（1618—1648）后半段，法国才真正挤掉西班牙，成为欧洲第一强国。

三十年战争源于发生在波西米亚的反抗哈布斯堡统治者的叛乱。叛乱在很长的一段时间里都没有取得成功，但它很快便触发了战争，并扩散到几乎每一个德意志国家，最终将欧洲大多数国家都卷入其中。在战争的最初几年里，天主教的德意志诸侯组成的一个联盟与哈布斯堡家族合作，向他们的新教对手发动进攻。丹麦加入了新教阵营（1625），接着是瑞典（1630）。到 1635 年，德意志哈布斯堡家族的皇帝已经做好了和解的准备；但为了更加彻底地击溃哈布斯堡家族，红衣主教黎塞留把持下的法国匆忙加入了战争。从德意志战场开战到结束，哈布斯堡家族在西班牙的分支便支持天主教在德意志的事业——或者更准确地说，支持奥地利的哈布斯堡家族的事业。因此当法国参战时，战争已经不仅仅限于德意志，在意大利和比利牛斯山脉也爆发了战斗。

最终，1648 年《威斯特伐利亚和约》（Peace of Westphalia）的签订结束了德意志战场的战事。（法国和西班牙之间的战争则一直拖到了 1659 年。）根据和约，法国和瑞典控制了神圣罗马帝国的一些重要领土；瑞士和荷兰的独立地位得到正式承认；另外，在德意志境内的加尔文教教徒获得了与路德宗教徒和天主教教徒平等的权利。但三十年战争最重要的结果并不在这些条款本身。它给欧洲带来的持续时间最长的影响，是土地荒芜、人口减少、德意志的贫穷、西班牙和奥地利哈布斯堡家族的失败以及法国凭借外交和军事行动取得的胜利。

的确，我们可以将《威斯特伐利亚和约》以及十一年后法国和西班牙签订的《比利牛斯和约》视作西班牙对欧洲政治主导地位的终结，同时又标志着法国对欧洲主导的开始。从 16 世纪早期开始一直到 1870 年，法国在总体上一直是欧洲大陆最强大的国家，而曾经盛极一时的西班牙王国和西班牙帝国则日渐凋敝。16 世纪早期，西班牙在意大利与荷兰的大陆领土被其他国家瓜分，而到 19 世纪，西班牙又丧失了自己几乎所有的海外领土。

4. 主要欧洲国家的国内政治发展

（1）大陆国家

从 1500 年到 1660 年，在大多数欧洲国家，以绝对的世袭君主制为形式的中央政府的权力得到了稳步增长。继承自中世纪的代表大会的地位则逐步丧失；一个很大程度上由资产阶级组成的中央集权的官僚体系负责执行国王的意志。国家的角色得到扩张。宗教改革的一个结果是，世俗政府对教会——无论是天主教国家还是新教国家的教会——的控制变得更加彻底。同时，国家对经济事务的干预也扩展到了新的领域，这在上文中已经提到。而在同一时间，政府的职能——征税、司法、警察——在量和复杂程度上都得到了提升。欧陆大国开始建立起由职业军人组成的常备军，这些全副武装的军人定期从政府处领取薪水。随着君主国家建立起更为统一的政府体系，地方制度及其特性逐渐消失，民族主义情感得到激发。旧封建家族的后裔对君主制政府的反抗也在很大程度上受到打压；在城镇资产阶级的支持下，君主制政府继续保持着无可撼动的地位。

但欧洲的不同地区与这种总体模式之间还是存在着某种程度的差异。在德意志，维护国家统一的当然不是皇帝的中央政府，而是诸侯的地方政府，这在上文中已经有所概述。意大利的情况也是如此，但有一点不同：意大利的邦国在很大程度上仍受到外国势力的影响，是这些国家的附庸国。在西班牙，资产阶级对君主制的支持并不像在法国那么强大；但美洲的黄金，以及对西班牙教会的控制，给予了西班牙君主额外的力量。

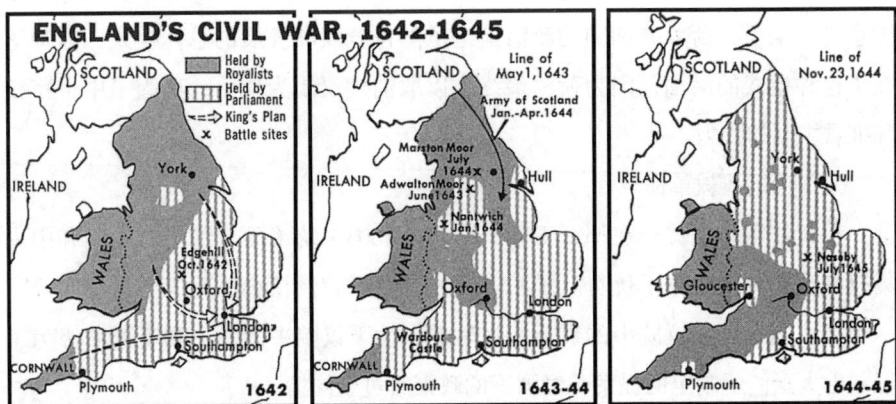

英国内战（1642—1645）

在法国爆发的宗教战争（1562—1598）暂时阻止了君主权力的巩固。不仅如此，当亨利四世结束战争时，他还向胡格诺派作出了让步，赋予他们在王国内构筑并维持一系列防御工事的权利。由此产生了一个类似的国中之国。因此，君主政府的反对者也倾向于加入胡格诺阵营。但在路易八世（1610—1643）的宰相红衣主教黎塞留看来，这种情况似乎是不可容忍的。他向胡格诺派的堡垒发动了进攻，1628 年，在一次围攻后，胡格诺派的主要据点拉罗谢尔（La Rochelle）被攻陷。此后，绝对君主制几乎完全不受限制了。法国由新的行政官员总督（intendants）以国王的名义进行统治；1614 年后，三级会议也不再召开。可以确定的是，在 1648 年到 1653 年间爆发了反抗国王权力的武装叛乱；但这次名为投石党（Fronde）的运动的支持者却来自两个互不相容的团体，这次运动的失败不过是确认和扩大了法国的君主绝对主义。

但瑞士与荷兰共和国与上述的总体性描述有着明显的不同。在瑞士，各个州地方上的机构仍握有各自全权，整个国家的统治建立在松散的联邦制和共和制的基础上。荷兰共和国在 17 世纪初显得非常独特，原因是它的政治生活在很大程度上是由富裕的商人和工厂主来控制的。荷兰是由七个省份组成的联省共和国，其中以荷兰省最为富裕、最具影响力。关于共同利益的问题由荷兰议会（States-Gerenal）处理，行政大权则交由执政（Stadtholder）执掌。在 17 世纪，执政与议会之间的冲突多多少少是长期存在的。执政受到土地经营者和资产阶级中相对保守的一部分人的支持。到 18 世纪中期，执政在冲突中占据了上风。在奥伦治家族（house of Orange）的统治之下，官位变成了世袭制。因此，从某种意义上来说，荷兰共和国的政治演进虽然符合欧洲发展的总体模式，但却落在了这种模式的后面；因为荷兰最终也以取消代议制为代价，巩固了中央集权和准君主制的权力。

（2）英国清教革命

和大陆国家类似，在都铎王朝（1485—1603）统治下，绝对君主制和中央集权制也在英国占据了优势。国王几乎经常可以控制议会；而议会也确实成了一个橡皮图章。上议院中的贵族太过软弱，而下议院中的骑士和资产阶级为了抵制由大臣们所制定的提案，对国王的政策又过于同情。

17 世纪上半叶，当法国逐步从宗教战争的危机中恢复过来时，英国则发生了与之相反的运动。王朝的变动将不受欢迎的斯图亚特家族推上了王位，英国君主制的地位也被削弱。1603 年伊丽莎白女王去世时，与其血缘关系最为亲近的人是苏格兰的玛丽之子詹姆斯一世（1603—1625），詹姆斯在其母亲于 1568 年逃往英国后留下来当上了苏格兰国王。因此当他继承英国的王位时，两个王国在他的名义下得到了统一。两国之间也首次实现了普遍的和平接触。但苏格兰仍是一个拥有自己法律和议会的独立王国。

詹姆斯·斯图亚特是一个聪明人，但迂腐且不够圆滑。他兴高采烈地向他的臣民教授关于政治理论的问题，还发表了神权统治（rule by Divine Rights）的声明。这些理论被君主制的法国拿来为自己的新权力辩护，但这与议会在英国政府中的传统角色是相抵触的。此外，国王可以独立制定法律的学说也与英国普通法传统相悖。当詹姆斯的儿子兼继承人查理一世（1625—1649）尝试征收新税，并对英国既存的法律提出挑战时，他遭到了律师和大批农村地主的反抗。在他们看来，查理所宣称和追随的新原则威胁到了英国人的自由和他们的财产安全。

当君主制政府试图在英国确立宗教大一统时，一场针对斯图亚特王朝的更为猛烈的反抗出现了。伊丽莎白女王给英国国教的教义所下的定义确立了英国教会的新教本质，但也为相互迥异的解释留出了空间。在 17 世纪的最初四年中，伊丽莎白所维持的宗教妥协变得越来越摇摇欲坠。一方面，越来越多的英国人，特别是那些以贸易和工业为生的人，受到加尔文教的影响。这些人被称为"清教徒"（Puritan），原因是他们希望使当时的教会纯洁化，去除那些他们认为是不敬神和"天主教"的教义和做法。一些清教徒仍旧留在英国教会中；其他人则与英国教会断绝关系，并建立起自己的宗教团体。对应该建立怎样的教会具体形式以及原则，清教徒并没有一个明确的统一意见。但数千也可能是数万严肃而虔信的人开始感到，英国教会作出一次新的和更全面的改革乃是上帝意志的要求。

清教精神与斯图亚特王朝及其奴仆即英国教会主教的政策发生了正面的冲突。特别是在 1633 年威廉·劳德（William Laud）成为坎特伯雷大主教后，他采取了坚决的措施强化所有英格兰堂区在教义和礼拜上的统一；劳德的一些教义以及他对教堂中仪式的强调对于清教徒而言，就是对真正的宗教肆无忌惮的侵犯。

因此刚一登基，查理一世就要应对一股强大的反对势力，这股势力一部分来自对政治、法律和经济的不满，一部分来自宗教纷争。在下议院中也有反对势力的声音，而且倍受下议院的关注，下议院从中世纪以来便由一些获得特权的城镇自由民以及各郡的地主选举产生。对于王室的事业来说不幸的是，查理一世发现如果没有下议院的合作，自己就不可能进行统治。如果没有得到议会征税的授权，王室的收入是不够维持行政系统运转的；但查理一世召集的议会一致反对给予国王此类授权，除非国王首先满足自己的要求，亦即废除下议院所反对的行政和宗教政策。面对于这些要求，查理先是找借口推脱，之后便采取了无视态度。从 1629 年到 1640 年，查理一世在没有议会的情况下统治着英国，他希望以大陆国家为模板，建立有效率的、强大的绝对主义统治。

不满的程度越来越深，不满的人群也越来越大。如果查理一世没有试图将英国的祈祷书强加给苏格兰人的话，矛盾的爆发可能还可以避免，至少可以推迟。但 1637 年，国王犯下了一个致命的错误。他命令苏格兰教会（从他的祖母苏格兰女王玛丽和约翰·诺克斯的时代，苏格兰的教会就在统治上实行长老制度，在教义上宗奉加尔文派）在宗教仪式上与英国国教保持一致。这促成了苏格兰人的叛乱，而长期缺钱的英国国王根本无法筹集到资金组建起可以镇压叛军的武装力量。为了得到征收新税的授权，查理一世在 1640 年再次召集了议会。但英国的自由民和士绅阶层无意满足查理一世的要求。他们当中的清教徒对宗教上与自己相类的苏格兰邻居的叛乱反倒抱有极大的同情。当议会中的这种氛围显现时，查理解散了议会（1640 年 5 月）。随后苏格兰人行进至英国北部，直到查理一世承诺在经过进一步的谈判达成一个明确的处理意见之前向苏格兰士兵支付津贴，苏格兰人才停止了侵略步伐。

查理一世再一次燃起了对金钱的渴望，这一次他重拾向英国议会寻求帮助的希望。因此他又召集了一届新的议会（长期议会），新议会于 1640 年 11 月召开。尽管苏格兰人入侵，但新的下议院成员仍不准备授权国王征收新税。首先，他们希望确保不再出现国王在没有议会的情况下进行统治的情况。因此，他们将自己的注意力放在了对查理一世政府大臣的惩罚上，这些大臣对之前 11 年中出台的不合法的法案负有责任。据此，查理一世的首席大臣斯特拉福德伯爵（Earl of Strafford）遭到了审判和处决；大主教劳德也遭到囚禁。国王用以强化对王国控制的特别法庭也被废除，一项要求议会每三年召集一次的法案被确立为法律。在这些强烈的不满得到安抚以后，议会投票决定通过征收特殊的人头税向苏格兰军队支付津贴，后者随即撤军。

诸如此类的措施在下议院中得到了绝对多数的支持，并且还获得了有时不愿意和下议院保持一致的上议院的同意。但涉及宗教问题时，一致意见的达成就没有那么容易了。1641 年，议会提出了一项"彻底"废除主教的法案，但只有更为极端的清教徒（长老会和独立派）才准备对英国教会的传统组织进行如此激进的修改。法案没有得到通过；但关于这个问题的辩论却显示出作为国王查理对立面的议会已经出现了分裂。国王尝试任命议会领袖中的一些温和派为自己的大臣，借此来利用这种分裂。

当一次新的危机出现时，查理一世似乎已经制服了议会。可爱尔兰人发动了叛乱，屠杀了数千居住在爱尔兰的新教徒。这一事件在宗教争端和张力已经非常尖锐的英国引起了巨大的反响。查理一世要求组建一支军队扑灭叛乱；但议会根本不愿意拨付必要的钱款，他们担心查理一世不但会用这支军队镇压爱尔兰的天主教徒，而且还会用它在英国建立起绝对主义的统治。困境与前一年苏格兰人叛乱时相似；和上次一样，在对付外部威胁之前，议会更愿意先确保自己在国内的地位。

因此，1641 年 11 月，在经历了漫长的非公开辩论后，下议院中的一方以仅仅 17 票的优势通过了所谓的《大抗议书》（Grand Demostrance）。议会中的清教派系所支持的所有变革要求，都被列举在了这份冗长的文件之上；尽管抗议书谦卑地使用了恭顺的言辞，但其本质却是革命性的。如果查理一世屈服，那么抗议书将建立起一个与议会制相近的国家。但国王拒绝了；在第二年的前六个月里，英国走向了内战。许多下议院中较为温和的成员，以及上议院中的大多数成员站到了国王一边，默默地退出了议会的会务活动。但这并没能阻止议会中剩下的成员通过一项剥夺国王军队指挥权的法案（1642 年 3 月）。查理一世在宣布法案非法的同时，开始在自己位于约克的总部集结军队。坐镇伦敦的议会也采取了类似措施；在经历了一些更为徒劳的谈判以后，国王宣布议会为叛徒，1642 年 8 月，战争爆发。

从总体上来看，宗教上的保守分子是支持国王的，尽管也有一些人对他的绝对主义野心存有戒心。保王党（骑士党）的主要势力在英国北部和西部，这也是这个国家受经济改革影响最小的地区。而议会的支持力量则主要来自城镇和英国东南部；认为有必要对英国教会进行进一步改革的各色清教徒是议会支持者中的主要成员。

我们可以将之后革命所经过的十六年分成五个时期。

第一，1642 年至 1646 年。这一时期的战斗在保王党和圆颅党（Roundhead，对议会支持者的蔑称，因其将自己的头发剃短而得名）之间展开。在遭遇了最初的几次失利后，议会在奥利弗·克伦威尔（Oliver Cromwell）这位坚定的清教徒的实际领导下进行了力量重组；在苏格兰长老会教徒的帮助下，这支"新模范军"彻底击败了保王党。

第二，1646 年至 1648 年。这段时期，获胜的议会及其军队面临着一个问题，也就是如何处置自己新取得的权力。其中最棘手的问题便是如何改革宗教。下议院中的大多数成员希望建立一个长老会式的教会形式，在一些苏格兰神学家的帮助下，他们起草了《威斯敏斯特教义》（Weatminster Confession of Faith），用来确定宗教和教会的新基础。但长老会制并不合更为激进的独立派的胃口，他们希望允许任意一个教派自己管理自己的事务。独立派在议会中只占少数，但他们说服了克伦威尔，而且就像弥尔顿所说，议会军中大多数士兵和军官也同样感到"新的长老不过就是原来的神父而已"。的确，更为激进的宗教思想已经在整个军队中赢得了一席之地。鼓舞人心的小册子和布道者——其中一些就是普通的士兵——提出了众多的教义；这一宗派的宗教思想很快便融合了同样激进的社会和经济观点。这些激进分子被称为"平等派"（"Levellers"），因为在总体上来说，他们希望实现每一个英国人政治权利上的平等。他们中的一些人还倡导对土地进行更加平等的重新分配。

第三，1648 年至 1651 年。在获胜的议会一方中，各种观点之间的交锋又一次引发了内战。这一次，克伦威尔的军队要同时对付国王和长老会教徒，两者都将自己主要的军事希望寄托在苏格兰军队身上。但当苏格兰人入侵英国时，克伦威尔成功将其击退（1648），他的胜利之师决定对国王进行审判。下议院中的大多数人对这些激进的行动毫无准备。一队士兵守住了下议院门口，拒绝长老会教徒和其他反对军队政策的人入场。此次清理过后，最初的下议院（指 1640 年召集的下议院）中只剩下了 60 位成员，事实上，残缺议会（Rump Parliament，人们对那些剩下的人的称呼）已经丧失了所有独立行动的权力。军队公开地攫取了大权，它现在则可以任意处置国王查理一世了，后者于 1649 年 1 月被处决。

对于大多数英国人来说，处决一个合法的（即便不受欢迎的）国王是件令人震惊的事；在苏格兰和爱尔兰，出现人们试图建立国王的儿子（他的同名者）查理二世权威的情况。但没有任何对手能够战胜克伦威尔的军队。经过了几次速战，爱尔兰和苏格兰便屈服了。到 1651 年底，对这支军队所有公开的、有组织的抵抗都遭到镇压。但是，第二次的胜利只不过是再一次将如何建立合法政府和改革教会的难题摆上了桌面而已；对于胜利者来说这是一个更为复杂的问题，因为在英国只有总人口中一小部分人对他们的宗教和政治观点持同情态度。

第四，1651 年至 1658 年，这段时间，克伦威尔及其军队在制宪上进行了一系列的尝试。1653 年，克伦威尔亲自解散了残缺议会；第二年，一个提名议会（也称贝尔伯恩议会 [Barebone's Parliament]）组建起来，代表从依附于独立派的可靠的"圣徒"中选出。这届议会将自己的职权交到了克伦威尔手上，1653 年年末，一个军官团体起草了一个新的政府约法（Instrument of Government），约法宣布克伦威尔为英格兰、苏格兰和爱尔兰护国公。约法赋予克伦威尔大量职权，但要求其在一个委员会的建议下进行统治。不仅如此，政府约法还将唯一的征税权赋予由选举产生的议会。

但克伦威尔很快便发现自己正处在查理一世之前所处的位置：选举产生的议会与他发生争执，并拒绝承认政府约法的权威性。然而克伦威尔掌握着查理一世不曾掌握过的军队，只要他还活着，他的权力就不会仅仅因为议会的反对而受到实质性的撼动。这一时期，一部分英军忙于与荷兰人、法国人、西班牙人和葡萄牙人的海外战争，且捷报频传。除此以外，克伦威尔还维持着相当数量的分散在英格兰、苏格兰和爱尔兰的驻军。地方政府的许多职能被委托给了这些驻军的指挥官。另外，尽管出台了对所有新教教派的宽容政策，但克伦威尔政府还是成了一个伪装下的军事独裁政府。

第五，1658 年克伦威尔去世。起先，他的死引发了又一次混乱的危险，其原因是克伦威尔的儿子兼继承人理查德·克伦威尔（Richard Cromwell）缺乏足够的声望和个人魅力来制约野心勃勃的将领和不安分的议会。人们几乎普遍反感军事独裁，也越来越厌恶原先煽动起清教徒的那种宗教狂热，所以在 1660 年，1640 年的旧议会得以恢复：这也就是说，议会中幸存的成员被重新召集起来，并获得了足够的时间举行新的选举。新选出的议会召唤查理二世登基，但前提是他宣布大赦，并采取实际行动尊重议会在 1640 年内战爆发前制定的法案对国王权力的限制。

从某种观点上来看，1640 年到 1660 年的清教徒革命可以被称为是最后一次宗教改革战争；从另外一种观点来看，它也可以被视作是第一次现代革命——美国、法国和俄国革命的先驱。当然，这两种要素它兼而有之。尽管克伦威尔和他的追随者主要关心的是确立神圣宗教，但他们所进行的革命的长远意义却并不在宗教上，而是在政治领域。正是由于英国议会的榜样，在一个绝对主义的世代才兴起了代议制政府和立宪君主制的思想；随后，英国政府的议会体系也为 19、20 世纪欧洲（以及非欧洲）国家在政治制度上的大量试验和变革提供了范本。

四、文化

1. 普遍趋势

16 世纪，意大利文艺复兴运动的思想得到传播并波及大多数欧洲北部国家。特别是在西班牙和英国，还出现了文学在本地的显著发展；所有的国家都在紧锣密鼓地开展对经典的研究。16 世纪下半叶和 17 世纪初，宗教改革以及反宗教改革中的宗教热情导致人们的精力和注意力从艺术和文学上转移开来。举例来说，在英国，清教徒关闭了上演莎士比亚戏剧的剧院，销毁了一部分带有太过强烈的偶像崇拜意味的作品。针对宗教的严厉和偏执，一种关于宗教宽容（或甚至是宗教冷漠）的新思想开始显现出来；但这种观点的全面发展得等到 18 世纪。自然科学也取得了显著的进步，特别是在天文学、数学、物理学和医学上。自然科学的学科分化变得明显。这反映出对本地语言使用的扩大，宗教组织的日益民族化，以及民族爱国主义的发展。

地理大发现对欧洲人的想象力所产生的影响是巨大的。一个充斥着令人惊叹的事物——闪闪发光的财富、独特的动植物、陌生的民族和习俗——的广大新世界展现在欧洲公众渴望的双眼之前。为了满足人们的好奇，人们印制了大量关于遥远之地的旅行书和说明书。不仅如此，欧洲人也想当然地认为自己优于那些自己所发现的民族。他们在地球上大多数地区都占有军事和经济实力上的绝对优

410

势。甚至是富裕和古老的亚洲文明，在欧洲人看来似乎也远远落后于自己。

地理大发现也促进了发生在 17 世纪的关于知识总体前景的一场深远革命。在欧洲发展的前几个世纪中，无论是基督教还是异教的古代作者都拥有极高的权威和声望；而且许多（可能是大多数）知识活动的形式就是注释和解释权威们的这些作品。但到 17 世纪，人们开始清楚地意识到古代人也不是不会犯错的：的确，在许多不情愿接受古代思想的人看来，不论是教会的创始人还是异教的古希腊人和古罗马人，他们对这个世界的了解都没有进取的欧洲人在他们自己的时代中所发现的多。像 17 世纪的法国和英国这样的国家，现代的学问和文学优于古代也成了一个争议话题；但现代人还是逐渐在这场争斗中占据了上风。

在我们这个时代，科学和技术进步的观念对于我们来说是再熟悉不过和重要不过了，以至于我们很难再重现那一代人在获得前所未有的知识和力量时所爆发出的激情。世界变得似乎像是一本打开的书，等待人们重新对自己进行严密的研究。人们开始向往知识的进一步发展，而不是返回到过去的知识权威上；而且，不管愿不愿意，人们也被迫越来越依赖于自己，因为这是他们在追求真理上唯一能够利用的力量。

这一知识革命发生的速度很容易被夸大。16 世纪和 17 世纪早期，围绕着对《圣经》的解释而产生的宗教论战，以及汇聚了人们对古代世界文学热情的经典研究，占据着绝大多数受过教育的人知识生活的绝大部分。但上面所提到的立场也存在于这段时期；而且一些人的思想也为人们从总体上接受进步和现代至上的观念奠定了基础——这种接纳发生在 18 世纪，到现在为止已经建构起了欧洲文化生活的独特印记。

2. 文学

在意大利，两位诗人复兴了史诗：《疯狂的奥兰多》（*Orlando Furioso*）的作者鲁多维克·阿里奥斯托（Ludovico Ariosto，1474—1533）和《被解放的耶路撒冷》（*Jerusalem Delivered*）的作者托尔夸托·塔索（Torquato Tasso，1544—1595）。英国人埃德蒙·斯宾塞（Edmund Spencer，1525—1580）创作的《仙后》（*The Faery Queen*）、葡萄牙人路易·德贾梅士（Luis Vaz de Camoens，1525—1580）创作的描写葡萄牙人海外开拓的史诗《路济塔尼亚人之歌》（*Luciads*）都

受到这些意大利诗歌的影响。《路济塔尼亚人之歌》不仅将葡萄牙语确立为一种文学语言，而且还成为葡萄牙人爱国主义的聚焦点，在防止自己国家的文化被西班牙同化上扮演了重要角色。

意大利的模式也影响了伊丽莎白时代的许多抒情诗。以十四行诗为例，从意大利引入英国后，十四行诗很快成为一种流行的诗歌形式。主要的"玄学派"诗人约翰·多恩（John Donne，1573—1631）的诗歌并没有非常突出的意大利风格，而约翰·弥尔顿（John Milton，1608—1674）早期的诗歌中则充满了源于几个世纪前的意大利人文主义者的古典风格。弥尔顿最伟大的作品《失乐园》（*Paradise Lost*）通过重新叙述亚当被逐出伊甸园的基督教史诗，证明上帝对人类态度的正确性。这部在他晚年完成的作品反映了他对宗教的关注和高超的文字驾驭能力，这也使他成为内战中议会事业的领导之一，此外，弥尔顿还在克伦威尔手下担任了几年的类似外交秘书的职务。

世俗戏剧在意大利、西班牙、法国和英国的发展，一部分源于中世纪的神秘剧和圣迹剧*，一部分来自复兴艺术的古典形式的努力。在意大利，对古典的模仿使得本地戏剧看上去过分做作，反而阻碍了它的发展；在法国也是如此，并且这种情形一直持续到此处所论述的这段时期之后。但在西班牙，却兴起了一种充满活力的戏剧形式，其中最著名（而且极为多产）的戏剧作家是洛佩·德·维加（Lope de Vega，1562—1635）。戏剧在英国也出现了类似的繁荣，出现了克里斯托佛·马洛（Christopher Marlowe，1564—1593）、威廉·莎士比亚（1564—1616）、本·琼森（Ben Jonson，1573—1637）等一大批剧作家，其作品则涵盖了悲剧、喜剧、滑稽剧、假面剧、爱国历史剧等多种戏剧形式。

这里有必要提一下一些著名的散文作品。英国散文在节律和词汇上受到钦定（或英王詹姆斯）本圣经的长期影响，钦定本圣经由一个学者委员会拟定，并于1611年写作完成。在西班牙，米盖尔·塞万提斯（1547—1616）的《堂吉诃德》对人类的总体生活，特别是对骑士小说中的靡奢进行了讽刺。加尔文的《基督教要义》的法文版成了现代法国文学语言发展上的一个重要里程碑；弗朗索瓦·拉伯雷（François Rabelais，约1494—1553）创作的充满凌厉和辛辣讽刺的《卡冈

412

---

* 前者描写耶稣生平，后者描写圣徒和殉道者的事迹。——译者注

都亚和庞大固埃》（*Gargantua and Pantagruel*）也为此作出了巨大贡献。拉伯雷之后，散文作家米歇尔·埃康·德·蒙田（Michel Eyquem de Montaigne，1533—1592）接过了法国散文的大旗。蒙田散文经常表现出的平和与不偏不倚从那时起一直到现在都广受赞誉。在宗教问题上，蒙田持一种相当怀疑主义的倾向；他一如既往地推崇一种符合自然法的温和且理性的生活方式。他的许多散文成了一个多世纪以后人们思想和态度的先兆。最后，本韦努托·切利尼（Benvenuto Cellini，1500—1571）的自传可以作为意大利散文的代表，切利尼是一个好自吹自擂的艺术家和军人，人们可以通过他的自传一瞥文艺复兴时期意大利人的个人主义和多才多艺。

拉丁文仍是常用的学术语言，许多人文主义者也继续使用拉丁文来写作文学作品、讽刺作品、社会和宗教批评。在这些作品中，最著名的当属托马斯·莫尔爵士的《乌托邦》（Sir Thomas More，*Utopia*，1516）和德西德里乌斯·伊拉斯谟的《愚人颂》（Desiderius Erasmus，*Praise of Folly*，1509）。

3. 艺术

16世纪文艺复兴时期的建筑和绘画中，出现了一种更具装饰性、更为精致的风格，也就是人们所知的巴洛克风格。巴洛克风格在那些受到西班牙和耶稣会影响的欧洲和美洲地区最为兴盛。但即便是在这些地区，巴洛克艺术的繁复还是受到了从安德烈亚·巴拉迪奥（Andrea Palladio，1516—1580）的作品中传承下来的更为严谨的巴拉迪奥传统的挑战。

意大利绘画延续着文艺复兴早期大师的传统，并朝着更加狂放和更富戏剧性的风格发展。拥有保罗·委罗内塞（Paul Veronese，1528—1588）和丁托列托（Tintoretto，原名雅各布·罗布斯蒂 [Jacopo Robusti]，1512—1594）的威尼斯成为最繁荣的绘画中心。在西班牙，则有多米尼科·西奥托科普利（Domenico Theotocopuli，约1548—1625）——一个土生土长的克里特人，他常被称作埃尔·格列柯（El Greco，也就是希腊人的意思）。格列柯的绘画高度融合了拜占庭和意大利文艺复兴的风格，引人注目。从严格的意义上来说，最伟大的西班牙画家要属迭戈·委拉兹开斯（Diego Velasquez，1599—1660），作为一个宫廷画家，委拉兹开斯为不受欢迎的西班牙王室创作了忠实于现实的肖像画。

　　佛兰德斯派艺术（Flemish art）的传统由范·艾克兄弟（Van Eyck brothers）在 15 世纪所成就，到了 16 世纪，彼得·布鲁盖尔（Pieter Brueghel，约 1530—1600）承袭了这一传统。他的绘画中关于农民生活的场景显示出他受到意大利风格的一些影响。之后的一些低地国家的画家，诸如彼得·保罗·鲁本斯（Peter Paul Rubens，1577—1640）和安东尼·范·戴克爵士（Anthony van Dyck，1599—1641）则受到了意大利文艺复兴时期艺术的强烈影响。但在荷兰，一群精力充沛且极为多产的画家延续着自己独立的传统。伦勃朗·范·莱因（Rembrandt van Rijn，1606—1669）和扬·维梅尔（Jan Vermeer，1632—1675）是荷兰画派最伟大的两位画家。对荷兰中产阶级稳定舒适生活的真实描绘，以及在室内场景中对光线和阴影叹为观止的娴熟运用是其绘画的特点。

　　独树一帜的德意志画派在 16 世纪得到了发展。其中的著名画家有马蒂亚斯·格吕内瓦尔德（Matthias Grunewald，约 1475—1528）、阿尔布雷特·丢勒（Albrecht Dürer，1471—1528）、汉斯·霍尔拜因（Hans Holbein，1497—1543）和卢卡斯·克拉纳赫（Lucas Cranach，1472—1553）。丢勒、霍尔拜因和克拉纳赫三人都集雕刻家、木版设计师和画家于一身。从他们的作品中可以看到意大利艺术的影响，但其中独特的、源于中世纪迷你绘画的德意志元素也非常明显。

4. 音乐

　　随着乐器的改进，主要或者专为乐器表演所创作的音乐开始出现。管风琴从中世纪以来便为人所知；但在 16 世纪，管风琴的设计和排列得到了改进，另外还引入了一些新的乐器，像羽管键琴（harpsichord）、小提琴和长号。人们开始用乐谱记录下世俗音乐（小曲和鲁特琴伴奏的歌曲），而不再像从前那样，通过口耳相传的方式进行传承。在抒情诗和音乐之间存在着一种密切的联系，所以在今天只能拿来阅读的伊丽莎白时代的诗歌，在当时乃是为了演唱而创作的。

　　然而，当时最为著名的作曲家却是一位教会音乐家——乔瓦尼·达·帕莱斯特里纳（Giovanni da Palestrina，约 1524—1594）。他用一种既庄严又有效的方式将管风琴和唱诗班音乐结合起来。他的音乐最终使罗马天主教会同意在仪式中的单旋律圣歌部分加入乐器。宗教剧也发源于 16 世纪的意大利；17 世纪早期，世俗歌剧变得十分流行。路德宗的赞美诗和加尔文派的《旧约》诗篇被写成简单但有时又非常强有力的音乐，它们为新教的仪式确立了音乐标准。

5. 自然科学

在 16 世纪和 17 世纪早期，学习自然科学的学生在很大程度上将他们自己从经典作家的权威中解放了出来。新的数学工具和方法、细致的观察，以及逻辑上的论证在一些重要观点上证明了古代人是错误的。地理发现和天文学的进步也迫使人类对自己在自然世界中的位置进行彻底的重新定位。耶路撒冷也不再像中世纪时人们所认为的那样，是世界的中心；地球自身更是仅仅变成了哥白尼的天文体系中的一个小行星而已。思维方式的这一转变对大多数人类产生影响的过程是缓慢的，一直要到 18 世纪，这一转变对承袭下来的宗教思想和态度的总体影响才得以真正发挥。

（1）天文学

尼古拉·哥白尼（1473—1543）是一位波兰神父，他是世界上第一位提出地球不是宇宙的中心，而是一颗围绕太阳运转的行星的现代天文学家。他的假设有数学统计作为支持，但他的推演所基于的观察却并不十分精确，而且从细节上来看，他的理论也是错误的——比如，哥白尼认为行星的轨道是一个圆形而不是椭圆。

第谷·布拉赫（Tycho Brahe，1546—1601）通过对天空的观察积累了更为精确的信息；借助第谷的行星运动表，约翰尼斯·开普勒（1571—1630）得以改进了哥白尼的假设，开普勒承认行星的椭圆形运动，并发明了可以精确描述行星运动的三个数学公式。伽利略·伽利雷（1564—1642）则在自己发明的望远镜的帮助下，发现了不规则的月球表面和太阳黑子，由此证明了亚里士多德关于天空的完美性理论是错误的。同时，伽利略也发现了诸如土星有环、木星有卫星等天体现象。伽利略对哥白尼体系的辩护，加之对亚里士多德学说的猛烈攻击，导致了他被他的敌人送进宗教审判所接受审判；在晚年，伽利略被囚禁了一小段时间，他自己也被迫宣布放弃自己的学说。

天文学研究的一个重要结果，是历法的改革。1582 年，教宗格里高利十三世批准了对历法的重新调整，为了使历法符合天文年，新历法向前跳跃了十天。根据格里高利历，每四年是一个闰年，但那些以两个零结尾但无法被 400 整除的年份除外。（所以 1900 年不是闰年，而 2000 年则将是一个闰年。）这一历法上的改革立刻在罗马天主教国家得到应用，之后是新教国家。但比如在俄国，一直要到布尔什维克革命时历法才得以改革，所以俄国历史上的日期常常有两种写法，比如布尔什维克夺权的日期既记作 10 月 25 日，也记作十一月七日。

（2）数学

我们今天所使用的数学符号，比如加号、减号、平方根、小数点和乘法括号，都在 16 世纪得到普遍使用。它们的简洁性极大地便利了数学计算。得益于数学符号的改进，数学获得了快速的发展。吉罗拉莫·卡尔达诺（Girolamo Cardano，1501—1576）学会了如何求解一些特定类型的二次方程；约翰·纳皮尔（John Napier，1550—1617）发明了对数；勒内·笛卡儿（1596—1650）发明了解析几何，打破了代数和几何之间古老的界限；布莱斯·帕斯卡（Blaise Pascal，1632—1662）则推导出一系列处理概率问题的定理；这些人只是 16 世纪和 17 世纪早期活跃在对数学分析的拓展、归纳和强化领域的众多数学家中的一部分。

（3）物理学

伽利略在机械和力学上也进行了一系列重要的实验，他意识到声音是作为一种空气中的波进行传播的，他还对亚里士多德的一些学说进行证伪。其中最著名的当属他将两颗不同重量的球从比萨斜塔顶端抛下的实验，目的是为了证明两者以相同的速度下坠，而亚里士多德则声称下落的物体的速度取决于它的重量。这一时期，对空气本质的理解也得到加深。伽利略的一名学生埃万杰利斯塔·托里拆利（Evangelista Torricelli，1608—1647）发明了气压计并用其来测量气压；德意志人奥托·冯·格里克（Otto von Guericke，1602—1686）发现了将空气从一个封闭的空间中抽离的方法，并发明了"马德堡半球"，对气压现象进行了生动的展示。

（4）医学

作为指导医学理论和实践的盖伦的传统权威，受到了帕拉塞尔苏斯（Paracelsus，真名为德奥弗拉斯特·博姆巴斯茨·冯·霍恩海姆〔Theophrastus Bombast von Hohenheim〕，也是英语中"夸大"的意思，约 1490—1541）的巨大挑战，在帕拉塞尔苏斯做医学讲演时，他总是将焚烧盖伦著作作为自己的开场。

而他自己的理论则是一种经验主义、新柏拉图神秘主义和魔法的奇怪结合，但他也确实为医学药典增加了一些有价值的新药。安德雷亚斯·维萨里（Andreas Vesalius，1514—1564）则将细致的尸体解剖引入到医学实践当中，这也同样动摇了盖伦的权威，盖伦曾用猪作解剖研究，犯了一些明显的错误，维萨里对这些错误进行了纠正。昂布鲁瓦兹·巴累（Ambroise Paré，约1517—1590）也将类似的经验主义态度引入到了手术中，盖伦古老的原则被抛弃——比如手术就曾被解释为是"以毒攻毒"，所以应该用沸腾的油来治愈火药造成的烧伤。巴累用缝合代替了对动脉的烧灼，基于他对不同的治疗方式在病人身上的效果的观察，巴累还完成了其他的医学创新。威廉·哈维（William Harvey，1578—1657）凭借对血液循环的发现，成了现代生理学的奠基人。但他并没能对血液如何从动脉流向静脉作出一个令人满意的解释，因为他无法看到毛细血管。

6. 宗教思想

在宗教改革和宗教战争的年代，宗教问题占据了大多数人的头脑。上文中已经概述了新教神学的主要脉络。后继者又对路德和加尔文的原则进行了详细的阐述，将其变成了类似经院哲学的东西。路德宗在路德之后并没有发展出任何重要的新教义；但加尔文派分裂成了严格的加尔文追随者和阿米尼乌斯派教徒（Arminians）两部分，后者追随荷兰神学家阿米尼乌斯（Arminius，1560—1609）的教义，他修正了加尔文的预定论。同样，罗马天主教内部也出现了类似的活跃和让人惊讶的神学争论，争论的双方是正统的天主教徒和科尼利厄斯·詹森（Cornelius Jansen，1585—1638）的追随者。詹森派教徒注重改宗和个人的虔诚，而他们的对手——其中以耶稣会最为活跃——则指责詹森派是在讲授加尔文的预定论。关于詹森派的争议在17世纪下半叶达到了顶点；而詹森主义也最终在18世纪分崩离析。

所有宗教派别中的极端主义和不宽容逐渐屈服于更为温和，有时候甚至是怀疑主义的或中立的宗教态度。蒙田便是这种观点的最早的代言人之一；在法国的宗教战争后期，还出现了一个名为"政治"（politique）的有组织的团体。在英国，舍伯里的赫伯特勋爵（Lord Herbert of Cherbury，1593—1648）倡导一种基于人类理想和常识的"自然"宗教。基督教徒和异教徒均是如此。赫伯特是风行于 18 世纪的自然神论的先驱之一。

但我们绝对不能夸大理性主义和怀疑主义思想的重要性。愚昧之人的宗教热情，也和受过高等教育的人的宗教热情一样强烈，只有少数个人将自己置身于那个时代的宗教冲突之外。不仅如此，迷信依然盛行，甚至还获得了新的毒性。举例来说，对巫术的崇拜得到加强，16、17 世纪，欧洲的许多地区几乎都陷入了侦查和惩办女巫的狂热之中，不论是新教地区还是天主教地区都是如此。许多人因为实施巫术的罪名受到指控和处决，而审判的依据则经常是一些莫须有的证据。

7. 哲学与政治理论

16 世纪，与神学家所区别开来的哲学家数量稀少且相隔遥远。乔尔丹诺·布鲁诺（Giordano Bruno，1550—1600）的思想不成体系，而且用一种半诗歌的形式进行表达。布鲁诺是一位神秘主义者和泛神论者，受到无限观念的深刻影响；他因为漠视传统基督教教义而被作为异端烧死在罗马火刑柱上。英国大法官弗朗西斯·培根（Francis Bacon，1561—1626）属于一个非常不同的哲学家类型。他的《新工具论》（*Novum Organum*）尝试创立一种新的归纳逻辑体系来代替亚里士多德。培根特别引人注目的地方是他对知识进步的可能性所抱有的信心，以及他对将新知识系统地应用到机械技术上所带来的进步的憧憬。

数学在 17 世纪的飞速发展给诸如笛卡儿和巴鲁赫·斯宾诺莎（Baruch Spinoza，1632—1677）等哲学家留下了深刻的印象。的确，人们常常将笛卡儿的形而上学和宇宙论视作是与众不同的"现代"哲学的开端。他对一切的怀疑，以及他从最初的观点出发，努力用数学上的严格的逻辑演绎进行论证的行动，清除（或者抛弃）了大量与基督教教义和已有的真理密切相连的哲学旧传统。和笛卡儿一样，斯宾诺莎也尝试将自己的哲学论证建立在数学之上；但斯宾诺莎用他的泛神论所描绘的受制于永恒法则的宇宙图景的道德庄严感，才是使他的哲学成为对后代人永恒的激励的原因所在。

"自然法"的观念适用于没有生命的物体和人与人之间的关系，这种观念在 17 世纪得到了越来越多的支持。相应地，随着对现有宗教的信仰的减弱，自然法似乎为社会和政治体制提供了新的基础；而且，通过将自然法的建立

417

归因于上帝，这样一种态度也很容易与欧洲宗教传统中已被淡化了的版本相调和。

在 17 世纪的思想中，两位政治理论家举例论证了自然法所扮演的角色。一位是让·布丹（Jean Bodin，1530—1596），另一位是雨果·格劳秀斯（Hugo Grotius，1583—1645）。布丹声称绝对君主制是人类政府的最好形式，但同时他也坚持认为君主必须服从自然法。格劳秀斯写作了《战争与和平法》（*On the Laws of War and Peace*），在这本书中，他尝试为国家之间的关系找到一个自然的与合法的基础。

这些人物代表了知识上激进的一翼。作为英国清教运动的副产品而涌现出来的大批政治宣传册作者，显示出基督教思想依然非常强大；即便其中一些作者提出了民主甚至是社会主义的学说，但他们这么做主要是基于知识传统，他们的灵感和权威主要来自圣经和基督教权威，而不是来自任何新潮的自然理性之光。

第三编第三章第一节扩展阅读 418

The Cambridge Economic History of Europe. Vols. 4-5. Rev. ed. Cambridge, 1967-77.

The New Cambridge Modern History. Vols. 1-4. New York, 1957-70.

Bainton, R. H. *Here I Stand. A Life of Martin Luther.* New York, 1950.

Baron, H. *The Crisis of the Early Italian Renaissance.* Rev. ed. Princeton, 1966.

Blickle, P. *The Revolution of 1525: The German Peasants' War from a New Perspective.* Baltimore, 1981.

Braudel, F. *Civilization and Capitalism, 15th-18th Century.* 3 vols. New York, 1982-84.

Braudel, F. *The Mediterranean and the Mediterranean World in the Age of PhilipII.* New York, 1972.

Brucker, G. *Renaissance Florence.* New York, 1969.

Burckhardt, J. *The Civilization of the Renaissance in Italy.* New York, 1958.

Burke, P. *Tradition and Innovation in Renaissance Italy: A Sociological Approach.* Rev. ed. London, 1974.

Cassirer, E.; Kristeller, P. O. ; and Randall, J. H., eds. *The Renaissance Philosophy of Man.*

Chicago, 1948.

Chabod, F. *Machiavelli and the Renaissance*. New York, 1965.

Collinson, P. *The Religion of Protestants: The Church in English Society, 1559–1625*. Oxford, 1982.

Davis, N. Z. *Society and Culture in Early Modern France: Eight Essays*. Stanford, 1975.

Delumeau, J. *Catholicism between Luther and Voltaire: A New View of the Counter–Reformation*. London, 1977.

De Roover, R. *The Rise and Decline of the Medici Bank*. Cambridge, Mass., 1963.

Elliott, J. H. *Imperial Spain, 1469–1716*. New York, 1964.

Elton, G. R. *Reform and Reformation: England, 1509–1588*. Cambridge, Mass., 1977.

Evans, R. J. W. *The Making of the Habsburg Monarchy, 1550–1700: An Interpretation*. London, 1979.

Evennett, H. O. *The Spirit of the Counter–Reformation*. Cambridge, 1967.

Febvre, L., and Martin, H.-J. *The Coming of the Book: The Impact of Printing, 1450–1800*. London, 1976.

Garin, E. *Science and Civic Life in the Italian Renaissance*. New York, *1969*.

Gerrish, B. A. *The OldProtestantism and the New: Essays in the Reformation Heritage*. Chicago, 1982.

Holbom, Hajo. *A History of Modern Germany*. Vol.1. *The Reformation*. New York, 1959.

Holmes, G. *The Florentine Enlightenment, 1400–1500*. New York, 1969.

Howard, M. *War in European History*. Oxford, 1976.

Jedin, H. *A History of the Council of Trent*. 2 vols. London, 1957–61.

Koenigsberger, H. G., and Mosse, G. L. *Europe in the Sixteenth Century*. London, 1968.

Kristeller, P. O. *Renaissance Thought and its Sources*. New York, 1979.

Lach, D. F. *Asia in the Making of Europe*. 2 vols. Chicago, 1965–77.

Lynch, J. *Spain under the Habsburgs*. 2 vols. Rev. ed. New York, 1981.

MacLean, I. *The Renaissance Notion of Women*. Cambridge, 1980.

Mattingly, G. *The Armada*. Boston, 1959.

McNeill, J. T. *The History and Character of Calvinism*. New York, 1954.

O'Connell, M. R. *The Counter–Reformation, 1559–1610*. New York, 1974.

Ozment, S. *The Age of Reform, 1250–1550: An Intellectual and Religious History of Late Medieval and Reformation Europe*. New Haven, 1980.

Parker, G. *The Dutch Revolt*. Ithaca, N.Y., 1977.

Parker, T. H. L. *John Calvin:A Biography*. Philadelphia, 1975.

西方文明史手册

Parry, J. H. *The Discovery of the Sea.* New York, 1974.

Pierson, P. *Philip Il ofspain.* London, 1975.

Rice, E. *The Foundations of Early Modern Europe, 1460–1559.* New York, 1970.

Salmon, J. H. M. *Society in Crisis: France in the Sixteenth Century.* London, 1975.

Skinner, Q. *The Foundations of Modern Political Thought.* Vol. 1: *The Renaissance.* Vol.2：
    The Age of Reformation. Cambridge, 1978.

Spitz, L. W. *The Protestant Reformation, 1517–1559.* New York, 1984.

Stone, L. *The Crisis of the Aristocracy, 1558–1641.* New York, 1965.

Trinkaus, C. *"In Our Image and Likeness:" Humanity and Divinity in Italian Humanist
    Thought.* 2 vols. Chicago, 1970.

小 说

Cervantes, Saavedro, Miguel de. *Don Quixote.*

Defoe, Daniel. *Memoirs of a Cavalier.* London：1720.

Gogol, Nikolai V. *Taras Bulba.*

Irwin, Margaret. *Young Bess.* New York：1944.

Kaye–Smith, Sheila. *Superstition Corner.* New York：1934.

Lewis, Janet. *The Wife of Martin Guerre.* New York：1941.

Lewis, Janet. *The Trial of Soren Quist.* New York：1947.

Lofts, Norah. *Afere was a Man.* New York：1936.

Macpherson, Annie W. *The Player's Boy.* New York：1953.

Mann, Heinrich. *Young Henry of Nuvarre.* New York：1937.

Mann, Heinrich. *Henry, King of France.* New York：1939.

Manzoni, Alessandro. *The Betrothed.* London：1875.

Payne, Robert. *Roaring Boys.* New York：1955.

Radcliffe, Ann. *The Mysteries of Udolpho.* New York：1931.

Vigny. Alfred V., comte de. *Cinq–Mars.* London：1847.

Walpole, Hugh. *The Bright Pavillions.* New York：1940.

第三编第三章第一节年表：宗教改革与宗教战争

| 1509—1547 | 英王亨利八世在位。 |

1513	巴尔博亚发现太平洋；葡萄牙探险家到达广州。
*1517	路德发表《九十五条论纲》。
1518—1521	科尔特斯征服墨西哥。
1519	列奥纳多·达·芬奇逝世（生于 1452 年）。
1519—1556	德意志国王和皇帝（自 1516 年起担任西班牙国王）查理五世在位。
1519—1522	第一次环球航行（麦哲伦）。
1520	拉斐尔逝世（生于 1483 年）。
1520	路德发表《一个基督徒的自由》。
1521	路德出席沃尔姆斯会议。
1524—1525	德意志农民战争。
1527	查理五世的军队洗劫罗马。
1527	马基雅弗利逝世（生于 1469 年）。
1529	土耳其人包围维也纳。
1531	慈运理逝世（生于 1484 年）。
1531—1533	皮萨罗征服秘鲁。
1533—1584	俄罗斯雷帝伊凡四世在位。
1534	《至尊法》颁布；亨利八世成为英国教会首领。
1536	伊拉斯谟逝世（生于约 1466 年）。
1540	教宗批准成立耶稣会。
1543	哥白尼逝世（生于 1473 年）；哥白尼的《天体运行论》出版。
1545—1563	特伦特会议。
1546	路德逝世（生于 1483 年）。
1549	《公祷书》颁布。
1555	《奥格斯堡宗教和约》。
1556	圣伊纳爵·罗耀拉逝世（生于 1491 年）。
*1556—1598	西班牙国王腓力二世在位。
*1558—1603	英国女王伊丽莎白在位。
1559	《卡托－康布雷齐和约》（法国放弃对意大利的要求）。

1562—1598	法国宗教战争。
1563	《三十九条信纲》（英国国教的教义基础）颁布。
1564	米开朗琪罗逝世（生于1475年）。
1568	低地国家对西班牙的叛乱开始。
1571	勒班陀之战；土耳其人在海上被击溃。
1572	法国圣巴托罗缪大屠杀；约翰·诺克斯逝世（生于1505年）。
1579	乌特勒支联盟建立（荷兰共和国成立）。
1582	格里高利历法改革。
1588	西班牙无敌舰队被击溃。
1589—1792	法国波旁王朝。
1589—1610	法国国王亨利四世在位。
1598	《南特赦令》颁布——给予法国胡格诺教徒有限的宽容。
1600	英国东印度公司成立。
1602	荷兰东印度公司成立。
1603—1625	英国国王詹姆斯一世在位。
1607	弗吉尼亚詹姆斯敦定居点建立。
1608	法国人建立魁北克。
1611—1632	瑞典国王古斯塔夫斯·阿道弗斯在位。
1613—1917	俄罗斯罗曼诺夫王朝。
1614	法国三级会议最后一次召开。
1616	莎士比亚逝世（生于1564年）。
1616	塞万提斯逝世（生于1547年）。
*1618—1648	三十年战争——《威斯特伐利亚和约》结束战争。
1625—1649	英国国王查理一世在位。
1626	弗朗西斯·培根逝世（生于1577年）。
1630	开普勒逝世（生于1571年）。
1637	笛卡儿的《方法论》出版。
1640	长期议会召开。

421

1640	鲁本斯逝世（生于 1577 年）。
*1642—1648	英国内战。
1642	伽利略逝世（生于 1564 年）。
1649	查理一世被处决。
*1649—1660	英国共和国时期。
1658	克伦威尔逝世（生于 1599 年）。
1658	法国与西班牙签订《比利牛斯和约》。
*1660	英国君主制复辟（查理二世）。
1660	委拉兹开斯逝世（生于 1599 年）。
1674	弥尔顿逝世（生于 1608 年）。

第二节　绝对主义与贵族制（1660 —1789）

422　**一、导言**

从 1660 年到 1789 年，除去英国、荷兰和瑞士，欧洲国家都处在宣称拥有上帝赋予的绝对权力的君主的统治之下；英国、荷兰和其他欧洲国家中对政府的实际管理很大程度上掌握在富人特权团体的手上。政府、军队和教会中的高级职位大多数（尽管不是全部）也是为贵族家庭的成员准备的；而广大的普通臣民在政府中没有任何有效的发声渠道，在某种程度上，他们只是被统治者支配的对象而已。

当然，不同国家之间存在着相当大的出入。在法国和大多数天主教国423　家，神职人员和贵族一样，组成了一个特权阶级，教会则仍是一个强大的土地所有者。在新教国家中，上层神职人员与贵族之间联系紧密，但教会的大量土地已经在宗教改革过程中被没收。除此以外，不同国家招募贵族和统治阶级的方式也不一样，另外，贵族对他们的土地和地方政府的监督的积极程度也因国家而异。

这一时期的经济生活更加多样化。18 世纪末的英国，工业革命已经显现出开始的迹象；但到那时为止，即便是在英国，发展农业也还仍旧是最重要的经济目标。国家对经济的控制（重商主义）在 17 世纪下半叶达到发展的顶点；在 18 世纪中，对贸易和工业进行人工管制的原则受到一些理论家的攻击；在一些国家中，自由放任的政策或是使管制失效，或是使其得到简化。

在文化上，这是一个尊崇世界主义、漠视传统宗教、相信理性和自然法，以及对进步感到乐观并相信进步的时代。法国取代意大利成为文化上的领导者；但在 18 世纪末的德意志和英国，随着所谓的"浪漫主义"的出现，对法国"古典主义"的反叛也开始了。

二、经济增长

1. 农业

17、18 世纪，庄园关系逐渐发生变化并积累；但在欧洲大部分地区，仍存在着很深的中世纪农业生活印记，一直到法国大革命以后情况才有所改观。特别是在中欧和东欧，合作耕种的制度依然常见；但在西欧国家，庄园耕作技术的低效，分散的条状土地耕种之不便，以及扩大的城市市场所带来的新机遇，都减少了用传统耕作方式耕作土地的数量。有些时候，农村社区中的成员能够与他们的地主达成协议，将土地以固定的区块分配给农民；而在其他情况下，特别是在英国，地主可以在不征得农民同意的情况下进行圈地（就和这一过程的名称一样）。不仅如此，随着新耕地的开垦，这些土地被分成相互分离的农场，并出租给个体佃农。从总体上来说，越往东欧，农业生产方式就越保守，而农业改革的两个中心则位于荷兰和英国。因此，像奥地利和波兰这样的国家里，庄园农业到大约 19 世纪中期依旧非常普遍；而俄国，某种与庄园农业类似的农业生产方式占据着主导地位，并延续到 1917 年。

大革命前夕法国的农业情况，既没有英国先进，也没有东欧稳定，但就如当时的事件所证明的那样，法国农业中潜藏着巨大的不稳定因素。相对而言，法国的领主几乎无人再继续履行中世纪时的职能，他们中几乎所有人都已不再积极参与对私有土地的耕种，他们逐渐成为租金和年贡的被动接受者，他们对农业土地的管理贡献甚微，甚至可以说是毫无贡献。在法国很多地区，分散的条状土地已经被固定到相互分隔的农场当中；但是这些农场的佃农仍需承担从庄园时代继承下来的名目繁多的租金和年贡，而这些往往已经不再符合双方之间的实际关系——这就好比一个领主已经不再拥有磨坊，而当农民去这个磨坊磨面时，却仍被要求支付费用一样。

价格的上升、城市人口的增长以及交通运输的进步促进了商品化农业前所未有的传播。在欧洲最为繁荣的商业和工业地区，总人口中相当比例的一部分人集中到了城镇，他们通过购买来获取食物。以伦敦为例，1700 年伦敦总人口约 70 万，占到英国总人口的大约 1/10。1760 年以后，尽管英国农场的效率和生产力在当时欧洲是最高的，但它已经不能再为它的人口提供足够的食物，英国开始从德意志东部、爱尔兰和其他地方进口粮食。在荷兰，人们曾估计在 18 世纪初超过一半的荷兰人口定居在城市。但英国和荷兰只是例外。从欧洲的整体来看，人口的绝大多数仍旧生活在土地上，特别是在东部地区，自然经济仍然很普遍。

在那些庄园制度已经失去对农业进程的控制的地区，人们实现了技术上的重大创新。在废除不经济的土地休耕制上，荷兰走在前列。荷兰人发现在一块土地上种植了一年或两年的粮食以后，可以在上面种植多种草和豆科作物。这是一件两全其美的事。通过聚集在像苜蓿和野豌豆这样的豆科植物根部的细菌的活动，可以增加土壤的氮含量和肥力。同时，通过在播种前割草，也可以将野草清除。而这反过来也为牲畜提供了很好的饲料，农民也可以在一整年或者一年的大多数时间里保持自己牲畜数量的稳定，这样一来又可以将牲畜的粪便用来肥田。因此，在保持甚至提高土地肥力的情况下连续不断的收获成为可能。

425　　17 世纪下半叶，英国从荷兰引进了这些新技术。受此启发，地主们在接下来的一个世纪中对其进行了广泛的应用。用作牲畜饲料的芜菁在英国成了一种重要的作物，又因为这种作物需要重复耕作，所以一块地上没用的野草也比之前清除得更加彻底。对农场上的牲畜进行系统性、有选择的繁殖产生了惊人的结果。力畜的个头和力量都得到巨大的提升；这一现象，加上牲畜借助新的饲料作物就可以轻松过冬，就意味着一个犁队可以完成中世纪时好几个犁队的工作。同时农具的设计也得到了改进。英国在 18 世纪引入全金属的犁以及多种由马牵引的耕耘机。通过这些方法，耕作效率得到巨大提升。不仅如此，排水工具的发展也使荷兰和英国得以对广阔的沼泽和湿地进行开垦。

18世纪的英国掀起了一股农业改良的热潮。英国人对所有种类的作物、机械、肥料、轮种、牲畜繁殖和种子品种都进行了系统性的试验。介绍最新成果的杂志大规模流通。在这方面没有人比英王乔治三世更感到自豪的，他以"农夫乔治"为笔名，向农业期刊撰写文章介绍自己农场上的最新试验。

英国议会大量授权地主进行强制性的圈地，这也加快了英国的农业改良。那些有足够资本对新的粮食品种和耕作方法进行尝试的人所拥有的数百英亩的大农场，成为常见的农业生产单位。但这种情况在欧洲其他地方并不存在，这些地方的农业技术落在英国后面。以法国为例，地主对旧庄园的圈占常常遭到君主政府的抵制，后者急于保护小农的权利和财产。但在整体上，农民既缺乏进行农业改良的资本，也缺乏相关的知识。因此，荒地和未经改良的普通土地在法国比在英国要常见得多。数量众多的农民是法国军队的潜在力量，但大多数农民却非常贫穷，对于向不参与自己地产管理的地主缴纳地租，他们也常常感到愤怒。

2. 技术与工业

更为精密的农机设计也加速了农业的改良。在经济活动的其他领域，特别是工业领域，技术进步的重要性显得更为突出。17世纪的荷兰在技术、工业和商业的很多方面都是欧洲的领导者；18世纪，法国和英国取而代之；到18世纪末，英国确立起了自己的优势地位，这种地位一直延续至19世纪上半叶。

在这里笔者不可能提及太多这个时期的技术创新。但运河与公路的修建发挥了重要的基础性作用。荷兰是欧洲北部地区修建运河的先驱，他们借鉴意大利的先例，后者在17世纪发明了运河闸。在17世纪下半叶，法国也通过运河连接起自己的主要水系。在英国，由于拥有犬牙交错的海岸线，所以对运河的需求没有那么迫切，大规模的运河建设一直要到18世纪才开始。在18世纪中期，约翰·麦克亚当（John Macadam，1756—1836）和托马斯·泰尔福德（Thomas Telford，1757—1834）等工程师发现，铺上碎石并且抬高后的路面可以保证轮式车辆全年通行，此后英国便建造了能够适应各种气候的公路。法国的公路到18世纪末为止则是全欧洲最好的。

此外，一些精密仪器也得以发明或改进，这不仅为科学理论的进步，同时也为实践中的机械改良铺平了道路。克里斯蒂安·惠更斯（Christian Huygens，

1629—1695）发明了摆钟，可以以更高的精度测量时间；1736 年，约翰·哈里森（John Harrison）发明了航海计时器，这种时钟即便是在颠簸的船上也可以将精确度控制在分的级别。这也解决了航海上一个长期以来的问题，现在，通过对比当地太阳时间（正午时太阳高度达到最高，通过六分仪就可以测量出当地的太阳时间）和格林尼治时间（计时器所显示的时间），就可以测出当地的经度。另一种精密仪器是温度计，最初于 1654 出现在意大利，由加布里埃尔·华伦海特（Gabriel Fahrenheit，1686—1736）对其进行了大量改进，他所确立的温标在今天得到广泛的使用。

在军事技术方面，16、17 世纪，装备了前膛装填炮的炮兵开始成为一个独立的作战单位。战斗的胜利与否很大程度上取决于炮兵布阵时的纪律性，前进、装弹、发射都要听从军士的指挥并保证动作的协调。当代的军队训练正是这些 18 世纪战斗方式所遗留下来的产物。防御工事也取得了可观的进步。为了对抗改良后的大炮，人们修筑了土制壁垒用以保护砖石砌的城墙，在城墙上也精心安置了炮位。但在野外作战的条件下，运输上的困难常常使大炮无用武之地，一直到拿破仑时代，沉重的大炮才拥有了足够的机动性，可以跟上前进中的步兵。

427　　工业技术上最重要的创新出现在英国。受其影响最大的是两个工业部门：采矿冶金业和纺织业。1688 年，议会通过了一项法案，规定土地所有者对地表下的矿产也有权利，这极大地刺激了英国采矿业，地主获得了建设矿井的强大动力，因为一个成功的矿井可以帮助其获得相当可观的收益。采矿业发展的第二个激励因素是都铎时代严重的木材短缺。煤炭可以替代大部分的燃料；而且幸运的是，英国拥有大量靠近可用于航运的河道的煤田，这使得煤炭的低价和广泛应用成为可能。我们可以从下面的年生产指数中看到由此带来的煤炭开采规模的扩大：

1550 年——约 200 000 吨

1700 年——约 3 000 000 吨

1800 年——约 10 000 000 吨

这种扩张需要将矿井打得更深；而更深的矿井反过来又需要抽水机将地下的水抽离矿井。

蒸汽机的发明便与从矿井中抽水的问题有关。1706 年，托马斯·纽克曼（Thomas Newcomen）设计出一个笨重且低效的蒸汽机，当蒸汽在一个气缸中冷却时，就会产生局部的真空驱动水泵的运转。在 1765 年到 1769 年之间，詹姆斯·瓦特（James Watt）对纽克曼的蒸汽进行了大刀阔斧的改良，使用温度更高的蒸汽的膨胀和收缩来驱动活塞。几年后，当瓦特成功地发明了将活塞的往复运动转化为旋转运动的有效方法后，新的蒸汽机开始作为纺织工厂中的主要发动机得到应用。

作为一种便捷、廉价且便于操控的动力来源，再怎么夸大蒸汽机的重要性也不为过。人们再也不需要将工业设施安置在山川边上，然后用水坝和水车来驱动机械；取而代之的是，与煤矿产地的距离成了决定重工业选址的主要因素。这也导致大规模的人口和产品在地理上的迁移，这使得欧洲的煤田成了主要的人口中心。但是，这些效果的产生都是一个缓慢的过程；直到 19 世纪，蒸汽机对工业的影响才完全显现出来，即便在英国也是如此。

18 世纪早期，亚伯拉罕·达比（Abraham Darby）发明了用焦炭熔炼铁矿石的方法（大约在 1709 年）（原煤中含有某些化学物质，使其不适合用来做熔炼燃料）。这就意味着英国不再需要依赖供应量逐渐减少的木炭来生产铁。然而在一开始的时候，这一流程作为一个家族秘密没有得到公开，直到大约 1750 年以后，用焦炭进行熔炼才得到普及。随着这种技术的传播，对煤炭的需求量进一步上升，而铁的价格也变得更加便宜。⁴²⁸

在铁的生产上，还有其他一些重要的改良。1784 年，亨利·科特（Henry Cort）发明了一种使用"搅炼炉"来大规模生产韧性锻铁的生产流程。通过这种方法生产出来的铁在几乎所有领域都远比脆性铸铁表现得优秀。钢对于大多数用途而言还是过于昂贵，因为人们仍须以手工方法从铸铁中将其制造出来。

18 世纪的一个严重且迟迟未得到解决的问题，是如何铸造精准的金属零部件。当时还没有机械标准化的概念，零部件必须由熟练的机械师用锉刀和凿子进行反复的加工，才能保证它在机器中的正常运行。这一困难甚至阻碍了瓦特蒸汽机的成功，瓦特的蒸汽机要求活塞和汽缸的精准匹配。1794 年，亨利·莫兹利（Henry Maudsley）发明机床后，对这个难题的克服才向前迈出了重大的一步，莫兹利的机床可以以千分之一英寸的精准度对金属进行切割。

纺织业中的技术创新同样是革命性的。一系列的创新（约翰·凯伊 [John Kay] 1733 年发明的飞梭，詹姆斯·哈格里夫 [James Hargreave] 1770 年发明的珍妮纺纱机，理查德·阿克莱特 [Richard Arkwright] 1769 年发明的精纺机，塞缪尔·克朗普顿 [Samuel Crompton] 1779 年发明的走锭纺纱机）实现了纺纱过程的机械化。要实现织布的机械化则更为困难，尽管早在 1785 年，爱德华·卡特莱特（Edward Cartwright）便发明了动力驱动的织布机，但是直到 1850 年，令人满意的动力驱动织机才代替了手工编织。随着这些机械的投入使用，纺织生产从一种通过小纺车和织布机在家庭内部进行的家庭副业，转变为一种先是使用水力，然后使用蒸汽作为动力来源的工业部门。整个 18 世纪，大多数纺织机械是由木头制作的；一直到 18 世纪行将结束时，随着蒸汽机和金属的机械零部件得到越来越多的使用，纺织业生产才开始受到冶金业发展的影响。

我们必须防止把一种机器或技术流程的发明日期和它们得到广泛应用的日期混为一谈。约束性的专利有些时候会推迟一项改进后的设计的实际应用；有些时候制造商会将改良后的方法秘而不宣。不仅如此，许多机器在一开始存在着缺陷，或者只能生产粗糙和低级的产品。另外，我们还必须记住，主要的发明出现在英国，他们传播到欧洲其他国家的速度是很缓慢的。因为英国政府和英国制造商在最初尝试对一些新技术实施垄断，禁止机器的出口，还试图阻止技术工人移民国外。

导致新技术传播步伐缓慢的另一个因素，是旧的行会规章、（在 18 世纪，更 429 为重要的则是）复杂的生产性法律、关税以及国家许诺的垄断地位的存在。重商主义的政治家用这些来培育新工业，并保护旧工业。但这些规章却往往保护了效率低下且技术落后的企业。和其他方面一样，英国在这方面也处于有利的地位。清教革命期间，王室颁发垄断授权的权利受到了挑战；在接下去的几十年中，贸易和工业应向所有有意进入的人开放的原则被英国法官所使用。因此，英国几乎所有的行会和王室的垄断都被扫除干净。到 1707 年与苏格兰合并后，大不列颠岛成为欧洲最大的贸易不受地方性关税、通行费和垄断权影响的地区。

一直到大约 1780 年，也就是本章论述的时期行将结束时，法国的工业——以产品价值衡量——几乎赶上了英国的发展步伐。但从某种意义上来说，这并不意味着法国和英国在财富上平起平坐，因为法国的人口（到 1789 年有大约 2400

万）是英国的两倍还多。同时，法国的工业也主要集中在生产精细产品上——比如丝绸布料、精美的瓷器，等等。这既反映出法国宫廷对奢侈品的需求；也反映了法国没有大不列颠岛那么充足的煤炭和铁矿储备的事实。法国工业与英国的不同还表现在另一个重要方面。相比英国，法国的政府管制、补贴和控制要普遍得多。这种监督可能有助于 17 世纪和 18 世纪早期法国工业的发展；但在英国于 18 世纪下半叶取得最快速的进步的关键时刻，政府制定的规则却表现出阻碍新技术引进的倾向。欧洲其他地区效法的是法国，而不是英国的工业模式，但除低地国家以外，这些国家都远远落在后面。

因此，虽然所谓的工业革命要早于 1789 年，但这只是一个开始而已。农业仍旧是欧洲的主导，法国大革命爆发后，这种情况经过了很长一段时间才得以改变；此外，18 世纪的社会也绝对不是一个工业占主导的社会。

3. 商业

欧洲内部交通运输的改善，以及与美洲、非洲和远东的通信的改善都促进了贸易总量和贸易价值的稳步上升。英国和法国在北美以及加勒比海岛上的殖民地的重要性越来越凸显。糖、烟草和棉花是这些岛屿和北美大陆南部的主要作物；新英格兰和加拿大则出产铁矿、木材和皮毛。直到 18 世纪末，与加勒比海岛和南部殖民地的贸易对于欧洲国家而言都是最具价值的——这一事实可以从七年战争后的定居情况中看出来，当时法国政府认为马提尼克岛（Martinique）的价值要超过整个加拿大。

新世界种植园里的劳动力主要来源于由欧洲船主从非洲贩运来的奴隶。尽管俄国 18 世纪合法的农奴制与新世界中的奴隶制差别很小，但欧洲从未建立过完全意义上的奴隶制。

在 18 世纪的远东地区，法国和英国在印度建立起自己的势力。但在经历了一些零星的战斗后，英国人成功地将法国人从印度几乎所有的地区驱逐了出去，东印度公司也在次大陆大量地区施加自己的政治影响。茶叶和棉花是英国从印度进口的两种主要商品，它们和从东印度群岛进口的香料至少具有同等的价值，而后者仍然被荷兰人所垄断。

法国和英国进行商业竞争的第三个区域是西班牙在中美洲和南美洲的殖民

地。18 世纪早期，南美洲人所需的欧洲商品中的大部分都由法国提供；但 1713 年以后，英国获得了西班牙人在贸易上的让步，逐渐占据了南美洲和中美洲贸易的统治地位。

同一时期，欧洲的内部贸易和区域间的专业化也得到发展。要对这类贸易给出具体的数字是不大可能的，这类贸易大部分从未被记录下来过。但对海外贸易公司的记录确实存在，根据这些记录所做的计算显示，欧洲与其他大陆的贸易在 18 世纪中翻了两番。

4. 资本主义、工厂体系与银行业

随着城镇行会的持续衰落，资本主义在工业上取得了进一步的发展。采矿业和商业这两个旧的资本主义堡垒开始被几乎完全纳入到资本主义化的组织当中。在英国，一些应用动力机械的地区涌现出大量配备了新机器的工厂。工厂的发展意味着它的所有者或管理者能够对工人实行更为严厉的控制。由手工劳动者决定自己劳动时间的相对自由消失了。一同消失的还有一些手工艺技巧及由此带来的回报。但直到引入了蒸汽机，工厂才开始在大的工业城镇中集聚，因为在这之前他们必须依傍急流而建，这样水坝和瀑布才能为机器提供动力。因此，工业城市是 19 世纪才出现的一个现象。18 世纪的城市仍旧是行政、商业和手工业中心，而不是工业中心。

工厂成为一种普遍的现象是 19 世纪的事情。在大多数国家，人们几乎从未听说过工厂；即便是在英国，许多贸易也几乎不受工业组织的这种新形式的影响。由小作坊承担的，有时候依赖外部提供生产资本的手工业，仍然是常见的生产形式。

作为 17 世纪的一个显著特点，股份公司却在 18 世纪初期经历了一次相当大的退步。早在 17 世纪，股票投机就出现繁荣；但在 1718—1720 年之间，英国和法国都发生了一次前所未有的投机狂热（也就是所谓的南海泡沫）。这也带来了一次同样前所未有的冲击。这次经历使股份公司信用丧失，在法国和英国，法律的变更都禁止私人企业组成股份有限责任公司。结果，从 17 世纪下半叶开始在英国兴建的新工业厂房被纳入到个人企业家或合伙人的名下，并由他们对厂房进行管理。

431

在这里或许可以提一下银行业中的两个新发展。在中世纪和现代早期，政府的借贷被认为是国王的个人债务；而新的统治者常常将拒绝支付他的前任留下的未支付的债务视作是天经地义之事。当然与之相应的是，那时的利率也比较高。到17世纪末，在更为先进的欧洲国家里，这种观念被诸如负债的是政府而非个人的思想所取代；换句话说，国家债务的说法被发明了出来。君主权力相对较小的荷兰和英国是国家债务概念发展中的领导者；荷兰和英国政府之所以可以用比其他国家更低的利率借到钱，其中一部分原因便在于此。在战争时期或其他特别紧急的情况下，这被证明是一个巨大的优势。

而第二个重要的发展是纸币的使用越来越广泛。银行用发行承兑票代替发行储备的硬币并不是什么新鲜事；但这类票据的发行规模，以及人们对这些票据的信心却带来了意想不到的效果，纸质通货无可比拟的便利性导致硬币在大多数大宗交易中逐渐被纸币所取代。甚至在中世纪，银行家便已发现，发行超过银行所存金属货币数量的承兑票是可能的，因为每个人同时要求兑现的情况不可能出现。这使得随意扩张或收缩纸质通货成为可能，并将一个新的要素引入到了商业周期之中。通货的膨胀和紧缩在带来更大更好的繁荣的同时，也带来了更严重的萧条。 ⁴³²

1694年英格兰银行建立，这标志着银行业在这两方面都迈出了重要的一步。英格兰银行起初是由一群私人金融家组织起来的，其目的是为了处理国家债务；与其他银行发行的承兑票相比，英格兰银行发行的承兑票具有某种标准价值。

5. 国家与经济生活

在17、18世纪，重商主义理论继续影响着大多数欧洲国家的经济政策。我们可以梳理出国家影响经济关系的两种大致方式。一是每个国家都要求征税，而且随着行政支出，特别是战争的升级，对税收的需求不断上升。二是几乎每一个国家都试图通过扶植本国贸易和工业来改善自己的国际收支平衡。为此，管制、垄断、关税以及大量国有企业建立起来。

我们不宜对欧洲国家的税收政策做任何宽泛的描述。但从整体上来看，从之前时代沿袭下来的各种税收机制仍得到保留；而新的税收的出现则多多少少存在偶然因素。举例来说，法国政府在国内划分了多个关税区，因此当货物在国内进行运输时，就不得不频繁支付过路费。另外，法国政府还对诸如盐等物品征收特殊的消费税；除上述税收以外，还有人头税、所得税、土地税、执照费，等等。整个王国的税收并非是统一的，省与省之间，甚至是城镇与城镇之间税收都不一样。而且，这些税收也并非平等地适用于所有社会阶级，贵族和教士可以免除一些税收，也可以设法逃避缴纳其他税收的全部税额。

与之类似，其他欧洲国家也处在这种混乱的税收体系之下。但在英国，继承自中世纪的税收在全国的统一程度要比其他国家高得多；中央政府没有那么复杂的官僚体系，也没有常备军，这也使总的税收负担相对要轻一些。

显然，税收和为了改善国际收支平衡所采取的措施紧密纠缠一起。例如，保护性关税不仅为国家带来了收入，同时也有助于本国工业的发展；授权一些特定公司实施垄断的效果也是如此，这些公司向政府缴纳各种各样的费用，作为对政府赋予自己的特权地位的回报。

但也有一些政府法案的直接目的就是为了提升本国工业和贸易，而不是为了获得直接的财政回报。在英国，克伦威尔政府引入了《航海法》（Navigation laws），目的是为了保护和扩大英国的航运。英王复辟以后，为了在粮食价格低的时候鼓励出口，在其价格高的时候禁止出口，政府制定和逐步完善了《谷物法》（Corn laws）。这些法律反映了英国商人和地主的利益，这些人能够通过议会使政府帮助实现或者保护他们的经济利益。

在法国和其他大多数欧洲大陆国家，普通公民的愿望在政府经济决策中只扮演微不足道的角色。为首的常常是国王的大臣和官员，为了鼓励一些特定的工业部门的发展，为了建造一支强大的商船队，为了改善公路系统，或者为了完成其他一些目标，这些人制定了种种条例，希望以此诱使或者迫使人们根据这些条例行事。因此，路易十四的宰相让·巴普蒂斯特·科尔伯特（Jean Baptiste Colbert，1683年逝世）对法国织物的质量标准甚至是生产过程都做了细致的规定，希望这一统一规格且高质量的产品能够为法国在全世界赢得好的市场。在一些情况下，科尔伯特会摆脱管制，建立归政府所有的工厂。

殖民贸易是政府管制异常活跃的一个领域。殖民地被视作是母国的财富之源，一般来说不允许本国以外的人开展与殖民地的贸易。不仅如此，母国政府也不鼓励，甚至禁止殖民地与母国工业进行竞争。但这种关系并非完全是一边倒的。以北美为例，英国人便为其靛蓝染料的生产提供补贴；另外，他们还禁止在英国种植烟草，这样一来就可以保证殖民地对这一有利可图的作物的垄断。

要对这些以及类似的政府管制对经济生活发展的影响进行评估是很困难的。走私和逃避政府管制的行为很常见，因此不能认为纸上的这些法律在实际上支配了经济关系。此外，认为管制并没有带来哪怕是一点点期望的结果，也是过于轻率了。当然，在科尔伯特治下，法国在贸易和工业上获得了快速的发展，一直要到政府的经济管制被能力不足的人接管后，法国的重商主义体系才开始显露出严重的缺陷。

然而到了 18 世纪末，经济理论家开始对政府管制的有利影响提出质疑。他们提出，自然的规则将改进任何形式的人为管制，并且可以实现追求私利和总体福利两者之间的和谐。大约 18 世纪中期，法国出现了一个自由放任经济学派；英国，亚当·斯密于 1776 年出版了他著名的《国富论》(*The Wealth of Nations*)。亚当·斯密为自由贸易所做的辩护给人留下了深刻的印象；不仅如此，政府管制对英国和法国重要的商业和工业利益的阻碍也逐渐显露出来。在英国，政府通过允许管制失效，或者通过将其废除的方式作出回应。但在法国，政府对来自资产阶级的压力的反应要小得多，令资产阶级感到厌恶或者对其产生阻碍作用的种种管制，一直要到革命发生时才被扫除干净。

434

三、政治

1. 国际政治

（1）法国的优势地位（1660—1713）

西班牙曾经是欧洲最强大的国家，但它并不是结束了三十年战争的《威斯特伐利亚和约》的签署国。西班牙和法国之间的战斗一直拖到 1659 年西班牙政府发现自己不得不停战为止。在接下来的半个世纪中，法国仍旧是欧洲最强大的国家。路易十四（1643—1715）设想着将法国的边界扩展到"天然界限"为止——也就是莱茵河、阿尔卑斯山和比利牛斯山。1659 年，路易十四成功地将边界拓展到比利牛斯山，并将其剩下的大多数在位时间花在了向莱茵河拓进上。一系列的战争导致并引发了一系列的欧洲联盟，以抵抗路易十四的计划。一开始，荷兰是法国的主要对手。但是荷兰人的实力无法与法国抗衡，在自己在位的前半段时间里，路易十四成功吞并了本国北部和东部边境线上的一些土地。但到1688 年以后，英国接过了联盟领袖的大旗，从那时起，法国就再也没能取得大的胜利。

在路易十四统治末期，西班牙王室绝嗣，路易十四得以将自己的一个孙子放

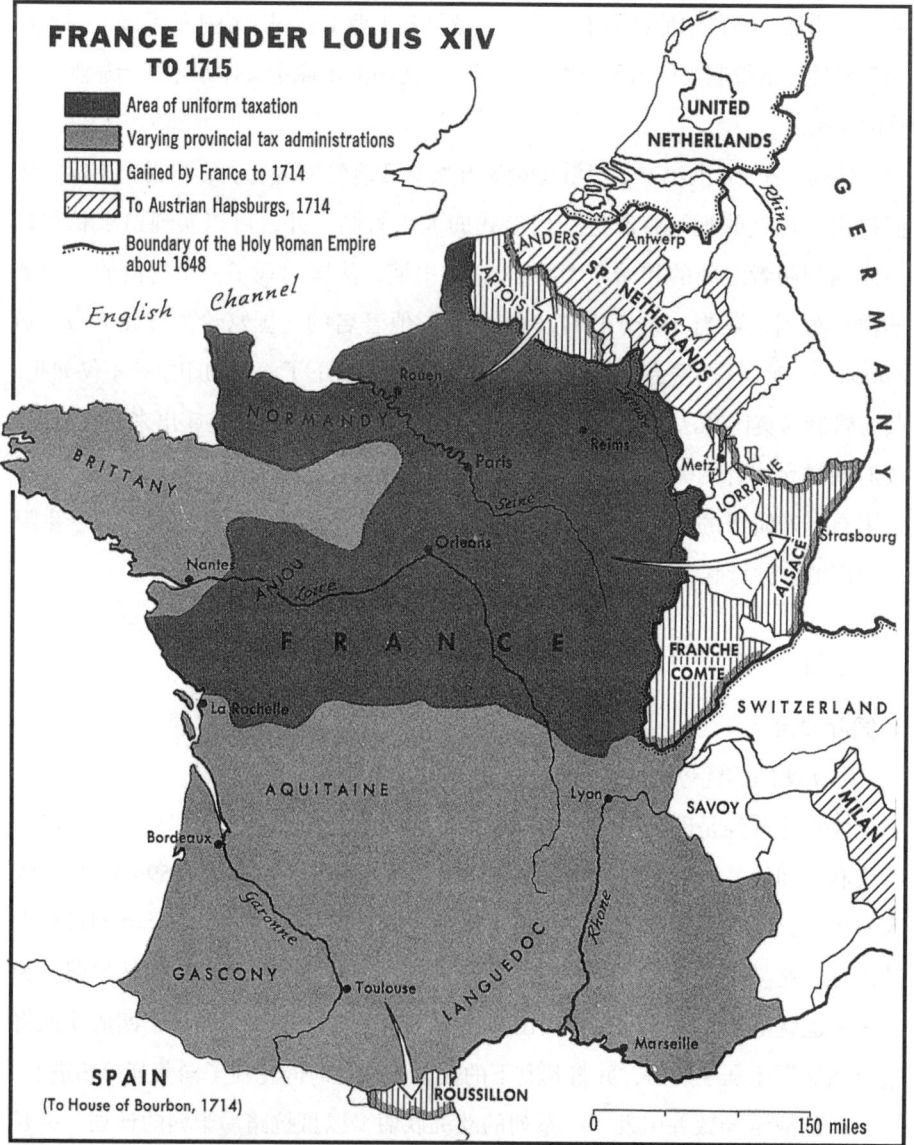

FRANCE UNDER LOUIS XIV
TO 1715

- Area of uniform taxation
- Varying provincial tax administrations
- Gained by France to 1714
- To Austrian Hapsburgs, 1714
- Boundary of the Holy Roman Empire about 1648

English Channel

UNITED NETHERLANDS

GERMANY

FLANDERS Antwerp
ARTOIS SP. NETHERLANDS
Rhine

Rouen
NORMANDY
Reims
Metz
Paris
LORRAINE
Strasbourg
Seine ALSACE
BRITTANY
Orleans
Nantes ANIOU Loire
FRANCHE COMTE
F R A N C E
SWITZERLAND
La Rochelle

AQUITAINE Lyon SAVOY
Bordeaux MILAN
Garonne Rhone

GASCONY LANGUEDOC
Toulouse Marseille

SPAIN
(To House of Bourbon, 1714) ROUSSILLON
0   150 miles

路易十四治下的法国（至 1715 年）

到西班牙王位之上。于是酝酿成一场漫长的战争（1701—1714），这场战争也几乎将法国消耗殆尽。战争最终在妥协中结束。法国王储继续保有西班牙王位，但失去了对大多数西班牙之前在欧洲所拥有的领土的控制，这些领土被法国的对手瓜分。1713 年到 1714 年达成的和平协议毫无疑问标志着法国在大陆上的优势地位的终结。以英国和奥地利为首的联盟几乎将法国打败；而这些标志着战争结束的条约（1713 年的《乌特勒支和约》；1714 年的《拉斯塔特和约》和《巴登和约》）也增强了法国的敌人和对手的力量。

和平协议将之前大多数西班牙在意大利的土地的控制权交给了奥地利的哈布斯堡家族（那不勒斯、撒丁尼亚和米兰）；除此以外，奥地利人还统治了之前西班牙所统治的低地国家（也就是后来所知的奥属尼德兰以及之后的比利时）。因此，奥地利继承了西班牙在欧洲的领土中的最大一部分，相比从前，奥地利变成了一个更为强大的国家。对土耳其人战争的胜利（第一次发生在 1682 年到 1699年，第二次是 1714 年到 1718 年）也使奥地利的领土贯穿了匈牙利，在同一时期扩展到了巴尔干半岛北部。由此，一个奥地利帝国在欧洲中南部崛起。

与法国和英国不同，奥地利并不是一个民族国家。日耳曼人、匈牙利人、意大利人、捷克人、克罗地亚人、塞尔维亚人、罗马尼亚人和其他民族统一到了哈布斯堡皇室名下。伴随民族和语言的多样化而来的，还有这个国家制度的多样化。的确，奥地利这个国家之所有能够团结，只是因为各个王国、公国、侯国、郡国等对哈布斯堡统治者的忠诚，以及保持欧洲天主教文化的模糊的帝国使命感而已。因此，奥地利很大程度上并不是一个单独的国家，而是集多个国家于一体；而奥地利皇帝的权势也并不像人们根据他所拥有的领土数量所认为的那么大。虽然如此，但在《拉斯塔特和约》（Peace of Rastadt）签订以后，奥地利还是成了大陆上仅次于法国的第二大国家。

和奥地利相比，意大利与德意志在 19 世纪所统一的周边国家确实要小得多。但《乌特勒支和约》（Peace of Utrecht）标志着萨伏伊（Savoy）和普鲁士均升级成为王国。在对西班牙帝国的瓜分中，萨伏伊公爵获得了西西里；和西西里一同收入其囊下的，还有中世纪的君主称号。几年后，他将西西里交给了奥地利人，作为交换，他获得了撒丁尼亚，头衔也相应地变成了撒丁尼亚国王。新的撒丁尼亚王国是意大利最大的独立国家；除了位于意大利中部的教宗国外，撒丁尼亚几乎是整个意大利唯一一个不受外国控制的国家。

和约也使前勃兰登堡选帝侯成为"普鲁士国王"。勃兰登堡起源于萨克森公国东部的一个侯国，最早的侯爵征服了这一区域内的斯拉夫部落，为自己划出了一个国家。1415 年，霍亨佐伦家族（Hohenzollern family）取得勃兰登堡侯国，后代继承人则逐渐扩大自己的领土，到三十年战争结束时，霍亨佐伦家族已经成为仅次于哈布斯堡家族的第二大德意志统治者。他们控制了分散在德意志北部的众多领土，另外，霍亨佐伦家族还控制了作为波兰王国采邑的波罗的海沿岸的东普鲁士。1713 年的《乌特勒支和约》则将西德意志的又一块土地并入霍亨佐伦家族的领土，并通过授予他们王室头衔认可了霍亨佐伦家族不断增强的实力。由于普鲁士处在帝国的边界线之外，而且无论从哪个方面来讲都不受神圣罗马帝国（也就是哈布斯堡家族）的控制，所以霍亨佐伦统治者选择称自己为"普鲁士国王"——很快，所有霍亨佐伦家族控制下的领土被不加区分地称作普鲁士。

在乌特勒支的分赃中，英国的那部分是以海外兼并的形式取得的。英国从法国那获得了新斯科舍（Nova Scotia）和纽芬兰（Newfoundland）；从西班牙那里得到了直布罗陀（Gibraltar），以及一个有价值的贸易上的让步，英国的船只从中取得了对西班牙殖民地的奴隶贸易的垄断，此外还取得了与新世界中的西班牙领地进行其他货物贸易的有限权利。

（1）欧洲的均势（1713—1789）

从 1713 年到 1789 年，没有一个欧洲大国能够主宰国际政治。这一时期纠缠不清的外交和战争可以被认为围绕着两个主要问题：第一个是欧洲中部和东部剧烈的权力重组，导致瑞典、波兰和土耳其的衰落；第二个是法国和英国对印度和美洲殖民霸权的争夺。

a. 欧洲中部和东部的重组

瑞典在 17 世纪建立起了波罗的海帝国；但当普鲁士和俄国开始组织起强大的中央集权和军国主义国家时，瑞典人发现自己已经无法保卫广大的领土不受邻国入侵。波兰的命运则更加惨烈。到 18 世纪末，由于中央政府的衰弱，以及俄国、普鲁士和奥地利的入侵，波兰已经从欧洲的版图上消失。在几个世纪中都对西方构成严重军事威胁的奥斯曼帝国，在 17 世纪末和之后的几个世纪中开始出现内部的衰落。与瑞典人和波兰人一样，土耳其人也无法抵御邻国俄国和奥地利对自己领土的入侵。

由此，东欧国家间的均势出现了剧烈的变化。奥地利、普鲁士和俄国三个国家从中受益。上文已经对前两个国家做了简单的描述；我们还需要将俄国人引入到欧洲舞台上。

俄国由被称为罗斯人的斯堪的纳维亚维京人于 9 世纪创立。他们曾统治着一群斯拉夫人，但经过了几代人之后，他们被斯拉夫人所融合。10 世纪时，基督教和一些拜占庭文化传入俄国；13 世纪，蒙古人在成吉思汗的一位继承人的率领下，征服了从原来的国家中分裂出来的所有俄罗斯公国——只有一个公国未被征服。蒙古人并没有破坏当地的制度，他们很大程度上满足于接受当地人的进贡。最终，莫斯科大公伊凡三世（Ivan III，1462—1505）在 1480 年正式否认对蒙古政权后裔的臣属，不再向其缴纳贡赋。在接下来的一个世纪中，雷帝伊凡四世（Ivan IV，the Terrible，1533—1584）对国家进行了大规模的重组，他推翻了波雅尔（boyar，即贵族）家族的权力，建立了自己的独裁统治。在一个虚假地宣称自己继承了拜占庭帝国正统的法案中，伊凡四世将自己加冕为沙皇（Czar，即皇帝）。在这之后，俄国的统治者便经常性地使用这一帝王称号。17 世纪初，内部问题以及波兰人的干涉威胁了俄罗斯帝国的扩张；但在 1613 年，首位罗曼诺夫沙皇登基，并成功击退了波兰入侵者。

当彼得大帝（1682—1725）成为沙皇时，他继承的是一块辽阔但却落后的土地。在这里，拜占庭和亚洲的传统的影响远远大于欧洲商人和工匠所带来的影响。彼得是一个精力充沛、冷酷无情的人，他决心要把俄国变成一个可以与欧洲强国同台竞争的国家。彼得强烈地意识到，要实现这一目标，首先要建立一支强大的军队；并且在俄国军队可以战胜欧洲国家的军队之前，他还必须用欧洲的方法来武装和训练这支军队。

为了学习西方人的技术和礼仪，彼得亲自访问西欧。纵观彼得的整个统治时期，他都在努力加快欧洲的影响力在俄国的传播。他引进大量技术人员帮助自己训练士兵，并建造了必要的工厂生产枪炮、弹药和其他各种陆海军装备。他在一些方面取得了惊人的成功。举例来说，在其统治末期，俄国的铁产量超过了英国（尽管仍低于瑞典和德意志）；彼得创建的一些工厂在雇佣的人数上比西方任何一

俄国的崛起（至 1725 年）

个工厂都要多。在其他方面，彼得的行动则近乎荒谬。为了让自己的廷臣变成欧
洲人，他亲手剪掉了他们的胡须；他还下令宫廷女性抛弃传统的半东方式的封
439 闭，模仿法国客厅中的行为举止，并改穿欧洲式的女装。

　　不过，彼得发起的这场自上而下对俄国进行大规模欧化运动的效果确实逐渐
在上层中显现出来。俄国贵族开始精通法语以及法国启蒙思想家的最新思想。他
们的服装、礼仪以及一些思想开始变得欧洲化。但俄国绝大多数农民还是农奴，
有时候他们的主人把他们像奴隶一样买卖。土地由村社——也就是所谓的米尔
（mirs）——进行耕种。城镇的规模和数量也相对较小，在欧洲西部拥有巨大影响
力的资产阶级在俄国也是无足轻重。

　　但有两个变化确实影响了作为一个整体的俄国人。第一个是中央集权官僚政
治的逐渐发展，它将沙皇的权力延伸到了农村。在彼得时代，一个大问题便是训
练有素的官员的缺乏，彼得只能大规模依靠外国人甚至是战俘来管理他的帝国。
但这一问题逐渐得到解决，在政府中谋求一个好职位开始成为大多数受过教育的
俄国人的主要目标。

还有一件新奇事物影响了俄国大众，这便是俄国征召和组建的一支军队。的确，彼得改革的中心任务便是建立一支强大的军队，在这一点上他做得非常成功。每个村庄都被要求将一定数量的男子送到军队服役；由欧洲的教官对其进行训练，装备欧洲的武器，在战场上与欧洲和土耳其的士兵作战。俄国人从一开始便在战斗中表现优异。

　　彼得与瑞典人打了一系列的战役，到1721年，彼得成功击败瑞典人。俄国吞并了爱沙尼亚和芬兰湾顶端的周围地区，俄国人在这块荒凉的沼泽地上建起了他们的新首都——圣彼得堡。圣彼得堡对于新的俄国来说是"欧洲之窗"，相比于莫斯科，圣彼得堡更像是一座欧洲城市。

　　彼得的继任者们继续朝着彼得欧洲化的目标前进，尽管他们已经没有了那么多精力。就目前来看，他们中最成功的一位当属叶卡捷琳娜二世（1762—1796）。她在位期间，波兰王国先后三次被肢解（1772、1793、1795），而俄国则得到了其中面积最大的一部分。经过与土耳其人的战争，俄国还吞并了克里米亚，此外，在东南部的作战还使俄国的国境线越过伏尔加河进入到了高加索地区。

　　普鲁士和俄国一同参与了对瑞典帝国和波兰王国的肢解，到18世纪末，普鲁士已经崛起为一个欧洲大国。普鲁士的崛起，很大程度上要归功于她的历任国王，特别是腓特烈二世（1740—1786）——或者用人们经常使用的称呼腓特烈大帝。当腓特烈登上普鲁士王位时，他继承的普鲁士是一个非常简朴高效的国家。他的父亲只将自己王国的很小一部分资源投入到了军队建设中；在即位之年，腓特烈便用军队从奥地利夺取了西里西亚省（Silesia）。腓特烈的行动促成了一场全欧洲范围的战争（也就是奥地利王位继承战争，1740—1748），在普鲁士与奥地利的对抗中，法国和一些较小的国家站到了普鲁士这边。当战争结束时，和约确认了普鲁士对西里西亚的占领，同时也对欧洲版图作出了一些变更。

　　腓特烈的成功令法国感到不快；奥地利政府则急于复仇。结果，哈布斯堡家族和法国君主之间长期的对抗得以平息，1756年，奥地利和法国联合发动了对普鲁士的进攻。俄国也介入了这场冲突，普鲁士则在整个欧洲大陆上陷入了孤立无援的境地。英国从1754年开始就在美洲与法国作战，他们向腓特烈援助了资金和一些部队。显然，双方之间的差距看上去令人绝望，但在六年的时间里，普

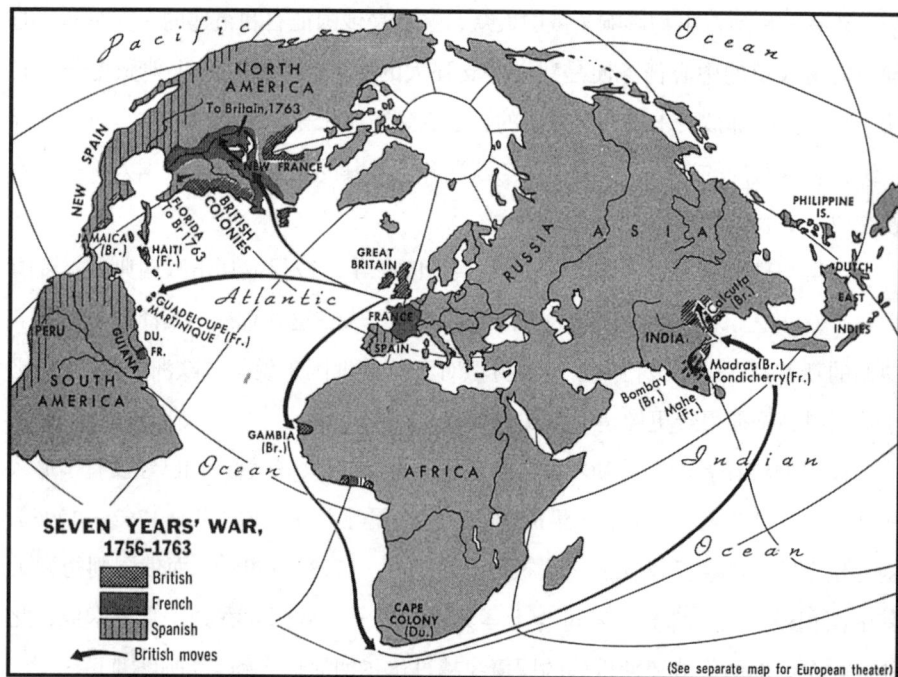

SEVEN YEARS' WAR, 1756-1763
- British
- French
- Spanish
- British moves

(See separate map for European theater)

七年战争（1756—1763）

鲁士军队成功抵挡住了三个敌人的进攻，并打了一些漂亮的胜仗，当然也输掉了
441 一些恶战。1762 年，彼得三世登上俄国皇位，彼得三世激烈地反对他的前任所
制定的政策，并与腓特烈达成慷慨的和解。同样，法国在海外战争中屡屡被英国
击败，希望结束战争。最终，奥地利人被迫放弃收复西里西亚的念头，1763 年
双方达成协议，七年战争宣告结束。

七年战争是所有 18 世纪的战争中最为激烈，同时也是最具决定意义的战争。
普鲁士遭受了巨大的破坏——首都柏林两次被俄国军队占领，在腓特烈王国的几
乎所有地方都发生了战斗。但普鲁士人成功地崛起，同时也获得了欧洲最优秀士
兵的荣誉；普鲁士将自己建设成为大陆上最强大的国家之一。因此从 1763 年开
始，欧洲出现了五个大国：中部和东部的俄国、普鲁士和奥地利，以及西部的法
国和英国。到 1918 年为止，尽管发生了许多相对重大的转变，但欧洲的这种格
局还是保持了下来。

b. 法国和英国的海外竞争

到 1714 年，作为殖民大国的荷兰也和西班牙、葡萄牙一样变得相对衰落。

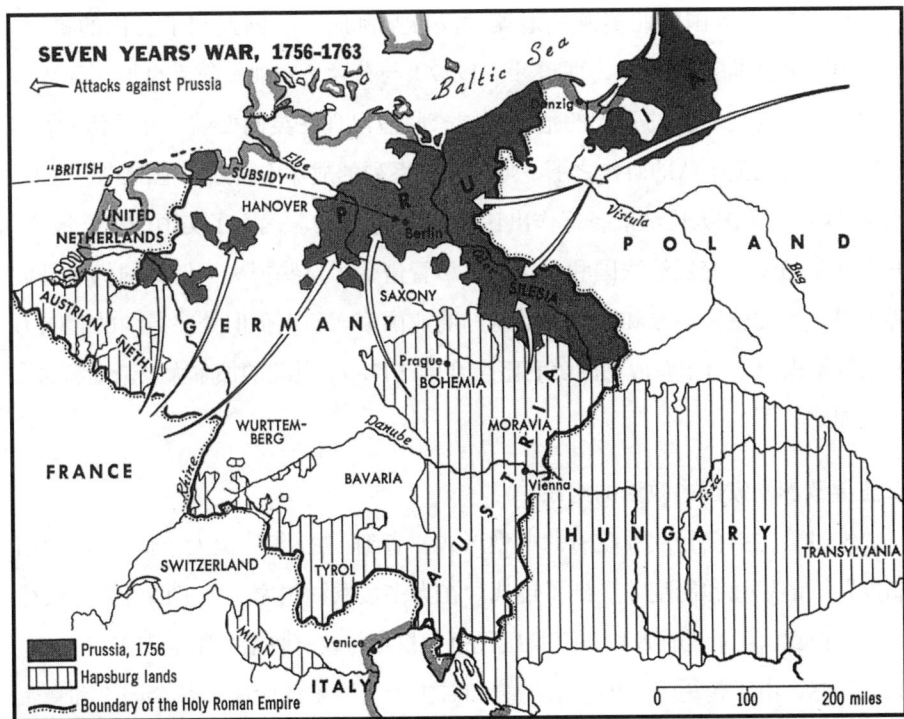

SEVEN YEARS' WAR, 1756-1763

← Attacks against Prussia

- Prussia, 1756
- Hapsburg lands
- Boundary of the Holy Roman Empire

Baltic Sea

"BRITISH SUBSIDY"
UNITED NETHERLANDS
HANOVER
AUSTRIAN NETH.
GERMANY
SAXONY
FRANCE
WURTTEMBERG
SWITZERLAND
TYROL
MILAN
Venice
ITALY
BAVARIA
BOHEMIA
Prague
MORAVIA
AUSTRIA
Vienna
HUNGARY
TRANSYLVANIA
Danube
Berlin
SILESIA
Danzig
Vistula
Bug
POLAND
Elbe

0   100   200 miles

七年战争（1756—1763）

但殖民世界中的一些重要地区仍掌握在这三个国家手中。西班牙和葡萄牙在中、   442
南美洲的殖民地在地图上占据了醒目的位置，然而与这些地区的贸易却逐渐落
入英国商人手中，伴随这些贸易一同转手的，还有其掌握的大部分经济优势。荷
兰帝国在东印度群岛和其他地区的领土比母国的土地更有价值，因为荷兰的船只
仍在公海上往来，而香料贸易也仍旧集中在荷兰人手里。但伴随 17 世纪的结束，
荷兰帝国的扩张也宣告终结。此后，荷兰所留下的这一领域成为法国和英国争夺
的对象。

英国和法国爆发殖民冲突的主要地区是北美和印度。1688 年以后，每当
欧洲爆发战争，法国和英国总是处于对立态势。双方之间的冲突不仅发生在欧
洲大陆，也发生在公海和殖民地。其中具有决定意义的是七年战争（1756—
1763），或者按美国历史上的说法，称其为法国—印第安人战争（1754—1763，
因为战争在美洲爆发的时间比在欧洲要早两年）。《巴黎和约》的签订结束了战
争，也使法国人失去了加拿大和印度。

当 1776 年英国的北美殖民地爆发反英叛乱时，法国找到了复仇的机会。1778 年，法国向英国宣战，西班牙（1779）与荷兰（1780）随后也加入到法国一边。一个与之对抗的强大的殖民地国家联盟出现在英国面前。在乔治·华盛顿领导下的北美军队的协作之下，他们在一系列的战斗中击败了他们的老对手。到 1783 年，英国人已经准备好作出让步。《巴黎和约》确立了美国的独立地位，并将众多殖民地交还给法国和西班牙。尽管遭受了这些损失，但英国仍然是世界上最强大的殖民国家和欧洲最活跃的商业国家。印度仍旧处在英国的影响力所及的范围内，位于新成立的美利坚合众国（1789）以北的加拿大及新斯科舍[*]也是如此。

2. 主要欧洲国家国内政治的组织

绝对君主制仍是欧洲政府的典型形式，直到 1789 年法国大革命爆发，"旧制度"下的思想和制度才受到了挑战。在大多数欧洲国家，国王的意志即法律是一个得到认可的法律原则，而且臣民也无权参与政府政策的制定和实施。

当然，由于传承下来的政府传统和君主个人因素的限制，各个国王和皇帝对理论上的特权的使用在实践中受到严格的限制。没有一个人能够应付得了一个 18 世纪的政府关注的所有问题。大部分的统治现实，是由国王依赖于他们的仆人、官僚和大臣所制定的无数决策综合在一起而构筑的。因此，国王的神圣权利实际上意味着政府官员不受制约的权力。很明显，这类政府的效率取决于这些官员是谁、他们是怎样被选出以及获得提拔的。且很大程度上依赖于一小部分的上层人士——国王和掌管政府主要部门的各个大臣。一个精力充沛的统治者可以在所有政府部门中施加个人影响；但另一方面，一个对宫廷娱乐比对费劲的行政工作更感兴趣的统治者，则会轻易地允许政府机器以不受约束的方式随波逐流。

（1）欧洲中部和东部的政府重组

在 18 世纪，一些统治者在欧洲中部和东部崛起，他们积极地尝试改革、重组和提高政府的效率。他们的一些政策宣称运用了当时的社会理论原则；因此

---

* 新斯科舍现为加拿大东南部的一个省。——译者注

他们也被称为"开明专制者"。他们力图实现政府的中央集权化，实现自己领土各个部分的制度统一，鼓励艺术和科学，减少或消除对贸易和工业的国内壁垒，从总体上增强和扩张自己的国家。腓特烈大帝是这些统治者中最成功的一位；俄国的叶卡捷琳娜二世和奥地利的约瑟夫二世（1780—1790）紧随其后。

叶卡捷琳娜的政策延续了从彼得大帝时开始的对俄国的欧洲化。在统治的早期，叶卡捷琳娜面临的一个问题就是如何稳固自己的权力。因为叶卡捷琳娜由一位德意志公爵夫人所生，她宣称有权继承俄罗斯皇位的唯一理由是她与沙皇的婚姻——叶卡捷琳娜在婚后很快将其废黜。所以，叶卡捷琳娜意识到应该向俄国贵族作出慷慨的让步。她免除了俄国贵族为国效力的义务（这是他们从雷帝伊凡时代就开始承担的义务），并确认和扩大了他们对俄国农奴的合法权利。她宣称启蒙思想乃是一个统治者对他的臣民的义务，但除了贵族以外，她却没有帮助过任何一个阶级。

在奥地利，哈布斯堡家族零星地取得和占有领土的方式导致了地方制度和权利的多样性和混乱。对于约瑟夫二世而言这是一个阻碍国家效率的可怕梦魇；再者，也是对理性原则的冒犯。在其短暂的统治时间里，约瑟夫十分努力地尝试将奥地利的领土统一起来，并提高自己政府的工作效率。但是地方上的反对势力依旧很顽固，1789年法国革命的爆发使人们不再信任激进的朝令夕改的措施。因此，他的改革也只取得一部分的成效，奥地利在没有实现任何国内真正统一的情况下迈入了18世纪。

普鲁士的国家管理（特别是普鲁士军队）令欧洲国家感到羡慕。它的效率可以追溯到17世纪，这一时期，普鲁士分散的省份和其他德意志地区一样遭受了三十年战争的破坏，大选侯腓特烈·威廉（Frederick William，1640—1688）在他的这些省份恢复了经济繁荣，并把它们的管理权集中到了柏林。18世纪延续了家长式、勤俭和彻底的传统。特别是普鲁士公务人员的任命和晋升，它要求对象通过书面考试，考试内容是检测其是否具有有效工作所需的知识。这一机制保证了普鲁士官员相比其他欧洲政府中常见的官员具有更高的能力水平。在他们的帮助下，腓特烈大帝建设了多项公共工程，吸引了来自欧洲各地的移民，并用重商主义国家常用的手段鼓励贸易和工业。正是在腓特烈大帝的统治和积极的鼓励之下，土豆第一次成为德意志的一种主要作物。这种源于南美洲的植物在普鲁士的沙质土壤和凉爽气候条件下生长茂盛。土豆的广泛种植极大地增加了王国的食物资源，并为人口相对快速的增长提供了可能。

（2）法国的绝对主义

法国国内治理的历史与那些更晚近的和更东边的国家相反。在自己统治的前期，路易十四制定了许多在之后被认为是开明专制的政策。科尔伯特煞费苦心地为商人和实业家增加财富；另一位大臣鲁瓦侯爵（Marquis of Louvois）也对法国军队给予了类似的关注。路易自己则向人们展示了政府这个巨大的产业，此外他还亲自对他的大臣进行监督。正如我们所见，在这种管理之下，法国跻身为一流欧洲大国。

路易漫长的在位时期的后半段则没有那么幸运。强大的联盟阻止了其对外政策的成功，而由此带来的漫长而艰苦的战争则毁灭了法国国内的繁荣。除此以外，随着科尔伯特（1683）和鲁瓦（1691）的去世，路易失去了最得力的大臣，年老的国王也未能找到同样能干的人接替他们。宗教上的偏执导致了路易对詹森派和胡格诺派的迫害；路易此举也将众多勤勉而有技术的家族从自己的王国中赶了出去。胡格诺难民对普鲁士工业的建立帮助极大，他们还将新的手工技艺带到了英国。

445　　　在路易十五（1715—1774）统治下，法国政府效率的下降依旧没有得到抑制。改变或改革制度的尝试遭抛弃；一个程式化且经常出现腐败的政府不是帮助而是阻碍了经济的发展；公开的批评不断增多。然而法国的商业和工业在 18 世纪仍旧以极快的速度发展；但这种增长所带来的影响仅仅是让中产阶级对管辖自己的公共行政越来越不满。

中产阶级最不满的是一小部分贵族和高级教士享有特权，而自己却被排除在外。许多贵族从国王那里领取养老金；所有贵族都可以免除一些特定的税收。政府和军队中的高级职位为贵族出身的人保留，晋升则常常依靠官场上的熟人，而不是看一个人的能力。许多贵族和高级教士在凡尔赛的宫廷中虚掷光阴：在国王的人身边参加仪式性的聚会，为了讨好贵妇或拿到政府的津贴或养老金而在优雅的会客厅中展开密谋。这个充满了风流韵事的国家在许多人看来是一个很好的享乐之所，但却是不公正和非理性的。

中产阶级的不满还不止于此。由于国王有权在不给出任何理由的情况下逮捕某人，并根据自己的意愿决定其关押的时间，所以司法机构有时候飘忽不定。法国没有统一的法律体系。中世纪末期统一起来组成法兰西王国的各个省份都保留了许多之前所盛行的法律和特殊制度。红衣主教黎塞留在 17 世纪初推行的一项改革将法国分成由总督管理的行政区，这保证了法国一定程度上的统一。但在挑剔的中产阶级眼里，这些官员是暴君而不是公共利益的捍卫者。17 世纪早期，督办官和王室法官主要从中产阶级中招募，而政府中的一官半职多少都向那些有才能的人开放。但到了 18 世纪，高级政府官员群体却成了一个近乎隔绝的种姓，也就是穿袍贵族（*noblesse de robe*），他们只比中世纪封建阶级的后代——佩剑贵族（*noblesse d'épée*）——少一些特权。

另一种不满来自中世纪庄园体系的遗留，也正是因为这个原因，法国农民和心存不满的资产阶级站到了一起。混乱的税收体系和不平等的税收负担，不仅遭到农民，也遭到城镇居民的愤恨；而政府的许多经济规章的逐渐荒废，也使国王最富有的臣民中的一大部分人越来越失去了耐心。

为大多数法国人的不满代言的是众多自称哲人（*philosophes*）的作家和政论 446家；但他们的鼓动并未引起法国统治集团的注意，直到财政危机的到来，统治集团才被迫开始对政府体系进行重组。政府濒临破产的首要原因是对外战争的消耗，在特别的紧急情况下，效率低下的信用和税收体系经不起对政府收入的轻易挥霍。增加新税的尝试受到国王自己的一些官员，特别是所谓的最高法院（*Parlements*）法官的抵制；中央政府缺乏击垮反对者的决断力，而反对者则得到活跃的民意的支持。

路易十六 1774 年登基时进行了一些缺乏热情的尝试，试图给陷入混乱的法国政府重新树立秩序。路易十六任命改革派大臣安·罗伯特·雅克·杜尔哥（Anne Robert Jacques Turgot）处理财政问题；但杜尔哥的建议在宫廷贵族和政府高级官员中掀起了一场反对风暴，结果是路易懦弱地投降，解除了在任仅仅 20 个月的杜尔哥的职务。新的财政大臣雅克·内克尔（Jacques Necker）通过贷款和温和的节省开支政策，成功维持了政府的偿付能力；但他同样遭到宫廷势力集团的憎恨，并于 1781 年被解职。此后，政府的财政每况愈下。对英作战（1778—1783）的花费和对美国革命者的援助耗尽了国库。一系列缓解政府财政困难的补救措施均告失败，1789 年，在万不得已的情况下，路易十六同意召开三级会议，指望它能够解决政府的财政问题。但三级会议却反而拉开了法国革命的序幕。

（3）英国的立宪君主制

同欧洲大陆上的国家不同，源于中世纪的代议制度在17世纪的英国仍然强势。上文已经对清教革命的过程进行了概述。议会在这一运动的早期阶段担任了领导者的角色，并于1640年至1641年通过了一系列的法律严格限制君主的特权。当查理二世（1660—1685）复辟了他父亲的王位时，他承诺遵守议会之前所颁布的法律。随着查理二世的复辟，大规模的反清教运动席卷英国。英国国教被再次确立为国家宗教，人们的思想也普遍地从宗教转移到了其他问题上。

英国的贵族中包括了许多由商人阶级跻身贵族之人，这种贵族制开始统治了政治生活。代表了土地绅士以及城镇富裕阶级的议会控制着中央政府。乡绅和自由民则很大程度上控制了地方政府，他们扮演着常常是没有薪水的地方行政官的角色。因此，英国政府也得以免除统治着大陆国家政府的领薪的职业官僚体系。对王权的质疑从未完全停止过，议会对批准对国王的拨款一般持谨慎的态度，除非是为了一些特殊的目的，而且议会也经常根据国王对一些新立法的赞同与否来决定是否拨款。因此，立法也开始反映英国绅士和商人的利益。人口中的其他团体，包括国王和国王的宫廷，都只能通过在议会中赢得一些成员的支持来施加间接影响。

不只是查理二世，他的继任者詹姆斯二世（1685—1688）同样不喜欢议会对王权所施加的限制。在自己统治的末期，查理和议会陷入龃龉，他在没有议会的情况下统治了四年。当查理的继承人詹姆斯公开支持罗马天主教时，宗教对抗再次出现。议会中的一个团体试图将詹姆斯从继承人选中除名。这个团体，也就是后来的辉格党，没有取得成功，原因在于议会中的大多数人（托利党）担心世袭原则的破坏会再次导致革命。从关于詹姆斯二世登基的争论开始，议会分裂成两个迥异且一定程度上是永久性的有组织的政党。现在的英国保守党便来自17世纪的托利党，而辉格党则发展成为今天的自由党。

詹姆斯在宗教和政治上的政策很快令辉格党和托利党都感到了不安。通过悬置法律和法规，詹姆斯无视议会的决议，并任命罗马天主教徒担任军队和政府中的高级职务。他的对外政策同样不受欢迎，当法国的帝国建设者和商人正在世界

447

上的殖民地区与英国人展开激烈竞争的时候，詹姆斯却屈服于法王路易十四。不满在詹姆斯的一个儿子出生时达到了顶点，现在看来，王位将不会传给詹姆斯信奉新教的女儿玛丽和安妮，而是将留在天主教徒的手中。

结果在辉格党领导下，议会发动了一场密谋。他们从荷兰邀请来玛丽的丈夫奥伦治的威廉。1688 年当威廉抵达英国时，受到了支持者的热烈欢迎，詹姆斯则逃到了法国。仓促召集起来的议会将王位共同授予威廉和玛丽，同时也小心地起草了一套新的条款——《权利法案》，两位新的君主接受了法案。根据《权利法案》中的条款，议会成为绝对的、毫无争议的英国政府最高权威，独掌征税和 448
授权维持军队的大权。

对詹姆斯二世的废黜常常被称作是光荣革命。1688 年的这场革命除了几乎没有流血以外（在爱尔兰发生了一场支持詹姆斯国王的运动，但在 1690 年的博因河战役中，爱尔兰军队遭遇惨败，新教得以在接下来的一百多年时间里保持优势地位），还标志着英国向立宪君主制和议会制政府迈出了决定性的一步。

这次继承事件在接下来的三代中加快并深刻影响了英国特殊的政府制度的进一步发展。奥伦治的威廉的兴趣主要在对外政策上，他急切地将自己的新王国中的资源动员起来，用以对抗路易十四野心勃勃的计划。就像我们曾看到的一样，英国对法国的干涉在国际上具有重大的意义。但英国国内政策所导致的后果也具有同样的重要性。从总体上来说，威廉对把英国的管理权交给议会感到满意。他确立了任命议会多数党成员担任各个大臣来管理国家的惯例。在威廉看来，这一安排轻松地避免了与议会之间恼人的摩擦；然而这一惯例所带来的影响却是扩大了议会对政府行政权的控制。

威廉和玛丽没有直系后裔，所以王位由玛丽的妹妹继承，也就是安妮女王（1702—1714）。在其在位期间，苏格兰王国和英格兰王国合并为统一的大不列颠王国。1603 年以来，这两个王国就处于斯图亚特家族的国王的共同统治之下，但两国各自的议会以及其他政府制度得到了保留。1707 年，苏格兰和英格兰议会通过了各自的法案，实现了两个议会的合并，英格兰和苏格兰也宣布合并为一个王国。而从伊丽莎白女王时代开始就臣属于英王的爱尔兰在 1800 年以前一直保持着独立，有自己的议会和法律。

1714 年安妮女王逝世时，议会无视詹姆斯二世之子的继承权，而将王位献给了斯图亚特王室的一位远房表亲——汉诺威选帝侯，也就是之后的英王乔治一世。乔治一世和他的儿子乔治二世都是德意志诸侯，两人中没有一人曾学会流利地说英语。和奥伦治的威廉一样，他们主要的个人兴趣在大陆的祖产上，他们十分乐意把对英王国的管理权留给议会。

因为乔治一世不懂英语，所以他一般会缺席与他的大臣的会议。因此大臣们（或按他们集合在一起时的称谓——内阁）开始自己组织会议和决策；国王则定期批准他们的决议。一段时间后，这一先例具有了一种约束力，英国国王最终变成了一位有名无实的国王。

在汉诺威王朝的前两位国王统治时期，出现了首相一职。罗伯特·沃波尔爵士（Sir Robert Walpole）在很长时间里得到议会的支持。乔治一世和乔治二世对沃波尔十分信任，甚至委任由其来遴选国王的大臣，国王做的只是简单地批准对他们的任命。沃波尔将自己的这种独特地位保持了20多年（1721—1742）；而首（Prime，即第一）相的头衔也使沃波尔的卓越地位在大众语言中得到了认可。沃波尔担任首相的时间已经足够长到确立一种相对稳定的惯例，即由首相来挑选内阁大臣。最终，由国王诏令议会多数党领袖组阁成为英国政府的一项原则，而国王选择"他的"大臣的权力则沦为一种形式。

所以政府内阁制几乎是在偶然中建立起来的，内阁制的优势是它具有显著的灵活性，民意和政党力量的变化几乎都可以通过政府行政的适当变动得到自动表达。然而我们不应就此认为18世纪的英国政府代表了所有英国人。议会的权限非常有限。在各个自治城镇并没有统一的投票规则，但从总体上看只有一部分城镇居民享有投票选举自己城镇代表的权利；对选举"郡骑士"（"knights of the shire"）的选民的财产限制意味着郡的选举实际上为绅士所控制。不仅如此，沃波尔等人还发现经常可以通过贿赂来操纵议会选举。查理二世之后，对议会席位的分配并没有反映出人口中心的变动，所以一些几乎已经无人居住的城镇（"腐败选区"）在议会中仍旧有两个席位，而新的城镇，不管其规模多大，在议会中却没有代表席位。如此一来的结果是，一小部分被选举人或者甚至是一个大地主控制了大量的议会议席，他们可以通过威胁或贿赂的手段让选民投票给他们预定的候选人。因此，在17世纪和18世纪早期，英国政府实际上实行的是寡头政治，立宪君主制只是形式而已。

449

乔治三世（1760—1820）在英国长大，从他的兴趣点和关心的问题来看，与其说他是汉诺威人，不如说他就是英国人。他不满于继续做一个虚位君主，而是积极参与议会事务。在漫长的在位时期的早期阶段，乔治三世就试着在议会中建立一个国王的政党来实行真正的统治，而不仅仅是当一个国王，他的尝试取得了相当大的成功。但国王在北美殖民地的政策的失败，加上美国独立战争局势的逆转动摇了乔治在政府参与中的积极角色；在其统治后期，因为乔治的间歇性精神失常，英王统而不治的先例更是得到了确立。

18世纪下半叶，和法国一样，英国国内要求改革的情绪也开始酝酿起来。在与殖民地的战争失利以后，一个改革派政党要求对议会席位进行重新调整，以使其更符合人口分布的情况。但这些努力还未见成效，法国大革命的爆发就使人们失去了对所有改革尝试的信任，在接下来的四十年中，英国的政府机构组织没有发生任何重大的变动。

18世纪英国和法国的政治生活之间最明显的反差，可能要属两国上层和中产阶级所扮演的角色的不同。在英国，地方政府的实际工作很大程度上由乡绅和自由民所掌控，中央政府的政策一般反映的是地主和商业阶级的利益。而在法国，政府的政策和行政则主要由一个宫廷派系和一个多少能自我维系的官僚体系来控制，这两个团体与绝大多数法国人相隔绝。

同样，英国贵族成员的资格也和法国的不一样。在英国，商业和土地所有权之间的联系更为紧密：许多人在通过贸易致富以后，都以购买地产和将自己变成有土地绅士的方式来获得社会地位。而与之相对应的是，许多土地所有者会将他们的一部分资本投入到工商业中。在法国，贵族中的血统傲慢和对商业追求的鄙夷更加根深蒂固；依靠自己获得成功的人要进入贵族这个迷人的圈子也更为困难。即便是在一些为数不多的成功例子中，这些人也会很快断绝自己与商业或工业活动之间可耻的联系。因此，作为一个整体的法国贵族倾向于沦为社会的寄生虫；而从大体上来说，他们的特权和轻浮作风也使自己暴露在了知识分子领袖和中产阶级的嫉妒和攻击之下。

这些差异有助于解释为什么法国爆发了革命而英国没有。另外，这些差异还应该加上英国卫理宗（Methodism）的社会影响。18世纪末的卫理宗的宗教复兴和13世纪的方济各运动一样，使传统的宗教组织适应新的社会环境：在这种情

况下，对于英国的新兴工业城镇而言，卫理宗不仅教导人们要服从既定的权威，

还要求人们坚定对上帝根据自己的好恶分配给每个人的人生道路的信仰；而且转移了英国劳工阶级（卫理宗的主要支持者即来自于这些群体）的精力，将其力量进行重组，把他们汇集到宗教渠道上。之后的事实是，每当法国爆发革命，许多英国人就会将爱国主义和保守主义等同起来，这扮演了强大的政治变革的刹车角色。

四、文化

古典主义这一术语曾被用来描述 17 世纪晚期到 18 世纪早期的文学、艺术和音乐的主要形式；浪漫主义则被用来描述始于 18 世纪末并延续至 19 世纪最初几十年在相同领域内所发生的自我变革。要给这些术语下一个明确的定义是非常困难的；它们至多只能算是对欧洲文化不断增加的表达形式并不充分的描述。但许多批评家还是相信他们可以在所谓的古典主义的蒲柏（Alexander Pope）的诗歌、拉辛（Jean Rachine）的戏剧、莫扎特的音乐以及雷诺兹（Joshua Reynolds）的绘画中察觉到模糊的共同点。乐观主义、理性主义、中庸主义、世界主义以及一点点的人工润色——所有以上这些在一定程度上都具有 18 世纪上半叶古典主义的特征。与之相反，浪漫主义珍视的是感觉、自我表达、灵感和对传统艺术形式的解放，且常常对中世纪以及本地或民族的历史持欣赏态度，并对其产生了新的兴趣。

对人们的思想产生过巨大影响的新科学理论在 17、18 世纪继续向前发展；材料技术的快速发展和财富的增长促成了对进步的日益信仰。人类理性能够解决世界上所有问题的信念被广为接受，特别是在法国，传统的宗教信仰被具有影响力的知识分子领袖群体所修正或否定。

18 世纪欧洲文化的另一个重要方面是维也纳作为一个伟大文化中心的兴起。大约在 1699 年，对土耳其人战争的胜利使哈布斯堡王朝的首都由一个边境小镇变成了一个伟大帝国的中心，此后，维也纳在欧洲中部和东南部的地位变得和巴黎在欧洲西部的地位一样。当奥地利（和匈牙利）贵族开始对艺术、建筑和音乐发生兴趣时，他们的主要咨询对象是意大利人；但还不到 1750 年，土生土长的奥地利人就摆脱了意大利的指导。

现代世界的塑造者

孟德斯鸠
（贝特曼档案）

452

约翰·洛克
（贝特曼档案）

453

伏尔泰
作者乌冬（Houdon）
（贝特曼档案）

让－雅克·卢梭
作者德·拉·图尔（De La Tour）
（贝特曼档案）

以维也纳为中心的这种文化发展概括出了大约两个世纪前存在于法国（和西欧大部分地区）的一种文化发展模式。在 16 世纪初，法国人所受到的意大利文艺复兴的影响，就和奥地利人在 18 世纪的前几十年中所受到的影响一样：我们可以将现代欧洲的文化史想象成由两条河流所孕育，这两条河流都从意大利发源，一路向北流淌，一条越过阿尔卑斯山的西口进入法国，另一条随后越过阿尔卑斯山东口流到奥地利。可以肯定的是，进入当地后发生的变化往往是非常重要的，当北方人在以意大利为典范进行模仿时，总是会对其进行定期的修正。但在现代历史的早期，欧洲文化出现了一种统一性。这可以理解为是所有欧洲国家都从意大利文艺复兴的成就中找到了共同的启发者所导致的结果。当源自意大利或受到意大利启发的艺术形式被抛弃或被改得面目全非的时候，欧洲文化的统一性也消失了，取而代之的是各民族的文化甚至是个人化的艺术形式。欧洲传统的这种碎片化的发展脉络，是解释 19 世纪文化史的路径之一。

1. 文学

在路易十四统治之下，法国的语言和文学成了欧洲大陆大部分地区的典范。一个学者群体在 1694 年完成了一部字典的编纂，使法语标准化和纯净化。到 18 世纪末为止，纯文学（*belles lettres*）都只能使用这部字典中所出现的词语。这样做的一个结果，是（且一直是）其他欧洲语言在词义的清晰度和准确度上都无法与法语相媲美；但另一后果，则是造成词汇量的不足和法语文学在表达上缺乏可塑性。但无论如何，字典编纂者为定义这一语言所付出的努力标志着现代法语的开端。

法国古典文学有三位巨人：皮埃尔·高乃依（Pierre Corneille，1606—1684）、莫里哀（原名让-巴普蒂斯特·波克兰［Jean-Baptiste Poquelin］，1622—1673）和让·拉辛（Jean Racine，1639—1699）。高乃依和拉辛是悲剧作家，他们的剧作受到希腊和拉丁典范的深刻影响。而莫里哀则写作喜剧，他的剧作中的人物和情节大多来自于当时法国人的生活。三人放在一起在法国文学上的地位可以和莎士比亚在英国文学上的地位相提并论；他们是经典的法语作家，至今天为止，对他们作品的研究构成了法国教育的重要一部分。

路易十四时代其他较为重要的作家，有让·德·拉封丹（Jean de la Fontaine，

1621—1695），他写作的寓言借野兽之口描述人类的弱点，并以异想天开的方式对其进行讽刺；波舒哀主教（Bishop Bossuet，1627—1704），大量布道辞、神学手册和《世界史》（*Universal History*）的作者；尼古拉·波瓦洛（Nicholas Boileau，1637—1711），诗人和文学批评家。

18 世纪，法国文学继续在欧洲占据着压倒性的地位。在伏尔泰（原名弗朗索瓦·阿鲁埃［François Arouet］，1694—1778）手中，纯文学成了对他所定义的迷信和不义发动激进哲学攻击的喉舌。伏尔泰对牛顿等人的科学成就留下了深刻印象，还为牛顿物理学在大陆上的传播做了很多工作。他相信运用理性和良好的意愿就可以解决大多数社会问题；他视有组织的宗教为迷信和偏执的堡垒，对其加以嘲弄和辛辣的讽刺。然而，伏尔泰并没有自己的哲学体系；他更多的是与文学打交道，相比逻辑或者完美的连贯性，他更重视的是句子的生动性。

伏尔泰的文学成果在数量和种类上都是惊人的。他尝试了史诗、悲剧、历史、哲学通讯以及他最为人所熟知的讽刺作品。伏尔泰对自己的那个时代产生了伟大的影响。他广泛地与许多欧洲统治者和知识领袖通信，举例来说，他在王国的治理问题上给腓特烈大帝和俄国的叶卡捷琳娜提出过建议。在其生命的大多数时间里，因为他对宗教的攻击，法国宫廷对伏尔泰一直没有好感，但他的书和小册子却在整个欧洲广为流传。晚年时，伏尔泰作为欧洲文学领军人物的地位得到承认。

在用文学攻击既成制度和宗教上，伏尔泰并非孤军奋战。在伏尔泰之前，皮埃尔·培尔（Pierre Bayle，1647—1706）就阐述了宗教怀疑主义的思想。在伏尔泰的同代人中，德尼斯·狄德罗（Denis Diderot，1713—1784）、让·勒朗·达朗贝尔（Jean Le Rond d'Alembert，1717—1783）和保尔·霍尔巴哈（Baron d' Holbach，1723—1789）也值得一提。达朗贝尔和狄德罗组织和参与了一项宏伟的工程——《百科全书》（*Encyclopédie*）的编纂。各领域的领导权威在本书中阐释了自然科学和社会科学的最新发现和理论。这部在 1751 年和 1766 年之间出版的《百科全书》不仅概括了 18 世纪的科学知识，还陈述了对宗教和社会审慎的理性主义展望，让人印象深刻，而且这部书也成为日后编纂参考书的典范，这其中以出版于 1771 年的《不列颠百科全书》（*Encyclopedia Britannica*）最为著名。

英国文学几乎是欧洲唯一没有被法国文学所笼罩的。像诗人约翰·德莱顿

（John Dryden，1631—1700）和亚历山大·蒲柏（1688—1744），剧作家威廉·康格里夫（William Congreve，1670—1729）和理查德·谢里丹（Richard Sheridan，1751—1816），新闻记者约瑟夫·艾迪生（Joseph Addison，1672—1719）和丹尼尔·笛福（Daniel Defoe，1660—1731），历史学家爱德华·吉本（Edward Gibbon，1737—1794）和大卫·休谟（David Hume，1711—1776），讽刺作家乔纳森·斯威夫特（Jonathan Swift，1667—1745），词典编纂家兼批评家塞缪尔·约翰逊（Samuel Johnson，1709—1784），传记作家詹姆斯·博斯威尔（James Boswell，1740—1795）等人都创作了大量种类繁多的作品。在 19、20 世纪成为最受欢迎的文学形式的小说，也是在 18 世纪的英国发展起来的。新文学形式的先驱当属塞缪尔·理查德森（Samuel Richardson，1689—1761），但至少从现代的品味来看，亨利·菲尔丁（Henry Fielding，1707—1754）的《汤姆·琼斯》（*Tom Jones*）才算得上第一部真正令人满意的英语小说。

18 世纪下半叶，古典主义在越来越多英国作家那里被浪漫主义所替代。我们可以从托马斯·格雷（Thomas Gary，1716—1771）的诗作中察觉到这一变化，而 1765 年出版的托马斯·珀西（Thomas Percy）的《古代英语诗歌遗粹》（*Reliques of Ancient English Poetry*）和 1760 年到 1763 年之间出版的詹姆斯·麦克佛森（James Macpherson）的《莪相》（*Ossian*）则对浪漫主义的发展产生了极大的促进作用。前者是一部流行的民歌集子，而后者则伪称是苏格兰古代诗歌的译本，但实际上是麦克佛雷的捏造。这两部作品——特别是《莪相》——不仅对英国，而且对欧洲大陆也产生了广泛的影响。

在法国革命前，浪漫主义在法国几乎没有立足之处；但在德意志，人们的头脑开始由法国、希腊和拉丁典范转向民间诗歌和德意志民族传统。戈特霍尔德·埃夫莱姆·莱辛（Gotthold Ephraim Lessing，1729—1781）的创作开启了德意志文学活动的复兴。莱辛与早年间倾向于从法国人那里获取二手古典主义的德意志作家不同，他是一位努力从希腊人那里直接获取灵感的古典主义者。戈特弗雷德·赫尔德（Gottfried Herder，1744—1803）则以新的热情奏响了一个新的音符。从总体上来看，他对古典主义持强烈的反对态度，特别是反对法国的世界主义和理性主义。他相信只有将自己深深植根于民族的传统之中，德意志或者其他民族的文学才会繁荣。因此，赫尔德成了一位热心于德意志民间传说、习俗和语言的学生。

赫尔德对两位德意志文学巨匠产生了相当大的影响：约翰·沃尔夫冈·冯·歌德（Johann Wolfgang von Goethe，1749—1832）和约翰·弗雷德里希·冯·席勒（Johann Friedrich von Schiller，1759—1805）。歌德最伟大的作品是诗剧《浮士德》（*Faust*），但他也写作诗歌和中篇小说，同时他在某种程度上也是一位科学家。席勒创作了若干部戏剧，也从事散文和诗歌的写作。赫尔德、歌德和席勒三位作家合力推翻了法国文学早年间在德意志所建立的榜样统治。18世纪下半叶，一种使用德语进行创作并可以与法国和英国最好作家的作品相匹敌的文学出现了，它的出现也结束了宗教改革以来长时间的文学停滞。德意志文学的崛起立即成为德意志文化上的（以及最终德意志政治上的）民族主义未来发展的一个象征和动因。

2. 艺术

17世纪和18世纪，欧洲兴建了大量公共建筑，特别是国王和贵族的宫殿。为路易十四而修造的凡尔赛宫便是当时建筑品味的最好例证；奥地利皇帝和普鲁士国王随后都效法法国，为自己建造了类似的宫殿。18世纪，一种更为精致和华丽的风格洛可可艺术（roccoco）开始兴起；到了18世纪末，又出现了一种相反的追求简单和纯粹的"古典主义"线条的风格。在英国，当时最为著名的建筑大作是伦敦的圣保罗大教堂。教堂建筑规模宏大，整体规划仿照罗马的圣彼得大教堂。

宫廷和贵族突出的社会地位也显现在绘画的发展上。那些为自己的贵族赞助人绘制肖像和宫廷画的艺术家自觉地发展出一种"高贵风格"。安托万·华托（Antoine Wateau，1684—1721）、托马斯·盖恩斯伯勒（Thomas Gainsborough，1727—1788）和约书亚·雷诺兹（Joshua Reynolds，1723—1792）便是当时为这一群体服务的画家中最时髦的三位。弗朗西斯科·戈雅（Francisco Goya，1746—1828）也在西班牙处于衰落的时期为西班牙宫廷和贵族创作类似的绘画；但他受到拿破仑时代西班牙人用游击战和法国人艰苦作战的事件的刺激，创作了一些非常有力的画作，描绘法国人的残暴。雅各布·凡·雷斯达尔（Jocob van Ruysdael，约1628—1682）、梅因德尔特·霍贝玛（Meindert Hobbema，1638—1709）、尼古拉·普珊（Nicholas Poussin，1594—1665）和克劳德·洛林（Claude Lorrain，

1600—1682）等艺术家则将风景画发展成为一种独特的艺术形式。

在贵族阶级的资助之下，小艺术即制作家具、精美的瓷器、烛台和各种小装饰的艺术得以繁荣发展。像托马斯·齐本德尔（Thomas Chippendale，1717—1779）和乔治·赫波怀特（George Hepplewhite，卒于1786年）这些家具制造者的名字至今仍然耳熟能详，许多客厅都是模仿他们所开创的风格。塞夫勒（Sèvres）、德累斯顿（Dresden）和韦奇伍德（Wedgewood）的陶瓷工厂都是在这一时间建立的，发端于当时的瓷器风格也延续至今。

3. 音乐

起源于17世纪早期意大利的歌剧在17世纪下半叶越来越受欢迎。其他国家也开始效仿意大利人。让·巴普蒂斯特·吕利（Jean Baptiste Lully，1632—1687）将歌剧引入法国；将歌剧引入英国的则是亨利·珀赛尔（Henry Purcell，1658—1695）。早期的歌剧是一种由勉强组合在一起的冗长的咏叹调构成的高度标准化的艺术。克里斯托弗·威利巴尔德·格鲁克（Christoph Willibald Gluck，1714—1787）首次将音乐和语言、乐器和人声糅合为一个艺术整体，现代歌剧在很大程度上延续了他的这一成就。

17世纪晚期，乐器制作得到了显著的发展。举例来说，大量的意大利工匠对小提琴进行了完善，其中以安东尼奥·斯特拉迪瓦里（Antonio Stradivari，1644—1737）最为著名。约翰·塞巴斯蒂安·巴赫（Johann Sebastian Bach，1685—1750）等人发现了可以用来演奏不同音调的有弦键盘乐器的数学和机械原理——巴赫称其为平均律。现代钢琴就是从巴赫的这种乐器以及其他乐器发展而来。上述以及其他音乐上的改进也反映在器乐的不断丰富上。由乐器所表演的新的音乐形式，即奏鸣曲、协奏曲、交响乐也得到了发展。我们可以从它们的名字上看出它们的源头在意大利。

但18世纪最伟大的音乐家却出在德意志：乔治·弗雷德里希·亨德尔（George Frederich Handel，1685—1759）、约翰·塞巴斯蒂安·巴赫、沃尔夫冈·阿玛多伊斯·莫扎特（Wolfgang Amadeus Mozart，1756—1791）和弗朗茨·约瑟夫·海顿（Franz Josef Hayen，1732—1809）。此处不足以将他们个人风格的差异描述清楚，所以给他们贴一个标签应该足够了：亨德尔、巴赫、海顿和莫扎特是"古

17、18世纪的艺术

　　17、18世纪的艺术反映了欧洲社会不断扩展的多样性。为人所熟知的意大利和北方绘画传统之间的裂痕依然存在，但两者都在有意识地朝着取得更加戏剧化和令人惊喜的效果的方向而努力。除此以外，皇家宫殿人工的庄严、辛辣的讽刺和社会批判、愉悦的嬉闹，以及对诸如瓷器制作等新工艺的迅速运用，都在视觉形式上得到了表达。

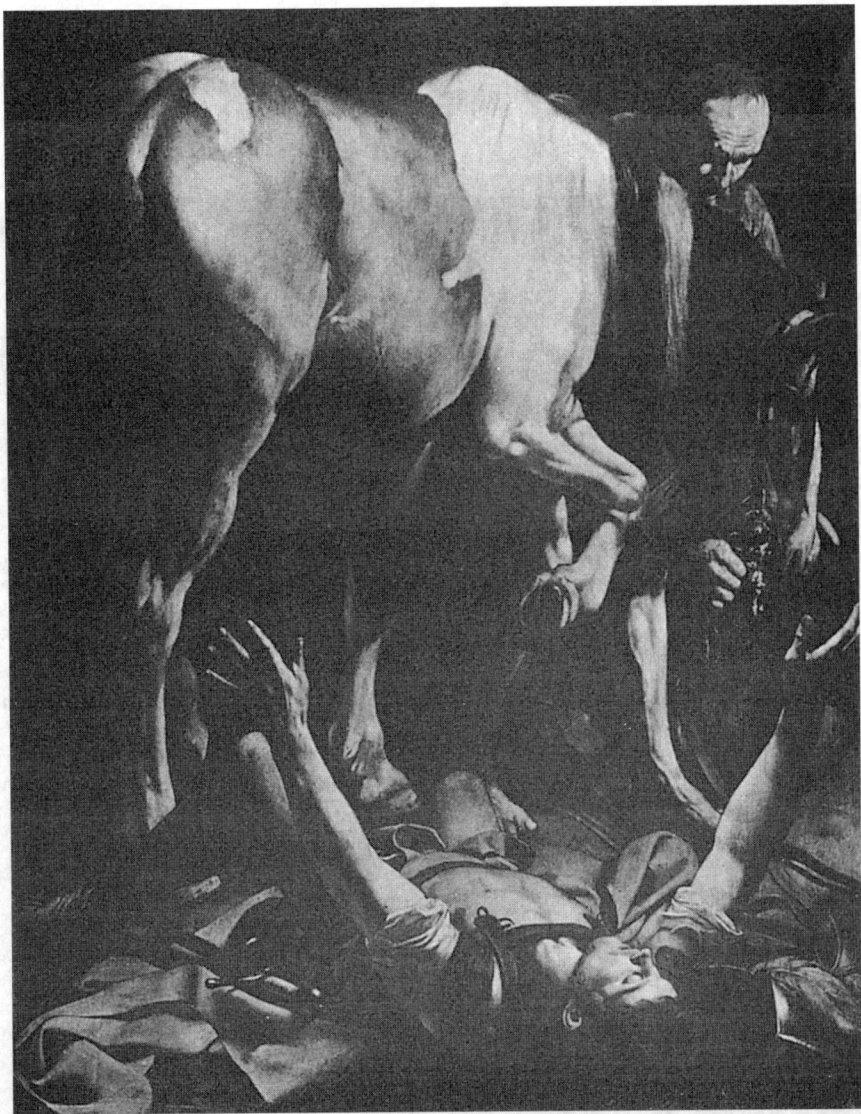

《圣保罗的皈依》（*Conversion of St. Paul*，1601—1602）
作者卡拉瓦乔
罗马波波罗圣母教堂 Cherasi 礼拜堂藏
（阿里纳利艺术图书馆）

在反宗教改革时期，罗马天主教会雇佣像卡拉瓦乔这样的艺术家，以实现教会教条的戏剧化。卡拉瓦乔在这幅画中表现了保罗突然失明并从马上摔下的令人动容的时刻。更早的画家很有可能会选取保罗生命中更为发人深思的一个主题。但卡拉瓦乔通过对光和影戏剧化的运用升华了这一时刻。将保罗的形象高度透视化，是为了将观者拉入到画作中，使其仿佛身临其境于这一超自然的事件之中。

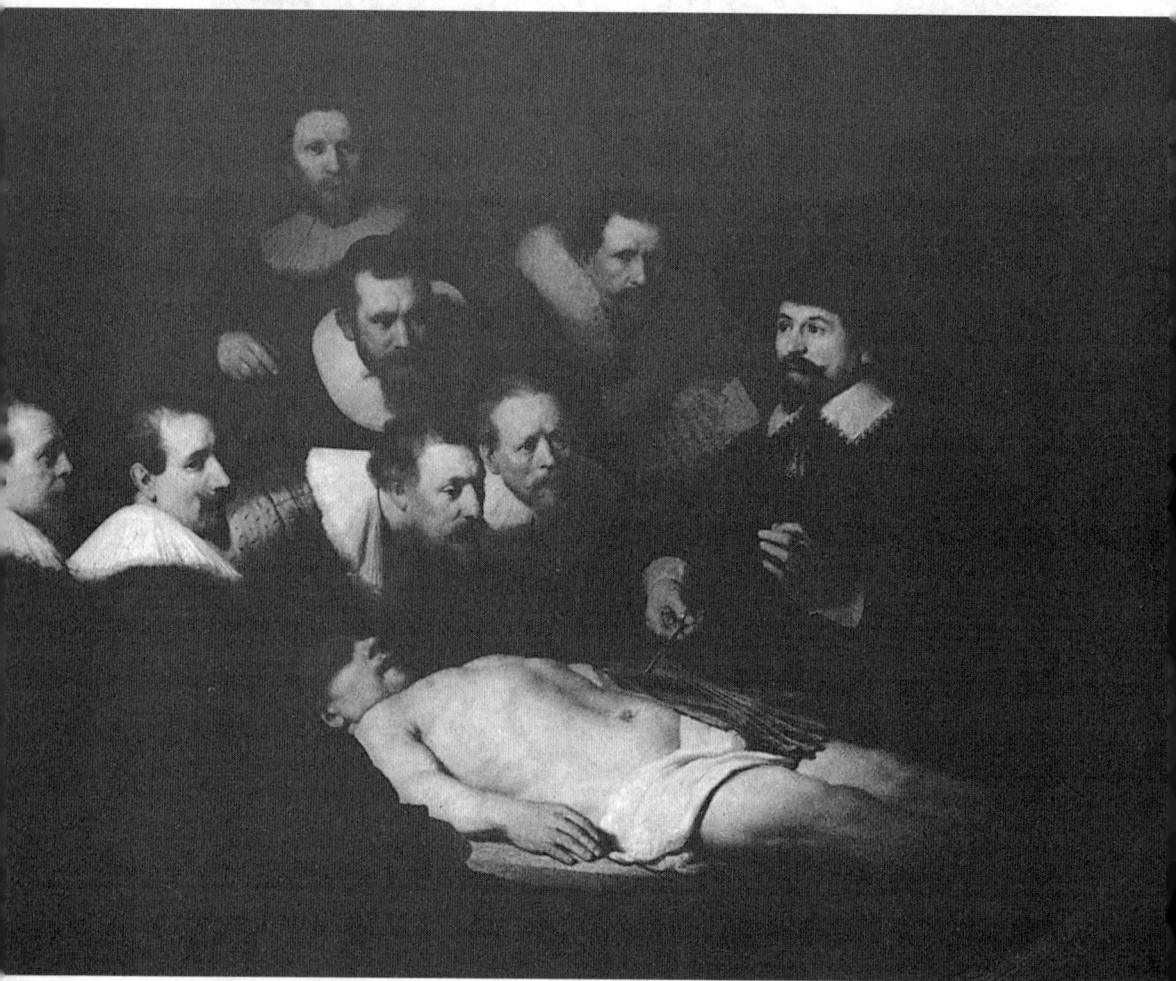

460 《杜普教授的解剖课》(*The Anatomy Lesson of Dr. Tulp*, 1632)
作者伦勃朗
(海牙莫瑞泰斯皇家美术馆)

17 世纪的荷兰艺术反映了繁荣和充满活力的新教中产阶级社会的兴趣和品味。一个荷兰市民没有闲暇来欣赏古典英雄的丰功伟绩,也不需要浮华的教堂艺术。他更喜欢用现实主义的绘画,特别是肖像画,来作为室内装饰。《解剖课》展示了一群严肃和自信的荷兰人认真听取他的老师——正在向他们展示控制手指的肌腱的杜普教授——讲授的场景。这幅绘画的主题暗示了 17 世纪对自然科学日益浓厚的兴趣。

《布列达的投降》(*The Surrender of Breda*，1634—1635)
作者迭戈·委拉兹开斯
马德里普拉多博物馆藏
(Ampliaciones y Reproducciones MAS)

西班牙画家委拉兹开斯在这幅画中表达了对西班牙人赢得对荷兰人的漫长而又艰苦的战争的祝贺。服装的不同
戏剧化地表现了民族的区别；委拉兹开斯运用的将背景模糊化和隐去使人分心的细节的技法，将观者的注意力
集中到了两个中心人物之上，强化了战败的荷兰指挥官将投降的城市的钥匙献给征服者这一姿态的意义。

462 《大卫》（*David*, 1623）
作者贝尔尼尼（Gian Lorenzo Bernini）
罗马鲍格才画廊藏
（阿里纳利艺术图书馆）

这一大卫雕像和多纳泰罗与米开朗琪罗手下创作的大卫之间的对比，代表了巴洛克艺术家与前人作品的分道扬镳。努力捕捉消逝场景、从纵深上表达激情、探索人类潜能的极限——这些都是巴洛克风格的标志。我们可以发现一个明显的事实：文艺复兴高潮时期的雕塑与巴洛克雕塑之间的对比，和希腊古典时期与希腊化时期之间雕塑的对比有着惊人的类似。一部分可能归因于直接的模仿；但在精确表现人体比例的技术问题得到完全解决以后，这一问题却依然存在；巴洛克时期和希腊化时期的雕塑家除了试验极端的、戏剧化的姿势和隐含的暴力化的动作以外，毫无施展余地。

《舔蜂蜜的丘比特》（*Honey-licking Putto*，约 1750 ）

作者约瑟夫·安东·福伊希特迈尔（ Joseph Anton Feuchtmayer ）

比恩瑙朝圣教堂藏

（ Hirmer 出版社，慕尼黑 ）

这个丰满、迷人的小天使完全没有与欧洲雕塑传统上相联系的那种庄严。作为一个教堂的墙壁装饰，它完全摆脱了传统。简而言之，艺术家有意地破坏艺术传统，运用精湛的技艺捕获了观者的注意力。

这一从巴洛克风格到洛可可风格的转型暗示了在旧制度崩溃前夕，欧洲上层阶级礼仪的弱化和他们如何在无聊中打发时间。

巴洛克绘画

464　凡尔赛宫花园正面
建于 1661—1756 年
（韦恩・安德鲁斯）

宫

殿

按照最初的设想，凡尔赛的宫殿将作为一个狩猎时的行宫，但在路易十四主持下，凡尔赛宫迅速扩张为一个空前绝后的建筑工程。大规模的公园布置又扩大了原本就极为庞大的宫殿。这座宫殿是王国的巨大财富和君主的绝对权力的极好象征。它的建造也在巩固王权并将其绝对化的过程中发挥了明确的社会功能。

这座宫殿如此庞大和奢华，以至于可以吸引和容纳法国所有主要的家族。涌入凡尔赛的贵族受到国王的密切监视；为了争宠，他们也丧失了先前的独立观念。

凡尔赛宫镜厅
建于 1678—1684 年
（阿里纳利艺术图书馆）

466 维也纳上美景宫（Oberes Belvedere，Vienna）
建于 1721—1723 年
（韦恩·安德鲁斯）

布莱尼姆宫（Blenheim Palace）
建于 1705—1720 年
（韦恩·安德鲁斯）

凡尔赛宫的规模和宏伟壮丽为欧洲其他地方的统治者和王公提供了模仿的典范。这里所展示的两座宫殿是由私人，而不是由实行统治的王公所建造的。维也纳的上美景宫由著名的将领——欧根亲王（Prince Eugene）所建；英国的布莱尼姆宫则是为欧根亲王在反法战争中的搭档——马尔堡公爵（the Duke of Malborough）而建。这两座建筑巨大的规模象征着英国和奥地利的高级贵族拥有比国王和中央政府更多的财富和独立的可能性，要比"太阳王"嫉妒的眼睛注视下的法国大得多。

宫

殿

468 "围观使节"（" Audience of the Legate"，1662）
国王历史挂毯
（凡尔赛博物馆）

这幅作品用刺绣描绘了路易十四治下的仪式化的宫廷生活模式。国王接见教宗的使者，使者向国王转达教宗的谕令，而其他的侍臣则站在周围希望可以捕捉到国王的眼神。国王的宝座和帽子都是等级的标志。

挂毯本身便是记录国王路易的庄严的一系列的形式之一。挂毯都出自歌白林厂（Gobelin manufactury），此工厂由国家所建，其目的是为制造供国王使用和作为礼物赠送给外国显要的墙壁装饰品。在这样一块挂毯上所运用的大量的技巧和耗费的时间，在整个欧洲都是空前绝后的。

《蓬帕杜夫人》(*Mme. de Pompadour*，约 1755)
作者弗朗索瓦·布歇
莫里斯·德·罗斯查尔德藏品
(Bulloz)

布歇的这幅《蓬帕杜夫人》极好地表现了女性在 18 世纪社会中不断增强的重要性。作为路易十五长时间的情人，她的良好意愿被认为是通向王室品位的真正通途。

画作中，蓬帕杜夫人置身于华丽精致的织物之中，后者衬托出了她经过粉饰后的美丽。

470　《狩猎后的野餐》(*The Picnic after the Hunt*，1740)
作者尼古拉·朗克雷
(萨缪尔·H.克雷斯藏品，华盛顿国家艺术博物馆)

厌倦了宫廷中国王的舞会的法国上层阶级，可以经常走到郊外和狩猎，要是能在开阔的地方野餐就更好了，他们可以将礼仪的拘谨多多少少——虽然不是全部——放松一些。

《维罗纳的意大利喜剧》(*Italian Comedy in Verona*，1772)
作者马尔科·马尔科拉
(芝加哥艺术协会)

越来越多的社会成员有能力前往剧院寻求娱乐和休闲。这幅画作展示了一座位于维罗纳古罗马竞技场中心的剧院。一部类似于潘趣和朱迪戏(Punch and Judy)的戏剧似乎正在上演，而观众则在为座位而争吵，或是八卦，大部分人似乎对观察对方比观察舞台上发生的一切都要更有兴趣。

472 《夜宵》("Le souper fin"),出自《服装纪念册》(*Monument du Costume*)
作者小让·莫罗(Jean Moreau the younger)
(芝加哥艺术协会)

布吕尔"天鹅"堡的大瓷盘
作者约翰·乔希姆·昆德勒
1738—1741 年创作于麦森
（芝加哥艺术协会）

18 世纪，许多至今仍可以在私人住宅中看到的优雅的家居装饰开始出现。诸如吊灯、桌布、毛绒家具、茶几和瓷器等家具细节主要为 18 世纪的贵族和富人所知。他们奢侈的消费模式树立了一种标准，这一标准经历起起落落延续至今。

绝对制下的生活

Israel ex. Cum Priuil. Reg.

fin ces Voleurs infames et perdus ,
me fruits malheureux a cet arbre pendus

Monstrent bien que le crime (horrible et noire engeance)
Est luy mesme instrument de honte et de vengeance,

Et que cest le Destin des hommes vicieux
Desprouuer tost ou tard la iustice des Cie

474 《绞刑》（"The Hanging"，1633）
作者雅克·卡洛
（芝加哥艺术协会）

卡洛在自己的出生地阿尔萨斯亲身经历了三十年战争的恐怖，他特意利用自己的艺术作品向世人展示战争的非人性。在《绞刑》这一场景中，一个牧师给那些将要死去的人举行最后的仪式。另一个场景展示的则是在一群残忍的士兵的暴力、强奸和杀害之下无辜的居民。

这些是从一个更大的与此相关的主题的画集中蚀刻下来的版画。作者创作这些的意图是希望其获得相对较广的传播，因为这样的话，大量的复制品就可以在对精确性和准确性损失极小的情况下得以制作出来。

Israel ex. Cum Priuil. Reg.

beaux exploits de ces cœurs inhumains   L'vn pour auoir de l'or, iauente des supplices,   Et tous d'vn mesme accord commettent méchamment
nent par tout rien nechappe ti. leur mains   L'autre à mil forfaicts anime ses complices ;   Le vol, le rapt, le meurtre, et le violement

《洗劫农场》，选自《战争的灾难》（"The Oillaging of a Farm," *The Miseries of War*，1633）
作者雅克·卡洛（Jackques Callot）
（芝加哥艺术协会）

作为社会批评者的艺术家

476　取自名为《一场选举》(*An Election*)的系列画中的几幅场景
作者威廉·霍格斯（William Hogarth）
《选举招待会》("An Election Entertainment") 与《拉票》(" Canvassing for Votes")
约创作于 1754 年
（伦敦：约翰·索恩爵士博物馆董事会）

英国画家威廉·霍格斯在这里讽刺了 18 世纪中期举行的议会选举。在上面的这幅场景中，投票人们喝得醉醺醺，准备进行投票。在右边，投票人羞怯地从来自对阵的两党的代表手中接过钱，而背景中，低层阶级则在举行暴动。

478 **《场景三：狂欢》**（ "Scene III，Orgy" ）
取自《浪子的历程》（ *The Rake's Progress*，约 1743 ）
作者威廉·霍格斯
（伦敦：约翰·索恩爵士博物馆董事会）

这幅取自霍格斯的系列画作《浪子的历程》中的场景名为《狂欢》。作为一个政治讽刺家，在这幅对他所攻击的罪恶的滑稽场景的描绘中，霍格斯似乎并没有显得那么激烈，霍格斯在画布上用细节向我们展示了一副 18 世纪伦敦酒馆生活的生动图景。

《1808 年 5 月 2 日的行刑》（*Execution of May 2, 1808*）
作者弗朗西斯科·德·戈雅（Francisco de Goya）
马德里普拉多博物馆藏
（Ampliaciones y Reproducciones MAS）

西班牙画家戈雅在自己晚年目睹了拿破仑领导下的法国人对自己家园的入侵。他对恐怖的反应和他的愤怒表现在他的绘画上，这幅画作展示了执行死刑任务的一个法国射击队处死一群来自马德里的居民的场景，毫无疑问，罪名是以游击战对抗法国人。这幅画作捕捉到了源自法国大革命的政治和战争中兴起的暴行，以及法国革命领导人在自己领导的政治行动中对大众情绪极为成功的利用。

典主义"音乐的主要代表，他们与 19 世纪早期出现的以路德维希·冯·贝多芬（Ludwig von Beethoven，1770—1827）的作品为代表的"浪漫主义"音乐风格相对应。

4. 数学与自然科学

在 17 世纪早期曾作为知识史的突出特征的数学，并未在 1660 年以后停止前进的步伐；但由于物理学和化学的发展，数学失去了一些自己的优势。事实上，物理学要大量应用到数学，艾萨克·牛顿爵士（Sir Isaac Newton，1642—1727）那一代人经常尝试把物理法则简化为数学公式，他们的尝试所取得的成就也令人瞩目。

纯数学领域的主要成就是微积分的发展。牛顿和哥特弗雷德·威廉·莱布尼茨（Gottfried Wilhelm Leibnitz，1646—1716）运用不同的符号系统分别独立地发现了微积分原理。今天所使用的微积分符号，便是对莱布尼茨的符号进行细微改动的结果。

克里斯蒂安·惠更斯（Christian Huygens，1629—1695）的工作很好地展示了数学推理在分析物理现象上的作用，他成功地将钟摆的运动和波浪的运动简化为数学表达式（惠更斯的理论工作的一个副产品便是发明了走时准确的摆钟）。同样，牛顿也成功地用三条可以用数学来表达的法则对物体的运动进行描述；这三条法则可以用来描述，甚至是预测地球上和太空中物体的运行。这种对自然现象显著的差异性的简化几乎让人感到目眩。一个被简单、合理和数学的法则所规制的新宇宙展现在人们惊诧的目光之中。早在 1687 年牛顿的《自然哲学的数学原理》出版之前，对自然法的信仰就已经在最先进的知识分子圈子中广泛流行，如今又获得了一个强大的新的支持。许多人和亚历山大·蒲柏有同感，他写道：

上帝说："让牛顿去吧，于是一切都被照亮。"

牛顿科学的推广者立即着手向人们解释为何行星的运动和苹果的下落一样反映了万有引力的普遍原则。此外，牛顿还开始对光做光谱分析，他使用棱镜将构成阳光和星光的颜色分解出来。在接下来的几代人中，其他天文学

482

家和物理学家解决了牛顿万有引力理论的细节问题，并发现了许多新的例证。牛顿最伟大的继任者是皮埃尔·西蒙·拉普拉斯（Pierre Simon Laplace，1749—1827），他通过计算极大地完善了对太阳系中引力关系的研究，并对第三物体对天体运行轨道产生的干扰作出了解释——比如说太阳对月球绕地轨道的影响。

与炼金术师反复无常的理论不同，现代化学是在罗伯特·波义耳（Robert Boyle，1627—1691）、亨利·卡文迪什（Henry Cavendish，1731—1810）、约瑟夫·普雷斯特里（Joseph Priestley，1733—1804）和安托万·拉瓦锡（Antoine Lavoisier，1743—1794）细致的试验和观察的基础上诞生的。拉瓦锡以其细致和精确的测量而著称，在此基础上他提出不论物质的化学状态如何改变，其质量都是守恒的理论。此外他还首次对燃烧这种快速氧化形式作出了解释。

改进后的显微镜的发明对生物学和医学的发展起到了很大的帮助作用，借助显微镜，人类的眼睛得以探索解剖学和生理学的细节。此外，显微镜也向人们打开了一个由单细胞植物和动物所组成的新世界的大门。乔治·路易·勒克莱尔·德·布丰（George Louis Leclerc de Buffon，1707—1788）研究了比较解剖学，尽管《创世记》的权威不允许他质疑上帝分别创造了各个物种的观点，但根据所发现的相似点，他提出不同的物种之间是存在联系的。瑞典学者卡尔·冯·林耐（Carl von Linné，1707—1778），或（按人们经常称呼他的那样）称其为林耐乌斯（Linnaeus），将动植物的分类系统化。植物学家仍在使用他的分类方法。

在这里有必要强调的是，上文中提及的新理论和新发现只是17、18世纪整体科学工作中一个很小的样本而已。对科学的广泛热情传遍了欧洲的每个角落。诸如英国皇家学会（成立于1662年）等科学学会为各类充满好奇的试验者提供了聚会场所，而这些学会所发行的期刊也成为新思想和信息传播的手段之一。像牛顿那样的伟大科学家的威望变得如日中天。尽管出身卑微，但牛顿被安妮女王封为爵士，并葬于壮丽的威斯敏斯特大教堂内，其地位仅次于国王。

483

5. 哲学与社会理论

自然科学的威望和科学家在实践中的成就为当时的整个知识前景带来了巨大的变化。牛顿等人在用一个普遍法则解释多元现象上的成功使人们越来越坚信，人类的理性不仅可以解决物理世界的问题，而且也可以解决人类社会的问题。许多人对引力法则显露出来的复杂性中的简洁性印象深刻，他们认为宇宙的造物主是一位数学大师，在为星星设定了轨道后，他便不再干涉自己所规定好的运动法则的运行。这种形而上学的观点便是自然神论。自然神论者否认神对世俗事务干涉的可能性，他们对神迹进行嘲讽，认为那是轻信者和自私的神职人员的发明创造。

18 世纪的启蒙思想家相信，人类的本质也是一本可以被理性的人所打开和阅读的书，不幸的是，这本书在历史上被弄脏和玷污了。但在清晰的理性之光下，人类本质在根本上是好的，且在各个地方都是一样的。坏的制度和虚伪或无知的领导者通过扭曲和败坏人类自然的善，制造了当时的社会；但对制度的理性重组似乎完全是可能的，而且也是众望所归。启蒙时代的人们不仅认为人性本善，而且还相信自己可以发现一些只要是人就享有的特定自然权利。一般而言，生命、自由和财产是公认的自然权利；一些人还将平等也列入其中。

在吉本的表述中，历史被视作是对人类的不幸、罪孽和蠢行的记录；但在这种记录中存在着一种缓慢、跚蹰但又清楚无误的进步。在乐观者看来，理性似乎每一天都在取得新的胜利；一个启蒙的新时代已经降临，人类似乎正在从迷信和愚昧的漫漫长夜中走出来。剩下的工作就是消除过去时代的余孽：特别是对于像伏尔泰这样的人而言，就意味要摧毁教会。一旦移除所有这些障碍，将没有什么可以阻止对社会的理性重组，以及一个普遍幸福的时代将在人的自然的善获胜后出现的观念。

笔者的这种释义确实很拙劣。许多人会持有上面所概述的一些观点；但没有人会同意所有这些观点，或者至少会在语言上做一些修正和限定，而这不是一个简单的概括就能完成的。但类似这样的信念确实在许多不同的国家被许多人所接484受。法国是这些教义的中心，而伏尔泰则是其中最为杰出的宣传家。伏尔泰等人不仅说服了中产阶级（他们的收益主要来自于制度的变化），也说服了许多贵族、官员甚至是一些君主。普鲁士的腓特烈大帝和俄国的叶卡捷琳娜就是例证，他们以受"启蒙"而自豪；其他一些统治者也接受了部分或者全部的新思想。启蒙运动的哲学家把理性、自然和科学作为自己观点正确性的证据；而否认这些权威的人则是鲁莽或愚蠢的。

在处理形而上学和认识论问题更为正式的哲学，也处在自然科学的咒语之下。和之前的笛卡儿一样，数学家莱布尼茨也尝试构建一种宇宙论的和形而上学的体系，它可以解释新的物理发现，同时可以保持基督教的传统要素。但莱布尼茨无法满足每一种批评意见，哲学家中一直以来的分歧逐渐将人们的注意力转移到如何能明确认识一切这个问题上来。约翰·洛克（John Locke，1632—1704）在他的《人类理解论》（*Essay Concerning Human Understanding*）一书中对获得普遍正确的知识的可能性提出了怀疑。乔治·伯克莱主教（Bishop George Berkeley，1684—1753）、大卫·休谟和伊曼努尔·康德（Immanuel Kant，1724—1804）都论及了同一个问题，指出在获取一些特定知识的方法上存在新的困难，他们还通过各种方式试图解决他们以及他们的前辈所提出的问题。

总体而言，哲学家对获得普遍正确的知识的可能性持越来越怀疑主义的态度。笛卡儿和莱布尼茨曾各自成功推演出（互不相容）的关于宇宙论、心理学和形而上学的完整体系；另一方面，休谟则否认人类的头脑能够在这些思想领域获取任何的确定知识。伊曼努尔·康德扮演了类似于架通18世纪和19世纪哲学的桥梁的角色。他认同休谟的观点，认为事物的本质仍旧是不可知的，但他相信，经过对人类心智的仔细检验来获得有关感官印象的所有可能对象的必要和普遍真理是有可能的。因此，康德既是18世纪批判哲学的集大成者，同时又是统治着19世纪早期哲学思想的德意志唯心主义学派的创始人。

由于启蒙运动摧毁了传统宗教，政治理论家被迫为主权和政治权威寻找一个新的基础。如果一个人相信上帝不会随意干涉人类事务，那么君主在早先所宣称的君权神授就变成了一种对神权的篡夺。托马斯·霍布斯（Thomas Hobbes，1588—1679）尝试解决这一难题。他在《利维坦》（*Leviathan*，1651）一书中为绝对主义君主制进行辩护，他假设在统治者和被统治者之间存在一种社会契约，根据契约，为了驯服人的天然兽性，君主被授予了绝对的权力。

在任何关于社会契约的理论中，一切都依赖于假定的主权者及其臣民之间的协议中的条款。通过假定不同的契约条款，一个政治理论家就可以为有限君主制甚或是革命提供理论支持。因此，约翰·洛克用社会契约论为1688年的光荣革命正名，这次革命将一个即将成为绝对主义（但却拥有不可否认的合法性）的君主推下王位。洛克辩称道，社会契约并没有给予君主绝对的权力，而仅仅是出于保护人的自然权利这一目的而委任他来领导政府。因此，如果一个统治者不能成功履行自己的职责且不尊重自然权利，那他的臣民联合起来推翻他的统治就应该是非常正当的。

洛克的思想和英国政府的榜样对许多法国人产生了巨大的影响，随着 18 世纪的渐渐逝去，这些法国人见证了自己的政府在理论上绝对、实践上无能的君主的统治之下在海外的失败和国内的管理不善。夏尔·路易·德·塞孔达·孟德斯鸠男爵（Charles Louis de Secondat，Baron de Montesquieu，1689—1755）是最先肯定英国的政府制度的人之一。他认为自己从英国的制度中发现了行政权、立法权和司法权的分立；他还提出，这种分立，加上由此带来的权力的制约和平衡，是防止暴政和不公的最好手段。尽管孟德斯鸠欣赏英国的政治制度，但他并不认为这是解决其他地方制度混乱的万能灵药。他辩称道，不同的地理和社会条件需要不同的政治制度。孟德斯鸠的政治理论是美国政治家在设计美国宪法时的主要思想来源。

另一位高度赞扬英国制度的法国人是伏尔泰，他也经常将自己国家的绝对主义和英国的立宪君主制进行坦率地对比。但 18 世纪最具影响力的政治理论家让-雅克·卢梭（Jean Jacques Rousseau，1712—1778）则认为英国的政府和法国一样糟糕。在他出版于 1762 年的《社会契约论》（*The Social Contract*）一书中，卢梭提出了一个关于主权的民主理论。他主张，社会契约并不是在统治者和被统治者之间达成的，而是在大多数人民中间达成的，他们根据自己的意愿将自己联合成一个文明社会，制定法律并建立起政府。这一契约可以任意更改，如果政府不能令它所统治的人民感到满意，那人民就有理由以任何他们认为适当的方式变更政府。

卢梭对人类本质中的善充满信心。他敦促抛弃沙龙的做作，回到自然中去。在小说《爱弥儿》（*Emile*）中，他描绘了这样一个教育体系：它通过允许孩子相对自由地发展他们的爱好来保存他们的自然的善。卢梭在其所有作品中展现出的情感深度，不同于伏尔泰的理性主义、怀疑主义和嘲讽传统，但这却为他赢得了大批读者和许多热情的追随者。和其他任何一个人都不同，卢梭的思想、表达和关键词主导了法国革命领导人的思想和言语。

像洛克、伏尔泰和卢梭等人对受过教育的人的思想和行动都产生了普遍影响。他们以及众多其他的人普及了这些为剧烈的政治和社会改革甚或是革命辩护的新思想。在思想的其他领域，理论也对人们的实践产生了直接的影响。经济学家中以苏格兰的亚当·斯密（1723—1790）和法国的重农（physiocratic，亦即自然的统治）学派最具影响力。他们令人信服地宣称政府对经济活动的控制是有害的；如果给予追逐私利的人类天性以自由，生产和交换将会自动找到自己最有效的形式。这些教义从未被普遍和无条件地接受，但经济学家的争论的确在18世纪下半叶起到了削弱和减少重商主义对经济生活的监管范围的作用。

在法律领域，威廉·布莱克斯通爵士（William Blackstone，1729—1780）尝试将理性秩序带到混乱的英国习惯法之中，并把对法律的学习变得科学化。意大利的切萨雷·贝卡利亚（Cesare Beccaria，1738—1794）则尝试将法律变得人道。杰里米·边沁（Jeremy Bentham，1748—1832）在其漫长的生命历程中，主张并致力于根据理性的功利主义原则对法律进行改革，并对英国法律的诸多变化产生了影响。

在教育领域，一位瑞士校长约翰·海因里希·裴斯塔洛奇（Johann Heinrich Pestalozzi，1746—1827）也根据他对人类善和理性的信念对教育方法进行了改革。

6. 宗教

尽管自然神论、唯物主义甚至是无神论在18世纪的知识分子中大行其道，但这里应该强调的是，绝大多数的欧洲人仍旧至少是名义上的基督徒，许多个人和团体严肃且虔敬地培育着虔诚和慈善。

个人的虔诚和宗教感在一系列新的宗教运动中得到了自我表现：新教徒中的贵格会（Quakerism）、虔信派（Pietism）和卫理宗；天主教徒中的寂静主义（Quietism）和詹森派。所有这些运动都以它们自己的方式强调个人的和内心的宗教体验，反对仪式和礼节。

公谊会（Society of Friends，流行的称谓是贵格会）的创始人乔治·福克斯（George Fox，1624—1691）是一位神秘主义者，在自己的内心体验的指引下，他全然不理会传统宗教的外部标志和仪式。他所创立的教派以其在拒绝参战上的坚决和激进而著称。虔信派主要活跃于德意志；但不同于贵格会或卫理宗，虔信派的目标并不是建立一个教派。恰恰相反，虔信的个人态度，以及对改进已僵化为类似新经院主义的神学争论的拒斥，塑造了该运动的创始人腓力·雅各布·斯宾纳（Philip Jacob Spener，1635—1705）等人的教义。德意志虔信派对塑造约翰·卫斯理（John Wesley，1703—1791）的生平有重要影响，卫斯理在英国国教中也开启了类似的转向。他对自己在英国国教神职人员中遇到的冷漠和反对失去了耐心，由此逐渐从英国国教的主体中分裂出了一批循道者（人们如此称呼他的追随者），即便独立的卫理宗教会一直要到卫斯理死后才明确地建立起来。卫理宗教徒强调内心的皈依是所有宗教的关键，他们的支持者主要是英国新工业城镇和美国边疆社区中的穷人。

被称为寂静主义的运动起源于一位西班牙牧师米盖尔·德·穆里诺斯（Miguel de Molinos，1640—1696）的教义。他相信灵魂的拯救不仅需要教会的圣礼，还需要上帝在人的内心中的神秘存在。1687 年，他的信条被宣布为异端，穆里诺斯遭到囚禁，这一运动也逐渐绝迹。

上文已经对詹森派作了描述（见第 416 页）。17 世纪下半叶，当一个杰出的詹森派团体（数学家布莱斯·帕斯卡是其成员之一）聚集在巴黎附近的波尔罗亚尔（Port Royal）的一个修道院时，詹森派在法国得到了发展。詹森派和正统天主教徒之间的激烈争论导致国王在 1709 年关闭了波尔罗亚尔；在接下来的几十年时间里，詹森派遭到强制镇压。

另一个罗马天主教会中值得一提的发展，是耶稣会的废除。耶稣会士干预其所在国的政治，大肆迫害诸如詹森派等团体，大规模从事频繁违背本国法律的商业活动，这一切引起了法国、西班牙和葡萄牙统治者的敌意。结果，在这些君主的要求之下，教宗在 1773 年撤销了耶稣会。许多耶稣会士逃亡到了俄国和普鲁士，而耶稣会也得以在这些地区和欧洲的其他一些地区经过伪装继续存在，直到教宗在 1814 年重新给予它官方承认。

488 第三编第三章第二节扩展阅读

The New Cambridge Modern History. Vols. 5–8. New York, 1957–70.

Anderson, M. S. *Eighteenth Century Europe, 1713–1789.* London, 1966.

Anderson, P. *Lineages of the Absolutist State.* Atlantic Highlands, N. J., 1974.

Baker, K. M. *Condorcet: From Natural Philosophy to Social Mathematics.* Chicago, 1975.

Baumer, F. L. *Modern European Thought: Continuity and Change in Ideas, 1600–1950*. New York, 1977.

Bruford, W. H. *Culture and Society in Classical Weimar 1775–1806*. Cambridge, 1962.

Butterfield, H. *Origins of Modern Science, 1300–1800*. Rev. ed. London, 1956.

Clarendon, E. H. *History of the Rebellion and Civil Wars in England*. London, 1702–1704 (many later editions).

Clark, G. N. *Science and Social Welfare in the Age of Newton*. Oxford, 1937.

Cobban, A. *A History of Modern France*. Vol. 2. Baltimore, 1960.

Cohen, I. B. *Revolution in Science*. Cambridge, Mass., 1985.

Darnton, R. *The Literary Underground of the Old Regime*. Cambridge, Mass., 1982.

De Madariaga, I. *Russia in the Age of Catherine the Great*. New Haven, 1981.

Doyle, W. *Origins of the French Revolution*. London, 1980.

Dunn, J. *Locke*. Oxford, 1984.

Elias, N. *The Civilizing Process*. Vol. 1. *The History of Manners*. Vol. 2. *Power and Civility*. New York, 1978–82.

Gay, P. *The Enlightenment*. 2 vols. New York, 1966–69.

Godechot, J. *France and the Atlantic Revolution of the Eighteenth Century, 1770–1799*. Glencoe, Ill., 1965.

Goubert, P. *The Ancien Regime*. New York, 1973.

Guehenno, I. *Jean–Jacques Rousseau*. New York, 1966.

Hampson, N. *A Social History of the French Revolution*. London, 1963.

Hazard, P. *The European Mind, 1680–1715*. London, 1953.

Hazard, P. *The European Fort in the Eighteenth Century*. Cleveland, 1963.

Heckscher, E. F. *Mercantilism*. London, 1957.

Hill, C. *The World Turned Upside Down: Radical Ideas during the English Revolution*. New York, 1972.

Holbom, H. *A History of Modern Germany*. Vol. 2. *1648–1840*. New York, 1964.

Koyré, A. *From the Closed World to the Infinite Universe*. Baltimore, 1957.

Krieger, L. *Kings and Philosophers, 1689–1789*. New York, 1970.

Laslett, P. *The World We Have Lost Further Explored: England Before the Industrial Age*. Rev. ed. New York, 1984.

Macaulay, T. B. *The History of England from the Accession of James II*. 5 vols. London, 1848–61.

Mahan, A. T. *The Influence of Sea Power on History, 1660–1783*. Boston, 1890.

489

Mousnier, R. *The Institutions of France under the Absolute Monarchy, 1589–1789: Society and the State.* 2 vols. Chicago, 1979,1984.

Oestreich, G. *Neostoicism and the Early Modern State.* New York, 1982.

Palmer, R. R. *The Age of the Democratic Revolution: A Political History of Europe and America, 1760–1800.* 2 vols. Princeton, 1959, 1964.

Parry, J. H. *Trade and Dominion: The European Overseas Empire in the Eighteenth Century.* New York, 1971.

Pipes, R. *Russia under the Old Regime.* New York, 1974.

Plumb, J. H. *The Growth of Political Stability in England, 1675–1725.* London, 1977.

Pocock, J. G. A., ed. *Three British Revolutions: 1641, 1688, 1776.* Princeton, 1980.

Riasanovsky, N. V. *A History of Russia.* Rev. ed. New York, 1984.

Rosenberg, H. *Bureaucracy, Aristocracy, and Autocracy: The Prussian Experience, 1660–1815.* Cambridge, Mass., 1958.

Rothkrug, L. *Opposition to LouisXIV: The Political andsocial Origins of the Enlightenment.* Princeton, 1965.

Scoville, W. *The Persecution of the Huguenots and French Economic Development, 1680–1720.* Berkeley, 1960.

Singer, C., ed. *A History of Technology.* Vol. 3. 1500–1750. Oxford, 1957.

Stone, L. *The Family, Sex and Marriage in England, 1500–1800.* New York, 1977.

Tocqueville, A. de. *The Old Regime and the French Revolution.* New York, 1955.

Trevelyan, G. M. *The English Revolution, 1688–1689.* New York, 1938.

Walker, M. *German Home Towns: Community, State, and General Estate, 1648–1871.* Ithaca, N.Y., 1971.

Wedgwood, C. V. *The Thirty Years' War.* London, 1938.

Westfall, R. S. *Never at Rest: A Biography of Isaac Newton.* New York, 1980.

Whitehead, A. N. *Science and the Modern World.* New York, 1925.

Wilson, A. M. *Diderot.* New York, 1972.

Wolf, J. B. *Louis XIV.* New York, 1968.

Wolf, J. B. *Toward a European Balance of Power, 1620–1715.* Chicago, 1970.

小 说

Barker, Shirley. *Swear by Apollo.* New York: 1958.

Dickens, Charles. *Barnaby Rudge.* London : *1849.*

Doyle, Sir Arthur Conan. *Micah Clarke.* London: 1888.

Dumas, Alexandre. *The Three Musketeers*. Boston : 1888.

Falkner, J. Meade. *Moonfleet*. London : 1898.

Feuchtwanger, Lion. *Power*. New York : 1926.

Feuchtwanger, Lion. *Proud Destiny*. New York: 1947.

Fielding, Henry. *The History of Tom Jones, a Foundling*. London: 1749.

Gilbert, Rosa M. *O'Loghlin of Clare*. London: 1916.

Goldsmith, Oliver. *The Vicar of Wakefield*. London: 1766.

Lewis, Janet. *Ghost of Monsieur Scarron*. New York: 1959.

Orczy, Baroness Emmuska. *The Scarlet Pimpernel*. New York : 1920.

Sabatini, Rafael. *Captain Blood*. Boston : 1922.

Scott, Sir Walter. *Waverley*. London : 1845.

Scott, Sir Walter. *Old Mortality*. London: 1846.

Scott, Sir Walter. *Bride of Lammermoor*. London: 1858.

Scott, Sir Walter. *The Heart of Midlothian*. London: 1858.

Stevenson, Robert L. *Kidnapped*. New York: 1886.

Stevenson, Robert L. *Treasure Island*. London: 1886.

Stevenson, Robert L. *The Master of Ballantrae*. New York: 1889.

Stevenson, Robert L. *David Balfour*. New York: 1892.

Thackeray, William Makepeace. *The Memoirs of Barry Lyndon, Esq.* New York: 1871.

Thackeray, William Makepeace. *The History of Henry Esmond, Esquire.* New York: 1879.

Undset, Sigrid. *Madame Dorathea*. New York: 1940.

第三编第三章第二节年表：绝对主义与贵族制

1640—1688	勃兰登堡大选帝侯腓特烈·威廉在位。
1643—1715	法国国王路易十四在位。
*1648	《威斯特伐利亚和约》。
1650	笛卡儿逝世（生于 1596 年）。
1659	《比利牛斯和约》。
1660	委拉兹开斯逝世（生于 1599 年）。
*1660	英国君主制复辟（查理二世，1660—1685）。

第三编　欧洲文明（约公元 900 年至今）

1662	英国皇家学会成立。
1662	帕斯卡逝世（生于 1632 年）。
1669	伦勃朗逝世（生于 1606 年）。
1673	莫里哀逝世（生于 1622 年）。
1679	霍布斯逝世（生于 1588 年）。
1682—1725	俄罗斯彼得大帝在位。
1683	土耳其人第二次包围维也纳；奥斯曼帝国的转折。
1684	高乃依逝世（生于 1606 年）。
1685	《南特赦令》被废止。
1687	牛顿的《自然哲学的数学原理》出版。
*1688	光荣革命；威廉三世和玛丽入主英国。
1688—1697	奥格斯堡同盟与法国的战争。
1689	《权利法案》颁布。
1694	英格兰银行建立。
1699	拉辛逝世（生于 1639 年）。
1701—1714	西班牙王位继承战。
1703	建立圣彼得堡。
1704	波舒哀逝世（生于 1627 年）。
1704	洛克逝世（生于 1632 年）。
1707	英格兰、苏格兰合并。
约 1709	发明炼焦流程。
*1713	《乌特勒支和约》。
1714 至今	英国汉诺威王朝；从 1917 年开始改名为温莎王朝；（乔治一世，1714—1727）。
1715—1774	法国国王路易十五在位。
1716	莱布尼茨逝世（生于 1646 年）。
1720	南海泡沫破裂。
1727	牛顿逝世（生于 1642 年）。
1733	发明飞梭。

491

1740—1786	普鲁士大帝腓特烈二世在位。
1740—1748	奥地利王位继承战。
1744	亚历山大·蒲柏逝世（生于 1688 年）。
1750	巴赫逝世（生于 1685 年）。
1753	伯克利主教逝世（生于 1684 年）。
1755	孟德斯鸠逝世（生于 1689 年）。
*1756—1763	七年战争（法国和印第安人战争）。
1760—1820	英国国王乔治三世在位。
1762	卢梭的《社会契约论》出版。
1762—1796	俄罗斯女王叶卡捷琳娜二世在位。
1769	阿克莱特发明滚轴纺纱机。
1769	詹姆斯·瓦特的蒸汽机获得专利。
1770	发明珍妮纺纱机。
1772	对波兰的第一次分割。
1774—1792	法国国王路易十六在位。
*1775—1783	美国独立战争。
1776	亚当·斯密的《国富论》出版。
1776	休谟逝世（生于 1711 年）。
1778	伏尔泰逝世（生于 1694 年）。
1778	卢梭逝世（生于 1712 年）。
1779	发明走锭细纱机。
1780—1790	奥地利国王约瑟夫二世在位。
1781	莱辛逝世（生于 1729 年）。
1784	发明用于可锻钢生产的冶炼流程。
*1789	法国召开三级会议。
1791	莫扎特逝世（生于 1756 年）；约翰·卫斯理逝世（生于 1703 年）。
1793	对波兰的第二次分割。
1795	对波兰的第三次分割。

492

1803	赫尔德逝世（生于 1744 年）。
1804	康德逝世（生于 1724 年）。
1805	席勒逝世（生于 1759 年）。
1832	歌德逝世（生于 1749 年）。

第三节　自由主义、民族主义与工业的欧洲（1789—1914）

一、导言

有观点认为两个要素支配了 1789 年到 1914 年间的欧洲历史：一个是源自英国并首先在那里呈现出现代形式的工业主义的传播与转型；另一个是最早由美国与法国革命所实践的关于社会和政治的自由、民主观念的传播与转型。19 世纪是一个前所未有的社会变革的时代。大多数欧洲人的日常生活受到经济和政治革新的深刻影响，新的观念从四面八方汇聚过来，为了赢得人们的关注（在某些情况下是为了赢得人们对自己的忠诚）而相互竞争。

经济发展最显著的特征，是科学理论在技术过程中的逐渐系统化应用。这导致了农业和工业生产力的惊人提升。但是，技术的高速变革需要社会作出大量新的调整。在社会适应新技术条件的过程中，工会与合作性社团的兴起，以及政府服务与职能的扩张是其中两种最重要的方式。企业、股份制公司与横向或纵向的工业生产联合体的发展，也是针对经济生产中新的复杂性作出的重要调整。

19 世纪的政治史与经济变化之所以交织在一起，其原因是新兴的或者新近强大起来的经济团体可以向政府施加重要的政治影响。新兴阶级对政府提出的要求很大程度上源于法国大革命。著名的革命口号"自由、平等、博爱"被翻译成

了 19 世纪的语言——自由主义、社会主义和民族主义，这三股政治运动在 1815 年到 1914 年间不同程度地赢得了人们对它们的忠诚。当然，对政治变革的抵抗也总是存在；但革命前的旧王国的辩护士们大体上并没有一个非常积极的政治行动计划，而且他们也逐渐地屈服或作出调整，并接受了至少是一些革命的态度。大体上而言，保守主义团体发现，到那时为止，民族主义仍是革命三驾马车中最具吸引力的一驾；大约在 1850 年以后，特别是在欧洲中部，民族主义的地位越

来越凸显，大有盖过自由主义并击溃社会主义的趋势。

我们可以将这段政治史分成三个时期。第一个时期是 1789 年到 1815 年，这一时期欧洲被法国大革命的爆炸性力量所统治。第二个时期始于 1815 年，拿破仑被最终推翻，开启了法国大革命的观念与理想和保守主义之间斗争的新时期，在这一过程中，大革命的观念在其自身的重点和表达形式上也经历了重大变化。第二个时期大致结束于 1871 年，在 1815 年与 1871 年之间，民族主义和社会主义都成为内涵鲜明的政治运动，而自由主义（英国除外）则遭受了重大的倒退。第三个时期从 1871 年开始，到 1914 年结束。这一时期的显著特征有：民族国家间竞争的加剧、对非洲和亚洲的新的帝国主义扩张、欧洲西部比较稳固的民主政府的建立，以及欧洲中部和东部的革命的或准革命的民主主义—社会主义运动的发展。

相比而言，欧洲的文化史更加难以描述。18 世纪，启蒙运动的普世观点跨越民族间的障碍，使欧洲文化多多少少保持着真正意义上的统一。当然，在任何一个国家都只是少数人与启蒙运动有共鸣，但尽管如此，这些"被启蒙"的少数人在文化上却是最为活跃的，他们在某种程度上成功地将几乎整个欧洲塑造成一个整体。

到 19 世纪，这个文化共同体破裂。19 世纪伊始，浪漫主义几乎在各个国家都得到新的普及；但另一方面，浪漫主义也激励了各个民族国家珍视自己独特的历史，并走自己独特的道路。浪漫主义者们走得更远，他们有意识地训练如何自我表达：个体艺术家、作家和思想家努力表现独特性和个性。自然科学则走上了一条殊途，继续保持着国际性和非个性。科学的不断进步和与之而来的对物理世界的解释和掌控，给多数人留下了深刻的印象，也对艺术产生了一些影响。

浪漫主义运动有意经营的文学、艺术和思想领域中充斥了各种民族表达和个人表达，想要对 19 世纪末欧洲文化的发展做一个整体性的陈述已几乎不可能。这本《手册》所能做的，只能是列举一些更具知名度和影响力的个人以及学派。

二、经济的变化

精巧的动力机械的发展，以及始于 18 世纪下半叶的英国并向欧洲大陆优势地区传播的工业向工厂集聚的那种模式，被人们称为工业革命。但事实上这些变

1800—1900 年欧洲人口增长示意图

POPULATION, 1800

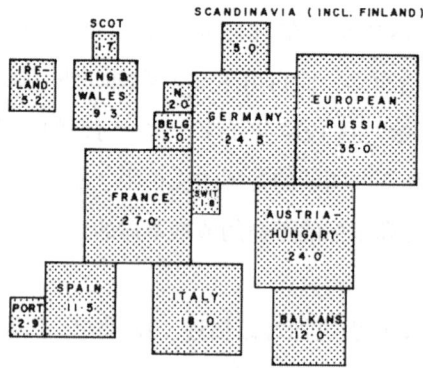

SCOT.
1·7

SCANDINAVIA (INCL. FINLAND)
5·0

IRE-
LAND
5·2

ENG. &
WALES
9·3

N.
2·0

BELG.
3·0

GERMANY
24·5

EUROPEAN
RUSSIA
35·0

FRANCE
27·0

SWIT.
1·8

AUSTRIA-
HUNGARY
24·0

PORT.
2·9

SPAIN
11·5

ITALY
18·0

BALKANS
12·0

POPULATION, 1900

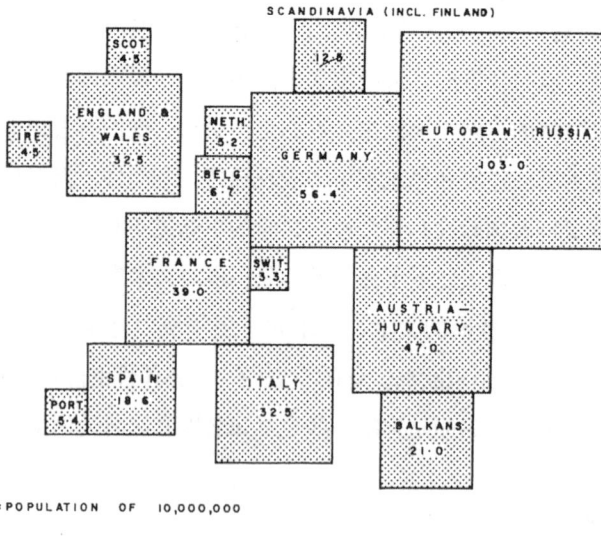

SCANDINAVIA (INCL. FINLAND)
12·6

SCOT.
4·5

ENGLAND &
WALES
32·5

IRE.
4·5

NETH.
5·2

BELG.
6·7

GERMANY
56·4

EUROPEAN   RUSSIA
103·0

FRANCE
39·0

SWIT.
3·3

AUSTRIA—
HUNGARY
47·0

PORT.
5·4

SPAIN
18·6

ITALY
32·5

BALKANS
21·0

SCALE

10·0 = POPULATION OF 10,000,000

Reproduced by permission from Dudley, Kirk, <u>Europe's Population in the Interwar Years</u>, (League of Nations, 1946), p. 19.

化跨越的时间很长，并在不同的时间里影响了不同的地区。因此，最近一些历史学家已经倾向于否认存在过所谓的"工业革命"，并且已经用"过去两百年中机械化向新地区和新工业不间断的传播"这一概念来取而代之。但是考虑到这个概念的模糊性，我们仍可以选取更大的时间尺度，把它想象成是一场大约从1780年延伸至今，从英国中部地区（它的主要起源地）传播到人类居住的这个星球许多地方的一场工业的革命。当然，当用工业的变化对世界上人们日常生活的影响作为参照来衡量时，它的确堪称一场革命。无论如何，不管一个人使用这个术语与否，最重要的是应该对迄今为止发生了什么有一个比较准确的概念。

下面是一些主要的事实：人们已经系统化地和有意识地开始将自然科学理论应用到经济生产的过程中。生产工艺要通过科学试验不断修正和改进以及理论非一日之功的观念被人们所接受。举例来说，18世纪的大多数发明是由对自然科学一无所知的工匠和雇主创造的。但到19世纪这种情况不复出现。在将理论和实践结合的地方出现了培养工程师的学校；理论科学家们开始越来越多地将注意力放到工业和农业的实际问题上。在将理论与实践相结合的进程中，汉弗莱·戴维（Humphry Davy）的安全矿灯（1815），迈克尔·法拉第（Michael Faraday）的电实验及其发明的发电机（1831），加斯特斯·冯·李比希（Justus von Liebig）对植物的化学分析及其发明的化肥都具有标志性意义。然而，直到19世纪行将结束时，大型工业企业才确立起雇用科研人员进行工业研究的惯例。相对年轻的电力和化学工业是这方面的先驱。

伴随着（或者说由于技术实践中）对科学理论的应用，产生了这样一些主要现象：一是人口的快速增长；二是农业生产力的显著提升；三是交通与通信的革命性进步；四是工业技术上同样革命性的精细化。这些变化造成的影响积聚起来，引发了剧烈的社会重组。农业和工业生产的机制被改变；政府对经济关系的管制得到扩张；政府对民众的服务得到提升；工人和农民被整合到工会和合作性团体中，以保障和提升他们的特殊利益。

1. 人口的增长

随着19世纪的到来，对欧洲大部分地区进行相对可靠的人口统计成为可能。1800年整个欧洲的人口大约为1亿8700万；一百年后增加到4亿100万，这还没算上一个世纪中移民海外的将近 6000 万人口，以及成千上万从俄国的欧洲部分迁往西伯利亚的人口。

并非所有欧洲地区的人口增长都是均衡的。（见图表）从整体上看，19 世纪欧洲北部的人口增长最为迅速。英国和俄国的人口增长了大约 2 倍，德国的人口增长了超过 1 倍，而法国仅增长了约 44% 的人口。

许多国家的人口中心都发生了重大转移。随着交通运输的改善，当地对食物的可获取度不再是影响人口分布的主要因素。如今，距离煤田越近，该地区的人口密度就越高，这是因为把即便是很笨重的原料如铁矿石运送到燃料所在地，也要比把燃料运送到原料所在地轻松得多。结果，拥有英格兰中部和苏格兰低地丰富煤矿储量的英国一跃成为新的工业重镇所在；在欧洲大陆上，一条从比利时延伸到莱茵兰（Rhineland）并向东深入德国中部的不规则煤矿带成为高密度的人口中心。

但就此假定人口增长直接依赖于工业化也是不对的。俄罗斯人口的增长，就是农业人口而不是产业工人的增长；爱尔兰也是这种情况（截至 1845 年），欧洲东部和南部也大抵如此。甚至经济机遇的增加是导致 19 世纪欧洲人口增长的唯一因素这种表述也是不正确的；在欧洲的一些地区（尤其是爱尔兰），由于对小农场的过度分割，导致了生活的经济水平伴随人口增长而恶化的结果。这种现象在 20 世纪变得更为普遍，当南意大利和圣彼得堡—的里亚斯特一线以东的欧洲地区生活水平显著降低时，人口还在一如既往地增长。

医学知识与实践的进步，是欧洲人口快速增长的一个主要原因。人们可以检查出，甚至在一些国家消灭诸如天花、斑疹伤寒、伤寒和白喉等疾病。18 世纪 80 年代，英国医生爱德华·琴纳（Edward Jenner，1749—1823）发明了用接种来抵抗天花的方法，1789 年该方法被推广应用。法国人路易·巴斯德（Louis Pasteur，1822—1895）和德国人罗伯特·科赫（Robert Koch，1843—1910）发明了其他的疫苗和接种的方法；他们与其他人一道，发现若干常见疾病源于细菌，由此，通过公共卫生和隔离的方式有效地控制流行病成为可能。在外科手术中，约瑟夫·李斯特（Joseph Lister，1827—1912）运用了新的抗菌技术，从而减少了感染的危险。上述这些以及其他医学上的进步，导致了所有欧洲国家死亡率的显著下降；又因为出生率并未下降，所以当疾病周期性地导致人口大量减少之后，整个 19 世纪的人口出现了前所未有的快速增长。一直到将近 19 世纪末，出生率的下降才导致了像英国和德国等国家人口增长的放缓。法国的出生率下降得更早一些，这反映了 19 世纪法国在人口增长上与邻国不成比例从而导致其失败的一个事实。

2. 科学的农业

尽管人口快速增长，但作为一个整体的欧洲大陆直到大约 1870 年仍保持了食物的自给自足。尽管 18 世纪末，一些国家特别是像英国，已经开始大量进口食物；但因为对一些新地区（主要是欧洲东部）的商品农业特别是谷物种植的开发，前者造成的缺口得以抵消。与此同时，新的作物、化肥、改进后的耕作技术、更优良的动植物品种以及改良后的轮耕制结合在一起，共同提高了欧洲的食物产量。

在这中间，两个新的作物品种扮演了重要角色。拿破仑战争时期，土豆成为欧洲所有适宜其种植地区最主要的食物。首先是欧洲北部平原，特别是德意志、波兰和俄国境内的平原东部地区，土豆在这里大获丰收。相比之下，谷物在这里的产量却很低，每一英亩土地上出产的土豆所含的卡路里大约是谷物的 4 倍。也是在拿破仑战争时期，甜菜被引入欧洲，成为 19 世纪下半叶（特别是在德意志）最重要的作物之一。甜菜不但为人类提供糖，而且它的茎叶和榨糖后留下的残渣也为牲畜提供了很好的饲料。

化肥的使用也提升了欧洲的农业产量。1840 年，德意志化学家加斯特斯·冯·李比希对外宣布了自己的发现：植物的生长依赖特定的化学物质。李比希和他的学生们对土壤进行化学分析，以便找出其中缺乏的元素，然后添加适当的化肥。这样一来无论种植什么植物，土壤的肥力都可以永远保持下去。19 世纪下半叶，化肥在欧洲农业中得到广泛应用。

农业增产的另一个重要因素是改良后的农用机械的使用。1845 年排水管发明，打破了原先水田耕作必须犁出高脊才行的规则，土地排水变得低廉而有效。由美国人塞勒斯·麦考密克（Cyrus McCormick）发明的马拉收割机使人均谷物产量获得显著提升；但它发挥最大影响的地方是在美国的平原上，欧洲大部分地区因为面积不够大，所以无法经济地使用收割机和类似的高效机械。麦考密克收割机 1834 年申请专利，但对它的改进一直没有停止。这种收割机直到 19 世纪 50 年代才获得商业上的成功。

特别是到 19 世纪末，欧洲国家均受到来自进口谷物的挑战。在这种情况下，乳制品业和密集的市场化农业变得更为重要。丹麦乳制品业的发展尤为成功；其他欧洲地区的农民也开始越来越依赖于可以销往工业城镇的不易保存的乳制品和商品化蔬果来获利。

整个欧洲农业技术的改进并非步调一致。英国（截至 1870 年）、德意志、荷兰、比利时和丹麦均走在农业进步的前沿；其他国家不同程度地落在后面。欧洲东部相对而言发展更为迟缓。欧洲北部的土豆和南部的玉米种植确实扩充了这些地区的食物资源；但一般而言，科学的农耕技术并没有得到运用。古老的休耕制在俄国大部分地区仍很常见——到了 20 世纪还仍然存在；巴尔干半岛和奥匈帝国的很多地区情况也是如此。的确，19 世纪中期，俄国和罗马尼亚开始将相当数量的小麦出口到欧洲西部。不过这种出口并非源于农业技术的巨大改进，而是因为通过对草场和林地的开垦导致新农田增多的缘故。所以，尽管欧洲东部食物总产量增长巨大，但是以欧洲西部的标准来看，其每英亩和人均的产量还是保持在很低的水平。在欧洲西部的拉丁民族中存在的种种社会障碍（固执保守的法国农民、不在其产权所在地的意大利和西班牙地主，这些都是对农业技术及其改进不感兴趣的人）也阻止了这些国家充分地分享其他地区技术进步的成果。

3. 交通与通信的改善

简单罗列一下推动 19 世纪交通与通信发展的主要发明，就可以看到这些变化所具有的革命性特征。蒸汽船、铁路、汽车和飞机都是在 1914 年之前发明的；电报、电话、收音机、公共邮局、转轮印刷机和打字机也是如此。

18 世纪下半叶和 19 世纪初期，公路和水路交通在大多数欧洲国家都得到持续改善。1835 年，轻便的公共邮车的使用将伦敦到爱丁堡之间的行程时间缩短到 44 个小时，而就在 18 世纪早期，行程还需花费 14 天之久。1830 年，第一条蒸汽铁路成功投入使用；但是直到 19 世纪 40 年代，铁路才开始将英国的主要城市联系起来。其结果是更快的速度和更低的运费：到 50 年代，从伦敦到爱丁堡的用时已被缩减至 12 个小时。几乎是在英国开始铁路建设的同一时间，欧洲大陆也开始了铁路建设。打头阵的是比利时，法国与德意志紧随其后。到1870年，欧洲西部已经建成了一个相当密集的铁路网；在接下来的三十年中，欧洲东部、巴尔干半岛和俄国开始了大规模的铁路建设。到1903年，通往太平洋沿岸符拉迪沃斯托克的西伯利亚大铁路修建完成。

铁路建设带来的影响是深远的。不仅人和轻便的货物可以享受低廉和快速的陆上交通（这在之前就已经成为可能），而且像铁矿石、煤炭和小麦等大宗货物也可以了。原本因为交通运输的困难而只开采了一部分的内陆铁矿和煤田，现在成了工业繁荣的基石。商品农业的范围变得更加广泛，因为偏远的乡村和城市的市场之间不过是一站火车的距离。通过运输货物和人员，铁路将不同的民族捆绑在一起；而1866年普奥战争期间，普鲁士总参谋部更是向世人证明了铁路交通在军事上的重要作用。

第一艘成功的蒸汽船是由罗伯特·富尔顿（Robert Fulton）在1807年建造 501
的；但在很长的时间里，蒸汽船只是被用于短途运输，而且很多时候只能在避风的水域航行。当时的蒸汽船笨重且耗煤量大，除非是一些相对较短的航行，否则就需要再次补给燃料。但是，1838年，在将帆船和汽船结合起来后，横渡大西洋的时间缩短到了两个星期；1840年，利物浦和波士顿之间定期运营的蒸汽船航线开通。到1850年，蒸汽船已经弃用船帆，开始在大西洋和其他更短的航线上进行人员和邮政运输；但在1870年以前，发动机和煤还是要占用很大的船体空间，所以在长途航运上，帆船仍旧是更合适的运输工具。但到了1870年，航海发动机的设计得到改进，对煤的消耗量也减少；更为重要的是，随着铁（1839）和之后钢铁（1879）在船体上的运用，船的尺寸大大缩小。这一系列改进给货物留下了足够的空间，也让蒸汽船得以成为洲际贸易的运输工具。但得到大约1890年，蒸汽船才在中途没有便利的煤炭补给的远洋航行中（比如说澳大利亚和英国之间）完全取代了帆船。

同样，通信领域也经历了一场革命。1840年，罗兰·希尔（Roland Hill）在英国引入了公共便士邮政（penny post）。其他国家也紧随其后，设立了公共邮政服务；1875年，一些国家签订了一项国际邮政协议，根据这一协议，各国都享有公共邮政上的互惠特权。1844年，萨缪尔·莫尔斯（Samuel Mores）首次对外展示了他发明的电报，从此电报的使用成为可能。这种用电报进行瞬时通信的可能性很快变成了现实。1846年，第一家商业电报公司成立；1851年，一条海底电缆将英国与欧洲大陆上的一个电报网相连；1866年，大西洋海底电缆铺设成功。1876年，亚历山大·格雷厄姆·贝尔（Alexander Graham Bell）发明了电话，但它成为一种重要的通信工具却经历了非常漫长的过程。另一方面，无线电也很快被应用到无线电报上，其开始的标志是1895年吉列尔默·马可尼（Guglielmo Marconi）的首次无线电报传输。而汽车和飞机直到1914年以后才得到欧洲人的真正重视。相比之下，1870年后广泛普及的自行车对于普通欧洲人来说更为重要。

发明于1872年的打字机使现代商业的管理和现代政府的运作成为可能。但打字机取代手写也经历了一个缓慢过程。对于19世纪而言，更为重要的是大众报业的发展。转轮印刷机解决了快速和大批量印刷的问题。19世纪50年代，大众新闻业在英国创立，公众舆论（有时候是被不负责任的记者所煽动的）开始在政治生活中扮演新的角色（英国卷入1854年到1856年的克里米亚战争，某种程度上就是因为报纸所营造的公众爱国狂热）。

502

上述这些以及其他交通与通信上的进步所产生的综合效应是：整个世界变成了一个前所未有的互相联系的整体。伦敦的茶叶价格和芝加哥的小麦价格会影响世界上遥远的其他地区人们的决策；政府外交官和政府部长的公开声明被外国政府和公众所知晓，只是转瞬之间的事。外交已经不再是一个封闭的俱乐部里的活动，就像广州、孟买和纽约的商人在与欧洲的交流中业已无法忽视世界上所发生的事情一样。大规模的人口活动成为可能。随着远洋蒸汽船的使用，向海外移民的浪潮到达前所未有的高度；因为西伯利亚大铁路的开通，迁往西伯利亚的俄国人也大大增多。

交通与通信设施的增多，开辟和拓宽了煤炭、铁矿、钢铁和其他一大批产品的市场。一方面，工业的进步使交通的改善成为可能；另一方面，后者又反过来为工业产品创造了新的需求。国际贸易也极大地扩张。1815年到1914年间，欧洲的国际贸易的价值增长了约20倍；国家内部的贸易规模也得到了相应增长。

交通与通信革命的另一个结果，是内陆地区迅速地向欧洲的开发敞开大门，其中最明显的是北美、非洲、中东和中国。像美洲中西部和欧洲的快速发展，很大程度上也得益于铁路和蒸汽船的使用。新的交通和通信工具将这些内陆地区与世界市场联系在了一起。

4. 工业技术

19 世纪的工业主要建立在煤和铁的基础上。人们发现了这两种物质的种种新用途。约 1830 年之前，机械技术主要被应用在纺织（特别是棉纺织）、采矿和冶金上。1830 年后，一系列机器的发明实现了制鞋、缝纫、磨粉和枪支制造等传统行业的机械化。不仅如此，技术的进步还创造了具有基础性意义的新产业，化学、电力和石油可能是其中最为重要的三个。新旧工业都依赖于机械工具的不断改进，机器自身的生产也依赖于这些工具。最明显的例子是，改进后的车床和其他设备可以根据标准模型，用可更换的零部件制造机器。这意味着整个庞大的经济变得可维修和维护。

冶金领域的主要变化，是钢铁价格的下降及由此带来的对钢铁的广泛应用。1856 年亨利·贝瑟默（Henry Bessemer）和 1865 年由威廉·西门子（William Siemens）完善后的技术首次实现了钢铁的大规模生产。至此，钢铁在多数工业、军事和家用领域替代了生铁。但贝瑟默和西门子的技术无法将铁矿石中的磷去除，因此含磷的铁矿仍旧无法用于钢铁生产。直到 1887 年，悉尼·吉尔克里斯特·托马斯（Sydney Gilchrist Thomas）发明了将磷从熔化的金属中提取出来的钢铁熔炼生产线，才解决了这一难题。这一发现对欧洲产生了巨大的影响，洛林大量含磷的铁矿石由此被利用起来。德国也因此得以将洛林的铁矿和鲁尔的煤矿结合起来，到 1894 年，德国已经成为欧洲最大的钢铁生产国。

化学工业由于分支太多，所以很难对其作出令人满意的阐释。1807 年，人们发现了用于照明的瓦斯；19 世纪 50 年代，化学家们探索了煤焦油（焦炭生产过程中的副产品）的结构，并用煤焦油合成了大量有用的产品，如苯胺染料、阿司匹林、糖精、烈性炸药、沥青、氨水、润滑油，等等。约 19 世纪中期，被广泛用于工业生产过程的酸和碱在商业化生产上突飞猛进；19 世纪末，人类首次合成了人造丝。1867 年，阿尔弗雷德·诺贝尔（Alfred Nobel）发明了炸药，这对采矿和战争而言都具有革命性意义。在炸岩石或人的时候，这种炸药爆炸力强且操作安全。

早在古巴比伦时期，人们就将石油当成宝贝，但一直要到 19 世纪下半叶（首先是在美国）它才显示出重要的经济价值。用在高速运转的机器上的润滑油，几乎与汽油和柴油发动的燃料具有同等重要的作用。到 19 世纪末，作为远洋船只的燃料，石油被证明比煤炭更为优越，它不但运输、储存方便，而且每单位体积可以释放更多的能量。石油的提纯所产生的化学副产品在数量和用途上，可以煤焦油的副产品相媲美。

同样，尽管人们对电的认识已经有很多个世纪，但是对电现象更全面的认识和对电力的实际应用一直要到19世纪才开始。迈克尔·法拉第发现了电解作用，并由此发明了用于防止金属生锈和金属表面光洁处理的金属电镀法。他还于1831年设计了一台电动机，但也是要到70年代，对电动机设计上的改进才使其成了重要的动力来源。1879年，托马斯·阿尔瓦·爱迪生为改进后的白炽灯泡申请了专利，在接下去的几十年里，大多数城市的瓦斯灯和煤油灯被电灯所取代。越来越多的机器开始使用电力，长距离电流运输的效率也得到显著提高。然而人们一直要从1914年才开始体会到电的全方位影响。

除了这些主要的成果以外，其他成千上万对前人发明的改良和新的发明，带来了机器生产效率前所未见的提升。几乎每一个行业都受到了机械化的影响；只有一些奢侈品和需要精湛技艺的行业沿用着手工生产。机器生产的产品涌入市场，降低了商品价格，并且极大地拓宽了人们日常消费的商品的范围。这为生活水平的提高提供了技术上的可能。此外，到20世纪末，经济生活的社会化组织的调整，也为提高大多数欧洲人的生活水平作出了贡献。

三、经济生活的组织

1. 农业

科学的农业和对土地的有效利用往往需要改变传统的土地占有形式。在几乎整个欧洲西部和一部分的东部地区，分散的条状土地被圈为整块的土地，日常的庄园农业被打破，个体农民也因此得以自由选择种植的作物。土地产权的合并是个艰难的过程，因为有些人会宣称自己会在合并所要求的土地交换中遭受损失，从而拒绝接受合并。但欧洲国家的政府通过了许多相关法律，根据这些法律，只要村庄里一定数量的人提出要求，合并就会被强制执行。到1914年，公社对土地使用的控制，只在俄国和一些巴尔干国家还保留着。

土地产权的合并形成了两种反差巨大的农业组织形式。在英国和德意志东北部，几百英亩的大土地成为土地单位的主导类型。授权进行土地产权合并的英国议会是偏向大地主的，因为议会本身所代表的就是这个阶级的利益。这样做导致的结果是，18 世纪晚期和 19 世纪早期，许多小农要么离开土地涌入新兴的工业城镇，要么就在大农场出卖劳动力。在德意志东部，早在中世纪晚期就存在着大规模的农场，截至 1945 年，大农场仍是德国跨厄尔班（trans-Elban）地区最显著的特征。

但在欧洲其他地方，情况却更有利于小农。在一些情况下，政府意识到农民阶级的稳定是其军事力量和社会稳定的来源，因此会保护自耕农的利益。比如在奥地利，某些情况下，地主自己基本不从事农业劳动，他们更乐于从佃农那里收取租金。意大利和地中海地区整体上都是这种情况。在法国和低地国家，法国大革命产生了决定性的影响，土地所有权被转移给了绝大多数的小自耕农。受到 1848 年后德意志南部州政策的刺激，德意志西部也发生了类似的所有权转移。

法国大革命伊始，在法国一些偏远地区仍存在农奴制，且越向欧洲东部，这种情况就越为常见。法国大革命在法国解除了农奴的义务，拿破仑则在邻国土地上取缔了农奴制。普鲁士废除农奴制是 1810 年，奥地利是 1848 年，俄国是1861 年。废奴的意义首先在于它废除了农奴在之前所受的法律限制。其次意味着根据各个政府确定的各自的原则，地主和之前的农奴之间实现了土地分割。但普鲁士的情况不同，容克地主世世代代经营着盈利的农场，而当这些集中的土地被释放后，在长时段内导致了绝大多数土地的所有权向农民手中转移。因为和奥地利及俄国的大多数地主一样，普鲁士的地主也发现，将土地分成小块出售要比雇佣劳动力耕种自己的土地更容易一些。除此之外，政府的政策也多倾向于将土地分配给农民，特别是在 19 世纪末和 20 世纪初。例外也是存在的，像匈牙利境内的多瑙河中游平原、乌克兰与多瑙河下游（罗马尼亚）的黑钙土带等肥沃的农业地区，在当地的地主看来，耕作他们的土地还是有利可图的，而且他们也有能力雇佣劳动力。正是这些地区大量的粮食剩余支撑了欧洲西部城市。

19 世纪 70 年代用作海运的蒸汽船的改进，使欧洲农业市场受到了海外农产品的竞争。在英国，政府坚持自由贸易原则，没有对本国农业采取任何保护性措施，大片曾是欧洲产量最高的土地变成了鹿园或是牧场，其他的则干脆抛荒。在欧洲大陆，政府则普遍通过征收农产品进口税来保护本国农民。但欧洲的农业繁荣仍受到世界粮食和肉类价格下降的威胁，俄国、罗马尼亚和其他欧洲粮食出口国发现，想在唯一还开放的粮食市场（即英国）与美国和澳大利亚竞争已经变得越来越难。

2. 工业

随着动力机械的广泛使用，工厂成为工业的主要社会组织形式。手工制品和本国产品逐渐被取代；但这种变化的程度很容易被夸大。举例来说，像餐具的制造直到 19 世纪将近结束时仍然主要由小作坊完成。相比大规模的生产，在这类产品的制造上，小作坊的小型机械和技术娴熟的工人显然更胜一筹。越往欧洲东部，手工业的比重就越大，以 1914 年的俄国为例，就有超过一半的工业品（以价值计算）由手工方法生产。

大体上来说，1830 年以后，工厂制和规模化生产才开始从纺织业和冶金业向其他工业部门传播。也几乎是在同一时间，欧洲大陆上第一次出现了重工业。比利时紧随英国之后；法国由于缺乏大量的煤炭和铁矿，起步得相对较迟；德意志则因为其下各邦之间相互设立贸易关税壁垒而受到牵制。之后，德意志境内

大多数邦之间建立了关税同盟（Zollverein，1834），清除了关税壁垒的问题；19

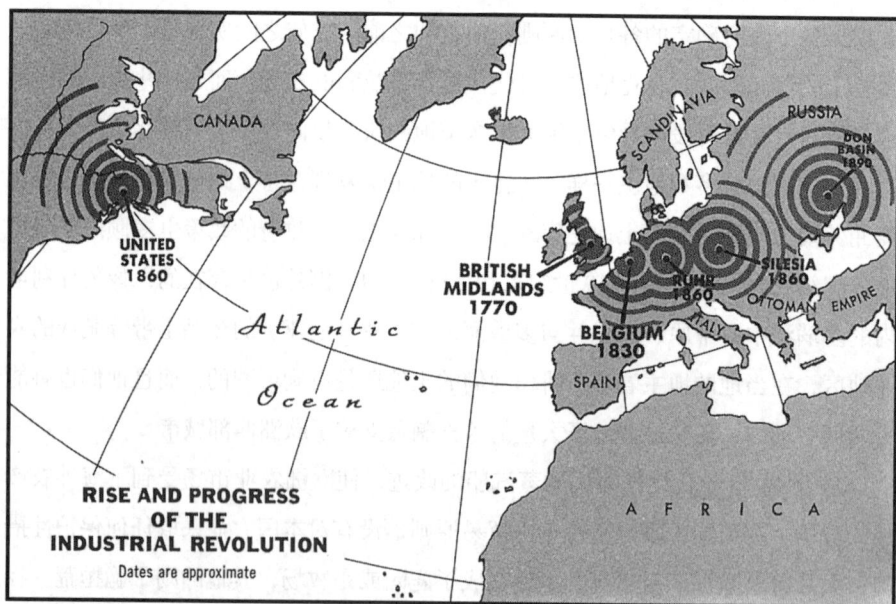

工业革命的兴起与进程

世纪 50 年代和 60 年代两个时期的铁路建设，又解决了第二个问题——廉价和高效的内陆运输的缺乏。到 1879 年，德国终于建成与英国相抗衡的一流工业强国。19 世纪末，德国工业已经在很多领域超越了英国，在工业生产能力和工业组织上首次登上欧洲第一的宝座。俄国大范围的工业化大约开始于 1890 年，但到 1914 为止，俄国仍旧是以农业为主的国家，大量的工业制品依赖进口。而在大西洋另一边的美国，也在 1890 年左右成为一个像德国似的工业强国。在亚洲的远东地区，日本也在第一次世界大战爆发前的十年间迅速崛起，成为本地区重要的工业（和军事）强国。

工业化早期一个长期存在的问题，就是无法找到足够的资本。早在 1720 年，合伙公司因发起者的不择手段而遭殃的事件就已经屡见不鲜；1825 年英国的经济危机，导致数百家从事南美和其他地区采矿业务的合伙公司倒闭。这次崩溃也导致英国法律上的一系列变化，在 1844 年到 1861 年间，具有法人地位、对投资者承担有限义务的现代型公司诞生。这种新的商业企业法律模式立刻被应用到许多新旧工业企业上，作为英国工业革命第一阶段主要特征的合股和个人持股模式基本被有限公司（limited companies，或者美国人惯用的词 corporations）所取代。接下去几年中，其他欧洲国家多少修改了自己的法律，以效法英国。现代公司的优点不一而足。作为法人，公司可以签订协议，提出诉讼和被诉讼，享受法律赋予的种种权利。此外，不想亲自参与公司经营管理的投资者，现在可以将自己的积蓄（通过购买股票的方式）投入到工业中而不必承担债务风险——按照早年间的法律，如果一家公司破产，它的持股人就要承担所有的债务。正因为如此，资本才得以大量进入到工业部门，工业资本组合的整体步伐也不断加快。

随着时间的向前推进，公司的规模也越来越大。为了更全面地控制市场（横向联合）或原材料供应与产品销售（纵向联合），大规模的公司合并出现了。在这方面，德国公司表现得尤为活跃，因为德国政府允许甚至鼓励组建卡特尔（横向联合）。卡特尔在竞争对手之间分割市场份额，并常常建立最低价格机制。第一次世界大战开始前的几十年中，在一些领域甚至建立了国际性的卡特尔，比如石油和化工领域。

卡特尔及纵向联合的影响一直受到经济学家和政客的质疑。实施联合的人的意图是想通过减少竞争和中间步骤，来更大程度地保证价格和利润的稳定。在一些情况下，我们有理由推断，这样的组织确实提高了生产的效率，特别是在那些需要大量资本投入的领域。而在其他情况下，卡特尔的目的似乎主要是为了维持更高的利润率，减少了竞争的同时，卡特尔也阻碍了技术的进步。

政府在对工业的控制中扮演了重要的角色。19世纪的人可能发现两种对工业的不同态度。英国政府和德国政府（在1871年以前是普鲁士政府）分别是两种态度中的极端代表。

英国工业的发展是碎片化的。当纺织业和冶金业在18世纪开始机械化的时候，没有人能够预见到已占据主导地位的工业社会最终会走向何方。英国缺乏大规模集权的官僚体制，而且最流行的经济思想也向人们保证，个人私利的实现最终将带来社会总体福利的提高。因此，英国政府总是尽可能少地干预经济关系。

1799年，英国议会通过了禁止工人联合的法律，这在很大程度上是因为对法国大革命可能传递过来的激进主义的恐慌；这些法律直到1824年才被废止。渐渐地，早期工厂中悲惨的工作条件和迅猛发展的工业城镇中的贫民窟，引起了人道主义者和改革者的注意。然而议会对介入雇主和雇员之间的合同关系表现得极不情愿。第一部规定工厂工作条件的法律仅仅适用于纺织业中的妇女与儿童，不仅如此，由于缺乏实施机制，这些法律的效果也不是很好。1833年，议会通过了一项在工厂派驻监督员的新法律，监督员的职责是向政府报告工厂中的违规情况；1847年，议会通过了10小时工作制法，将妇女和儿童的工作时间上限规定为每天10小时（这样做也有效地限制了工厂成年男性工人的工作时间上限，因为作为一个整体，工厂在没有妇女和儿童工人的情况下是无法继续运作的）。起初这些法律都只适用于纺织业；在接下去的时间里，对工作时间和工作条件的规定慢慢扩展到其他工业部门。20世纪的第一个十年里，议会成立了政府委员会以便制定最低工资，1911年到1912年，由国家组织建立了强制性的失业和健康保险制度。用这种碎片化的方式，英国政府逐渐承担起改善产业工人工作条件和福利、限制雇主权力的责任。

英国政府在关税和国家所有制上追求的是一种以可行性为前提的、类似于自由放任的政策。英国在19世纪上半叶削减了保护性关税，一方面是因为其奉行的经济理论的压力；另一方面也是实业家们的要求，实业家希望将自己的产品销到海外，他们意识到只有在外国产品可以出口到英国的前提下，外国人才会进口英国的产品。其中最具标志性意义的事件是1846年《谷物法》的废除，结束了国家对英国农业的保护。

而像铁路和公共设施等一系列工业革命时期的新发明，英国政府允许私人企业来控制和经营。甚至是像污水处理和供水这样的领域，在最初也并不被认为必须由政府来控制；但随着工业城镇不断增长的明显而迫切的需求，这一态度发生了改变。1835年，英国政府通过了一项新法律，用于在大城镇所在地建立地方政府，城镇地方当局逐渐接管了卫生系统、供水、公园和其他城市生活设施。

在德意志，政府有着不同于英国的传统。自腓特烈大帝以来，普鲁士的官僚体制就因其效率而闻名欧洲；而英国在发展中基本不考虑的军事因素，也是普鲁士政府领导者们经常考虑的。其结果就是，在大约1850年工业革命在德意志开始取得进展之后，政府在其中扮演的角色远比英国政府活跃。

从1834年开始，德意志建立了保护性关税，使自己刚起步的工业免受无处不在的英国的竞争。普鲁士的铁路从一开始就是在政府的帮助下建造的，政府承诺支付投资者资本利息，并保证新铁路对特定线路的垄断权。这样一来，就避免了英国（和美国）在铁路建设中因为重复建设造成的浪费。

军事上的考虑也影响了德国的铁路建设。德国参谋部意识到铁路在军队和补给运输上的潜在作用，对铁路建设的线路布局和密度提出了建议，从而发挥了重要的影响。虽然大多数的德国铁路是由私人企业建造的；但1914年以前，大部分的里程是由德国政府自己所有并经营的。政府官员因此对整个经济握有强大的控制权。运费率上的差别被用来鼓励一些工业部门的发展，特别是需要将洛林的铁矿运到鲁尔煤矿的钢铁工业。普鲁士与其他邦国对铁路建设运营的规划和控制使拥有了全欧洲最高效的铁路。铁路对德国的军事和经济都才产生了巨大的促进作用，而其国营性质也将整个德国经济指向了一个非常集中化的方向。

与之相类似，在对待劳工问题上，德国政府也从没有英国那种对干预经济的顾忌。1883年到1889年间，一整套建立社会保险、规定工时和工作条件的法律被通过，这在当时远比其他国家的类似立法来得彻底。

其他欧洲国家的经济政策处在以英国和德国为代表的两种极端之间。但是一些欧洲国家，特别是巴尔干地区的国家，并不是本国经济真正意义上的主宰。它们属于半殖民地，采矿、铁路和其他所有工业所需的资本均来自国外。外国资本家往往可以从当地政府那里获得优惠，当地政府的存在不是为了各自国家的利益，而是为了给资本家以最大的回报。1914年之前的俄国在一定程度上也是如此。

对工业化的调整并不局限于工业经理人和政府。工人自身也开始采取行动组织工会，一方面在与雇主的谈判中保护自己的利益，另一方面也可以发挥很多其他的作用（比如提供保险、丧葬费等）。工会运动的早期历史有如暴风骤雨，因为几乎每一个国家的法律都禁止工人联合。不仅如此，工人也没有一个可以将他们的诉求传递到政府层面的有利的政治地位。早期的工会同样受到社会主义理论的深刻影响。比如，建立英国第一个全国性工会运动的幕后策划人罗伯特·欧文（1771—1858），就将工会视为整个社会再生的一种手段。这些事实一方面将劳工活动引向了革命政治的轨道，另一方面也将其引向了建立理想社会的乌托邦工程。

直到19世纪下半期，野心更小但却更为成功的工会才在英国兴起。它们按照行业比如冶金和运输来组织，并将它们的工作主要限制在通过谈判和罢工以保证更好的工作条件和更高的薪水上。但很多工会也承担保险项目，工会向会员征集会费，作为回报，又向他们支付疾病、罢工、失业或死亡救济金。首先成立工会的是技术工人和准技术工人；到19世纪末，非技术工人比如码头工人和矿工也成立了工会。

整个19世纪，由于对公民权的一系列改革（1832、1867、1884），在英国，几乎全体成年男子都获得了投票权。在这中间的劳工阶级也由此成了一个重要而强大的政治群体。但这一事实并没有马上导致一个特殊的工人党的组建，原因是众多工人领袖认为远离政治、专注于通过工资和工时谈判来改善经济是更好的选择。但到1893年，一个受到社会主义信念影响的小团体组建了独立工人党（Independent Labor Party）。从1900年开始，这个党和其他团体联合起来组建了工人党（Labor Party）。工人党的实力迅速壮大，但直到第一次世界大战后，它才获得了与英国的传统政党即自由党和保守党旗鼓相当的地位。

社会主义在欧洲大陆比在英国对工人阶层的影响要强得多。在大约1860年以前，劳工组织人微言轻；直到大概19世纪末，工会才不断与宣称工会不合法或试图压迫工会的政府进行斗争。斗争导致的结果之一，是欧洲大陆的工会变得更加政治化；特别是在德国，它们中的大多数集结在马克思的社会主义旗帜下，支持社会主义政党。但随着马克思主义的学说被重新阐释，以及对立工会与马克思主义工会的竞争，这种政治热情慢慢消退下去。与此同时，欧洲国家的政府对工会的敌意也逐渐消退。1884 年，法国废除了对工会的法律上的歧视；1890 年德国也效法法国，甚至俄国也在 1906 年宣布工会合法。

在法国和意大利，工团主义（syndicalism）在争取工人上与马克思主义展开了竞争。工团主义者希望通过一次总罢工来实现对社会的根本性重组——即终结资本家对工业的控制，代之以工人对工业的控制和管理。在莱茵兰和其他地区，天主教工会也取得了一些胜利。它们的领导者追求的是将中世纪的行会组织作为19 世纪资本主义模式下的工业组织改革的典范。在俄国流传着各种各样的革命学说，但在 20 世纪之前，拥护革命的主要是知识分子，而不是工人。

起源于 1844 年兰开夏郡（Lancashire）洛奇代尔（Rochdale）小镇的合作社运动（cooperative movement），代表了一种对工业生产条件的不同的调整方式。合作社运动一开始并不起眼，围绕对一个所有权归属于消费者的商店的管理，合作社运动朝各个方向扩散开去，控制了一大批消费品的生产和分配，并成为零售和消费品行业的重要一环。合作社组织也被其他一些欧洲国家所采用。在多数欧陆国家，小农在农村占据主导地位的事实为农民合作社提供了可能。合作社以批发价销售和收购，省去了中间商的利润，让利给了农民；在丹麦等一些国家，合作社成为整个经济的主导，整个国家农民的主要交易都由合作社管理和运营。

3. 银行业与金融业

贸易的增长、工业对资本需求的不断攀升以及工业化带来的对所有经济过程的密切整合，意味着银行和金融政策作为整个经济的协调者和某种意义上的控制者开始发挥重要的影响。在拿破仑战争时期，英国政府发现可以用纸币来维持工业经济。但这被视作一种暂时的和危险的权宜之计。在接下来的几年中，对硬币支付的需求又得到恢复，1871 年后，所有的欧洲国家都将黄金作为自己的货币标准。一直到 20 世纪 30 年代的大萧条时期，黄金仍然是大多数欧洲和世界货币的基础，尽管一些国家在紧急情况下会中止黄金支付。

512

更重要的一个现象是欧洲的资本输出，特别是英国和法国。拿破仑战争以后，对外国政府的贷款和对海外私人企业的投资开始大规模兴起。由于一个国家接一个国家的投资者在国内积累了大量剩余资本并进入外国市场，整个 19 世纪的资本出口势头大增。贷款在大体上主要有两种，一种是为一些工业部门、矿山或种植园提供资金，另一种则是给一些非生产部门（主要是政府）提供资金。第一种类型的贷款常常对双方都有利。像美国和德国的工业化，就得到了英国资本的很大帮助。这就意味着美国和德国的工业扩张并不局限于国内储蓄提供的资金所能达到的程度。另一方面，对政府的非生产性贷款却经常以债务人政府的破产告终。于是在一些时候，愤怒的投资者可以动用本国政府的外交和军事手段给违约国政府施加压力，要求其偿还，或强制其进行经济重组。因此，资本的出口在一些情况下成了扩大政治控制的契机。19 世纪欧洲国家就是以这种方式在中东和巴尔干地区实现了大规模的政治介入。

19 世纪后期的几十年中，大规模的工业联合和卡特尔的形成也伴随着银行和金融控制的扩张。人们发明了控股公司和其他的方法，以保证对众多生产企业进行集中的融资导向；通过对金融的操控，互相竞争的公司之间的合并也得以实现。这一系列的发展将大权集中到了相对少数的人手上，通常是银行家。尽管这些人的决策并非总是明智的，有些时候甚至阻碍技术效率的提高和违背作为一个整体的社会的普遍利益。那些对生产的技术领域十分熟悉同时对工人和其他工厂中的环境了若指掌的企业家，则逐渐被与工业只存在资金联系并通过资产负债表来衡量工业成败的人所取代。但与此同时，集中化的金融控制也协调了大量工厂的生产活动，并获得了原先所缺乏的生产上的一定程度的稳定性。

四、欧洲政治（1789—1914）

1. 法国大革命与拿破仑（1789—1815）

（1）导言

法国大革命对于大多数法国人和整个欧洲来说都是具有爆炸性的。经过一整个世纪建立起来的制度、观念和心态，在短短几个月里被抛弃或被彻底修正；这个在其 18 世纪经历的大多数战争中都战败的民族，从中找到了如此强烈的新力量和革命热情，以至于它的军队可以抵抗和战胜几乎整个欧洲的军事上的反对力量。

伴随这种出乎意料的快速发展而来的是法国国内的巨大混乱。各种持不同政见的团体开始兴盛，内战在几年时间内波及国外。各种观点和政治团体万花筒般地变换。今年还是激进主义者的人，第二年就变成了保守主义者；面临着国内和国外的双重危险，一个恐怖政权建立起来，将一批又一批的政治领袖和数千普通公民送上了断头台。

在其他欧洲国家，也有一些人对法国革命者的愿望和行为持不同程度的同情态度；但对他们的原则和实践的反对，也将欧洲的政府和大部分的统治阶级联合在了一起。其他欧洲国家在自我防卫的过程中也意识到吸纳法国的一些创新是必要的；而法国也将关于社会和政治组织的革命原则移植到了自己征服和吞并的领土上。所以当1815年欧洲一些大国有能力复辟法国王朝时，却发现尽管在一些方面进行了尝试，但仍无法恢复到1789年的状态。

法国大革命可以为分成四个主要时期：第一，自由主义时期（1789年5月至1792年8月），这一时期，绝对主义（absolutism）被立宪君主制代替；第二，温和的共和主义时期（1972年8月至1793年6月），这一时期，一个名为吉伦特的政治团体进行了在国内建立资产阶级共和国和在国外发动革命战争的尝试；第三，激进的共和主义时期（1793年6月至1794年7月），这一时期，一个名为雅各宾的政治团体组织法国进行了成功的对外战争，并试图在国内建立一个道德共和国（Republic of Virtue）第四，漫长的反动与巩固时期（1794年至1814年）。反动与巩固的时期自身具有复杂性，并且贯穿多个不同时期，但我们在这里只截取督政府时期（1795—1799）、执政时期（1799—1804）和帝国时期（1804—1814）这一段。这一时期可以被视作是一个革命领袖激进的愿望逐渐被抛弃，大革命第一阶段中一系列改革被纳入较为稳定的制度框架中的时期。

（2）自由主义时期（1789年5月至1792年8月）

整个18世纪，对法国政府的不满意度持续上升，当路易十六的大臣们发现自己正陷入不断加重的财政困境中时，民众中几乎所有的团体都在反抗王室增收新税的企图。从理论上来说，国王的权力是无限的，只要他认为合适，就有设置和征收税收的合法权利；但事实上，君主如果想施行他的意志，至少需要获得法国人民的消极默许。当路易十六的大臣们提出征收新税的时候，作为司法主体的最高法院拒绝将国王的政令注册登记，比如，最高法院拒绝承认这些政令在法庭上具有法律强制性。尽管高等法院的成员是国王的官员，但最高法院，特别是巴黎最高法院，成了支持民众抵抗绝对主义的力量。

1787 年，国王召开"显贵会议"（Assembly of the Notables），期望贵族和高级教士代表能够同意对他们的财产征收更重的税收。但显贵们并不愿意这么做，国王一无所获。与此同时，法国国内对改革的热情不断高涨。无数的陈情书敦促政府进行改革。要求恢复古老的中世纪代表制度即三级会议的呼声也此起彼伏。三级会议从 1614 年以来就没再召开过。三级会议在当时由王国内的三个"等级"的代表组成，分别是教士、贵族和平民。各个等级的代表按各自等级单独开会和投票。显然，这种安排给了教士和贵族决定性的优势，所以当 1788 年国王决定召开三级会议时，会议如何组织便成了一个热点问题。平民（或第三等级）对中世纪时的权力分配感到不满，他们找到了西耶士神父（Abbe Sieyes）和其他一些人为自己的愿望呼吁。在一段时间的犹豫之后，君主政府同意将第三等级的代表数量增加为第一和第二等级代表的数量之和。

当 1789 年 5 月三级会议在凡尔赛宫召开时，关于会议程序的细节问题还没有确定。特别是国王自己尚未对首要的一个问题表态，即代表们如果投票，是按人头投票（如果按人头投票，那第三等级的双倍代表人数优势和一些教士与贵族对彻底的改革计划的同情将使改革获得大多数代表的支持），还是按等级投票（如果按等级投票，那么教士和贵族等级中占多数的保守分子则可以保证通过一些小的改变来维持现状）？君主政府在一开始试图回避这个问题，但第三等级的代表拒绝单独开会，还邀请教士和贵族与他们一起参加平民的国民议会（National Assembly）。他们得到了整个国家在道义上的有力支持。当三级会议代表的选举开始时，选举人被要求写下他们对代表的指示。这些指示（笔记）反映出对彻底改革的鼓动是广泛且有组织的；此外这也是来自第三等级的代表承诺实现彻底改革的起因。

对于国王的一些顾问而言，代表了第三等级的这种反抗似乎是危险的。6 月 20 日，第三等级举行会议的会议厅被锁，并由军警把守。国王的本意是想在 6 月 22 日召开一次三级会议的特别会议，来制定法律以确定投票程序；但第三等级的代表事先并不知道国王的意图。当他们发现会议厅被锁时，他们推断丑恶的阴谋正在发生。一股反抗的情绪在喧闹的代表中间迅速弥漫开来。他们将会议地点转移到了附近的一个室内网球场，并庄严宣誓，除非法国制定宪法，否则绝不解散。这个《网球场宣言》标志着早期革命的发展迈出了重要一步。第三等级的代表实际上已否认国王有解散他们的权力，而且肯定了他们的意图乃是要建立一部终结君主绝对主义的宪法。

路易十六天生优柔寡断、意志脆弱；而且他对一些改革的要求也持同情态度。所以，《网球场宣言》并没有促使国王采取果断的措施；但在接下来的几天中，教士和贵族中的一些个人开始参加第三等级代表的会议；6月27日，国王作出让步，他命令所有的等级坐在一起开会，并按人头投票。因此三级会议变成国民议会，支持彻底改革的人取得了决定性的胜利。

但宫廷中的一些团体并不愿意如此轻易地作出让步，路易十六在这些人和那些更为自由派的顾问之间摇摆不定。7月，国王开始在凡尔赛宫集结部队，人们怀疑国王和他的一些廷臣正在酝酿强制解散国民议会。7月11日，思想开明的财政大臣雅克·内克（Jacques Necker）被解职，人们更相信这种怀疑并非空穴来风。受此刺激的巴黎人民陷入疯狂之中。在三级会议代表选举时，巴黎被划分成若干选区，代表这些选区的一个临时委员会替代了首都政府，临时委员会下令巴黎市民组建国民卫队（National Guard），以保护他们的自由并维持秩序。7月14日，正在为国民卫队寻找武器装备的一群愤怒的人向巴士底狱这座位于巴黎心脏地带的王室堡垒和监狱发起了进攻。经过几个小时的围攻和一些流血，巴士底狱被攻占。巴黎人民的暴力行动惊动了国王。翌日，国王出现在国民议会的一次会议上，他宣布重新起用内克，并命令他的部队撤出凡尔赛宫。

在以后的年月里，攻占巴士底狱被当作是大革命的开端。不可否认，攻占巴士底狱确实标志着革命的进一步发展。巴黎民众第一次决定性地登上了政治前台。被称为公社（Commune）的城市革命政府由此建立起了一个独特的权力中心，这个权力中心由城市暴民支持，常常可以强迫国王甚至是国民议会向它的意志作出让步。

地方上的城镇和城市竞相模仿巴黎的这种革命建制。新的革命当局取代旧的政府机器，控制了法国许多地区。在农村，法律由农民自己来执行。受到关于巴黎大事件的新闻的鼓舞，农民起而反抗地主，拒绝再向地主交纳租金和年贡，在

第三编　欧洲文明（约公元900年至今）

条件允许的地方，农民销毁了记录有他们义务的官方文件。一些领主的房屋遭到焚烧，还有一些贵族被愤怒的农民杀害。

当农民暴动的新闻传到国民议会时，辩论的主题立刻转向如何解决这些问题。在8月4日至5日之间的夜晚，一股巨大的热情弥漫在国民议会代表中间。被狂热气氛包围着的贵族、教士和城镇当局的代表，一个接着一个地起立，庄严地决定废除旧的权利和特权。在接下去的几天中，这些决议成为立法，高调地宣称要"彻底废除封建体系"。但事实上这只是一种夸张的说法，当立法规定所有等级的公民在法律面前一律平等的同时，它仍然要求农民继续向教士交纳什一税，向贵族交纳租金，直到国民议会就如何对这些义务的废除作出补偿达成决议为止。但实际上这个决议形同白纸，因为在很多地方，农民继续销毁记录，并继续拒绝交纳他们之前欠贵族土地所有者的年贡和租金。

在接下去的两年里，国民议会得以继续召开。国民议会对外宣称其目标是为法国制定一部宪法，但是政府的危机要求国民议会采取立即的行动，所以它也经常将注意力从立宪的目标上转移开来。政府危机中最严重的一个是财政危机。税收收入在革命的前几个月中减少，政府无力偿还债务。为了解决这一问题，1789年11月，国民议会决定没收属于法国教会的土地，并且以没收的土地为抵押发行了一种纸质货币——指券（assignats），在土地售出之后对其进行偿付。但是，用发行指券来解决财政困难对于政府来说太有吸引力了，以至即便加上国王和出逃贵族的土地，指券的发行总数还是远远超出了被没收土地的总价值。结果指券出现了巨大的通货膨胀，到1795年已经变得一文不值。

这一财政上的权宜之计导致了两个重要的后果。第一，通货膨胀意味着价格的相应上升，这就造成了工薪阶级，特别是那些生活在城镇中需要购买食物的工薪阶级生活上的困难。这一事实使巴黎无产者的革命热情不断升温，他们将自己的不幸归咎于革命之敌的密谋。巴黎和其他一些大的城镇由此变成了激进主义的堡垒。

第二，同时也是持续时间更长的后果，是大范围土地没收和倒卖所导致的所有权的大范围转让。一开始，大部分没收的土地被城镇居民为主的投机者所购买，但随后他们慢慢将土地转售给自耕农，这样一来，自耕农便占有了法国大部分的土地，并且可以自由支配。法国小农在土地占有上的主导地位从大革命时期一直延续到20世纪40年代。在大革命期间，所有权的转让导致的一个重要后果，是将大多数农民与革命事业捆绑在了一起，因为农民担心恢复旧的政府体系也就意味着他们新近获得的财产将再次回到之前的所有人手中。

不管作为财政上的权宜之计有多么吸引人，但是没收教会土地的行为还是带来了一个问题，就是怎样解决教士的生计。1790年7月，国民议会通过了一系列法律来解决这个问题，这些法律汇总起来被命名为《教士公民组织法》（Civil Constitution of the Clergy）。根据这些法律，国家向教士支付固定的薪水。除此之外，教区的划分也作出调整，使其与政区的划分保持一致；最为激进的一点，是国民议会下令以后所有的神父、主教和其他神职人员都将由相应地区的公民选举产生。这意味着新教徒、犹太教徒和无神论者都可以在教士选举中发出自己的声音。天主教徒对此感到愤慨。《教士公民组织法》通过后六个月，教宗对该法表示了谴责，并开除了起草者的教籍。之后，法国的教士群体开始分裂，一部分接受了新的安排（宣誓教士），另一部分则拒绝接受（非宣誓教士）。此外，当革命牵涉到教权，并导致法国人中间严重的分歧时（这种分歧至今还在法国政治中扮演着重要角色），要争取善良的天主教徒对革命的支持也变得困难重重。

国民议会必须面对的另一个大问题，是自己与国王的关系。在路易十六身边，都是一些敌视国民议会所作所为的人。王后玛丽·安托瓦内特（Marie Antoinette）对意志脆弱的国王施加了强大的影响。安托瓦内特是奥地利国王的妹妹，她毫不迟疑地向自己的兄长求援以抵抗革命分子。慢慢地，路易十六被王后说服，和王后一样，他也加入到很多欧洲主要国家的行列，寻求他们的支持，阻止任何损害自己王权的行为。

巴黎民众对王后的猜忌很深，1789年10月，当一次暂时性的面包短缺出现时，巴黎民众坐不住了。一群人涌向凡尔赛宫，要求王室和国民议会同他们一起返回巴黎。在巨大的混乱和一些暴力发生之后，国王同意和众人一起回到巴黎。几天后，国民议会也追随国王返回巴黎。

从这一刻起，巴黎民众对国民议会的控制力与日俱增。由于国民议会从20英里外的凡尔赛宫迁回了巴黎，民众可以更为轻易地冲击会场和组织大规模的示威活动。路易十六的态度也发生了决定性的转变。他开始将自己视作革命的囚

SPREAD OF DEMOCRATIC REVOLUTION
TO 1848

U.S. boundaries of 1776   European boundaries of 1815

民主革命的传播（至 1848 年）

徒，所有最初对革命的同情都烟消云散。《教士公民组织法》尤其令他反感，因为国王自己就是个非常虔诚的教徒。眼下，他发现自己无权无势，被迫采取一个全方位的两面政策——在公开场合接受国民议会的决议，同时在私下策划从巴黎出逃并推翻革命分子。

在革命激情的包围下，国民议会逐渐解决了宪法的一些细节问题。最早在1789 年 8 月，国民议会通过了《人权与公民权宣言》，作为其政治原则的一个概括性声明，《宣言》也成为完成后的宪法的序言。《宣言》声称所有公民皆享有自由和平等，并列举了自由、财产、安全和反抗压迫这几项主要的人权。此外，《宣言》还宣称，所有政治权威的来源乃是民族国家。

在一个这类词汇几乎被用滥，且自由主义原则或多或少被认为是理所当然的时代，很难说这类宣言有什么革命性。国王、教士和贵族的旧权利被大胆地废除，而"人民"作为政治权威的来源，被提升到了一个新的高度。这些观念使一个强大的君主国中的旧臣民感到欢欣鼓舞。革命的原则受到成千上万男女的热情支持。新的词汇被人们口耳相传，并迅速传播开去。"自由、平等、博爱"的口号成了对新的政府体系的总结。对于很多人来说，似乎理性和正义取得了最终胜利，启蒙主义者传授给人们的启蒙原则，在历经了一代多的时间后，将最终得以实现。

国民议会的成员将革命原则变成了宪法，但他们也发现，谨慎地对平等和博爱的内涵进行限制是明智的。毫无疑问，大多数人同意结束旧制度下的暴行和混乱。教士和贵族的特殊地位被取消，从这个意义上来说，所有公民之间的平等实现了。但在其他方面，平等并没有建立起来，公民被划分成两个阶级：积极的和消极的。积极公民的交税达到一定额度，他们可以投票或携带武器。对议员和公职人员则有更高的财产要求；间接选举制作为通向民主制的一种审慎选择被建立起来，以进一步缓冲这一过程所带来的震荡。

《1791 年宪法》将中央政府的权力在一个掌立法权的议会和国王之间作了分割。宪法授权议会控制税收、弹劾和问责大臣，议会还享有最高上诉管辖权。议会由此控制了国家本质上的最高权力。但议会的立法权却受到国王的限制。宪法赋予国王搁置否决权（suspensive veto），国王虽然不能阻止，但可以延迟议会通过他不喜欢的法律。除此之外，国王有权任命各行政部门大臣、外交官和陆军军官。

法国的地方政府得到了重组，权力被分散。所有旧的地方政府部门被扫除，

521

新的行政单位省取而代之。行政区划、司法的组织和教区的划分，都以新省界为界。尽管一系列的事件很快将几乎整部宪法变成一纸空文；但省这种行政区划一致保留到今天。

在宪法完成以前，路易十六和王室成员曾尝试通过伪装从巴黎出逃（1791年6月）。但国王被人认出，搭载着逃亡者的马车在瓦雷纳的一个小村庄被拦下，他们被迫耻辱地回到巴黎。国王对新秩序的公然反叛给国民议会中的宪法制定者们带来了一个严重的问题，他们本想委以国王实质性的权力。然而他们似乎别无选择，国民议会中的多数成员对共和主义原则避之唯恐不及。结果，当国王表达了愿意接受宪法时，国民议会选择了信任他，并根据宪法规定的条款组织了选举。当这一切在1791年9月30日完成时，国民议会休会；第二天，新的立法议会召开。

从表面上来看大革命就这么结束了。国王接受了对法国政府戏剧性的重组，贵族和教士变成了普通公民，农民从旧的庄园制下的义务中获得了实际的解放（即便有些是通过非法手段），中产阶级确保了自己在政府中的支配地位。这样一来，法国大革命中大多数重要的心存不满的团体，都或多或少地实现了他们的目标。继承下来的低效、重叠和难以管理的旧政治制度被废除，取而代之的是一个合理、简洁的行政体系。

但从整个社会的极端上来看，国民议会的所作所为并不尽如人意。一些逃亡至邻国的贵族和高级教士忙于在其他欧洲国家和国内心存不满的势力之间奔走，鼓动他们采取行动反对新秩序，国王及其近臣则处在这个密谋的中心。而在另一个极端，大城镇，特别是巴黎的工人阶级也没有表现出他们是代表了革命的。法律（1791年通过的《谢普雷法》[Law of La Chapelier]）禁止工人进行有碍于贸易的联合，并对扰乱和平甚或只是威胁罢工的行为施以严惩。更为严重的是，指券的通货膨胀所导致的物价的急剧上升和以往一样，使工资收入者蒙受损失。

中下阶层在一定程度上也和巴黎的无产者一样感到不满，他们常常无法达到对积极公民的财产要求。一些激进的知识分子和职业工人感到革命并未实现它的目标，未能彻底消除残余的特权，他们为中下阶层表达不满，并将他们组织起来。他们的激进计划的主要内容，是建立共和主义民主制，以及对新秩序的敌人进行更有力的镇压。以下几人在激进的领导者中最为突出：让-保罗·马拉（Jean Paul Marat，1743—1793），记者，曾是一位医生；乔治·雅克·丹东（George Jacques Danton，1759—1794），律师兼出色的演说家；马克西米利安·罗伯斯庇尔（Maximilien Robespierre，1758—1794），同样是从律师转为政治家。

作为极端的革命分子，上述三人以及其他无数狂热的青年在大革命开始的前两年里赢得了声望。1790年，丹东和马拉组建了一个政治俱乐部——科尔得利俱乐部（Cordeliers）；罗伯斯庇尔则参加了另一个类似的组织——雅各宾俱乐部，1791年保守派成员退出后，罗伯斯庇尔控制了这个俱乐部。这些俱乐部尤其是雅各宾俱乐部在地方的城镇和乡村都建立了相应的社团网络。巡回的演说者以及巴黎和这些地方俱乐部之间频繁的信件往来，将这一网络塑造成一个高效的宣传523机器。在雅各宾派掌权后，通过对官员政治上是否正确进行严密监视，这些地方上的俱乐部甚至篡夺了地方政府的一些职权。

但在1791年对科尔得利和雅各宾俱乐部发言人的说教作出回应的，主要是巴黎的民众。这些政治俱乐部的活动不仅限于演说，它们和公社一起发展出一套健全的体系，用于号召民众保卫他们的自由。游行示威和对反对派成员有组织的恐吓变得系统化；又因为巴黎唯一的警察力量国民卫队同情革命的缘故，有组织的人群完全控制了城市的运转。一直要到1795年，当局才找到制衡冲动和激进的巴黎民众的有效措施。

当1791年立法议会召开之时，它所面对的是国内和国外的巨大动荡：零星的反革命行动开始在旺代和邻近地区发生；巴黎民众强烈的不满情绪；国王和逃亡者反叛，参与到与奥地利、普鲁士和其他国家的合作中。立法议会内部也分成了三个派别：一是斐扬派（Feuillants），他们希望维持现状，使宪法成功实施；二是更为激进的吉伦特派（Girondins），他们中的一些人在理论上是共和主义者，但同时又不信任巴黎的暴民，他们倾向于在宪法框架内对政府进行渐进改革；最后一派，同时也是人数最多的一派，他们不属于上述两个团体中的任何一个，但经常徘徊在两者之间。

一开始，斐扬派是最强势的一派；但没过几个月，吉伦特派就获得了议会中大多数议员的支持。有两个因素帮了吉伦特派的忙。首先，在若干场合，路易十六使用搁置否决权防止议会将一些提案变成法律。这也使人怀疑国王是真心希望新政府取得成功，抑或只是使用自己的合法权力来妨害公共行动。其次，法国与奥地利和普鲁士之间的外交关系逐渐恶化，最终导致法国在 1792 年 4 月 20 日对其宣战。而吉伦特派又是鼓吹战争最为激烈的，所以对于他们来说，席卷全国的爱国热潮将使他们从中获益。

然而，当真正的作战开始时，光有爱国热情是不够的。法国军队被迫停止进攻，撤退至本国境内。败退极大地刺激了巴黎人民。他们开始相信（这种相信是相当正确的）国王和王后正在与这个国家的敌人暗通，1792 年 8 月 9 日至 10 日，丹东和其他人组织了一场起义，立宪君主政体就此终结。巴黎的群众向杜伊勒里宫发起进攻，王室成员被迫躲入议会的开会地点以寻求庇护。尽管许多议员并不情愿，但愤怒的群众的叫喊和威胁最终迫使他们同意中止国王权力，废除宪法，并召开新的国民公会，以便建立一个更好的、更有效的政府。

1792 年 8 月的起义，将更为激进的思想和领导人推到前台。在他们的压力下，立法议会停止了对革命前的地主的赔偿支付，并给予农民和其他想获得土地的人以完全的所有权。新的激进主义的另一个表现，是婚姻的世俗化和离婚的合法化。这是革命所带来的最为重要和持久的变化中的两个；一个从根本上改变了土地所有权模式，另一个则改变了家庭中的法律关系。

在对外战争、民众的狂热和国王的背叛三重压力之下，《1791 年宪法》失败了。这标志着法国大革命第一阶段的结束。但值得注意的是，革命的永久性工作已经在国民议会召开的两年半时间里完成了。几乎所有从旧政体那里继承下来的制度都被推翻，再也没有恢复；即便由《1791 年宪法》所建立的特定制度只是昙花一现，但指导后续政治革新的自由主义、民族主义和民主主义观念得到了清晰的阐释。更为激进的革命的第二阶段，在某种意义上只是一段插曲。当 1794 年行动到来时，罗伯斯庇尔梦寐以求的道德共和国瓦解殆尽；但革命第一阶段所取得的成就和确立的原则既没有就此止步，也没有被废除。

（3）吉伦特派掌权与派系斗争（1792 年 8 月 10 日至 1793 年 6 月 2 日）

1792 年 8 月 10 日，国王的权力被解除，9 月 21 日，国民公会召开第一次会议。在这段时间里，革命似乎将要被推翻。奥地利和普鲁士的军队步步进逼，法国的保王党和反动者希望复辟旧制度，并为此奔走。但丹东在巴黎所拥有的力量，以及立法议会号召所有爱国者武装起来的响应机制，抵挡了这些灾难。9 月初，巴黎群众袭击了几个监狱，里面关押的囚犯被怀疑同情旧制度，数百名囚犯遭到屠杀。这一恐怖行动是与改造和装备部队的行动相配套的。结果，在国民公会召开的前一天，法国在瓦尔米击退了一支普鲁士部队；从那时开始，革命武装逐渐由守转攻。

尽管国民公会只是由一小部分有资格的投票人选举产生，但从理论上来说，它仍是由有投票权的成年男子普选产生。当国民公会召开时，政治的光谱清楚地向左转了。作为立法议会中的激进分子，吉伦特派却是国民公会中的保守分子。让－皮埃尔·布里索（Jean Pierre Brissot，1754—1793）是他们最杰出的领袖。数学家玛丽·让－安托万（Marie Jean Antoine）、哲学家马奎斯·德·孔多赛（Marquis de Condorcet，1743—1794）和夏尔·弗朗索瓦·杜穆里埃（Charles François Dumouriez，1739—1832）将军也都站在吉伦特派一边。国民公会中最激进的一派是雅各宾派，尽管在人数上比吉伦特派要少，但雅各宾派的领袖像罗伯斯庇尔、拉扎尔·卡诺（Lazare Carnot，1753—1823）、路易·德·圣－茹斯特（Louis de Saint-Just，1767—1794）都是热情和能力兼备之人。丹东的位置比较奇怪，他一方面与雅各宾派紧密联合，像他们一样依赖巴黎群众的支持，另一方面却不乐意与吉伦特派彻底翻脸。他为平息党派间的纷争所作的努力被证明只是徒劳，尽管国民公会中的绝大多数人既不属于吉伦特派，也不属于雅各宾派，但它们的投票总是随着情况的变化而在两者之间摇摆。

吉伦特派和雅各宾派之间的问题并非总是很清楚。个人之间的竞争总是掺杂其间，两个派别之间也经常为对方捏造种种罪名。两者之间有一个明显的区别，一方面吉伦特派依赖地方上的支持，而雅各宾派直接依赖巴黎的民众。从总体上来说，吉伦特派更为保守，对无产者抱有戒心，对共和国充满向往，这个共和国将由和他们一样来自职业工人和商业阶级的人统治。另一方面，雅各宾派则对巴黎的普通人的德性和能力充满信心，梦想着建立一个彻底的民主共和国。

国民公会面临的第一个问题是如何处置国王。在 9 月 21 日召开的第一次会议上，代表们投票废除了君主制，几天后，他们宣布法国是一个共和国。国王被带到国民公会上接受叛国罪审判。要取得证据轻而易举，因此，路易十六很快被以里通外敌的罪名定罪，并处决。

与此同时，杜穆里耶将军领导下的法军入侵奥属尼德兰（比利时）。其他部队则征服了萨伏伊和其他一些莱茵兰公国。法军胜利所到之处，革命的秩序便被建立起来，而且，相当数量的当地居民对此表示支持。这一系列的成功使国民公会倍受鼓舞，1792年11月，它们颁布了一项法令，声称"与所有希望恢复自由的人们友好相处，并提供援助"。在另一项于12月颁布的法令中，国民公会承诺将一切希望"维持、恢复或是优待王室和特权阶级"的人视作敌人。这些宣传法令向欧洲所有的君主国发出了挑战。对路易十六的处决更加深了这种挑衅，几乎所有的欧洲国家都相信法国陷入了一种难以理解的疯狂之中，治愈的手段只能是通过武力。

很快，1793年年初，奥地利、普鲁士、英国、荷兰、西班牙和撒丁尼亚组成了反法联军。联军收复了比利时，并再次入侵法国。同一时间，旺代又爆发了严重的叛乱，当地天主教徒拒绝为共和国服兵役，并组织了一些非正规的武装，进行了连续几年的游击战，对共和国的国内安全造成了威胁。

这些失败使吉伦特派和雅各宾派之间的矛盾升级，他们互相指责对方密谋复辟君主制。1793年4月，吉伦特派的将军杜穆里耶投靠敌军，雅各宾派指控所有吉伦特派成员都不可信任，吉伦特派则回敬称，雅各宾派采取极端政策，煽动巴黎人民，正在从内部削弱共和国的力量，并加深外国军队对法国的敌意。

党争并没有阻止国民公会履行自己理论上的主要任务：即为法国起草一部新宪法。但在制定一部未来的宪法之外，国民公会还采取了一系列行动化解共和国面临的危机。3月，国民公会颁布了一项征兵30000人的法令，由来自公会的代表亲自监督实施。国民公会的权力随后扩展到地方行政的大部分领域。在接下来的几个月中，国民公会主要通过向地方派驻特别代表来实施自己的政策。国民公会还设立了一个特殊的革命法庭，对受到叛国罪指控的人进行审判；4月，国民议会成立救国委员会，控制政府的日常行政。最后到5月，为了制止生活成本的不断提高，国民公会通过了《最高价格法》（即便这遭到吉伦特派的反对）。

上述举措的第二个影响，是建立了一个强大的中央集权的政府；但由于吉伦特派仍在国民公会中占据主导，并且他们的支持者把持了多数的关键职位，所以实施的仍旧是一种在雅各宾派看来三心二意的中庸的政策。两个政党之间的龃龉开始不断积累。雅各宾派退回到通过控制巴黎的暴民来威胁国民公会的策略上，暴民挤进会场后，可以让那些他们不喜欢的发言者闭嘴，或者为他们所支持的人高声叫好。国民公会的会议很快变得越来越混乱，一些吉伦特派成员提议将开会地点转移到别处，以摆脱巴黎的压力。

争执在 6 月初达到顶峰。巴黎群众举行请愿，要求将一部分吉伦特派领导人从国民公会中驱逐出去，理由是他们打击爱国的行为。在请愿结束后，群众包围了国民公会，直到国民公会同意满足他们的要求。于是吉伦特派领导人被解职，雅各宾派接过了国民公会的领导权。

在掌权期间，吉伦特派成就寥寥。他们对革命的最大贡献，可能就是在革命的政策中注入了军事化的传教式的使命色彩。由于杜穆里耶将军在对比利时作战时取得的成就，吉伦特派仍旧是国内稳定和对外革命战争的坚定拥护者。这一政策不但成为革命后期的一个公式，而且也是拿破仑·波拿巴早期政策的一个缩影。但到 1793 年，法国军队节节败退，后方的叛乱也日趋严重，吉伦特派的这个政策不足以解决问题。保卫共和国需要英雄和暴力手段，而只有雅各宾派的冷酷和激进足够担此大任。

（4）雅各宾派掌权（1793 年 6 月 2 日至1794 年 7 月 29 日）

在将吉伦特派领导人从国民公会中驱逐出去后的几个星期中，雅各宾派也没有完全控制国民公会。一些吉伦特派代表回到他们各自的选区，试图煽动叛乱反对国民公会；这也是 1793 年雅各宾派匆忙制定和颁布新宪法的一部分原因。7 月，一个名叫夏洛特·科尔黛（Charlotte Corday）的年轻女子刺杀了马拉。讽刺的是，这个原本与吉伦特派关系暧昧的女子，却反过来帮助雅各宾派巩固了自己的地位，因为这一行为似乎也说明雅各宾派有必要对吉伦特派采取强硬的措施。在接下来的几周中，救国委员会和革命法庭经历了人事变动，雅各宾派的领导人控制了这些机构。雅各宾派掌权后开始对共和国的敌人展开系统的恐怖行动；并将 1793 年经过全民公投的宪法搁置起来，直到和平实现；另外还颁布了普遍兵役制；最后还组织起对全国经济资源进行快速调动的机制，以补给新动员起来的士兵。雅各宾派掌权期间，出台了更全面的《最高价格法》；利用资本税支撑政府财政；颁布了一部处理嫌疑犯的法律；规定执行特殊任务的国民公会代表必须定期向救国委员会报告工作，他们在处理地方上的反革命问题上几乎被赋予无限的权力；雅各宾派还组织了一支集中化的警察力量，由治安委员会领导。

528

所有这些，加上其他措施，激活了强大的中央集权的行政体系。所有权力集中到了救国委员会手上，罗伯斯庇尔则是委员会成员中权力最大的一个。法国完成了类似于对战争和革命的总动员；尽管在当时，多方面的混乱局势仍在延续，国民公会中又出现了新的派系，但法国军队还是再次取得了扭转败局的实力，并驱逐了在 1793 年那个多事之秋驻扎在法国领土上的奥地利、普鲁士、西班牙和英国侵略者。到 1794 年 7 月，法国军队再次渡过莱茵河；比利时与莱茵河左岸地区被法国军队占领，欧洲反法联盟全面败退。法军中聪明的年轻指挥官、系统化的后勤补给、战场上的人数优势以及高涨的革命士气，都为这些惊人胜利的取得作出了贡献。

在消除了外部危险的同时，革命分子内部却也产生了新的派系斗争。1793 年 10 月，布里索和其他一些吉伦特派领导人被处死，其余吉伦特派成员则躲避雅各宾派的政策以求自保。然而这仅仅是流血的开始。到年末，雅各宾派发现自己在国民公会中的地位和吉伦特派在国民公会刚召开时所处的地位非常相像。巴黎民众中又出现了一支由雅克·卢（Jacques Roux）领导的激进势力——忿激派（Enragés），他们批评雅各宾派不是真正的革命者。忿激派提出的主要问题是经济上的，他们的领导人要求富人作出更大的牺牲，特别是要求制定更为严厉的法律，制止投机倒把和囤积居奇。但和吉伦特派不同的是，雅各宾派的领导人现在拥有一部压制异议的强大机器，并乐于使用它。结果，在 1794 年 1 月，忿激派的领导人被逮捕并处决。

但来自左翼的批评并未就此停止。由一位在巴黎公社中拥有巨大影响力的记者雅克·阿贝尔（Jacques Hébert）领导的新团体继续着与富人的对抗。通过将巴黎众多的教堂变成崇拜理性的理性神殿（Temples of Reason），他们进一步将自己和他者区分开来。与此同时，来自右翼的反对力量也聚集起来。丹东等人开始呼吁缓和恐怖活动的势头，因为随着外部危险的减弱，恐怖活动的势头不降反升。

被雅各宾派处死的人数很难估算，而且这个数字在当时也被惊恐的反对派势力所夸大。在巴黎，大约有 5000 人被处死；在地方，被处死的大概也有数千人。这其中有很多著名人物，包括原来的王后玛丽·安托瓦内特、数学家和哲学家孔多赛、化学家拉瓦锡（Lavoisier），等等。他们中的很多人在缺少证据的情况下便遭处决。一些时候，仅仅是因为双手细嫩或者穿着华丽就会被认定有贵族倾向。这也造成了18世纪男子服饰风格上的一个变化：原来的齐膝短裤变成了长的无套裤（sansculottes）。雅各宾派领导人并不否认被处决的人之中有无辜者，但它们强调偶然的正义缺位是不可避免的，且为了保卫革命免遭国内外敌人破坏，简易的审判和严厉的惩罚也是必要的。

随着外部威胁的逐渐消除，实行恐怖统治的主要理由也不复存在。但是雅各宾派并不像丹东所期望的那样，愿意放弃革命法庭带给他们的权力；他们也不允许阿尔贝及其追随者批评自己是三心二意的革命者。很快，阿尔贝和丹东便于1794年3月和4月分别遭到逮捕、判刑和处决。罗伯斯庇尔领导和控制下的救国委员会变得权势喧天。

罗伯斯庇尔所期望的，是通过自己的影响力建立一个道德共和国，在这个共和国里，完美的制度、教育和宗教将为人类创造前所未有的幸福。他将一部分精力投入到建立一种对上帝的新的崇拜上，并把阿尔贝对理性的崇拜从巴黎的教堂中驱逐出去。但他同时也感觉到，在道德的最高统治建立之前，有必要将假爱国者清除出去，他们身上并没有共和主义的道德，但却一直把道德挂在嘴边。这一计划令国民公会中的很多成员感到惊恐，他们并不确定自己是否能达到罗伯斯庇尔所制定的道德标准。

罗伯斯庇尔也会提及进一步经济改革的想法。他认为富人中缺乏爱国精神和道德的问题困扰着自己，他考虑（至少是在某种情绪下）是否可以将政治上的平等扩展到经济领域。尽管在这个问题上，罗伯斯庇尔从未表现出明确的决心，但他考虑对财产进行重新分配的事实却广为人知。国民公会中大多数成员对这种革命原则的扩展心存恐惧。

这样一来，当罗伯斯庇尔达到权力顶峰时，他成功离间了众多代表。所以当救国委员会中出现争执，内部出现两个互相敌对的派系时，对罗伯斯庇尔潜在的恐惧和不信任便浮出水面。7月27日，在国民公会的一次吵闹的会议上，罗伯斯庇尔遭到弹劾（按1792年确立的共和历计算，是热月9日，故又称热月政变），并被关押起来等候审判。国民公会中的罗伯斯庇尔支持者在夜晚将其释放；但就在他们召集巴黎民众前来营救前，一小队武装以国民公会的名义占领了市政大厅，再一次将罗伯斯庇尔逮捕，并在几个小时后将其处死。

救国委员会和国民公会中的一些成员联合策划了推翻罗伯斯庇尔的行动。前者希望继续恐怖政策，维持自己的权力；后者则害怕罗伯斯庇尔的计划可能会危及自己的生命和财产。但他们并没有意图立即或者明确地改变政府的组织；罗伯斯庇尔已经是恐怖统治和雅各宾派的整个政策的象征，他的倒台，事实上导致了政变的开始。在几个月的时间里，雅各宾派对国民公会的控制土崩瓦解；幸存的吉伦特派成员被再次接纳，集中在救国委员会手上的强大权力被终结。因此，罗伯斯庇尔之死是一个具有决定性意义的转折点。革命没有进入更为激进的时期，相反，革命的浪潮开始减退。

在大革命的第三阶段，出现了两种迥异的结果：一方面，法国可以成功地对国内所有力量进行军事动员；但另一方面，罗伯斯庇尔开创道德统治的努力却以失败告终。但在政变之后，中央对地方的集权和军事动员都被保留下来，并给未来留下了深刻的雅各宾统治的烙印。另外，在热月政变后，所有为恐怖统治和集权辩护的事物都被废除。革命理想主义式微，人们普遍停止了对完美社会的追求。相比而言，革命的支持者们更关心的是如何保持他们的既得利益。

尽管道德共和国的理想没有实现，但雅各宾派还是采取了若干重要措施，建立和巩固了新的社会秩序。雅各宾派统一了原先混乱的度量衡体系；拿破仑时期完成的系统性法典和全国公立学校系统，其计划也是由雅各宾派制定的。但雅各 531 宾派统治最重要的一个后果，可能是对全民爱国主义的张扬，这要归功于雅各宾派在法国各地进行的系统性和不间断的宣传工作。普通民众被告知，政府乃是他们的政府，他们乃是至高无上的；但与此同时，革命的信条也常常与法兰西民族主义相混淆，对临近地区的吞并很快被认为是为了延续革命。随着 1794 年的军事胜利，法国的边界扩展到了莱茵河地区，路易十四曾经的梦想似乎就此实现了。如此一来，一开始十分国际主义的革命热忱和激情，慢慢转变成一种类似于向旧法国的"天然"边境前进的驱动力。对于其他国家而言，革命精神与早期的法国国王的扩张野心毫无二致，唯一的区别是前者似乎更为可怕。

（5）反动与巩固（1794—1815）

1794 年推翻罗伯斯庇尔的人并无意放弃革命，大多数法国人也和他们观点一致。但他们同时也感觉到，从总体上来说革命已经离法国远去，罗伯斯庇尔和雅各宾派酝酿已久的关于进一步革新的计划和提案也被束之高阁。尤其是国民公会中的大多数代表，他们已经厌倦了被巴黎暴民所挟持；1795年，当巴黎民众为了抗议国民公会最近的一系列决议而（受到保王党宣传家的蛊惑）再次集结起来时，国民公会请来了年轻的炮兵军官拿破仑·波拿巴（1769—1821）来保护议会。拿破仑下令向前进的人群发射了"一发霰弹"，成功将人群击退。从那时起，巴黎民众不再是政治舞台上的领导角色，国民公会中占大多数的中产阶级代表终于可以放手制定新宪法。和《1791年宪法》一样，新宪法通过对公民权加以限制的方式保证了中产阶级在政治上的优势。新宪法于1795年完成，它将行政权赋予五位执政。执政府的统治一直持续到1799年。

在国内政策转向保守的同时，在国外，法国政府却仍然实行革命政策。在革命白热化时期组织起来的法军接连取胜。1795年西班牙和普鲁士军队退出战争。在法国的保护下，荷兰建立了共和国。1797年，拿破仑·波拿巴在意大利获得大胜，迫使奥地利求和，至此只剩下英国继续与高奏凯歌的法国作战。第二年，拿破仑说服执政府任命其领导一支军队远征埃及。尽管远离祖国，但远征军在一开始便连连取胜。波拿巴在埃及的胜利也减缓了执政府在国内面临的困境。

1798年，英国、奥地利和俄国组建新的同盟（即第二次反法同盟）。第二⁵³²
年，同盟军队便在意大利和瑞士击败法军，再次威胁到了法国边界。在国内，因为执政府的腐败及其在维持公共秩序上的失败，人民对其失去信任。保王党和反动阴谋甚嚣尘上；极左派在弗朗索瓦·巴贝夫（François Babeuf，1760—1797）的领导下也意图谋反。巴贝夫倡导对所有土地实行公有，以实现经济和政治上的平等。但极左派并未得逞，巴贝夫本人也遭到逮捕并被处决；但是巴贝夫的思想却为以后社会主义的发展提供了一个来源。

战争的失利，加之国内的乱局，似乎说明共和国需要一个更强大、更果断的领导。拿破仑看到了机会。1799年，当法军在意大利败退的消息传到拿破仑耳中时，他匆忙离开埃及，并在回到法国后一个月内发动了政变。一开始，拿破仑先是任命自己为最高军事统帅兼共和国第一执政，接着又起草了一部新宪法（即执政府宪法），并交由全民投票通过。新宪法中保留了人民主权的理论，但权力实际上落入拿破仑之手。他不仅统率全军，控制内政外交，而且还提出了一整套的法律。这些法律随后被设计精密的议会部分接受或否决。

法国人民以压倒性的优势批准了新的政府体系，拿破仑也很快证明了他们对自己的信任是正确的。拿破仑又一次入侵意大利并击败奥地利军队。俄国在早先便已退出战争；奥地利则于 1801 年提出和解，英国也紧随其后，于第二年向法国求和（《亚眠条约》）。这是法国自 1792 年以来第一次实现全境的和平与胜利。

拿破仑的辉煌成就，一部分要归因于他的个人品质。他是位伟大的将军，懂得如何选任有能力的军官，以及如何赢得士兵的爱戴。他将军队建立在法国革命武装的军事传统之上，并对业已由前人改进后的战术作了进一步的改进。拿破仑在战争中最主要的技术革新，是对野战炮的娴熟应用。更为轻便的野战炮可以跟上步兵的行进步伐，和原先经常落在战线后面达数英里的大炮不同，野战炮甚至可以在步兵就位之前就投入战斗。在对手加以模仿并装备上差不多数量的野战炮之前，拿破仑的军队一直占据着决定性的优势，而不再那么依靠由征兵制和革命感所保证的人数和士气来取胜。

533　　作为一个年轻的炮兵军官，拿破仑曾同情雅各宾派，当他成为法国的统治者时，他宣称自己是真正的革命之子。甚至到他称帝时，拿破仑也没有对人民主权提出异议，他对宪法的任何改变都交由人民进行投票表决。但相比自由，拿破仑更感兴趣的是秩序，他几乎从一开始就实行专制统治。

拿破仑在一个方面打破了革命的传统。历届革命政府的宗教政策导致了天主教徒和革命者之间很深的隔阂。拿破仑企图弥合法国社会的这种裂痕，他开始与教宗谈判。1801 年，双方达成了一个共识（即《政教协议》）来调和法国政府与教宗之间的关系，直至 1905 年被废除。根据 1801 年的协议，教宗接受了法国没收教会财产的现实，并同意拿破仑有权提名主教人选，然后由教宗任命。教职人员的薪水由国家支付。天主教被认定为"大多数法国人"的信仰，但不具有法律上的垄断地位。事实上拿破仑还使用国家财政对其他宗教团体进行补贴。

在大多数方面，拿破仑保留了革命成果，并将其系统化。国民公会起草完成了一部法典，即《拿破仑法典》，在法典的条款中，革命成果被细节化。一个合乎逻辑且相对简洁的法律体系在法国全国投入应用，其应用范围还包括所有被法国征服的地区。另外，一个全国性的公立学校体系也得以建立，由一个名为法兰西学院（University of France）的行政机构对所有教育机构进行集中监督。政府兴建了大量公共工程，并成立了一个充满活力的机构，以制约政府官员的渎职和投机并保持政府的偿付能力。拿破仑还于 1800 年建立法兰西银行，控制货币和金融政策。

地方政府的权力被严格集中到中央。省一级的政府由拿破仑任命的行政官员领导；所有居民人数超过 5000 人的城镇设立市长进行领导，市长同样由拿破仑任命。一支中央集权的警察力量负责维持大城镇的秩序，并监视已经确认的或有嫌疑的政治敌人。此外，拿破仑还对报纸进行严格的审查，防止反对势力取得公共影响力。

一些保王党人和一小部分雅各宾派成员仍对拿破仑感到不满，但拿破仑成功赢得了法国绝大多数人的支持。第一执政带来了和平、秩序和荣耀，尽管革命的自由被剥夺，但所有阶级在法律面前一律平等以及爱国主义中的博爱精神得到了继承和巩固。1802 年，这个国家感激地向拿破仑授予了终身执政的头衔；过了两年，在继续获得了更辉煌的胜利之后，拿破仑戴上了法兰西皇帝的皇冠。

534

1803 年，在和平协议签署后刚一年多，英国便又一次向法国宣战。这次最直接的原因是因为英国拒绝交出马耳他（《亚眠条约》规定英国须将马耳他交给法国）。但更深层次同时也是更为重要的原因，是拿破仑将法兰西帝国拓展至路易斯安那和海地的企图和法国政府在荷兰、意大利、瑞士的活动，以及拿破仑在这些国家扶植傀儡政权的行为，使英国心存猜忌。战争开始后的几个月中，拿破仑忙于为进攻英格兰作准备；但当英国利用财力和外交促成第三次反法同盟（奥地利、俄国、瑞典和之后的普鲁士）时，拿破仑将军队转到了对付欧洲大陆上的敌人。在取得了一系列出色的胜利（乌尔姆、奥斯特里茨、耶拿、弗雷德兰）后，拿破仑击败了所有欧洲大陆上的敌人。通过割取大片的土地，拿破仑将奥地利和普鲁士变成了欧洲二流国家。通过与俄国人签订《提尔西特和约》，拿破仑事实上和沙皇亚历山大一世（1801—1825）一起分割了欧洲。

但在海上，英国取得了决定性的 1805 年特拉法加海战的胜利，拿破仑不得不放弃挑战英国海上霸权或者说入侵英国的念头。作为入侵计划的替代，拿破仑采取了对英国的经济封锁政策（大陆封锁体系），以期通过控制英国贸易，来迫使这个"贸易之国"就范。

在 1806 年到 1812 年之间，拿破仑利用自己手中的权力重组了欧洲的国家体系。法国的疆域向外扩张，达到了史无前例的规模，北到荷兰和德意志的北海沿岸，南到伊利里亚省（亚得里亚海东海岸）。除此以外，拿破仑还用卫星国将法

EUROPE UNDER NAPOLEON, 1812

French Empire
Under French control
Allied with France
X Battle sites

RUSSIA

SWEDEN

K. OF NORWAY AND DENMARK

PRUSSIA

DUCHY OF WARSAW

POLAND

AUSTRIAN EMPIRE

WESTPHALIA

CONFED. OF THE RHINE

BAVARIA

SWITZ.

K. OF ITALY

FRANCE

SPAIN
(Peninsular War against France, 1808 to 1814)

PORTUGAL

UNITED KINGDOM OF GREAT BRITAIN AND IRELAND

HOLLAND

ILLYRIA

DALMATIA

MONT.

K. OF NAPLES

K. OF SICILY

K. OF SARDINIA

CORSICA

ELBA

BALEARIC IS.

SARDINIA

OTTOMAN EMPIRE

SYRIA

EGYPT

CYPRUS

CRETE

Black Sea

Baltic Sea

Mediterranean Sea

Atlantic Ocean

AFRICA

Moscow
Borodino 1812
Napoleon's attack on Moscow, and retreat. June-Dec. 1812

Napoleon to Egypt 1797-1798

Dnieper
Danube
Elbe
Rhine
Rhône
Loire

Constantinople

Acre
Aboukir 1798
Alexandria
Nile
Cairo

Napoleon to Egypt 1797-1798

MALTA (Br. 1800)

Rome

Toulon

Madrid

Gibraltar (Br.)

C. Trafalgar 1805

Paris

X Waterloo 1815
X Valmy 1792
X Jena 1806
X Leipzig 1813
X Berlin
X Friedland 1806
X Austerlitz 1805
Vienna
X Ulm 1805
X Marengo 1800

CONTINENTAL SYSTEM

500 miles

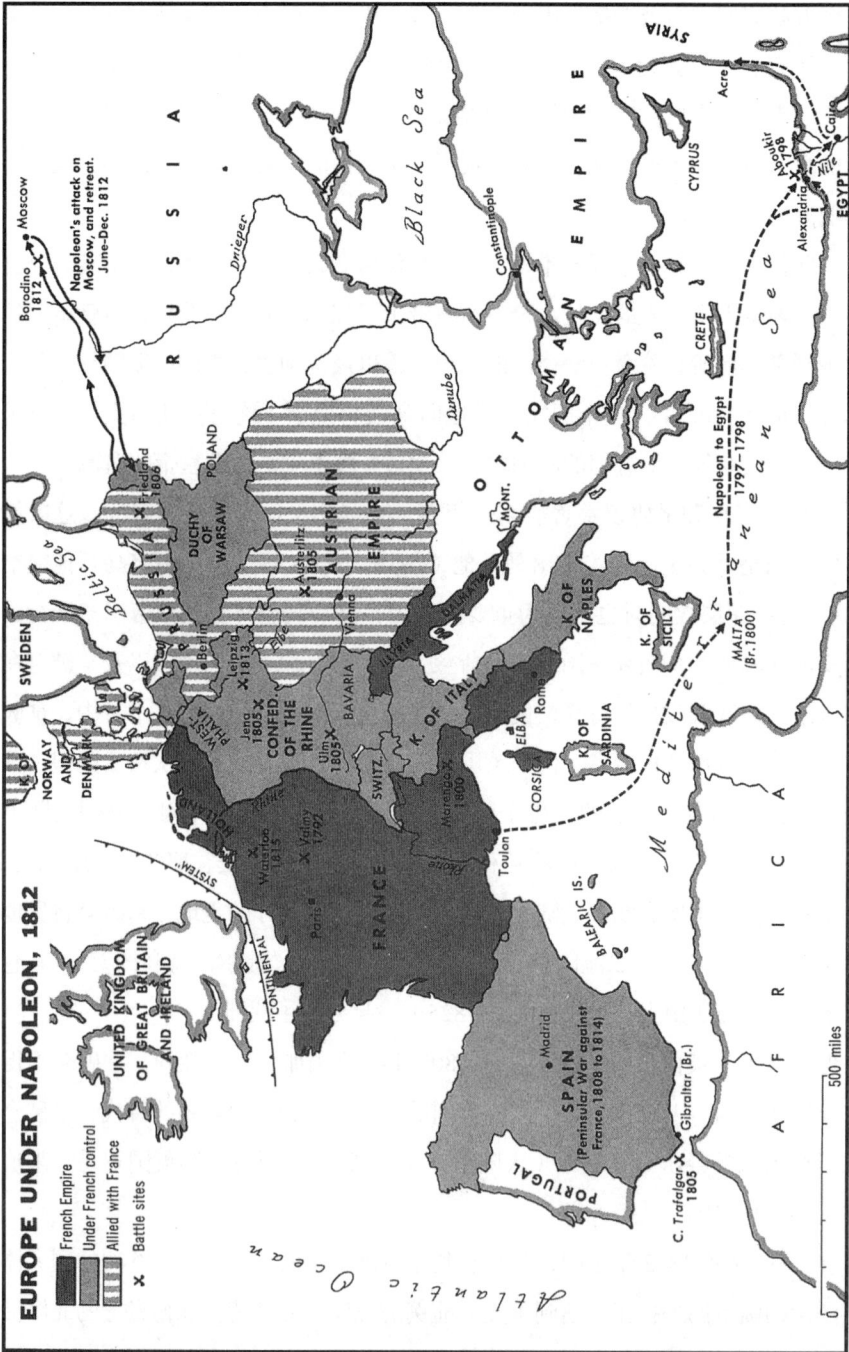

拿破仑治下的欧洲（1812）

西方文明史手册

518

国包围起来。意大利完全被法国控制，一部分领土（包括罗马）被吞并，半岛上剩余的领土则被意大利王国和那不勒斯王国瓜分，前者的国王是拿破仑自己，后者的国王则是拿破仑的一个亲戚。1808 年后，拿破仑希望将西班牙变成第二个意大利，但在很长的时间里都没有取得成功。

拿破仑对德意志作出的领土变更更为持久。通过与一些德意志邦国的合作，拿破仑迫使数百个小的公国、自由市和教会国回到了几个世纪前的分裂状态。另外，他还将毗邻的邦国纳入到莱茵邦联（Confederation of the Rhine）中，在德意志中北部，拿破仑扶植建立了威斯特伐利亚王国，由他的一个兄弟统治。 536最后，拿破仑将自己从普鲁士和奥地利夺取的土地组建为华沙大公国（Grand Duchy of Warsaw）——原波兰王国的一部分，该王国在 18 世纪后 25 年里从地图上消失。

法国在这些附庸地区拥有巨大的影响力。这些地区以法国为范本进行政府和社会改革，兴建道路和其他公共工程，人民中的很多人对法国革命的主要思想也日益熟悉。在德意志和意大利，新的秩序并非一开始就不受欢迎，事实上一直要到拿破仑遭遇军事上的失利后，他才失去这些他所扶植的新国家的支持。

法国式的改革和榜样也是一把双刃剑。在欧洲东边更远的地区，政客们被迫模仿法国，以阻止法国的进一步侵略。普鲁士和奥地利从失败中吸取教训，开始对政府和军事组织进行大规模的重组，它们借鉴法国的征兵制，补充进了长期服役的职业化部队。英国尽管因为拿破仑的封锁遇到了经济上的困难，但仍是海上霸主，他们不愿意错失任何一个挑衅的机会。在俄国，沙皇亚历山大在 1806 年与拿破仑初次见面时对他的好感也逐渐降温。亚历山大发现，拿破仑并不愿意放手让自己征服腐朽的奥斯曼帝国；亚历山大当初勉强同意对英国货物实行封锁，如今他发觉这一政策严重地损害了俄国的经济。

所有这些因素都促成了拿破仑霸权的毁灭。但导致他最终倒台的最重要的因素，可能是法国向欧洲各国人民展示出来的民族主义。德意志和意大利开始感觉到，既然法国可以这么稳定、团结和强大，他们也可以而且应该建立这样的国家；另一方面，法国军队驻扎在这些国家并由这些国家提供给养，这不仅激起了统治阶级对法国征服者的憎恶（他们从一开始就害怕法国人），而且也引起了普通民众的不满。很快，政府孤军奋战抵抗拿破仑的情况得到了改变，全体人民开始团结在政府身后一同参与反抗。战争中，法国革命的锐气受到挑战，并最终被对手的爱国热情所打败。

在西班牙和普鲁士，这种新的民族主义情感也动摇了拿破仑的地位。1808年，拿破仑说服西班牙国王将王位让给自己的一个兄弟。王位的转让激怒了西班牙人，他们组织了反抗，紧接着开始了一场漫长而惨烈的游击战争（半岛战争，1808—1814）。由于亚瑟·卫斯理爵士（Sir Arthur Wellesley）即后来的威灵顿公爵领导下的一支远征军为反抗者提供援助，他们中间的英国人和西班牙人才得以抵抗法国驻军，直至拿破仑的最终倒台。

1807年到1813年间，普鲁士发生了类似革命的自上而下的运动。农奴制被废除，许多法国革命中的自由主义原则被写入法律。最重要的是，普鲁士精心训练了一支新军队；并且培育了一种不仅是普鲁士的，而且也是德意志的民族主义。

奥地利的改革受到了阻碍，原因在于哈布斯堡家族所统治的是一个多民族国家，所以民族主义无法团结它的民众。也因为这个原因，改革在总体上被限制在军事领域。1809年，奥地利完成军队重组，并再次起而反抗拿破仑。在两次激烈的战斗中，奥地利军队大胜法军，但最终奥地利还是被迫求和，并割让了更多的土地。1810年，骄傲的哈布斯堡家族甚至将皇帝的女儿嫁给了法国的这位暴发户。

拿破仑的胜利一直持续到1812年。是年拿破仑以沙皇中止对英国的贸易封锁为由入侵俄国。向莫斯科的进军和拿破仑凄凉的撤退，已经广为人知，无须赘述。因此受到鼓舞的普鲁士向拿破仑发动了进攻；一股民族爱国主义热潮席卷整个德意志，很快，其他德意志邦国纷纷效仿普鲁士。这一时期，俄国、普鲁士、英国和奥地利组成了新的反法同盟。双方历经多次战斗，其中在莱比锡附近进行的"民族会战"（Battle of the Nations）规模最大。最终，拿破仑被赶回法国，并被迫退位（1814年4月）。

获得胜利的同盟将路易十六的弟弟推上法王宝座，也就是路易十八（之所以称路易十八，是因为保王党人认为路易十七应该是路易十六之子，尽管他并没有登上过王位）。各国在维也纳召开了外交会议，以决定未来欧洲的走向。维也纳会议上的谈判进展得并不顺利。各大国的分歧集中在对波兰和萨克森的处置问题上。拿破仑知道会议的情况和法国国内对会议的不满后，决定离开厄尔巴岛（各大国交由拿破仑统治的一个迷你国家），并再一次踏上法国的土地。拿破仑做到了将这个法兰西民族团结在自己身后；但他错误地估计了欧洲大国对此的反应。各国立即搁置了会议上的争议，在新的威胁面前站到了一起。1815 年 6 月，拿破仑率军迎战威灵顿公爵率领下的反法联军。战斗在比利时一个名为滑铁卢的村庄附近打响；经过一天的激战，法军溃败。四天后，拿破仑第二次退位。在向一位英国战舰指挥官投降后，拿破仑被径直转移至南大西洋上的圣赫勒拿岛，并于1821 年在岛上去世。

推翻拿破仑并不意味着取缔他的成果。复辟后的波旁王朝甚至没有尝试恢复旧秩序；在欧洲其他地方，人们也发现，要想恢复到法国军队和法国思想渗透之前的状态是不可能的。

只有英国和俄国没有受到法国太大的影响。几乎从法国革命一开始，英国的统治阶级就坚定奉行保守主义。随着战争的升级，抵抗入侵和接受既成制度成了英国爱国主义的新内涵。由此一来，土地贵族和富裕的商人阶级对政府的控制得以巩固；工人和农民中零星的不满也被轻易破除。除此以外，拿破仑战争还对英国产生了另一个重要影响。战争中对海军和陆军的军需为英国工业品创造了巨大的市场；战争所引发的通货膨胀也为实业家们带来了丰厚的利润。由于战争，工业化也得以不断推进；在欧洲大陆国家受困于战争的破坏时，英国却在财富和生产力上不断前进，直至在工业和商业上将欧洲其他国家远远甩在身后。

俄国受到革命思想的冲击也非常微弱。毫无疑问，1812 年的战争激发了强烈的民族情感，但由于大多数俄国人受教育程度很低，法国革命计划的其他方面对他们几乎没有影响。然而，在一些军官中间，以及在波兰（根据和平协议其大部分领土并入俄国），法国革命的思想还是找到了一席之地。19 世纪俄国的革命传统，就是来源于这些团体。

2. 革命与反革命（1815—1871）

在推翻拿破仑后，欧洲各国统治者急于维护现存的事物，他们尤其不希望看到革命再起。革命给欧洲带来的长达 25 年的混乱。但许多人特别是中产阶级仍对革命充满好感，希望欧洲可以将自由、平等、博爱的革命原则牢固地建立起

EUROPE IN 1815
AFTER THE CONGRESS OF VIENNA

～～～ Boundary of the
German Confederation

1815 年的欧洲：维也纳会议之后

现代世界的塑造者

法王路易十六被三级会议囚禁，1792 年 8 月 10 日
作者 F. 热拉尔男爵（Baron F. Gerard）
（贝特曼档案）

拿破仑一世
（贝特曼档案）

罗伯斯庇尔
（贝特曼档案）

来。1815 年到 1871 年，两派之间的斗争几乎没有停止过；但随着时间的推移，542保守派交出了阵地，而他们的对手也分裂成各不相同的派别：民族主义者、资产阶级自由派和社会主义者。

随着反法同盟最终将拿破仑打败，因此被中断的维也纳会议得以恢复，诸强也得以继续重新划分欧洲版图的行动。在重建王朝和正统性的双重原则指导下，欧洲的政客们聚在一起，商定如何重建旧王朝和确定王朝的疆界。会议给法国开出的条件非常慷慨。其原因一部分是为了使法国公众更愉快地接受波旁王朝的复辟，也有一部分归功于夏尔·莫里斯·塔列朗（Charles Maurice Talleyrand，1754—1838）出色的外交技巧（塔列朗曾任奥顿主教，因为参加革命的领导活动，他放弃了自己的教职。但在拿破仑下台后，塔列朗适时地转变了自己的立场，成了波旁王朝在维也纳会议上主要的外交代表）。

尽管如此，欧洲还是没能恢复它革命前的版图。会议上的主要国家对拿破仑作出的一些变更未表示异议；特别是对统一了的德意志诸国，会议代表希望维持现状。一个以奥地利为首的新的德意志邦联（Germany Confederation）建立起来，除奥地利外，邦联中还包括 38 个不同的德意志国家，它们通过一个低效率的固定的立法机构联结在一起。在会议上，各大国还希望在法国边境扶植一批强大的国家，以抑制法国的军事野心。正是出于这种考虑，会议将比利时并入荷兰，以加强荷兰实力；普鲁士获得了莱茵河地区广大的领土；撒丁尼亚与热那亚合并。其余的意大利国家（教宗国除外）均被置于奥地利哈布斯堡家族的统治之下，作为对其让出比利时及其在波兰的损失的补偿。对波兰和萨克森的处置使会议陷入了漫长而又痛苦的争执之中，但会议最终达成了解决方案：将大部分波兰领土作为奖励并入俄国；作为补偿将大部分萨克森领土并入普鲁士；将意大利并入奥地利。英国则一如既往地收获了海外的领土，吞并了马耳他、南非、圭亚那的一部分，以及其他一些小块的殖民地。

对于会上的各国外交官来说，如何保证未来的和平是一个大问题。沙皇亚历山大一世即位之初，俄国、普鲁士和奥地利的统治者达成了一个神圣同盟，根据同盟，三位君主都同意以基督教教义统治国家，并且"以真诚坚固的博爱精神为纽带团结起来"，保证"随时随地向任意一方提供援助和支持"。英国国王也曾被邀请加入神圣同盟，但因为宪法赋予英王的权力不足以使其履行同盟条款，所以

543 最终英王拒绝了邀请。敏感的俄国沙皇十分看重神圣同盟；但其余欧洲国家的统治者和大臣感觉到，在实际的国际政治中，如此高的原则恐怕难以有所建树。

因此，从更为实际的考虑出发，奥地利、俄国、普鲁士和英国四强组成了四国同盟。根据同盟的要求，盟国之间须定期就重大问题召集会议进行讨论，同盟要保障和平，当欧洲的任一部分受到革命干扰时，同盟须采取措施维持现状。因为法国有时也参加会议，所以没过几年法国也加入了欧洲协同体（Concert of Europe）。

协同体的构想源自奥地利首相梅特涅伯爵（Prince Metternich，1773—1859）。从1815年到1848年，奥地利、意大利和德意志都在梅特涅治下；这段时期也因此被称为梅特涅时期。梅特涅的当务之急是防止革命骚乱的再次爆发。为了实现这个目标，梅特涅强化了各地的保守主义势力，并对威胁当地秩序的自由主义势力进行打压。

维亚纳会议确立的体系很快便出现裂隙。欧洲多国爆发了针对复辟者的革命，西班牙在南美的殖民地也发生叛乱。英国政府并不愿意动用武力平息运动，因此英国渐渐从欧洲协同体中游离出来。1821年到1830年，希腊爆发反抗土耳其的运动，这给保守的欧洲政治家们带来了一个外交难题。一方面，出于自由理念和宗教，欧洲大国对希腊人独立的要求表示同情；另一方面，他们也希望扩大对日益衰落的奥斯曼土耳其帝国的控制。最终，俄国、英国和法国在1827年介入战争，站在希腊革命者一边反抗来自土耳其的合法统治者。

因此，当1830年7月法国再次爆发革命的时候，欧洲协同体中的关系已相当紧张。在法国，合法的国王出逃，有"平民国王"之称的路易·腓力（Louis Philippe）继承王位。受到巴黎七月革命的鼓舞，比利时的自由派也起来反抗荷兰统治；在意大利和德意志，革命运动也从内部显现；再往东，波兰成为反抗俄国人的战场。但面对各地爆发的革命，新兴的法国资产阶级政府并没有准备为其提供援助；欧洲中部和东部的叛乱被镇压了。只有比利时的起义取得了胜利。列强同意比利时独立，并给比利时人找了一位国王——德意志萨克森－科堡家族的亲王。

1830年后的一代是工业主义在欧洲大陆突飞猛进的时期。财富和人口上的
544 变化为革命提供了新的前景。中产阶级以及不断扩大的无产者群体都希望在政府中占据一席之地。伴随着对一个全新的、更公平的社会的向往，社会主义运动从

自由主义革命运动中分离出来，开始在法国和其他地区兴起。革命运动中第二个分化，源于德意志、意大利和波兰民族中政治的不统一。在这些地区，人们感到民族统一是最重要的，所以在一些人（尽管不是全部）看来，民族主义的愿望开始盖过了革命传统中的自由主义和平等主义要素。

随着1848年一系列事件的爆发，这两种分化也得到了凸显。革命再次在法国爆发；路易·腓力被废，共和国宣告成立。法国的榜样在德意志、意大利和奥地利的革命运动中引起了共鸣。法国共和主义者和社会主义者在推翻路易·腓力的行动中走到了一起，但在掌握了权力之后，双方之间便产生了矛盾，几个月后，社会主义者遭到镇压。革命者起草了新的宪法，规定全体成年男子的普选权，拿破仑的侄子路易·拿破仑（1808—1873）当选为第二共和国总统。

在德意志，1848年革命一开始似乎取得了胜利。人们在法兰克福召开议会，为一个统一、自由的德意志起草一部新宪法；但代表们发现自己正面临无法解决的困难。问题之一是德意志究竟应该实行共和制还是立宪君主制，问题之二是是否应该将奥地利纳入德意志。但普鲁士国王拒绝了法兰克福议会邀其担任全体德意志人民皇帝的邀请，实现胜利的希望破灭，革命也渐渐淡出人们的视野，只留下德意志的自由派们黯然神伤。

但革命的一个成果还是被保留了下来。在剧变的最初几天，普鲁士国王同意为他的臣民制定一部宪法，以便为代表制议会的召开做准备。但议会的权力不明，君主仍控制着军队和行政。即便如此，代表制主体的存在还是为普鲁士的自由派提供了一个表达观点的平台，也使很多人相信普鲁士将快变成一个真正的立宪君主制国家。当奥地利恢复了绝对主义的统治时，似乎只有普鲁士还为自由派留了一点希望；而且，当他们越来越意识到民族的统一是所有下一步改革的前提时，资产阶级革命者也开始更坚定地寄希望于普鲁士——奥地利是德意志邦国中唯一需要警惕的国家。

在奥地利，梅特涅因为1848年革命而下台，但梅特涅确立的体系最终并未被摧毁。革命者因为在民族主义愿望上的分歧，绝望地陷入到了互相的攻讦之中，由此奥地利中央政府得以离间各个民族主义团体。革命废除了农奴制；废除农奴的法案也将帝国的农民与希望建立某种自由主义政府的资产阶级分割开来。但在匈牙利，爱国情感却将几乎所有政治行动团体团结在了反抗哈布斯堡家族的旗帜之下。由于害怕这种情绪传染到波兰，俄国采取了军事介入。在俄国的帮助下，奥地利皇帝重新确立起绝对主义的统治。

奥地利的复苏暗示了意大利境内的革命运动的失败。起先，大多数意大利邦国在撒丁尼亚国王的领导下，企图推翻奥地利的统治。但在意大利的起义者中间存在着严重的分歧。其中，未来如何处置教宗国就是一个特别棘手的问题。在革命开始后的几周，教宗表达了对运动的同情；但是当革命者宣告罗马共和国成立，教宗权在政治上独立的古老传统受到威胁时，教宗又变脸了。在接下来的时间里，对于那些希望看到一个统一和强大的国家的意大利人来说，如何处置教宗国成了关键。

其实早在哈布斯堡政府扑灭内部的革命之前，奥地利军队就击败了撒丁尼亚国王，重新控制了所有哈布斯堡家族在 1815 年吞并的国家。但尽管撒丁尼亚军队遭遇失败，撒丁尼亚王国还是作为意大利民族统一的希望，于 1849 年后东山再起。撒丁尼亚国王颁布了一部宪法，他的继任者在革命失败后将其废除。由于 1848 年到 1849 年的失败，人们失去了对用共和主义实现意大利统一的方案的信任；于是越来越多的意大利民族主义者开始将目光转向撒丁尼亚，就像德意志人将目光转向普鲁士一样。在这两个国家中，奥地利都扮演了自由主义和民族主义改革死敌的角色。

总结起来，1848 年具有双重意义。在欧洲中部，革命者对公众行动力已不抱信心。要实现革命计划中的任何一部分，就有必要获得政府的支持，比如撒丁尼亚和普鲁士。这一步意味着革命者将至少暂时放弃自己曾抱有的更为自由主义的愿望；尽管如此，还是有很多人认为首先应该考虑民族统一，至于自由主义的改革，可以等等。

对未来具有同等意义的是社会主义和自由主义的分野，这可以从发生在法国的事件中看出来。1848 年革命前夕，卡尔·马克思（1818—1883）和他的同事弗雷德里希·恩格斯（1820—1895）出版了《共产党宣言》，此后，两人投身于发动国际社会主义革命运动。过了很多年，国际社会主义才成为所有欧洲国家中一个重要的政治要素；但从 1848 年开始，自由主义和社会主义理想之间潜在的敌对逐渐显现出来，并变得越来越明确。表现得更为激进的社会主义革命学说，有可能在一定程度上说服了德意志和意大利的中产阶级，使他们放弃了一些自由主义，代之以为民族统一而斗争。

这种对欧洲政治力量的重新排列所导致的结果很快便显现出来。路易·拿破仑以其先人为榜样，在1851年发动了政变，建立了法兰西第二帝国，人称拿破仑三世。作为拿破仑传统的继承者，路易·拿破仑希望在国际事务中发挥领导作用，与此同时，他也将自己视作自由主义和美好的革命使命的保护人。拿破仑三世并未等待太长的时间，1854年，俄国和土耳其之间因为圣地巴勒斯坦的保护权问题发生争执。俄国找到了向土耳其发动战争的借口，并向克里米亚派出军队。尽管俄军在克里米亚作战相当不力，但仍旧取得了若干胜利。1856年，俄国耻辱地接受了和解，同意解除在黑海沿岸的武装，并放弃在土耳其的特权。此次失利对俄国国内发展产生了重大影响，本书将在后面的章节中论及（第551—552页）。

拿破仑三世的下一个海外冒险地点是意大利。自1848年到1849年的失败以来，撒丁尼亚王国在有才干的卡米洛·迪·加富尔伯爵（Count Camillo di Cavour，1810—1861）领导下进行了广泛的重建工作。加富尔伯爵有意识并小心谨慎地将统一整个意大利的行动置于撒丁尼亚的领导之下。为了赢得强有力的盟友，撒丁尼亚参与了克里米亚战争，在战后和平会议上，加富尔突然提出要为意大利向奥地利要求赔偿。两年后的1858年，加富尔成功地与拿破仑三世达成了谅解。作为法国帮助意大利对付奥地利的回报，加富尔将尼斯（Nice）和萨伏伊一并割让给了法国。有了这个秘密协定增强自己的势力，加富尔对奥地利叫板就更容易了，且当战争开始时，拿破仑三世也兑现了出兵干预的承诺。法国和意大利军队在两场战斗中击败了奥地利，但在整个半岛被彻底解放前，拿破仑却退出了战争并与奥地利达成和解。

奥地利的战败使意大利人觉得应该由自己来解决问题。一些邦国爆发了民众起义，其中就有朱塞佩·加里波第（Giuseppe Garibaldi，1807—1882）领导的那场著名的远征。起义的结果是，除了由法国军队保护的教宗国和仍由奥地利控制的威尼西亚（Venetia）外，所有的意大利邦国都在撒丁尼亚国王的领导下获得统一。1866年，随着奥地利被普鲁士打败，威尼西亚也加入了意大利王国；1870年，教宗国并入意大利王国，统一大业终于完成。但在1929年以前，意大利政府和教宗之间就一直存在龃龉。作为圣彼得的继任者，教宗拒绝承认放弃自己统治多年的领土。由此，教职人员的问题一直以来都是意大利政治的重中之重。

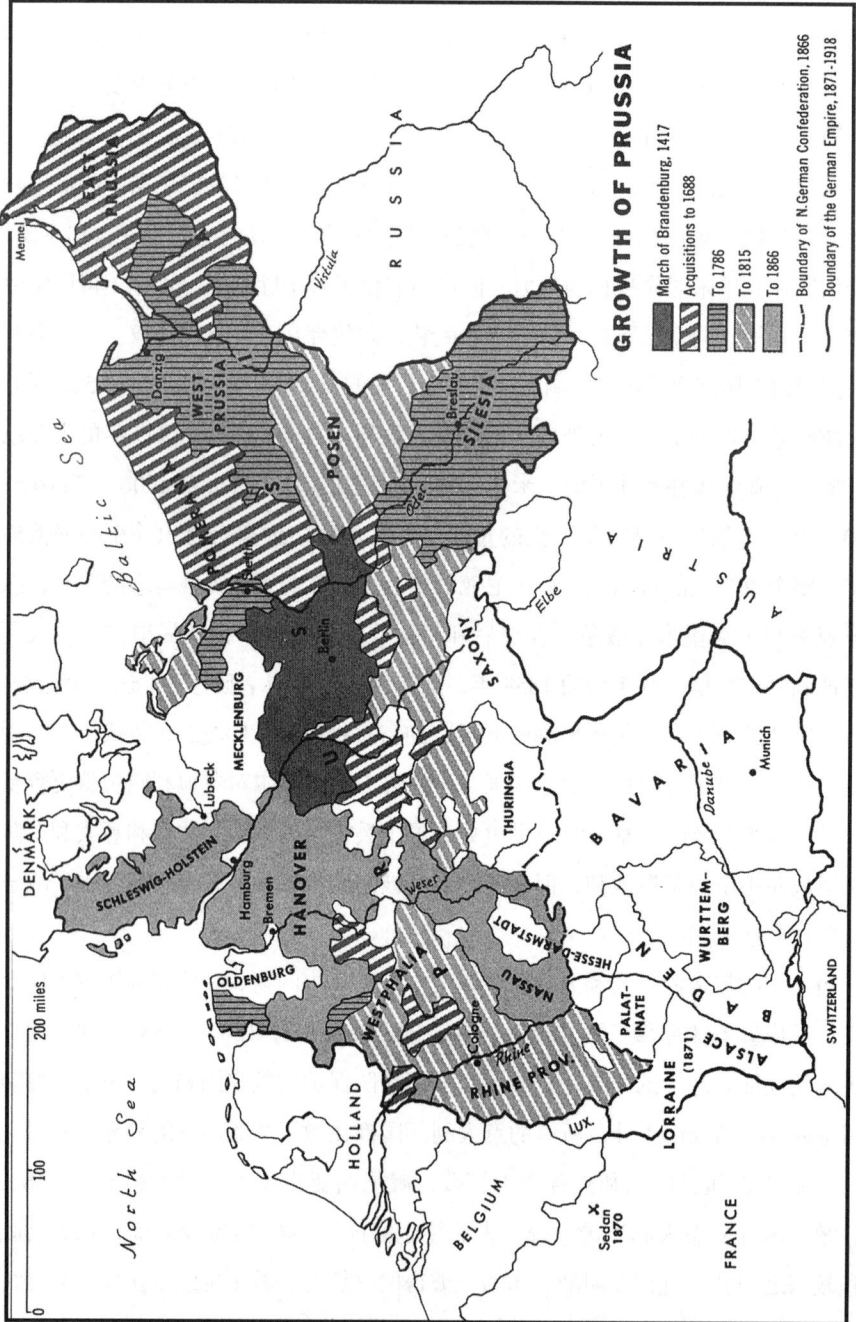

GROWTH OF PRUSSIA

March of Brandenburg, 1417
Acquisitions to 1688
To 1786
To 1815
To 1866

Boundary of N.German Confederation, 1866
Boundary of the German Empire, 1871-1918

RUSSIA

EAST PRUSSIA

Memel

Baltic Sea

Danzig

WEST PRUSSIA

Vistula

POSEN

SILESIA

Breslau

Oder

POMERANIA

SAXONY

Elbe

AUSTRIA

Berlin

BRANDENBURG

MECKLENBURG

DENMARK

Lubeck

North Sea

SCHLESWIG-HOLSTEIN

Hamburg

Bremen

HANOVER

Weser

THURINGIA

BAVARIA

Munich

Danube

OLDENBURG

WESTPHALIA

NASSAU

HESSE-DARMSTADT

WURTTEM-BERG

HOLLAND

Cologne

Rhine

RHINE PROV.

PALAT-INATE

BADEN

SWITZERLAND

LUX.

LORRAINE (1871)

ALSACE

BELGIUM

Sedan 1870

FRANCE

200 miles

100

0

但是 19 世纪欧洲权力版图中最重大的变化，要属普鲁士领导下的德意志的统一。1861 年，威廉一世成为普鲁士国王，第二年，他任命奥托·冯·俾斯麦（1815—1898）为首相。威廉一世和俾斯麦违抗了众议院（根据 1848 年宪法建立）为限制普鲁士军队扩军所作出的努力；但这种对自由原则的违抗在德意志民族主义的旗帜下也受到越来越多的公开支持。

实现德意志统一的步骤由俾斯麦精心设计。1864 年，他与奥地利一起试图从丹麦获取石勒苏益格省（Schleswig）和荷斯坦因省（Holstein）；但在如何处置这两个省的问题上，俾斯麦与奥地利之间发生了争执，最终，在（1866）一场为期六周的战争中，奥地利军队被彻底击退。也正是因为如此，新的意大利王国才得以取得威尼西亚；而奥地利国内，奥军的战败也导致奥地利帝国内部新的民族矛盾，直到 1867 年奥地利承认匈牙利自治，矛盾才得到平息。从那时起，哈布斯堡的国家就变成一个双头君主国，即奥匈帝国。

但更为重要的是，通过 1866 年的战争，普鲁士成为德意志最强大的国家。所有德意志邦国除了南方的巴伐利亚、符腾堡、巴登和黑森都加入了普鲁士的北德意志邦联（North Germany Confederation）。邦联有一个共同的立法机构——北德意志议会，直接代表民众；还有一个作为上议院的邦联议会，由各邦诸侯的代表组成。普鲁士国王担任邦联主席，掌握邦联的军事和外交大权。普鲁士的崛起对于拿破仑三世来说不是什么好兆头，俾斯麦轻而易举地挑起了与法国之间的战争，意在利用此举将南德意志诸邦纳入到邦联中，以完成德意志统一大业。俾斯麦公开了一份经过修改的密电，法国人因此感到自己被侮辱了，利用这种不甚光彩的外交手段，俾斯麦成功地让拿破仑率先宣战；和俾斯麦预料的一样，为了对付法国，南德意志邦国的军队加入到了北德意志邦联军队中。1870 年，战争爆发。几乎出乎所有欧洲国家的预料，德意志军队轻松地取得了胜利。拿破仑三世和一支庞大的法国军队在色当被俘，紧接着德意志人又趁热打铁包围了巴黎。巴黎全城与德意志人苦战数月，于 1871 年 1 月向德军投降。

在巴黎投降几天前，德意志诸侯聚集在凡尔赛宫，宣布普鲁士国王威廉为德意志皇帝。新的德意志帝国取代了原来的北德意志邦联，南德意志邦国也加入了德意志帝国。四个月后，战败的法国与德意志和解，割让阿尔萨斯省和洛林省。

截至 1871 年，民族主义的愿望加上加富尔和俾斯麦的治国才能，欧洲中部的版图实现了重组。通过统一原先的小国，两个新的国家得以诞生。再往东，民族主义却带来了几乎相反的效果。在奥地利、俄国和奥斯曼帝国控制的地区，民族主义将现存的大国分割成了更小的单位。在接下来的五十年里，欧洲东部被压制的民族继续着反抗外国统治的斗争。他们的斗争构成了欧洲政治的一个重要干扰因素；第一次世界大战的爆发就源于巴尔干半岛上的这类冲突。

3. 主要欧洲国家的国内发展（1815—1871）

在上文对国际关系的讨论中，已经对欧洲西部和中部主要国家的国内发展作了充分的说明。但有两个国家，却游离于欧洲大陆总体发展之外：它们便是位于西端的英国和位于东端的俄国。

在英国，对法国革命的反对慢慢消散。土地和商业寡头在领导了对拿破仑的战争后，继续控制着议会，直到 1832 年。1832 年，骚动的浪潮、政党政治以及统治阶级中一些成员的自由主义信念，导致了议会议席的巨大调整，以便使其更符合人口的分布情况。领导改革的是辉格党（或者按现在的叫法称其为自由党）；辉格党的支持者主要是来自没有代表权的新兴城镇（比如曼彻斯特）的实业家。1832 年，全国统一了有关公民权的条款；根据新的法律，中产阶级获得了投票权。

550　　接下来的三十年，改革后的议会对英国法律做了大规模的调整。英国的立法和行政机构变得更加理性、更加个人主义，在很多时候也变得比以前更有效率。归纳起来，这些改革在英国所实现的效果，与革命的立法机构在法国实现的效果是相同的：废除了 18 世纪贵族政体下的多数法律特权和陈规，建立了一个更平等、更体系化的法律系统。这其中，杰里米·边沁及其追随者的功利主义哲学对这一系列改革有着深刻的影响，改革给个人和私人资本提供了更大的自由空间，也使中产阶级成为英国政治的主导。

但 1832 年后，英国工人阶级发现，尽管自己对议会改革抱有很大的期望，但事实上自己收获甚少，甚至是一无所获。很快，大范围要求普选权的运动开始兴起，也就是宪章运动。运动采取合法的方式，希望通过大规模请愿和游行示威说服议会对投票权作出修改。在同一时期，罗伯特·欧文雄心勃勃地开始建立全国性工会的尝试。两个运动都没有立刻取得成功；1846 年后，随着《谷物法》的废除，面包价格大幅下降，工人阶级的不满和骚乱得以减少。甚至于1848 年在欧洲大陆爆发的革命也无法在英国激起哪怕是微弱的回响。整个 50 年代，英国和世界其他地区的铁路建设，促进了新一轮的繁荣，也减轻了政治冲突带来的痛苦。政府对工厂的规制、更为人性化的立法以及其他对工业主义的调整（第 508—509 页），也在改善产业工人生活上扮演了重要角色。

英国统治阶级日益相信，工人阶级对这个国家是忠诚的。其中一个鲜明的例子就是 1867 年保守党领袖本杰明·迪斯雷利（Benjamin Disraeli）在议会提交并通过的一项法案，将选举权扩大到城市工人。这一动议是保守党（原来的托利党）为取得政治支持所走的精明的一招棋。迪斯雷利认为，城镇工人将投票反对他们的多数雇主所支持的政党——自由党；并将至少感激和支持给予他们投票权的政党。几年后（1884），自由党领袖威廉·尤尔特·格拉斯通（William Ewart Gladstone，1809—1899）也用同样的方式回敬了对手。在自由党的努力下，农业工人获得了选举权。自由党认为农业工人会投票反对他们的地主雇主所属的保守党。于是，选举权在某种程度上成了英国政党政治的插曲，并最终扩展到了接近普选的程度。

英国以这种方式，按源自法国革命的民主理论的要求对政府机构进行了调整。在英国，贵族和中上阶层的政治领导并没有被推翻，英国统治阶级在同化新事物、驯服新思想上显示出极强的灵活性，从而不需要打破议会体系和政府的连续性。也正是因为如此，周期性革命和对暴力的使用这类塑造了法国和欧洲大陆上几乎所有国家政治生活的要素，没有在英国出现。到 19 世纪中叶，旧的贵族政体逐渐完成转型，并通过合法的程序变成一个新的自由政体。

再将目光转向欧洲另一端的俄国。沙皇亚历山大一世（1801—1825）在登基后对自由主义和启蒙思想表现出了一定的兴趣，但随着对拿破仑的反感越来越强烈，他在这方面并没有取得什么成果。相反，所有来自法国的事物将他变成了反动的中流砥柱。他的弟弟兼继承人尼古拉一世（1825—1855）也同样是个反动的角色。尼古拉一世在位期间，一些受到法国革命自由主义思想影响的陆军军官领导发动了一场叛乱（十二月党人起义）。尼古拉一世镇压了起义，并将起义的领导人处决。1830 年发生在波兰的一场叛乱，更加坚定了尼古拉一世对自由主义的敌视；沙皇政府尝试使用秘密警察来根除所有心存不满的团体。

551

克里米亚战争（1854—1856）的失利给仍沉浸在击退拿破仑的美好回忆中的俄国人以沉重一击。新的沙皇亚历山大二世（1855—1881）相信俄国之所以失败，是因为在政治和社会发展上落在了欧洲后面。因此，俄国政府开启了一项改革计划。1861年，政府废除了农奴制。三年后，基于有限代表权的新的地方政府体系（zemstvos）建立起来。亚历山大二世还制定了教育和司法体系的改革计划，并多少放松了对出版的审查；但1863年波兰再度爆发起义后，亚历山大二世停止了对现存秩序的进一步改革。

19世纪俄国人的思想脉络和那些西方的普遍思想大相径庭。一方面，许多知识分子将自己与斯拉夫运动（Slavophil movement）联系在一起，他们拒绝所有对欧洲社会的模仿，而对俄国思想家和俄国农民的原始美德大加赞赏。小说家费奥多尔·陀思妥耶夫斯基（Feodor Dostoievsky，1821—1881）就是其中的杰出代表。而另一方面，学生一代却信奉虚无主义，彻底否认所有传统价值观、道德和政治，并致力于对其进行激烈（有时也仅仅是消极）的批评。尽管欧洲的思想在俄国的思想气候下经常会发生改变，但在斯拉夫主义和虚无主义两个极端之间，还是存在一些受其影响的知识分子团体。欧洲的思想之所以会在俄国发生改变，是因为俄国人对欧洲的社会和政治思想有着太多的预设，他们认为这些思想不可能移植到俄国的情境中，俄国有不同于欧洲的历史，因此也有不同于欧洲的制度、习俗和情感。

在俄国，有一些人希望根据欧洲国家的自由主义模式重塑俄国，这些人被称为"西欧派"（"westernizers"）；但很少有人终其一生都是"西欧派"。举例来说，亚历山大·赫尔岑（1812—1870）早年是一个热心的自由派和法国革命的忠实信徒；但当赫尔岑被流放并访问了英国和法国后，人到中年的他放弃了对西方的幻想，并将无政府主义和斯拉夫主义结合起来，发展出了一套自己的理论。尽管痛恨沙皇政府，但赫尔岑对亚历山大二世废除农奴制表示出热烈的欢迎；在沙皇拒绝进一步的改革后，赫尔岑和他的同仁们陷入了痛苦的失望之中。

与赫尔岑类似，俄国19世纪的大多数改革者和革命者都在斯拉夫派和西欧派之间摇摆。19世纪六七十年代，一个民粹主义团体（Narodniki）兴起，他们希望通过对农民的启蒙来实现俄国的转型。他们像传教士一样，走到田间地头，向农民宣讲一个新的、更美好的社会。但与付出相比，他们的收获少得可怜。俄

552

国农民对民粹派并不信任，他们继续着自己古老的农村公社的生活方式。

在后来的俄国历史学家看来，这类的革命运动有其独特的利益诉求；但需要强调的是，在19世纪受到激进主义影响的只是一小部分人，绝大多数人仍然只是无知的农民。另外，尽管对采取镇压措施的政府有着广泛的不满，但有组织地表达这种不满的只限于主要由知识分子组成的一个小团体，他们敢于冒被警察盯上的危险，也不畏惧遭到处决或被流放到西伯利亚。

4. 欧洲的联盟（1871—1914）

1871年以后，工业主义得到了加速发展，特别是在德国。在德意志帝国建立后的几年时间里，德国一跃成为欧洲的工业和军事强国。

德国军事和经济实力的上升，为欧洲的政治版图带来了根本性的改变。在担任新生的德国的首相一职期间，俾斯麦利用法国与英国、俄国与英国之间长期存在的矛盾，运用娴熟的外交技巧离间了这些潜在的敌人。与此同时他还与奥匈帝国（1879）和意大利（1882）建立了同盟，并与俄国保持着友好的关系。

553

其余欧洲大国忙于对付自己海外的对手，这也使俾斯麦统治欧陆变得更为容易。法国和英国在非洲问题上频繁发生冲突。其中最著名的有两次：一次是1882年，英国声称控制了埃及；另一次是1898年，法国和英国两国的远征军在苏丹和法绍达（Fashoda）对垒。英国和俄国之间也存在类似的紧张态势。在中亚，两大国为了阿富汗和波斯暗中较劲；在近东，俄国、奥匈帝国和英国三方则展开了对奥斯曼帝国的争夺。

在巴尔干半岛上，随着民族主义在各民族间的迅猛发展，整个半岛态势也变得更为复杂。19世纪，受到欧洲民族自决观念的影响，希腊人、塞尔维亚人、罗马尼亚人、保加利亚人、阿尔巴尼亚人和土耳其人纷纷觉醒；各个民族都希望建立一个新的或更大的国家，来接收自己的同胞。显然，这些理想之间是互相冲突的；但众多的巴尔干民族都从对此感兴趣的欧洲大国那里找到了后台。1877年，俄国人代表保加利亚人向土耳其人宣战，第二年，胜利的俄国军队与土耳其人签订了《圣斯特凡诺条约》，建立了"保加利亚大公国"。但俄国这种公然扩大在巴尔干影响力的行为遭到了英国和其他欧洲国家的反对。经过几轮激烈的外交谈判，1878年各国外交官在柏林召开会议。柏林会议对保加利亚边界作出了调整，

EUROPE IN 1914

500 miles

0

■ The Triple Alliance
□ The Triple Entente

Atlantic Ocean

NORWAY

SWEDEN

FINLAND

Baltic Sea

St. Petersburg

R U S S I A

Moscow

Kazan

Ural

Volga

Don

Dnieper

Astrakhan

Caspian Sea

Kiev

Rostov

Dniester

BESSARABIA

CRIMEA

Black Sea

Constantinople

OTTOMAN EMPIRE

PERSIA

Tigris

Euphrates

ARABIA

Antioch

CYPRUS (Br.)

CRETE

GREECE

BULGARIA

Danube

RUMANIA

SERBIA

ALBANIA

MONT.

BOSNIA

HERCE.

Sarajevo

AUSTRIA-HUNGARY

Budapest

Vienna

E. PRUSSIA

POLAND

Warsaw

Vistula

Oder

Elbe

Berlin

GERMANY

DENMARK

NETHER-LANDS

BELGIUM

LUX.

Rhine

SWITZ.

I T A L Y

Rome

Rhone

CORSICA

SARDINIA

SICILY

TUNISIA (Fr.)

Mediterranean Sea

UNITED KINGDOM

IRELAND

London

FRANCE

Paris

SPAIN

Madrid

PORTUGAL

Gibraltar (Sp.)

MOROCCO (Fr.)

ALGERIA (Fr.)

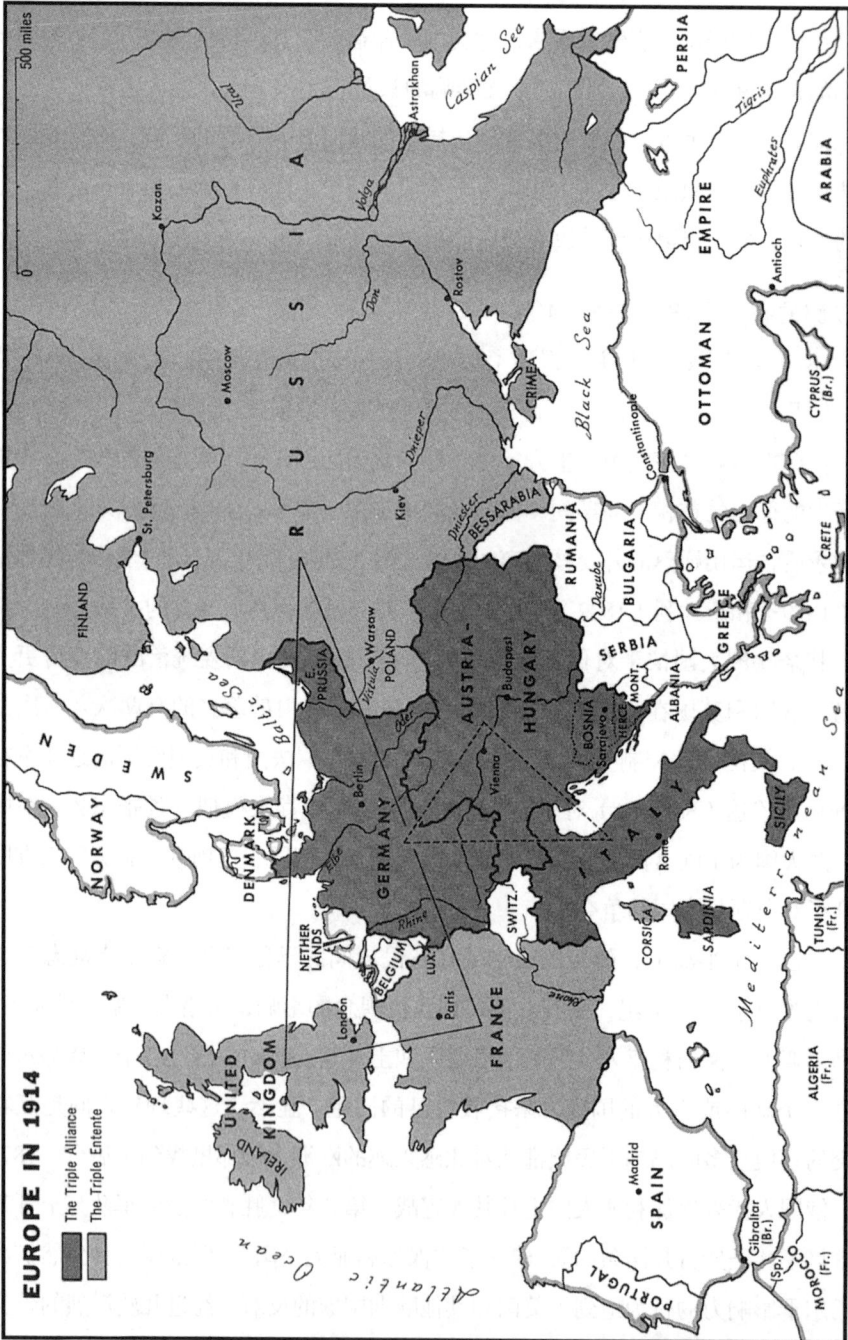

1914 年的欧洲

使其有利于土耳其——这是英国的胜利；奥斯曼帝国在巴尔干半岛西部的两个行省波斯尼亚和黑塞哥维那被置于奥匈帝国保护之下。另外，柏林会议后，德国开始了对巴尔干半岛更为积极的渗透，首先是经济上的渗透，然后是政治上的。经过德国在奥斯曼帝国的活动，土耳其人（大约在世纪之交）由原先依赖英国倒向依赖德国。

除了近东，德国商人和外交官也在非洲、中国和大洋洲对老牌帝国主义国家提出了挑战。德国加入帝国主义国家的行列从根本上打破了欧洲的均势。一股新生力量的出现，会导致其他帝国主义国家放下相互的对抗和猜忌而联合起来。因此在20世纪的第一个十年中，出现一个由法国、俄国和英国所组成的国家集团，这一新联盟成为德国及其盟友的强大对手。

威廉二世（1888—1918）成为德意志帝国皇帝后，这种新的趋势变得更为明显。1890年，俾斯麦不再担任首相，年轻的皇帝开始亲自领导政府。决心名垂青史的威廉二世深受海军上将马汉（Mahan）关于增强海权的理论的影响。因此威廉二世决心建立一支强大的德国海军，使其可以在公海上叫板英国；与此同时，他也开始加大对德国的帝国主义扩张计划的支持力度，特别是在土耳其。

针对德国的强大联盟的形成，正是受到威廉二世政策的影响。为了对付俾斯麦建立的德国、奥匈帝国和意大利三国同盟，法国、俄国和英国组建了三国协约。协约的建立并非一帆风顺，它需要各国之间互相作出妥协，规定各自的"势力范围"。要达成这样的妥协并不容易。1894年，法国和俄国首先结盟，这次并没有费太大力气。法国和英国结盟则经过了长时间的谈判才实现，但即便如此，英国还是不愿明确地将自己和一个类似战时行动的协议捆绑在一起，1904年，英法之间最终达成了一个谅解——即外交上的《友好协约》。三年后，随着英国和俄国在中亚和近东地区争端的平息，两国也达成了类似的协约。

于是从1907年开始，欧洲出现了分裂：一边是德国、奥匈帝国和意大利，另一边是法国、俄国和英国。两个集团之间可谓势均力敌，任何一点细微的变化都会带来整个欧洲国家体系的震动。结果周期性的危机不止一次地将欧洲带到战争的边缘。法国一直在摩洛哥寻求和巩固保护国的地位，1905年和1911年，德国政府两次出兵摩洛哥。这两次行动虽然造成了很恶劣的影响，但最终都得到了

第三编　欧洲文明（约公元900年至今）

555

537

和平解决。

奥匈帝国吞并波斯尼亚和黑塞哥维那导致了 1908 年的巴尔干半岛危机。巴尔干半岛上的小国塞尔维亚一直以来就希望继承奥斯曼帝国的这两个省份，并寄希望于俄国这个强大的斯拉夫国家帮助自己实现这个目标。然而 1908 年，俄国无法向塞尔维亚伸出援手，俄国人自己刚刚在日俄战争（1904—1905）中吃了败仗，俄国政府感到自己需要时间来重组军队和重建国内秩序。1912 年，又一次巴尔干危机爆发，这次危机源于半岛上的基督教国家（塞尔维亚、黑山、保加利亚和希腊）和土耳其之间的战争。在战争结束后瓜分领土的过程中，欧洲大国之间力量的微妙平衡被打破。塞尔维亚人和黑山人倒向了俄国，这也就意味着倒向了协约国，而保加利亚则与保护国俄国发生争执，倒向了奥匈帝国和同盟国。同样，这次危机在没有爆发全欧洲战争的情况下得以化解。但胜利的一方对分赃不满，第二次巴尔干战争（1913）爆发。塞尔维亚、希腊、罗马尼亚和土耳其陷入了与保加利亚之间的战争。即便如此，在迅速占领了保加利亚的一部分领土之后，战争还是很快便结束了。

每次大国中的一个或另一个陷入危机时，它的领导人总是下决心不再让类似的事件发生，与此同时他们也做好了战争准备，以便不用再忍受外交上的让步。因此几个大国之间开始了军备竞赛。当德国开始组建海军时，英国便决定建更多海军；当一种更新更有效率的战舰无畏级战舰出现时，德国和英国都作出了比对方造更多艘的决定。在陆地上也进行着类似的竞争。由于延长了对应征士兵的训练时间，常备军的规模得到扩大；一国政府的决策也与其对手的政策捆绑在了一起。

第一次世界大战爆发的背景其实已经形成。导火索已经几乎不重要：1914 年 6 月，奥匈帝国王储在新近吞并的波斯尼亚省的萨拉热窝遭刺杀。奥匈帝国政府指责塞尔维亚人参与了这场罪行，并要求塞尔维亚人作出赔偿。在赔偿没有得到完全满足的情况下，奥匈帝国出兵塞尔维亚。但这一次，俄国人决定不再像 1908 年那次一样坐视不管，他们向塞尔维亚伸出了援手；令很多人感到意外和困惑的是，在 1914 年 8 月初的几天里，几乎整个欧洲都陷入到了由这场六周前发生在一个陌生的巴尔干城镇上的政治暗杀所引发的战争之中。

5. 主要欧洲国家的内部发展（1871—1914）

19世纪下半叶，欧洲在政治和社会制度上呈现出明显的分野：从西欧的法国和英国的自由主义，到中欧的德国和奥匈帝国的半或伪立宪君主制，再到东方俄国的独裁。这一模式反映了法国革命和工业革命的影响，受到这种影响最强烈同时也最早的是西欧，东欧国家受其影响则要缓慢得多。

在1863年（这一年，沙皇亚历山大二世因为波兰的叛乱而停止了进一步的改革）后的四十多年里，由于害怕任何变化都可能带来暴力革命，俄国国内的发展陷于停滞。特别是1881年一个秘密的极端革命团体刺杀了亚历山大二世以后，官方政策开始对所有公开的异议进行严酷的镇压，并拒绝任何对现存制度的改变。然而，在经济上俄国还是取得了重大发展：特别是在1890年以后，主要由西方投资的工业在俄国发展迅速；同一时期铁路网的建设也为经济铺开了持续发展的前景。

政府对改革的拒斥，加之飞速的经济变化，都助长了俄国革命情绪的发展。19世纪80年代，俄国首次出现了马克思主义的追随者和拥护者，其中以乔治·普列汉诺夫（George Plekhanov，1857—1918）最为著名；1903年，列宁（真名是弗拉基米尔·伊里奇·乌里扬诺夫，1870—1924）与更温和的马克思社会主义者分道扬镳，建立了布尔什维克党。其他的革命团体也大致形成于相同时间：这其中有社会革命党，他们寄希望于俄国农村的社会主义传统；还有宪政民主党，他们希望建立西欧式的立宪君主制。

尽管对现存政权存在着潜在的广泛不满，但所有这些团体和政党都没有获得很多追随者。对政府广泛的不满可以从1905年看出来，这一年俄国军队在日俄战争中被日军打败，政府失去了民众的信任，这也为大范围的起义提供了机会。沙皇政府在平息起义过程中，一部分使用了武力，但也有一部分是通过让步的形式实现的；这要归功于沙皇建立的代表制议会——杜马，建立杜马的初衷是为了解除反对者的武装，增强政府的力量。1905年革命使一些像布尔什维克那样的极端激进团体得以从非法的地下组织进入到公众视野，但这种局面只维持了几个月；1907年后，选举权的变化以及新政府的镇压再次迫使布尔什维克等革命团体转入地下。直到俄国由于第一次世界大战而爆发新的危机时，列宁及其追随者才走上政治舞台的中心。

1914年前的几十年里，沙皇政府必须面对一个非常棘手的问题：早年间并入俄罗斯帝国的民族变得越来越躁动不安，官方的"俄罗斯化"政策也加深了波兰人、芬兰人、乌克兰人、格鲁吉亚人等民族与在帝国中占优势的大俄罗斯族之间的矛盾。

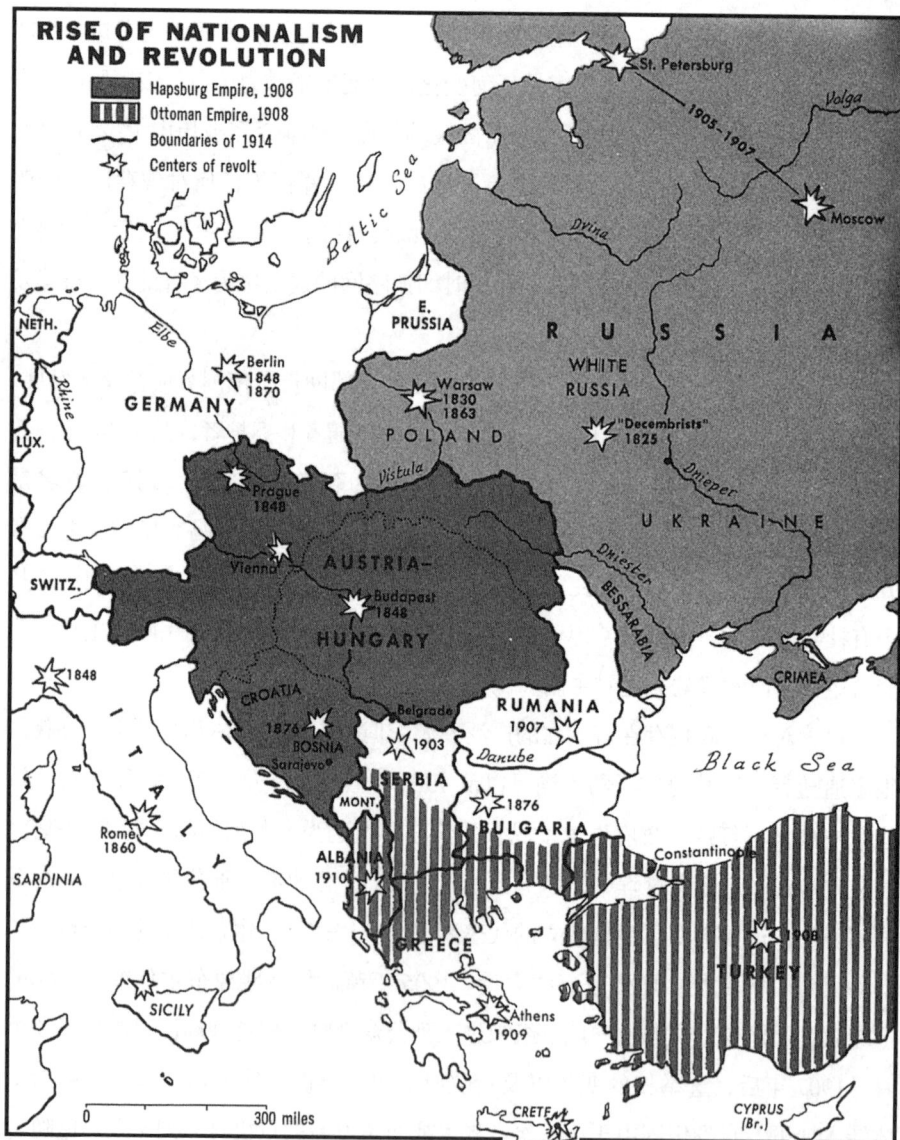

民族主义与革命的兴起

奥匈帝国面临的民族问题则更为复杂和棘手。1867年，匈牙利人获得了高度的自治。其他民族，特别是效忠于哈布斯堡家族的斯拉夫民族也不甘心接受现状，他们都有取得自治地位甚至是完全独立的野心。在奥匈帝国南部边境问题尤为突出，国境线这边是塞尔维亚人和克罗地亚人聚居地，另一边就是独立小国塞尔维亚；塞尔维亚的爱国主义者同样希望将奥匈帝国境内的同胞争取过来，梦想着在未来建立一个将所有操塞尔维亚—克罗地亚语的人统一起来的大塞尔维亚国。但1908年波斯尼亚和黑塞哥维那被奥匈帝国吞并，塞尔维亚失去了通向亚得里亚海的可能，大塞尔维亚国的希望之门似乎被关上了。但正如结果所示的那样，哈布斯堡家族领土的扩张也为第一次世界大战的爆发和奥匈帝国帝国的瓦解铺平了道路。

民族问题在欧洲东部和南部尤为突出，但1870年以后，这个问题变成了欧洲西部国家政治生活的主要中心。毫无疑问，法国的爱国者对1871年割让给德国的阿尔萨斯和洛林是无法释怀的，但由于眼下有其他的问题需要解决，加之在统一的德国面前，法国的军力明显处于劣势，所以"复仇"不得不被无限期推后。

1871年在凡尔赛宫宣告成立的德意志帝国，是一个由25个国家组成的联邦，各个国家都有自己的政府。根据俾斯麦监督下制定的宪法，这些国家保留了许多自己的职能，但其中最强大的普鲁士享有实际的最高权力。帝国政府由一位总理领导，总理只对皇帝负责。此外，还有一个普选产生的国民议会和一个代表各成员国统治者的联邦议会。在俾斯麦领导下，帝国通过了一系列法律，大大强化了帝国政府的力量。整个德意志拥有了一部规范的法典，帝国银行也得以组建，此外，整个帝国的征兵制度也得到统一。

在1871年到1883年间，俾斯麦和罗马天主教教会发生了冲突，俾斯麦试图将德国境内的教会变得更民族化。但1878年后，为了腾出手来对付高涨的社会主义运动，俾斯麦与教宗达成了和解。1875年，一个马克思主义团体和其他社会主义团体组建了德国社会民主党（German Social Democratic Party）。成立后不久，它便在德国工人中树立了影响力，并成为那时整个欧洲规模最大、组织最完善的社会主义政党。为了根除社会主义带来的骚乱，俾斯麦制订了一个关于社会立法的计划，但他的努力没有取得多大的成效。社会民主党的成员数量不断增长，其自身也成为帝国议会中的第一大党。但随着成员数量的增长，社会民主党也对自己的激进主义进行了修正。当 1914 年战争来临时，和其他几乎所有欧洲社会主义团体一样，德国社会民主党也支持德国出兵；他们也用行动证明了自己对民族的忠诚比他们的社会国际主义更为强烈。

在法国，1870 年到 1871 年的失利带来了共和国的诞生，这是法国历史上的第三个共和国。就在德国取得胜利后，巴黎便爆发了革命，这次革命主要受到社会主义者的鼓动。当拿破仑三世在色当被俘后，新的国民议会在波尔多召开，但 1871 年成立的巴黎公社否决了国民议会的权威。结果爆发了一场短暂但血腥的内战。巴黎被再次包围，随即法国军队推翻了公社。这一事件一方面使法国的社会主义运动在将近一代人的时间里一蹶不振，另一方面也导致了 1864 年马克思等人建立的第一国际的解体。

尽管取得了胜利，但是国民议会自身也分裂成了共和派和保王派。其中保王派还可以细分成三派：支持波旁王朝的正统派，支持路易·腓力所属的奥尔良家族的奥尔良派，以及波拿巴派。三派间无法达成共识，但还是临时决定建立共和国。尽管君主派、教士和其他不喜欢新政权的人一再捣乱，但这一暂时的权宜之计还是慢慢被永久地确认下来。1894 年到 1899 年，德雷福斯事件将整个法国鼓动起来。犹太裔的阿尔弗雷德·德雷福斯（Alfred Dreyfus，1859—1935）上尉受到不公正的指控，罪名是将军事机密泄露给德国。经过小说家爱弥尔·左拉（1840—1902）和其他人的努力，证明德雷福斯无辜的证据被揭示出来，证据还表明军队中的一支保王派天主教小团体包庇了真正的罪犯。这一发现引起了大批法国人观念的转变，并对 1899 年共和党—社会党联合政府的上台起到了助推作用。从此以后，虽然历经无数内阁的变迁，以及下议院中的政党轮替，但共和主义的政府形式还是相对稳定了下来。

1871 年到 1914 年间，英国政治的发展主要围绕两个问题展开：爱尔兰问题和劳工问题。爱尔兰于 1800 年并入英国；但爱尔兰人（不同于大部分是地主的盎格鲁－爱尔兰人）厌恶英国统治，并开始鼓吹土地的再分配和政治上的自治。此外，宗教分歧也使这个问题更为复杂。爱尔兰人信仰天主教；而在北爱尔兰，一小部分苏格兰—爱尔兰新教徒由于害怕天主教的统治，坚定地倒向了英国。爱尔兰在英国议会中的代表通过对自由党和保守党之间力量平衡的把握，经常可以发出自己的呼声。结果，在 19 世纪下半叶，爱尔兰人的一些要求慢慢得到了满足。土地被大规模重新分配给了以前的佃农，盎格鲁－爱尔兰地主也丧失了对爱尔兰岛的大部分影响力。但一直要到第一次世界大战爆发以后，这种紧张的情绪才慢慢消退。1922 年，随着一次流产了的起义，爱尔兰南部取得了政治上的自治地位，成为英帝国的一个自治领。

当 1893 年独立工党成立时，劳工问题以一种新的形式呈现出来。独立工党号称直接代表工人利益，但他们并没有马上取得成功。自由党领袖迪斯雷利虽然工于算计，但还是不得不在某种程度上依赖工人的投票，另外自由党也实施了越来越有利于工人的政策。从 1905 年到 1915 年，自由党内阁依靠爱尔兰自治支持者和议会中的工会成员掌握了大权。自由党利用手中的权力，为工人建立了疾病、意外和失业保险，并制定了更有利于工会的法律。为了给这些社会服务提供资金来源，政府提高了税收（包括采用了所得税累进税制）；另外，自由党还剥夺了上议院对立法的绝对否决权，尽管这遭到了保守党的强烈反对。

这样一来，到 1914 年，法国和英国的政治都被政党所控制，政党主要从社会下层特别是城镇中的工人群体中获取政治力量；在德国，有着相似群众基础的社会民主党也成为人数最多的政党，尽管在德国宪法下它只享有对官方政策提出建议的权利。在很多人看来，似乎一个民主和进步的时代已近在眼前；而且机器生产以及对机器所创造的财富更为公平的分配，也将使所有人最终过上富足的生活。但国际竞争和不断的外交危机也使一些人感到担忧；相比之下，大多数人似乎相信，世界上所有大国经济间的互相依赖、科学和工业所创造的毁灭性武器，以及对这些武器的使用所导致的自杀性后果，都将防止任何大规模战争的爆发。对于这些乐观的期望而言，1914 年战争的爆发无疑是致命的一击。

6. 帝国主义（1871—1914）

1871 年到 1914 年间，欧洲继续加速海外扩张。非洲的大部分地区被欧洲国家瓜分，其中法国和英国占了主要份额。在中亚，英国人将自己在印度的殖民地向北扩张，俄国人则将自己的帝国向南推进，只剩下阿富汗境内一条狭长区域将双方隔开。在中国，欧洲大国也为租界和对各个港口的治外法权以及修建铁路的权利和其他经济利益展开竞争。在近东和巴尔干地区，欧洲帝国主义则采取了金融的形式。土耳其、埃及和（1817 年到 1878 年间独立的）巴尔干国家都身背债

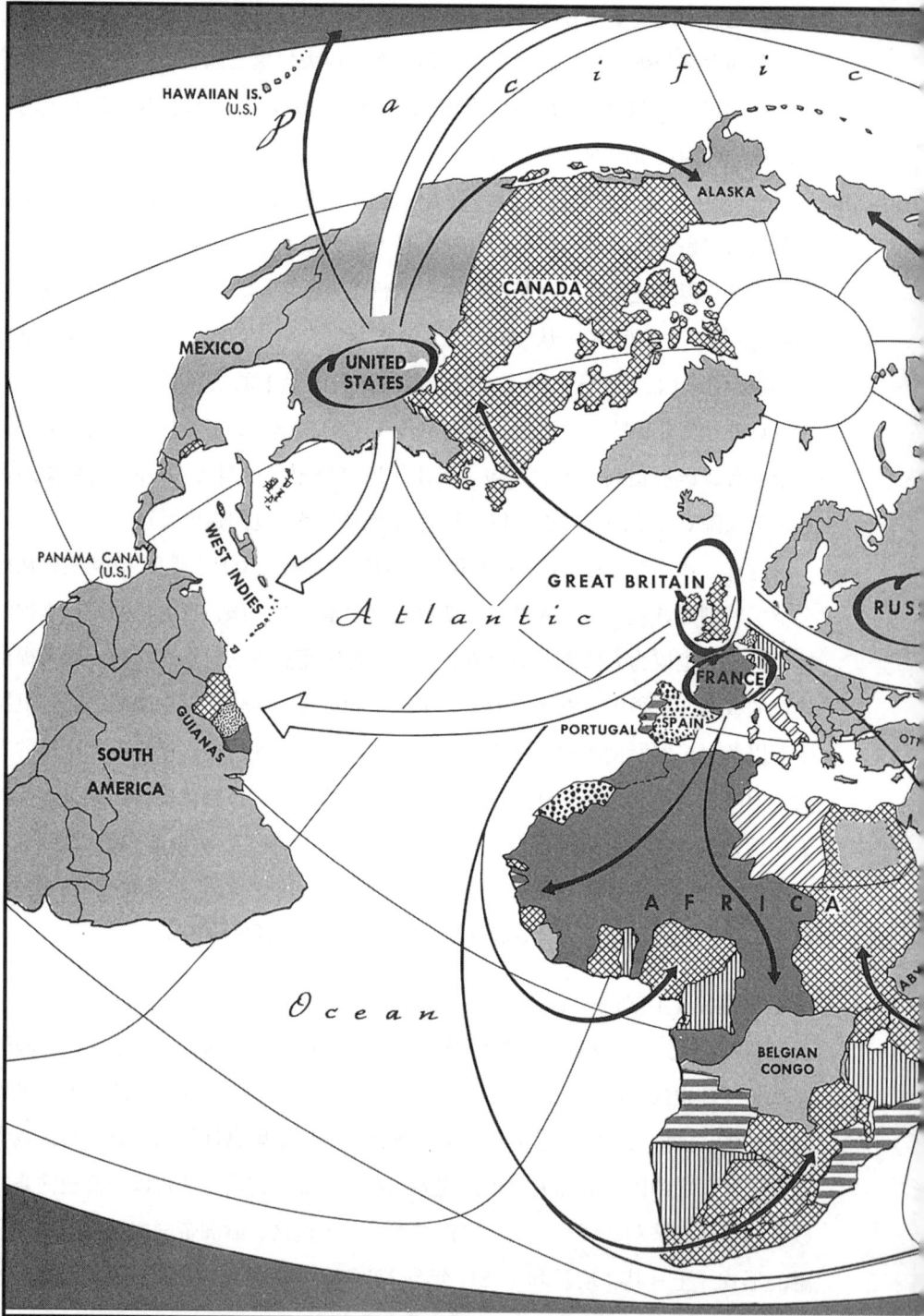

新帝国主义（1860—1914）

THE NEW IMPERIALISM
1860-1914

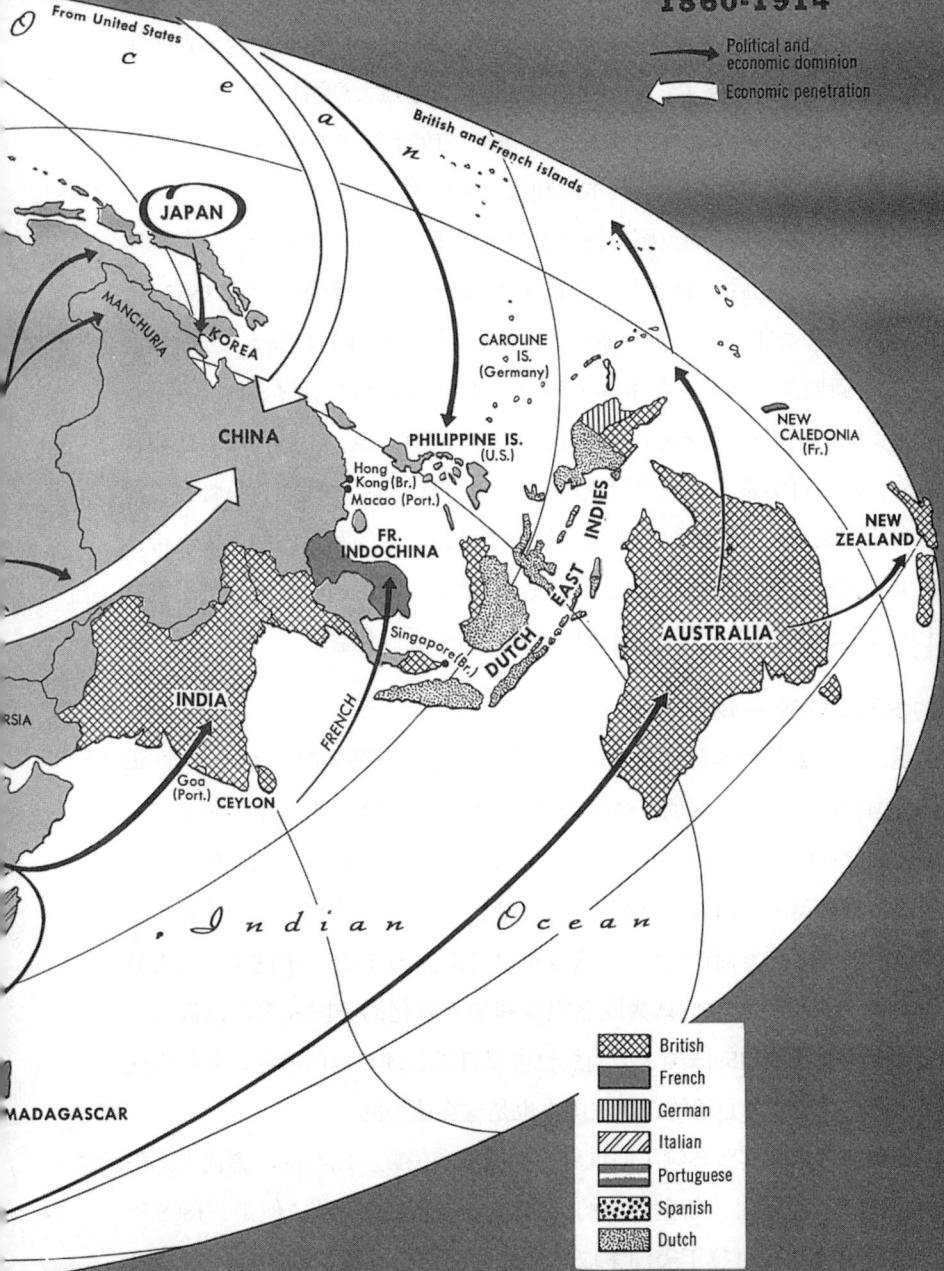

⟶ Political and
economic dominion

⟸ Economic penetration

From United States

British and French islands

JAPAN

MANCHURIA

KOREA

CHINA

CAROLINE
IS.
(Germany)

PHILIPPINE IS.
(U.S.)

Hong
Kong (Br.)
Macao (Port.)

FR.
INDOCHINA

Singapore (Br.)

FRENCH

DUTCH

EAST INDIES

NEW
CALEDONIA
(Fr.)

NEW
ZEALAND

AUSTRALIA

INDIA

Goa
(Port.) CEYLON

RSIA

Indian Ocean

MADAGASCAR

	British
	French
	German
	Italian
	Portuguese
	Spanish
	Dutch

务，几乎沦为了互相竞争的外交官和商业团体所代表的欧洲大国的玩物。只有日本避开了欧洲帝国主义的压迫。1854年，美国海军上将马修·佩里（Matthew Perry）强迫日本开放了贸易口岸。在接下来的几十年中，日本成功地从西方世界引进了许多工业和军事技术。到1894年，日本已经强大到可以效法欧洲，他们对中国发动了战争，夺取了中国保护下的朝鲜。1904年到1905年，日本在中国东北击败俄国人，向世人展示了日本咄咄逼人的实力。

在主要由欧洲移民居住的英国殖民地上也发生了独一无二的变化。比如加拿大，在经历了一些骚乱后，加拿大殖民地于1840年获得了有限自治；1867年，众多省份并入加拿大自治领，新的加拿大联邦获得了更大的自治权。之后澳大利亚（1901）、新西兰（1907）和南非（1909）自治领的建立，正是以此为模板。这样一来，英国的殖民地便分成了两部分：一是皇家殖民地，由英国政府任命官员进行统治；二是自治领，英国政府任命总督作为自己的唯一代表，总督在自治领的权力和英国国王在英国的权力类似。情感是维系自治领和英国的主要纽带；但第一次世界大战证明了这种纽带相当可靠，战争中，自治领向英国提供了军事和经济上的援助，尽管这些援助并没有危及自治领的既得利益。

7. 美洲的发展（1789—1914）

似乎是出于惊人的巧合，就在法国三级会议按计划召开的前一天，乔治·华盛顿就任美国首任总统。美洲的革命运动尘埃落定，北美大陆上诞生了一个新的英语国家，而恰在此时，法国革命也开始了。这种巧合同时也具有象征意义。北美殖民地成功推翻英国统治并建立起一个共和政府，该政府宣称自己的"正当权力，是经被治理者的同意而产生的"，这段《独立宣言》（1776）中的文字大大鼓舞了法国革命的领导者，他们认为既然粗鲁和缺乏教化的美国人都可以进行自治，作为欧洲和世界导师的法国人，当然也可以自己管理自己的事务，并且有权这么做——或许众多革命心切的普通法国人也是这么认为的。

法国革命的思想和实践影响了旧世界中的国家和民族，欧洲的一整代人都陷入了战争之中，与此同时，新世界中的大多数人们却置身事外。但是，1808年拿破仑占领西班牙确实对拉丁美洲争取自治的运动产生了决定性影响。到1821年为止，几乎所有之前西班牙的美洲殖民地都取得独立。法国和美国的革命观念在拉丁美洲的反抗运动中扮演了重要角色；但 1821 年以后，人民自治在拉丁美洲却几近消亡。取而代之的是众多派系（经常是军事派系）通过自我任命掌握权力。

罗马天主教会在所有的西班牙殖民地都拥有强大的实力。除了拥有大部分的土地外，它还控制了殖民地的教育，并统治了文化的其他大多数领域。一些革命者因此十分痛恨教会。也正因如此，对于大多数新独立的国家来说，如何限制（或抵抗）教会的力量就成了一个中心议题。人们尝试用选举来解决问题，但教职人员和他的反对者都不愿意接受选举的结果。无论如何，教会的辩护者在原则上（经常也是在实践中）反对人民主权的原则，因此当他们用政变（Coup d'état）的方式推翻选举结果时，他们同样认为自己的所作所为是对的。同样，为人民主权辩护的人也并非表里如一：对拉丁美洲人口中大多数的印第安农民社区，他们也经常有意忽视。但他们也没有对可能的印第安人起义放松警惕。以巴拉圭为例，1816 年以后，巴拉圭建立了一个军事化的印第安国家，并多少与邻国之间存在着永久性的摩擦；在其他地方，由于过度地宣传人民主权，也常常使农民叛乱和印第安人觉醒的危险显现。在印第安人和白人关系上，墨西哥的历史可谓风起云涌，经过一次成功的革命，1911 年后墨西哥才某种程度上真正地将印第安人接纳到这个国家的政治舞台上。在其他地方，印第安人实际上仍被排斥在积极的政治生活之外，直到 1914 年以后情况才有所改观。

频繁的政变以及派系和独裁统治，并没有阻止拉丁美洲国家人口的快速增长，一些国家（像阿根廷和智利）甚至成了世界市场上商品的重要生产者。阿根廷的粮食在市场上与来自美国和加拿大的粮食竞争；1914 年以前，智利的铜和硝酸盐（来自北部荒滩的鸟粪沉积物）在欧洲和世界市场中占有极其重要的地位。其他拉丁美洲国家也取得了明显的经济和技术上的进步，只是不如前面两个国家那么突出。以巴西（1822 年从葡萄牙独立出来，但直到 1889 年一直实行君主制）为例，巴西建立了大规模的咖啡和橡胶种植园，用于作为对糖经济的补充。在拉丁美洲，留给欧洲帝国的只有加勒比一个地区。但即便是这个地区也存在着独立运动。海地在拿破仑时期脱离了法国统治；古巴和波多黎各则在北边的美利坚合众国的帮助下，于 1898 年脱离西班牙获得独立。

尽管如此，拉丁美洲的经济发展还是远远落后于新世界中的英语国家。由于

第三编　欧洲文明（约公元 900 年至今）

定居者占据了草原省份的小麦种植区，因此加拿大自治领成为世界主要的农业出口国。但毫无疑问，美国才是新世界的巨人。美国先是越过阿巴拉契亚山脉，接着穿越落基山脉的屏障，不断向西挺进，崛起为一个地域辽阔、农业和工业（大约1870年后）发达的国家。在美国的发展中，欧洲资本和欧洲移民都起了至关重要的加速作用；但在1812年与英国的一场短暂的战争无果之后，美国便几乎不再介入大西洋另一边的政治事务。

美国在19世纪远离外国纷争，很大一部分原因是英国政府对门罗主义（1823）的默许。门罗主义由时任总统的詹姆斯·门罗（James Monroe）提出，他宣称欧洲对新世界的任何干涉，都将被视作是一种不友好的行为。但在美国内战（1860—1865）期间，法国为了推翻墨西哥皇帝马克西米利安的统治，向墨西哥派出了一支远征军。马克西米利安原是哈布斯堡家族的一位大公，他受一个派别的邀请担任墨西哥皇帝。法国的远征被证明是失败的，很快法国部队便撤退了。

到目前为止，美国历史上最严重的危机来自于围绕奴隶制问题所展开的激烈的派系冲突。1860年，当南方各州试图脱离联邦，组建自己的新联邦时，战争爆发了。战争一直持续到1865年，北方州的人力优势和压倒性的工业资源使林肯总统的军队取得了一场决定性的胜利。然而从法律上废除奴隶制实际上并没有使美国黑人获得平等，他们仍然贫穷和愚昧，大部分从事农业劳动，并集中在南方各州。

很多北方人认为，为了推翻奴隶制而发动内战有道德上的必要性，内战也坚定了美国生活方式无上的正义性和道德性。自由、平等、共和政府，加上勤俭和美国人的创造力，的确在19世纪给美国人带来了丰厚的回报。在以后的数十年里，美国在人口和物质资源上都出现了井喷式的发展，到1914年，美国已成为世界性的强国，尽管可能缺乏经验和考验，但这个国家已经强大到可以超越任何一个欧洲国家。第一次世界大战期间，大英帝国能否幸存下来成了一个问题，而在其背后，美国却获得了巨大的成长。美国将资源投入到战争中——起初是将物资卖给同盟国，然后于1917年通过全面参战更为直接和大规模地介入其中。可以说经过了第一次世界大战，美国已经结束了自己的青少年阶段。欧洲的政治体系，这个诞生了美国，同时又是美国在19世纪大部分时间里极力回避的体系，终于在1917年将自己的后代吸纳了进来。更具戏剧性的是，同一年俄国爆发了共产主义革命，如此一来，不是一个而是两个大国突然间成为世界的领导角色，将统治了欧洲和世界超过两个世纪的西欧国家挤到了一边，形成了对旧欧洲的东西夹击之势。

五、欧洲文化（1789—1914）

1. 绘画

在 1789 年到 1914 年之间，源于过去不同时期的众多建筑风格同时出现并得以完善。在 19 世纪行将结束时，建筑方法上的技术进步（主要是加强的混凝土和钢筋大梁在建筑物结构上的运用）使建造更高的建筑成为可能；此外，一些建筑师努力让自己的建筑物更为实用——也就是说，使建筑物的艺术性建立在它的结构基础上。

到 1875 年为止，来源于意大利文艺复兴时期的传统继续统治着绘画界。但在 19 世纪的最后 25 年里，主要的画家摒弃了文艺复兴时期画家建立的透视传统，一个根本性的转变出现了。运用新的方法、形状和色彩被扭曲；有时候一张画布上会出现两个甚至更多透视点；或者使用多张画来描绘同一物体，表现其在连续的时间中的变化。象征主义和抽象手法被一些画家大量运用；其余画家则诉诸有意识的原始主义。

艺术批评区分出了多个学派：古典主义、浪漫主义、巴比松派（Barbizon）、印象派、后印象派，等等。在这本《手册》中，给这些术语下任何定义都是不可能的，毕竟只有在将一幅画和另一幅画进行观察和比较时，这些名词才有意义。但我们还是可以将一些杰出的画家归入以下这些"学派"。古典主义：雅克－路易·大卫（Jacques Louis David，1748—1825）、让·奥古斯特·安格尔（Jean Auguste Ingres，1780—1867）；浪漫主义：欧仁·德拉克罗瓦（Eugene Delacroix，1799—1863）、约瑟夫·马洛德·威廉·特纳（Joseph Mallord William Turner，1775—1851）、约翰·康斯特布尔（John Constable，1776—1837）；巴比松派：卡米尔·科罗（Camille Corot，1796—1875）、让－弗朗索瓦·米勒（Jean-Francois Millet，1815—1875）；印象派：爱德华·马奈（1832—1883）、埃德加·德加（Edgar Dégas，1834—1917）、克劳德·莫奈（1840—1926）、皮埃尔·奥古斯特·雷诺阿（1841—1919）；后印象派：保罗·塞尚（1839—1906）、文森

现代绘画

19世纪最后一个25年开始时，欧洲画家开始打破由意大利文艺复兴时期画家在四百年前所建立的艺术基本框架，创造了通常所称的现代艺术。在抛弃旧的透视技法和错觉绘画的范式后，现代艺术并没有用新的传统束缚绘画，相反，艺术家们努力使自己变得有原创性，即便冒着画作让人感到莫名其妙的风险也在所不惜；各种艺术学派或是共享，或是发掘出一些新的工具和标志，迅速地起起落落。这些让人不安的创新和风格上的不确定性，似乎像一面镜子一样，精确地反射出塑造了近几十年欧洲和世界历史的那种更大范围内的迷惘和彷徨。

《旧巴黎圣拉扎尔火车站》（1877）
作者克劳德·莫奈
（芝加哥艺术学院）

印象派画家莫奈和工业革命一样，都来自于欧洲旧社会结构的解体。在这幅画中，莫奈坚持了熟悉的透视框架，但将视觉的细节分解成斑点状的色块。莫奈点石成金，用多种色彩的斑点画呈现出光线从烟雾和蒸汽弥漫的空气中射出的印象。

印
象
派

《在阳台上》（1881）
作者奥古斯特·雷诺阿
（芝加哥艺术学院）

雷诺阿在创作这幅田园画的时候，欧洲的中产阶级正在接近权力的顶峰。在画中，雷诺阿只将母亲和孩子的
面部及形体作了清晰的表现，除此之外，所有背景中的细节都被分解成了光和色彩的旋涡——迷人、清新而喜
悦，就像是自成一体，和任何它所描绘和表现的事物都不一样。

《坐在黄色椅子上的塞尚夫人》（1890—1894）
作者保罗·塞尚
（芝加哥艺术学院）

塞尚在这里并不打算对他的妻子作精确的视觉上的描绘。他跳过细节，自如地将轮廓进行了简化（注：比如椅子的坐垫看上去像没有画完）。和印象派画家一样，塞尚抛弃了对三维视觉经验范型的模仿，而更愿意将线条、色彩和构图视作艺术作品本身，画家运用这些来达到自己希望得到的效果。

572 《上帝之日》（1894）
    作者保罗·高更
    （芝加哥艺术学院）

高更认为现代的社会和文化是堕落的，为了逃避欧洲文明，他来到了波利尼西亚。受到原始绘画简单模式的强烈影响，高更发展出一种平面的装饰性设计的风格。在《上帝之日》中，高更将田园牧歌般的南岛风光用出彩和醒目的图形和色彩表现出来。

这幅画是对传统欧洲绘画技艺的一个突破，绘画历史上的革命时期开始了。

《我和村庄》(1911)
作者马克·夏加尔
（纽约现代艺术博物馆，西蒙·古根海姆夫人基金会）

在摆脱了对现实图像的视觉表现传统法则后，画家们得以探索有意识和无意识的心灵意象。由此诞生了"超现实主义"绘画。通过打破平常的空间关系的限制，以及对记忆和梦境随心所欲的并置，超现实主义画家有意识地表现高于现实的主观世界。在这幅画中，夏加尔通过对过往甜蜜但又隐隐不安的描绘，表现了自己成长的俄罗斯村庄。

超现实主义

《出发》(1932—1935)
作者马克斯·贝克曼
（ 纽约现代艺术博物馆 ）

表现主义画家通过简化线条和图形，并用强烈的色彩将其强化的方式，来传递生活的严酷和热烈。受到希特勒
反对堕落艺术运动的冲击，贝克曼遭到了驱逐，这幅《出发》正是在他临别前所作。这种三联画的形式本身就
是基督教惯用的方法，而贝克曼所选取的主题——中间是希望与和平，两边则是受苦和暴力的地狱景象——也
是对传统宗教画的仿效。

《基督砍倒十字架》(1934)
作者奥罗斯科
(经达特茅斯学院董事会授权)

愤怒、暴力的基督威胁要毁灭堕落的世界,画作很明显回归到了基督教绘画的传统主题上。但奥罗斯科却是在宣告推翻所有传统,而不是在重申基督教的天启。

以上两幅创作于20世纪30年代大萧条时期的画作,表现了画家对公共事件进程的愤怒和悲痛。从绘画风格和政治风格上,这两幅画也可以被解读为是在表现否定的危险性、重建的不可能性、旧的信仰以及传统的局限性。

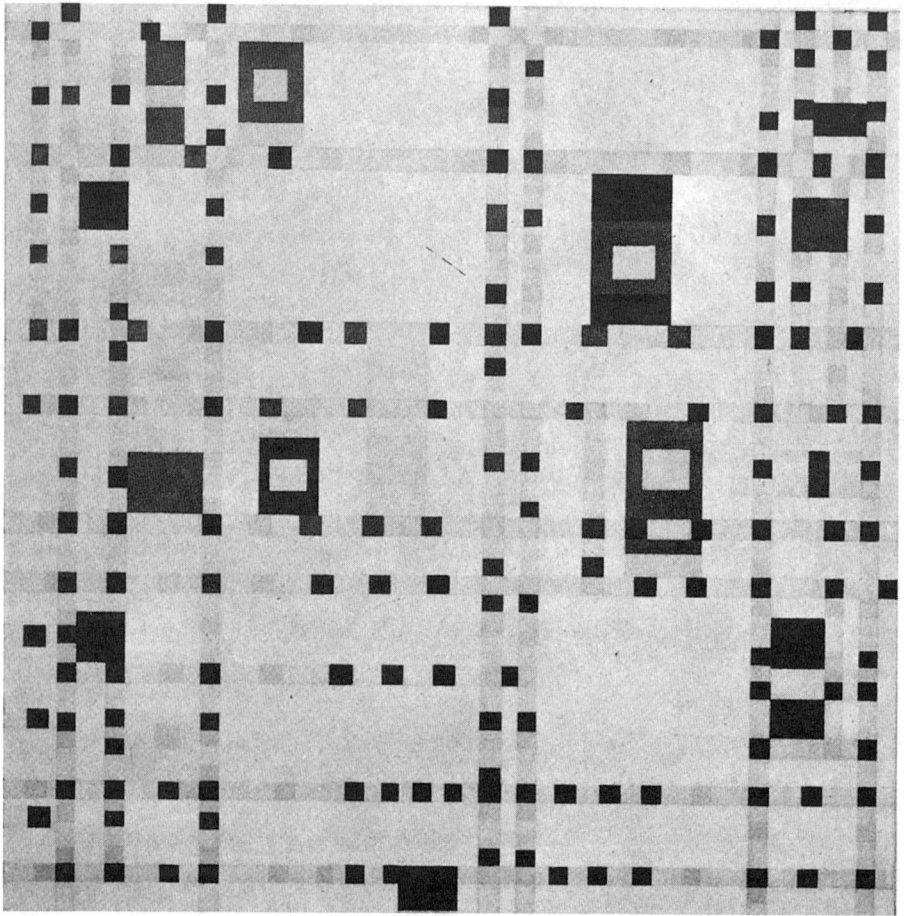

576 《百老汇爵士乐》(1942—1943)
作者彼埃·蒙德里安（ Piet Mondriaan ）
（ 纽约现代艺术博物馆 ）

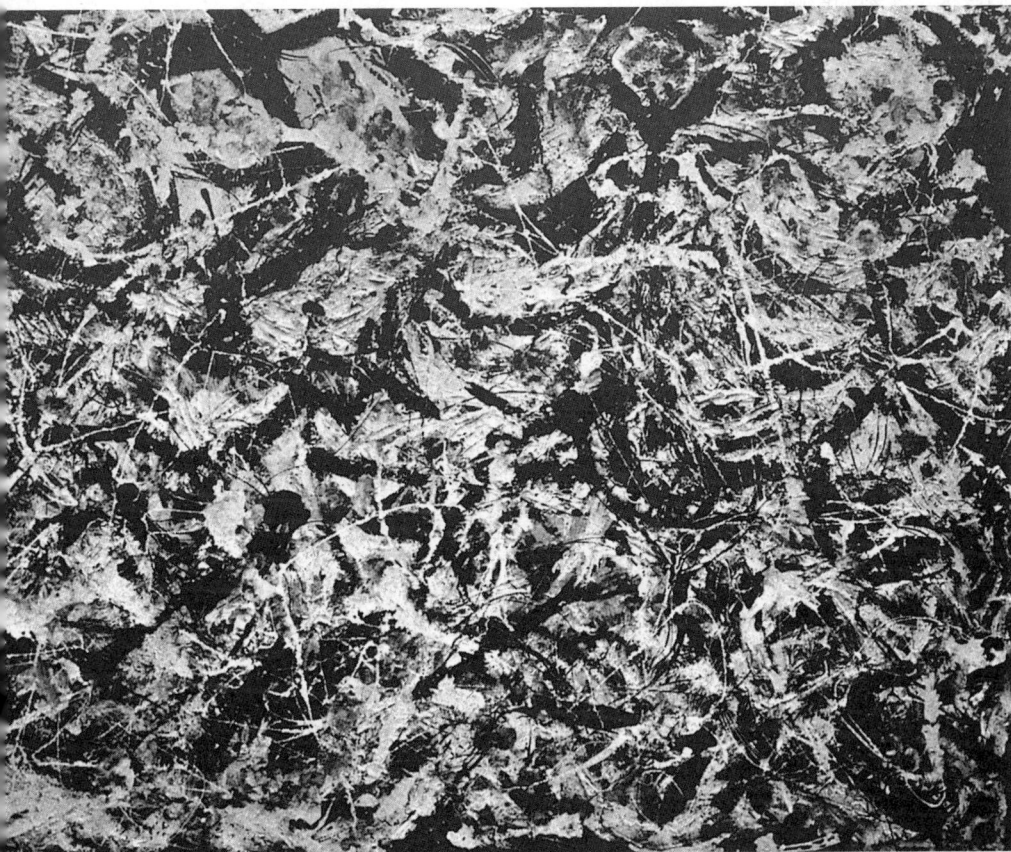

《变灰了的彩虹》（1953）
作者杰克逊·波洛克（Jackson Pollock）
（芝加哥艺术学院）

抽象画不表现外部事物或者心灵的状态，通过让画自己来完成自己，抽象画把对绘画的错觉范型的否定带向了逻辑上的终结。但就如这两幅作品所展现的，在这个似乎有限的框架内仍存在广泛的可能性。第一幅中精确的几何，与第二幅中的颜料滴及其流淌，是两个相反的极端。但两幅作品都创造了令人感到愉悦和入迷的模式。

抽
象
画

特·凡·高（1853—1890）、亨利·德·图卢兹－罗德列克（Henri de Toulouse-Lautrec，1864—1901）、保罗·高更（1848—1903）。除这些学派以外，还有一些画家个人拒绝对自己归类，其中就有奥诺雷·杜米埃（Honoré Daumier，1808—1879）。从这一串名字中不难推断出法国——事实上是巴黎——在19、20世纪绘画史上的统治地位。欧洲各地的画家纷纷迁居巴黎，巴黎画家的观点和范例对他们产生了深刻的影响。

2. 文学

和画家一样，作家也在作品中努力地呈现出个性，但他们也遇到同样的难题——如何使自己的成果具有价值。由于文学不可避免地和语言紧密联系在一起，所以文学不像绘画那样，存在着一个占主导的中心。相比之下，文学具有民族性，不同国家之间都有相当大的差异。

英国19世纪的诗人包括威廉·华兹华斯（1770—1850）、萨缪尔·泰勒·柯勒律治（1772—1834）、乔治·戈登·拜伦勋爵（1788—1824）、约翰·济慈（1795—1821）和珀西·比希·雪莱（1792—1822），这些人经常被归为浪漫主义。19世纪末，罗伯特·勃朗宁（1812—1889）和阿尔弗雷德·丁尼生勋爵（1809—1892）被公认为"维多利亚时代"的两大诗人。在所有文学形式中，小说是最受欢迎的。重要的小说家中有沃尔特·司各特爵士（1771—1832）、查尔斯·狄更斯（1812—1870）和托马斯·哈代（1840—1928），他们的作品在当时和现在都拥有大批的读者。

在大革命和拿破仑时期，法国文学相对处于低潮；或者更准确地说，是"好的文学"（*belles lettres*）大部分被政治宣传册淹没了。从大约1820年开始，维克多·雨果（1802—1885）开始创作"浪漫主义的"小说和诗歌。司汤达（真名马利·亨利·贝尔［Marie Henri Beyle］，1783—1842）、奥诺雷·德·巴尔扎克（1799—1850）、古斯塔夫·福楼拜（1821—1880）、居伊·德·莫泊桑（1850—1893）、埃米尔·左拉（1840—1902）和阿纳托尔·法朗士（1844—1924）则是19世纪下半叶最杰出的小说家和叙事者。人们还经常将福楼拜、莫泊桑和左拉拿来与早期作家的浪漫主义作对比，称三人为"现实主义作家"。诗人方面，有阿尔弗雷德·德·缪塞（1810—1857）、夏尔·波德莱尔（1821—1867）、斯特芳·马拉美（1842—1898）、保尔·魏尔伦（1844—1896）和亚瑟·兰波（Arthur Rimbaud，1854—1891）。其中缪塞受到拜伦的影响，承袭了浪漫主义的手法；马拉美、魏尔伦和兰波则经常被冠以"象征主义"，三人均深受波德莱尔诗歌的影响。这里也有必要提一下弗朗索瓦－勒内·德·夏多布里昂（François-René de Chateaubriand，1768—1848），他的《基督教真谛》一书对复兴19世纪早期知识分子对宗教信仰的尊重起到了帮助作用；另外还有儒勒·米什莱（Jules Michelet，1789—1874）——最富激情的法国大革命史学家之一；最后还有夏尔－奥古斯丁·德·圣伯夫（Charles-Augustin de Sainte-Beuve，1804—1869）和伊波利特·泰纳（Hippolyte Taine，1828—1893）两位文学批评家和历史学家。

19世纪德国文学的领军人物无疑是席勒和歌德。但另外，诗人海因里希·海涅（1797—1856）和莱纳·玛利亚·里尔克（1875—1926），小说家戈特弗里德·凯勒（Gottfried Kellar，1819—1890）和小说家兼剧作家盖尔哈特·豪普特曼（Gerhart Hauptmann，1863—1946）也享有国际声誉。

19世纪，俄国也兴起一股强大的文学浪潮，受到了整个西方的赞誉。亚历山大·普希金（1799—1837）第一次使用俄语书写伟大的诗歌；随后又出现了尼古拉·果戈理（1809—1852）、伊凡·屠格涅夫（1818—1883）、费奥多尔·陀思妥耶夫斯基（1821—1881）、列夫·托尔斯泰伯爵（1828—1910）、马克西姆·高尔基（1868—1936）等一批杰出的小说家，以及剧作家兼短篇小说作家安东·契诃夫（1860—1904）。

最后，至少还要提一下一些来自欧洲小国的作家，毕竟欧洲文化并非由大国垄断。比如亚当·密茨凯维奇（Adams Mickiewicz，1798—1855），他的诗歌包含强烈的爱国主义情绪，在波兰尚未独立的岁月里，他的诗歌使民族主义代代相传、生生不息。与此相反，意大利诗人乔苏埃·卡尔杜齐（Giosue Carducci，1835—1907）、挪威剧作家亨德里克·易卜生（1828—1906），以及瑞典作家兼小说家奥古斯特·斯特林堡（August Strindberg，1849—1912）的作品关心的则主要是个人和私人关系。易卜生则通过用散文手法写作"现实主义"戏剧，与欧洲戏剧的英雄主义和诗歌传统分道扬镳，引起了巨大的争议。但到20世纪，易卜生被其他国家的作家竞相效仿。

3. 音乐

19世纪，作曲家将乐器的编排做得更加精细；作品本身更为复杂，时间也更长。管弦乐队的规模逐渐扩大，乐器得到改进，还出现了一些新的乐器。举例580来说，现代钢琴便是在19世纪初趋于完善的。弗雷德里克·肖邦（1810—1849）和弗朗茨·李斯特（1811—1886）两位大师的作品把这件新乐器的用途发挥到了极致，并赋予了钢琴在当今音乐中的显赫地位。另一条技术发展的脉络是和声的引入，19世纪末克劳德·德彪西（Claude Debussy，1862—1918）等人创造和修正音阶的试验便来源于此。

19世纪的音乐常被称作浪漫主义音乐。的确，许多19世纪的作曲家尝试将他们的音乐变得比之前更情绪化；其中一些人尝试在音乐中表达自己的感受，另一些则希望通过音乐来表现头脑中的场景或状态。音乐上的民族学派从民谣中获取一部分主题，它的发展反映了当时民族主义的兴盛。其中挪威的爱德华·格里格（Edvard Grieg，1843—1907）和波西米亚的安东·德沃夏克（Anton Dvorak，1841—1904）就是民族音乐的典型代表；另外俄国的作曲家穆捷斯特·穆索尔斯基（Modest Moussorgsky，1835—1881）、彼得·柴可夫斯基（1840—1893）和尼古拉·里姆斯基-柯萨科夫（Nicholas Rimsky-Korsakov，1844—1908）也是民族音乐的代表。

但是我们很难将19世纪最伟大的音乐家们归入到任何一个标签下面，我们最好还是简单地列举一些最著名的音乐家的名字：路德维希·冯·贝多芬（1770—1827）、朱塞佩·威尔第（1813—1901）、理查德·瓦格纳（1813—1883）、约翰内斯·勃拉姆斯（1933—1897），以及古斯塔夫·马勒（1860—1911）。

4. 自然科学

自然科学在1789年到1914年之间重拾尊严，甚至可以说是得到崇敬。特别是在德国，还建立了专门的研究实验室和研究机构，用于探索自然世界。德国自然科学的兴起很大程度上要归功于亚历山大·洪堡（1769—1859）。洪堡主修的是地理和自然史，但他的兴趣点涉及所有的科学领域，很快他便在德国取得了巨大的个人威望。他的主要继任者同时也是德国自然科学的发言人、组织者和公共代表是赫尔曼·路德维希·费迪南德·冯·亥姆霍兹（1821—1894）。他首先是一位物理学家，但他的能量守恒定律只是他整个职业生涯中的一次意外发现。亥姆霍兹第一个在德国建立了科学研究所，这些研究所拥有的资源，远远超出欧洲其他国家的同类机构，也正是这些研究所的存在，才使 19 世纪下半叶的德国在各个科学研究的分支上处于领先。相比之下，法国和英国的科学就主要依赖于个人的工作，这些人经常寻求与大学之间开展合作，但大学中支持自然科学研究的基金也是有限的。

上文（第 495—504 页）已经讨论了科学的进步给技术和经济活动带来的一些影响。但这里我们感兴趣的是科学理论对人类思维和总体的世界观所产生的影响。

数学继续着对定理的归纳。19 世纪，数学家们突破了欧几里得对空间本质的预设，发展出诸多非欧几里得的、更具普遍性的几何学。尼古拉·洛巴切夫斯基（1793—1856）在伏尔加河边的喀山大学从事着与外界隔绝的工作，1826 年，洛巴切夫斯基首次提出基于非欧几里得公理的几何学的可能性。格奥尔格·弗雷德里希·伯纳德·黎曼（1826—1866）则成功发明了适用于欧几里得和众多非欧几里得几何学体系的定理。第三位伟大的数学家是朱尔·亨利·庞加莱（1854—1912），他深奥的研究对上述成果提出了挑战。

直到约 19 世纪末，牛顿力学仍然是物理学的基础。但新的试验、测量和计算得出了一个具体的关于能量的理论和关于物质的理论。由此，物质和能量被视作是物理世界中两种有着本质不同的组成成分。下文列举了一些 19 世纪物理学的重大成果。1798 年，本杰明·汤普森（1753—1814），也就是拉姆福德伯爵（Count Rumford）首次提出热是一种运动形式；之后詹姆斯·焦耳（1818—1889）等人的实验显示，化学、电和动能之间是热守恒的，而且在特定条件下，三种热能可以互相转换。1873 年，詹姆斯·麦克斯韦（1831—1879）进一步扩大了能量的概念，他提出光只是辐射能的电磁光谱中的一部分，辐射能包括一端的 X 射线（1895 年由威廉·冯·伦琴发现）和另一端的红外线。

关于物质的理论经历了类似的演化过程，新出现的和显然互不相同的现象被置于一个普遍的理论公式之下。19 世纪初，约翰·道尔顿（1766—1844）提出所有物质都由原子构成；阿莫迪欧·阿伏伽德罗（1776—1856）伯爵则证明气体由分子组成。关于原子和分子的争论持续了很长时间，但人们慢慢地发现了

第三编　欧洲文明（约公元 900 年至今）

它们之间的区别。1869 年到 1871 年，德米特里·门捷列夫（1834—1907）将元素放到他著名的周期表中，从元素周期表中可以看到化学上特定的递归性。约瑟夫·汤普森（1856—1940）和亨德里克·洛伦茨（1853—1928）的研究为这一现象提供了理论解释。他们和其他人一道，绘制出原子的图像，原子由一个原子核以及围绕原子核旋转的电子组成。

但电子同时也是电流的基本单位。因此到了 19 世纪末，关于物质和能量的理论在某种意义上统一到了电子的问题上。然而电子运动的一些方面使物理学家感到困惑。1912 年，马克斯·普朗克（1858—1947）提出辐射能也是由类似的粒子单位（他称之为"量子"）所组成，这又带来了一个新的困惑。除此以外，还有一个问题，就是如何解释放射现象——一些特定物质如铀和镭自发地发出高频率的射线。放射现象最早由亨利·贝克勒尔（1852—1908）在 1896 年发现。

因此到 19 世纪末，研究原子内的粒子和辐射能的物理学家面临着一系列的问题，而原来的牛顿物理学似乎无法作出令人满意的解答。不仅如此，天文学家也发现了水星轨道的一些细微偏差。1905 年，阿尔伯特·爱因斯坦（1879—1955）提出了相对论，试图对这个问题发起挑战。他又通过 1915 年的第二篇论文和 1929 年出版的书对 1905 年的论文作了补充。一般说来，相对论打破了作为 19 世纪物理学基础的质量和能量之间的对立，并提出了两者间的可转化性。此外，牛顿的时空框架也被抛弃。如同质量和能量一样，空间和时间也被视作是一个整体的两个方面。牛顿力学中空间和时间的无限性和统一性，被相对于一个特定的物体或参考系中任意一个选定的点显得不确定的时空数量所取代。

爱因斯坦（和其他许多物理学家）带来的对物理学基本概念的革命，不啻牛顿在 17 世纪给物理学带来的革命。整个 18 和 19 世纪，人们可以将整个世界看作是一台可以被常人所理解的精巧绝伦的机器，尽管它如此庞大和空旷。但在爱因斯坦和他的同事之后，人们面对的是一个新的和更为陌生的世界——一个相对论和量子的世界，在这里，波和粒子变得无法区分，空间和时间转变成重叠的时空；不仅如此，如今这个世界只能通过复杂的数学公式加以描述，语言不足以解释，普通人的视觉也无法精确感知它。

新的物理世界对人类的日常经验来说是如此陌生，以至于它对大众的思想没有产生什么影响。倒是生物学和心理学的影响来得更为直接和让人头疼。查尔斯·达尔文（1809—1882）在他的《物种起源》（1859）一书中提出新的植物和动物的产生是自然选择和适者生存的结果，结论一出，便在英国和其他地方引起了巨大争议。达尔文的理论驳斥了《创世记》中对造物的解释；更令人头疼的是，这个理论似乎暗示了侵略、暴力和对对手的毁灭才是在世界中生存下去的唯一手段。这样一来，西方世界伦理遗产似乎成了一种错误，更有甚者将"达尔文主义"的逻辑结论拿来为欧洲的帝国主义正名，还据此提出了历史上的种族主义理论。达尔文本人所关心的，只是物种的起源和相互之间的关系，并没有从自己的理论中演绎出任何总体性的哲学结论。在他的第二本著名的书中，达尔文将《人类的起源》追溯到类人猿，再次引起了新的争议。

之后生物学的发展中，值得注意的是奥古斯特·魏斯曼（1834—1914）的种质联系性学说，该学说对被一些生物学家视作进化基础的获得性遗传提出了质疑；但不管进化是如何控制和引起的，进化确实发生了，而且相关证据也在不断积累。到 19 世纪末，几乎所有生物学家都接受了类似于进化论的理论。

尽管对于很多人而言进化似乎摧毁了传统道德，但其他人却认为可以对此抱积极的态度。他们将道德当成是进化的产物，它们可能包含着积极的存在价值，这些人声称进步（生物的、物质的和社会的）乃是宇宙的法则。18 世纪，对人类进步的信仰被人们普遍接受；达尔文主义、科学的继续发展、医学（见第 498 页）和技术为 19 世纪的观念提供了强大的支持，大多数人（就他们对这个问题的评论来看）开始相信，进步将朝着某个遥远但又可以企及的目标不可阻挡地前进。

在 20 世纪的前几十年里，心理学和 50 年前的生物学一样，一跃进入到了公众的视野。西格蒙德·弗洛伊德（1856—1939）的理论争议最大，讨论得也最多。他强调无意识的精神过程和性欲；他对人类精神的分析也对人类的理性和仁爱提出了质疑。但弗洛伊德主义和其他非理性主义心理学学派对大众产生全方位的影响，得到第一次世界大战以后。

让人感到好奇的是，物理学、生物学和心理学的新理论产生的最终后果是互相矛盾的。人类理性和对世界习以为常的观念被推翻；但同时又是人类的理性完成了这次废黜，在认识到自己的局限后，人类的理性可能会变得更为强大。

从 19 世纪社会科学的发展中我们可以看到两种主要的立场。一方面，一些人受到自然科学的成功的鼓舞，尝试将类似的方法应用到对人类社会的研究中。另一方面，19 世纪也出现了一种截然相反的观点，持这种观点的人认为是过去和特殊结构以及历史环境的力量塑造了社会行为，这种观点在某种程度上是对 18 世纪现状的反抗。在 18 世纪，社会理论常常被仓促的概括和演绎推理所塑造。

在发明了社会学一词的奥古斯特·孔德（1798—1857）眼里，社会学的目的是创造一种像他所处的时代中的物理学一样可靠和准确的关于社会的科学。赫伯特·斯宾塞（1820—1903）也尝试将物理科学的方法移植到对社会的研究中。但另一方面，像亨利·梅因（1822—1888）和马克斯·韦伯（1864—1920）这样的人物，对人类事务的历史维度更为敏锐，他们从未将自己的社会理论与充满偶然性、特殊性和地方性的历史母体脱离开来。

经济学的发展更为清晰地展现了抽象的科学推理和历史研究之间的相互作用。19 世纪早期的"古典主义"经济学家倾向于将诸如"充分竞争"和"经济人"的概念作为自己理论的基础；而且他们经常给自己的结论套上绝对确定性和普遍有效性的光环。T. R . 马尔萨斯（1766—1834）便是其中的杰出代表，他在《人口论》一书中总结道，人口增长总是倾向于比食物的增长要快，结论引起了巨大的争议；另一位是大卫·李嘉图（1772—1823），他创立了地租和收益理论；另外还有约翰·斯图亚特·密尔（1806—1873），他的《政治经济学》一书系统地整理了前人的理论。

但即便是在 19 世纪早期，这些经济学家的理论便已受到挑战。在德国，弗雷德里希·李斯特（1789—1846）否认自由贸易在任何时间任何地点都是有利的，他指出，来自成熟的工业中心的竞争有时候可能会抑制新生工业的发展。到大约 19 世纪中期，在英国出现了一批统计经济学家，他们试着抛弃先验的理论，对经济事务中发生的事件进行准确、仔细的测量。这一学派的代表人物是威廉·斯坦利·杰文斯（1835—1882）；此外阿尔弗雷德·马歇尔（1842—1924）尝试将符合旧理论框架的新数据与一个新的更精确的科学结合起来。他与其他人一道引入了"边际效用"的概念，使其成为后续的大部分理论经济学的基础。到

19 世纪末，索尔斯坦·凡勃伦（1857—1929）对古典主义经济学提出了批判，他认为纯粹经济动机和诸如"经济人"这类概念毫无疑问是抽象的，它们是被人为地从人类行为和欲望的复杂本体中分离出来的。凡勃伦更倾向于将人类学、社会学和历史学纳入到经济学研究中来，以帮助我们理解经济学现象。

对原始人类社会的研究开始于大约 19 世纪中期。路易斯·亨利·摩尔根（1818—1881）、爱德华·泰勒（1932—1917）和詹姆斯·弗雷泽（1854—1941）是主要的先驱者。

19 世纪出现的另一个新的相关领域是人类学。让·商博良（1790—1832）破译了埃及象形文字以后，一条理解古代埃及的新道路出现在人们面前。很快，美索不达米亚的楔形文字也被破解；但考古发现中最具戏剧性的当属由海因里希·谢里曼（1822—1892）和亚瑟·埃文斯（1851—1941）爵士领导的对克里特和特洛伊的前希腊文明的发掘。通过对其他旧石器时代和新石器时代遗址的考古发掘，考古学家们逐渐拼凑出了文明社会从漫长的原始社会中慢慢诞生出来的图景。

在考古学家的努力下，观察历史的时间尺度得到了延长，与此同时，对欧洲和非欧洲民族过去的历史也有了更多细节上的认识。19 世纪早期，德国出现了一个"科学"历史学学派。其中最具代表性的人物是利奥波德·冯·兰克（1795—1886）。兰克和他的学生在对待史料上比前人要仔细和彻底得多，由此他们也给历史写作带来了一场革命。通过系统地出版被人们遗忘大半的档案，历史学家获得了大批新的史料；但同时这也带来了一个问题，随着关于过去的信息的不断积累，历史学家放弃了对过去的解释和总结概括。像阿克顿勋爵（Lord Acton，1834—1902），他在自己所处的时代和其他任何时代都堪称最为博学的历史学家之一。但他一直没能完成作为自己毕生所致力的关于自由的历史的写作，原因就是相关的材料实在太多。其他抱负小一点的历史学家则在断代史上建树颇多：比如西奥多·蒙森（Theodor Mommsen，1817—1903）的罗马共和国史；伊波利特·泰纳（Hippolyte Taine，1828—1893）对法国旧制度的解释；弗雷德里克·威廉·梅特兰（Frederick William Maitland，1850—1906）对英国中世纪制度史的研究，等等。

19 世纪历史学研究的一个主要用途是为发展中的民族主义提供基石。这一时期诞生了大量民族主义的史学作品。对于那些自己的民族还未建立自己国家的民族主义知识分子而言，首要的任务之一便是探寻自己先人的光荣历史。

历史学家还对圣经进行了批判，并找出其中看上去符合关于概率性和可能性的概念的内容，然后在此基础上重构圣经。在这个领域，历史学对人们的普遍观念产生了极为重大的影响。大卫·弗雷德里希·施特劳斯（David Friedrich Strauss，1808—1874）便是圣经"高级批判"中的先锋；而欧内斯特·勒南（Ernest Renan，1823—1892）则拥有最大的读者群。这些更高级的批判将自己的结论建立在对圣经文本的仔细考证之上，另外，他们尝试对那些构成圣经的要素进行重构。总的来说，他们认为神迹和其他超自然现象是神话，除此以外，他们还试着从纯粹人的维度上重构耶稣这个历史人物。

6. 哲学和政治理论

在新的信息和新鲜的科学理论的洪流面前，哲学面临着如何将其进行吸收和组织的棘手问题。不同的哲学家通过不同的方式对知识进行综合和提炼，以期将其纳入一个可以被理解的整体当中。其中的突出问题仍是从 18 世纪传承下来的认识论问题，人们不希望看到哲学真理被全盘否定，他们敦促废除实际问题上的形而上学，因为这些问题不需要形而上学便可以得到证明。奥古斯特·孔德便是在这一原则下构建了"实证主义"哲学，在晚年，孔德还试图建立一种新的人道主义的宗教，以取代神学和形而上学。

格奥尔格·威廉·弗雷德里希·黑格尔（1770—1831）的哲学作为一个整体，对 19 世纪产生了更大的影响。他否认理性和现实存在任何区别；相反，他声称理性（或者说观念［Idea］和精神［Spirit］）会在人类经验和历史中自己展开，并且可以通过对发展和变化的研究被个体的头脑所理解。黑格尔认为精神以一种确定的方式运动——从正题（thesis）出发，经过反题（antithesis），最终到达合题（synthesis），合题将看似矛盾的正题和反题合并到一个新的且更高级的整体中；之后，合题又反过来变成一个新的正题，重新开始这一过程。黑格尔在他所处的时代赢得了巨大的声望，他的思想也启发了 19 世纪其他哲学家，直至今日。卡尔·马克思（1818—1883）是黑格尔最著名的学生。他声称自己曾"站在黑格尔的脑袋上"；马克思这么说的意思是，自己采纳了黑格尔的辩证过程（正题、反题与合题）并将其应用于物质世界中的技术和经济关系。除了黑格尔主义以外，法国的人道主义和理性主义传统，英国的经济理论（特别是大卫·李嘉图）也对马克思产生了深刻的影响。当然，作为一个预测和实践社会革命的政治运动的创始人，卡尔·马克思在这方面的影响力比自己作为一个抽象的哲学家所拥有的影响力要大得多。

随着自然科学在测量、预测和控制物理现象上的进步，一些哲学家开始否认除了运动的物质外存在任何的实在。恩斯特·海克尔（Ernst Haeckel，1824—1919）便是最为极端的唯物主义哲学家之一，他尝试将心理学上的和所有其他现象归因于物质微粒的运动。还有一些人将达尔文的有机进化理论上升到了哲学，在他们看来，世界的全部都是进化的产物。赫伯特·斯宾塞是其中最具影响力的一位。

尽管彼此之间存在很多差异，但孔德、黑格尔、马克思、斯宾塞甚至是海克尔都自信地认为，对世界和人类的理性认识是可以达到的。但也有一些哲学家否认存在这种可能性，为了方便，我们将这些人归类为反理性主义者。亚瑟·叔本华（1788—1866）便是其中之一，他宣称盲目的意志乃是宇宙和人类的本质；另一位哲学家弗雷德里希·尼采（1844—1900）看到了权力意志在人类心理中的核心地位，他倡导抛开习惯和法律的限制，不计后果地去追求权力意志，只有这样，人们才敢于并能够成为"超人"。此外，亨利·柏格森（1859—1941）提出了另一种非常不同的反理性主义。他提到了"生命冲动"（*élan vital*）在永不停息的进化中的引导和推动作用，而且，它只能通过直觉和本能而不是理性来理解。

在政治理论这个相对更小的领域内，约翰·斯图亚特·密尔发展出了一套在哲学上自圆其说的民主自由政府理论，并为其进行辩护；但随着年纪的增长，密尔也不断对自己的思想进行修正，从原先继承自自己父亲詹姆斯·密尔（James Mill，1773—1836）的功利主义，到自由放任主义，再到他自己所称的社会主义。经过这一系列修正，我们已经不可能用一种特定的学说来定义他的思想，或用一个短语对其进行概括。

激进主义呈现出多种形式。19世纪上半叶，像罗伯特·欧文、路易·勃朗（1811—1882）一类的"空想"社会主义者，以及像皮埃尔-约瑟夫·蒲鲁东

（1809—1865）那样的无政府主义者，希望通过对制度的变革特别是对财产关系的改变来实现社会的转型。他们希望以和平劝导和树立榜样的方式来实现这些目标。到了19世纪下半叶，马克思的社会主义使"空想主义"黯然失色，但无政府主义（如米哈伊尔·巴枯宁［1814—1876］）和工团主义（如乔治·索列尔［Georges Sorel，1847—1922］在其生命中的某段时间）仍继续和马克思主义者抢夺地盘。在马克思死后（1883），马克思主义运动内部出现了分裂。爱德华·伯恩斯坦（1850—1932）是最著名的马克思主义的"修正主义者"，他开始否认作为无产阶级走向胜利的第一步的暴力革命是不可避免的。

也有知识分子鼓吹威权主义、反对民主。像奥古斯特·孔德和弗雷德里希·尼采，便都不喜欢普通群众，同时也不信任他们的政治能力。在维弗雷多·帕累托（Vilfredo Pareto，1848—1923）和乔治·索列尔的思想中也有一部分是政治学上的，他们坚称权力应该由精英掌握，因此也意味着他们对民主制持嘲讽的态度。

7. 宗教

基督教在19世纪初经历了一次明显的复兴，这在某种程度上是对孕育了法国大革命的18世纪反宗教的启蒙学说的抗拒。我们之前已经提到法国的弗朗索瓦-勒内·德·夏多布里昂的作品。在英国，国教在一个被称为福音主义运动的帮助下焕发出了生命，福音主义运动也在上层中传播开来。威廉·威尔伯福斯（William Wilberforce，1759—1833）便是福音运动最著名的领袖之一，正是他在议会中的努力，才使议会于1807年废除了奴隶贸易。另外，德国的弗雷德里希·施莱尔马赫（Friedrich Schleiermacher，1768—1834）和丹麦的索伦·克尔凯郭尔（1813—1855）也因为复兴基督教的知识和情感力量的尝试，而在欧洲大陆上扮演了类似的角色。

但在另一方面，激进的反基督教学说并没有就此消失。我们已经提到了孔德的实证主义和马克思的辩证唯物主义，第三位有影响力的反基督教思想家是路德维希·安德烈亚斯·费尔巴哈（1804—1872）。费尔巴哈提出了有时被称为宗教人本主义（religious humanism）的学说，根据这一学说，所有的宗教都可以理解为是为斗争而设计的，是人类头脑中的产物。达尔文主义，对原始宗教的人类学研究，以及历史学家对宗教观念和实践的发展的研究使很多人相信，基督教和其他宗教都是社会经验进化的产物。这一类观点有时候会与反对基督教教条联系在一起；但其他人在接受宗教信仰和实践的缓慢发展是一种历史事实的同时，也相信基督教是过去人类遇见上帝所产生的独一无二的宝贵产物。

19世纪下半叶，这些不同的观点给既成的基督信仰提出了巨大的挑战。而应对挑战的方式也是多种多样。罗马天主教会强硬地重申自己的传统，并拒绝所有与"现代主义"的妥协。1864年，教宗庇护九世发表了《邪说汇编》（*Syllabus of Errors*），谴责自由主义和个人主义学说；1869年到1870年间，梵蒂冈召开大会，重申教宗的立场，并宣称教宗的学说在信仰和道德问题上一贯的正确性。在利奥十三世担任教宗期间（1878—1903），罗马天主教会执行了一项更为积极的计划，包括支持天主教工会组织、合作社和政党。但在庇护十世统治期间（1903—1914），一批"现代主义分子"被清除出教会，他们宣称教条不是不变而是进化的，同时他们也强调教会的价值并不在于它神圣的起源，而更多地在于它的社会作用。

19世纪新教的各个教会在反抗这些思想潮流上可谓大相径庭。一些教会强调圣经的文字感应，反对有悖于上帝语言的圣经批判和有机进化。与这些"原教旨主义者"截然相反的是，其他一些教会尝试将宗教和科学进行调和，而且这些教会对基督教在道德教导上的功能给予了特别的关注。这些现代主义者接受了对《圣经》很多文本的神话解释，同时他们还将耶稣视为一个受到过天启的特殊之人，因此他在伦理上的榜样和说教有着无上的价值。另外，在一些新教教会——最明显的就是英国国教——中出现了一批人，和之前的习惯相比，他们更加重视宗教仪式。19世纪30年代，牛津大学一个很小但很有影响力的学生和教师团体发起了所谓的牛津运动，运动强调作为宗教权威来源的教会的重要性，同时他们还强调教会的判断高于个人的判断，以及教会与圣经的协调。这些教义导致牛津运动的一些最主要领导人加入了罗马天主教会。约翰·亨利·纽曼（John Henry Newman，1801—1881）（也就是之后的红衣主教纽曼）便是这些皈依者中最著名的一位。他的生涯在英国引起了广泛的争议。

整个现代早期，犹太人在大多数欧洲国家中过着被隔离的生活。他们受一些特殊的法律支配，这些法律常常会或多或少地给予犹太社区以自治的地位。犹太人口的主要中心在波兰；但在德国也存在着大量的犹太教社区，在大多数

589

现代世界的塑造者

19 世纪的重要人物

590

奥托·冯·俾斯麦
作者哈德尔（Hader）
（贝特曼档案）

卡米洛·加富尔
（贝特曼档案）

查尔斯·罗伯特·达尔文
（贝特曼档案）

德米特里·伊凡诺维奇·门捷列夫
（贝特曼档案）

卡尔·马克思
（贝特曼档案）

西格蒙德·弗洛伊德
（贝特曼档案）

尼古拉·列宁
（贝特曼档案）

阿尔伯特·爱因斯坦
（贝特曼档案）

20 世纪的创造者

其他欧洲国家，犹太社区的数量就比较少。在 18、19 世纪，自由主义思想取得的进步，宗教偏执的衰落，以及统治者对自治的准政府组织的不容忍导致了犹太社区的逐步瓦解，也使犹太人冲破了原先针对自己的法律限制。然而，特别是在那些犹太人数量众多的地区，尽管长时间形成的习惯和民众心中依旧存在的偏见使无形的犹太社区仍然存在，但政府毕竟停止了对犹太社区的强制隔离。

随着法律上的限制被打破，许多犹太人也放弃了原先将自己与所在国国民区分开来的一些特殊仪式，以及特殊的穿着。对传统的摒弃引起了犹太教内部正统派和改革派之间的分裂。在整个 19 世纪，许多欧洲的犹太人或是站到了改革派一边，或是彻底断绝了与犹太教的关系。

而在 19 世纪下半叶，反犹主义也得到了明显的发展。休斯顿·斯图尔特·张伯伦（Houston Stewart Chamberlain，1855—1927）和其他将自己的理论建立在种族主义而不是宗教基础上的人，提出了反犹主义的构想。出于对"种族主义的"反犹主义的反对，也出于对横扫欧洲的民族主义的模仿，一些犹太人开始呼吁在巴勒斯坦建立一个自己的民族国家。这一运动被称为犹太复国主义（Zionism），西奥多·赫茨尔（Theodore Herzl，1860—1904）便是早期的倡导者中最著名的一个。

概括起来我们似乎可以说，有着诸多传统形式的宗教失去了在 19 世纪知识分子中的阵地。不可知论、怀疑论和无神论的影响范围越来越大。在天主教国家，反教权主义在自由主义者、共和主义者和社会主义者中大行其道。这一方面是对法国革命的信条的继承，另一方面也要归咎于罗马天主教会在政治上的保守活动。但各个欧洲国家的大部分人还是信奉基督教，各个教会在神学和道德上的教义对人民的思想也仍旧发挥着影响力。

593　第三编第三章第三节扩展阅读

The Cambridge Economic History of Europe. Vol. 6. Rev. ed. Cambridge,1966.

The New Cambridge Modern History. Vols. 9–11. New York, 1962–65.

Bentley, M. *Politics without Democracy, 1815–1914.* London, 1984.

Bergeron, L. *France under Napoleon.* Princeton, 1981.

Bertier de Sauvigny, G. *The Bourbon Restoration.* Philadelphia, 1967.

Blum, J. *The End of the Old Order in Rural Europe.* Princeton, 1978.

Bourne, K. *Palmerston: The Early Years, 1784–1841.* New York, 1982.

Boyer, J. W. *Political Radicalism in Late Imperial Vienna.* Chicago, 1981.

Bradford, S. *Disraeli.* New York, 1983.

Briggs, A. *The Age of Improvement.* London, 1959.

Burrow, J. W. *Evolution and Society: A Study in Victorian Social Theory.* London, 1966.

Calhoun, C. *The Question of Class Struggle.* Chicago, 1982.

Can, R. *Spain, 1808–1939.* Rev. ed. New York, 1981 .

Chadwick, O. *The Popes and European Revolution.* Oxford, 1981.

Cobban, A. *A History of Modern France.* 3 vols. Baltimore, 1963–65.

Craig, G. *Germany, 1866–1945.* New York, 1978.

Eyck, E. *Bismarck and the German Empire.* London, 1950.

Fay, S. B. *The Origins of the World War.* 2 vols. Rev. ed. New York, 1966.

Furet, F. *Interpreting the French Revolution.* New York, 1981.

Hale, O. J. *The GreatIllusion, 1900–1914.* New York, 1971.

Halévy, E. *The Growth of Philosophical Radicalism.* London, 1949.

Halévy, E. *History of the English People.* 6 vols. Rev. ed. London, 1949–52.

Haupt, G. *Socialism and the Great War.* Oxford, 1972.

Hobsbawm, E. J. *The Age of Capital, 1848–1875.* New York, 1976.

Hobsbawm, E. J. *The Age of Revolution. 1789–1848.* Cleveland, 1962.

Hobsbawm, E. J. *Industry and Empire.* London, 1968.

Holbom, H. *A History of Modern Germany.* Vol. 3. *1840–1945.* New York, 1969.

Hughes, H. S . *Consciousness and Society: The Reorientation of European Social Thought, 1890–1930.* New York, 1958.

Landauer, C. *European Socialism: A History of Ideas and Movements of Power.* 2 vols. Berkeley, 1959.

Landes, D. S. *The Unbound Prometheus: Technological Change and Industrial Development in Western Europe from 1750 to the Present.* Cambridge, 1972.

Langer, W. L. *The Diplomacy of Imperialism, 1890–1902.* New York, 1935.

Langer, W. L. *European Alliances and Alignments, 1871–1890.* New York, 1931.

Langer, W. L. *Politics and Social Upheaval, 1832–1852.* New York, 1969.

Lefebvre, G. *The Coming of the French Revolution, 1789.* Princeton, 1947.

Lefebvre, G. *The French Revolution: From Its Origins to 1793.* New York, 1963.

第三编　欧洲文明（约公元900年至今）

Lefebvre, G. *The French Revolution from 1793-1799.* New York, 1964.

Lefebvre, G. *Napoleon.* 2 vols. New York, 1969.

Lichtheim, G. *Marxism: An Historical and Critical Study.* Rev. ed. New York, 1965.

McCloskey, D. N. *Enterprise and Trade in Victorian Britain.* London, 1981.

Mack Smith, D. *Italy: A Modern History.* Rev. ed. Ann Arbor, 1969.

Manuel, F. *The Prophets of Paris.* Cambridge, Mass., 1962.

Mommsen, W. *Max Weber and German Politics, 1890-1920.* Chicago, 1984.

Moore, B., Jr. *Social Origins of Dictatorship and Democracy: Lord and Peasant in the Making of the Modern World.* Boston, 1966.

Mosse, G. L. *The Nationalization of the Masses: Political Symbolism and Mass Movements from the Napoleonic Wars through the Third Reich.* New York, 1975.

Palmer, R. R. *Twelve Who Ruled.* New York, 1958.

Palmer, R. R. *The Age of Democratic Revolution.* 2 vols. Princeton, 1959, 1964.

Pflanze, O. *Bismarck and the Unification of Germany: The Period of Unification, 1815-1871.* Princeton, 1963.

Pollard, S. *Peaceful Conquest: The Industrialization of Europe, 1760-1970.* New York, 1981.

Pugh, M. *The Making of Modern British Politics, 1867-1939.* New York, 1982.

Ringer, F. *The Decline of the German Mandarins.* Cambridge, 1969.

Rudé, G. *Revolutionary Europe, 1783-1815.* New York, 1964.

Schorske, C. E. *Fin de siecle Vienna: Politics and Culture.* New York, 1980.

Seton-Watson, H. *The Russian Empire. 1801-1917.* New York, 1967.

Sheehan, J. J. *German Liberalism in the Nineteenth Century.* New York, 1978.

Soboul, A. *The French Revolution, 1787-1799.* New York, 1975.

Stavrianos, L. S. *The Balkans since 1453.* New York, 1958.

Stem, F. *The Politics of Cultural Despair: A Study in the Rise of the Germanic Ideology.* Berkeley, 196 1 .

Taylor, A. J. P. *The Struggle for Mastery in Europe, 1848-1918.* Oxford, 1954.

Thompson, E. P. *The Making of the English Working Class.* Rev. ed. London, 1968.

Tilly, L. A., and Scott, J. W. *Women, Work, and Family.* New York, 1978.

Webb, R. K. *Modern England: From the Eighteenth Century to the Present.* Rev. ed. New York, 1980.

Wehler, H. U. *The German Empire, 1871-1918.* Dover, N.H., 1985.

Wohl, R. *The Generation of 1914.* Cambridge, Mass., 1979.

Wright, G. *France in Modern Times: 1760 to the Present*. Rev. ed. Chicago, 1981.

Zeldin, T. *France, 1848-1945*. 2 vols. Oxford, 1973, 1977.

小　说

Austen, Jane. *Pride and Prejudice*. London : 1813.

Balzac, Honore de. *The Chouaus*. Boston: 1896.

Bennett, Arnold. *The Old Wives' Tale*. London: 1908.

Beyle, Marie Henri (Stendhal). *The Charterhouse of Parma*.

Beyle, Marie Henri (Stendhal). *The Red and the Black*.

Bronte, Charlotte. *Jane Eyre*. New York : 1848.

Bronte, Emily. *Wuthering Heights*. New York: 1848.

Conrad. Joseph. *The Nigger of the Narcissus*. London: 1897.

Crosbie, W. J. *David Maxwell*. London : 1902.

Dickens, Charles. *Oliver Twist*. London: 1838.

Dickens, Charles. *Nicholas Nickleby*. London : 1839.

Dickens, Charles. *David Copperfield*. London : 1850.

Dickens, Charles. *Little Dorrit*. London : 1857.

Dickens, Charles. *A Tale of two Cities*. London: 1859.

Dickens, Charles. *Hard Times*. New York: 1883.

Dumas, Alexander. *The Count of Monte Cristo*. London: 1888.

Eliot, George. *Adam Bede*. New York : 1859.

Eliot, George. *Middlemarch*. New York : 1872-3.

France. Anatole. *The Gods are Athirst*. London: 1913.

Forester, C. S. *The Gun*. Boston: 1933.

Giono, Jean. *Horseman of the Roof*. New York: 1954.

Hugo, Victor. *Ninety-Three*. Boston : 1900.

Lagerlof, Selma. *Costa Berlings Saga*.

Lampedusa, Giuseppe D. *The Leopard*. New York: 1960.

Llewellyn, Richard. *How Green was my Valley*. New York: 1940.

Mann, Thomas. *The Beloved Returns*. New York: 1940.

Sabatini, Rafael. *Scaramouche*. Boston : 1921.

Stevenson, Robert L. *St. Ives*. New York: 1934.

Thackeray, William Makepeace. *Vanity Fair*. London : 1848.

Trollope, Anthony. *Phineas Finn*. London : 1869.

Webb, Mary. *Precious Bane.* London: 1924.

Wilkins, William V. *And So– Victoria.* New York : 1937.

第三编第三章第三节年表：自由主义、民族主义与工业的欧洲

*1789	三级会议在凡尔赛宫召开；巴士底狱被攻占（7月14日）。
1789—1791	法国国民议会时期。
1790	颁布《教士公民组织法》。
1791	法国《1791年宪法》颁布。
1792—1975	国民公会。
1792—1797	第一次反法同盟战争。
1792	法国建立共和国。
1793	法国《1793年宪法》。
*1794	罗伯斯庇尔遭处决。
1795—1799	法国执政府时期。
1798—1799	拿破仑·波拿巴远征埃及。
1798—1801	第二次反法同盟战争。
*1799	拿破仑·波拿巴发动政变（雾月18日）。
1799—1804	拿破仑任法国第一执政。
1801—1825	俄国亚历山大一世在位。
1802	法国与英国签订《亚眠条约》（条约于1803年破裂）。
1803	美国购买路易斯安那。
1804	康德逝世（生于1724年）。
1804—1814	拿破仑帝国。
1805—1807	第三次反法同盟战争。
1805	特拉法加战役与奥斯特里茨战役。
1806	英国的小皮特逝世（生于1759年）。
1806	神圣罗马帝国灭亡。

1807	罗伯特·富尔顿发明蒸汽船。
1807	英国废除奴隶贸易。
1808—1814	半岛战争。
1809	拿破仑对奥地利发动战争。
1810	普鲁士废除农奴制。
1810—1826	西属美洲殖民地爆发叛乱。
1812—1814	1812 年战争（英国和美国）。
*1812	拿破仑远征俄国。
1813	莱比锡战役。
1814	拿破仑第一次退位。
*1814—1815	维也纳会议。
*1815	拿破仑百日王朝；滑铁卢战役；拿破仑第二次退位。
1821	拿破仑·波拿巴逝世（生于 1769 年）。
1821—1830	希腊独立战争。
1823	门罗主义出台。
1824	英国废除《结社法》。
1825—1855	俄国尼古拉一世在位。
1825	蒸汽车头亮相英国。
1825	俄国十二月党人起义。
1827	贝多芬逝世（生于 1770 年）。
1830	法国开始对阿尔及利亚的征服。
*1830	法国七月革命；比利时、德意志、意大利、波兰爆发起义。
1830	利物浦—曼彻斯特铁路投入使用。
1831	黑格尔逝世（生于 1770 年）。
1831	比利时王国成立。
1831	法拉第发明直流发电机。
*1832	英国颁布《大改革法》。
1832	歌德逝世（生于 1749 年）。
1833	英国在殖民地废除奴隶制；颁布《工厂法案》。

1834	德意志关税同盟建立。
1834	麦考密克发明收割机。
1836—1848	英国宪章运动。
1837—1901	英国女王维多利亚在位。
1839—1842	鸦片战争；西方开始与中国自由贸易。
1844	英国洛奇代尔成为合作社运动的先锋。
1844	莫尔斯发明电报。
*1846	英国废除《谷物法》。
1847	英国颁布十小时工作制法。
*1848	《共产党宣言》发表。
*1848	法国爆发二月革命；德意志、奥地利、意大利、匈牙利爆发革命。
1851	世界博览会在伦敦的水晶宫召开。
1851	路易·拿破仑（拿破仑三世，1852—1870）发动政变。
1854	佩里到达日本。
1854—1856	克里米亚战争。
1855—1881	俄国亚历山大二世在位。
1856	贝瑟默炼钢流程的发明。
1858	东印度公司将印度政府转交给王室。
1859	达尔文的《物种起源》出版。
1859	奥地利—撒丁尼亚战争。
*1861	意大利王国建立。
*1861	俄国废除农奴制。
1861—1865	美国内战。
1864—1876	第一国际。
1864	俾斯麦为争夺石勒苏益格—荷尔斯泰因与丹麦爆发战争。
1866	大西洋海底电缆投入使用。
1866	奥地利—普鲁士战争。
1867	英国城市工人获得选举权。

598

1867	北德意志邦联建立。
1867	英国《北美法案》颁布（加拿大成为自治领）。
1869	苏伊士运河开通。
1869—1870	梵蒂冈会议。
*1870—1871	普法战争。
1870—1940	法兰西第三共和国。
1870	罗马成为意大利首都；意大利完成统一。
1871—1918	德意志第二帝国。
1871	巴黎公社。
1873	约翰·斯图亚特·密尔逝世（生于1806年）。
1875	英国取得苏伊士运河集团股份。
1876	A.G.贝尔发明电话。
1876	维多利亚加冕为印度女皇。
1877	俄—土战争。
1878—1903	教宗利奥十三世在位。
1878	柏林会议。
1879	德国与奥匈帝国结盟。
1881—1894	俄国亚历山大三世在位。
1882	英国开始对埃及的控制。
1882	三国同盟（德—奥—意）。
1883	马克思逝世（生于1818年）。
1884	英国农村工人取得选举权。
1888—1918	德皇威廉二世在位。
1890	俾斯麦卸任。
1894	法国与俄国结盟。
1894—1917	俄国尼古拉二世在位。
1894	中日战争。
1895	马可尼发明无线电报。
1898	英国征服苏丹；法绍达事件。

1899—1902	南非战争（布尔战争）。
1901	澳大利亚联邦成立。
1901—1910	英国爱德华七世在位。
1902	英—日同盟建立。
1903	莱特兄弟的飞机第一成功飞行。
1904—1905	日俄战争。
1904	英、法签署友好协约。
*1905—1907	俄国爆发革命和土地骚乱。
1905	挪威独立。
1905	爱因斯坦提出狭义相对论。
1905	第一次摩洛哥危机。
1907	英、俄签署协约。
1907	新西兰自治领成立。
1908—1909	波斯尼亚危机。
1909	南非联邦成立。
1911	第二次摩洛哥危机；意大利吞并的黎波里。
1911—1912	中国革命。
1912	马克斯·普朗克提出量子理论。
1912—1913	巴尔干战争。
1914	巴拿马运河开通。
*1914—1918	第一次世界大战。

第四节　战争与革命的年代（1914—1969）

600　**一、导言**

　　1914 年以后，两次世界大战和一系列的准革命、伪革命和真革命占据了欧洲和世界历史。这些动荡深刻地影响了经济生活。19 世纪欧洲对世界经济的霸权由于战争的巨大消耗而被摧毁。一些边缘国家（像美利坚合众国和苏维埃社会主义联盟）成为领先的工业国家，而大部分独立的民族国家则退居二流。欧洲民族国家内部的社会矛盾，以及国家之间由来已久的对抗，更加剧了旧欧洲文明中心政治和经济力量的衰退。

与战争、萧条和冷战相伴随的，是国家对经济关系控制权不同程度的扩张，所以到了 20 世纪，一些经济学家开始讨论新重商主义。技术的进步在继续。原子能的释放、计算机的使用，以及一系列不那么明显但集中起来却相当重要的技术改进将导致未来的剧变，这一远景变得极为明显，有时甚至明显到让人不安。

1914 年以来最基础性的变化可能是欧洲自主权的丧失。在欧洲文明从奠基到 20 世纪的大约一千年时间里，欧洲的发展主要依赖于制度、技术、思想、历史事件和欧洲固有的特性之间的相互作用；从 16 世纪开始，凭借强大的欧洲文明，欧洲人得以在其他民族和地球其他地区留下自己的深刻烙印。但与之相反的是，1914 年以来的欧洲越来越受到欧洲以外力量的影响。其中一个变化是美国和苏联崛起成为世界强国。另一个则是世界上的非欧洲民族对欧洲的政治和经济控制的反抗。伴随原始艺术、美国爵士乐和美国电影的流行，以及欧洲内部对传统艺术表达形式的反感，在文化领域也发生了类似的转型。但欧洲文化的衰落远没有欧洲的政治和经济霸权的衰落来得剧烈。

二、1914 年以来的经济变化

欧洲西部经济的衰退，很大程度上要归咎于主要发生在欧洲的两次漫长而毁灭性的战争。首先，战争造成了大量的人员和财产损失；其次也耗费了大量的海外资本投资，除此之外还有欧洲大国的海外殖民地爆发的不满；最后，同时也是最为重要的一方面，是欧洲西部以外强大的工业国家的发展。所有这些原因加在一起，削弱了英国、德国和法国 1914 年前在世界经济中占据的优势。所有这些变化的发生都受到两次世界大战的推动，或者直接由世界大战引起。但 1957 年欧洲共同体开始运作以后，欧洲西部经历了一次持续的长时间经济扩张，欧洲得以重塑自己的经济实力和自信心。

欧洲西部的国家相对较小，在第一次世界大战结束到第二次世界大战爆发这段时间里（1918—1939），这种特点阻碍了对欧洲大陆整体资源的充分利用。各国政府树立关税壁垒、出台政策，使自己几乎变成一个自给自足的国家，干预边

欧洲国家的面积和人口图表（1939）

AREA, INTERWAR

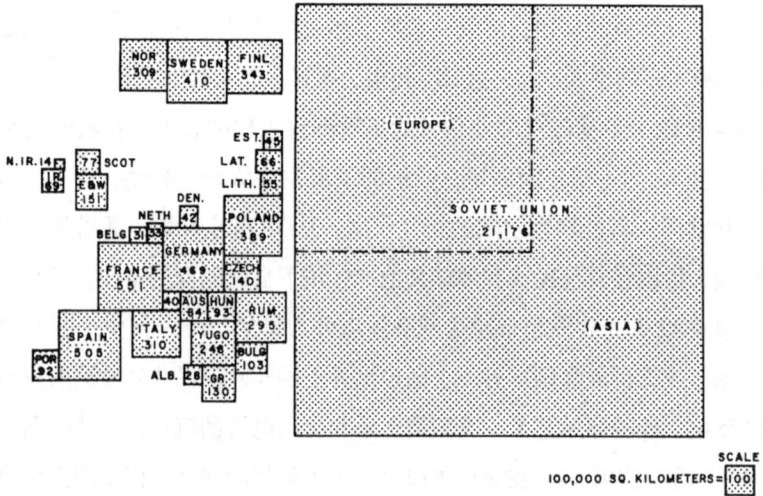

NOR.
309
SWEDEN
410
FINL.
343

EST. 45
LAT. 66
LITH. 55

(EUROPE)

N.IR.14
E&W
(89)
77 SCOT

DEN.
42

NETH.
BELG 30
GERMANY
469
FRANCE
551
AUS
.84
HUN
.93
RUM.
295

ITALY
310
YUGO
.248
BULG
.103

SPAIN
505
POR.
92
ALB. 28
GR.
130

POLAND
389
CZECH
.140

SOVIET UNION
21,176

(ASIA)

SCALE
100,000 SQ. KILOMETERS = 100

POPULATION, 1939

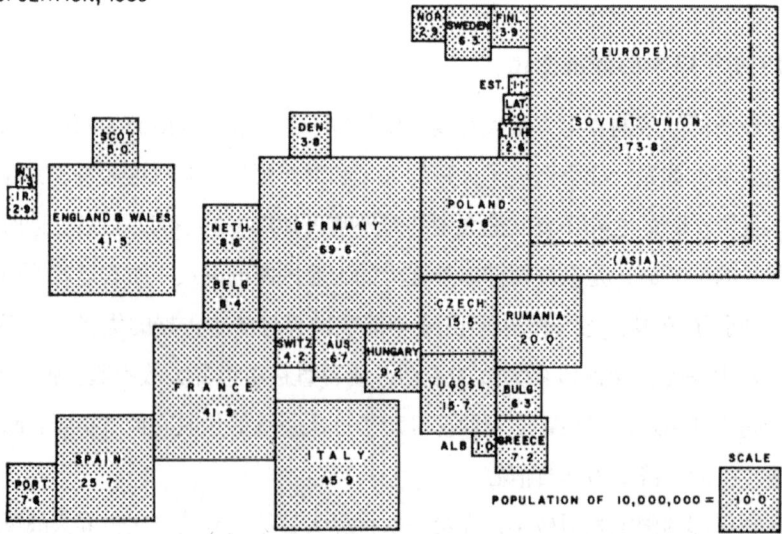

NOR.
2.9
SWEDEN
6.5
FINL.
3.9

EST.
LAT.
2.0
LITH.
2.6

(EUROPE)

SOVIET UNION
173.8

(ASIA)

SCOT.
5.0
IR.
2.9

ENGLAND & WALES
41.5

DEN.
3.8

NETH.
8.6

GERMANY
69.6

POLAND
34.6

BELG.
8.4

CZECH.
15.5
RUMANIA
20.0

SWITZ.
4.2
AUS.
6.7
HUNGARY
9.2

FRANCE
41.9

YUGOSL.
15.7
BULG.
6.3

SPAIN
25.7
PORT.
7.4

ITALY
45.9

ALB. 1.0
GREECE
7.2

SCALE
POPULATION OF 10,000,000 = 10.0

A.K.P.

Reproduced by permission form Dudley Kirk, *Europe's Population in the
Lnterwar Years*, (league of nations, 1946), p.12

欧洲国家的面积和人口图表（1950）

AREA, 1950

ICELAND
103·0

NORWAY 324·2　SWEDEN 440·1　FINLAND 337·0

N.IR.14·1
IRE.70·3

SCOT 78·8
E&W. 244·0

U.S.S.R.
22,402·2

NETH 32·4　DEN 42·9
BELG. 30·5
POLAND 311·7
FRANCE 550·9　W.GER.246·0　E.GER.107·2　CZECH 127·9
AUS.83·8　HUN.93·0
RUM. 237·5
SPAIN. 503·1
ITALY 301·1
YUGO. 256·8　BULG 110·9
POR. 91·7
ALB 28·7　GRE. 132·6

SCALE
100,000 SQ KILOMETERS = 100

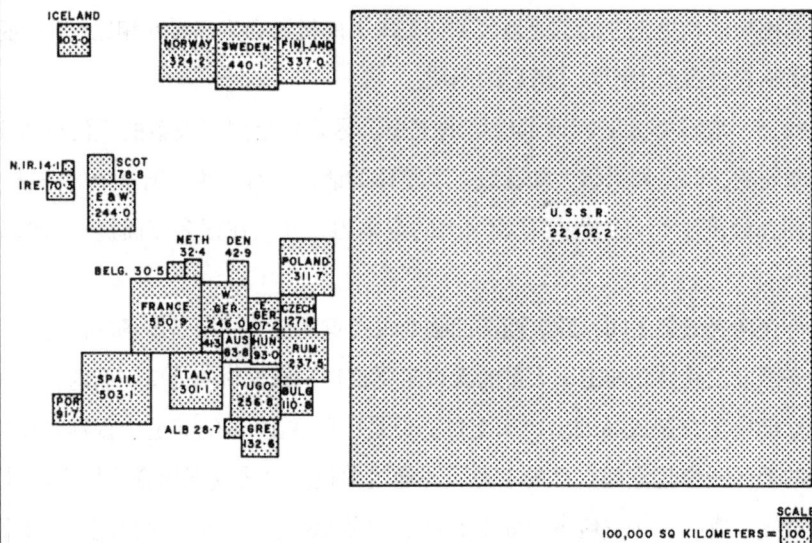

POPULATION, 1950

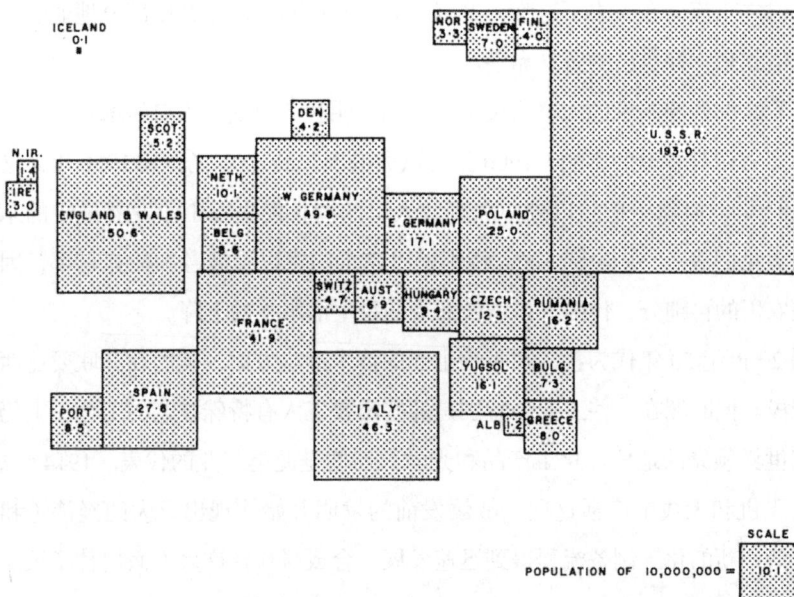

ICELAND
0·1

NOR 3·3　SWEDEN 7·0　FINL 4·0

U.S.S.R.
193·0

SCOT 5·2
N.IR. 1·4
IRE 3·0
DEN. 4·2
NETH 10·1
W. GERMANY 49·8
E. GERMANY 17·1
POLAND 25·0
ENGLAND & WALES 50·6
BELG 8·6
SWITZ 4·7　AUST 6·9　HUNGARY 9·4　CZECH 12·3　RUMANIA 16·2
FRANCE 41·9
YUGSOL 16·1　BULG. 7·3
PORT 8·5
SPAIN. 27·8
ITALY 46·3
ALB 1·2　GREECE 8·0

SCALE
POPULATION OF 10,000,000 = 10·1

境便利的交流，采取对对方的敌视和猜忌态度，这使得欧洲国家间相互隔绝，所有这一切都给欧洲大陆经济资源的合理开发利用制造了障碍。除此以外，这里还有必要提一下另外两个阻滞欧洲经济发展的内部因素：在很多国家，阶级对立导致合作困难，这也将人们的精力和注意力转移到政治斗争之中，而这在某种程度是在做无用功；和更先进的工业地区（如美国）的机器和生产实践相比，很多欧洲国家面临着机器及生产方式落后的困境。

但我们不应该夸大欧洲西部经济的衰退。尽管单个国家被新的经济巨人美国和苏联超越，但是如果将大陆看成一个整体的话，相对于两个国家中的任意一个，欧洲在经济生产力上仍具有相当大的竞争力，并且在很多方面优于这两个国家。

也许在两次战争之间，欧洲西部面临的最严重的经济问题是市场的困境。西欧的主要国家尤其易受冲击，大量的人口需要食物和原材料的进口，而这些资源的进口只能以工业制成品的出口来支付。但是一些在 19 世纪满足于食物和原材料出口的地区慢慢建立起自己的工业，并通过关税壁垒将欧洲的竞争拒之门外。第一次世界大战后，这一趋势变得相当明显，欧洲领先的工业国家只能通过海外资本投资来平衡自己的国际收支。在第二次世界大战期间，大多数欧洲国家的海外投资付之东流，在失去了这唯一的资源后，欧洲西部国家开始部分地通过向美国政府借款来弥补自己的贸易赤字。

尽管欧洲西部国家的人口增长率下降相当明显，但欧洲人口的增长并没有受到经济实力相对衰退的影响。1900 年时欧洲的人口约 4.01 亿；到 1950 年，增加到了 5.89 亿。但除了荷兰以外，大多数人口的增长发生在工业发展最慢的东欧和南欧（见图表）。在很多国家，特别是巴尔干国家以及波兰和捷克东部，因为对小块农田的再细分，伴随人口增长而来的是生活水平的下降。

到 20 世纪 50 年代为止，在吸收主要的技术进步方面，美国和苏联要比西欧来得积极。但欧洲在一些工业（特别是那些需要工人有特殊技艺的工业）上仍然保持着世界领先的地位。化工产品和光学仪器便是此类工业的代表。1914 年后，汽车、飞机和无线电广播这些一战爆发前的发明开始体现出巨大的经济（和军事）价值。新的化工制备流程得到迅速发展，合成材料在许多方面代替了天然制品——比如面料上的人造丝和尼龙、合成橡胶、替代木头和金属的塑料，等等。

604

石油、汽油和电力都得到了更大规模的应用。相对于这些新的燃料而言，煤炭失去了一部分在 19 世纪所拥有的统治力。19 世纪中占据显著地位的铁也遇到了类似的挑战。铝在轻型建筑中的地位越来越重要；与此同时，人们用不计其数的合金钢制造出了适用于特殊用途的新金属材料。

在扩大政府和企业对经济活动的控制方面，打字机、加法机、计算器、电脑和许多其他精细的计算和记录装置发挥了基础性作用。在工厂中，由于装配线的建立和与之相伴的精密的专业化生产，许多产品的生产效率上升到一个新的台阶。

两次世界大战极大地刺激了技术创新。战争的紧急需要也促进了对经济关系的控制和管理的变化。在第一次世界大战期间（1914—1918），为了保证军需品的生产、食物和其他必需品的分配，以及人力资源的效用最大化，每一个欧洲国家对经济的控制都得到了极大扩张。战争结束后，大多数这些控制被撤销，但在战后的若干年里，它们仍以通货膨胀、经济混乱和经济灾难的形式继续存在于社会的方方面面。

1917 年以后，革命的马克思主义政党控制了俄国，从这个意义上来说，苏俄的发展显然具有其特殊性。但布尔什维克的经济政策与西欧的发展有着惊人的相似之处。比如 1921 年"战时经济政策"的废除可以类比更早时候西欧的战时经济管制；另外，伴随五年计划（始于 1928 年）的优先发展和超额完成，苏联开始了全国范围内的计划经济，而在 1930 年到 1937 年的萧条时期，西欧国家也最先开始由政府对经济进程进行控制。

当 1933 年阿道夫·希特勒在德国掌权以后，各个欧洲国家又感受到了一种由政府来控制经济事务的新动力。通过在德国重整军备，希特勒为德国带来了某种繁荣；无论如何，通过让德国的工厂接政府订单，希特勒终结了大规模的失业。随着德国重整军备的威胁逐渐显露，其他欧洲国家（包括苏联，以及法国和英国）也开启了自己的重整军备计划，由此国家对经济的控制权也得以扩张和强化。的确，有人可能会将政府对经济控制权的扩张看成是第一次世界大战期间出现的方法在和平时期的应用。

第二次世界大战（1939—1945）中，政府的经济管制发展得更为彻底。战争打响后的第一年中，德国能够通过盘剥欧洲大陆大部分地区来支撑自己的军事力量；许多民族国家所创制的对经济活动的旧有限制被抛弃。德国战败后，西欧重

605

第三编　欧洲文明（约公元 900 年至今）

587

新建立起政府对经济的控制；但在由苏联占领或由共产党政府控制的地区，出现了苏联政府一家独大的局面。在东欧和西欧，政府都只是部分地停止对经济的控制，和第一次世界大战后的情况相比，这一过程要缓慢得多。在一些国家（最明显的当属英国），强大的社会主义政党承诺在永久和平的基础上实行政府控制经济的政策，并且纷纷上台执政。

在第二次世界大战结束后的年月里，并没有出现像第一次世界大战后的那种经济困境和混乱。这一次，由于欧洲社会和经济所遭受的巨大破坏，没有人认为事情会像英国和美国在1918年所希望和预期的那样，再次自行回到"正常"状态。相反，很明显应该采取大规模的经济计划。面对战后出现的紧急状况，联合国善后救济总署采取了救济措施。但仅仅依靠联合国的救济是不够的，这时，美国和大部分西欧国家开始在欧洲复兴计划（1948—1952）下展开合作。因为这一设想最初是由时任美国国务卿的乔治·C.马歇尔将军提出的，为了纪念他，该计划又常被称作"马歇尔计划"。美国将大批资金和物资运送到计划中的欧洲国家，包括战败的德国。除此以外，根据计划要求，各个国家的国家计划都应与其他国家的计划相容，以达成一个全欧洲范围内的投资和发展计划。

计划取得了令人吃惊的实际成果。欧洲出现跨越式的复兴，迅速超越了战前的经济水平。不仅如此，计划也证明了国家间的合作大有好处，永久性的国家间经济合作组织也建立起来：最开始是1950年的煤钢共同体，接着是1957年的欧洲经济共同体。除英国外，所有主要的西欧国家都加入了欧洲经济共同体。英国在经济成就上明显落后于大陆，一部分的原因就在于此。

在东欧，苏联则在共产主义国家中成立了经济互助委员会。各个国家内部的投资计划，以及共产主义阵营内部的商品交换和相互间的借贷极大加速了工业生产，并全面加速了东欧经济的发展。然而，西欧在战后的经济扩张速度似乎超过了东欧，主要可能是因为西欧有更发达的工业基础，而且西欧运用市场机制，在稀缺资源的配置上比东欧更为灵敏，而在东欧，低效率的生产、稀有物资和人力的囤积相当普遍。

在第二次世界大战后取得的惊人的经济成就背后，工业组织和管理上出现了两个重要的变化。第一个变化主要来源于英国经济学家约翰·梅纳德·凯恩斯（1883—1946），凯恩斯发展出了一套关于在一个工业经济体中如何管理信用和货币的理论，用于帮助政府和金融管理者解决大战期间困扰人们的经济周期问题。尤其是当20世纪30年代那种空闲而饥饿的人面对着闲置的机器和卖不出去的商品，但却没人知道该怎么做的普遍情况再次出现时，凯恩斯的著作提供的理论见解使问题得到了改观。

第二，对有意识的发明创造的组织得到完善化，创造了众多替代材料和新生产流程，原先工业选址的决定因素不再像以前那么重要。现在对于许多工业部门而言，一个受到良好教育且有技术的工人群体，以及真正一流的工程人才的供给可能比早年间获得某种特定原材料的便利性更为重要。

因此，复杂的技术和工业的选址摆脱土地的限制成为大趋势，只要工人拥有必要的技术和社会化的组织。这给欧洲带来了一个新的经济繁荣期。甚至殖民地的丧失对欧洲的经济进程也不意味着什么了。甚至刚好相反，殖民地的政治独立正好可以使欧洲将自己在殖民地管理上的花费用于本国人，并且还可以将欧洲的人力和物力用于其他用途。矿产资源（特别是煤炭和铁矿）的衰竭不再是一个严重的问题。欧洲的技术和培训机构的质量保证了能够胜任经济和其他领域工作的人才的供应；而且，美国和苏联在欧洲被关税壁垒分裂成一系列小的市场时所建立起来的优势，也随着1957年欧洲经济共同体的成功逐渐被欧洲所中和。世界上规模最大的大众市场不在美国或者苏联，而是在西欧，在这里，更多拥有高生活水平的人生活在单一的关税体系中，这是世界其他任何地方所没有的。两次毁灭性的战争造成的这种后果，在20世纪30年代是不可想象的，它也证明了欧洲社会的活力并未消失。

三、欧洲政治的发展（1914—1953）

1. 第一次世界大战及其和解

1914年7月28日，奥匈帝国向塞尔维亚宣战。一个星期之内，由于欧洲的联盟体系，俄国、法国和英国站在塞尔维亚一边进行干预，德国则站在奥匈帝国一边。意大利尽管是三国同盟的成员之一，理应与德国和奥匈帝国联合起来，但却并没有立即参与到战争中来，意大利宣称同盟的条款并不适用于此，因为奥匈帝国进行的是侵略战争。很快，塞尔维亚和奥匈帝国之间的战斗成为战争的一小部分；主要的战斗集中在法国北部（西线），以及德国、奥匈帝国和俄国宽阔的领土带上（东线）。

　　德国是交战国中准备最充分的，一直到战争行将结束前，德国在很大程度上占据着军事上的主动。德国人最初的计划是集中力量对付法国，在给予对方致命一击后，再转过来对付东方的俄国。这个计划几乎取得成功。在战争开始后的几周里，德国军队在法国长驱直入，到达了距离巴黎大约 30 英里的马恩河。但在9 月 5 日到 12 日之间，法国军队成功阻止了德国军队的前进（第一次马恩河战役），在接下来的几周中，德国人撤退了几英里，双方都开始构筑精密的堑壕体系。事实证明，只要防守坚决，这些堑壕几乎是无法通过的。由此，双方在西线展开了长达近四年之久的堑壕战。任意一方企图突破对方阵地的努力都被证明要付出巨大的代价——1916 年的凡尔登和索姆河战役中，出现了超过一百万人的伤亡，但真正具有决定意义的胜利却寥寥无几。

　　东线的战争保持了较高的机动性。当德国在战争的前几周中进攻法国时，俄国人挺进到了东普鲁士。德国总参谋部不得不从西线抽调一部分兵力支援东线作战，到 1914 年 8 月底，俄国军队停止前进（坦能堡战役），被迫从德国土地上撤退。

　　在这里没有必要对接下来几年中爆发的各次战役和攻势进行描述。但两个总的趋势还是要提一下。第一，英国对德国采取了经济封锁，尽管有违国际法中的条款，但英国还是严格地执行了封锁计划。从长远来看，封锁在削弱德国上产生了重要的作用，一些必需的原材料供应被切断，用于维持德国人战斗和工作的食物供给也减少了。针对英国人的封锁，德国人用潜艇进行了报复。但这种武器从没有完全起过作用，而且不幸的是，德国的潜艇战最终促成了美国的参战。这也导致出现了第二个趋势：战争向其他国家的延伸。战争双方都用尽一切可能的办法为自己寻找更多的盟友。经过军事行动、外交、宣传和威胁，最终，比利时（1914）、意大利（1915）、罗马尼亚（1916）、美国（1917）和希腊（1917）加入了协约国一方；土耳其（1914）和保加利亚（1915）则站到了同盟国一方。在欧洲大陆之外，日本和其他一些中南美洲国家也向同盟国宣战，尽管它们并没有参与实际作战。

　　1917 年，战争的压力，沙皇政府的无能，加上俄国士兵和平民中普遍的不满最终瓦解了俄国军队。在战争的最初两年里，尽管缺乏足够的军备，并且偶尔

WORLD WAR I, 1914-1918

- Central Powers, 1917
- Allies in 1917
- Front line, Aug. 1917
- Farthest extent of penetration into Allied territory

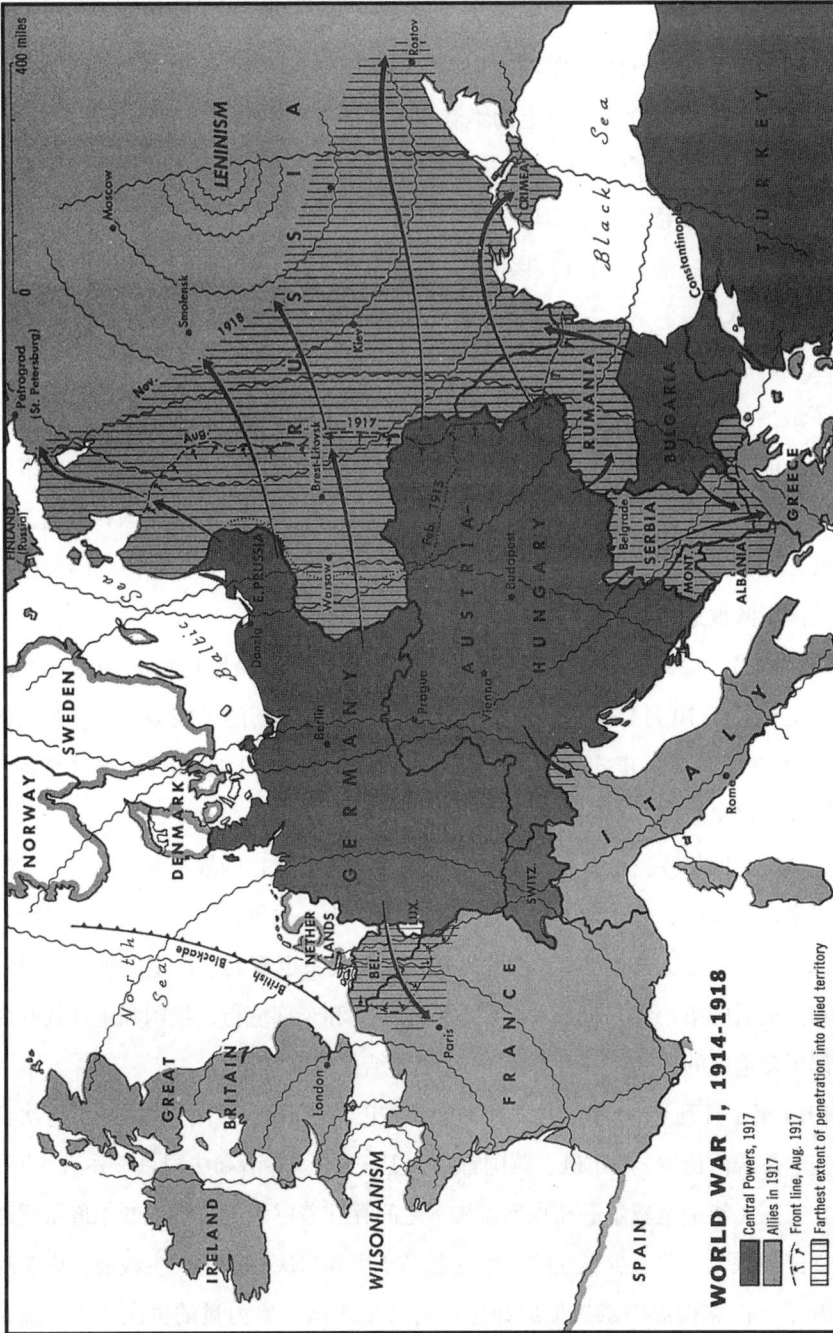

第一次世界大战（1914—1918）

400 miles

LENINISM

WILSONIANISM

IRELAND

GREAT BRITAIN

London

NORWAY

SWEDEN

DENMARK

NETHER LANDS

BEL.

LUX.

FRANCE

Paris

SPAIN

SWITZ.

ITALY

Rome

GERMANY

Berlin

E. PRUSSIA

Danzig

Prague

AUSTRIA

Vienna

HUNGARY

Budapest

RUSSIA

Moscow

Smolensk

Petrograd (St. Petersburg)

FINLAND (Russia)

Kiev

Brest-Litovsk

Warsaw

Rostov

CRIMEA

Black Sea

Baltic Sea

North Sea

British Blockade

Constantinople

TURKEY

GREECE

ALBANIA

MONT.

SERBIA

Belgrade

BULGARIA

RUMANIA

1917

1918

Nov.

Aug.

Feb. 1915

第三编 欧洲文明（约公元900年至今）

摊上糟糕的领导人，但是俄国军队仍作战英勇。但在德国向奥匈帝国提供指挥官和支援后，俄国丧失了之前以巨大伤亡为代价在奥匈帝国夺得的土地；大多数俄国人渐渐产生了对政府强烈的不信任。其实俄国人中间强大的革命暗流已经存在了十余年之久；1917 年，社会上的不满和革命的冲动突然浮出水面。八个月后，当临时政府试图重组军队并恢复进攻计划时，第二次革命爆发了，这次革命也将布尔什维克党人推上了权力宝座（1917 年 11 月）。和平、立即实现和平，是布尔什维克的计划的一部分；1917 年年末，新的革命政府与德国签订停战协议（《布列斯特和约》）。

东线的胜利使德国得以将大部分兵力集中到西线作战。1918 年春天，德军发动了最后一次进攻。在几个星期的时间里，德国军队得以向前推进；到 1918 年 7 月，他们再一次推进到马恩河。但经过一系列的行动，德国的人力和军事资源几乎消耗殆尽；另一方面，美国将会参战的承诺提振了疲劳的法国和英国军队的士气，而大批美国部队进驻法国更是扭转了整个局面。7 月份，协约国开始反攻，德国军队被迫在西线全线撤退。

与此同时，协约国军队也在其他战场上取得胜利。保加利亚于 1918 年 9 月投降；土耳其于 10 月投降；奥匈帝国开始分裂成诸多新的民族国家，哈布斯堡帝国政府在 11 月 3 日正式从战场上撤军。一周后的 11 月 11 日，德国也签署了停战协议。德皇威廉二世则于两天前宣布退位。

这场历时四年零三个月，造成近一千万参战人员死亡的战争就此结束。这是有史以来耗资最巨、战斗最为激烈的一场战争，为了战争，各国动员了几乎所有的资源（人力、物力和财力），和平时期的社会关系也遭到了严重的破坏。战争后期和停战后的第一年，饥荒和疾病在欧洲中部和东部流行；俄国和土耳其则由于内部革命造成的混乱，一直要到 1922 年才结束战争状态。

1919 年 1 月到 1920 年 6 月，和平会议在巴黎召开。三个人物主导了这次会议：美国总统伍德罗·威尔逊、英国首相大卫·劳合·乔治和法国总理乔治·克列孟梭。三人（特别是威尔逊和克列孟梭）之间存在着巨大的分歧。威尔逊希望通过创立国际联盟，并至少是在欧洲建立起基于民族自决原则的民主政府，以实现永久和平。但克列孟梭感兴趣的却是如何防止德国军事力量的再次壮大，他希望能够从德国身上榨取赔款，以赔偿在战争中对法国造成的损失。劳合·乔治大体上站在这两人之间：和克列孟梭一样，他也想获得赔款，但和这位法国总理相比，他更倾向于同情威尔逊总统的理想主义愿望。

另外，较小的民族国家在和会上提出的要求众口难调，也使这些矛盾升级。意大利吞并达尔马提亚海岸的要求便是其中特别棘手的一个问题。秘密协定曾许诺意大利一大块奥地利领土，当时意大利政府正是出于这个原因才加入战争，并站在协约国一边。但秘密协定的许诺侵犯了民族自治原则，而这恰恰是威尔逊总统所阐明的公正与持久和平的基础，因此遭到威尔逊的坚决反对。结果意大利代表退出和会，最终，意大利通过与新建立的南斯拉夫（大致由战前的塞尔维亚，加上克罗地亚、斯洛文尼亚和黑山组成）直接谈判解决了双方的边界问题。意大利人感到自己没有受到之前盟友们的待见，而且因为政府没能从和会上争取到有利于自己的安排，意大利公众对政府愈加不信任。这种境况对法西斯主义的兴起有重大的刺激作用。

在和会上，一系列的条约等待着战败国签字。1919 年 6 月 18 日，一位德国政府代表在《凡尔赛条约》上签字。《条约》内容有好几百页，但主要条款可以概括成以下几条：德国将阿尔萨斯和洛林割让给法国，将东部的领土割让给新成立的波兰，将较小的一些领土割让给丹麦和比利时。德国的所有殖民地都由国际联盟管辖（随后这些殖民地被分配给各大国托管，直到这些地区可以实现完全的独立为止）。缩减后的德国陆军人数不得超过 10 万人；海军发展受到严格限制；法国边界到莱茵河以东 30 英里一线之间的领土带被设置为非军事区。为了保证德国完全履行条约中的条款，莱茵河西岸由协约国部队占领 15 年。除此以外，德国还被要求承认自己是战争的发动者，并且同意向战胜国支付数额不详的战争赔款，以补偿协约国在战争中的财产损失。几乎所有德国人都认为《凡尔赛条约》对德国的惩罚是不公正的。德皇退位后上台的社会主义政府只是同意不再威胁发动战争。

1919 年 9 月 10 日与奥匈帝国签订的《圣日耳曼条约》则更具戏剧性。根据条约，旧的哈布斯堡帝国被彻底推翻，取而代之的是奥地利和匈牙利两个小国；但前奥匈帝国的最大一部分领土则被分给了捷克斯洛伐克、罗马尼亚、波兰、南斯拉夫和意大利。与保加利亚签订的条约（《纳伊条约》），以及与土耳其签订的条约（《色佛尔条约》）也对边界作出了其他调整，规定了战败国赔款和限制军备

第三编　欧洲文明（约公元 900 年至今）

EUROPE AFTER WORLD WAR I

Boundaries after 1923

Territories in 1914:

Russia

Germany

Austria-Hungary

NORWAY

SWEDEN

FINLAND

Helsinki

Leningrad

Oslo

Stockholm

Moscow

ESTONIA

Baltic Sea

LATVIA

LITH-UANIA

GREAT BRITAIN

IRELAND

North Sea

DENMARK

London

NETHER-LANDS

BRUSSELS

Berlin

Warsaw

GERMANY

POLAND

BELGIUM

Paris

LUX.

Prague

CZECHOSLOVAKIA

FRANCE

SWITZ.

Vienna

AUSTRIA

Budapest

HUNGARY

RUMANIA

Bucharest

Black Sea

Danube

SPAIN

ITALY

Adriatic Sea

Belgrade

YUGOSLAVIA

BULGARIA

Sofia

CORSICA

Rome

ALBANIA

GREECE

TURKEY

SARDINIA

Mediterranean

SICILY

Athens

ALGERIA

TUNISIA

CRETE

Sea

0   500 miles

LIBYA

EGYPT

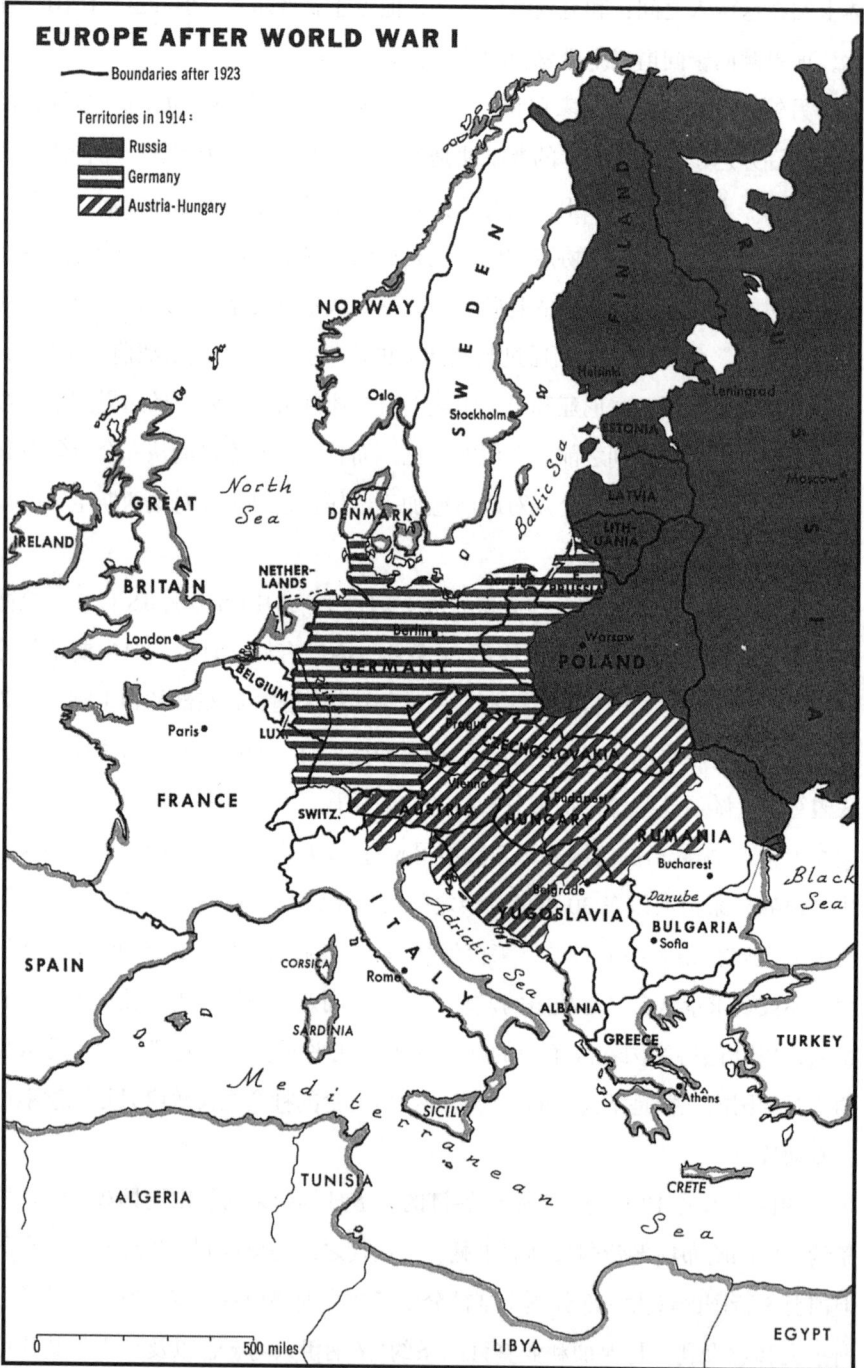

第一次世界大战后的欧洲

问题。但是由于土耳其民族主义运动拒绝接受条款，与土耳其的条约没有得到执行，经过若干年的斗争，土耳其获得了一个新的且更有利于自己的条约（《洛桑条约》，1923）。

在众多的条约细节中，对边境的划分无视了威尔逊关于民族自决的原则。划定边界的人感兴趣的是如何奖励朋友和惩罚敌人；同时也因为惧怕德国的复兴，所以他们力争在德国边境上建立起足够强大的国家。威尔逊总统在许多场合试图减轻对战败国条约的严厉程度，他也获得了一些国家的让步。但总体上来说，威尔逊屈服了，他主要将希望寄托在国际联盟身上，希望它能够在未来对条约中的一些问题作出调整。《国际联盟盟约》作为一个部分被整合到《凡尔赛条约》和其他条约之中。1920年秋，这一新的国际组织召开首次会议。但由于参议院没有批准《凡尔赛条约》，美国政府并未参加这次会议，究其原因，主要是一旦批准，就意味着美国成了国联成员，这样将会限制美国的主权。其余两个引人注意的未到席的国家是德国和布尔什维克领导下的苏俄。苏俄不愿意也没有被邀请加入国联；至于当时的布尔什维克，则正在与国联中的主要国家作战。

尽管已经努力停止与德国的战争，但是布尔什维克并未因此就轻松掌控了国内局势。一些反革命的"白军"于1918年组建起来；另外，德国、法国、英国、美国和日本均在不同时间和不同程度上给予了反革命力量以支援。在布尔什维克这边，他们焦急地等待着爆发国际性的社会主义革命，他们自信地认为这将是战争的必然结果。他们也没有考虑过加入国际联盟，在他们看来，国联不过是掠夺性的资本主义政府的联盟。

在俄罗斯帝国最西边的部分，反革命者取得了一些胜利。他们在大部分（或者全部）原先属于俄国的领土上建立了一些新的国家：芬兰、爱沙尼亚、拉脱维亚、立陶宛和波兰。到1921年，布尔什维克仍在与白军以及一些新成立的国家的军队作战。但到1921年为止，白军已基本上从讲俄罗斯语的人口所居住的沙皇俄国的领土上撤退，布尔什维克政府也决定与敌人和解，并承认在原先的西部边境上新独立的国家。1921年3月，布尔什维克政府与波兰人签订《里加条约》，这是与上述国家签订的最后一个条约。

美国、苏俄和德国国联席位的缺失，意味着国联落入法国和英国的掌控之中。在这两个国家的领导下，威尔逊总统将国联建成一个有效的国际组织的努力被证明是徒劳的。的确，法国从一开始便对国联不抱什么信心，法国人着手做的是与波兰、捷克斯洛伐克、南斯拉夫和罗马尼亚建立一个联盟网络，以实现维持欧洲新秩序的目的。与这些国家对抗的是由"心存不满"的国家组成的力量小得多的一个群体，包括意大利、匈牙利、保加利亚和奥地利。

德国和苏联同样也对欧洲的新秩序感到不满，而且这两个国家的潜在实力要强得多；但一直到20世纪30年代，由于国内的问题，这两个国家一直没能在国际上占据一个主要的地位。在1923年到1929年古斯塔夫·施特雷泽曼（Gustav Stresemann）执掌德国外交事务期间，德国开始实施调停政策，通过这一政策，德国获得了其他国家对废除《凡尔赛条约》中一些耻辱性条约的保证。也是在这段时期内，布尔什维克努力重建着几近分裂的社会。在官方外交上，布尔什维克表现得并不十分积极，因为在他们看来，所有的资产阶级政府都是他们的天然敌人，他们更倾向于依靠革命运动来破坏并最终推翻欧洲和其他地方的现存政权。

2. 战争诞生革命

第一次世界大战为大多数欧洲国家带来了革命。不同国家革命的暴力程度和特点都不尽相同，但其中最具戏剧性的无疑是发生在俄国的革命，其他欧洲中部和东部国家的革命则要相对温和一些。能够分开加以描述的只有三场主要的革命：俄国革命、意大利革命和德国革命。

但有必要指出，在欧洲中部和东部，由于奥匈帝国、俄罗斯帝国和德意志帝国的瓦解（德意志帝国瓦解的程度比前两者要小得多），新的民族国家建立起来，这一过程本身就含有类似社会革命的意味。而在巴尔干国家、波兰、捷克斯洛伐克、罗马尼亚和南斯拉夫，新人物替代了旧的官员、地主和管理阶级，占据了政治和经济上的实权性位置。可以肯定的是，在民族自决和民族主义旗帜下发生的这些转变，将原来东欧潜在民族中的不同阶级绑在了一起；又因为之前最高级别的职位很大程度上由奥地利人、匈牙利人、俄国人和德国人占据，所以这些新的民族国家的建立确实与社会革命相类似。这在土地所有权问题上表现得非常突出。在1918年后的几年中，大多数东欧国家的大块地产被打碎分配给了农民。1918年以前，主要由贵族家庭所占有的大块地产是这些地区的典型特征，由此可见变化之规模和意义有多么大了。只有在匈牙利、波兰的一部分地区和德国东部，土地贵族才成功保住了自己的地位，但即便如此，他们也面临着重重困难。

在西欧的战胜国中，胜利为政府带来的威望倾向巩固既存的秩序。但即便是在西欧，战争结束后的最初几年同样充斥着社会动荡和革命骚乱。1926 年发生在英国的总罢工便是这种气氛最突出的表现，但出现这种情况的并非只有英国一家。威尔逊的自由主义和马克思的社会主义尽管方式不同，但在 1918 年被应用到欧洲时都是具有革命性的；两种对旧秩序的威胁一种来自美国，另一种源于布尔什维克俄国，两者对欧洲社会产生的震荡比任何第二次世界大战后影响欧洲的运动都要大得多。

（1）布尔什维克革命与俄国共产主义政权（1917—1941）

a. 俄国社会的独特性

从 16 世纪开始，俄国和西欧之间才开始了常规性的交往。尽管彼得大帝和他的继任者们作出了不懈努力，但俄国社会仍旧和西欧存在着巨大差别。到 1917 年为止，俄国的城镇数量仍然非常少，而且当中的大多数规模很小。为人所熟知的西欧社会的阶级分化也并不十分符合俄国的情况，我们最好是将俄国的城镇人口看成官员和非官员两部分，其中前者履行了很多在西欧是由私人来完成的职能，并且享有崇高的社会威望。在农村，社会分化则存在于地主和农民之间；但在俄国大部分地区，农民隶属于一个特殊且独一无二的组织——米尔。米尔是地方税收的基本单位，并且很大程度上行使着地方政府的职能；但米尔的特殊性在于，它定期地在村社成员之间进行土地的再分配，每一个农民家庭都有权利获得与自己所能提供的劳力数量成比例的土地份额。很明显，西方社会几个世纪以来所熟知的土地所有权概念在米尔中是不存在的。大多数俄国农民强烈地感受到土地私有制（在他们看来就只是与 1861 年农奴制废除联系在一起的从公社土地中撤出的贵族地产所呈现出来的那种所有制）是不正当的。

城镇中的工人基本上都从农民家庭中雇佣而来，他们中的许多人依旧保持着自己所出生的米尔中的成员身份，并继续对其承担交税的义务。一个工厂中的工人们发现在新的环境中再造一个米尔这样的非正式组织是再自然不过的事情，在群情激奋的时期，他们更进一步建立了苏维埃（Soviet，即代表会议），以便讨论和决定下一步的行动。这些苏维埃的职能和管理米尔事务的村民大会非常相似；而且，当各个彼此独立的工厂或者（在 1917 年的条件下）各个军事单位有了一个共同的领袖的时候，苏维埃就成了开展革命行动的一种现成手段。一小部分的职业革命者得以上台掌权，很大程度上要归功于布尔什维克对苏维埃网络的利用，在 1917 年的混乱中，同时出现了大量的苏维埃；也正是由于苏维埃的内部组织和"忍耐力"非常之弱，布尔什维克才得以在掌握了警察和军队以后，无视甚至压制以"苏维埃"为形式的社会不满情绪的进一步表达。

b. 布尔什维克夺取权力

1914 年战争的爆发给国际社会主义运动带来一个严重的危机。马克思主义政党在 1889 年成立第二国际，但当 1914 年战争爆发后，欧洲国家中的社会主义政党一个接一个地转而支持自己的民族国家政府。国际社会主义成为一纸空谈。但也有一些小团体坚持自己的理论原则。列宁和布尔什维克党便在那些反对"帝国主义战争"并呼吁变国际战争为国内战争（即无产阶级反对资产阶级的战争）的团体之列。然而，在战争的前三年中，列宁并没有得到将自己的原则付诸行动的机会。他流亡到瑞士，并因为战时通信的困难和俄国国内断绝了联系。

与此同时，俄国国内对政府的信心跌到了谷底。1917 年 3 月，彼得格勒（在与德国的战争爆发后被命名为首都）爆发了大规模的罢工和街头暴动。杜马中的自由派成员抓住时机要求建立一个负责任的立宪政府；3 月 11 日，沙皇宣布解散杜马，但代表们并未就此解散，他们选出一个委员会，领导杜马与独裁政府进行斗争。在同一天，彼得格勒工厂中的工人组建了全市范围的苏维埃，来自军队的代表也受邀加入。四天后，沙皇决定作出让步，他承认杜马委员会为临时中央政府，并让位于自己的兄弟，但后者拒绝了皇位。由此，罗曼诺夫王朝在转瞬间土崩瓦解。退位六天后，尼古拉二世及其家人遭到囚禁，并于 1918 年遭到处决。

此时杜马和临时政府中的领袖大多是自由派人士；但另一方面，社会主义者和革命者迅速控制了彼得格勒苏维埃。两者之间出现了一种令人不安的权力平衡。临时政府依赖旧的政府官僚体系以及军队的忠诚和服从。但这些支持被证明是不够的。官僚体系、警察和军队彻底丧失了士气；当临时政府坚持要组织与德国的作战时，对战争的不欢迎态度，加之布尔什维克有效的宣传导致临时政府的下台。土地将最终在农民中进行分配的谣言传到士兵耳中后，大量士兵逃跑回家，他们希望在分配开始时能够在场，并能够保证自己得到应得的土地份额。

彼得格勒的事件迅速传播开去。最初的临时政府（李沃夫王子的内阁）很快发现自己无力应对眼前的危机。人事变动将杜马中更为激进的成员推到前台。1917年7月，亚历山大·克伦斯基（Alexander Kerensky）这位社会革命党人（尽管他属于这个团体中的中间派）成为临时政府首脑；尽管口才出众，但克伦斯基还是和自己的前任们一样，无法满足彼得格勒人民和俄国农民的要求。选举出一个立宪会议以确立一个新的永久性的政府组织形式的计划被一再拖延，直到自己快被推翻之前，克伦斯基才下令进行选举，并定于1918年1月召开立宪会议。

1917年4月，也就是临时政府成立后一个多月，列宁抵达彼得格勒。列宁是被德国人送回俄国的，他们希望通过列宁的煽动削弱甚至破坏俄国为战争作出的努力。德国人的估计完全正确。回到俄国后不到一天，列宁便在自己的《四月提纲》中公开宣称为了将帝国主义战争转变成恰当的革命战争，有必要实现俄国和德国军队之间的友好。几周后，托洛茨基（真名列夫·布隆施泰因，1879—1940）也由美国返回俄国，并迅速加入布尔什维克党。很快，托洛茨基便成为地位仅次于列宁的领导人。⁶¹⁸

与此同时，大多数地方上的城镇都效法彼得格勒，建立起类似的苏维埃，各地的革命者也在当地苏维埃和首都苏维埃之间建立了有效的联系。6月，第一次全俄苏维埃代表大会在彼得格勒召开。会上，布尔什维克只占很少数，人数最多的团体是社会革命党。代表们在会上谴责了战争和临时政府；此外还选举出一个300人的执行委员会和一个10人的常务委员会充当影子政府的角色，对各个苏维埃的政策进行协调。

7月，布尔什维克试图通过政变夺取权力；但政变受挫，在之后的几个月时间里，列宁和其他布尔什维克领导人都销声匿迹。9月，临时政府面临着来自右翼的政变危险，临时政府采取了相应措施，但毫无效果。在危机到达顶点时，临时政府转而接受了来自布尔什维克的支援，布尔什维克在彼得格勒的工厂和工人阶级区组织了一支民兵力量——赤卫队。于是红军成了那时候临时政府能够调用的为数不多的军事力量之一；由此，布尔什维克早先推翻政府的企图也得到了临时政府的原谅，布尔什维克的领袖不用再躲躲藏藏，他们很快便赢得了比之前大得多的影响力。

第三编　欧洲文明（约公元900年至今）

1917 年 10 月，托洛茨基当选为彼得格勒苏维埃主席，这显示出布尔什维克获得的新的人气。利用自己的职位，托洛茨基与列宁等人组织了第二次政变。让人感到惊讶的是，夺权的准备工作竟然是在公开的情况下从容不迫地进行的。10月 22 日，彼得格勒苏维埃投票产生了一个军事革命委员会；翌日，布尔什维克党中央委员会投票决定把组织一次武装暴动作为党最紧迫的任务。11 月 2 日，真正意义上的准备工作开始了，各处的红军被集合起来，一条军事指挥线也得以建立。临时政府直到 11 月 5 日才采取措施企图镇压起义，但几乎没有部队愿意服从克伦斯基的命令；所以 11 月 6 日到 7 日晚间，当布尔什维克向位于彼得格勒中部的政府机构所在地发起进攻时，几乎没有遇到任何的阻力。

布尔什维克取得胜利的原因有很多。很显然，克伦斯基和其他临时政府成员的困惑和犹豫是其中之一；此外，列宁所表现出来的与前者形成对比的坚定意志和布尔什维克党的纪律也发挥了重要作用。但其中最重要的原因，可能在于布尔什维克代表了俄国大多数人民特别是彼得格勒居民的诉求。布尔什维克的宣传可以概括为三个词：和平、土地和面包——为士兵争和平，为农民争土地，为城市居民争面包。这一诉求令人无法抗拒，没有任何其他政治团体能够自始至终且同时提出这三个主张。

在布尔什维克夺取权力后几个小时所召开的第二次全俄苏维埃代表大会上（这其实是夺权行动的一部分），布尔什维克以及来自社会革命党左翼的同情者在代表中占据了大多数，由此可见布尔什维克的宣传工作取得的成效。会议在 11月 7 日晚间召开，会议宣告解散临时政府，并宣称自己为俄国最高政治权威。在地方上，各地苏维埃以彼得格勒为榜样夺取了当地政府权力。沙皇官僚体系的残余被轻而易举地清除。

与此同时，在首都，苏维埃代表大会选举产生了中央委员会来执掌中央政府；中央委员会还任命了一个人民委员会，掌管实际的行政工作。列宁成为人民委员会主席，托洛茨基被任命为外交人民委员，斯大林则担任民族事务人民委员。政府宣称自己实行无产阶级专政，并着手实现社会主义社会。

布尔什维克掌权时的那种窒息和兴奋已经很难再还原。不可避免的暴力行动披上了崇高的理想主义外衣。尽管俄国的形势充满了不确定性，但人们对无产阶级的光明未来还是充满着希望和信心。很多人相信，社会中的恶将要被永远摧毁。人们盼望世界革命赶快到来，以建立一个没有阶级，没有人对人的剥削，同时人人物质充裕、生活安逸的社会。

但对如何实现后革命时代的社会主义理想，马克思及其追随者们并没有一个准备好的特定计划。布尔什维克不但缺少一张明确的社会主义建设蓝图，而且在国内也面临着非常严峻的形势——正是这种形势导致了沙皇政府和临时政府的倒台。饥饿在城镇中非常普遍。工厂则由于原材料的短缺被迫关闭或者只在部分时间开工。军队几近解散，民政系统也遇到了同样的困难。

必须强调的是，在掌权的最初几年中，布尔什维克的领袖们几乎天天都在期盼世界革命的爆发。他们坚信更加发达的工业国家中的无产阶级将起而反抗资产阶级的剥削，并和俄国的革命者站在一起。在大多数人认为布尔什维克政府即将倒台的最困难时期，这一期待支撑着革命的希望。不仅如此，这一期待也使布尔什维克政府的每一次行动看上去都是暂时性的、有待商榷的，甚至可能是不该出现的，当革命在彼时发生的时候，领袖们预计，由于西欧的富庶，加之没有严重的外部危险，俄国国内的形势将会彻底改变。正是出于这种考虑，列宁才会在最初几年中轻易地对自己的革命理想主义作出诸多妥协。

1917 年到 1941 年间，布尔什维克的统治经历了三个不同的时期。1917 年到 1921 年是战时共产主义和内战时期；1921 年到 1928 年是一段恢复期，布尔什维克暂时放弃了经济组织中的共产主义原则；1928 年以后则是工业快速扩张，以及国家对所有经济领域和人们生活的大部分领域的控制不断强化的时期。

c. 战时共产主义与内战

布尔什维克政府一建立，便着手将和平、土地和面包三大口号付诸实践。在夺取权力当天，苏维埃代表大会向全世界发表了一份声明呼吁立即停战。在同一次会议中，大会还签署了一项法令，废除俄国的土地私有制。地主的土地被简单地无偿没收。但向城镇供应面包的问题要困难得多，在实行战时共产主义政策的时期，政府只能通过一系列的权宜之策来解决问题。

布尔什维克（我们现在或许可以称其为共产党，因为官方在 1918 年 3 月更改了党的名称）很快发现，要求作战各国停战是一回事，而让它们放下武器却是另一回事。当布尔什维克上台时，俄国军队作为有效的作战力量已经瓦解；所以德国人得以越来越向俄国的纵深挺进。同时，反布尔什维克的团体开始在俄罗斯帝国的边远地区组织起抵抗中心。许多地方（特别是在乌克兰）出现了近似无政府的状态。

在徒劳地等待德国、法国和英国无产阶级对自己的请求作出回应并停战后，列宁很不情愿地开始了与德国的直接谈判。1917 年 12 月双方休战，到 1918 年 3 月，双方签署了《布列斯特和约》，实现了和平。根据和约，波兰、立陶宛和拉脱维亚割让给德国；芬兰、爱沙尼亚和乌克兰则割让给土耳其和罗马尼亚。这些都是原来俄国最为发达的地区中的一部分，对于新政府而言，丧失这些土地是一次沉重的打击；但更糟糕的情况还在后面，各个反革命的团体开始在南方、北方和东方组建非正规军队，到 1918 年秋天，共产党政府所控制的领土只剩下俄国中北部。

621　　但另一方面，共产党政府所处的困境也带来了一个巨大的成果。托洛茨基成为战争事务人民委员，并着手组建一支新的红军。征兵制得以重新确立起来，红军的数量也从 1918 年 8 月（此时共产党的运气接近最糟糕）的大约 33 万人，增加到两年后的 550 万人。正是依靠这支武装，苏俄共产党在 1920 年击退了白军，同一年，苏俄入侵并几乎占领了鲁莽地向自己发起进攻的新波兰。因此直到

622　　1921 年，革命政府才实现了自己所承诺的和平。

相比之下，土地问题的解决要简单得多：农民夺权，接着由布尔什维克宣布他们的行动合法。但两者之间的联盟并不牢固。为了保证军需品的生产，布尔什维克不得不为城镇人口提供足够的食物，另外红军也需要口粮。但布尔什维克接手的是一个烂摊子，而且在其夺取权力以后，情况不但没有好转，反而变得更加糟糕，在这种情况下，不通过强制手段是不可能喂饱城镇人口的。这就意味着要通过暴力征收的方式从农民那里取得粮食和其他食物；这种没收行为引起了广泛的农民暴动。所幸的是白军也在这么干；当要在两种恶之中选一个时，大多数农民还是倾向于选择布尔什维克，至少后者承诺会剥夺地主的土地。

共产党不但必须与和平、土地和面包相关的问题做斗争，还面临着重建政府的难题。新的行政机构逐渐建立起来，但沙皇政权时代的一些特征也再次显现。举例来说，1917 年 11 月 17 日，距离革命的发生已经过去了十天，而布尔什维克恢复了出版审查制度；12 月，布尔什维克组建了新的政治警察组织契卡，以保卫革命并惩治破坏者；另外就是红军的组建，上文中已经提到。

RUSSIAN CIVIL WAR 1917-1921

- Russia in 1914
- Occupied by Germany to Nov. 1918
- Deepest penetration of White Army and Allied forces to 1920
- Soviet offensive, 1920-21
- Boundary of Russia in 1922

俄国内战（1917—1921）

　　1918 年 1 月，为了给政府的重建提供一个永久且合法的基础，人们期待已久的立宪会议终于召开了。立宪会议由普选产生，而且早在布尔什维克夺权之前，会议的召集工作就已经安排妥当。所以当立宪会议召开时，代表中只有一小部分人同情布尔什维克。结果在立宪会议召开的当天，代表中的布尔什维克便撤出会场；四个小时后，武装卫队解散了这一准备为苏俄制定新宪法的庄严机构。

布尔什维克政府的基础不是民主（至少不是西方式的民主），而是由共产党领导和指示下的无产阶级专政，而无产阶级专政的合法性则来源于工人、士兵和农民苏维埃的支持。

在布尔什维克夺取权力后的最初几个月中，社会革命党中的一部分成员选择了与新的统治者合作；但1918年7月一部分社会革命党人的一次流产了的起义终结了这种联合。此后，共产党垄断了政治合法性。他们通过系统性的恐怖活动来强化自己的地位，这种恐怖活动一直持续到1921年。到那时为止，胜利的果实才得以保存，就地处决和清洗活动也停止了。当然在20世纪30年代斯大林统治时期，这些活动又得到了短暂的恢复。

从沙皇统治时期以来，大俄罗斯族与俄国境内各个其他民族之间的关系就是一个重要的问题。在西边，芬兰人、爱沙尼亚人、拉脱维亚人、立陶宛人和波兰人的民族意识很强，并且对俄国人相当敌视；在中亚和高加索地区，众多民族对共同身份的认同则要弱得多。处在两者之间的是乌克兰人。起初布尔什维克宣称，任何渴望独立的群体都有权从俄国脱离出去；但到了内战时期，布尔什维克发现这一原则并不实际，事实上，那些试图利用理论上的分离权的民族主义团体正是以实现本民族"真正"利益为由，为自己的颠覆活动进行辩护。

1923年，新宪法颁布。国家的名称改为苏维埃社会主义共和国联盟，此外还建立了四个苏维埃共和国：俄国、乌克兰、白俄罗斯和大高加索。在接下来的几年中，在中亚也成立了另外一些共和国，到1940年为止，苏联的加盟共和国的数量达到了16个。这些相互独立的共和国在政治上的自治，很大程度上只是一种臆想，党组织和苏联政府机构拥有强大的控制力，在一些情况下，存有二心和爱惹麻烦的加盟共和国会遭到镇压。但另一方面，苏维埃政府也鼓励在共产主义理念的框架内非俄罗斯的民族和部落文化的发展。伴随官方的政府机器的发展，也诞生了另一个被证明是更为强大的控制工具——共产党的党组织。在革命前，布尔什维克党只是一个很小的团体，其成员大多数是职业的革命者。党通过抢劫银行和政府的钱来筹措一部分的活动经费——在这类活动中，一个名为约瑟夫·朱加什维利（Joseph Djugashvili，1879—1953）的格鲁吉亚年轻人表现突出。他就是之后广为人知的斯大林（即"钢铁"的意思）。

对党的活动的最高领导权掌握在中央委员会手中，而列宁则是中央委员会的最高领导人。党的组织原则被描述为"民主集中制"。其主要原则是：在党代会或中央委员会正式作出政策决定之前，应该在党内进行广泛而自由的讨论；但一旦作出决策，每一个布尔什维克就应该紧跟党的路线，不容党员个人当时或事后对决策有任何的怀疑、保留或反对。通过坚持这一原则，列宁创造了一个强大的、纪律严明的统治工具，共产党政府的政策正是通过这一工具才得以出台和实施。

最初，党和政府的关系并不明晰。但早在 1919 年，列宁便阐明了党领导苏维埃的原则，随着时间的推移，党组织的最高权威也越来越明确。工厂、村庄和军事单位等组织中所有事务都由共产党负责，如果发现官员工作不力或腐败，共产党就有职责介入，并予以纠正。另外，共产党还在民众中扮演着宣传者的角色，向不清楚情况的农民和不耐烦的工人解释新政府的目标和政策。除此以外，共产党的基层组织也逐渐在工厂、城市街区和村庄中建立起来。

在这些基层党组织的基础上，逐渐形成了一个复杂的共产党等级制度。区和市的党组织隶属于省的党组织，省的党组织则归隶属于由所有加盟共和国组成的党组织。级别最高的是苏联共产党。基层党组织以上的任何一级党组织都由三部分组成：代表和协商大会、执行机构，以及一些从属于书记处或与之相关的特殊部门。

这里我们只对苏联共产党一级进行描述。全苏联的代表制主体是党的代表大会，由全苏联的现役党员按 1000 个党员选出 1 个代表的比例选举产生。从 1918 年开始到 1925 年，每年都召开党代会，其中一些会议上还出现了对政策问题的激烈讨论。但 1925 年后，党代会的召开次数减少，而协商会议则成为党最高领导层的决策的宣传机构。

中央委员会由党代会选举产生。在新政权的最初几年中，国家的主权实际上是由党中央委员会行使的；但随后中央委员会规模扩大（1939 年，中央委员会中有 68 位成员），与之相伴随的是开会次数的减少。权力转移到了由中央委员会组织并在理论上对其负责的更小的机构手上，中央委员会则对党代会负责。这些机构是政治局（负责政治事务）、组织局（负责党的组织、人事和纪律事务）和书记处（负责执行上述两个机构的决策）。

书记处的地位尤其重要。1920 年，列宁决定设立一个党的总书记职务，总书记在政治局和组织局中都担任职务，并协调两个机构的决策。按照规定，总书记是两个机构的被动执行者，由总书记将它们的决策付诸实施，并为各项任务挑选合适的人选，等等。1922 年 5 月，斯大林成为党的总书记。之后不久，列宁由于脑溢血不再担任党的最高领导人；到 1924 年列宁逝世时，斯大林已经成为共产党中最具权威的领袖。

625 所以，党组织的历史是一段权力向最高层迅速集中的历史。从理论上来说，党代会曾是（且现在也是）最高权力机构，代表了全体党员；理论上所有的委员会和办事机构的权力都来自党代会。但党代会实际上被斯大林所控制，1927 年后，借助党性原则和"整体团结"，斯大林和政治局、组织局以及书记处的决定就从未受到过公开质疑。

理论上来说，政府的权力来源于苏维埃。但随着党工具的完善，苏维埃已经被共产党所控制。这导致的结果是，各级苏维埃的辩论和决策变成了对党领导人的决议的一种正式的确认而已。

内战到 1921 年已经结束。共产党在俄国、乌克兰、西伯利亚和高加索取得了胜利。另一方面，尽管俄国人在 1919 年建立了新的共产国际（第三国际），共产党的军队也为了接应德国同志而在 1920 年入侵波兰，但世界革命的期望还是没有变成现实。国外革命的失利，使得共产主义在没有西方富裕国家的热情支持的情况下将（至少是在一段时期内）不得不被限制在俄国一个国家之内。

但即便是在俄国，前途也并非一片光明。政府不允许农民在满足自己及家庭的粮食需求以外耕种更多的土地，大多数农民对此相当抵触。除此以外，南部还遭受了连续两年的干旱，特别是伏尔加河流域。两者加在一起，导致了大面积的严重饥荒，随之而来还有疾病，死于疾病的人没有一百万也有数十万。同时，工业生产也跌到了最低谷，饥饿或者几近饿死的情况在城镇中肆虐。为了走出这一困境，在 1921 年春天召开的第十一次党代会上，列宁决定实行新经济政策。随着这一政策的实施，俄国革命的第二个主要时期即新经济政策时期也到来了。

d. 新经济政策与党内分歧（1921—1928）

列宁的新经济政策的本质创新在于，它重新确立了个人有限的追求利润的自由。这包括了在共产主义理想上作出让步，俄国国内和国外的很多人都将 1921 年的让步视作俄国的热月政变。但是国家对经济的控制并没有废除。新经济政策所做的，是对农民向国家缴纳的作为税收的粮食数量进行限制，并允许农民用剩余的粮食来交换其他任何物品。相应地，工厂中的工人也按照工种和工作量领取报酬。城乡之间的物物交换成为可能；社会上出现了从事这些贸易的新的贸易者阶层（新经济政策中的私人经营者［the NEPmen］）。不仅如此，在一些轻工业领域（主要是手工业）私人企业获得了一些自由的空间。但对外贸易仍被国家626所垄断，经济的"制高点"（银行、重工业和重要的轻工业）也仍然掌握在政府手中。

内战和对外战争的结束，以及新经济政策的实施，给苏联的经济生活带来缓慢的复苏。但有两个因素阻碍了这种复苏。首先，新经济政策代表了共产主义理论的妥协，这在许多党员看来是永远不能原谅的。其次，在共产党的领导人中也出现了若干反对的声音，阻碍了新经济政策的实施。列宁于1924年逝世。在世期间，列宁可以将自己创造的个人声望凌驾于党之上。

在列宁的副手中间，托洛茨基是当时最著名同时也是最受欢迎的一位。红军缔造者的身份给托洛茨基带来了世界性的声誉；写作和演讲的天赋也使托洛茨基在党的委员会中身居高位。但托洛茨基有一个弱点，他在性格上喜怒无常，常常表现出自大和傲慢。托洛茨基直到1917年才加入布尔什维克，这一事实令很多党员对他的卓越地位心存怨恨。另外，托洛茨基的犹太人身份也引起了反犹主义者的注意。不仅如此，托洛茨基还持有国际主义的观点，他倾向于将苏联首先看作是撬起世界革命的那根杠杆的支点，这一观点遭到了来自暗处的民族主义者的攻击。

当列宁逝世时，斯大林在公众眼中还只是个相对模糊的角色，但在党内他却是一个强势人物。他是一个老资格的布尔什维克，还作为托洛茨基的下属参加了内战（斯大林并不总是一个顺从的下属）。在首届布尔什维克政府中，斯大林不仅担任了民族事务人民委员一职，而且还担任了国家监察部人民委员（1919）；从1917年开始，斯大林便是政治局成员之一。但他之后的大权是从1922年被任命为党的总书记后才开始树立起来的。

在其他列宁死后卷入党内权力斗争的共产党领袖中，只有两个需要提一下。一个是格里戈里·阿普费鲍姆（Grigory Apfelbaum，1883—1936），也就是人们通常所知的季诺维也夫。他曾与列宁一同流亡，1919年第三国际成立时，他担任了第三国际的首脑，另外他还和斯大林一起在政治局内成立了一个派系，他在列宁生前的最后几年中控制了政府的政策。另一个是列夫·罗森菲尔德（Leo Rosenfeld，1883—1936），也就是加米涅夫。他是接替列宁位置的三巨头中的第三个。和季诺维也夫一样，他也是列宁流亡时的同伴，同时还是托洛茨基的妹夫。

当列宁去世时，斯大林、季诺维也夫和加米涅夫首先考虑的是如何防止托洛茨基接替列宁的位置。在这场斗争中，他们取得了胜利；但托洛茨基多少还是会公开批评他们的政策，很快，在他身边形成了一股"左翼反对派"势力。因为这个原因，1925年托洛茨基被解除了战争事务人民委员的职务。但与此同时，季诺维也夫和加米涅夫与斯大林也发生争执。1926年6月，两人与托洛茨基达成谅解，加入了左翼反对派。这个团体精心准备了一份关于自己的立场和计划的声明，以便在定于1927年12月召开的第十五次党代会上宣读。但这一计划始终没有提出。1927年11月7日，在布尔什维克夺权十周年的纪念日上，托洛茨基和他的支持者组织了一场针对斯大林的示威。示威被警察阻断，托洛茨基和季诺维也夫也被以违反党纪之名开除出党。当第十五次党代会召开时，另外数百人也被开除出党。两年后的1929年，苏维埃政府将托洛茨基驱逐出俄国。托洛茨基在海外仍然继续着对斯大林的批评，直到1940年在墨西哥被俄国秘密警察刺杀身亡。

e. 五年计划（1928—1941）

1927年托洛茨基和"左翼反对派"的失败似乎保障了新经济政策的连续性。但事实并非如此。1928年，第一个五年计划制订完成并开始实施，斯大林领导下的苏维埃政府开始实行工业快速扩张计划。不同于战前的沙皇政权，五年计划的实施并没有国外的大额贷款，筹集工业发展资本的唯一方式是税收和价格控制，通过这两种手段将当前生产消费品的一部分生产力转移出来，替代投资。前两个五年计划都是这么完成的。国家垄断了几乎所有产品的销售，它可以根据自己的意愿给商品定价，由此取得的利润则被用来建造新的工厂。与这种财政计划和控制并行的是物质规划——计算完成计划中的成就需要多少各类产品，以及实现计划需要经过多少项商品实物流程。计划的第三个方面还是对劳动力的控制。政府重新确立了国内通行证制度，并且有系统地使用强制劳动。

苏联的主要经济产品是农产品，如果现在需要资源来建设工业，那么肯定是从农民身上来获得。农民对工业化的贡献有三方面：第一，从农场征用的劳动力被用于各个建设工程和完成工厂的生产任务；第二，农民的粮食被征收，用来为工厂工人和建筑工人（以及管理人员、警察和军人）提供口粮；第三，农业产品出口到国外，换取的货币被用来购买俄国自己不能制造的机器，雇用外国工程师，等等。628

要控制这个被分割成数百万个农场的国家并实现上述目标，不是一件容易的事情。农民个人可以将自己的一部分收成藏起来，或者谎称没有播下足够数量的种子，以至于没有粮食剩余。所以，第一个五年计划对一大批苏联农场实行了集体化。革命的热情给集体化计划施加了巨大的压力，在一段极短的时间里（到1930年），几乎所有的苏联土地都被分配给了集体农场。然而，集体化在实施中并不是没有造成损失。许多农民，特别是那些相对富裕的农民，并不情愿将自己的牲畜、生产工具和土地交给集体农场，相比之下，他们宁愿将牲畜宰杀。那些妨碍以及被指控意图妨碍新的农业组织的人，被送到遥远的矿井和森林从事强制劳动，因为没有自由劳动力愿意到那些地方去劳动。

但在政府看来，集体农场还是存在一些优势的。向农场征集一部分收成以供国家使用，这只是一个相对简单的管理问题，但如果是向数百万个体农民征收，就会变得非常困难。土地产权之间的界线的消失促进了机器的使用，而机器的使用又解放了人力，人力则可以用于从事建设工作。不仅如此，通过农产品的出口，还可以监督集体农场的工作，另外也可以及时改进农业生产技术。

但这种将传统村庄生活变成集体生活的剧烈而又强制的重组，并没有获得农民的广泛支持。政府以税收的形式向集体农场征收大量的收成；农民的生活水平仍然很低；站在农民的立场上看，集体农场中多了会计和管理人员，意味有更多"无所事事"的人需要喂饱。更重要的是，在集体化的最初几年中，常常缺乏农用机械，已有的机械也经常破损。

在工业领域，第一个五年计划的侧重点在重工业。政府兴建了新的矿井和大量工厂，用于提炼矿石，制造农机、飞机、机床、化工制品，等等。这方面的开支占到了国家收入的大约三分之一。相应地，苏联人民也不可避免地遭遇到消费品的减少；但政府用尽一切宣传手段鼓舞公众的普遍热情，帮助他们在物质匮乏的条件下保持士气。1932 年到 1933 年，集体化造成苏联一些地区的饥荒，但新的工厂并未立即开始生产消费品。到 1932 年，只花了四年半的时间，第一个五年计划就宣告"超额完成"，同时第二个五年计划的准备工作也完成了。

按最初的设计，第二个五年计划（1932—1937）的重点被放在兴建消费品工业上；但随着 1933 年希特勒在德国上台，苏联领导人开始改变计划，将重点转移到重工业和军工上来。1941 年德国入侵苏联时上马的第三个五年计划也具有相同的侧重点。

五年计划的总成就是巨大的。一个原先以农业为主，重要的制成品依赖进口的国家，现在变成了一个领先的工业制造国，很大程度上已不再依赖外国进口。在 1941 年到 1945 年的战争中，苏联军工的质量和数量都经受住了考验。但是，这些成就的代价是巨大的。财富向军工的转移意味着当前消费水平的急剧下降。即便到了 50 年代，苏联人的生活水平还是没有提高多少；一些统计学家相信，1928 年到 1941 年之间的生活水平一直低于 1913 年。

第一个五年计划带来的困难和痛苦还表现在政治上。1934 年，斯大林最亲密的盟友谢尔盖·基洛夫（Sergei Kirov）遭暗杀；基洛夫死后，一些与反对阵营有关联的党内显要遭到逮捕和审判。除此之外，斯大林也开始对党内进行大规模的清洗，成千上万心存不满的人遭到逮捕，或者被枪毙，或者被发配到艰苦的环境下从事强制劳动，其结果也常常是死亡。类似于战时共产主义时期的恐怖政策死灰复燃。1936 年和 1937 年，在莫斯科举行了两次公开审判，苏维埃政府企图证明托洛茨基、季诺维也夫和其他老布尔什维克参与了反对苏联政权的阴谋，甚至与德国纳粹政府存在联络，试图联合希特勒推翻斯大林。这两次审判的离奇之处在于，一些受到指控的人竟然认罪了，尽管他们的认罪内容和一些关键的细节点存在出入。

1936 年，苏联采纳了一部新的"社会主义"宪法，并付诸实施。这部宪法对政府的苏维埃等级制度进行了若干调整。废除了之前宪法中的阶级基础，不论阶级出身，赋予每一个人以同等的投票权。在理论上将最高权力授予最高苏维埃，最高苏维埃分成两个部分：一个是联盟院，直接代表民众；另一个是民族院，代表构成这个国家领土的各个加盟共和国、自治区和民族地区等。

1936 年宪法被官方誉为"世界上最民主的宪法"。这部宪法被认为开启了社会主义时代——最终的目的地是共产主义，共产主义从原则上来说，就是各尽所能、各取所需。但宪法并没有解除共产党对政治的垄断。共产党用尽一切办法，来保证最高苏维埃在选举和投票时的一致性。因此，尽管 1936 年宪法带来了一些改变，但实际权力还是掌握在斯大林及其在政治局和书记处中的一个小顾问圈子手里。

f. 对外政策（1917—1939）

当布尔什维克在俄国掌权时，他们曾盼望世界革命早日爆发。直到 1923 年共产主义运动在德国和其他国家遭遇失败，苏联的领导者们才承认资本主义得到了暂时性的巩固。但官方一直坚信世界革命将最终到来。因此苏维埃政府的对外政策具有两面性：一方面与世界上其他国家建立正式的外交关系；另一方面，在大约 1936 年以后，又和其他国家的共产党保持着革命友谊，并将其置于自己的控制之下。

到 1922 年为止，苏俄还未与任何西方国家建立正式的外交关系，但在当年，苏俄与德国签订了一个协议，其他国家也逐渐承认了苏俄的存在并与其互派外交代表。1933 年希特勒的上台给苏联带来了一个新的威胁，为了应对这种威胁，苏联的领导人开始寻求与外国结成联盟。1934 年，苏联加入国际联盟，希望此举有助于化解纳粹入侵的威胁。1935 年，苏联与法国就共同防御结成同盟也是出于上述考虑。但西方国家和苏联之间并未有过真正的相互信任。1938 年，当英国和法国在慕尼黑向德国和意大利作出退让时，斯大林决定不应对西方资本主义的支持给予任何的信任。相应地，在 1939 年，苏联和德国签订了一个"互不侵犯"条约。几天后，德国进攻波兰，拉开了第二次世界大战的序幕。

和其他国家共产党的非正式关系是通过 1919 年成立的第三国际（或称共产国际）开展的。理论上来说，苏联共产党只是共产国际下属若干个国家的共产党中的一个而已，但事实上，苏联共产党的权力和威望比其他共产党要大得多，所以苏联从一开始就将共产国际掌控在自己手中。随着时间的推移，这种控制也不断得到巩固和完善。开始时，加入共产国际的各个团体中包括了背景各异的激进主义团体，它们并不准备对莫斯科的命令买账；但慢慢地，这些团体的领袖就作为"宗派分子"遭到清洗，新的领导人（其中大多数在苏联特殊的革命学校中接受了训练）掌握了世界各国的共产党组织。这一步骤在第二次世界大战爆发前的几年中完成，并且在 1936 年到 1938 年俄国共产党大清洗时得到加快。

（2）意大利法西斯运动

在 1919 年巴黎和会上，意大利外交官为自己赢得更多领土的希望破灭，国内也因此出现了对政府的不信任。更为严重的是，在许多地方（特别是北方）都出现了混乱局面。在这些地方，革命的社会主义政党（与第三国际存在联系）和一个新的法西斯政党多次爆发冲突。街头骚乱和暴动成为家常便饭。

法西斯政党成立于 1919 年 3 月，他的领导人是贝尼托·墨索里尼（1883—1945）。墨索里尼在第一次世界大战前曾是个社会主义者，他的政党在建立之初所制订的激进计划，也是借鉴自社会主义和工团主义理论。但不同于其他将国际主义作为自己传统的社会主义运动，墨索里尼强调的是意大利的民族性，他宣称战争和暴力是民族和个人迈向伟大的必由之路。很快，法西斯运动中的社会激进主义因素便消失了，取而代之的是军国主义和民族主义。配备了棍棒和枪械的"战斗团"向社会主义者发起有组织的进攻，砸烂对手报纸的印刷厂，另外还在很大程度上对米兰和其他大城市的街道实行管制。

到 1922 年为止，墨索里尼的政党已经吸引了一大批冒险者，包括退伍的军人和心存不满的知识分子等。另外，他还从一些商人和地主那里获得了资金支持。是年 10 月，墨索里尼宣布向罗马进军，接着米兰和其他地方的法西斯战斗团抵达罗马，在没有遭遇任何有效抵抗的情况下，战斗团占领了罗马主要的公共建筑。国王虽然只是受到惊吓，但还是接受了既定事实（fait accompli），他邀请墨索里尼担任意大利政府总理。

当墨索里尼首次出任总理时，他的党在下议院中只是少数，而且在他的首任内阁中，本党成员只有两个，而非法西斯党的成员却不少于十个。但这位总理逼迫下议院授予自己特殊权力，另外，在建设军队和法西斯战斗团的过程中，墨索里尼也利用自己的地位将法西斯党党员安插到关键位置。战斗团对政治对手的攻击并未停止，非法西斯政党被迫逐渐转入地下。1924 年，出版审查制度建立起来，在接下来的一年中，所有反对派的报纸都受到打压。非法西斯的工会也在 1926 年解散；到大约 1927 年，墨索里尼已经成功将自己塑造成意大利的最高统治者。

意大利的新独裁者利用自己的权力，根据法西斯主义的路线重组了这个国家的政治制度。所有反对他的政党被宣布为非法组织，下议院也遭到大幅改组。1928 年后，下议院不再根据地域而是基于职业团体来进行选举，这也是对工团主义原则的运用。议员候选人都经过法西斯党的审查产生，选民只能选择投票给名单上的人选，或者选择弃权。

随着政府角色在经济领域的稳步扩张，对统治工具的改造也已完成。大规模的公共工程上马，私人资本被引导进入到国家许可的渠道。教育也以史无前例的规模扩展到许多落后地区；另外政府还采取系统性的工作，将全体意大利人召集到法西斯政府和首领（Duce）的麾下。

1929 年，墨索里尼与罗马教宗达成一项协议。教宗不再追究教宗国的损失，并同意将自己的主权行使范围限制在梵蒂冈和圣彼得周围的一小块区域内。作为对教宗让步的回报，墨索里尼宣布罗马天主教为"这个国家的唯一宗教"，并用国家财政向神职人员支付薪水。这一协议结束了意大利的教会和国家之间长期以来的争端，在此之前，整个国家分裂为互不信任的两个部分。

对外方面，20 年代墨索里尼试图通过煽动那些对条约不满的国家来反抗法国。意大利和奥地利、匈牙利和保加利亚之间建立了特别友好的关系；另外，意大利还支持分裂战后建立的南斯拉夫的阴谋活动。墨索里尼不断地美化战争，并叫嚣要复兴古罗马帝国。1933 年后，随着德国军事实力的强盛，意大利又暂时寻求和法国改善关系；但 1935 年，当墨索里尼进攻埃塞俄比亚并被国联宣布为侵略者时，和法国的友好关系也宣告终结。国联对意大利实施了象征性的经济制裁，但是法国和英国并不愿意冒战争的风险。他们害怕看到墨索里尼下台，担心这会导致共产主义在意大利上台，或者至少是带来严重的骚乱，世界大战可能由此爆发。

因此，法国和英国的政策虽然成功疏远了墨索里尼，却没有阻止他对埃塞俄比亚的入侵。结果意大利恢复了与德国的接触。双方就奥地利问题达成一项协议，这为双方之间的重新接触提供了先决条件。1934 年，当纳粹德国第一次尝试吞并奥地利时，墨索里尼曾将军队移到边境，迫使希特勒放弃计划。但到 1936 年，希特勒却同意保持奥地利的独立，并克制自己吞并奥地利的宣传活动。以此为基础，意大利和德国建立了同盟，也就是通常所称的轴心。

在接下来的时间里，两个轴心国参与的最明显的行动便是介入西班牙内战。

西班牙在 1936 年爆发了由一个军官团体领导的叛乱，针对的目标是当年通过选举上台的左翼共和政府。在意大利与德国的军队以及"志愿兵"的帮助下，叛军获得了胜利（1939），弗朗西斯科·弗朗哥将军在西班牙建立起独裁统治。

同一时期，德国也摆脱了《凡尔赛条约》的桎梏，再一次建立了强大的军事实力。1938 年，德国无视两年前与意大利达成的谅解占领了奥地利。次年春，作为对自己的安慰，墨索里尼将部队开进阿尔巴尼亚，但其实阿尔巴尼亚早年间便在经济上依赖意大利，并由后者扶植的傀儡政府统治。这是墨索里尼对外政策的最后一次胜利。随着第二次世界大战的爆发，德国的实力超过意大利；而且意大利与希腊之间的战争（1940—1941），以及在北非与英军的对阵都以失败而告终，这使一直以来就吹嘘意大利民族新军事力量的首领感到尴尬。1941年春天，德国军队不得不在希腊和北非战线上向意大利施以援手。1943 年 7 月，也就是在盟军登陆意大利几周前，一场政变推翻了墨索里尼政府；但德国空降兵在危急关头挽救了这个倒台的独裁者，墨索里尼得以继续统治德国军队控制下的一部分领土一直到 1945 年，当然他只是德国人的傀儡而已。

（3）德国革命

在世界所有国家当中，德国似乎是第一次世界大战结束后最有可能爆发社会主义革命的国家。德国拥有庞大的无产者群体，还有一个强大且人数众多的马克思主义政党——社会民主党。1918 年德国的战败带来对帝国政府的不信任、严重的贫困以及大范围的社会混乱。德国境内也确实爆发了一场合法的革命。在德皇退位（1918 年 11 月）后，一个过渡政府在旧帝国议会的基础上接管了这个国家。德国人以最快的速度在魏玛召开立宪大会，制定了新的共和宪法。由于德意志帝国和魏玛共和国之间并不存在法律上的连续性，所以从严格的法律意义上来说，一场革命已经发生。但在实践中，从一开始便在新政府占据领导地位的社会民主党只是三心二意的革命者。有着成功的工会组织和政党活动传统作为背景的社会民主党领袖们，在早年间便已担任政府官员和议员。他们相信民主政府治下的民主和自由。此外，他们也愿意将社会主义原则所要求的财产权变更延后，直到合法的议会制政府可以缓慢、和平地实现这些变革。

但这种思想无法应对战后德国出现的混乱状态。受到俄国革命的鼓舞，一个强大的德国共产党分别于 1919 年和 1923 年尝试通过政变夺取政权。在极右翼方面，也兴起了一些小的团体和政党，总而言之，他们的领导人也不愿忍受一个民主和议会制政府的统治。1919年成立的德国民族社会主义工人党（人们更熟悉的是它的简称——纳粹）便是其中之一。很快，阿道夫·希特勒（1889—1945）（这个身份不明的奥地利人，兼第一次世界大战中德国军队的一位下士）便取得了对纳粹党的领导权。

直到1923年为止，人们似乎对魏玛共和国能否幸存下来一直都表示怀疑。1923年，德国在战争赔款问题上与法国发生摩擦，法国入侵莱茵兰。对此德国人的反应是拒绝再为占领者的利益去矿井和工厂工作。随着生产的放缓，通货膨胀也不断加重；德国的整个金融框架崩溃，数十万中产阶级的储蓄化为乌有。而恰恰正因如此，许多工薪阶级变成了无产者。在之后的几年中，很大程度上正是这些失去财产的阶级为纳粹输送了领导人和大部分狂热的追随者。

在德国，1923年的危机激起了一轮新的政治暴力。当年，共产党进行了第二次夺权的尝试；希特勒也效仿墨索里尼，在慕尼黑宣布"起义"。两者均以失败告终。希特勒和其他纳粹领导人被囚禁数年，利用这段监狱中的强制休假时间，希特勒撰写了《我的奋斗》一书。这本书既是一本自传，同时也阐述了希特勒的政治学说，它混合了对民主的蔑视、对犹太人的迫害以及种族神秘主义，浮夸但又使人飘飘然。墨索里尼为希特勒的首次政治冒险树立了榜样，和墨索里尼一样，纳粹在一开始也是一个社会主义与民族主义运动的结合；但当希特勒距离权力相应地越来越近时，他便弱化了社会主义的主题，而更强调民族主义、反犹主义和反布尔什维克主义。另外，纳粹运动还有两个鲜明的特点。一是对领袖的狂热崇拜。纳粹将所有权威集于阿道夫·希特勒一人，甚至在某种程度上将其神话为日耳曼种族意志的化身，因此希特勒可以给德国人民带来一个力量强大且行事果断的政府，凡尔赛体系的枷锁将被打破，未来德国人将不再受外敌侵扰。二是极端的反犹主义，他们断言犹太人是不同于真正的日耳曼人的一个种族，因此是敌人。

1923年的危机过去后，魏玛共和国迎来了一段相对稳定的时期。经过国际社会的努力，赔款问题得到了暂时的解决：主要由美国提供的贷款帮助稳定了德国的货币，并给困境中的德国人带来了短暂的经济繁荣。但在光鲜的外表之下，两颗脓疮正在溃烂。首先，几乎所有德国人都认为《凡尔赛条约》是不公正的，政府接受了条约（尽管不是没有抗议过），并且似乎无力通过和平谈判的方式对条约进行实质性的修改，大多数德国人对此失去了耐性。在 30 年代早期的政治斗争中，希特勒的主要宣传武器中的一种就是谴责《凡尔赛条约》；又因为希特勒似乎有意对此做点什么，他的呼吁也收到了效果。魏玛政权的第二个弱点是来自贫困的工薪阶级的不满，上文中已经提到了他们对纳粹的支持。另外，在德国还有一些由贵族土地所有者、实业家和旧式军官组成的强势团体，他们对现状感到失望，留恋帝国时期的荣光。这些保守的民族主义团体并不喜欢魏玛政权，一部分的原因是他们认为民主和自由的政府比较虚弱——只会耍嘴皮子而不会干实事。另一部分原因则是他们看不起社会民主党和其他相关政党的政治领袖，认为他们不过是社会上的暴发户，他们的政治目标是颠覆旧秩序，而这恰恰是自己想要恢复的。

最后，社会民主党所倚赖的工业城镇中的工人阶级也不再相信魏玛政府。共产党在 1923 年后依然强大，他们与希特勒达成协议，对德国的民主自由宪法采取最大程度的蔑视态度。在希特勒上台前的关键几年中，共产党将自己的重心转到对付社会民主党上，以期将大权揽入自己手中：这一政策显然也给了希特勒的最后成功以一臂之力。

当始于 1929 年的世界性经济危机降临到德国头上时，魏玛政权潜在的危机暴露出来。街头示威和暴动增多，而政府显然不知道该如何处置。随着大规模的失业和街头暴力，社会民主党与其他政党之间的联盟岌岌可危；在议会中又没有一项稳定的政策能够得到绝对多数议员的支持。在这种混乱的局面之下，共产党和纳粹党都得到了迅速壮大，我们可以从下面的表中看出来：

议会中的议席数量　　　　（单位：人）

年份	共产党	纳粹党
1930 年	77	107
1932 年	89	230
1932 年秋	100	196

在 1932 年举行的第二次大选似乎是希特勒的顶峰。一些保守主义和民族主义的政客得出结论，可以利用民众对纳粹运动的支持来维系自己的权力，因此可

以利用希特勒来实现自己的目标。正是因为这个原因，共和国总统陆军元帅保罗·冯·兴登堡（Paul von Hindenburg）才情愿任命希特勒为政府总理。

1933 年 1 月希特勒上台，但纳粹党在议会和他的首任内阁中仍旧只是少数。这种情况和希特勒的威权主义原则大相径庭。因此，1933 年 3 月，希特勒要求进行新一轮大选。纳粹党开足马力确保希特勒获得最多选票，另外希特勒还出台了各种法律限制反对党参与竞选活动的权利。结果，纳粹党和一些规模较小的民族主义政党和反动政党以微弱的优势（52%）赢得了议会选举。当新一届议会召开时，代表们通过一项法律中止了《魏玛宪法》，并授予希特勒为期四年的独裁权力。

希特勒利用自己新的地位建立了一个极权主义政府。早年间幸存下来的制度受到打压；比如，旧的德意志邦国作为政治单位被废除，取而代之的是一个全德意志统一的中央集权的行政体系。在掌握独裁权力后很长的时间内，希特勒都宣布共产党的存在是非法的，几个月后，其他政治团体也遭受了同样的命运，纳粹党实现了对政治的垄断（1933 年 7 月）。纳粹党对工会实施镇压，成立了新的代表工人、雇主和政府的组织，用以调控劳工的工资和工作时间。政府无视"健全"财政的传统，增强了对经济的控制。大批款项被用于兴建公共工程和重整军备——重整军备起先是秘密进行的，到 1935 年才公开化。政府通过这些方法迅速降低了失业率，并再次实现了经济繁荣。

迫害犹太人是纳粹政权最残暴的一个方面。政府的宣传使民众对犹太人感到不安。德国发生了反犹太人的街头骚乱，还有暴民采取了暴力行动。紧随其后的是歧视和迫害的合法化。政府将保持日耳曼种族的纯洁性作为自己的政策目标之一。

1934 年，希特勒面临着一个危机。他的一部分追随者感觉到党背叛了自己计划中的社会主义成分。争执伴随着个人之间的竞争出现在纳粹党高层，不仅如此，正规军和作为纳粹"私人"武装的突击队之间也存在着猜忌。这种种现象（可能还有党内存在的其他张力）带来了对党内若干最高领导人的一次清洗，这些遭清洗的人被简单地执行了枪决。此外，其他一些在希特勒上台前就拥有突出政治影响力的人也遭到处决。这次对自己实力的展现巩固了希特勒的地位；兴登堡去世的同一年，希特勒又将德国总统的大权揽入怀中，而且他还通过全民公投

RISE OF HITLER AND WORLD WAR II IN EUROPE

Axis Powers, 1938

Greatest extent of Axis control, to 1942

1940 Date of take-over by Axis

Allied reconquest, 1942–1945

Neutral nations

Boundaries in 1938

Caspian Sea

IRAN

CAUCASUS

Stalingrad Nov.-42–Feb.1943

SOVIET UNION

Volga

X Moscow Dec.1941

Black Sea

TURKEY

SYRIA

IRAQ

TRANSJORDAN

Dnieper

PALESTINE

SUEZ CANAL

Cairo

El Alamein Nov.1942

CYPRUS (Br.)

CRETE

L. Ladoga

FINLAND

ESTONIA

LATVIA

LITHUANIA

Baltic Sea

E. PRUSSIA

POLAND 1939

Warsaw

Don

RUMANIA 1941

BULGARIA 1941

GREECE 1941

Danube

SWEDEN

North Sea

NORWAY 1940

DENMARK 1940

VE-Day May 7,1945

Berlin

GERMANY

Elbe

CZECHOSLOVAKIA 1939

Vienna

AUSTRIA 1938

HUNGARY 1941

YUGOSLAVIA 1941

ALBANIA (It.)

Mediterranean Sea

SICILY

Rome

ITALY

SWITZ.

SARDINIA

CORSICA

TUNISIA 1942

IRELAND

GREAT BRITAIN

London

Battle of Britain Aug.–Oct.1940

Atlantic Ocean

D-Day June 6,1944

NETH.

BEL.

Rhine

Paris

FRANCE 1940

VICHY FRANCE 1942

SPAIN Spanish Civil War 1936–39

PORTUGAL

SP. MOROCCO

Casablanca

North African landings, 1942

MOROCCO

ALGERIA

TERRITORIES CONTROLLED BY VICHY FRANCE

0   500 miles

希特勒的崛起与欧洲的第二次世界大战

的方式确立了自己新的崇高地位。终于，希特勒成为这个国家无可争议的首脑。为了表明与魏玛政权一刀两断，希特勒并没有接受总统的头衔，而是选择了一个新的官方称谓——元首（Der Führer），此外，他还将自己的政府命名为第三帝国（第一个是中世纪时的神圣罗马帝国，第二个是1871—1918年的德意志帝国）。

希特勒逐渐完善了极权主义的整套体系。政府完全控制广播和出版；秘密警察（盖世太保）四处搜寻政治异见分子，并将他们投入集中营接受政治再教育或惩罚，而在集中营里死亡十分常见；政府还通过多种金融和其他手段将对外贸易限制在政府许可的一些领域；最后，在迫害犹太人的伪装下，政府还转移了相当数量的财产。但最为重要的是，希特勒开始为德国进行战争的准备，他相信只有通过军事力量才能改变现有的疆界，以保证德国人必要的"生存空间"（Lebensraum）。

在对外事务方面，希特勒出乎意料地取得了和在国内一样大的成功。德国重整军备的行动并没有在法国人中引起实质性的反应，至少其中一部分是源于对1923年占领鲁尔行动的惨痛记忆。甚至当希特勒公然无视《凡尔赛条约》，大胆地进军莱茵兰（1936）时，法国和英国也只是提出了外交上的抗议。

在接下来的几年中，希特勒接连取得外交上的胜利。1936年，希特勒与墨索里尼达成一份谅解，之后的几年，他帮助弗朗哥打赢了西班牙内战。1938年，希特勒吞并了奥地利，同年秋天，他成功迫使法国和英国默认自己对捷克斯洛伐克的肢解（《慕尼黑协定》，1938年9月19日）。紧接着在第二年春天，德国部队占领了捷克斯洛伐克剩下的领土，而组成它的波西米亚、摩拉维亚和斯洛伐克 ⁶³⁹ 则沦为德国的"保护国"。

从这一仓促的解释中可以明显地看出，希特勒在德国一上台，便摆脱了帮助自己登上权力宝座的保守派和民族主义团体对自己的限制。希特勒利用了他们；他们却没能利用希特勒。从某种有限的意义上来说，希特勒为德国带来了一场革命。新的社会要素掌握了权力，新的思想占据了德国人的头脑，暴力在1934年闪现，之前的社会秩序受到经济的军事化以及相应的军事力量发展的深刻影响。但和1919年的革命一样，纳粹的革命也只是局部性的。它所带来的变化，远没有1917年发生在俄国的那场革命来得彻底，纳粹也从未摆脱诸如保留了德意志帝国时期传统的军官等强势团体的影响。

3. 法国与英国（1919—1939）

当革命和准革命横扫东欧和中欧时，法国和英国的政府以及社会体系保持了相对稳定。两国在世界大战中遭受的财产损失并没有得到彻底补偿。在法国，严重的通货膨胀使经济动荡，直到 1926 年征收了新税才实现了预算平衡。英国则失去了战前的一些市场，它们在战争期间被美国抢占；此外，对煤炭需求的下降（原因是对石油和水力需求的不断增长）也给作为这个国家曾经最主要工业之一的煤炭开采业造成了严重的影响。长期的失业也使工人的不满升温，甚至是在 1924 年 1 月工党领袖拉姆塞·麦克唐纳（Ramsay MacDonald）担任联合内阁的首相后，情况也没有得到改观。煤矿工人对工资的不满导致了 1926 年的总罢工；而罢工的失败（以及对工党与苏联共产党存在密切联系的指控）帮助 1924 年 10 月从工党手中接过权力的保守党内阁争取到了更长的任期。

在短暂的三年时间里（1926—1929），法国和英国迎来了一次繁荣——一部分是由于同一时期美国贷款带给德国的繁荣所造成的。但 1930 年的大萧条使这次繁荣草草收场，失业问题再次困扰了这两个国家。法国政府的稳定受到众多不喜欢或不信任共和政体的团体的威胁——在左翼的是共产党，在右翼的是一系列准法西斯和教士团体。在英国，没有人真正威胁到政府体系，但另一方面，也没有人知道如何化解经济危机。

641　　　我们必须将西方民主国家在 20 世纪 30 年代中胆小而短视的外交政策放到经济危难和内部衰弱的背景下来理解。对战争的恐惧非常普遍，而且根深蒂固。很多人都感到为了避免战争所作出的所有让步都是值得的。不仅如此，一大批英国人和一部分法国人甚至相信在希特勒身上至少还有一点公正心，而且《凡尔赛条约》中的惩罚条款对德国而言的确不公平。但随着希特勒对领土越来越欲求不满，并且一而再再而三地违背自己的承诺时，公众对进一步退让的反对态度变得强硬起来。1938 年在慕尼黑作出的让步和妥协只带来了短暂的缓和，随后法国和英国便追悔莫及。两个政府都决定不再向德国屈服。结果，英国和法国向波兰作出承诺，只要任何企图破坏这个国家领土完整的行为发生，英法两国便会出兵作战。

这一保证，加上对罗马尼亚的一个类似的承诺，阻止了德国继续向东扩张。希特勒不得不面临一个抉择：要不放弃自己的野心，要不要冒着与法国和英国开

现代世界的塑造者
第二次世界大战中的政治领导人

富兰克林·罗斯福
（贝特曼档案）

阿道夫·希特勒
摄于 1937 年
（贝特曼档案）

温斯顿·丘吉尔
摄于 1939 年
（贝特曼档案）

约瑟夫·斯大林
（贝特曼档案）

第二次世界大战中的政治领导人

战的风险继续自己的计划。希特勒选择了后者。1939年8月23日与苏联达成的一项协议更是坚定了希特勒的这一决心。一周后的9月1日，德国军队开进波兰境内；9月3日，英国和法国根据自己的承诺，向德国宣战。第二次世界大战就此爆发。

4. 第二次世界大战及其余波（1939—1949）

在战争爆发后的将近两年时间里，德国军队连连告捷。波兰在几周内便惨遭蹂躏；1940年春法国也被占领，被占领的还有挪威、丹麦、荷兰和比利时。法国投降（1940年6月）后，只剩下英国与高奏凯歌的德国作战。但德国入侵英国的计划并未得逞，希特勒决定将枪口转向大陆上仅存的自己可以触及的大国——苏联。1941年6月22日，德国人向苏联发动了进攻并在一开始就取得了相当大的战果。尽管德国人在这段时间里占领了苏联最富裕的一部分领土，但还是没能占领莫斯科，或者是瓦解苏联人的抵抗。到1941年年底，随着日本偷袭珍珠港（12月7日）以及随后德国向美国宣战（12月11日），美国也参战了，这给战争带来了决定性的变化。

转折点发生在1942—1943年的秋冬两季。1942年11月，美国和英国的部队在北非登陆，到1943年5月为止，两国军队成功将德国军队赶出非洲大陆，并取得了对地中海的控制权。同一时期，从11月到次年2月，苏联军队为了夺回斯大林格勒与德国军队展开激战，最终苏联军队包围了大量德军，并迫使其投降。从那以后，德国军队开始全面处于守势。苏联渐渐将入侵者从自己的土地上赶走，到1944年春天，又成功越过旧的边界进入巴尔干和波兰，到1944年年底前，苏联人已经渗透到德国的一部分领土上。1943年7月，英美联军登陆西西里，9月占领意大利；1944年6月，大批盟军成功渡过英吉利海峡，到1944年年底逼近德国西部边境。在空中攻势和海上封锁之下，德国人的实力被严重削弱，所以当1945年的总攻到来时，盟军已经所向无敌。1945年8月，在对日本本土发动真正入侵前，盟军迎来了胜利。停战协议于1945年9月2日正式签订。这场战争持续了六年零一天。

第二次世界大战的规模之大，波及的国家和地区之广堪称史无前例。英国、苏联和美国将各自国家的经济和军事实力融为一体所产生的效果，也是史无前例的。可以肯定的是，苏联和西方同盟国之间的军事合作自始至终貌合神离；但英国和美国确实将两国的陆军进行了合并，并在统一的指挥下作战。在经济层面上，美国的《租借法案》将英国、苏联和美国的战时经济整合成一个互相依赖的整体。交战国在社会、经济和军事发展上也到达了前所未有的规模；世界上领先的民族更是前所未有地将各自共同的精力和资源集中到了战争上。

第二次世界大战中反法西斯大同盟得以建立的最主要的原因是对希特勒的同仇敌忾；但是，战争中三大领袖（美国总统富兰克林·D.罗斯福［1882—1945］、英国首相温斯顿·丘吉尔［1874—1965］和苏联元帅约瑟夫·斯大林）各自的政策和性格也促使了政府间合作的实现，尽管事实上各个政府之间存在许多争执。在战事仍在进行中时，三大首脑利用相互间定期的会晤（1943年11月的德黑兰会议、1945年2月的雅尔塔会议，以及1945年7月到8月的波茨坦会议）解决了一些争端，但同时也掩盖了其他问题；当在军事上击败了希特勒和日本人后，伟大同盟立刻分崩离析。战争期间没有显露出来的冲突焦点被摆上桌面；为了争夺权力以及在波兰、德国和中国等国的势力范围，各国间背地里的争斗很快演化为"冷战"——这一名称可谓恰如其分。在1945年和1947年之间，主要是英国和苏联之间的争执；1947年后，随着美国总统哈里·杜鲁门（1884—1972）支援希腊和土耳其反抗共产党威胁，世界上大部分国家被分成了两部分，一部分是美国及其支持者，另一部分则是苏联及其依附者。

在1945年时，新成立的国际组织联合国还无力处理大国间的这类争端。要采取有效的行动，须经联合国安全理事会全体成员的一致同意，但在苏联和西方国家之间存在尖锐的对立时，这种一致实际上是无法实现的。不过在联合国内部进行辩论仍旧是国际事务的一个突出特点。在纽约联合国总部，大国和实力稍弱的国家忙于和对手之间的宣传战，而在幕后，有时双方会展开激烈的谈判。相比国家联盟的命运，这一新的国际组织至少存在了更长时间。对于世界的主要国家（当然不包括德国和中国）而言，自己的会员国身份还是有价值的，而且，将自己的诉求通过联合国诉诸世界上的政府及其人民的普遍观点，对于它们来说是明智和审慎的。尽管效果有限，但这一机制在实际中还是起到了限制民族利己主义行为的作用。

第二次世界大战的进程显示出美国和苏联可以掌控的力量之大。尽管战争始于欧洲，且最开始的 18 个月是在传统的欧洲民族国家间展开，但在随后的战争岁月里，人们发现陷于战争的已不仅仅是旧欧洲意义上的民族国家。相反，参与战争的变成了大规模的国家间组织。不管是德国还是同盟国都是如此。希特勒动用了几乎所有欧洲的资源来支持自己的战争机器，苏联则利用自己广阔的领土，美国和英国也将各自统治着或者能够施加影响的地区组织起来。同样，日本在战争过程中的实力也不仅来自日本本土，而且也来自伪满洲国和其他日本占领区。

将大范围的领土上的资源和人力进行整合以实现共同目标是可行的。这种可行性成为第二次世界大战的一个主要突破。对早年间行动限制的第二个突破，是通过有意识有组织的创新提高了当前的技术水平。德国人正是用这种方式发明了火箭和喷气式飞机，尽管这两件希特勒的"秘密武器"投入战场为时已晚。同盟国也通过类似的方法发明了雷达和原子弹，以及一系列稍显平庸的装置，比如为炮弹设计的近炸引信。

战后，这些主要的突破和计算机（在战争中为了计算炮弹轨道而发明）技术结合起来，实现了对携带核弹头的火箭的计算机控制，可以在地球上任意目标之间实施点对点打击。在 20 世纪 60 年代，美国和苏联均拥有了第一代洲际导弹，对人类的这一新的威胁终于成为现实。

5. 冷战及其终止（1949—1975）

1949 年以后的欧洲政治史与美国和苏联的历史紧密交织在一起，此外还有非洲、中国、印度和中东的历史。这已经超出了这本《手册》所能及的范围。但从总体上来说，国际政治受到了半秘密状态下的军备竞赛的深刻影响，军备竞赛的重心是核弹头及其运输方式的设计和改进。竞赛起初只在美国和苏联之间进行；随后英国也加入其中，但随即又退出。但 1958 年，法国开始大力发展自己的核武器，1964 年，中国人也成功试爆了自己的首个"原子弹装置"。其他国家可能也已经秘密研制了核武器。

1950 年到 1956 年间，氢弹技术得到了完善。到 1956 年或大致这个时间，美国和苏联政府都很清楚有了氢弹头的核战争的潜在破坏力之大，将使任何一个国家都不会接受全面战争政策。随着其他国家也认识到这一点，两大国放松了对

第二次世界大战后的中欧

各自盟友的控制。法国开始挑衅美国；罗马尼亚、波兰和南斯拉夫也开始和苏联叫板。从 1960 年开始，中国和苏联之间公开爆发了一场激烈的争执，共产主义世界被撕裂成了对立的两个部分。从整个世界的范围来看，对阵营的选择变得复杂而多变，更像是旧欧洲式的权力平衡。战后出现的两极世界开始出现变化。

但在 1949 年到大约 1957 年之间，美国人及其盟友与苏联人及其盟友之间的"冷战"统治了其他所有的一切。1949 年，中国成为共产主义国家；翌年，朝鲜的共产党政权（应该是得到了斯大林的许可）试图将整个国家统一到自己的控制之下。针对这一系列事件，美国政府加强了与西欧国家之间的军事同盟（也就是北约——北大西洋公约组织），并派出美国部队和给养支援韩国政府。联合国认定朝鲜为侵略者；到战争结束前，总共有十六个国家或多或少地向韩国提供了军事援助。但当取胜的联合国军开始向中朝边境靠近时，中国向朝鲜伸出了援手。中国的出兵出乎美国意料，中国军队将联合国军逼退到北纬 38 度线附近，这也是战争最初开始的地方。1953 年，战争最终在僵持和休战中宣告结束。

第二次世界大战结束后的几年也见证了欧洲帝国在非洲和亚洲的崩溃。1947 年，英国从印度、缅甸和斯里兰卡撤出；从 1956 年开始，在非洲的英国前殖民地出现了当地政府主权的快速转移，同样的政策在东南亚和加勒比地区也非常普遍，在这些地区，当地的政治运动提出独立要求。法国和其他欧洲殖民国家起初并不情愿割断与殖民地的联系。但经历了两场令人不快的战争（一场在印度支那[1947—1954]，另一场在阿尔及利亚[1954—1962]）后，法国人明白自己不可能靠武力来维系帝国，在 1958 年重新上台的夏尔·戴高乐将军的领导下，法国也认可了自己在非洲和其他地区的殖民地的独立运动。1960 年，比利时也解放了广大的比利时刚果地区。

欧洲的经济繁荣随着共同市场的成功不断积累，欧洲人对非洲和亚洲的关注减少了。与此相类似，在斯大林逝世（1953）以及朝鲜战争结束以后，苏联和美国更多关注的都是自己的国内问题。在苏联，提高生活水平的愿望似乎比追求世界革命来得更紧迫。而在美国，黑人民权运动和其他国内问题成为新的焦点。

中国、埃及（1954 年迦玛尔·阿卜杜尔·纳赛尔通过军事政变上台）和古巴（1959 年菲德尔·卡斯特罗领导共产党游击队取得胜利）则依旧是革命抱负和理想主义的活跃中心；但由于各自都面临严重的内部问题，所以三国都没有在这方面取得什么成就。在越南，共产党领导下的游击队在推翻南越的行动中接连取胜。1954 年法国和越南游击组织签订停火协议，之后，南部在美国的支持下成立了南越政府；当南越政府似乎将要沦陷时，美国向越南派出了部队和给养，试图阻止共产党上台。但美国一直到 1964 年以后才作出参战的承诺；而北越共产党则轻而易举地集合起反抗美国侵略者的力量，并且从苏联和中国那里得到了大批的武器。战争的规模和持续时间超出了美国官方的预计。这个时候，美国民众647对在越南的战争也持不欢迎的态度；但由于害怕自己威信扫地，美国政府一直将战争拖到了 1975 年。在美国人撤退后，共产党便立刻取得了胜利。

很快，苏联的声望也和美国一样遭遇下挫。1979 年，为了支持摇摇欲坠的阿富汗共产党政权，红军入侵阿富汗。美国和靠石油致富的阿拉伯国家政府为当地游击队组织提供了武器，此后，就像越共在越南反抗美国人时那样，游击队组织取得了不同程度的胜利。

另一个问题中心是中东。在这里，新建立的犹太国家以色列（1947）和它的阿拉伯邻国之间爆发了一系列为期较短的战争，结果以色列分别在 1947 年、1956 年、1967 年和 1973 年的战争中取得胜利（其中 1973 年那场赢得不像之前那样具有决定性）。1979 年，埃及与以色列达成和解，但其他阿拉伯国家拒绝效仿埃及；1982 年，以色列入侵黎巴嫩，但并未在那里建立起一个稳定的政府，1985 年以色列从黎巴嫩撤军。这次失败反映出什叶派穆斯林变得越来越好战，他们受到叙利亚的支持，并以伊朗成功的革命为榜样，后者在 1979 年建立了一个对宗教虔诚到狂热程度的政府。但随后，伊朗便卷入了与伊拉克的战争之中，两国政权的稳定都遇到了威胁。

在世界其他地方同样不缺少政治暴力。总之，新的通信手段加上世界上许多地方存在的土地短缺，促使占人口大多数的农民参与到了政治行动中。亚洲、非洲和拉丁美洲都发生了这类剧变；只要人口还在持续地快速增长，来自农村社区的年轻人就会为革命意识形态（宗教的、反动的、世俗的以及未来主义的）提供燃料，因为在农村已没有足够的土地供他们继续以传统的方式生活下去。而这确实成了前面几十年中世界发展所围绕的主要轴心。

对欧洲或世界大国最近的国内政治史，这里没有必要再进行概述。除了第二次世界大战后的法国在政权上经历了两次法律外的变动外，在 1949 年到 1969 年之间，整个欧洲的政治秩序都出奇的稳定，在共产主义和非共产主义的国家都是如此。欧洲国家显著的经济成就可能可以解释这一事实存在的原因。

四、文化

尝试在这本《手册》中描述 1914 年以来的欧洲文化史是一件可笑的事。但有许多名字不能不提：画家中的巴勃罗·毕加索（1881—1973）和亨利·马蒂斯（1869—1954）；作家中的詹姆斯·乔伊斯（1882—1941）、马塞尔·普鲁斯特（1871—1922）以及托马斯·曼（1875—1955）；作曲家中的保罗·亨德米特（1895—1963）和谢尔盖·普罗科菲耶夫（1891—1953）；哲学家中的阿尔弗雷德·诺斯·怀特海（1861—1947）和贝奈戴托·克罗齐（1866—1952）；诗人和评论家中的托马斯·斯特恩斯·艾略特（1888—1964）；但从时间上来说，这些人以及许多其他当代的画家、作家和思想家和我们还是离得太近，我们还不能确定，从长时段上来看他们在西方文化传统中的地位怎样。

在自然科学领域，1914 年以来，其内部各个分支领域都积累了大量新的数据。物理学在 20 世纪 20 年代和 30 年代扮演了最具影响力的角色，人们试图去理解爱因斯坦的相对论之下的世界，然后据此调整自己的世界观。然而，第二次世界大战结束后的几十年中最戏剧性的突破发生在生物领域，詹姆斯·沃森和 F. H. C. 克里克于 1953 年破译了 DNA 分子的化学结构。通过这一发现，人们开始对遗传机制有了相对精确的认识，同时，这一发现也暗示了科学家在未来通过有意识地操纵 DNA "编码" 来改变遗传的可能性。这种对生命过程和有机进化模式的控制力挑战着人们的想象力，特别是如果这种技术被应用到人类身上时。

1957 年，苏联用火箭将第一颗人造卫星送入地球轨道。从那时起，人类对太空进行了成功的探索。在增长人类关于世界的知识的同时，太空探索也加剧了人类对具有毁灭性的原子能的恐慌。举例来说，人造卫星既可以用于精准的天气观测，也可以用来扫描天空中新的辐射源，帮助天文学家解决眼前的难题。新数据的爆炸并没有阻止天文学家提出新的恒星生成理论，以及随后关于宇宙最初诞生问题的大爆炸理论。地球科学家也被淹没在卫星和深海探测器传回的数据中，但他们也提出了另一个重要的新理论，他们将地震、火山和大陆的总体轮廓解释为是漂浮在地球内部岩浆之上的大陆板块漂移的结果。

社会科学领域中可以与上述成就相提并论的，只有约翰·梅纳德·凯恩斯的经济理论及其实际应用。但是，随着人类学和历史学对人类在地球上的征程和人类的多种文化系统及其成就的理解不断加深，人们在看待彼时的观念也发生了巨大的转变，特别是在对待种族和文化差异方面。像人类学家布罗尼斯拉夫·马林诺夫斯基（1884—1942）和阿尔弗雷德·克罗伯（1876—1960），历史学家阿诺德·J.汤因比（1889—1975）和马克·布洛赫（1886—1944）都是各自学科中最具影响力的领军人物，但在这些领域并没有一个人表现得特别突出。

教宗若望二十三世在位期间（1958—1963），罗马天主教会发生了一次显著的变化。在他所召集的第二次梵蒂冈普世大会上，若望二十三世允许教会中的变革倡导者自由地表达自己的想法。在普世大会上以及大会以后，教宗和其他罗马教会的高级领导人与新教以及东正教的领袖建立了友好的关系，这一宗教改革以来的首次友好交往的意义可能更为重大。

极权主义政府为了使艺术家、作家和思想家为自己的政治目的服务，将文化的表达置于自己的控制之下，这是现代历史的一大特点。在第一次世界大战以后，世界上所有国家的文化领袖和民众对文化的共识越来越少，而极权主义的控制可能可以被视作是一种利用强制和警察手段重建共识的努力。纳粹等政府便充分展示了现代宣传对普通人头脑的塑造作用；这类方法似乎有可能甚至很可能会导致文化断种。时间将会说明一切。

第三编第三章第四节扩展阅读

The Cambridge Economic History of Europe. Vol. 7. Rev. ed. Cambridge, 1978.

The New Cambridge Modern History. Vol. 12. Rev. ed. New York, 1968.

Barraclough, G. *An Introduction to Contemporary History.* New York, 1964.

Bialer, S. *Stalin's Successors: Leadership, Stability, and Change in the Soviet Union.* Cambridge, 1980.

Bloch, M. *Strange Defeat.* New York, 1968.

Borkenau, F. *The Communist International.* London, 1938.

Bracher, K. D. *The German Dictatorship: The Origins, Structure, and Effects of National*

Socialism. New York, 1970.

Broszat, M. *The Hitler State: The Foundation and Development of the Internal Structure of the Third Reich*. London, 1980.

Brzezinski, Z. *The Soviet Bloc: Unity and Conflict*. Cambridge, Mass., 1967.

Bullock, A. L. *Hitler: A Study in Tyranny*. Rev. ed. New York, 1964.

Carr, E. H. *A History of Soviet Russia*. 14 vols. London, 1950–78.

Carsten, F. L. *The Rise of Fascism*. Rev. ed. Berkeley, 1980.

Churchill, R. S., and Gilbert, M. *Winston S. Churchill*. 5 vols. London, 1966–77.

Churchill, W. S. *The Second World War*. 6 vols. London, 1948–53.

Clark, R. W. *Einstein: The Life and Times*. New York, 1971.

Colton, J. *Leon Blum*. New York, 1966.

Crouzet, M. *The European Renaissance since 1945*. London, 1970.

Deakin, F. W. *The Brutal Friendship*. New York, 1963.

De Felice. R. *Interpretations of Fascism*. Cambridge, Mass., 1977.

Deutscher, I. *The Prophet Armed: Trotsky, 1879–1921*. New York, 1954.

Deutscher, I. *Prophet Outcast: Trotsky, 1929–1940*. New York, 1963.

Deutscher, I. *Prophet Unarmed: Trotsky, 1921–1929*. New York, 1959.

Deutscher, I. *Stalin, A Political Biography*. New York, 1967.

Feldman, G. D. *Army, Industry, and Labor in Germany, 1914–1918*. Princeton, 1966.

Fest, J. *Hitler*. New York, 1974.

Fischer, F. *Germany's Aims in the First World War*. London, 1967.

Fischer, L. *The Life of Lenin*. New York, 1965.

Foot, M. R. D. *Resistance: European Resistance to Nazism, 1940–1945*. New York, 1977.

Fussell, P. *The Great War and Modern Memory*. London, 1975.

Gaddis, J. L. *The United States and the Origins of the Cold War, 1941–1947*. New York, 1972.

Gathome–Hardy, G. M. *A Short History of International Affairs, 1920–1939*. Rev. ed. London, 1950.

Gellner, E. *Nations and Nationalism*. Ithaca, N.Y., 1983.

Gilbert, F. *The End of the European Era, 1890 to the Present*. Rev. ed. New York, 1984.

Grosser, A. *Germany in Our Time*. New York, 1971.

Grosser, A. *The Western Alliance: European–American Relations Since 1945*. New York, 1980.

Haffner, S. *The Meaning of Hitler*. Cambridge, Mass., 1983.

650

Halle, L. *The Cold War.* New York, 1967.

Hazard, J. *The Soviet System of Government.* Chicago, 1968.

Herring, G. *America's Longest War: The United States and Vietnam, 1950– 1975.* New York, 1979.

Hilberg, R. *The Destruction of the European Jews.* Rev. ed. New York, 1985.

Hughes, H. S. *The Obstructed Path.* New York, 1968.

Kennan, G. *The Nuclear Delusion: Soviet–American Relations in the Atomic Age.* New York, 1983.

Kennan, G. *Russia and the West under Lenin and Stalin.* Boston, 1961.

Keynes, J. M. *The Economic Consequences of the Peace.* London, 1920.

Kocka, J. *Facing Total War: German Society, 1914–1918.* Cambridge, Mass., 1984.

Lach, D. F., and Wehrle, E. S. *International Politics in East Asia since World War II.* New York, 1975.

Leed, E. J. *No Man's Land: Combat and Identity in World War I.* Cambridge, 1979.

Lichtheim, G. *Europe in the Twentieth Century.* London, 1972.

Lipset, S. M. *Rebellion in the University.* Chicago, 1976.

Loewenberg, P. *Decoding the Past: The Psychohistorical Approach to History.* New York, 1982.

Lyttelton, A. *The Seizure of Power: Fascism in Italy, 1919–1929.* New York, 1973.

Mack Smith, D. *Mussolini.* New York, 1982.

McNeill, W. H. *America, Britain and Russia: Their Cooperation and Conflict, 1941–46.* London, 1954.

Maier, C. S . *Recasting Bourgeois Europe.* Princeton, 1971.

Marcus, M. R., and Paxton, R. O. *Vichy France and the Jews.* New York, 1981.

Mayer, M. *They Thought They Were Free.* Chicago, 1966.

Mayne, R. *The Recovery of Europe: From Devastation to Unity.* New York, 1970.

Merkl, P. H. *Political Violence under the Swastika.* Princeton, 1975.

Middlemas, K. *Politics in Industrial Society.* London, 1979.

Milward, A. *The Reconstruction of Western Europe, 1945–1951.* Berkeley, 1984.

Milward, A. *War, Economy, and Society, 1939–1945.* Berkeley, 1977.

Moore, R. *Niels Bohr: The Man, His Science and the World They Changed.* New York, 1966.

Morgan, K. O. *Labour in Power, 1945–1951.* Oxford, 1984.

Narkiewicz, O. A. *Marxism and the Reality of Power, 1919–1980.* New York, 1981.

Nettl, J. P. *The Soviet Achievement.* Norwich, 1967.

Nolte, E. *Three Faces of Fascism: Action Francaise; Italian Fascism; National Socialism.*

New York, 1966.

Nove, A. *An Economic History of the U.S.S.R.* Rev. ed. Harmondsworth, 1982.

Nove, A. *Stalinism and After.* London, 1975.

Orlow, D. *The History of the Nazi Party.* 2 vols. Pittsburgh, 1969—73.

Paxton, R. O. *Europe in the Twentieth Century.* New York, 1975.

Postan, M. M. *An Economic History of Western Europe, 1945—1964.* London, 1967.

Ramsden, J. *The Age of Balfour and Baldwin, 1902—1940.* London, 1978.

Reed, J. *Ten Days that Shook the World.* New York, 1919.

Rothschild, J. *East Central Europe between the Two World Wars.* Seattle, 1974.

Seton—Watson, H. *The East European Revolution.* New York, 1950.

Seton—Watson, H. *Eastern Europe between the Wars.* Hamden, Conn., 1962.

Seton—Watson, H. *From Lenin to Malenkov: The History of World Communism.* New York, 1953.

Sontag, R. *A Broken World, 1919—1939.* New York, 1971.

652 Stern, F. *The Failure of Illiberalism: Essays on the Political Culture of Modern Germany.* New York, 1972.

Tannenbaum, E. R. *The Fascist Experience: Italian Society and Culture, 1922—1945.* New York, 1972.

Taylor, A. J. P. *English History, 1914—45.* New York, 1965.

Thomas, H. *The Spanish Civil War.* Rev. ed. New York, 1977.

Thomson, D. *Democracy in France since 1870.* Rev. ed. London, 1969.

Trotsky, Leon. *The History of the Russian Revolution.* 3 vols. New York, 1933.

Ulam, A. B. *Russia's Failed Revolutions.* New York, 1981.

Ulam, A. B. *Stalin: The Man and His Era.* New York, 1973.

Westoby, A. *Communism Since World War II.* New York, 1981.

Wilson, E. *To the Finland Station.* New York, 1940.

Wolff, R. L. *The Balkans in Our Time.* Rev. ed. New York, 1978.

Wright, G. *The Ordeal of Total War, 1939—1945.* New York, 1968.

第三编第三章第四节年表：战争与革命的年代

*1914—1918　　　　第一次世界大战。

　1917 年 3 月　　　　俄国"二月革命"。

*1917 年 11 月 7 日　俄国"十月革命"。

1917—1921	苏俄内战与"战时共产主义"时期。
1918 年 3 月	《不列斯特和约》签订。
1918 年 7 月	第一部苏维埃宪法颁布。
1918 年 11 月 11 日	第一次世界大战结束。
*1919—1920	《凡尔赛条约》、《圣日耳曼条约》、《纳伊条约》、《特里亚农条约》、《色佛尔条约》签订。
1919	第三（共产）国际成立。
1919—1933	德国魏玛共和国时期。
1919—1920	波—俄战争。
1920	国联召开第一次会议。
1921—1928	苏联实行新经济政策。
1922	苏联与德国签订《拉帕洛条约》。
1922	意大利法西斯"进军罗马"。
1923	法国占领鲁尔；纳粹暴动；德国爆发共产主义起义。
1924	列宁逝世。
1924	英国工人党第一次组阁。
1924	道威斯计划。
1925	《洛迦诺公约》签订：德国与法国、意大利和英国恢复邦交。
1926	英国爆发总罢工。
1926	德国加入国联。
1928—1932	苏联第一个五年计划。
1929	大萧条开始。
1929	教宗与墨索里尼签订《拉特兰条约》。
1929	杨格计划：减少了德国的战后赔款。
1930	法军撤出莱茵兰。
1932—1937	苏联第二个五年计划。
*1933	希特勒在德国上台。
1933	德国退出国联。

653

1934	苏联加入国联。
1935	法国与俄国缔结同盟。
1935	意大利进攻埃塞俄比亚。
1936	德国再次对莱茵兰实施军事化。
1936—1939	西班牙内战。
1936	德—意协约签订（德—意"轴心"）。
1936	新苏维埃宪法颁布。
1938	希特勒占领奥地利。
1938	《慕尼黑协议》。
1939	德国吞并捷克斯洛伐克。
1939	德国与苏联签订协约。
*1939—1945	第二次世界大战。
1939 年 9 月 1 日	德国入侵波兰。
9 月 3 日	英、法对德宣战。
1940 年 4 月 9 日	德国入侵丹麦和挪威。
5 月 10 日	德国入侵比利时、荷兰和卢森堡。
6 月 22 日	占领法国。
10 月 28 日	意大利入侵希腊。
1941 年 6 月 22 日	德国入侵苏联。
8 月 14 日	《大西洋宪章》签署。
12 月 7 日	珍珠港事件。
12 月 8 日	美国对日宣战。
12 月 11 日	德、意对美宣战。
1942 年 11 月 8 日	美军登陆法属北非。
12 月 2 日	第一次控制下的核反应堆试验成功；曼哈顿原子弹计划开始。
1943 年 2 月 2 日	德国军队在斯大林格勒投降。
1944 年 6 月 6 日	诺曼底登陆。
1945 年 2 月	雅尔塔会议。

4—6 月	旧金山会议（签署《联合国宪章》）。
4 月 12 日	罗斯福逝世（生于 1882 年）。
*5月7—9日	德国投降。
7—8 月	波茨坦会议。
*8 月 14 日	日本投降。
1945	墨索里尼被处决（生于 1883 年）；希特勒死亡（生于 654 1889 年）。
1946 年 1 月	联合国大会第一次会议。
1947	杜鲁门主义出台；英国允许印度和巴基斯坦独立；以色列独立；晶体管发明，小巧和高效的计算机成为可能。
1949	新中国成立；《北大西洋公约》（NATO）。
1950—1953	朝鲜战争。
1953	斯大林逝世（生于 1879 年）。
1956	匈牙利爆发反共产党的叛乱；苏联干预。
1956	法、英、以因为苏伊士运河国有化向埃及发动进攻；联合国制止战争。
1957	欧洲共同市场建立；十年转型时期。
1957	苏联人发射第一颗人造地球卫星（斯普特尼克号）。
1959	菲德尔·卡斯特罗在古巴掌权。
1960	苏联与中国的矛盾公开化。
1962	第一个卫星通信空间站建立。
1962—1963	第二次梵蒂冈会议。
1962 年 10 月	古巴导弹危机；苏联让步。
1964—1973	美国未经宣战介入越南战争。
1967	第三次阿以战争；以色列取得胜利。
1969	美国宇航员登上月球。
1973	石油输出国组织（OPEC）将油价上调至原价的四倍。
1979	霍梅尼在伊朗领导穆斯林革命。
1984—1985	非洲爆发干旱和饥荒。

结　　论

　　如果一个人尝试回望历史，或者看一眼西方文明从它的古代东方源头一直发展到今天的历史，他首先看到的可能是痛苦。如此多的混乱、如此多的战争、如此多美好的愿望和热切的理想付之东流。另一方面，他也可能为人类本性和人类社会的顽强而感到欣慰，它们经历了无数巨大的不幸，但又在人类的罪恶、愚蠢和悲惨中幸存下来。

　　这本《西方文明史手册》存在两个缺陷，作为学生的你们应该通过自己的想象力和扩展阅读来努力弥补。第一，在考虑起因上缺乏系统性的工作；第二，对过去丰富的人类多样性缺乏足够的描绘。在处理抽象的概括和试图保持一点客观性的过程中，对历史的这种解释牺牲了历史可能和应该具有的许多情感上的诉求。历史中存在着英雄和反派；即便只是苍白地通过书本来认识他们（通过想象来分享他们的希望和恐惧，对他们的所作所为或是因欣赏而激动不已，或是因恐惧而畏缩不前），也是扩展一个人的个人经验、强化他自己的道德判断的重要途径。的确，只有通过在历史中找到一个人自己的英雄和反派，历史知识才可能对他的行为产生最大的效果。对历史的因果关系的理解可能也是如此：只有凭借这种理解，一个人才能完全明智和全面地对当下的问题作出判断。但要作出能够被普遍接受的道德判断，对任何人而言都是不可能的，人们是否已经理解了可能控制着社会发展的因果联系，还存在争议。但考虑这些问题，并作一些至少是试验性的个人判断还是有价值的。学习历史因果和道德课程所开出的最终花朵，是建立起对理性的信仰；这一最终的花朵需要丰富的信息和对其成长的个人反思才会最终盛开；而且，这朵花的形状和颜色毫无疑问将会因人而异，因为历史的真理仍在继续和人类的思想捉迷藏。

索　引

（条目后数字为原书页码，即本书边码）

德 456

Gogh, Vincent van 文森特·凡·高 578

Gogol, Nicolai 尼古拉·果戈理 579

Golden Bull 《金玺诏书》341-2

Gorgias of Leontini 莱昂蒂尼的高尔吉亚 87-88

Gorky, Maxim 马克西姆·高尔基 579

Goths 哥特人 190, 215

Government 政府: in Assyria 亚述~ 22; Byzantine 拜占~ 203; and capitalism ~与资本主义 377-78; Carolingian 加洛林~ 223-24; in Egypt 埃及~ 10-15, 165; in England 英国~ 403-9, 422; among Franks 法兰克人~ 215-17; among Goths 哥特人~ 215-16; in Great Britain 大不列颠~ 446-51, 485; in Greece 希腊~ 47-55, 62-64, 73-74, 91; in Holland 荷兰~ 422; in Holy Roman Empire 神圣罗马帝国~ 382; in medieval towns 中世纪城镇~ 272-73; in Mesopotamia 美索不达米亚~ 7-8; among Ostrogoths 东哥特人~ 216; papacy as 教廷 294-300; in Rome 罗马~ 134-37, 141-52, 158-60, 170-73, 182-89; in 16th century 16世纪~ 402-3

Goya, Francisco 弗朗西斯科·戈雅 457

Grand Remonstrance 大抗议书 406-7

Granicus 格拉尼库斯河 104

Gratian 格兰西 321-22

Gray, Thomas 托马斯·格雷 456

Great Britain (after 1707) 大不列颠 (1707年后) 429, 434-37, 440-42, 446-51, 455-57, 487, 493-513, 526-28, 531-38, 542-43, 546, 560-67, 578, 580, 588, 601, 605-15, 620, 630, 632, 633, 637-43, 646. 亦见 英国

Greater Dionysia 大酒神节 62, 85

Great Mother Goddess 大母神 111

Great Schism 大分裂 336-37, 342

Greco, El (Domenico Theotocópuli) 埃尔·格雷考 (多米尼科·西奥托科普利) 416

Greece 希腊: ancient 古代~ 19, 21, 33-116, 137, 152, 165; modern 现代~ 543, 553-56, 608, 633, 643

Greek fire (chemical preparation) 希腊火 (化学制剂) 203

Greek language 希腊语言 37, 55-56, 164-66, 176, 194, 203-5, 214, 229, 347

Greek Orthodox Church 希腊正教会 194-95, 203-5, 212-13

Gregorian calendar 格里高利历 414

Gregory I, the Great, Pope 教宗格里高利一世 213-15, 219, 229

Gregory VII, Pope 教宗格里高利七世 280-81, 296

Gregory XI, Pope 教宗格里高利十一世 336

Gregory XIII, Pope 教宗格里高利十三世 414

Gregory of Tours, Saint 图尔的圣格里高利 219

Grieg, Edvard 爱德华·格里格 580

Grimaldi man 格里马尔迪人 4

Grosseteste, Robert 罗伯特·格罗塞特斯特 324

Grotius, Hugo 雨果·格劳秀斯 417

Grunewald, Matthias 马蒂亚斯·格吕内瓦尔德 413

Guagamela 高加米拉 104

Guericke, Otto von 奥托·冯·格里克 415

Guiana 圭亚那 542

Guidi, Tommaso. See Masaccio Guiscard, Robert 罗伯特·吉斯卡尔 275, 279-81

Gustavus Adolphus, King of Sweden 瑞典国王古斯塔夫斯·阿道弗斯 379

Gutenberg, John 约翰·古登堡 330

Hadrian 哈德良 171-72

Haeckel, Ernst 恩斯特·海克尔 587

Hagia Sophia (Constantinople) 圣索菲亚大教堂 (君士坦丁堡) 204

Haiti 海地 534, 566

Hamburg 汉堡 329

Hamilcar 哈米尔卡 139

Hammurabi of Babylon 巴比伦的汉谟拉比 8, 17

Handel, George Frederick 乔治·弗雷德里希·亨德尔 481

Hannibal 汉尼拔 139-42

Hanoverians 汉诺威家族 448-50

Hansa (League) 汉萨同盟 329

Hapsburgs 哈布斯堡家族 339-43, 379-81, 393-95, 401, 435-36, 440, 443, 451, 537, 542, 545, 558-59, 566, 610

Hardy, Thomas 托马斯·哈代 578

Hargreave, James 詹姆斯·哈格里夫 428

Harrison, John 约翰·哈里森 426

Harvey, William 威廉·哈维 415

Hauptmann, Gerhart 盖尔哈特·豪普特曼 579

Haydn, Franz Josef 弗朗茨·约瑟夫·海顿 481

Hébert, Jacques 雅克·阿贝尔 528-29

Hebrews see Jews See 希伯来人 19, 24-26. 亦见犹太人

Hecataeus of Miletus 米利都的赫卡泰奥斯 58, 114

Hegel, Georg Wilhelm Friedrich 格奥尔格·威廉·弗雷德里希·黑格尔 586-87

Hegira 希吉拉 237

Heine, Heinrich 海因里希·海涅 579

Helladic Greece 希腊青铜时代 36

Hellenica (Xenophon) 《希腊史》(色诺芬) 96

Helmholtz, Hermann Ludwig Ferdinand von 赫尔曼·路德维希·费迪南德·冯·亥姆霍兹 580

Héloise 爱洛伊斯 323

Henry I, Holy Roman Emperor 神圣罗马帝国皇帝亨利一世 261

Napoleon ～与拿破仑 533; in 20th century, 648-49; 20 世纪 ～ See also Papacy Vatican II 亦见教宗制梵蒂冈二世

Romance languages 罗曼语 218

Romanoffs 罗曼诺夫家族 437, 617

Rome 罗马城 90, 107, 110-11, 129-213, 221, 261-62, 280-81, 335-36; See also Italy Roman Catholic Church 亦见意大利；罗马天主教会

Roosevelt, Franklin D. 富兰克林·D.罗斯福 642

Roscellin of Compiègne 贡比涅的罗瑟兰 322

Rouen 鲁昂 270

Roundheads 圆颅党 407

Rousseau, Jean Jacques 让-雅克·卢梭 485-86

Roux, Jacques 雅克·卢 528

Roxane (wife of Alexander the Great) 罗克珊娜（亚历山大大帝之妻）104, 106

Royal Society of England 英国皇家学会 482

Rubens, Peter Paul 彼得·保罗·鲁宾斯 412-13

Rudolph of Hapsburg, Holy Roman Emperor 神圣罗马帝国皇帝，哈布斯堡的鲁道夫 286, 341

Ruhr 鲁尔 503, 510, 637

Rumania 罗马尼亚 170-71, 377, 499-500, 505-6, 553, 608, 613-14, 620, 641, 644

Rump Parliament 残缺议会 408

Rus (ancient) 罗斯（古代）202, 437

Russia (before 1923) 俄罗斯（1923 年以前）205, 345, 376-77, 414, 424, 437-43, 487, 497-512, 531-38, 542-57, 567, 580, 608-17; See also Union of Soviet Socialist Republics(USSR) 亦见苏维埃社会主义共和国联盟（苏联）

Russian language 俄语 579

Russian Revolution (1917) 俄国革命（1917）567, 617-22

Ruysdael, Jacob van 雅各布·凡·雷斯达尔 457

Saguntum 萨贡托 138-39

Sainte-Beuve, Charles Augustin de 夏尔-奥古斯丁·德·圣伯夫 579

Saint Gaul monastery 圣加仑修道院 214（应为 Saint Gall monastery——译者注）

Saint-Germain, Treaty of 《圣日耳曼条约》 613

Saint Helena Island 圣赫勒拿岛 438

Saint-Just, Louis de 路易·德·圣-茹斯特 525

Saint Paul's (London) 圣保罗大教堂（伦敦）457

Saint Peter's (Rome) 圣彼得大教堂（罗马）361, 457

St. Petersburg 圣彼得堡 439

Saladin 萨拉丁 284

Salamis 萨拉米斯 61

Salians (Franks) 萨利安（法兰克人）210-11

Sallust 萨卢斯特 154

Samaria 撒马利亚 24

Samnites 萨莫奈人 134

San Stefano, Treaty of 《圣斯特凡诺条约》 553

Sappho 萨福 56, 85

Saracens. 萨拉森人, See Arabs 参见阿拉伯人

Sarajevo 萨拉热窝 556

Sardinia 撒丁岛 138, 379, 435-36, 526, 542, 545-46

Sardis 萨第斯 64

Sargon of Akkad 阿卡德的萨尔贡 8

Saul, King of Israel 以色列国王扫罗 24

Savoy 萨伏伊 436, 546

Saxe-Coburgs 萨克森—科堡家族 543

Saxons 萨克森人 211, 222-24, 261

Saxony 萨克森 385, 436, 537, 542

Scandinavians 斯堪的纳维亚人 223, 265-66, 386

Sceptic philosophy 怀疑论哲学 115-16

Schiller, Johann Friedrich Von 约翰·弗雷德里希·席勒 456

Schleiermacher, Friedrich 弗雷德里希·施莱尔马赫 588

Schleswig 石勒苏益格 547

Schliemann, Heinrich 海因里希·石勒苏益格 585

Schopenhauer, Arthur 亚瑟·叔本华 587

Science, natural 自然科学: Greek 希腊 ～ 113-15; Italian Renaissance 文艺复兴时期 ～ 361; Medieval 中世纪 ～ 324-25, 365-66; in 16th and 17th centuries 16、17 世纪 ～ 410, 413-16; in 17th and18th centuries 17、18 世纪 ～ 481-83; in 19th century 19 世纪 ～ 494, 580-84; in 20th century 20 世纪 ～ 648; See also Technology 亦见技术

Science, social: in 19th century 19 世纪社会科学 584-86; in 20th century 20 世纪 ～ 648

Scipio Africanus 征服非洲者西庇阿 139, 142, 168

Scopas 斯科帕斯 95

Scotland 苏格兰 230-31, 341, 388, 396, 404-9, 429, 448, 486, 497; See also Great Britain 亦见大不列颠

Scott, Walter 沃尔特·司各特 578

Scottish Church 苏格兰教会 405

Scythia 西徐亚 44, 64

Sedan 色当 549, 560

Segesta 塞吉斯塔 80-81

Seleucid monarchy 塞琉古王朝 107, 109

Seljuk Turks 塞尔柱土耳其人 202

Semites, Semitic 闪米特人，闪米特人的 8, 17, 19

Semitic languages 闪米特语 8

Seneca 塞涅卡 175, 347

Sentences (Lombard) 《名言集》（伦巴德）323-24

Serapis 塞拉皮斯 111

Serbia 塞尔维亚 553-56, 559, 607, 611

Serfdom 农奴制: Carolingian 加洛林时期 ～ 224; among Franks 法兰克人 ～ 217; medieval 中世纪 ～ 254-56, in Romania 罗马尼亚 ～ 317; in Russia 俄国 ～ 377, 424, 430, 439, 443, 505, 552, 616

Seven Years' War (French and Indian War) 七年战争

图书在版编目（CIP）数据

西方文明史手册 /（美）麦克尼尔著；盛舒蕾，宣
栋彪，董子云译. —杭州：浙江大学出版社，2016.4
书名原文：History of Western Civilization:A
Handbook
ISBN 978-7-308-15514-4

Ⅰ.①西… Ⅱ.①麦… ②盛… ③宣… ④董… Ⅲ.
①文化史—西方国家—手册 Ⅳ.①K103-62

中国版本图书馆 CIP 数据核字（2016）第 002012 号

西方文明史手册

[美] 威廉·麦克尼尔 著　盛舒蕾　宣栋彪　董子云 译

责任编辑	王志毅
文字编辑	王　雪
营销编辑	李嘉慧
装帧设计	蔡立国
出版发行	浙江大学出版社
	（杭州天目山路148号 邮政编码310007）
	（网址：http://www.zjupress.com）
制　作	北京大观世纪文化传媒有限公司
印　刷	北京中科印刷有限公司
开　本	710mm×1000mm　1/16
印　张	42.5
字　数	690千
版印次	2016年4月第1版　2023年11月第5次印刷
书　号	ISBN 978-7-308-15514-4
定　价	108.00元
